Nomos Universitätsschriften

Recht

Band 1009

Patrick Gerardy

Der materielle *ordre public* im Aufhebungs- und Vollstreckbarerklärungsverfahren nach §§ 1059–1061 ZPO

Gerichtlicher Prüfungsmaßstab und Prüfungsumfang am Beispiel des „Kartelleinwands"

Nomos

Das vorliegende Buch gibt ausschließlich die persönlichen Auffassungen des Autors und nicht diejenigen seines Arbeitgebers wieder.

Die Deutsche Nationalbibliothek verzeichnet diese Publikation in der Deutschen Nationalbibliografie; detaillierte bibliographische Daten sind im Internet über http://dnb.d-nb.de abrufbar.

Zugl.: Köln, Univ., Diss., 2022

ISBN 978-3-7560-0026-5 (Print)
ISBN 978-3-7489-3605-3 (ePDF)

Onlineversion
Nomos eLibrary

1. Auflage 2023

Inhaltsverzeichnis

Einleitung

Nach deutschem Schiedsverfahrensrecht unterliegen Schiedssprüche keinem Rechtsmittel vor staatlichen Gerichten. Eine gerichtliche Überprüfung der schiedsgerichtlichen Entscheidung in der Sache, eine *révision au fond*, findet nicht statt.[1] Doch trotz des Verbots der *révision au fond* bietet das Aufhebungs- und Vollstreckbarerklärungsverfahren nach §§ 1059–1061 ZPO die Möglichkeit, den Schiedsspruch einer gewissen inhaltlichen Überprüfung zuzuführen. Eine solche ermöglicht der Ordre-public-Vorbehalt. Widerspricht das Ergebnis der Anerkennung oder Vollstreckung eines inländischen Schiedsspruchs dem *ordre public*, hebt das Gericht ihn auf, § 1059 Abs. 2 Nr. 2 lit. b) ZPO. Ein Widerspruch zum *ordre public* hindert auch die Anerkennung und Vollstreckbarerklärung eines ausländischen Schiedsspruchs, § 1061 Abs. 1 Satz 1 ZPO i. V. m. Art. V Abs. 2 lit. b) NYÜ[2].

Weil bestimmte Verbotsvorschriften des Unionskartellrechts und des deutschen Kartellrechts zum deutschen *ordre public* zählen, kann die Ordre-public-Kontrolle auch eine (gewisse) kartellrechtliche Prüfung zum Gegenstand haben. Der kartellrechtliche *ordre public* greift, wenn kartellrechtliche Bedenken gegen die Anerkennung oder Vollstreckung des Schiedsspruchs bestehen. Nicht abschließend geklärt ist aber, welche kartellrechtlichen Vorschriften Bestandteil des kartellrechtlichen *ordre public* sind. Auslegungsprobleme bereitet auch die Frage, was das Gesetz unter der Wendung *Widerspruch zum ordre public* versteht. Beide Aspekte betreffen nach der Terminologie der vorliegenden Arbeit den gesetzlichen Maßstab, an dem Schiedssprüche (bzw. deren Anerkennung oder Vollstreckung) auf Vereinbarkeit mit dem *ordre public* zu überprüfen sind (im Folgenden: *Prüfungsmaßstab*).

Kern der Debatte über die materielle Schiedsspruchkontrolle ist aber nicht der Prüfungsmaßstab, sondern die davon zu unterscheidende[3] Frage, in wel-

1 BT-Drs. 13/5274, S. 58 f.; *Hammer*, Überprüfung von Schiedsverfahren, Rn. 709; *Poseck* in Salger/Trittmann (Hrsg.), Internationale Schiedsverfahren, § 22 Rn. 54; zur Bedeutung des Verbots der *révision au fond* in der internationalen Handelsschiedsgerichtsbarkeit jüngst *Mavrantonakis*, Verbot der révision au fond.

2 Übereinkommen über Anerkennung und Vollstreckung ausländischer Schiedssprüche vom 10. Juni 1958 (New Yorker Übereinkommen, NYÜ), BGBl. 1961 II, S. 122.

3 Die dieser Arbeit zugrundeliegende Differenzierung zwischen *Prüfungsmaßstab* und *Prüfungsumfang* entspricht einer gängigen Unterscheidung, ähnlich etwa bei *Bien* in

chem Umfang das staatliche Gericht den Schiedsspruch überprüfen darf bzw. inwieweit es im Rahmen der Ordre-public-Prüfung an den Schiedsspruch gebunden ist (im Folgenden: *Prüfungsumfang*). Der Prüfungsumfang regelt zum einen, unter welchen Voraussetzungen und in welchem Umfang das Gericht im Verfahren nach §§ 1059–1061 ZPO Tatsachen feststellen darf, wenn es einen möglichen Widerspruch zum *ordre public* prüft. Zum anderen gibt der Prüfungsumfang die „rechtliche Bindung an den Schiedsspruch" vor, beantwortet also die Frage, in welchem Umfang das staatliche Gericht die rechtliche Würdigung des Sachverhalts durch das Schiedsgericht überprüfen darf. Fraglich ist in rechtlicher Hinsicht insbesondere, ob die Würdigung, soweit der Schiedsspruch den *ordre public* berührt und die Ordre-public-Prüfung damit eröffnet ist, aus der Sicht des staatlichen Gerichts richtig oder beispielsweise nur plausibel, vertretbar oder nicht offenkundig falsch sein muss, damit ein Widerspruch zum *ordre public* verneint werden kann.[4] Genügt ein geringeres „Maß an Richtigkeit", muss das Gericht den Schiedsspruch entsprechend bis zur Grenze der Plausibilität, Vertretbarkeit oder nicht offenkundigen Falschheit hinnehmen, obwohl der Schiedsspruch den *ordre public* berührt und das Gericht die rechtliche Würdigung womöglich nicht teilt. Das bewirkt dann eine „rechtliche Bindung an den Schiedsspruch".

Zwar urteilte der Bundesgerichtshof bereits in den 1950er-Jahren, dass das staatliche Gericht bei der Prüfung eines „Kartelleinwands" gegen einen

---

Fuchs/Weitbrecht (Hrsg.), Private Kartellrechtsdurchsetzung, § 17 Überschriften vor Rn. 157 und Rn. 195 („*Kontrollmaßstab*" und „*Prüfungstiefe*"); *Eilmansberger*, SchiedsVZ 2006, 5 (15) („*Damit zusammenhängend, aber nicht deckungsgleich, ist die Frage der Genauigkeit der gerichtlichen Kontrolle*"); ähnlich *Hilbig*, Kartellverbot im Schiedsverfahren, S. 7, 69 (unterscheidet „*die ordre public-Verletzung selbst* [...][und] *die Prüfungstiefe*"); ferner etwa *Pocsay*, Privates Kartellrecht in Schiedsverfahren, S. 232 (unterscheidet die Aufhebungsvoraussetzungen von der „*Reichweite des* [...] *anzulegenden Prüfungsmaßstabs*"). Die Unterscheidung klang bereits in einer frühen Entscheidung des Bundesgerichtshofs zum hier interessierenden Fragenkreis an: BGH, Urt. v. 12.5.1958 – VII ZR 436/56, BGHZ 27, 249 = NJW 1958, 1538 (1539): „*In der Rspr. und im Schrifttum ist die Ansicht vertreten worden, daß der Richter im Rahmen der* [Ordre-public-Kontrolle] *in gewissem Umfange auch an die Rechtsauffassung des Schiedsger.* [...] *gebunden sei* [...]. [...] *Eine andere Frage ist, welche Anforderungen an die Annahme eines solchen Verstoßes* [gegen den *ordre public*] *zu stellen sind*"; begrifflich und inhaltlich abweichende Differenzierung aber bei *Morbach*, Der kartellrechtliche ordre public, S. 248 f. („*Kontrollgegenstand und* [...] *Kontrollmaßstab*").

4 Anschaulich dazu bereits der „Fragenkatalog" bei *Hilbig*, Kartellverbot im Schiedsverfahren, S. 22 f.

Schiedsspruch weder an die Tatsachenfeststellungen[5] noch an die rechtliche Würdigung[6] des Schiedsgerichts gebunden sei. Dennoch verfolgen obergerichtliche Rechtsprechung[7] und Literatur[8] insbesondere bei der kartellrechtlichen Ordre-public-Kontrolle seither recht unterschiedliche Ansätze. Für Unsicherheit sorgen neben mehrfachen Änderungen des Wortlauts des Ordre-public-Vorbehalts, zuletzt 1998 durch das SchiedsVfG[9], Entscheidungen im nichtkartellrechtlichen Kontext, in denen der Bundesgerichtshof seine frühere Rechtsprechung jedenfalls infrage stellte.[10] Auf der Ebene der Europäischen Union behandelten zuletzt die Rechtssachen *Genentech*[11] und

5 BGH, Urt. v. 23.4.1959 – VII ZR 2/58, BGHZ 30, 89 = NJW 1959, 1438 (1439 f.); BGH, Urt. v. 20.5.1966 – KZR 10/64, GRUR 1966, 576 (580); BGH, Urt. v. 25.10.1966 – KZR 7/65, BGHZ 46, 365 = NJW 1967, 1178 (1179); BGH, Urt. v. 31.5.1972 – KZR 43/71, NJW 1972, 2180 (2181); BGH, Urt. v. 26.10.1972 – VII ZR 232/71, NJW 1973, 98 (99 f.); BGH, Beschl. v. 29.9.1983 – III ZR 213/82, juris (Rn. 21).

6 BGH, Urt. v. 12.5.1958 – VII ZR 436/56, BGHZ 27, 249 = NJW 1958, 1538 (1539); BGH, Urt. v. 23.4.1959 – VII ZR 2/58, BGHZ 30, 89 = NJW 1959, 1438 (1439); BGH, Urt. v. 20.5.1966 – KZR 10/64, GRUR 1966, 576 (579–581); BGH, Urt. v. 25.10.1966 – KZR 7/65, BGHZ 46, 365 = NJW 1967, 1178 (1179); BGH, Urt. v. 27.2.1969 – KZR 3/68, GRUR 1969, 501 (503); BGH, Urt. v. 31.5.1972 – KZR 43/71, NJW 1972, 2180 (2181); BGH, Urt. v. 26.10.1972 – VII ZR 232/71, NJW 1973, 98 (99 f.); BGH, Beschl. v. 29.9.1983 – III ZR 213/82, juris (Rn. 21).

7 Ausdrücklich gegen Bindung etwa OLG Düsseldorf, Beschl. v. 21.7.2004 – VI-Sch (Kart) 1/02, Sch (Kart) 1/02, juris (Rn. 25); kein abstrakter Rechtssatz gegen Bindung, aber vollständige kartellrechtliche Würdigung des dem Schiedsspruch zugrundeliegenden Sachverhalts etwa OLG Dresden, Beschl. v. 20.4.2005 – 11 Sch 01/05, SchiedsVZ 2005, 210 (212 f.); für Vertretbarkeitsprüfung etwa OLG München, Beschl. v. 30.7.2012 – 34 Sch 18/10, SchiedsVZ 2012, 339 (341); „*summarisch vorgenommen*[e] *Plausibilitätsüberlegung*" zur entscheidungserheblichen Kartellrechtskonformität einer Vertragsbestimmung etwa Thüringer OLG, Beschl. v. 8.8.2007 – 4 Sch 3/06, SchiedsVZ 2008, 44 (46).

8 Gegen jede Bindung etwa *Hammer*, Überprüfung von Schiedsverfahren, Rn. 661, 720; *Schwab/Walter*, Schiedsgerichtsbarkeit, Kap. 24 Rn. 44; für (rechtliche) Vertretbarkeitsprüfung *Bechtold*, NZKart 2020, 459 (464); *Fournier*, Bindungswirkung, S. 56, 63; *Habscheid*, KTS 1973, 232 (235); *Heukamp*, Schiedszusagen, S. 166–168; *Picht*, GRUR 2019, 11 (24); *Schlosser*, Schiedsgerichtsbarkeit, Rn. 878; ebenso Stein/Jonas, ZPO/*Schlosser*, Anhang zu § 1061 Rn. 325, 349; *Spiegel*, Kartellprivatrecht in der Handelsschiedsgerichtsbarkeit, S. 153 f., 191 f.; für Bindung an schiedsgerichtliche Tatsachenfeststellungen, es sei denn, diese kamen verfahrensfehlerhaft zustande, etwa *Horn*, SchiedsVZ 2008, 209 (216 f.); *Hilbig*, Kartellverbot im Schiedsverfahren, S. 71; *Poseck* in Salger/Trittmann (Hrsg.), Internationale Schiedsverfahren, § 22 Rn. 57.

9 Gesetz zur Neuregelung des Schiedsverfahrensrechts (Schiedsverfahrens-Neuregelungsgesetz, SchiedsVfG) vom 22. Dezember 1997, BGBl. 1997 I, S. 3224.

10 Recht deutlich BGH, Beschl. v. 28.1.2014 – III ZB 40/13, NJW 2014, 1597; zuvor bereits BGH, Beschl. v. 30.10.2008 – III ZB 17/08, NJW 2009, 1215 (1216).

11 EuGH, Urt. v. 7.7.2016 – C-567/14 (Genentech), GRUR 2016, 917.

(am Rande) *Achmea*[12] die Anforderungen an die materielle Überprüfung von Schiedssprüchen (auf Vereinbarkeit mit Unionsrecht). Die beiden Verfahren knüpften an das grundlegende EuGH-Urteil *Eco Swiss*[13] zur unionsrechtlichen Schiedsspruchkontrolle an, das der Diskussion kurz vor der Jahrtausendwende noch einmal Schwung verliehen hatte.

In Deutschland wurde die Debatte über den gerichtlichen Prüfungsumfang im Rahmen der materiellen Ordre-public-Kontrolle zuletzt durch eine Reihe von Entscheidungen des Oberlandesgerichts Frankfurt am Main befeuert.[14] So führte der dortige Schiedssenat in einem Beschluss aus dem März 2019[15], der kartellrechtliche Bedenken gegen die Anerkennung und Vollstreckung betraf, unter umfassender Streitdarstellung insbesondere dazu aus, ob sich die Prüfung angesichts des Verbots der *révision au fond* auf eine kartellrechtliche Vertretbarkeits- oder Plausibilitätskontrolle zu beschränken habe. Wenngleich der Senat eine Streitentscheidung dahinstehen ließ, deutete bereits die schulbuchmäßige Streitdarstellung ohne Befolgung der hergebrachten, soeben zitierten Rechtsprechung des Bundesgerichtshofs eine Abkehr von eben dieser an.

Zu einer Streitentscheidung rang sich der Schiedssenat des Oberlandesgerichts Frankfurt am Main dann gut zwei Jahre später durch: In seinem Beschluss vom 22. April 2021[16] setzte sich der Schiedssenat in Widerspruch zur – „traditionellen", aber bis dahin lang nicht mehr bestätigten – Rechtsprechung des Bundesgerichtshofs, was entsprechend mit der Rechtsbe-

---

12 Vorlagebeschluss BGH, Beschl. v. 3.3.2016 – I ZB 2/15, EuZW 2016, 512; nachfolgend EuGH, Urt. v. 6.3.2018 – C-284/16 (Achmea), NJW 2018, 1663; dann Aufhebungsbeschluss BGH, Beschl. v. 31.10.2018 – I ZB 2/15, BeckRS 2018, 28148.

13 EuGH, Urt. v. 1.6.1999 – C-126/97 (Eco Swiss), Slg. I 1999, 3055 = GRUR Int 1999, 737.

14 Zum Zeitpunkt der Einreichung der Arbeit zur Begutachtung lagen die im Folgenden besprochenen Entscheidungen des Oberlandesgerichts Frankfurt am Main aus dem April 2021 (26 Sch 12/20) und Februar 2022 (26 Sch 2/21) noch nicht vor. Gleiches gilt für die Entscheidung des Bundesgerichtshofs in der Rechtsbeschwerde gegen den Beschluss 26 Sch 12/20. Nach Abgabe der Sache durch den Schiedssenat (I ZB 27/21) wird – bemerkenswerterweise – der Kartellsenat entscheiden (KZB 75/21). Bei der Überarbeitung der Arbeit zur Drucklegung wurden die beiden Frankfurter Entscheidungen ergänzend berücksichtigt. Die Struktur der Arbeit, die maßgeblich auf der früheren Frankfurter Entscheidung 26 Sch 10/18 und dem Fehlen einer (erneuten) höchstrichterlichen Klärung aufbaut, konnte im Rahmen der Aktualisierung nicht neugefasst werden. Stattdessen beschränkt sich die Druckfassung in einem späteren Kapitel auf eine Einordnung der Entscheidungen 26 Sch 12/20 und 26 Sch 2/21. Die Entscheidung des Bundesgerichtshofs in der Sache KZB 75/21 lag weiterhin nicht vor.

15 OLG Frankfurt a. M., Beschl. v. 14.3.2019 – 26 Sch 10/18, juris.

16 OLG Frankfurt a. M., Beschl. v. 22.4.2021 – 26 Sch 12/20, BeckRS 2021, 41901.

schwerde angefochten wurde.[17] Konkret befand der Senat, dass ein mit der Rüge der Verletzung zwingenden Kartellrechts angegriffener Schiedsspruch weder in tatsächlicher noch in rechtlicher Hinsicht einer *„umfassenden Kontrolle"*[18] unterzogen werden dürfe. Weder dürften *„zu kartellrechtlichen Fragen neue Tatsachenfeststellungen getroffen werden"*[19] noch dürfe eine *„umfassende Überprüfung der Richtigkeit der Rechtsanwendung"*[20] erfolgen. Das Gericht dürfe auch keine *„– ohnehin kaum näher abgrenzbare – summarische Prüfung der Kartellrechtswidrigkeit oder eine kartellrechtliche Plausibilitätskontrolle"*[21] vornehmen. Vielmehr sei das Gericht auf die Prüfung beschränkt, *„ob die schiedsrichterliche Rechtsanwendung der in der betreffenden Norm zum Ausdruck kommenden grundlegenden Wertentscheidung des Gesetzgebers"*[22] zuwiderlaufe. Diesen stark reduzierten, „minimalistischen" Prüfungsumfang bestätigte der Senat wenige Monate später und etablierte so die Abkehr von der hergebrachten höchstrichterlichen Rechtsprechung.[23]

Die vorliegende Arbeit nimmt diese jüngeren Abkehrtendenzen auf und geht am Beispiel des kartellrechtlichen *ordre public* – wenn also kartellrechtliche Bedenken gegen die Anerkennung oder Vollstreckung des Schiedsspruchs bestehen – der Frage nach, welcher Prüfauftrag dem staatlichen Gericht im Rahmen der Ordre-public-Kontrolle gemäß § 1059 Abs. 2 Nr. 2 lit. b) ZPO bzw. Art. V Abs. 2 lit. b) NYÜ zukommt. Unter dem Oberbegriff *Prüfauftrag* behandelt die Arbeit den Prüfungsmaßstab und den Prüfungsumfang im Rahmen der materiellen Ordre-public-Kontrolle. Bedenken wegen möglicher Verstöße gegen das Verbot wettbewerbsbeschränkender Vereinbarungen gemäß Art. 101 AEUV, § 1 GWB stehen im Vordergrund der Erörterungen, wobei kartellrechtliche „Aktiv-Schiedsverfahren", etwa die Geltendmachung von Schadensersatz wegen des Verstoßes gegen eine kartell-

---

17 Die Rechtsbeschwerde war zunächst beim Schiedssenat anhängig (I ZB 27/21), bevor dieser sie an den Kartellsenat abgab (KZB 75/21). Dadurch setzte sich der Schiedssenat über die ausdrückliche Bejahung der eigenen funktionellen Zuständigkeit durch den Schiedssenat des Oberlandesgerichts Frankfurt am Main hinweg, der eine direkte oder analoge Anwendung des § 91 GWB abgelehnt hatte. Die Abgabe an den Kartellsenat deutet an, dass der Bundesgerichtshof an der hergebrachten Rechtsprechung zur umfassenden Schiedsspruchkontrolle unter dem Gesichtspunkt des *ordre public* festhalten will. Zum Zeitpunkt der Überarbeitung der Arbeit zur Drucklegung lag die Entscheidung KZB 75/21 noch nicht vor.

18 OLG Frankfurt a. M., Beschl. v. 22.4.2021 – 26 Sch 12/20, BeckRS 2021, 41901 (Rn. 77).

19 OLG Frankfurt a. M., Beschl. v. 22.4.2021 – 26 Sch 12/20, BeckRS 2021, 41901 (Rn. 80).

20 OLG Frankfurt a. M., Beschl. v. 22.4.2021 – 26 Sch 12/20, BeckRS 2021, 41901 (Rn. 77).

21 OLG Frankfurt a. M., Beschl. v. 22.4.2021 – 26 Sch 12/20, BeckRS 2021, 41901 (Rn. 78).

22 OLG Frankfurt a. M., Beschl. v. 22.4.2021 – 26 Sch 12/20, BeckRS 2021, 41901 (Rn. 77).

23 OLG Frankfurt a. M., Beschl. v. 3.3.2022 – 26 Sch 2/21, BeckRS 2022, 3492 (Rn. 80–90).

rechtliche Norm im Wege eines Schiedsverfahrens, außen vor bleiben. Schwerpunkt der Untersuchung sind Fälle, in denen kartellrechtliche Einwendungen gegen einen (sonstigen vertraglichen) Anspruch erhoben werden; das ist mit „Kartelleinwand" gemeint. Besonderheiten des Verbots missbräuchlichen einseitigen Verhaltens marktbeherrschender Unternehmen (Art. 102 AEUV, §§ 19–21 GWB), fusionskontrollrechtliche Fragen sowie Spezifika des Vergabe- und Beihilferechts bleiben unberücksichtigt. Wenn daher im Folgenden der kartellrechtliche *ordre public* erörtert wird, ist damit nur ein Ausschnitt aus dem Recht gegen Wettbewerbsbeschränkungen angesprochen. Von abstrakten kartellrechtlichen Erörterungen wird dabei abgesehen. Die Überlegungen zum Prüfungsmaßstab und Prüfungsumfang richten sich schwerpunktmäßig auf die Überprüfung von aus Handelsschiedsverfahren resultierenden Schiedssprüchen. Ausführungen zu den Besonderheiten der Investitionsschiedsgerichtsbarkeit bleiben weitgehend ausgespart. Mit ihrem zivilprozessualen Fokus nimmt die Arbeit die Perspektive eines deutschen Gerichts im Verfahren nach §§ 1059–1061 ZPO ein. Das wird auch und gerade für kollisionsrechtliche Fragestellungen von Bedeutung sein.

Wie noch zu zeigen sein wird, sind die beiden Ordre-public-Vorbehalte in § 1059 Abs. 2 Nr. 2 lit. b) ZPO und Art. V Abs. 2 lit. b) NYÜ weitgehend inhaltsidentisch und erzeugen parallele Auslegungsprobleme. Der Anschaulichkeit der Darstellung halber werden die hier interessierenden Zusammenhänge anhand des Ordre-public-Vorbehalts des § 1059 Abs. 2 Nr. 2 lit. b) ZPO dargestellt, der nur im Aufhebungsverfahren (§ 1059 ZPO) und – über § 1060 Abs. 2 ZPO – im Vollstreckbarerklärungsverfahren betreffend inländische Schiedssprüche greift. Daher wird immer wieder von *Aufhebung*, *Aufhebungsgründen* und vom Ordre-public-Vorbehalt in *§ 1059 Abs. 2 Nr. 2 lit. b) ZPO* die Rede sein, wenn die Ausführungen grundsätzlich auch für die Ordre-public-Prüfung betreffend ausländische Schiedssprüche gelten und es eigentlich *Aufhebung und Anerkennungsversagung*, *Aufhebungsgründe und Anerkennungsversagungsgründe* sowie *Ordre-public-Vorbehalt des § 1059 Abs. 2 Nr. 2 lit. b) ZPO bzw. Art. V Abs. 2 lit. b) NYÜ* heißen müsste.

Aufbauend auf dieser thematischen Eingrenzung werden im Folgenden zunächst grundlegende Charakteristika der Schiedsgerichtsbarkeit dargestellt, schwerpunktmäßig die Grenzen der Parteiautonomie im Schiedsverfahren.[24] Die Erörterungen zum Wesen der Schiedsgerichtsbarkeit, zur Rechtsnatur des Aufhebungs- und Vollstreckbarerklärungsverfahrens nach

24 Dazu *Böckstiegel* FS Schütze I, 141; *K. Lionnet/A. Lionnet*, Schiedsgerichtsbarkeit, S. 54–57; *Sonnauer*, Kontrolle der Schiedsgerichte, S. 5 f.

§§ 1059–1061 ZPO sowie zu den Charakteristika des Ordre-public-Vorbehalts und des Verbots der *révision au fond* (Kapitel 1) werden die Argumentationsansätze, die zu einer mehr oder weniger strengen Ordre-public-Kontrolle vertreten werden, zu veranschaulichen helfen. Auf der Grundlage dieser Erkenntnisse wird der Prüfungsmaßstab erörtert, ausgehend vom Tatbestand des § 1059 Abs. 2 Nr. 2 lit. b) ZPO. Schwerpunkt der Ausführungen wird die Auslegung der Wendung *Widerspruch des Ergebnisses der Anerkennung oder Vollstreckung des Schiedsspruchs zum ordre public* sein. Zur Veranschaulichung wird diese Wendung vom Prüfungsmaßstab des Rechtsmittelrechts in §§ 513 ff. ZPO, das die Kassation der angefochtenen Entscheidung an eine Verletzung des Rechts knüpft, abgegrenzt. Im Rahmen dieser Ausführungen werden auch die Spezifika des kartellrechtlichen *ordre public* erläutert, was einen Exkurs zu Fragen des im Schiedsverfahren anwendbaren Rechts (bzw. Kartellrechts), einschließlich der Unklarheiten über das anwendbare Internationale Privatrecht, umfassen wird (Kapitel 2). Anschließend wird der Prüfungsumfang erörtert, die Frage also, in welchem Umfang das Gericht „an den Schiedsspruch gebunden ist", wenn es untersucht, ob das Ergebnis der Anerkennung oder Vollstreckung des Schiedsspruchs mit dem deutschen *ordre public* vereinbar ist. Im Vordergrund wird die Frage stehen, ob das staatliche Gericht an die tatsächlichen Feststellungen des Schiedsgerichts gebunden ist (oder eigene Tatsachenfeststellungen treffen darf) und ob die Aufhebung nur dann unterbleibt, wenn die den *ordre public* berührende rechtliche Würdigung aus der Sicht des Gerichts richtig ist (oder ob die Schiedsspruchaufhebung unter Umständen bereits dann unterbleibt, wenn das Gericht die Würdigung für beispielsweise jedenfalls vertretbar hält) (Kapitel 3). Es folgt eine Stellungnahme zum einerseits (mindestens) gebotenen, andererseits (noch) erlaubten Prüfungsumfang. Das wird zur Formulierung des Prüfungsgangs des staatlichen Gerichts im Rahmen der materiellen Ordre-public-Kontrolle führen, gefolgt von einigen abschließenden Gedanken (Kapitel 4). Schließlich wird die Arbeit in Thesen zusammengefasst.

Kapitel 1 Die Grenzen der Schiedsautonomie und die (begrenzte) Gleichwertigkeit der Schiedsgerichtsbarkeit mit der staatlichen Gerichtsbarkeit

Die „Beseitigung" der Wirkungen eines Schiedsspruchs wegen eines Widerspruchs zum *ordre public* im Sinne des § 1059 Abs. 2 Nr. 2 lit. b) ZPO stellt einen schweren Eingriff in die grundsätzlich unabhängige Stellung der Schiedsgerichtsbarkeit und in die Schiedsautonomie der Parteien als *„‚Magna Charta' des Schiedsrechts"*[25] dar.[26] Umgekehrt prägen das Wesen der Schiedsgerichtsbarkeit und die rechtlichen Wirkungen von Schiedssprüchen die Eingriffsmöglichkeiten staatlicher Gerichte im Verfahren nach §§ 1059–1061 ZPO, nicht zuletzt unter dem Einfluss des Verbots der *révision au fond*. Angesichts dieser Zusammenhänge wird im Folgenden das Wesen der Schiedsgerichtsbarkeit als begrenzt gleichwertige Alternative zur staatlichen Gerichtsbarkeit umrissen (A), bevor die rechtlichen Wirkungen von Schiedssprüchen dargestellt werden (B). Im Anschluss wird die Rechtsnatur des Aufhebungsverfahrens nach § 1059 ZPO geklärt (C), mittels dessen eine Beseitigung von Schiedssprüchen aus Gründen des *ordre public* erreicht werden kann. Es folgt eine Zusammenfassung des Kapitels (D).

A. Schiedsgerichtsbarkeit als Alternative zur staatlichen Gerichtsbarkeit

Die Schiedsgerichtsbarkeit im Sinne des Zehnten Buchs der ZPO ist private Rechtsprechung unter staatlicher Aufsicht[27] bzw. *„vom Parteiwillen legitimierte Gerichtsbarkeit"*[28]. Sie bietet eine außergerichtliche Streitbeilegungsmethode, die neben die staatliche Gerichtsbarkeit tritt und diese ersetzt.[29] Die echte Schiedsgerichtsbarkeit im Sinne der §§ 1025 ff. ZPO ist zu unterscheiden von unechter Schiedsgerichtsbarkeit, etwa in Gestalt von Vereinsschiedsge-

25 *Wilske/Steinle/Schuler*, ZWeR 2020, 458 (462).

26 Vgl. *Sonnauer*, Kontrolle der Schiedsgerichte, S. 5.

27 *Schwab/Walter*, Schiedsgerichtsbarkeit, Kap. 1 Rn. 1; *Tafelmaier*, Schiedsspruch und staatliche Gerichtsbarkeit, S. 32–41 m. w. N.

28 *Kronke*, RIW 1998, 257 (260).

29 *K. Lionnet/A. Lionnet*, Schiedsgerichtsbarkeit, S. 116.

richten. Wesensmerkmale der echten Schiedsgerichtsbarkeit[30] sind der endgültige Ausschluss der staatlichen Entscheidungsgewalt durch Vertrag[31] und die unparteiliche und unabhängige Stellung des berufenen Spruchkörpers, die sich vorrangig aus einem paritätischen Bestellungsverfahren der Schiedsrichter ergibt.[32] Weil die Schiedsgerichtsbarkeit anders als echte alternative Streitbeilegungsmethoden (*Alternative Dispute Resolution*, ADR) eine abschließende und verbindliche Entscheidung des Rechtsstreits ermöglicht,[33] ist sie keine echte ADR-Methode.[34]

I. Außergerichtliche Streitbeilegung auf vertraglicher Grundlage

Ein Schiedsverfahren zeichnet sich durch seine vertragliche Grundlage aus. Dennoch handelt es sich um ein streitiges Verfahren.

1. Vertragliche Abbedingung der Zuständigkeit staatlicher Gerichte – der Streit über das Schiedsvereinbarungsstatut

Außer in den Fällen des § 1066 ZPO[35] steht ein Schiedsverfahren nur zur Verfügung, soweit die Parteien eine Vereinbarung über die verbindliche Entscheidung bestimmter schiedsfähiger Rechtsstreitigkeiten durch ein Schieds-

---

30 Dazu im Überblick *Prütting* FS Geimer, 839 (850 f.).

31 BGH, Beschl. v. 24.7.2014 – III ZB 83/13, NJW 2014, 3652 (3653).

32 BGH, Beschl. v. 27.5.2004 – III ZB 53/03, SchiedsVZ 2004, 205 (207); BGH, Urt. v. 23.4.2013 – II ZR 74/12, NJW-RR 2013, 873 (874); BGH, Urt. v. 7.6.2016 – KZR 6/15, BGHZ 210, 292 = NJW 2016, 2266 (2268); OLG Frankfurt a. M., Beschl. v. 23.6.2020 – 26 Sch 1/20, NZKart 2020, 448 (449); MüKo-ZPO/*J. Münch*, § 1066 Rn. 21, 21a; Musielak/Voit, ZPO/*Voit*, § 1029 Rn. 19.

33 *Pocsay*, Privates Kartellrecht in Schiedsverfahren, S. 10.

34 So vorausgesetzt von *Elsing* FS Sandrock, 267 (267 f.); *K. Lionnet/A. Lionnet*, Schiedsgerichtsbarkeit, S. 62 f.; *Nicklisch*, BB 1998, 2 (7); *Schütze/Thümmel*, Schiedsgericht und Schiedsverfahren, Einleitung Rn. 17; a. A. (echte ADR-Methode) *Greger* in Greger/Unberath/Steffek (Hrsg.), ADR, Kap. D. Rn. 26–30; *Pörnbacher/Wortmann*, ZKM 2012, 144; *Thole*, ZZP 127 (2014), 339 (347); zum Verhältnis zur ADR-Richtlinie 2013/11/EU: *G. Wagner* FS Schütze II, 679 (680 f.).

35 Danach gelten die §§ 1025 ff. ZPO auch für Schiedsgerichte, die rechtsgeschäftlich, aber nicht durch Vertrag eingesetzt werden, etwa durch letztwillige Verfügung oder Vereinssatzung; dazu MüKo-ZPO/*J. Münch*, § 1066 Rn. 3; Musielak/Voit, ZPO/*Voit*, § 1066 Rn. 2–11; zu satzungsmäßigen Schiedsklauseln *K. Schmidt*, ZHR 162 (1998), 265 (275–280).

gericht anstelle der staatlichen Gerichte geschlossen haben.[36] Eine Schiedsvereinbarung ist ein materiellrechtlicher Vertrag über prozessuale Beziehungen,[37] nach dem alle oder einzelne Streitigkeiten, die zwischen den Parteien in Bezug auf ein bestimmtes Rechtsverhältnis vertraglicher oder nichtvertraglicher Art entstanden sind oder künftig entstehen werden, der Entscheidung durch ein Schiedsgericht unterworfen werden, § 1029 Abs. 1 ZPO.[38] Eine Schiedsvereinbarung kann gemäß § 1029 Abs. 2 ZPO als selbstständiger Vertrag (Schiedsabrede) oder in Form einer Bestimmung in einem Vertrag (Schiedsklausel) geschlossen werden. Liegt eine formell (Art. II NYÜ, Art. I Abs. 2 lit. a) EuÜ[39], § 1031 ZPO)[40] und materiell wirksame Schiedsvereinbarung vor, schließt sie in ihrem Anwendungsbereich den Rechtsweg zu den staatlichen Gerichten aus, § 1032 Abs. 1 ZPO.

Wie im Falle von gerichtlichen Zuständigkeitsstreitigkeiten wegen behaupteter Unwirksamkeit der Schiedsvereinbarung – etwa nach § 1032 Abs. 2 ZPO oder § 1040 Abs. 3 Satz 2 ZPO oder bei Erhebung der Schiedseinrede nach § 1032 Abs. 1 ZPO – das Schiedsvereinbarungsstatut zu ermitteln ist, ist Gegenstand lebendiger Diskussionen.[41] Nach hiesigem Begriffsverständnis regelt das Schiedsvereinbarungsstatut in Abgrenzung etwa vom Formstatut das Zustandekommen, die materielle Wirksamkeit, die Auslegung und Reichweite sowie die Beendigung der Schiedsvereinbarung.[42] Befeuert

36 *R. Geimer*, IZPR, Rn. 3766, 3783; *K. Lionnet/A. Lionnet*, Schiedsgerichtsbarkeit, S. 54; MüKo-ZPO/*J. Münch*, § 1029 Rn. 4; Musielak/Voit, ZPO/*Voit*, § 1029 R. 2.

37 St. Rspr.: RG, Urt. v. 9.3.1934 – VII 262/33, RGZ 144, 96 (98); BGH, Urt. v. 30.1.1957 – V ZR 80/55, NJW 1957, 589 (590); BGH, Urt. v. 28.11.1963 – VII ZR 112/62, BGHZ 40, 320 = NJW 1964, 591 (592); zur Qualifikation von Schiedsvereinbarungen *Kronke*, RIW 1998, 257 (258); *Thümmel* FS Schütze I, 935 (940).

38 Zum notwendigen Inhalt der Schiedsvereinbarung *v. Schlabrendorff* in Salger/Trittmann (Hrsg.), Internationale Schiedsverfahren, § 2 Rn. 49–65.

39 Genfer Europäisches Übereinkommen vom 21. April 1961 über die internationale Handelsschiedsgerichtsbarkeit, BGBl 1964 II, S. 426.

40 Ausführlich zum Formstatut einer Schiedsvereinbarung: BGH, Urt. v. 26.11.2020 – I ZR 245/19, NJW-RR 2021, 376; ferner etwa *Schmidt-Ahrendts/Höttler*, SchiedsVZ 2011, 267 (274); *Thümmel* FS Schütze I, 935 (937–942).

41 Zum Meinungsstand BGH, Urt. v. 26.11.2020 – I ZR 245/19, NJW-RR 2021, 376 (380 f.); OLG Düsseldorf, Urt. v. 15.11.2017 – VI-U (Kart) 8/17, BeckRS 2017, 140328; OLG Saarbrücken, Urt. v. 23.11.2017 – 4 U 44/16, SchiedsVZ 2019, 290 (293 f.); *R. Geimer*, IZPR, Rn. 3788–3790c; *König*, SchiedsVZ 2012, 129; MüKo-ZPO/*J. Münch*, § 1029 Rn. 29–34; *Schäuble* in Hausmann/Odersky (Hrsg.), IPR-Notarpraxis, § 16 Rn. 203; zum alten Recht BGH, Urt. v. 28.11.1963 – VII ZR 112/62, BGHZ 40, 320 = NJW 1964, 591.

42 Zum Recht der Schiedsvereinbarung, das das Schiedsvereinbarungsstatut i. e. S., das Formstatut sowie Fragen der objektiven und subjektiven Schiedsfähigkeit umfasst: *Koussoulis* FS Schlosser, 415; *Schmidt-Ahrendts/Höttler*, SchiedsVZ 2011, 267 (272–276).

wird der Streit über das anwendbare Recht durch das Fehlen einer gesetzlichen Vorschrift zum Schiedsvereinbarungsstatut, die in allen Verfahren vor staatlichen Gerichten gilt, in denen das Statut relevant sein kann. Die Kollisionsregeln in Art. 25 Abs. 1 Satz 1 EuGVVO[43] und Art. 5 Abs. 1 HaagGVÜ[44] gelten lediglich für Gerichtsstandsvereinbarungen. Eine für Schiedsvereinbarungen geltende Vorschrift enthält zwar Art. VI Abs. 2 EuÜ. Danach richtet sich das Schiedsvereinbarungsstatut bei Erhebung der Schiedseinrede im ordentlichen Gerichtsverfahren nach dem gewählten Recht, mangels Rechtswahl nach dem Recht des Schiedsortes und, wenn der Sitz noch nicht feststeht, nach dem Recht, das das angerufene Gericht nach seinen Kollisionsnormen anzuwenden hat. Diese Kollisionsregel gilt aber nur im Anwendungsbereich des EuÜ und bei Erhebung der Einrede der Schiedsvereinbarung im staatlichen Prozess und daher nicht in Schiedssachen im Sinne der §§ 1025 ff. ZPO,[45] etwa im Zuständigkeitsstreit nach §§ 1032 Abs. 2, § 1040 Abs. 3 Satz 2 ZPO.[46] Es fehlt auch an einer Kollisionsvorschrift für Schiedsgerichte. Weder die deutsche *lex arbitri* noch gängige institutionelle Schiedsordnungen (mit Ausnahme etwa der LCIA-Regeln, dort Art. 16.4[47]) noch die UNCITRAL-Schiedsgerichtsordnung[48] regeln das Schiedsvereinbarungsstatut.

a) Meinungsstand

Im Ausgangspunkt des Meinungsstreits steht die Erkenntnis, dass das Schiedsvereinbarungsstatut nicht unmittelbar aus der *lex fori* des angerufenen Gerichts folgt, sondern internationalprivatrechtlich angeknüpft wird.[49]

43 Dazu *Magnus*, IPRax 2016, 521 (521–529).
44 Haager Übereinkommen über Gerichtsstandsvereinbarungen vom 30. Juni 2005, ABl. 2009 L 133, S. 3.
45 Dazu *Moller*, NZG 2000, 57 (59 f.).
46 Zum Fehlen einer in allen Verfahrensstadien geltenden Vorschrift *Koussoulis* FS Schlosser, 415 (415 f.).
47 LCIA Arbitration Rules vom 1. Oktober 2020 (*www.lcia.org/Dispute_Resolution_Services/lcia-arbitration-rules-2020.aspx* – zuletzt abgerufen am 5. Juni 2021).
48 UNCITRAL Arbitration Rules 2013 (https://uncitral.un.org/en/texts/arbitration/contractualtexts/arbitration – zuletzt abgerufen am 5. Juni 2021).
49 OLG Hamm, Urt. v. 9.7.2013 – 21 U 16/13, SchiedsVZ 2014, 38 (41); OLG Düsseldorf, Urt. v. 15.11.2017 – VI-U (Kart) 8/17, BeckRS 2017, 140328; MüKo-ZPO/*J. Münch*, § 1029 Rn. 28; *Ostendorf*, SchiedsVZ 2010, 234 (241); *Schmidt-Ahrendts/Höttler*, SchiedsVZ 2011, 267 (272); a. A. *Born/Koepp* FS Schlosser, 59 (67–72) (angesichts Art. II Abs. 3 NYÜ für international vereinheitlichte inhaltliche Anforderungen).

Einigkeit herrscht auch darüber, dass die Parteien das auf die Schiedsvereinbarung anwendbare Recht wählen dürfen.[50] Umstritten ist aber, welchen Vorschriften das Schiedsvereinbarungsstatut unterliegt, was vor allem bei Fehlen einer Parteivereinbarung virulent wird. Von besonderer Bedeutung ist die Rolle des § 1059 Abs. 2 Nr. 1 lit. a) ZPO bzw. seines Pendants in Art. V Abs. 1 lit. a) NYÜ, der „Sektor-Kollisionsvorschriften" für das Aufhebungs- und Vollstreckbarerklärungsverfahren.[51] Vor allem seit der Ersetzung des auf dem damaligen EVÜ[52] beruhenden Kollisionsrechts der vertraglichen Schuldverhältnisse (Art. 27–37 EGBGB a. F.) durch die Rom-I-VO herrscht Uneinigkeit darüber, welche Kollisionsregel das Schiedsvereinbarungsstatut bestimmt.[53] Denn Art. 1 Abs. 2 lit. e) Rom-I-VO nimmt Schiedsvereinbarungen vom Anwendungsbereich der Verordnung aus. Zwar enthielt auch Art. 1 Abs. 2 lit. d) EVÜ eine Bereichsausnahme für Schiedsvereinbarungen. Jedoch hatte der deutsche Gesetzgeber diese in Art. 27–37 EGBGB a. F. nicht umgesetzt, sodass nach damaligem Recht keine Herausnahme von Schiedsvereinbarungen aus dem Anwendungsbereich des Internationalen Privatrechts der Schuldverhältnisse galt.[54]

Der weit überwiegende Teil der einschlägigen Rechtsprechung erging zur Rechtslage vor dem Inkrafttreten der Rom-I-VO .[55] Zur alten Rechtslage befürwortete der Bundesgerichtshof die Heranziehung der Art. 27–37 EGBGB a. F.,[56] ermittelte das Schiedsvereinbarungsstatut mangels Parteivereinba-

---

50 St. Rspr.: BGH, Urt. v. 28.11.1963 – VII ZR 112/62, BGHZ 40, 320 = NJW 1964, 591 (592); BGH, Urt. v. 8.6.2010 – XI ZR 41/09, ZIP 2010, 2512 (2514); BGH, Beschl. v. 8.11.2018 – – I ZB 24/18, SchiedsVZ 2019, 355 (356); OLG München, Beschl. v. 16.8.2017 – 34 SchH 14/16, NJOZ 2018, 1791 (1793); OLG Saarbrücken, Urt. v. 23.11.2017 – 4 U 44/16, SchiedsVZ 2019, 290 (293); Zöller, ZPO/*R. Geimer*, § 1029 Rn. 107; *Koussoulis* FS Schlosser, 415 (419 f.); *Pfeiffer*, SchiedsVZ 2014, 161 (163); *Schütze*, SchiedsVZ 2014, 274 (275). Dazu, ob in Fällen ohne Auslandsbezug Rechtswahlfreiheit besteht: *R. Geimer*, IZPR, Rn. 3787; Musielak/Voit, ZPO/*Voit*, § 1029 Rn. 28; a. A. MüKo-ZPO/*J. Münch*, § 1062 Rn. 35; *Ostendorf*, SchiedsVZ 2010, 234 (236).

51 *R. Geimer*, IZPR, Rn. 3788, 3790b; *König*, SchiedsVZ 2012, 129; MüKo-ZPO/*J. Münch*, § 1029 Rn. 31.

52 Übereinkommen über das auf vertragliche Schuldverhältnisse anzuwendende Recht vom 19. Juni 1980, ABl. 1980 L 226, S. 1, Zustimmungsgesetz: BGBl. 1986 II, S. 809.

53 Zur Problematik seither BGH, Urt. v. 26.11.2020 – I ZR 245/19, NJW-RR 2021, 376 (380 f.); OLG Hamm, Urt. v. 9.7.2013 – 21 U 16/13, SchiedsVZ 2014, 38 (41 f.); OLG Saarbrücken, Urt. v. 23.11.2017 – 4 U 44/16, SchiedsVZ 2019, 290 (293 f.); *König*, SchiedsVZ 2012, 129; *Magnus*, IPRax 2016, 521 (530).

54 *Kronke*, RIW 1998, 257 (258).

55 *Tarawali/Gerardy*, SchiedsVZ 2021, 208 (212–214).

56 BGH, Beschl. v. 21.9.2005 – III ZB 18/05, NJW 2005, 3499 (3500 f.); BGH, Urt. v. 8.6.2010 – XI ZR 349/08, NJW-RR 2011, 548 (550); BGH, Urt. v. 3.5.2011 – XI ZR 373/08, NJW-

rung nach der engsten Verbindung und zog mitunter das in der Sache anwendbare Recht, das Hauptvertragsstatut, als engsten Berührungspunkt heran.[57] Im *Pechstein*-Urteil sah der Bundesgerichtshof die engste Verbindung hingegen zum Schiedsort und wendete – zögerlich – dessen Sachrecht an.[58] Zur neuen Rechtslage hatte es, soweit ersichtlich, bis zu einer Entscheidung des Bundesgerichtshofs aus dem November 2020[59] nur eine – unklare – höchstrichterliche Entscheidung gegeben: Unter Bezugnahme auf § 1059 Abs. 2 Nr. 1 lit. a) ZPO hatte der Bundesgerichtshof 2018 geurteilt, bei Fehlen einer Rechtswahl gelte deutsches Recht (als Schiedsortrecht), um diese Aussage im Folgesatz zu konterkarieren: Mangels Rechtswahl gelte das Statut des Hauptvertrags.[60]

In der Literatur wird vorgeschlagen, zur Ermittlung des Schiedsvereinbarungsstatus Art. 3 ff. Rom-I-VO[61] oder weiterhin Art. 27 ff. EGBGB a. F.[62] analog anzuwenden. Durchaus denkbare Analogien zu Art. 5 Abs. 1 HaagGVÜ, Art. VI Abs. 2 EuÜ oder § 1051 ZPO scheinen bislang wenig Beachtung gefunden zu haben.[63] Die überwiegende Auffassung plädiert dafür, bei einem inländischen Schiedsverfahren § 1059 Abs. 2 Nr. 1 lit. a) ZPO und bei einem ausländischen Schiedsverfahren Art. V Abs. 1 lit. a) NYÜ als spezielle Kollisionsregeln jeweils analog anzuwenden, sodass diese Vorschriften nicht nur „sektoriell" im Aufhebungs- und Vollstreckbarerklärungsverfahren gelten, sondern in jedem Verfahrensstadium das Schiedsvereinbarungsstatut be-

---

RR 2011, 1350 (1353); BGH, Urt. v. 7.6.2016 – KZR 6/15, BGHZ 210, 292 = NJW 2016, 2266 (2270).

57 BGH, Urt. v. 8.6.2010 – XI ZR 349/08, NJW-RR 2011, 548 (550); dagegen OLG Düsseldorf, Urt. v. 15.11.2017 – VI-U (Kart) 8/17, BeckRS 2017, 140328; *R. Geimer*, IZPR, Rn. 3788, 3790.

58 BGH, Urt. v. 7.6.2016 – KZR 6/15, BGHZ 210, 292 = NJW 2016, 2266 (2273); zur Entscheidung und zum gesamten Verfahrensgang *Pipoh*, Struktur der Wirksamkeitskontrolle, S. 25–33.

59 BGH, Urt. v. 26.11.2020 – I ZR 245/19, NJW-RR 2021, 376.

60 BGH, Beschl. v. 8.11.2018 – I ZB 24/18, SchiedsVZ 2019, 355 (356).

61 MüKo-BGB/*Martiny*, Vor Art. 1 Rom I Rn. 95; *Schütze*, SchiedsVZ 2014, 274 (275).

62 *Schack*, IZVR, Rn. 1331 f.: Bei Fehlen einer Rechtswahl gelte nach dem engsten Berührungspunkt dasjenige Recht, dem das Schiedsverfahren unterliege.

63 Rechtsquellenübergreifende Diskussion aber bei *Magnus*, IPRax 2016, 521.

stimmen sollen.[64] Auch nach diesen beiden im Ergebnis inhaltsgleichen[65] Vorschriften ergibt sich für inländische wie ausländische Schiedsverfahren das Schiedsvereinbarungsstatut vorrangig aus der Rechtswahl der Parteien. In diesem Zusammenhang ist mitunter vertreten worden, die Wahl des auf das Verfahren anwendbaren Rechts erstrecke sich stillschweigend auf das Schiedsvereinbarungsstatut,[66] andernorts, das Schiedsvereinbarungsstatut folge konkludent aus der Wahl des Hauptvertragsstatuts.[67] Wo eine Rechtswahl fehlt, gilt nach dieser überwiegenden Auffassung analog § 1059 Abs. 2 Nr. 1 lit. a) ZPO bzw. Art. V Abs. 1 lit. a) NYÜ das Sachrecht des Schiedsorts.[68]

Zwischenzeitig urteilte der *UK Supreme Court* in der Rechtssache *Enka* nach englischem Recht, bei Fehlen einer Rechtswahl sei nach der engsten Verbindung anzuknüpfen, die regelmäßig zum Hauptvertragsstatut bestehe.[69] Der Bundesgerichtshof entschied den Streit zum neuen Recht erstmals nur wenige Wochen später, im November 2020 – in einem Urteil des I. Zivilsenats,[70] das auch deswegen Aufmerksamkeit erregte, weil es die Voraussetzungen der Anwendbarkeit des CISG[71] auf den Abschluss einer Schiedsvereinbarung darlegt.[72] Nach dieser Entscheidung des Bundesgerichtshofs

---

64 *R. Geimer*, IZPR, Rn. 3788–3790c; *König*, SchiedsVZ 2012, 129 (132); MüKo-BGB/*Martiny*, Vor Art. 1 Rom I Rn. 89; MüKo-ZPO/*J. Münch*, § 1029 Rn. 31 f.; *Ostendorf*, SchiedsVZ 2010, 234 (241); *Schäuble* in Hausmann/Odersky (Hrsg.), IPR-Notarpraxis, § 16 Rn. 203; *Schmidt-Ahrendts/Höttler*, SchiedsVZ 2011, 267 (273); Musielak/Voit, ZPO/*Voit*, § 1029 Rn. 28.

65 MüKo-ZPO/*J. Münch*, § 1029 Rn. 32.

66 BGH, Urt. v. 23.4.1998 – III ZR 194/96, NJW 1998, 2452; *R. Geimer*, IZPR, Rn. 3790; Musielak/Voit, ZPO/*Voit*, § 1029 Rn. 28.

67 BGH, Urt. v. 28.11.1963 – VII ZR 112/62, BGHZ 40, 320 = NJW 1964, 591 (592); BGH, Urt. v. 3.5.2011 – XI ZR 373/08, NJW-RR 2011, 1350 (1353); OLG Hamm, Urt. v. 25.11.2019 – 8 U 86/15, juris (Rn. 184); MüKo-BGB/*Martiny*, Vor Art. 1 Rom I Rn. 95; zu der Frage, woraus das Schiedsvereinbarungsstatut folgt, wenn eine Wahl sowohl des Schiedsorts als auch des Verfahrensrechts existiert: *Koussoulis* FS Schlosser, 415 (425 f.).

68 *Schütze* ermittelt dieses Ergebnis über eine analoge Anwendung der Rom-I-VO (*Schütze*, SchiedsVZ 2014, 274 (275)).

69 *UK Supreme Court*, Urt. v. 9.10.2020 (Enka Insaat Ve Sanayi A.S. v OOO Insurance Company Chubb) – [2020] UKSC 38; dazu *Scherer/Jensen*, IPRax 2021, 177 (178–181); *Tarawali/Gerardy*, SchiedsVZ 2021, 208 (210 f.).

70 BGH, Urt. v. 26.11.2020 – I ZR 245/19, NJW-RR 2021, 376; dazu *Scherer/Jensen*, IPRax 2021, 177 (183); *Schwenzer/Beimel*, IWRZ 2021, 51 (51 f.); *Tarawali/Gerardy*, SchiedsVZ 2021, 208 (213).

71 Übereinkommen der Vereinten Nationen vom 11. April 1980 über Verträge über den internationalen Warenkauf, BGBl. 1989 II, S. 588.

72 Zu den CISG-Aspekten der Entscheidung *Kröll*, NJW 2021, 832 (833); *Masser/Harraschain*, SchiedsVZ 2021, 103; *Schwenzer/Beimel*, IWRZ 2021, 51 (55 f.).

gilt im Falle einer – nach dessen Worten – internationalen Schiedsvereinbarung mangels Rechtswahl Art. V Abs. 1 lit. a) NYÜ analog.[73] Im entschiedenen Fall lag der Schiedsort in Amsterdam, sodass die Analogie zum NYÜ für ausländische Schiedsverfahren gelten, während im Falle eines inländischen Schiedsverfahrens eine Analogie zu § 1059 Abs. 2 Nr. 1 lit. a) ZPO greifen dürfte. Nach Art. V Abs. 1 lit. a) NYÜ gilt das vereinbarte Recht und mangels Rechtswahl das Recht des Schiedsorts.

Steht der Sitz des Schiedsgerichts noch nicht fest, geht ein Rückgriff auf Art. V Abs. 1 lit. a) NYÜ bzw. § 1059 Abs. 2 Nr. 1 lit. a) ZPO indes ins Leere. Welches Recht dann gilt bzw. nach welcher Kollisionsregel es zu bestimmen ist, ließ der Bundesgerichtshof ausdrücklich dahinstehen.[74] In einem solchen Fall bietet es sich an, die Rechtsordnung desjenigen Staates heranzuziehen, zu dem der Streitgegenstand die engste Verbindung aufweist[75] (was zur Folgefrage führt, ob zur Bestimmung der engsten Verbindung die Auslegungsgrundsätze des Art. 4 Rom-I-VO greifen). Alternativ werden vorgeschlagen: die Heranziehung des in der Sache anwendbaren Rechts, der *lex causae*,[76] des am Ort des angerufenen Gerichts geltenden Sachrechts[77] und schließlich, mit dem Rechtsgedanken des Art. VI Abs. 2 EuÜ, eine „Zweitanknüpfung" nach dessen Internationalem Privatrecht.[78]

b) Stellungnahme

Ungeachtet dieser Unsicherheiten bei Fehlen sowohl einer Rechtswahl als auch eines Schiedsortes hat die analoge Anwendung von Art. V Abs. 1 lit. a) NYÜ bzw. § 1059 Abs. 2 Nr. 1 lit. a) ZPO in jeder Verfahrenslage für sich, dass sie über das gesamte Schiedsverfahren einheitliche Ergebnisse sicherstellt und in einem späteren gerichtlichen Verfahren Widersprüche zu vorangegangenen Anknüpfungen, und damit widersprüchliche Entscheidungen, vermeidet. Außerhalb des Aufhebungs- und Vollstreckbarerklärungsverfahrens etwa auf das Hauptvertragsstatut zurückzugreifen, würde dies nicht gewährleisten. Die Analogie zu den genannten „Sektorkollisionsvorschriften" stützt

73 BGH, Urt. v. 26.11.2020 – I ZR 245/19, NJW-RR 2021, 376 (380 f.).
74 BGH, Urt. v. 26.11.2020 – I ZR 245/19, NJW-RR 2021, 376 (381).
75 *Schmidt-Ahrendts/Höttler*, SchiedsVZ 2011, 267 (274).
76 *Schwenzer/Beimel*, IWRZ 2021, 51 (55).
77 *König*, SchiedsVZ 2012, 129 (133).
78 MüKo-ZPO/*Adolphsen*, Art. II NYÜ Rn. 29; *Koussoulis* FS Schlosser, 415 (426); dazu *Tarawali/Gerardy*, SchiedsVZ 2021, 208 (214).

sich auf das geschriebene Recht, auch wenn dieses seinem Wortlaut nach nur im Verfahren nach §§ 1059–1061 ZPO gilt. Auch der Gesetzgeber befürwortete die Anwendung des § 1059 Abs. 2 Nr. 1 lit. a) ZPO.[79] In der Begründung des reformierten § 1040 ZPO (Kompetenz des Schiedsgerichts zur Entscheidung über die eigene Zuständigkeit) hielt er (unpräzise formuliert) fest, dass sich die Gültigkeit der Schiedsvereinbarung im Rahmen des Zuständigkeitsstreits *„nach den in § 1059 Abs. 2 Nr. 1 Buchstabe a [...] ZPO-E enthaltenen Kollisionsregeln“*[80] beurteile.

Angesichts des vorhandenen Regelungsgeflechts aus Art. V Abs. 1 lit. a) NYÜ, Art. VI Abs. 2 EuÜ und § 1059 Abs. 2 Nr. 1 lit. a) ZPO erscheint es fraglich, ob die mitunter vertretenen Analogien zur Rom-I-VO bzw. zum EGBGB a. F. wirklich eine Regelungslücke schließen. Außerdem übersehen diese Lösungen (im Falle der Analogie zur Rom-I-VO) den ausdrücklichen Ausschluss von Schiedsvereinbarungen aus dem Anwendungsbereich bzw. (im Falle der Analogie zum EGBGB a. F.) die gesetzgeberische Aufhebungsentscheidung. Die hier vertretene Lösung bedient sich bei Fehlen einer Rechtswahl eines praktikablen und international akzeptierten Kriteriums, des Sitzes des Schiedsgerichts,[81] und ist auch deswegen vorzugswürdig.

2. „Quasigerichtliches“, nichtgütliches Verfahren

Bestätigt das ermittelte Schiedsvereinbarungsstatut die Wirksamkeit der Schiedsvereinbarung, genießt das Schiedsverfahren Vorrang vor einem gerichtlichen Verfahren. Der Vorrang wird durch die Möglichkeit der Erhebung der Schiedseinrede abgesichert.[82] Die schiedsvereinbarungswidrige Klage vor einem staatlichen Gericht ist auf Einrede unzulässig, § 1032 Abs. 1 ZPO. Seinen Ausdruck findet der Vorrang der Schiedsgerichtsbarkeit bei Vorliegen einer Schiedsvereinbarung unter anderem in § 1026 ZPO. Die Vorschrift ist deklaratorischer Natur,[83] erklärt das Tätigwerden staatlicher Gerichte in Angelegenheiten, die unter eine Schiedsvereinbarung fallen, für grundsätzlich ausgeschlossen und bestätigt so die Eigenständigkeit der Schiedsgerichtsbar-

79 Darauf weisen hin *Schmidt-Ahrendts/Höttler*, SchiedsVZ 2011, 267 (273).

80 BT-Drs. 13/5274, S. 43.

81 Mit dieser Argumentation auch *Magnus*, IPRax 2016, 521 (530).

82 BLHAG, ZPO/*Anders*, Vor § 1025 Rn. 6; *Hammer*, Überprüfung von Schiedsverfahren, Rn. 126; Saenger, ZPO/*Saenger*, § 1032 Rn. 1; Musielak/Voit, ZPO/*Voit*, § 1032 Rn. 1.

83 MüKo-ZPO/*J. Münch*, § 1026 Rn. 1; Saenger, ZPO/*Saenger*, § 1026 Rn. 1; Musielak/Voit, ZPO/*Voit*, § 1026 Rn. 1.

keit.[84] Bei Vorliegen einer Schiedsvereinbarung sind die gerichtlichen Befugnisse auf die in § 1062 Abs. 1 ZPO genannten Tätigkeiten beschränkt.[85] Ein Schiedsverfahren findet ohne Beteiligung staatlicher Gerichte statt, solange das Verfahren nicht „pathologisch" wird oder das Schiedsgericht (oder eine Partei mit dessen Zustimmung) ein Amtsgericht um gerichtliche Unterstützungstätigkeiten ersucht, etwa bei einer Beweisaufnahme (§§ 1050, 1062 Abs. 4 ZPO).[86] Ein Schiedsverfahren ist danach ein außergerichtliches Verfahren.

Im Gegensatz zu Methoden der echten alternativen Streitbeilegung, etwa der Mediation[87], Schlichtung[88] oder dem Schiedsgutachten[89], ist ein Schiedsverfahren jedoch ein streitiges, „quasigerichtliches" Verfahren, das zu einer endgültigen, verbindlichen Entscheidung des (gesamten) Rechtsstreits durch eine unabhängige Stelle führt.[90] Insoweit ist die Finalität des Schiedsspruchs[91] Wesensmerkmal der Schiedsgerichtsbarkeit und grenzt diese von echter alternativer Streitbeilegung ab.[92] Obwohl die Parteien die Schiedsvereinbarung – Zwangskonstellationen einmal außenvorgelassen – freiwillig schließen,

84 *Tafelmaier*, Schiedsspruch und staatliche Gerichtsbarkeit, S. 28.

85 Die Aufzählung lässt jedoch die einstweilige gerichtliche Tätigkeit trotz Vorliegens einer Schiedsvereinbarung (§ 1033 ZPO) unerwähnt: MüKo-ZPO/*J. Münch*, § 1062 Rn. 2.

86 Dazu etwa BGH, Beschl. v. 20.2.2020 – I ZB 45/19, ZfBR 2020, 759.

87 Dazu BLHAG, ZPO/*Anders*, Vor § 1025 Rn. 11 f.; *Dendorfer-Ditges* in Salger/Trittmann (Hrsg.), Internationale Schiedsverfahren, § 25 Rn. 1–8; *K. Lionnet/A. Lionnet*, Schiedsgerichtsbarkeit, S. 61–94; Stein/Jonas, ZPO/*Schlosser*, Vor § 1025 Rn. 14; *Thole*, ZZP 127 (2014), 339 (341–343).

88 Dazu MüKo-ZPO/*J. Münch*, Vor § 1025 Rn. 28–32; zur Abgrenzung von der Mediation *Thole*, ZZP 127 (2014), 339 (341 f.).

89 Dazu BLHAG, ZPO/*Anders*, Vor § 1025 Rn. 13–17; MüKo-ZPO/*J. Münch*, Vor § 1025 Rn. 75–80; Saenger, ZPO/*Saenger*, § 1029 Rn. 4 f.; Stein/Jonas, ZPO/*Schlosser*, Vor § 1025 Rn. 41–91; zur Abgrenzung von Schiedsgutachterklausel und Schiedsklausel bereits BGH, Urt. v. 25.6.1952 – II ZR 104/51, NJW 1952, 1296; BGH, Urt. v. 27.5.1953 – II ZR 147/52, BeckRS 1953, 31203783.

90 *Greger* in Greger/Unberath/Steffek (Hrsg.), ADR, Kap. D. Rn. 26; *Pocsay*, Privates Kartellrecht in Schiedsverfahren, S. 10; Stein/Jonas, ZPO/*Schlosser*, Vor § 1025 Rn. 11, 14; vgl. auch die Rechtsprechung zur Abgrenzung unechter von echter Schiedsgerichtsbarkeit: BGH, Beschl. v. 27.5.2004 – III ZB 53/03, SchiedsVZ 2004, 205 (207); BGH, Urt. v. 23.4.2013 – II ZR 74/12, NJW-RR 2013, 873 (874); BGH, Beschl. v. 24.7.2014 – III ZB 83/13, NJW 2014, 3652 (3653); BGH, Urt. v. 7.6.2016 – KZR 6/15, BGHZ 210, 292 = NJW 2016, 2266 (2268).

91 Dazu *Berger*, JInt'lArb 9 (1992), 5 (16 f.); *Dempegiotis*, JInt'lArb 25 (2008), 365 (371); *Werner*, JInt'lArb 12 (1995), 21 (23).

92 *Pocsay*, Privates Kartellrecht in Schiedsverfahren, S. 10.

handelt es sich um nichtgütliche Streitbeilegung.[93] Nach Vertragsschluss ist eine einseitige Abkehr von der Schiedsvereinbarung, die „Flucht" vor staatliche Gerichte, nicht mehr möglich.[94]

II. Begrenzte Verfahrensautonomie der Parteien

Weiteres Wesensmerkmal eines Schiedsverfahrens ist, dass es keiner zwingenden Verfahrensordnung unterliegt.

1. Gestaltungsfreiheit begrenzt durch zwingendes Verfahrensrecht

Vielmehr unterliegt die Verfahrensgestaltung der Parteiautonomie,[95] allerdings im Falle eines inländischen Schiedsverfahrens vorbehaltlich zwingender Vorschriften des deutschen Schiedsverfahrensrechts, § 1042 Abs. 3 ZPO. Zu den unabdingbaren Verfahrensregeln zählen gemäß § 1042 Abs. 1, 2 ZPO das Gleichbehandlungsgebot, die Achtung des rechtlichen Gehörs und das Recht der Parteien, sich durch Rechtsanwälte vertreten zu lassen. Zu den nicht normierten zwingenden Verfahrensgrundsätzen zählt etwa das Verbot des Richtens in eigener Sache.[96]

Auch die Rechtsbehelfe der §§ 1059–1061 ZPO sind nicht abdingbar,[97] was eine für die Grenzen der Schiedsautonomie wichtige Unterscheidung illus-

93 MüKo-ZPO/*J. Münch*, Vor § 1025 Rn. 26; Stein/Jonas, ZPO/*Schlosser*, Vor § 1025 Rn. 14 (zur Mediation abgrenzend).

94 *Duve*, BB-Beilage 1998, Nr. 9, 15 (19); *Pocsay*, Privates Kartellrecht in Schiedsverfahren, S. 10.

95 BGH, Beschl. v. 11.10.2018 – I ZB 9/18, NJW-RR 2019, 762 (763); *Dempegiotis*, JInt'lArb 25 (2008), 365 (370); Zöller, ZPO/*R. Geimer*, § 1042 Rn. 1, 22; MüKo-ZPO/*J. Münch*, § 1042 Rn. 6; Musielak/Voit, ZPO/*Voit*, § 1042 Rn. 1, 33; zur Parteiautonomie im Schiedsverfahren *Böckstiegel* FS Schütze I, 141; *K. Lionnet/A. Lionnet*, Schiedsgerichtsbarkeit, S. 54–57.

96 BGH, Beschl. v. 28.3.2012 – III ZB 63/10, NJW 2012, 1811; BGH, Beschl. v. 11.10.2017 – I ZB 12/17, SchiedsVZ 2018, 271 (272 f.); MüKo-ZPO/*J. Münch*, § 1042 Rn. 17 f.

97 Aufhebungsverfahren: BVerfG, Beschl. v. 11.5.1994 – 1 BvR 744/94, NVwZ-RR 1995, 232; BGH, Beschl. v. 24.7.2014 – III ZB 83/13, NJW 2014, 3652 (3653); BLHAG, ZPO/*Anders*, § 1059 Rn. 1; Musielak/Voit, ZPO/*Voit*, § 1059 Rn. 39; Vollstreckbarerklärungsverfahren: BLHAG, ZPO/*Anders*, § 1060 Rn. 1; *Schwab/Walter*, Schiedsgerichtsbarkeit, Kap. 22 Rn. 11.

triert.[98] Die in § 1042 Abs. 1, 2 ZPO genannten Verfahrensgrundsätze betreffen nämlich die vom Schiedsgericht im Schiedsverfahren anzuwendenden Verfahrensregeln, während die sonstigen nicht abdingbaren Vorschriften das vom staatlichen Gericht in Schiedssachen anzuwendende Recht vorgeben und damit die Einbindung der Schiedsgerichtsbarkeit in das staatliche Rechtsschutzsystem regeln.[99]

Danach ermöglicht es die in § 1042 Abs. 3 ZPO angeordnete Verfahrensautonomie den Parteien zwar, die Verfahrensregeln zu bestimmen. Wenn der Ort des Schiedsverfahrens in Deutschland liegt, gilt aber wegen des seinerseits zwingenden § 1025 Abs. 1 ZPO deutsches Schiedsverfahrensrecht, soweit es nicht dispositiv ist.[100] Dieses ermöglicht zwar die Wahl der Verfahrensregeln, sieht aber ein „zwingendes Korsett" an nicht abdingbaren Vorschriften vor (vor allem in § 1042 Abs. 1, 2 ZPO), die teilweise das schiedsgerichtliche Verfahren regeln, größtenteils aber die Tätigkeit der staatlichen Gerichte in Schiedssachen im Sinne des § 1062 Abs. 1 ZPO.

2. „Wählbare" Verfahrensregeln

In Ausübung ihrer Gestaltungsfreiheit[101] haben die Parteien die Möglichkeit, eigene Verfahrensregeln aufzustellen oder von einer Verfahrensregelung abzusehen, § 1042 Abs. 3 Alt. 1 ZPO.[102] Bei einem inländischen Sitz des Schiedsgerichts führt das Stillschweigen zu einem Ad-hoc-Schiedsverfahren.[103] In einem solchen Schiedsverfahren gelten – jenseits etwaiger Parteiabsprachen zu einzelnen Verfahrensaspekten – die Vorschriften der §§ 1025 ff. ZPO, auch die disponiblen, und auch für das Verfahren vor dem Schiedsgericht. Alternativ können die Parteien auf die Verfahrensordnung einer Schiedsinstitution Bezug nehmen (§ 1042 Abs. 3 Alt. 2 ZPO), wodurch diese zum Verfah-

---

98 Dazu *Horn*, SchiedsVZ 2008, 209 (211) (unterscheidet anschaulich zwischen interner *lex arbitri* (Rechte und Pflichten der Schiedsrichter) und externer *lex arbitri* (vom staatlichen Gericht in Schiedssachen anzuwendendes Recht)).

99 Zu der Unterscheidung OLG Karlsruhe, Beschl. v. 4.1.2012 – 9 Sch 02/09, SchiedsVZ 2012, 101 (103); MüKo-ZPO/*J. Münch*, § 1042 Rn. 13; Musielak/Voit, ZPO/*Voit*, § 1042 Rn. 32.

100 BT-Drs. 13/5274, S. 31.

101 Zu denkbaren Verfahrensgestaltungen *Kronke*, RIW 1998, 257 (260); *Schmidt-Ahrendts/Höttler*, SchiedsVZ 2011, 267 (268).

102 *Spiegel*, Kartellprivatrecht in der Handelsschiedsgerichtsbarkeit, S. 30.

103 Zu Ad-hoc-Schiedsverfahren nach deutschem Schiedsverfahrensrecht *G. Lörcher/T. Lörcher*, SchiedsVZ 2005, 179; zur Abgrenzung von Ad-hoc-Schiedsgerichtsbarkeit und institutioneller Schiedsgerichtsbarkeit *Berger*, AnwBl 2009, 771 (771–773).

rensstatut und ein institutionelles Schiedsverfahren unter professioneller Administration vereinbart wird.[104] Einen Mittelweg beschreiten die Parteien, wenn sie zwar nicht auf eine institutionelle Schiedsgerichtsordnung Bezug nehmen, jedoch die Geltung der für Ad-hoc-Schiedsverfahren geschaffenen UNCITRAL-Schiedsgerichtsordnung vereinbaren. Auch dann sind die §§ 1025 ff. ZPO abbedungen, das Verfahren findet aber ohne Zuhilfenahme einer Schiedsinstitution statt.

Außerdem dürfen die Parteien staatliches Verfahrensrecht, Teile desselben[105] oder eine Kombination verschiedener Verfahrensrechtsquellen[106] als Verfahrensregeln vereinbaren. Auch die Geltung ausländischen Verfahrensrechts kann hinsichtlich der Durchführung des Schiedsverfahrens bestimmt werden.[107] Allerdings können die Parteien eines inländischen Schiedsverfahrens nicht die Geltung ausländischen Verfahrensrechts in Gänze vereinbaren.[108] Das heißt: Die nach § 1025 Abs. 1 ZPO durch den inländischen Sitz begründete Geltung des nicht abdingbaren deutschen Schiedsverfahrensrechts der §§ 1025 ff. ZPO ist nicht vermeidbar. Verkennen die Parteien diese Zusammenhänge und vereinbaren die Geltung ausländischen Rechts „im Ganzen“, ist dies als Wahl der vom Schiedsgericht anzuwendenden Verfahrensregeln auszulegen, wobei auch diese Wahl nicht von den zwingenden Regelungen des deutschen Schiedsverfahrensrechts (§ 1042 Abs. 1, 2 ZPO) abweichen kann.[109]

Die Parteien können die Verfahrensregeln im Laufe des Schiedsverfahrens ändern; sie sind nicht an die einmal vereinbarten Verfahrensregeln gebun-

104 Zur institutionellen Schiedsgerichtsbarkeit *Schwab/Walter*, Schiedsgerichtsbarkeit, Kap. 41 Rn. 12–20; *Schütze*, Institutionelle Schiedsgerichtsbarkeit, 1. Kapitel Rn. 1–21.

105 BGH, Urt. v. 1.3.2007 – III ZR 164/06, SchiedsVZ 2007, 163 (164); OLG Stuttgart, Beschl. v. 16.7.2002 – 1 Sch 8/02, SchiedsVZ 2003, 84 (86); MüKo-ZPO/*J. Münch*, § 1042 Rn. 85.

106 Dazu MüKo-ZPO/*J. Münch*, § 1042 Rn. 85 m. w. N.: Angesichts der Unvorhersehbarkeit aller erdenklichen prozessualen Konstellationen seien die Parteien in der Regel nicht in der Lage, ein vollständiges Verfahrensregime zu schaffen, sodass „*Mischgebilde*“ in der Praxis häufig seien; ferner für spezielle Vereinbarungen betreffend das Beweisverfahren *Schütze*, SchiedsVZ 2018, 101 (104, 106).

107 *R. Geimer*, IZPR, Rn. 3832; MüKo-ZPO/*J. Münch*, § 1042 Rn. 85; Stein/Jonas, ZPO/*Schlosser*, § 1025 Rn. 2; Musielak/Voit, ZPO/*Voit*, § 1025 Rn. 3 f., § 1042 Rn. 32.

108 BT-Drs. 13/5274, S. 47; Zöller, ZPO/*R. Geimer*, § 1025 Rn. 3 f.; *K. Lionnet/A. Lionnet*, Schiedsgerichtsbarkeit, S. 123; Saenger, ZPO/*Saenger*, § 1025 Rn. 2, § 1042 Rn. 14; Wieczorek/Schütze, ZPO/*Schütze*, § 1042 Rn. 2; Musielak/Voit, ZPO/*Voit*, § 1042 Rn. 32.

109 Musielak/Voit, ZPO/*Voit*, § 1042 Rn. 32; Stein/Jonas, ZPO/*Schlosser*, § 1025 Rn. 2.

den.[110] In den Grenzen der zwingenden Vorschriften der §§ 1025 ff. ZPO hat das Schiedsgericht nachträglichen Parteivereinbarungen über das Verfahren nach umstrittener Ansicht Folge zu leisten,[111] so etwa, wenn die Parteien Fristen neu vereinbaren, einvernehmlich bestimmte Beweismittel zulassen oder ausschließen oder organisatorische Einzelheiten der Schiedsverhandlung regeln.

Soweit die Parteien keine Regelung getroffen haben und kein gesetzliches Verfahrensrecht existiert, bestimmt das Schiedsgericht das Verfahren nach freiem Ermessen, § 1042 Abs. 4 Satz 1 ZPO. Gerade in internationalen Schiedsverfahren orientieren sich Schiedsgerichte häufig an etablierten Best Practices.[112] Im Hinblick auf das Beweisverfahren führt dies nicht selten zur Anwendung der im Dezember 2020 reformierten IBA-Beweisregeln[113] und bei Befangenheitsfragen zur Heranziehung der IBA-Konfliktregeln[114]. Im Rahmen eines Dokumentvorlageverfahrens (*document production* in Anlehnung an die anglo-amerikanische *pre-trial discovery of documents*[115]), etwa nach Art. 3 IBA-Beweisregeln, ist dann häufig ein *Redfern Schedule* zu erstellen, in dem die Vorlageanträge tabellarisch begründet, beantwortet, repliziert und sodann vom Schiedsgericht beschieden werden.[116]

110 BGH, Urt. v. 26.9.1985 – III ZR 16/84, NJW 1986, 1436; Zöller, ZPO/*R. Geimer*, § 1042 Rn. 12; a. A. *Schütze* FS Thümmel, 847 (850).

111 Zöller, ZPO/*R. Geimer*, § 1042 Rn. 22; Stein/Jonas, ZPO/*Schlosser*, § 1042 Rn. 14; einschränkend (Bindung nur, soweit Änderungen von *„technischer Bedeutung"*, ansonsten Erfordernis der Zustimmung der Schiedsrichter): Musielak/Voit, ZPO/*Voit*, § 1042 Rn. 33; a. A. (Zustimmungserfordernis) Wieczorek/Schütze, ZPO/*Schütze*, § 1042 Rn. 26; *Schütze* FS Thümmel, 847 (850).

112 *Trittmann* in Salger/Trittmann (Hrsg.), Internationale Schiedsverfahren, § 10 Rn. 11–15.

113 IBA Rules on the Taking of Evidence in International Arbitration der International Bar Association vom 17. Dezember 2020 (*www.ibanet.org/resources* – zuletzt abgerufen am 5. Juni 2021); dazu *Balthasar* in Balthasar (Hrsg.), Arbitration, § 1 Rn. 62–64; *Böckstiegel* FS Schlosser, 49 (55); *Trittmann* FS Thümmel, 913 (919–921); *Wilske/Steinle/Schuler*, ZWeR 2020, 458 (465).

114 IBA Guidelines on Conflicts of Interest in International Arbitration vom 23. Oktober 2014 (*www.ibanet.org/resources* – zuletzt abgerufen am 5. Juni 2021); dazu *Trittmann* in Salger/Trittmann (Hrsg.), Internationale Schiedsverfahren, § 10 Rn. 17.

115 Dazu *Balthasar* in Balthasar (Hrsg.), Arbitration, § 1 Rn. 64; *Born*, International Commercial Arbitration, S. 2493–2569; *Trittmann* in Salger/Trittmann (Hrsg.), Internationale Schiedsverfahren, § 10 Rn. 92–100; kritisch zu Discovery-Verfahren *Böckstiegel* FS Schlosser, 49 (55).

116 Dazu *Blackaby/Partasides*, Redfern/Hunter, Rn. 6.100–6.103; *Khodykin/Mulcahy/Fletcher*, IBA Rules, Rn. 6.199–6.207; *Trittmann* in Salger/Trittmann (Hrsg.), Internationale Schiedsverfahren, § 10 Rn. 117–128.

III. Schiedsgerichtsbarkeit als Rechtsprechung im funktionalen Sinne

Auch wenn sich die Schiedsgerichtsbarkeit nicht zuletzt wegen der Verfahrensautonomie der Parteien deutlich von der staatlichen Gerichtsbarkeit unterscheidet, ähnelt sie wie keine andere außergerichtliche Streitbeilegungsmethode der staatlichen Gerichtsbarkeit. Als einziger außergerichtlicher Streitbeilegungsmechanismus ermöglicht ein Schiedsverfahren die endgültige und verbindliche Entscheidung des gesamten Rechtsstreits durch einen unabhängigen und unparteiischen Dritten.[117] Seinen Abschluss findet ein Schiedsverfahren in einem Schiedsspruch, der unter Zuhilfenahme deutscher Gerichte zur Zwangsvollstreckung zugelassen werden kann, § 1060 f. ZPO. Andererseits beruht jedes Schiedsverfahren auf einer Parteivereinbarung,[118] anders gewendet:

> *„Arbitration constitutes a private justice system created by contract and supported by courts.“*[119]

Der Bundesgerichtshof qualifiziert die Schiedsgerichtsbarkeit als *„ihrer Funktion und Wirkung nach materiell*[e] *Rechtsprechung“*[120] und grenzt sie so von echter Rechtsprechung ab. In der Literatur heißt es, Schiedsgerichte übten echte[121] bzw. materielle[122] Rechtsprechung aus. Ungeachtet der dogmatischen Einordnung der Schiedsgerichtsbarkeit ist man sich weitgehend[123] einig, dass Schiedsgerichtsbarkeit und staatliche Gerichtsbarkeit gleichwertig sein

---

117 BGH, Urt. v. 23.4.2013 – II ZR 74/12, NJW-RR 2013, 873 (874); BGH, Beschl. v. 24.7.2014 – III ZB 83/13, NJW 2014, 3652 (3653); *Greger* in Greger/Unberath/Steffek (Hrsg.), ADR, Kap. A. Rn. 1; *Pörnbacher/Wortmann*, ZKM 2012, 144.

118 BLHAG, ZPO/*Anders*, § 1055 Rn. 4.

119 *Dempegiotis*, JInt'lArb 25 (2008), 365 (370).

120 BGH, Urt. v. 15.5.1986 – III ZR 192/84, NJW 1986, 3027 (3028); ferner BGH, Beschl. v. 27.5.2004 – III ZB 53/03, SchiedsVZ 2004, 205 (207); BGH, Beschl. v. 8.11.2007 – III ZB 95/06, SchiedsVZ 2008, 40 (42); BGH, Urt. v. 7.6.2016 – KZR 6/15, BGHZ 210, 292 = NJW 2016, 2266 (2268).

121 *Altenmüller*, Schiedsrichterliche Entscheidung, S. 14; Zöller, ZPO/*R. Geimer*, Vor § 1025 Rn. 1; *K. Lionnet/A. Lionnet*, Schiedsgerichtsbarkeit, S. 50; Saenger, ZPO/*Saenger*, Vor §§ 1025–1066 Rn. 6; *Tafelmaier*, Schiedsspruch und staatliche Gerichtsbarkeit, S. 23 f.

122 *Gößling*, Europäisches Kollisionsrecht und internationale Schiedsgerichtsbarkeit, S. 6; *Pocsay*, Privates Kartellrecht in Schiedsverfahren, S. 10, 263; *Prütting* FS Schlosser, 705 (707); *Völker*, Dogmatik des ordre public, S. 257.

123 Kritisch zur *„These von der Gleichwertigkeit“ Voit*, JZ 1997, 120 (120–124).

sollen und sind.[124] Zurückhaltender war allerdings der Gerichtshof der Europäischen Union. Im *Nordsee*-Urteil merkte er an, private Schiedsgerichte wiesen „*eine gewisse Ähnlichkeit*"[125] mit staatlichen Gerichten auf, es fehle aber an einer hinreichend engen Beziehung zum mitgliedstaatlichen Rechtsschutzsystem.

Nur ausnahmsweise, außerhalb der Entscheidung in der Sache, ist ein Schiedsgericht im Rahmen eines ihm zugewiesenen Rechtsstreits nicht letztentscheidungsbefugt. Wo ein solches Kompetenzdefizit besteht, greift die Zuständigkeit staatlicher Gerichte, so etwa im Falle von Zuständigkeitsstreitigkeiten nach §§ 1032 Abs. 2, 1040 Abs. 3 Satz 2 ZPO oder bei Streitigkeiten über die Besetzung des Schiedsgerichts und die Ablehnung von Schiedsrichtern nach §§ 1034 Abs. 2, 1035 Abs. 3, 4, 1037 Abs. 3 ZPO. Insofern existiert die Schiedsgerichtsbarkeit zwar nicht vollständig, aber weitgehend autonom neben der staatlichen Gerichtsbarkeit, wobei sie in gewissen Grenzen von dieser „überwacht" wird, vor allem im Verfahren nach §§ 1059–1061 ZPO.[126]

B. Die begrenzten rechtlichen Wirkungen von Schiedssprüchen

Inwieweit sich die Schiedsgerichtsbarkeit auf Augenhöhe mit der staatlichen Gerichtsbarkeit wähnen darf, richtet sich auch nach den rechtlichen Wirkungen von Schiedssprüchen.

I. Inländische und ausländische Schiedssprüche

Struktur und Inhalt der Schiedsspruchwirkungen hängen von der „Nationalität" des Schiedsspruchs ab – davon, ob es sich um einen inländischen oder ausländischen Schiedsspruch handelt.

124 BT-Drs. 13/5274, S. 34 („*im Prinzip gleichwertige Rechtsschutzmöglichkeit*"); *Berger* FS Sandrock, 49 (56); *R. Geimer* FS Yessiou-Faltsi, 169 (171); dazu *Pipoh*, Struktur der Wirksamkeitskontrolle, S. 53–55; *Tafelmaier*, Schiedsspruch und staatliche Gerichtsbarkeit, S. 32.

125 EuGH, Urt. v. 23.3.1982 – C-102/81 (Nordsee), Slg. 1982, 1096 = BeckRS 2004, 70632.

126 MüKo-ZPO/*J. Münch*, § 1059 Rn. 1; *Poseck* in Salger/Trittmann (Hrsg.), Internationale Schiedsverfahren, § 22 Rn. 1; *Tafelmaier*, Schiedsspruch und staatliche Gerichtsbarkeit, S. 24 f., 103; Musielak/Voit, ZPO/*Voit*, § 1059 Rn. 1.

1. Anknüpfungspunkt: Ort des schiedsrichterlichen Verfahrens

Das deutsche Schiedsverfahrensrecht knüpft die Schiedsspruchnationalität an den Ort des schiedsrichterlichen Verfahrens, an den Sitz des Schiedsgerichts. Gemäß § 1043 Abs. 1 Satz 1 ZPO bestimmen die Parteien den Sitz des Schiedsgerichts. Fehlt eine Vereinbarung, legt das Schiedsgericht seinen Sitz fest, § 1043 Abs. 1 Satz 2 ZPO. Die Sitzbestimmung zählt nicht zum notwendigen Inhalt der Schiedsvereinbarung.[127] Der Sitz muss aber im Schiedsspruch angegeben werden, § 1054 Abs. 3 Satz 1 ZPO. Sitz des Schiedsgerichts ist nach streitiger Ansicht der „*virtuelle*"[128] Sitz.[129] Nicht erforderlich ist, dass das Schiedsgericht an seinem Sitz tatsächlich verhandelt oder berät, § 1043 Abs. 2 ZPO. Die Anknüpfung an den Sitz des Schiedsgerichts führte der Gesetzgeber mit dem SchiedsVfG ein,[130] in dessen Gesetzesbegründung er ebenfalls von einem „*mehr oder weniger vergeistigt*[en] *Ortsbegriff*"[131] sprach.

Die reformierte Regelung folgt dem *Territorialitätsprinzip*, das auch im UNCITRAL-Modellgesetz angelegt ist.[132] Vor der Neuregelung hatte das deutsche Schiedsverfahrensrecht zur Bestimmung der Nationalität des Schiedsspruchs auf das effektiv vom Schiedsgericht angewendete Verfahrensrecht abgestellt, § 1044 ZPO a. F. (sog. *Verfahrenstheorie*).[133] Seit der Reform bestimmt der Sitz des Schiedsgerichts nicht nur die Nationalität des

---

127 *v. Schlabrendorff* in Salger/Trittmann (Hrsg.), Internationale Schiedsverfahren, § 2 Rn. 138; Musielak/Voit, ZPO/*Voit*, § 1029 Rn. 13.

128 MüKo-ZPO/*J. Münch*, § 1043 Rn. 3; ähnlich *Berger*, DZWir 1998, 45 (47); Musielak/Voit, ZPO/*Voit*, § 1043 Rn. 1; aber Zöller, ZPO/*R. Geimer*, § 1059 Rn. 7 (wenn „*jede halbwegs plausible Beziehung*" zum gewillkürten Schiedsort fehle, könnten die Parteien deutsches Schiedsverfahrensrecht nicht durch Wahl eines ausländischen Sitzes abbedingen).

129 Für effektiven Schiedsort aber *Schütze* FS v. Hoffmann, 1077 (1081–1083); *Schütze*, SchiedsVZ 2014, 274 (275); gegen fiktiven Schiedsort auch *Kronke*, RIW 1998, 257 (261).

130 BT-Drs. 13/5274, S. 26, 31; dazu *Samtleben*, ZZPInt 2011, 425 (428 f.); Stein/Jonas, ZPO/*Schlosser*, § 1025 Rn. 2.

131 BT-Drs. 13/5274, S. 47.

132 Art. 1 Abs. 2 UNCITRAL Model Law on International Commercial Arbitration 1985 (UNCITRAL-Modellgesetz, ModG); dazu *Berger*, DZWir 1998, 45 (46 f.); *Kronke*, RIW 1998, 257 (260); Wieczorek/Schütze, ZPO/*Schütze*, § 1043 Rn. 5, 8; zu Unterschieden zwischen ModG und reformiertem deutschen Recht *Schumacher*, BB-Beilage 1998, Nr. 2, 6 (8–16).

133 Dazu BT-Drs. 13/5274, S. 26; BGH, Urt. v. 3.10.1956 – V ZR 32/55, NJW 1956, 1838; BGH, Urt. v. 26.9.1985 – III ZR 16/84, NJW 1986, 1436; weiterhin befürwortend *Baumert*, SchiedsVZ 2014, 139 (141); zur Theorie *Gottwald* FS Nagel, 54 (54 f.); *Kornblum*, ZZP 86 (1973), 215 (217); *Kronke*, RIW 1998, 257 (260); kritisch *Mann* FS Flume, 593 (602 f.); *Raeschke-Kessler*, EuZW 1990, 145; *G. Roth*, Der Vorbehalt des Ordre

Schiedsspruchs. Das deutsche Schiedsverfahrensrecht ist überhaupt nur anwendbar, wenn der Ort des schiedsrichterlichen Verfahrens in Deutschland liegt, § 1025 Abs. 1 ZPO. Nur wenige Vorschriften der deutschen *lex arbitri* gelten auch für ausländische Schiedsverfahren. Das sind die in § 1025 Abs. 2 ZPO genannten Vorschriften, etwa zur Erhebung der Schiedseinrede nach § 1032 Abs. 1 ZPO, die auch im Falle eines ausländischen Schiedsverfahrens möglich ist (Art. II Abs. 3 NYÜ), und gemäß § 1025 Abs. 4 die Regeln zum Vollstreckbarerklärungsverfahren nach §§ 1061–1065 ZPO.

2. Nationale und internationale Schiedsverfahren

Die Unterscheidung zwischen nationalen und internationalen Schiedsverfahren sollte hingegen für die rechtlichen Wirkungen und für die materielle Ordre-public-Kontrolle von Schiedssprüchen nicht überbewertet werden.[134] Die Differenzierung ist zwar anerkannt[135] und sachgerecht.[136] Denn in der Praxis macht es gewiss einen Unterschied, ob es sich um einen Rechtsstreit handelt, der keinen Auslandsbezug aufweist und nach deutschem Sach- und Verfahrensrecht entschieden wird, oder um ein Schiedsverfahren zwischen Parteien aus verschiedenen Staaten, das ausländischem Recht unterliegt und Bezug zu einer Mehrzahl von Staaten hat. Die Unterscheidung ist auch normativ verankert. Das UNCITRAL-Modellgesetz, an das inzwischen eine Vielzahl von Staaten ihr nationales Schiedsverfahrensrecht angepasst hat,[137] soll nach Art. 1 Abs. 1 ModG nur auf internationale (Handels-)Schiedsverfahren Anwendung finden.

Jedoch entschied sich der deutsche Gesetzgeber bei der Umsetzung des UNCITRAL-Modellgesetzes durch das SchiedsVfG gegen die Differenzierung.[138] Das deutsche Schiedsverfahrensrecht gilt für nationale und interna-

---

Public, S. 132 f.; *Samtleben*, ZZPInt 2011, 425 (428); *v. Heymann*, Ordre public in der Schiedsgerichtsbarkeit, S. 156 f.

134 Kritisch auch *Haas*, Anerkennung und Vollstreckung, S. 45; a. A. *Völker*, Dogmatik des ordre public, S. 272–274 (Intensität der Ordre-public-Kontrolle hänge vom Inlandsbezug des Schiedsverfahrens ab).

135 Zum Begriff *Dempegiotis*, JInt'lArb 25 (2008), 365 (369); *Hilbig*, Kartellverbot im Schiedsverfahren, S. 4–7.

136 Laut Regierungsentwurf zum SchiedsVfG stehen internationale Schiedsverfahren „*im Vordergrund des Interesses*" an der Schiedsgerichtsbarkeit: BT-Drs. 13/5274, S. 22.

137 *Balthasar* in Balthasar (Hrsg.), Arbitration, § 1 Rn. 1 f.; *v. Essen* in Salger/Trittmann (Hrsg.), Internationale Schiedsverfahren, § 1 Rn. 24.

138 MüKo-ZPO/*J. Münch*, § 1025 Rn. 3; *Schwab/Walter*, Schiedsgerichtsbarkeit, Kap. 41 Rn. 8; zur Umsetzung des ModG *Berger*, SchiedsVZ 2009, 289 (293 f.).

tionale Schiedsverfahren, sofern der Sitz des Schiedsgerichts in Deutschland liegt, § 1025 Abs. 1 ZPO.[139] Mit der überschießenden Umsetzung wollte der Gesetzgeber eine Rechtszersplitterung und Unsicherheiten bei der Abgrenzung verhindern.[140] So fehlt es (auch im UNCITRAL-Modellgesetz) an einem eindeutigen Unterscheidungskriterium.[141] Nach Art. 1 Abs. 3 ModG ist ein Schiedsverfahren international, wenn sich der Sitz der Parteien in verschiedenen Staaten befindet oder sich der Schiedsort oder der schwerpunktmäßige Leistungsort in einem Drittstaat befindet, wobei ein Schiedsverfahren auch per Vereinbarung ein internationales sein kann.[142] Auch der Bundesgerichtshof betonte das Bedürfnis nach Rechtssicherheit und Rechtsklarheit, als er bestätigte, dass bei einem inländischen Schiedsverfahren auch dann der *ordre public interne* (und nicht der *ordre public international*) gilt,[143] wenn ausländische Parteien oder ausländische Schiedsrichter involviert sind (wenn es sich also um ein internationales Schiedsverfahren handelt).[144] Demnach hat die Differenzierung zwischen nationalen und internationalen Schiedsverfahren insbesondere bei der Bestimmung der Schiedsspruchwirkungen keine Bedeutung.

II. Inländische Schiedssprüche: Rechtskraftwirkung bis zur gerichtlichen Aufhebung

Von Bedeutung für die Schiedsspruchwirkungen ist jedoch § 1055 ZPO, wonach der Schiedsspruch die Wirkungen eines rechtskräftigen gerichtlichen Urteils hat.

139 BT-Drs. 13/5274, S. 25, 31; dazu MüKo-ZPO/*J. Münch*, § 1025 Rn. 1, 3.

140 BT-Drs. 13/5274, S. 1, 25; zu Abgrenzungsschwierigkeiten zwischen rein nationalen und internationalen Sachverhalten *Maultzsch* FS v. Hoffmann, 304 (316 f.).

141 *v. Essen* in Salger/Trittmann (Hrsg.), Internationale Schiedsverfahren, § 1 Rn. 20.

142 Zu den Kriterien *Haas*, Anerkennung und Vollstreckung, S. 62 f.; MüKo-ZPO/*J. Münch*, § 1025 Rn. 2.

143 Zur Abgrenzung der beiden Ordre-public-Begriffe unten Kap. 2 A.III.

144 BGH, Beschl. v. 29.1.2009 – III ZB 88/07, BGHZ 179, 304 = NJW 2009, 1747 (1749).

1. Struktur der Inlandswirkungen

Der Schiedsspruch besitzt formelle Rechtskraft und entfaltet rechtliche Wirkungen, sobald die formellen Anforderungen des § 1054 ZPO erfüllt sind,[145] wozu der Zugang bei den Parteien des Schiedsverfahrens gehört.[146] Die in § 1055 ZPO angeordnete Gleichsetzung der Wirkungen eines Schiedsspruchs mit den Wirkungen eines rechtskräftigen gerichtlichen Urteils gilt jedoch nur für inländische Schiedssprüche. Dass die Wirkungsgleichstellung nicht für ausländische Schiedssprüche gilt, ergibt sich im Umkehrschluss aus der Aufzählung in § 1025 Abs. 2 ZPO und aus § 1025 Abs. 4 ZPO.

Die Rechtskraftwirkungen eines inländischen Schiedsspruchs treten *ipso iure* ein, ohne das Erfordernis einer gerichtlichen Anerkennungs- oder Vollstreckbarerklärung.[147] Dem Eintritt der Wirkungen steht das bloße Vorliegen eines Aufhebungsgrundes gemäß § 1059 Abs. 2 ZPO nicht entgegen. Anders gewendet hindert die Aufhebbarkeit eines Schiedsspruchs nicht dessen Wirksamkeit.[148] Ein deutsches Gericht darf Aufhebungsgründe nicht inzident außerhalb des Aufhebungs- und Vollstreckbarerklärungsverfahrens prüfen.[149] Die Rechtskraftwirkungen gemäß § 1055 ZPO entfallen nur und erst dann, wenn der Schiedsspruch im Rahmen eines Aufhebungsverfahrens aufgehoben (§ 1059 ZPO) oder in einem Vollstreckbarerklärungsverfahren die Vollstreckbarerklärung abgelehnt und der Schiedsspruch damit zugleich aufgehoben wurde (§ 1060 Abs. 2 Satz 1 ZPO).

2. Inhalt der Inlandswirkungen

Nach § 1055 ZPO hat ein inländischer Schiedsspruch dieselben Wirkungen wie ein (inländisches) rechtskräftiges gerichtliches Urteil. Rechtskraftwirkung bedeutet neben der formellen Rechtskraft materielle Rechtskraft im

145 *Harbst*, Rolle der staatlichen Gerichte, S. 178; Saenger, ZPO/*Saenger*, § 1055 Rn. 2 f.; Stein/Jonas, ZPO/*Schlosser*, § 1055 Rn. 1; Wieczorek/Schütze, ZPO/*Schütze*, § 1055 Rn. 3; Musielak/Voit, ZPO/*Voit*, § 1055 Rn. 2 f.

146 Saenger, ZPO/*Saenger*, § 1055 Rn. 2; *Tafelmaier*, Schiedsspruch und staatliche Gerichtsbarkeit, S. 162; Musielak/Voit, ZPO/*Voit*, § 1055 Rn. 3; a. A. MüKo-ZPO/*J. Münch*, § 1055 Rn. 4 (ab erstem Empfangsakt).

147 BLHAG, ZPO/*Anders*, § 1055 Rn. 4; *F. Schmidt*, SchiedsVZ 2013, 32 (40); *Tafelmaier*, Schiedsspruch und staatliche Gerichtsbarkeit, S. 176.

148 BLHAG, ZPO/*Anders*, § 1055 Rn. 5; *R. Geimer*, IZPR, Rn. 3722; *Hammer*, Überprüfung von Schiedsverfahren, Rn. 565, 572, 577; MüKo-ZPO/*J. Münch*, § 1055 Rn. 2.

149 MüKo-ZPO/*J. Münch*, § 1059 Rn. 2; Stein/Jonas, ZPO/*Schlosser*, § 1059 Rn. 2; Wieczorek/Schütze, ZPO/*Schütze*, § 1059 Rn. 71.

Sinne des § 322 Abs. 1 ZPO.[150] Weder ein staatliches Gericht noch ein Schiedsgericht darf erneut über den Streitgegenstand des „ausgeurteilten“ Schiedsverfahrens entscheiden.[151] Ferner sind Gerichte und Schiedsgerichte in Zweitverfahren zwischen denselben Parteien über einen *anderen* Streitgegenstand innerhalb der Grenzen der materiellen Rechtskraft nach § 322 ZPO an die im Schiedsspruch tenorierte Rechtsfolge gebunden.[152]

Welche Unterschiede die Wirkungen von Schiedssprüchen trotz der gesetzlich angeordneten Gleichstellung mit Gerichtsurteilen aufweisen, ist im Einzelnen umstritten.[153] Diskutiert wird etwa die Abdingbarkeit der Rechtskraftwirkung eines Schiedsspruchs durch die Parteien.[154] Der Bundesgerichtshof urteilte dazu, die *„Parteidisposition über die rechtskräftig entschiedene Sache“*[155] erscheine angesichts der Verfahrensautonomie der Parteien nicht ausgeschlossen, ließ die Frage aber letztlich offen. Umstritten ist auch, ob das staatliche Gericht die Rechtskraftwirkung des Schiedsspruchs im Zweitverfahren nur auf Einrede[156] oder – wie im Falle eines gerichtlichen Urteils[157] – von Amts wegen[158] berücksichtigen muss. Die beiden Fragen sind

150 *Hanefeld/Nedden* in Salger/Trittmann (Hrsg.), Internationale Schiedsverfahren, § 20 Rn. 91; Saenger, ZPO/*Saenger*, § 1055 Rn. 1, 4; Stein/Jonas, ZPO/*Schlosser*, § 1055 Rn. 1; Musielak/Voit, ZPO/*Voit*, § 1055 Rn. 5.

151 *Hammer*, Überprüfung von Schiedsverfahren, Rn. 565; Stein/Jonas, ZPO/*Schlosser*, § 1055 Rn. 10 f.; Wieczorek/Schütze, ZPO/*Schütze*, § 1055 Rn. 11; Musielak/Voit, ZPO/*Voit*, § 1055 Rn. 5, § 322 Rn. 5.

152 MüKo-ZPO/*J. Münch*, § 1055 Rn. 14 f.; Saenger, ZPO/*Saenger*, § 1055 Rn. 6; Stein/Jonas, ZPO/*Schlosser*, § 1055 Rn. 13; *Tafelmaier*, Schiedsspruch und staatliche Gerichtsbarkeit, S. 159 f.

153 Zu den Unterschieden BGH, Urt. v. 12.12.1963 – VII ZR 23/62, NJW 1964, 593 (594); *Loritz*, ZZP 105 (1992), 1 (12–17); MüKo-ZPO/*J. Münch*, § 1055 Rn. 1 f., 8; Stein/Jonas, ZPO/*Schlosser*, § 1055 § 1055 Rn. 8–14a; *Tafelmaier*, Schiedsspruch und staatliche Gerichtsbarkeit, 165–175.

154 Dagegen *Loritz*, ZZP 105 (1992), 1 (12 f.); MüKo-ZPO/*J. Münch*, § 1055 Rn. 28 f.; Saenger, ZPO/*Saenger*, § 1055 Rn. 9; *Schwab/Walter*, Schiedsgerichtsbarkeit, Kap. 21 Rn. 6; *Tafelmaier*, Schiedsspruch und staatliche Gerichtsbarkeit, S. 166–175; dazu Musielak/Voit, ZPO/*Voit*, § 1055 Rn. 6.

155 BGH, Beschl. v. 11.10.2018 – I ZB 9/18, NJW-RR 2019, 762 (763).

156 BT-Drs. 13/5274, S. 56 f.; BGH, Urt. v. 11.4.1958 – VIII ZR 190/57, NJW 1958, 950; *Hammer*, Überprüfung von Schiedsverfahren, Rn. 571; MüKo-ZPO/*J. Münch*, § 1055 Rn. 12; Saenger, ZPO/*Saenger*, § 1055 Rn. 5; Stein/Jonas, ZPO/*Schlosser*, § 1055 Rn. 8 f.; Wieczorek/Schütze, ZPO/*Schütze*, § 1055 Rn. 11.

157 MüKo-ZPO/*Gottwald*, § 322 Rn. 40, 59; Saenger, ZPO/*Saenger*, § 322 Rn. 12.

158 *Gaul* FS Sandrock, 285 (321 f.); Zöller, ZPO/*R. Geimer*, § 1055 Rn. 8; *Hilbig*, SchiedsVZ 2009, 247 (247); *Loritz*, ZZP 105 (1992), 1 (12); *Schwab/Walter*, Schiedsgerichtsbarkeit, Kap. 21 Rn. 6; *Tafelmaier*, Schiedsspruch und staatliche Gerichtsbarkeit, S. 175; Musielak/Voit, ZPO/*Voit*, § 1055 Rn. 5.

insofern miteinander verknüpft, als die Annahme einer Einredeobliegenheit mitunter mit der Abdingbarkeit der Schiedsspruchwirkungen begründet wird. Beides soll miteinander einhergehen und Ausdruck der privaten Gestaltungsmacht der Parteien – auch nach Ende des Schiedsverfahrens – sein.[159] In der Tat dürfte die Verfahrensautonomie der Parteien für eine Einredeobliegenheit sprechen. Wenn die Gegenauffassung auf den Wortlaut des § 1055 ZPO verweist, der die Gleichstellung anordne, was für die amtswegige Berücksichtigung spreche,[160] übersieht sie, dass – im Ergebnis wohl unstreitig – die Gleichstellung ohnehin nicht ausnahmslos ist.

Die nicht vollständige Gleichstellung der Entscheidungswirkungen zeigt sich an der gesetzlichen Formulierung, dass der Schiedsspruch *unter den Parteien* die Wirkungen eines rechtskräftigen gerichtlichen Urteils hat. Daraus wird geschlossen, dass die Rechtskrafterstreckungstatbestände der §§ 325–327 ZPO ohne Bindung des Dritten an die Schiedsvereinbarung nicht gelten.[161] Entgegen dem Wortlaut des § 1055 ZPO, der eine vollständige Wirkungsgleichsetzung andeutet, markiert auch die Existenz des Vollstreckbarerklärungsverfahrens einen wesentlichen Wirkungsunterschied. Ein gerichtliches Urteil ist kraft Gesetzes ab Eintritt der formellen Rechtskraft vollstreckbar, §§ 704, 705 ZPO. Dem Schiedsspruch kommt, auch wenn er nach deutschem Schiedsverfahrensrecht nicht mit Rechtsmitteln anfechtbar und sogleich formell wie materiell rechtskräftig ist, diese Titelwirkung nicht zu.[162] Das ordnet § 1060 Abs. 1 ZPO ausdrücklich an und folgt auch aus § 794 Abs. 1 Nr. 4a ZPO, wonach die gerichtliche Entscheidung, die den Schiedsspruch für vollstreckbar erklärt, Vollstreckungstitel ist, nicht etwa der Schiedsspruch.

Sieht man von diesen Wirkungsunterschieden ab, tritt ein inländischer Schiedsspruch wegen § 1055 ZPO funktional an die Stelle eines staatlichen Gerichtsurteils.[163] Er hat partiell urteilsgleiche Wirkung.[164]

---

159 BLHAG, ZPO/*Anders*, § 1055 Rn. 4

160 *Gaul* FS Sandrock, 285 (321 f.).

161 Gegen Geltung des § 325 ZPO bereits BGH, Urt. v. 17.3.1975 – VIII ZR 245/73, NJW 1975, 1121 (1122 f.); heute etwa BLHAG, ZPO/*Anders*, § 1055 Rn. 6; Saenger, ZPO/*Saenger*, § 1055 Rn. 8; offener für Drittwirkung *Loritz*, ZZP 105 (1992), 1 (13–17); *Schwab/Walter*, Schiedsgerichtsbarkeit, Kap. 21 Rn. 2 f.

162 Zöller, ZPO/*R. Geimer*, § 1055 Rn. 1; *Hammer*, Überprüfung von Schiedsverfahren, Rn. 574; *Poseck* in Salger/Trittmann (Hrsg.), Internationale Schiedsverfahren, § 21 Rn. 3; Saenger, ZPO/*Saenger*, § 1055 Rn. 11; Stein/Jonas, ZPO/*Schlosser*, § 1060 Rn. 1, 6.

163 *Tafelmaier*, Schiedsspruch und staatliche Gerichtsbarkeit, S. 155.

164 Statt vieler MüKo-ZPO/*J. Münch*, § 1055 Rn. 1.

III. Ausländische Schiedssprüche: rechtliche Wirkungen nach ausländischem Verfahrensrecht

Dass gemäß § 1055 ZPO nur inländische Schiedssprüche die Wirkungen eines rechtskräftigen Urteils haben, bedeutet nicht, dass ausländische Schiedssprüche im Inland ohne Wirkungen sind.

1. Struktur der Inlandswirkungen

Nach § 1061 Abs. 1 Satz 1 ZPO richten sich Anerkennung *und Vollstreckung* ausländischer Schiedssprüche nach dem NYÜ,[165] wobei die gesetzliche Formulierung insoweit ungenau ist, als das Vollstreckungsverfahren nicht im NYÜ geregelt ist, sondern im nationalen Verfahrensrecht (§§ 704 ff. ZPO).

Die Inlandswirkungen ausländischer Schiedssprüche treten wie im Falle inländischer Schiedssprüche kraft Gesetzes ein,[166] jedoch unter der Voraussetzung, dass der Schiedsspruch gemäß Art. V NYÜ anerkennungsfähig ist.[167] Die Anerkennungsversagungsgründe, zu denen der Ordre-public-Vorbehalt in Art. V Abs. 2 lit. b) NYÜ zählt, sind im Wesentlichen identisch mit den Aufhebungsgründen des § 1059 Abs. 2 ZPO.[168] Ob der Schiedsspruch nach Art. V NYÜ anerkennungsfähig ist, darf das deutsche Gericht auch außerhalb des Vollstreckbarerklärungsverfahrens inzident prüfen.[169] Die Befugnis zur Inzidentprüfung unterscheidet die rechtlichen Wirkungen ausländischer strukturell von denjenigen inländischer Schiedssprüche.[170] Das Inzidentprü-

165 Zwar gelten gemäß § 1061 Abs. 1 Satz 2 ZPO auch andere Staatsverträge, wegen Art. VII NYÜ jedoch nur, soweit sie anerkennungsgünstigere Regelungen enthalten: *Harbst*, Rolle der staatlichen Gerichte, S. 177; *R. Geimer* FS Yessiou-Faltsi, 169 (183 mit Fn. 183) (Fälle ohne Anwendbarkeit des NYÜ seien *„wenig realistisch“*).

166 OLG Hamm, Urt. v. 25.11.2019 – 8 U 86/15, juris; Zöller, ZPO/*R. Geimer*, § 1055 Rn. 19; MüKo-ZPO/*J. Münch*, § 1055 Rn. 16a, § 1061 Rn. 3; Stein/Jonas, ZPO/*Schlosser*, § 1055 Rn. 35.

167 *R. Geimer*, IZPR, Rn. 3879, 3723; MüKo-ZPO/*J. Münch*, § 1061 Rn. 3; Musielak/Voit, ZPO/*Voit*, § 1061 Rn. 1 f.

168 BGH, Beschl. v. 23.4.2013 – III ZB 59/12, SchiedsVZ 2013, 229; *Gößling*, Europäisches Kollisionsrecht und internationale Schiedsgerichtsbarkeit, S. 178 f.; *Horn*, SchiedsVZ 2008, 209 (216); *K. Lionnet/A. Lionnet*, Schiedsgerichtsbarkeit, S. 408; MüKo-ZPO/*J. Münch*, § 1059 Rn. 3, 8; Stein/Jonas, ZPO/*Schlosser*, § 1059 Rn. 1.

169 Zöller, ZPO/*R. Geimer*, § 1055 Rn. 15, § 1061 Rn. 1; *Hammer*, Überprüfung von Schiedsverfahren, Rn. 796; Stein/Jonas, ZPO/*Schlosser*, § 1055 Rn. 35; Musielak/Voit, ZPO/*Voit*, § 1061 Rn. 2.

170 *R. Geimer*, IZPR, Rn. 3764; Musielak/Voit, ZPO/*Voit*, § 1061 Rn. 2.

fungsrecht endet allerdings, sobald ein deutsches Gericht in einem Vollstreckbarerklärungsverfahren nach § 1061 ZPO rechtskräftig über die Vollstreckbarkeit, und damit über die Anerkennungsfähigkeit, entschieden hat.[171] Bei Vorliegen eines Versagungsgrundes spricht das Gericht nämlich gemäß § 1061 Abs. 2 ZPO die Nichtanerkennung im Inland aus, was bindend wirkt. Wird der ausländische Schiedsspruch hingegen für vollstreckbar erklärt, schließt dies inzident die bindende Anerkennung ein.[172]

Auch ein ausländischer Schiedsspruch hat im Inland keine Titelwirkung; die Vollstreckung setzt voraus, dass der Schiedsspruch für vollstreckbar erklärt wurde.[173] Ein struktureller Unterschied zwischen den Wirkungen in- und ausländischer Schiedssprüche besteht darin, dass ein deutsches Gericht einen ausländischen Schiedsspruch nicht aufheben kann.[174] Die Nichtaufhebbarkeit ausländischer Schiedssprüche im Inland lässt sich mit der Beschränkung staatlicher Eingriffskompetenzen auf das eigene Hoheitsgebiet begründen,[175] folgt aber jedenfalls aus § 1025 Abs. 4 ZPO, der für ausländische Schiedssprüche auf §§ 1061–1065 ZPO verweist, die ein Aufhebungsverfahren nicht vorsehen. Auch die offiziellen Anmerkungen zum UNCITRAL-Modellgesetz, auf dem § 1059 ZPO beruht,[176] bestätigen, dass ein Aufhebungsantrag nach Vorstellung des ModG nur im „Erlassstaat" gestellt werden kann.[177]

---

171 Zöller, ZPO/*R. Geimer*, § 1061 Rn. 1.

172 MüKo-ZPO/*J. Münch*, § 1061 Rn. 3.

173 Zöller, ZPO/*R. Geimer*, § 1055 Rn. 18, § 1061 Rn. 17; Wieczorek/Schütze, ZPO/*Schütze*, § 1061 Rn. 6; Musielak/Voit, ZPO/*Voit*, § 1061 Rn. 2.

174 BGH, Urt. v. 26.9.1985 – III ZR 16/84, NJW 1986, 1436; BGH, Beschl. v. 17.4.2008 – III ZB 97/06, NJW-RR 2008, 1083 (1083 f.); BGH, Beschl. v. 16.12.2010 – III ZB 100/09, NJW 2011, 1290 (1292); Zöller, ZPO/*R. Geimer*, § 1061 Rn. 1; *Mann* FS Flume, 593 (598); *Schütze* FS v. Hoffmann, 1077 (1085).

175 In diese Richtung BGH, Beschl. v. 16.12.2010 – III ZB 100/09, NJW 2011, 1290 (1292); dazu MüKo-ZPO/*J. Münch*, § 1059 Rn. 68, § 1061 Rn. 2, 26; *R. Geimer*, IZPR, Rn. 222c; offengelassen Wieczorek/Schütze, ZPO/*Schütze*, § 1059 Rn. 4.

176 *R. Geimer*, IZPR, Rn. 3713–3714c; *Harbst*, Rolle der staatlichen Gerichte, S. 176 f.; *Schwab/Walter*, Schiedsgerichtsbarkeit, Kap. 41 Rn. 8.

177 Explanatory Note zu Art. 34 ModG, dort Part Two Rn. 48 (https://uncitral.un.org/en/texts/arbitration/modellaw/commercial_arbitration – zuletzt abgerufen am 5. Juni 2021): „*An application for setting aside* [...] *may only be made to a court in the State where the award was rendered* [...]."

2. Inhalt der Inlandswirkungen

Mit der Struktur der Inlandswirkungen ist indes nicht geklärt, *welche* Wirkungen ausländische Schiedssprüche im Inland haben. Das deutsche Schiedsverfahrensrecht regelt die Wirkungen nicht, § 1055 ZPO ist nicht anwendbar. Auch das NYÜ legt lediglich fest, dass jeder Vertragsstaat ausländische Schiedssprüche als (irgendwie) wirksam anerkennt, Art. III Satz 1 NYÜ. Hinsichtlich der Vollstreckung verweist das NYÜ im gleichen Satz auf die Verfahrensvorschriften des Hoheitsgebiets, in dem der Schiedsspruch geltend gemacht wird. Das legt einen Umkehrschluss nahe: Die Wirkungen des ausländischen Schiedsspruchs richten sich nach dessen Heimatrecht.

Zwingend ist dieser Schluss aber nicht, und so sind die Inlandswirkungen ausländischer Schiedssprüche nicht abschließend geklärt.[178] Häufig werden zur Klärung der Frage die Regeln der Anerkennung ausländischer Gerichtsentscheidungen herangezogen.[179] Bei gerichtlichen Entscheidungen ist die Rechtslage vorrangig jenseits des Anwendungsbereichs der EuGVVO problematisch. Geht es nämlich um die Anerkennung und Vollstreckung von Gerichtsentscheidungen eines anderen Mitgliedstaats der Europäischen Union, gelten dieselben Wirkungen wie im Herkunftsstaat.[180] Im autonomen Urteilsanerkennungsrecht des § 328 ZPO hat die Rechtsprechung den Streit über die Inlandswirkungen ausländischer Urteile, wenn er zur Entscheidung stand, hingegen häufig nicht problematisiert.[181] Mit den Inlandswirkungen ausländischer Schiedssprüche hat sich der Bundesgerichtshof, soweit ersichtlich, bislang noch gar nicht beschäftigt.

---

178 Zum Streitstand OLG Karlsruhe, Beschl. v. 23.7.2013 – 8 Sch 2/12, SchiedsVZ 2015, 145 (147 f.); OLG Hamm, Urt. v. 25.11.2019 – 8 U 86/15, juris; MüKo-ZPO/*J. Münch*, § 1055 Rn. 16a; *Haas*, Anerkennung und Vollstreckung, S. 128 f.; Musielak/Voit, ZPO/*Stadler*, § 328 Rn. 2, 34 f.

179 OLG Karlsruhe, Beschl. v. 23.7.2013 – 8 Sch 2/12, SchiedsVZ 2015, 145 (147); *R. Geimer*, IZPR, Rn. 3879; MüKo-ZPO/*J. Münch*, § 1055 Rn. 3; Wieczorek/Schütze, ZPO/*Schütze*, § 1055 Rn. 29; dazu auch *Stürner* FS Schütze II, 579 (581).

180 EuGH, Urt. v. 4.2.1988 – C-145/86 (Hoffmann), NJW 1989, 663 (664); EuGH, Urt. v. 15.11.2012 – C-456/11 (Gothaer), EuZW 2013, 60 (61 f., aber in Richtung eines autonomen Rechtskraftbegriffs); dazu *Bach*, EuZW 2013, 56; ferner BGH, Beschl. v. 12.12.2007 – IV ZR 20/07, BeckRS 2007, 65271; BeckOK-ZPO/*Garber*, Art. 36 EuGVVO Rn. 25 f.; *R. Geimer* FS Schütze II, 109 (111–113); Musielak/Voit, ZPO/*Stadler*, Art. 36 EuGVVO Rn. 2; *Schack*, IZVR, Rn. 886; *Thole* FS Simotta, 613 (620).

181 So etwa BGH, Urt. v. 4.6.1992 – IX ZR 149/91, NJW 1992, 3096 (3098); BGH, Urt. v. 27.5.1993 – IX ZR 254/92, NJW 1993, 2312 (2313 f.); OLG Hamm, Beschl. v. 11.2.1991 – 8 WF 30/91, FamRZ 1993, 213 (215).

a) Wirkungserstreckungstheorie, Gleichstellungstheorie und vermittelnde Ansätze

Vor diesem Hintergrund stehen sich zu der Frage, welche Inlandswirkungen ausländische Schiedssprüche haben, im Ausgangspunkt zwei Ansätze gegenüber.[182]

Nach der (reinen) *Wirkungserstreckungstheorie* besitzen ausländische Entscheidungen im Inland diejenigen Wirkungen, die ihnen das Recht des Herkunftsstaats beimisst.[183] Die Wirkungen richten sich also nach der *lex fori* des Erstgerichts, im Falle eines ausländischen Schiedsspruchs – wenngleich ein Schiedsgericht keine „echte" *lex fori* hat[184] – nach ausländischem Schiedsverfahrensrecht. Gilt im ausländischen Recht wie in Deutschland (§ 1025 Abs. 1 ZPO) das Territorialitätsprinzip, werden die Wirkungen des Schiedsspruchs durch das Schiedsortrecht festgelegt (was der Regelfall ist).[185] Die dort geltenden Schiedsspruchwirkungen werden auf das Inland erstreckt. Das meint *Wirkungserstreckung*, dient der Anerkennungsfreundlichkeit[186] und bedeutet, dass die Inlandswirkungen denjenigen im Herkunftsstaat entsprechen. Kodifiziert ist eine Wirkungserstreckung etwa in Art. 20 Abs. 1 EuInsVO, wonach die Eröffnung eines Insolvenzverfahrens in jedem anderen Mitgliedstaat grundsätzlich die Wirkungen entfaltet, die das Recht des Staates der Verfahrenseröffnung dem Verfahren beimisst.[187] Für die Wirkungserstreckungstheorie wird angeführt, das *„Interesse an internationalem Entscheidungsgleichklang"*[188] habe Vorrang vor der Abwehr von Wirkungen, die dem deutschen Recht fremd seien. Allerdings begründet die Wirkungserstreckung Rechtsunsicherheit, weil die Ermittlung ausländischer Wirkungen zeit- und kostenintensiv sein kann.[189]

---

182 Im Überblick bei *Stürner* FS Schütze II, 579 (581–584).

183 BGH, Urt. v. 4.6.1992 – IX ZR 149/91, NJW 1992, 3096 (3098); BGH, Beschl. v. 12.12.2007 – IV ZR 20/07, BeckRS 2007, 65271; OLG Hamm, Beschl. v. 11.2.1991 – 8 WF 30/91, FamRZ 1993, 213 (215); MüKo-ZPO/*Adolphsen*, Art. III NYÜ Rn. 2; *Hammer*, Überprüfung von Schiedsverfahren, Rn. 794–796; MüKo-ZPO/*J. Münch*, § 1061 Rn. 3; Stein/Jonas, ZPO/*Schlosser*, § 1055 Rn. 35; Wieczorek/Schütze, ZPO/*Schütze*, § 1055 Rn. 29.

184 Dazu unten Kap. 2 B.I.3. mit entsprechenden Nachweisen.

185 Stein/Jonas, ZPO/*Schlosser*, § 1055 Rn. 35.

186 Mit dieser Argumentation *Mansel*, RabelsZ 70 (2006), 651 (720).

187 Uhlenbruck, InsO/*Knof*, Art. 20 EuInsVO Rn. 4; *Thole* FS Simotta, 613 (620); MüKo-InsO/*Thole*, Art. 20 EuInsVO Rn. 1.

188 Stein/Jonas, ZPO/*Schlosser*, Anhang zu § 1061 Rn. 123.

189 *Bach*, EuZW 2013, 56 (58); BeckOK-ZPO/*Garber*, Art. 36 EuGVVO Rn. 28.

An diese Kritik anknüpfend zieht die *Gleichstellungstheorie* die Wirkungen eines inländischen Schiedsspruchs heran und wendet diese auf den ausländischen Schiedsspruch an.[190] Sie behandelt ausländische Schiedssprüche wie inländische, das meint Gleichstellung. Im Bereich der Anerkennung gerichtlicher Entscheidungen rechtfertigte der Bundesgerichtshof die Wirkungsgleichstellung damit, dass ein ausländischer Titel Wirkungen im Inland überhaupt nur *„vermöge seiner Anerkennung entfaltet,* [weswegen] *die inländische Rechtsordnung auch die Grenzen der Anerkennung bestimmt.*"[191] Gegen die Gleichstellungstheorie wurde eingewendet, sie schaffe *„ohne Not internationale Disharmonien*"[192], was nicht sachgerecht sei, weil man beispielsweise auch bei der Anwendung ausländischen Rechts Abweichungen vom inländischen Recht hinnehme. Soweit Korrekturen ausländischer Wirkungen erforderlich seien, greife bereits der *ordre public*.[193] Außerdem dürfe eine ausländische Entscheidung im Inland nicht umfassendere Wirkungen entfalten als im Herkunftsstaat.[194]

Schließlich werden – häufig im Zusammenhang mit der Anerkennung gerichtlicher Entscheidungen – vermittelnde Ansätze vertreten, wobei die Terminologie uneinheitlich ist. Nach einer Auffassung, die überwiegend als *Theorie der eingeschränkten Wirkungserstreckung*[195] bezeichnet wird, gelten die im ausländischen Recht geregelten Wirkungen grundsätzlich auch im Inland.[196] Das soll aber dann nicht der Fall sein, wenn diese Wirkungen dem deutschen Recht völlig unbekannt[197] oder wegen Verstoßes des zugrundeliegenden Verfahrens gegen fundamentale Verfahrensgrundsätze

---

190 In diese Richtung BGH, Urt. v. 6.10.1982 – IVb ZR 729/80, NJW 1983, 514 (515); BGH, Urt. v. 1.6.1983 – IV b ZR 386/81, NJW 1983, 1976 (1977); *Loritz*, ZZP 105 (1992), 1 (11); gegen die Gleichstellungstheorie MüKo-ZPO/*Gottwald*, § 328 Rn. 3, 5.

191 BGH, Urt. v. 1.6.1983 – IV b ZR 386/81, NJW 1983, 1976 (1977); dazu *Stürner* FS Schütze II, 579 (584).

192 MüKo-ZPO/*Gottwald*, § 328 Rn. 5.

193 MüKo-ZPO/*Adolphsen*, Art. III NYÜ Rn. 2; BeckOK-ZPO/*Bach*, § 328 Rn. 55; MüKo-ZPO/*Gottwald*, § 328 Rn. 3.

194 BeckOK-ZPO/*Bach*, § 328 Rn. 54.1; MüKo-ZPO/*Gottwald*, § 328 Rn. 3.

195 Abweichende Terminologie bei *Stürner* FS Schütze II, 579 (582 f.): Was hier als *Theorie der eingeschränkten Wirkungserstreckungstheorie* bezeichnet wird, nennt *Stürner* (eine Facette der) *„Kumulationstheorie*".

196 OLG Hamm, Urt. v. 25.11.2019 – 8 U 86/15, juris (Rn. 172); Zöller, ZPO/*R. Geimer*, § 1055 Rn. 17 i. V. m. § 328 Rn. 20–23; MüKo-ZPO/*Gottwald*, § 328 Rn. 5; Musielak/Voit, ZPO/*Stadler*, § 328 Rn. 35.

197 OLG Hamm, Urt. v. 25.11.2019 – 8 U 86/15, juris (Rn. 172); Zöller, ZPO/*R. Geimer*, § 1055 Rn. 17 i. V. m. § 328 Rn. 20–23; MüKo-ZPO/*Gottwald*, § 328 Rn. 5; Musielak/Voit, ZPO/*Stadler*, § 328 Rn. 35.

mit dem *ordre public* unvereinbar[198] sind. Nicht entscheidend ist nach der *Theorie der eingeschränkten Wirkungserstreckung*, ob das deutsche Recht einem inländischen Schiedsspruch konkret dieselben Wirkungen zuerkennen würde.[199] Nach der in Nuancen abweichenden *Kombinationstheorie* bzw. *Kumulationstheorie*[200], die häufig zu gleichen Ergebnissen führt wie die Theorie der eingeschränkten Wirkungserstreckung,[201] kommen dem ausländischen Schiedsspruch diejenigen Wirkungen zu, die ihm das ausländische Recht beimisst, soweit auch das deutsche Recht solche Wirkungen für eine vergleichbare inländische Entscheidung konkret vorsieht.[202] Ausgeschlossen sind Wirkungen, die eine vergleichbare Inlandsentscheidung nach deutschem Recht nicht hätte, selbst wenn diese dem deutschen Recht bekannt sind.[203]

In einer recht jungen Entscheidung zur Schiedsspruchanerkennung schloss sich das Oberlandesgericht Hamm der *eingeschränkten Wirkungserstreckungstheorie* an und urteilte, die ausländischen Wirkungen seien ausnahmsweise ausgeschlossen, soweit sie dem deutschen Recht völlig unbekannt oder ordre-public-widrig seien.[204] Die letztgenannte Ausnahme von der Wirkungserstreckung aus Gründen des *ordre public* gibt Anlass zu klarstellenden Ausführungen zu den zwei Stufen der Schiedsspruchanerkennung, die nicht miteinander zu vermengen sind:

Wenn ein deutsches Gericht über die konkret entscheidungserheblichen Wirkungen eines ausländischen Schiedsspruchs entscheidet, muss es einerseits dessen prozessuale Wirkungen bestimmen, also klären, auf welche Weise und in welchem Umfang der ausländische Schiedsspruch im inländischen Verfahren zu beachten ist. Folgt man einer *Wirkungserstreckungstheorie*, ist anhand des Rechts des Herkunftsstaats zu ermitteln, ob er beispielsweise Rechtskraftwirkung entfaltet und, wenn ja, ob diese lediglich die tenorierte Rechtsfolge oder auch präjudizielle Rechtsverhältnisse umfasst. Welcher Art die ausländischen Wirkungen sind, beantwortet die *eingeschränkte Wirkungserstreckungstheorie* unabhängig vom Inhalt des konkreten Schiedsspruchs.

198 OLG Hamm, Urt. v. 25.11.2019 – 8 U 86/15, juris (Rn. 172).

199 Zöller, ZPO/*R. Geimer*, § 1055 Rn. 17 i. V. m. § 328 Rn. 22; Musielak/Voit, ZPO/*Stadler*, § 328 Rn. 35 f.; zur Funktionsweise BeckOK-ZPO/*Bach*, § 328 Rn. 54.

200 Anderes Begriffsverständnis erneut bei *Stürner* FS Schütze II, 579 (583).

201 BeckOK-ZPO/*Bach*, § 328 Rn. 54.

202 *R. Geimer*, IZPR, Rn. 3879 i. V. m. Rn. 2780–2782; Stein/Jonas, ZPO/*H. Roth*, § 328 Rn. 8; Wieczorek/Schütze, ZPO/*Schütze*, § 1055 Rn. 28 f.; dazu *Stürner* FS Schütze II, 579 (583).

203 Anschaulich am Beispiel des § 322 Abs. 2 ZPO: BeckOK-ZPO/*Bach*, § 328 Rn. 54.

204 OLG Hamm, Urt. v. 25.11.2019 – 8 U 86/15, juris (Rn. 172).

Andererseits muss das Gericht den Inhalt des konkret vorliegenden Schiedsspruchs bestimmen, um zu klären, welchen materiellrechtlichen Einfluss er auf das inländische Verfahren nimmt, in dem sich die Anerkennungsfrage stellt. Erst und nur in diesem Rahmen, quasi auf der zweiten Stufe, misst das Gericht den Schiedsspruch am Maßstab insbesondere des deutschen *ordre public*. Bei alldem ist schwer vorstellbar, dass ausländische prozessuale Schiedsspruchwirkungen *per se* ordre-public-widrig sind. Die Vereinbarkeit mit dem *ordre public* ist also keine Wirkungserstreckungsfrage, sondern eine Frage der inhaltlichen Anerkennung des Ergebnisses des konkreten Schiedsspruchs im konkreten Fall.

b) Stellungnahme

Für die *Wirkungserstreckungstheorien* spricht, dass sie der Anerkennungsfreundlichkeit dienen und der Kompetenz anderer Staaten zur Regelung der rechtlichen Wirkungen „ihrer" Schiedssprüche bestmöglich Geltung verschaffen.[205] Ein – sicherlich wünschenswertes – Korrektiv für konkret unerwünschte Wirkungen sieht das NYÜ selbst vor: Ausländische Schiedssprüche, denen ein Anerkennungsversagungsgrund gemäß Art. V NYÜ entgegensteht, werden im Einzelfall nicht anerkannt. Angesichts dessen bedarf es keiner zusätzlichen Korrektur derart, dass die prozessualen Wirkungen ausländischer Schiedssprüche abstrakt denjenigen inländischer angeglichen werden. Das aber vertritt die *Gleichstellungstheorie*. Auch Wortlaut und Systematik von §§ 1025, 1061–1065 ZPO einerseits und § 1055 ZPO andererseits legen nahe, dass der deutsche Gesetzgeber die Wirkungen ausländischer Schiedssprüche bewusst nicht geregelt hat und stillschweigend auf das Wirkungsregime des ausländischen Verfahrensstatuts verweist. Ansonsten hätte er in § 1025 Abs. 2 ZPO auch für ausländische Schiedssprüche auf § 1055 ZPO verweisen können. Für die *Wirkungserstreckungstheorien* spricht auch der bereits erwähnte Umkehrschluss aus Art. III Satz 1 NYÜ. Ihm kann man entnehmen, dass sich die Wirkungen ausländischer Schiedssprüche nach dem Recht des Herkunftsstaats richten, während der ausländische Schiedsspruch nach dem Verfahrensrecht des Vollstreckungsstaats vollstreckt wird. Unter den verschiedenen Spielarten der *Wirkungserstreckungstheorien* erscheint hierbei die *eingeschränkte Wirkungserstreckungstheorie* vorzugwürdig. Richtigerweise sollten im Sinne dieser *eingeschränkten Wirkungserstreckungstheorie* auch

205 Mit dieser Argumentation *Mansel*, RabelsZ 70 (2006), 651 (720).

solche Wirkungen erstreckt werden, die zwar möglicherwiese konkret für inländische Schiedssprüche nicht gelten, jedenfalls aber der inländischen Rechtsordnung in anderem Zusammenhang bekannt sind. Nur wenn das nicht der Fall ist, sollte die Wirkungserstreckung unterbleiben. Hierdurch ist die deutsche Rechtsordnung hinreichend gegen „Fremdkörper“ geschützt.

C. Die Grenzen der schiedsgerichtlichen Entscheidungsautonomie: prozessuale und materielle Ordre-public-Kontrolle im Aufhebungsverfahren nach § 1059 ZPO

Wenngleich (oder weil) das deutsche Recht inländischen Schiedssprüchen die Wirkungen rechtskräftiger gerichtlicher Urteile beimisst (§ 1055 ZPO), behält es sich vor, deren Inhalt auf Vereinbarkeit mit den Grundwerten der deutschen Rechtsordnung zu überprüfen und sie im Unvereinbarkeitsfalle durch Richterspruch zu beseitigen.[206] Diesem Zweck dient das Aufhebungsverfahren nach § 1059 ZPO. In diesem Verfahren überprüft das Gericht unter anderem gemäß § 1059 Abs. 2 Nr. 2 lit. b) ZPO die Vereinbarkeit des Ergebnisses der Anerkennung oder Vollstreckung des Schiedsspruchs mit dem *ordre public*, was eine inhaltliche Rahmenkontrolle sicherstellt.[207] Die Ordre-public-Prüfung im Vollstreckbarerklärungsverfahren nach § 1060 f. ZPO ist derjenigen im Aufhebungsverfahren nach § 1059 ZPO angeglichen. Während dies für inländische Schiedssprüche aus dem Verweis in § 1060 Abs. 2 Satz 1 ZPO auf die Aufhebungsgründe des § 1059 Abs. 2 ZPO folgt, ergibt sich der Prüfungsgleichklang für ausländische Schiedssprüche daraus, dass die Anerkennungsversagungsgründe des Art. V NYÜ, die § 1061 Abs. 1 Satz 1 ZPO für anwendbar erklärt, im Wesentlichen den Aufhebungsgründen des § 1059 Abs. ZPO entsprechen.[208]

---

206 *Hammer*, Überprüfung von Schiedsverfahren, Rn. 577; MüKo-ZPO/*J. Münch*, § 1059 Rn. 2, 4; *Schütze* FS Thümmel, 847 (847 f.).

207 Vgl. *Haas*, Anerkennung und Vollstreckung, S. 220; *Poseck* in Salger/Trittmann (Hrsg.), Internationale Schiedsverfahren, § 22 Rn. 1, 52; *Sonnauer*, Kontrolle der Schiedsgerichte, S. 6; *Tafelmaier*, Schiedsspruch und staatliche Gerichtsbarkeit, S. 103; *Tyrolt*, Sportschiedsgerichtsbarkeit, S. 119 f.; Musielak/Voit, ZPO/*Voit*, § 1059 Rn. 1.

208 *Horn*, SchiedsVZ 2008, 209 (216); *K. Lionnet/A. Lionnet*, Schiedsgerichtsbarkeit, S. 408; MüKo-ZPO/*J. Münch*, § 1059 Rn. 3; Stein/Jonas, ZPO/*Schlosser*, § 1059 Rn. 1.

I. Außerordentlicher Rechtsbehelf

Die Bundesregierung führte in der Begründung zum Entwurf des SchiedsVfG aus, das Schiedsgericht nehme gegenüber der Tätigkeit des Oberlandesgerichts die Aufgabe einer ersten Instanz wahr.[209] Die Überprüfung des Schiedsspruchs im Aufhebungsverfahren sei „*funktional* [mit] *einer stark eingeschränkten Berufung*“[210] vergleichbar. Auch der Bundesgerichtshof merkte in einer älteren Entscheidung an, das staatliche Gericht agiere im Aufhebungs- und Vollstreckbarerklärungsverfahren „[wie] *bei der Nachprüfung eines Urteils der Vorinstanz*“[211], während etwa *Gerhard Wagner* von einem „*Quasi-Rechtsmittel zu den staatlichen Gerichten*“[212] spricht.

Man sollte die Ähnlichkeit von Aufhebungsverfahren nach § 1059 ZPO und Rechtsmittelverfahren nach §§ 513 ff. ZPO nicht allzu wörtlich nehmen. Aufgaben und Befugnisse eines Rechtsmittelgerichts unterscheiden sich erheblich von denjenigen des Oberlandesgerichts im Aufhebungsverfahren. Das Aufhebungsverfahren ist keine – auch keine „*stark eingeschränkt*[e]“[213] – Berufung. Es ist ein außerordentlicher Rechtsbehelf, kein Rechtsmittel.[214] Ein Rechtsmittel zeichnet sich aus durch Suspensiveffekt (die Hemmung des Eintritts der formellen Rechtskraft), Devolutiveffekt (die Herbeiführung einer Entscheidung durch die nächsthöhere Instanz) und die Kompetenz der höheren Instanz, im Wege der Reformation eine Entscheidung in der Sache zu treffen.[215] All dies trifft auf das Aufhebungsverfahren nicht zu, wie etwa *Tafelmaier* gezeigt hat:[216]

Suspensiveffekt fehlt dem Aufhebungsantrag nach § 1059 ZPO, weil die Rechtskraftwirkung des (inländischen) Schiedsspruchs (§ 1055 ZPO) durch den Antrag nicht aufgeschoben wird, sondern erst entfällt, wenn der Antrag

209 BT-Drs. 13/5274, S. 63.

210 BT-Drs. 13/5274, S. 63.

211 BGH, Urt. v. 25.10.1966 – KZR 7/65, BGHZ 46, 365 = NJW 1967, 1178 (1179).

212 *G. Wagner*, ZVglRWiss 114 (2015), 494 (514).

213 BT-Drs. 13/5274, S. 63.

214 BGH, Urt. v. 26.9.1985 – III ZR 16/84, NJW 1986, 1436; KG, Beschl. v. 17.12.2007 – 20 Sch 05/07, SchiedsVZ 2009, 179 (180); OLG Frankfurt a. M., Beschl. v. 29.9.2016 – 26 Sch 5/16, juris; OLG Köln, Beschl. v. 4.8.2017 – 19 Sch 6/17, NJOZ 2018, 949 (951); *Hammer*, Überprüfung von Schiedsverfahren, Rn. 569; Saenger, ZPO/*Saenger*, § 1055 Rn. 3; ungenau *F. Schmidt*, SchiedsVZ 2013, 32 (37).

215 Musielak/Voit, ZPO/*Ball*, Vor § 511 Rn. 1; Saenger, ZPO/*Koch*, Vor § 511 Rn. 1; MüKo-ZPO/*Rimmelspacher*, Vor § 511 Rn. 1 f. (Suspensiveffekt sei aber kein Merkmal).

216 Zu den Ausführungen im folgenden Absatz *Tafelmaier*, Schiedsspruch und staatliche Gerichtsbarkeit, S. 108 f., 127 f., 135 f.

endgültig erfolgreich ist.[217] Der Aufhebungsantrag hat auch keinen Devolutiveffekt. Das Oberlandesgericht ist kein dem Schiedsgericht im selben Instanzenzug übergeordnetes Gericht. Schiedsgericht und Oberlandesgericht gehören zwei verschiedenen Gerichtsbarkeiten an, die zwar funktional vergleichbar sind, aber nebeneinander existieren.[218] Schließlich ist das Oberlandesgericht im Verfahren nach § 1059 ZPO nicht zur reformatorischen Entscheidung in der Sache befugt.[219] Ist der Aufhebungsantrag erfolgreich, tenoriert das Gericht lediglich die Aufhebung des Schiedsspruchs. In allen Fällen der Aufhebung obliegt die erneute Entscheidung in der Sache dem bisherigen oder einem neuen Schiedsgericht, § 1059 Abs. 4, 5 ZPO.

II. *Numerus clausus* der Aufhebungsgründe

Dass es sich beim Aufhebungsverfahren um einen außerordentlichen Rechtsbehelf handelt, kann man auch dem in zweifacher Hinsicht „warnenden Zuruf" des Gesetzgebers in § 1059 ZPO entnehmen: dass nämlich gegen einen Schiedsspruch *nur* der Antrag auf gerichtliche Aufhebung gestellt werden kann (§ 1059 Abs. 1 ZPO) und dass ein Schiedsspruch *nur* aufgehoben werden kann, wenn einer der in § 1059 Abs. 2 ZPO genannten Aufhebungsgründe vorliegt. Die Aufzählung in § 1059 Abs. 2 ZPO normiert einen *numerus clausus* der Aufhebungsgründe.[220] Die angeordnete Zurückhaltung staatlicher Gerichte bei der Überprüfung inländischer Schiedssprüche dient der Rechtssicherheit[221] und sichert die Gleichwertigkeit der Schiedsgerichtsbarkeit – ein Schiedsspruch soll grundsätzlich final sein. Jedoch darf die Rechtsordnung nicht zulassen, dass infolge der Zulassung privater Schiedsgerichte rechts-

---

217 Zöller, ZPO/*R. Geimer*, § 1059 Rn. 86; *Hammer*, Überprüfung von Schiedsverfahren, Rn. 745; Wieczorek/Schütze, ZPO/*Schütze*, § 1059 Rn. 91.

218 Dazu oben A.III.

219 BGH, Urt. v. 26.9.1985 – III ZR 16/84, NJW 1986, 1436; *Fournier*, Bindungswirkung, S. 33; MüKo-ZPO/*J. Münch*, § 1059 Rn. 72.

220 BT-Drs. 13/5274, S. 58; *Kronke*, RIW 1998, 257 (264); *Mansel* FS Kühne, 809 (814); MüKo-ZPO/*J. Münch*, § 1059 Rn. 4; *Poseck* in Salger/Trittmann (Hrsg.), Internationale Schiedsverfahren, § 22 Rn. 1; *Nacimiento/G. Geimer*, SchiedsVZ 2003, 88 (92); Saenger, ZPO/*Saenger*, § 1059 Rn. 5.

221 *Marx*, Verfahrensrechtlicher ordre public, S. 29; Musielak/Voit, ZPO/*Voit*, § 1059 Rn. 2.

staatliche Mindestanforderungen unterlaufen werden.[222] Diesem Interesse dient die auf gravierende „Fehler“ beschränkte Aufzählung in § 1059 Abs. 2 ZPO.[223]

Ob es sich hierbei um eine abschließende Aufzählung handelt, erscheint angesichts besonderer Fallgruppen der Aufhebung fraglich. So ist man sich weitgehend einig, dass ein sittenwidrig vorsätzlich erschlichener Schiedsspruch aufhebbar ist bzw. der Schiedsspruch analog § 826 BGB aufgehoben werden kann, wenn das Gebrauchmachen von ihm als sittenwidrige vorsätzliche Schädigung zu werten wäre.[224] Der Schiedsspruch unterliegt auch dann der Aufhebung, wenn ein Restitutionsgrund gemäß § 580 ZPO vorliegt.[225] Zwar hat der III. Zivilsenat des Bundesgerichtshofs in der Fallgruppe der sittenwidrigen vorsätzlichen Schiedsspruchererschleichung *„über den Wortlaut des § 1059 ZPO II ZPO hinaus“*[226] einen eigenständigen Aufhebungsgrund analog § 1059 Abs. 2 ZPO erkannt. Nach vorzugswürdiger Ansicht handelt es sich aber in beiden Fallgruppen nicht um ungeschriebene Aufhebungsgründe, sondern um Unterfälle des in § 1059 Abs. 2 Nr. 2 lit. b) ZPO geregelten (prozessualen) Ordre-public-Vorbehalts.[227] Auch Verstöße gegen das Willkürverbot stellen einen Unterfall des Widerspruchs zum *ordre public* dar.[228] Die Heranziehung der Grundsätze der sittenwidrigen Titelerschlei-

222 *Hammer*, Überprüfung von Schiedsverfahren, Rn. 4; *Poseck* in Salger/Trittmann (Hrsg.), Internationale Schiedsverfahren, § 22 Rn. 52; *Reiner*, IPRax 2000, 323 (325); Musielak/Voit, ZPO/*Voit*, § 1059 Rn. 1.

223 *Haas*, Anerkennung und Vollstreckung, S. 220; MüKo-ZPO/*J. Münch*, § 1059 Rn. 1; *Poseck* in Salger/Trittmann (Hrsg.), Internationale Schiedsverfahren, § 22 Rn. 1, 52–54.

224 BGH, Beschl. v. 2.11.2000 – III ZB 55/99, NJW 2001, 373 (374); BGH, Beschl. v. 6.10.2016 – I ZB 13/15, NJW-RR 2017, 313 (319); OLG Stuttgart, Beschl. v. 16.7.2002 – 1 Sch 8/02, SchiedsVZ 2003, 84 (88); OLG Frankfurt a. M., Beschl. v. 29.9.2016 – 26 Sch 5/16, juris; Saenger, ZPO/*Saenger*, § 1059 Rn. 28; Musielak/Voit, ZPO/*Voit*, § 1059 Rn. 28.

225 BT-Drs. 13/5274, S. 59; BGH, Beschl. v. 2.11.2000 – III ZB 55/99, NJW 2001, 373 (373 f.); BGH, Beschl. v. 6.10.2016 – I ZB 13/15, NJW-RR 2017, 313 (319); OLG Stuttgart, Beschl. v. 16.7.2002 – 1 Sch 8/02, SchiedsVZ 2003, 84 (88); BayObLG, Beschl. v. 25.8.2004 – 4Z Sch 13/04, SchiedsVZ 2004, 319 (320); OLG München, Beschl. v. 18.12.2013 – 34 Sch 14/12, juris; Zöller, ZPO/*R. Geimer*, § 1059 Rn. 67; Musielak/Voit, ZPO/*Voit*, § 1059 Rn. 28.

226 BGH, Beschl. v. 2.11.2000 – III ZB 55/99, NJW 2001, 373 (374).

227 BT-Drs. 13/5274, S. 59; BGH, Beschl. v. 6.10.2016 – I ZB 13/15, NJW-RR 2017, 313 (319); Saenger, ZPO/*Saenger*, § 1059 Rn. 27 f.; Zöller, ZPO/*R. Geimer*, § 1059 Rn. 78.

228 OLG Stuttgart, Beschl. v. 30.7.2010 – 1 Sch 3/10, SchiedsVZ 2011, 49 (53); KG, Beschl. v. 12.8.2010 – 20 Sch 02/10, SchiedsVZ 2011, 111 (112); OLG München, Beschl. v. 9.11.2015 – 34 Sch 27/14, SchiedsVZ 2015, 303 (309); OLG Frankfurt a. M., Beschl. v. 26.11.2020 – 26 Sch 14/20, juris (Rn. 86 f.); *Sonnauer*, Kontrolle der Schiedsgerichte, S. 41 f.; kri-

chung, der Restitutionsgründe und des Willkürverbots durchbricht also nicht den *numerus clausus* der Aufhebungsgründe des § 1059 Abs. 2 ZPO.

III. Amtswegige Prüfung des Ordre-public-Vorbehalts

Die Aufhebungsgründe des § 1059 Abs. 2 Nr. 2 ZPO erlauben die Aufhebung wegen schwerer Fehler des Schiedsverfahrens oder Schiedsspruchs.[229] Danach findet die Aufhebung statt, wenn der Streitgegenstand nicht schiedsfähig ist oder die Anerkennung oder Vollstreckung des Schiedsspruchs zu einem Ergebnis führen würde, das dem *ordre public* widerspricht. Der Ordre-public-Vorbehalt in § 1059 Abs. 2 Nr. 2 lit. b) ZPO umfasst eine prozessuale[230] und eine materiellrechtliche Komponente, wovon für den Gegenstand der Arbeit[231] nur die letztgenannte relevant ist. Wegen der in § 1059 Abs. 2 Nr. 2 ZPO geregelten Gründe findet die Aufhebung statt, wenn das Gericht einen solchen Aufhebungsgrund von Amts wegen feststellt.[232] Die amtswegige Prüfung liegt darin begründet, dass in den Fällen des § 1059 Abs. 2 Nr. 2 ZPO öffentliche Belange berührt sind.[233] Eine Amtsermittlung der Tatsachen findet indes nicht statt; es gilt der Beibringungsgrundsatz.[234]

---

tisch zur Willkürkontrolle *Berger*, JInt'lArb 9 (1992), 5 (16–18); dagegen auch MüKo-ZPO/*J. Münch*, § 1059 Rn. 7.

229 Vgl. etwa Explanatory Note zu Art. 34 ModG, dort Part Two Rn. 46 (https://uncitral.un.org/en/texts/arbitration/modellaw/commercial_arbitration – zuletzt abgerufen am 5. Juni 2021): *„serious departures from fundamental notions of procedural justice"*.

230 Im Nachgang eines obergerichtlichen *obiter dictum* (OLG Frankfurt a. M., Beschl. v. 16.1.2020 – 26 Sch 14/18, BeckRS 2020, 4606 (Rn. 206)) hat zuletzt die Debatte um die prozessuale Ordre-public-Widrigkeit von Schiedssprüchen, die mit einer *dissenting opinion* versehen sind, an Fahrt aufgenommen; in der Rechtsbeschwerde offengelassen: BGH, Beschl. v. 26.11.2020 – I ZB 11/20, juris (Rn. 41); dazu *Risse/Altenkirch*, BB 2020, 2818; *Sessler/Ruß*, SchiedsVZ 2020, 201.

231 Dazu oben Einleitung.

232 BT-Drs. 13/5274, S. 59, 61; BGH, Beschl. v. 2.11.2000 – III ZB 55/99, NJW 2001, 373; BGH, Beschl. v. 30.3.2006 – III ZB 78/05, SchiedsVZ 2006, 278 (279); MüKo-ZPO/*J. Münch*, § 1059 Rn. 50; a. A. Zöller, ZPO/*R. Geimer*, § 1059 Rn. 35: von Amts wegen nur, wenn unmittelbare Staatsinteressen berührt; ebenso Stein/Jonas, ZPO/*Schlosser*, § 1059 Rn. 12.

233 *Hammer*, Überprüfung von Schiedsverfahren, Rn. 701.

234 Dazu unten Kap. 3 A.II. mit entsprechenden Nachweisen.

IV. Das Verbot der *révision au fond*: Bedeutungsgehalt und Verhältnis zur materiellen Ordre-public-Kontrolle

Bietet die Verfahrensakte danach Anhaltspunkte für einen Widerspruch zum *ordre public*, ermöglicht § 1059 Abs. 2 Nr. 2 lit. b) ZPO in gewissem Umfang eine (amtswegige) Inhaltsüberprüfung des Schiedsspruchs. Das erzeugt Spannungen zum Verbot der *révision au fond*.[235]

1. Keine inhaltliche „Richtigkeitsprüfung“

Das Verbot besagt zunächst einmal, dass eine inhaltliche Überprüfung von Schiedssprüchen durch staatliche Gerichte dahingehend, ob das Schiedsgericht in der Sache richtig entschieden hat, nicht erlaubt ist.[236] Der Gerichtshof der Europäischen Union hat das Verbot der *révision au fond* in einem Verfahren betreffend die Anerkennung eines Urteils im Anwendungsbereich des damaligen EuGVÜ[237] präzisiert. Das Zweitgericht dürfe die Versagung der Anerkennung oder Vollstreckung weder auf die inhaltliche Abweichung des angewendeten ausländischen Rechts vom inländischen Recht noch auf die fehlerhafte rechtliche und tatsächliche Würdigung durch das Erstgericht stützen.[238]

Das Verbot der *révision au fond* hindert das Gericht auch, die gesamte rechtliche Würdigung des Schiedsgerichts auf Vertretbarkeit[239] oder Billig-

235 *Altenmüller*, KTS 1974, 150 (151); *Pocsay*, Privates Kartellrecht in Schiedsverfahren, S. 231; *Saenger/S. Eberl/W. Eberl*, Schiedsverfahren, § 1059 K30; zum Charakter des Verbots der *révision au fond* jüngst *Mavrantonakis*, Verbot der révision au fond, S. 6–76.

236 St. Rspr.: BGH, Beschl. v. 28.1.2014 – III ZB 40/13, NJW 2014, 1597 (1598); BGH, Beschl. v. 14.2.2019 – I ZB 33/18, SchiedsVZ 2019, 287 (289); OLG Frankfurt a. M., Beschl. v. 29.9.2016 – 26 Sch 5/16, juris; OLG Köln, Beschl. v. 4.8.2017 – 19 Sch 6/17, NJOZ 2018, 949 (951); *Borges*, Doppelexequatur, S. 64–66; *Gottwald* FS Nagel, 54 (56); *Poseck* in Salger/Trittmann (Hrsg.), Internationale Schiedsverfahren, § 22 Rn. 54; *Voit* FS Musielak, 595 (610).

237 Übereinkommen über die gerichtliche Zuständigkeit und die Vollstreckung gerichtlicher Entscheidungen in Zivil- und Handelssachen vom 27. September 1968 (EuGVÜ), ABl. 1972 L 299, S. 32; BGBl. 1972 II, S. 774.

238 EuGH, Urt. v. 28.3.2000 – C-7/98 (Krombach), NJW 2000, 1853 (1854); EuGH, Urt. v. 11.5.2000 – C-38/98 (Renault/Maxicar), NJW 2000, 2185 (2186).

239 OLG Celle, Beschl. v. 18.11.2010 – 8 Sch 4/10, BeckRS 2011, 14113; MüKo-ZPO/*J. Münch*, § 1059 Rn. 7; Saenger, ZPO/*Saenger*, § 1059 Rn. 30.

keit[240] zu prüfen. Nach *Joachim Münch* darf das Gericht auch keine Willkürprüfung vornehmen,[241] wohingegen die Rechtsprechung Schiedssprüche einer nicht auf ordre-public-relevante Bereiche des Rechts beschränkten, allgemeinen Willkürkontrolle unterzieht.[242] Willkür liegt nach dieser Rechtsprechung vor, wenn der Schiedsspruch *„unter keinem denkbaren Aspekt rechtlich vertretbar ist und sich daher der Schluss aufdrängt, dass er auf sachfremden Erwägungen beruht“*[243]. Das soll der Fall sein, *„wenn eine offensichtlich einschlägige Norm nicht berücksichtigt oder der Inhalt einer Norm in krasser Weise missdeutet wird“*[244], sodass ein *„Missbrauch der Rechtsprechungsbefugnis“*[245] naheliegt. Jedenfalls willkürfreie Fehlentscheidungen des Schiedsgerichts werden nach dem Verbot der *révision au fond* aber grundsätzlich hingenommen.[246]

Das Verbot der *révision au fond* soll die Eigenständigkeit der Schiedsgerichtsbarkeit sicherstellen, indem es verhindert, dass das Schiedsgericht auf die Stufe einer ersten Instanz degradiert wird.[247] Das Verbot dient der Gleichwertigkeit der Schiedsgerichtsbarkeit mit der staatlichen Gerichtsbarkeit,[248] ferner dem Interesse der Parteien, die sich bewusst für die Zuständigkeit eines Schiedsgerichts entschieden haben.[249] Weder im NYÜ noch im deutschen Schiedsverfahrensrecht ist das Verbot der *révision au fond* kodifiziert – anders als in § 723 Abs. 1 ZPO betreffend die Vollstreckbarerklärung drittstaatlicher

---

240 OLG Karlsruhe, Beschl. v. 14.9.2001 – 10 Sch 4/01, BeckRS 2004, 9826; dazu MüKo-ZPO/*J. Münch*, § 1059 Rn. 7.

241 MüKo-ZPO/*J. Münch*, § 1059 Rn. 7; kritisch auch *Berger*, JInt'lArb 9 (1992), 5 (16–18).

242 OLG Stuttgart, Beschl. v. 30.7.2010 – 1 Sch 3/10, SchiedsVZ 2011, 49 (53); KG, Beschl. v. 12.8.2010 – 20 Sch 02/10, SchiedsVZ 2011, 111 (112); OLG München, Beschl. v. 9.11.2015 – 34 Sch 27/14, SchiedsVZ 2015, 303 (309); OLG Frankfurt a. M., Beschl. v. 26.11.2020 – 26 Sch 14/20, juris (Rn. 86 f.).

243 OLG Frankfurt a. M., Beschl. v. 26.11.2020 – 26 Sch 14/20, juris (Rn. 86 f.).

244 OLG Frankfurt a. M., Beschl. v. 26.11.2020 – 26 Sch 14/20, juris (Rn. 86 f.).

245 OLG Frankfurt a. M., Beschl. v. 26.11.2020 – 26 Sch 14/20, juris (Rn. 86 f.).

246 OLG Frankfurt a. M., Beschl. v. 26.11.2020 – 26 Sch 14/20, juris (Rn. 86 f.); BLHAG, ZPO/*Anders*, § 1059 Rn. 16; *Hammer*, Überprüfung von Schiedsverfahren, Rn. 709; MüKo-ZPO/*J. Münch*, § 1059 Rn. 7.

247 OLG Dresden, Beschl. v. 20.4.2005 – 11 Sch 01/05, SchiedsVZ 2005, 210 (213); Thüringer OLG, Beschl. v. 8.8.2007 – 4 Sch 3/06, SchiedsVZ 2008, 44 (45); *R. Geimer* FS Yessiou-Faltsi, 169 (171); *Pocsay*, Privates Kartellrecht in Schiedsverfahren, S. 229; *Sonnauer*, Kontrolle der Schiedsgerichte, S. 83; *Tafelmaier*, Schiedsspruch und staatliche Gerichtsbarkeit, S. 107 f.; *Voit* FS Musielak, 595 (610).

248 *R. Geimer* FS Yessiou-Faltsi, 169 (171); *Hammer*, Überprüfung von Schiedsverfahren, Rn. 709.

249 *Saenger/S. Eberl/W. Eberl*, Schiedsverfahren, § 1059 K15; *Voit* FS Musielak, 595 (610 f.).

Gerichtsentscheidungen und anders als etwa[250] in Art. 52 EuGVVO, Art. 29, 34 Abs. 3 EuGVÜ, Art. 36, 45 Abs. 2 LugÜ[251], Art. 8 Abs. 2 Satz 1 HaagGVÜ und in Art. 4 Abs. 2 Satz 1 HaagAVÜ[252]. Weil das Verbot der *révision au fond* im UNCITRAL-Modellgesetz angelegt[253] und global anerkannt[254] ist, bedurfte es aber keiner gesetzgeberischen Klarstellung.[255] Und so setzt § 1059 ZPO das Verbot der inhaltlichen Prüfung voraus, wenn er die Aufhebung nur in den in § 1059 Abs. 2 ZPO genannten Fällen vorsieht und keiner der Gründe eine inhaltliche Prüfung des Schiedsspruchs auf entscheidungserhebliche Rechtsfehler oder die Richtigkeit der Tatsachengrundlage anordnet.

2. Ordre-public-Kontrolle keine Ausnahme

Wenn danach die inhaltliche Richtigkeit des Schiedsspruchs in der Sache nicht überprüft werden darf, scheint dies in Widerspruch zum materiellen Ordre-public-Vorbehalt zu stehen, der nun einmal eine gewisse inhaltliche Überprüfung des Schiedsspruchs voraussetzt. Entsprechend liest man nicht selten, der Ordre-public-Vorbehalt stelle eine Ausnahme vom Verbot der *révision au fond* dar.[256] So urteilte das Oberlandesgericht Celle, eine inhalt-

250 Überblick über die unionsrechtlichen Anerkennungsverordnungen sowie multi- und bilaterale Anerkennungsverträge bei MüKo-ZPO/*Gottwald*, § 328 Rn. 20 ff., 35 ff., 47 ff.

251 Übereinkommen über die gerichtliche Zuständigkeit und die Anerkennung und Vollstreckung von Entscheidungen in Zivil- und Handelssachen vom 30. Oktober 2007 (Lugano-Übereinkommen), ABl. 2009 L 147, S. 5.

252 Haager Übereinkommen über die Anerkennung und Vollstreckung ausländischer Urteile in Zivil- oder Handelssachen vom 2. Juli 2019 (*www.hcch.net/de/instruments/conventions/full-text/?cid=137* – zuletzt abgerufen am 5. Juni 2021); dazu *Sachs/Weiler* FS Thümmel, 763 (764 f.); *Solomon* FS Thümmel, 873. *Schack* merkt an, die Chancen, dass viele Staaten beiträten, stünden eher schlecht (*Schack*, IPRax 2020, 1 (1, 6)).

253 Explanatory Note zu Art. 34 ModG, dort Part Two Rn. 46 f. (https://uncitral.un.org/en/texts/arbitration/modellaw/commercial_arbitration – zuletzt abgerufen am 5. Juni 2021); ferner *Horn*, SchiedsVZ 2008, 209 (215 f.).

254 *Dempegiotis*, JInt'lArb 25 (2008), 365 (391); *Gottwald* FS Nagel, 54 (56); *Reiner*, IPRax 2000, 323 (325); *Sachs/Niedermaier* FS v. Hoffmann, 1051 (1054); *Schlosser*, Schiedsgerichtsbarkeit, Rn. 855; *Spiegel*, Kartellprivatrecht in der Handelsschiedsgerichtsbarkeit, S. 148.

255 Für Geltung des Verbots auch BT-Drs. 13/5274, S. 58 f.

256 Thüringer OLG, Beschl. v. 8.8.2007 – 4 Sch 3/06, SchiedsVZ 2008, 44 (45); OLG Köln, Beschl. v. 4.8.2017 – 19 Sch 6/17, NJOZ 2018, 949 (951); OLG Köln, Beschl. v. 19.1.2018 – 19 Sch 17/17, BeckRS 2018, 32360; *Alvarez de Pfeifle*, Ordre Public-Vorbehalt als Versagungsgrund, S. 157; *R. Geimer*, IZPR, Rn. 3909, 3909a; *Gottwald* FS Nagel, 54

liche Nachprüfung des Schiedsspruchs sei zwar grundsätzlich unzulässig, das gelte aber nicht für Verstöße gegen den *ordre public*.[257] Das Oberlandesgericht Köln führte aus, zugunsten der Ordre-public-Kontrolle dürfe vom Verbot der *révision au fond* abgewichen werden.[258] Auch nach Teilen der Literatur gilt das Verbot der *révision au fond* nicht bei der Prüfung der Voraussetzungen der Anerkennung und Vollstreckbarerklärung von Schiedssprüchen.[259]

Die Qualifizierung der Ordre-public-Kontrolle als Ausnahme vom Verbot der *révision au fond* trifft nicht zu.[260] Das zeigen eine Untersuchung des genauen Bedeutungsgehalts des Verbots und ein Abgleich mit dem Wesen der Ordre-public-Prüfung.[261]

Dass nach dem Verbot der *révision au fond* die materielle Richtigkeit des Schiedsspruchs nicht überprüft werden darf,[262] ist eine recht konturenschwache Definition. Gleiches gilt für die bereits genannten Normierungen des Verbots, etwa in Art. 52 EuGVVO, Art. 36, 45 Abs. 2 LugÜ und Art. 8 Abs. 2 Satz 1 HaagGVÜ (wonach keine Nachprüfung in der Sache erfolgen darf), in Art. 29, 34 Abs. 3 EuGVÜ (wonach die Gesetzmäßigkeit der ausländischen Entscheidung nicht nachgeprüft werden darf) und in Art. 4 Abs. 2 Satz 1 HaagAVÜ (wonach ein *review of the merits* verboten ist). Teilweise wird das Verbot der *révision au fond* dahin ausgelegt, dass es dem Zweitgericht verbiete, die Entscheidung aufzuheben, weil es den Ausgangsrechtsstreit anders entschieden hätte.[263] Andere wollen (nur) eine *„tiefgehende sachliche ‚Überprü-*

---

(57); *Mavrantonakis*, Verbot der révision au fond, S. 77, 193; ähnlich *Harbst*, Rolle der staatlichen Gerichte, S. 181; *Tafelmaier*, Schiedsspruch und staatliche Gerichtsbarkeit, S. 105.

257 OLG Celle, Beschl. v. 14.10.2016 – 13 Sch 1/15 (Kart)/7 Sch 3/15, BeckRS 2016, 124988 (Rn. 45).

258 OLG Köln, Beschl. v. 16.1.2015 – 19 Sch 18/14, BeckRS 2016, 3416 (Rn. 16).

259 *R. Geimer*, IZPR, Rn. 2911, 3764; *Gottwald* FS Nagel, 54 (57); Wieczorek/Schütze, ZPO/*Schütze*, § 1061 Rn. 115; *Tafelmaier*, Schiedsspruch und staatliche Gerichtsbarkeit, S. 104 f.

260 So auch *Bien* in Fuchs/Weitbrecht (Hrsg.), Private Kartellrechtsdurchsetzung, § 17 Rn. 196.

261 Zum Bedeutungsgehalt des Verbots jüngst *Mavrantonakis*, Verbot der révision au fond, S. 7–66; Abgrenzung von Ordre-public-Vorbehalt und Verbot der *révision au fond* bei *Völker*, Dogmatik des ordre public, S. 223–225.

262 BGH, Beschl. v. 28.1.2014 – III ZB 40/13, NJW 2014, 1597 (1598); BGH, Beschl. v. 14.2.2019 – I ZB 33/18, SchiedsVZ 2019, 287 (289).

263 BeckOK-ZPO/*Ulrici*, Art. 52 EuGVVO Rn. 2.

fung'"[264] oder ein „Wiederaufrollen" des Schiedsverfahrens[265] verboten wissen oder deuten an, das Verbot untersage die Nichtanerkennung wegen der *„Unvereinbarkeit mit deutschem zwingenden Recht*"[266]. Wieder andernorts wurde vertreten, eine *révision au fond* drohe nur, wenn der Schiedsspruch nicht nur auf offensichtliche Verstöße gegen den *ordre public* überprüft werde, sondern auf sämtliche Verstöße.[267] Eine strenge Ansicht geht schließlich davon aus, dass immer dann eine *révision au fond* stattfinde, wenn nicht bloß der Tenor der Entscheidung, sondern darüber hinaus der *„dahinterstehend*[e] *konkret*[e] *Fall*"[268] geprüft werde.

Richtigerweise untersagt das Verbot der *révision au fond* dreierlei.[269] Verboten sind erstens die Überprüfung der Richtigkeit des Schiedsspruchs in der Sache am Maßstab des vom Schiedsgericht anzuwendenden Rechts, also anhand des „internen", bereits im Schiedsverfahren geltenden Entscheidungsmaßstabs,[270] sowie eine darauf oder auf korrigierten Tatsachenfeststellungen basierende Aufhebung (Kassation) wegen inhaltlicher Unrichtigkeit. Nicht erlaubt ist zweitens eine Aufhebung wegen Unrichtigkeit des Schiedsspruchergebnisses unter Anlegung eines „externen" Entscheidungsmaßstabs, insbesondere des Sachrechts des Gerichtsortes (gleichsam im Wege einer Ersetzung des vom Schiedsgericht angewendeten Rechts). Drittens darf das staatliche Gericht keine eigene, ersetzende Entscheidung in der Sache treffen (Reformation).

Zu dem so verstandenen Verbot der *révision au fond* stellt die Ordre-public-Kontrolle keine Ausnahme dar.[271] Eine vollständige Überprüfung des Schiedsspruchs auf inhaltliche Richtigkeit, namentlich auf das Vorhandensein irgendeines entscheidungserheblichen Tatsachen- oder Rechtsfehlers

---

264 *Tafelmaier*, Schiedsspruch und staatliche Gerichtsbarkeit, S. 103.

265 *Samtleben*, ZZPInt 2011, 425 (444).

266 *R. Geimer*, IZPR, Rn 3511 (betreffend *révision au fond* im internationalen Insolvenzrecht).

267 *Kröll*, NJW 2015, 833 (838).

268 *Völker*, Dogmatik des ordre public, S. 224.

269 Dazu *Mavrantonakis*, Verbot der révision au fond, S. 8–32; *Morbach*, Der kartellrechtliche ordre public, S. 49 f.

270 Die Unterscheidung zwischen „internem" und „externem" Prüfungsmaßstab, auf die diese Arbeit wiederholt zurückgreifen wird, geht auf einen Hinweis meines Betreuers *Heinz-Peter Mansel* in einem Gespräch im März 2021 zurück.

271 So auch KG, Beschl. v. 12.10.2015 – 20 Sch 2/15, BeckRS 2015, 117642 (Rn. 17) (*„keine revision au fond* [...], *sondern* [...] *eine ordre public-Prüfung*"); *Bien* in Fuchs/Weitbrecht (Hrsg.), Private Kartellrechtsdurchsetzung, § 17 Rn. 196; *Hammer*, Überprüfung von Schiedsverfahren, Rn. 709.

unter etwaiger Kassation und Reformation, erlaubt der Ordre-public-Vorbehalt nicht.[272] Ein Ordre-public-Verstoß setzt nach § 1059 Abs. 2 Nr. 2 lit. b) ZPO einen Widerspruch des Ergebnisses der Anerkennung oder Vollstreckung des Schiedsspruchs zur öffentlichen Ordnung voraus, nicht einen Widerspruch des Anerkennungsergebnisses zu irgendeiner Rechtsvorschrift oder gar irgendeinen entscheidungserheblichen Tatsachen- oder Rechtsfehler, der eine abweichende Entscheidung in der Sache rechtfertigt.[273] Das Ergebnis der Anerkennung oder Vollstreckung des Schiedsspruchs wird am Maßstab einer engen Teilmenge des Gerichtsortrechts, des *ordre public*, überprüft.[274] Diesen externen Maßstab zieht das Gericht aber nicht heran, um das richtige Schiedsspruchergebnis zu ermitteln und entsprechend in der Sache zu tenorieren, sondern um sicherzustellen, dass nicht der eigene *ordre public* verletzt ist.

Das Verbot der *révision au fond* und der Ordre-public-Vorbehalt stehen nach alldem nicht in einem Grundsatz-Ausnahme-Verhältnis. Die Ordre-public-Prüfung ist keine Durchbrechung des Verbots.[275] Man mag das als semantische Nuance abtun. Das Verständnis des Verhältnisses der beiden Prinzipien ist aber von Bedeutung für den vorliegend zu untersuchenden Prüfauftrag des Gerichts im Rahmen der materiellen Ordre-public-Kontrolle. Denn wer im Ordre-public-Vorbehalt eine echte Ausnahme vom Verbot der *révision au fond* sieht, wird sich zu besonderer Zurückhaltung ermahnen („Ausnahmen sind eng auszulegen"). Wer es wie hier sieht, wird gegebenenfalls zu einer freizügigeren Durchsetzung des *ordre public* neigen, sich jedenfalls nicht allzu voreilig unter Hinweis auf das Verbot der *révision au fond* einer jeden inhaltlichen Überprüfung des Schiedsspruchs verschließen – wie es die Rechtsprechung mitunter handhabt.[276]

---

272 Gegen einen Verstoß gegen das Verbot der *révision au fond* bereits *Altenmüller*, Schiedsrichterliche Entscheidung, S. 289 f.

273 *de Meulemeester/Piers*, ASA Bulletin 25 (2007), 630 (Richter „*is not the judge of the case but rather of the award*"); ferner etwa *Brulard/Quintin*, JInt'lArb 18 (2001), 533 (544).

274 Mit diesem Argument *Bien* in Fuchs/Weitbrecht (Hrsg.), Private Kartellrechtsdurchsetzung, § 17 Rn. 196.

275 So aber *Borges*, Doppelexequatur, S. 65; ähnlich Musielak/Voit, ZPO/*Stadler*, § 328 Rn. 23; *Tafelmaier*, Schiedsspruch und staatliche Gerichtsbarkeit, S. 260.

276 OLG Köln, Beschl. v. 23.4.2004 – 9 Sch 01/03, SchiedsVZ 2005, 163 (165); Thüringer OLG, Beschl. v. 8.8.2007 – 4 Sch 3/06, SchiedsVZ 2008, 44 (46); OLG Frankfurt a. M., Beschl. v. 11.9.2008 – 26 Sch 12/08, juris; OLG München, Beschl. v. 5.10.2009 – 34 Sch 12/09, BeckRS 2011, 8217.

D. Schlussfolgerungen aus Kapitel 1 zu den Grenzen der Schiedsautonomie und der (begrenzten) Gleichwertigkeit der Schiedsgerichtsbarkeit mit der staatlichen Gerichtsbarkeit

Schiedsgerichtsbarkeit ist privat organisierte Rechtsprechung, die funktional gleichwertig mit der staatlichen Gerichtsbarkeit ist.[277] Kompetenzzuweisend fungiert insoweit eine formell und materiell wirksame Schiedsvereinbarung über einen schiedsfähigen Streitgegenstand. Das materielle Schiedsvereinbarungsstatut ergibt sich bei Fehlen einer Rechtswahl der Parteien nach vorzugswürdiger Ansicht aus einer Analogie zu Art. V Abs. 1 lit. a) NYÜ (im Falle eines ausländischen Schiedsspruchs) bzw. zu § 1059 Abs. 2 Nr. 1 lit. a) ZPO (bei Vorliegen eines inländischen Schiedsspruchs). Schiedsvereinbarungsstatut ist danach hilfsweise das Recht des Sitzes des Schiedsgerichts.

Dass die Schiedsgerichtsbarkeit keine echte Rechtsprechung ist, zeigt sich an den rechtlichen Wirkungen von Schiedssprüchen, die nur begrenzt gleichwertig mit den Wirkungen staatlicher Gerichtsentscheidungen sind. Obwohl inländische Schiedssprüche gemäß § 1055 ZPO die Wirkungen rechtskräftiger gerichtlicher Urteile haben, fehlt ihnen insbesondere die Titelwirkung. Auch *ausländische* Schiedssprüche entfalten rechtliche Wirkungen, ohne dass es eines formellen Anerkennungsakts bedürfte. Die Wirksamkeit eines ausländischen Schiedsspruchs setzt aber dessen Anerkennungsfähigkeit gemäß Art. V NYÜ voraus, die auch inzident außerhalb des Anerkennungsverfahrens geprüft werden kann. Welche Inlandswirkungen ausländische Schiedssprüche haben, beantwortet nach vorzugswürdiger Ansicht die *Theorie der eingeschränkten Wirkungserstreckung.* Danach werden die im ausländischen Verfahrensstatut geregelten prozessualen Schiedsspruchwirkungen auf das Inland erstreckt, es sei denn, sie sind dem deutschen Recht völlig unbekannt. Auf „zweiter Stufe" greift der Ordre-public-Vorbehalt. Er hindert die Anerkennung bei inhaltlicher Unerträglichkeit des konkreten Schiedsspruchergebnisses. Beide Prüfungsebenen sollten nicht miteinander vermengt werden.

Sowohl im Aufhebungsverfahren nach § 1059 ZPO als auch im Vollstreckbarerklärungsverfahren nach § 1060 f. ZPO behält sich das deutsche Schiedsverfahrensrecht eine Überprüfung des Schiedsspruchs anhand eines *numerus clausus* von Aufhebungs- bzw. Anerkennungsversagungsgründen vor. Insbesondere prüft es, ob das Ergebnis der Anerkennung oder Vollstreckung des Schiedsspruchs mit dem *ordre public* vereinbar ist, § 1059 Abs. 2 Nr. 2

277 Zu den verschiedenen Bezeichnungen oben A.III.

lit. b) ZPO. Der Ordre-public-Vorbehalt ist, wenngleich er eine gewisse inhaltliche Überprüfung des Schiedsspruchs erlaubt, keine Ausnahme vom Verbot der *révision au fond.*

Kapitel 2 Prüfungsmaßstab: der Widerspruch zum materiellen *ordre public* und der kartellrechtliche *ordre public*

Wenn die Schiedsgerichtsbarkeit mit der staatlichen Gerichtsbarkeit gleichwertig ist und diese funktional ersetzt, Schiedssprüche überdies in begrenztem Umfang die Wirkungen rechtskräftiger Urteile haben (Kapitel 1), dann ist die inhaltliche Schiedsspruchüberprüfung auf Widersprüche zum materiellen *ordre public* problematisch. Denn sie tangiert nicht nur die Schiedsspruchfinalität, sondern bewegt sich im Spannungsfeld zwischen der Wahrung der wesentlichen Grundlagen der Rechtsordnung (*ordre public*) und dem Verbot der *révision au fond*.[278]

Unter welchen Voraussetzungen Schiedssprüche wegen materieller Unvereinbarkeit mit dem *ordre public* der Aufhebung unterliegen, regelt § 1059 Abs. 2 Nr. 2 lit. b) ZPO. Zur Konturierung des dort geregelten Prüfungsmaßstabs wird das folgende Kapitel zunächst Regelungsgegenstand und Funktionen des schiedsrechtlichen *ordre public*, dieses „*schillernd*[en]"[279] Merkmals des Ordre-public-Vorbehalts, erörtern (A). Im Anschluss an Ausführungen zum kartellrechtlichen *ordre public*, einschließlich kollisionsrechtlicher Erörterungen zur Anwendbarkeit kartellrechtlicher Vorschriften im Schiedsverfahren (B), folgt eine Auslegung des Aufhebungstatbestands des § 1059 Abs. 2 Nr. 2 lit. b) ZPO (C). Das Kapitel schließt mit einer Zusammenfassung der Ergebnisse (D).

A. *Der schiedsrechtliche* ordre public

Prägendes Tatbestandsmerkmal des Ordre-public-Vorbehalts in § 1059 Abs. 2 Nr. 2 lit. b) ZPO ist der Begriff *ordre public*. Dieses schwer fassbare Merkmal legt den Normbestand fest, an dem sich das Ergebnis der Anerkennung oder Vollstreckung des Schiedsspruchs messen lassen muss. Lediglich

278 *Pocsay*, Privates Kartellrecht in Schiedsverfahren, S. 231.

279 *Altenmüller*, KTS 1974, 150 (152); so auch *Hilbig*, Kartellverbot im Schiedsverfahren, S. 23.

am Maßstab der „*elementaren Grundlagen der Rechtsordnung*“[280] bzw. an deren „*unverrückbare*[m] *Kern*“[281] wird das Ergebnis der Anerkennung oder Vollstreckung überprüft. Der *ordre public* umfasst sowohl zentrale Rechtsvorschriften als auch nicht kodifizierte Rechtsgrundsätze bzw. rechtsethische Grundwerte.[282] Ein wesentlicher Grundgedanke der Rechtsordnung mit Ordre-public-Qualität ist also nicht notwendigerweise in einer einzelnen Rechtsnorm niedergeschrieben.[283] Unter den geschriebenen Rechtssätzen zählt jedenfalls das dispositive Recht nicht zum *ordre public*; grundlegende Voraussetzung der Zugehörigkeit einer Norm zur öffentlichen Ordnung ist, dass sie in der Bundesrepublik Deutschland unmittelbar gilt und nicht abdingbar ist.[284] Aber nicht jede Norm des zwingenden Rechts zählt entgegen einer älteren, mittlerweile überwundenen Auffassung[285] zu den Grundlagennormen, die die öffentliche Ordnung verkörpern,[286] auch nicht jede zwingende unionsrechtliche Vorschrift.[287]

Vielmehr gliedert sich der *ordre public* einerseits in Normen, die die „*Grundlagen des staatlichen oder wirtschaftlichen Lebens*“[288] regeln, und andererseits die „*deutschen Gerechtigkeitsvorstellungen*“[289]. Jeweils muss es sich

280 St. Rspr.: BGH, Beschl. v. 30.10.2008 – III ZB 17/08, NJW 2009, 1215 (1216); BGH, Beschl. v. 28.1.2014 – III ZB 40/13, NJW 2014, 1597 (1598); BGH, Beschl. v. 10.3.2016 – I ZB 99/14, NJW-RR 2016, 892 (895); BGH, Beschl. v. 25.6.2020 – I ZB 108/19, NJOZ 2020, 1500 (1501).

281 *Basedow* FS Sonnenberger, 291; ähnlich *Hilbig*, Kartellverbot im Schiedsverfahren, S. 19; *Stürner* FS v. Hoffmann, 463.

282 *Haas*, Anerkennung und Vollstreckung; *Tyrolt*, Sportschiedsgerichtsbarkeit, S. 120; *Völker*, Dogmatik des ordre public, S. 57, 61; *Zimmer*, Zulässigkeit und Grenzen, S. 68.

283 Vgl. die Ausführungen bei *Tyrolt*, Sportschiedsgerichtsbarkeit, S. 120; *Völker*, Dogmatik des ordre public, S. 57, 61; *Zimmer*, Zulässigkeit und Grenzen, S. 68.

284 Zöller, ZPO/*R. Geimer*, § 1059 Rn. 55; *Poseck* in Salger/Trittmann (Hrsg.), Internationale Schiedsverfahren, § 22 Rn. 53.

285 *Mann* FS Flume, 593 (612); *v. Heymann*, Ordre public in der Schiedsgerichtsbarkeit, S. 183 f.; dagegen *Kornblum*, ZZP 86 (1973), 215 (217); ebenso a. A. *Tafelmaier*, Schiedsspruch und staatliche Gerichtsbarkeit, S. 101.

286 BGH, Beschl. v. 30.10.2008 – III ZB 17/08, NJW 2009, 1215 (1216); *Belke*, AWD 1969, 214 (215 f.); *R. Geimer* FS Yessiou-Faltsi, 169 (171 Fn. 9); *Sandrock*, IPRax 2001, 550 (555 f.); *G. Roth*, Der Vorbehalt des Ordre Public, S. 143–145.

287 *Quinke*, SchiedsVZ 2007, 246 (252).

288 St. Rspr.: BGH, Beschl. v. 30.10.2008 – III ZB 17/08, NJW 2009, 1215 (1216); BGH, Beschl. v. 25.6.2020 – I ZB 108/19, NJOZ 2020, 1500 (1501); BGH, Beschl. v. 23.7.2020 – I ZB 88/19, GRUR 2021, 118 (119); dazu *Fournier*, Bindungswirkung, S. 42 f.; *R. Geimer* FS Yessiou-Faltsi, 169 (174 f.); *Horn*, SchiedsVZ 2008, 209 (210).

289 St. Rspr.: BGH, Beschl. v. 30.10.2008 – III ZB 17/08, NJW 2009, 1215 (1216); BGH, Beschl. v. 25.6.2020 – I ZB 108/19, NJOZ 2020, 1500 (1501); BGH, Beschl. v. 23.7.2020

nicht um deutsches Recht handeln, es muss aber in Deutschland gelten, etwa grundlegende unionsrechtliche Vorschriften,[290] gemeinsame „*europäisch*[e] *Standards und Grundwerte*“[291] oder völkerrechtliche Regelungen.[292] Zu dem sich dynamisch der Lebenswirklichkeit anpassenden[293] Rechtsbestand des *ordre public* zählen etwa die Grundrechte.[294]

I. Regelungsgegenstand und Funktionen des schiedsrechtlichen *ordre public*

Der schiedsrechtliche Ordre-public-Vorbehalt ist das „*Herzstück der staatlichen Kontrolle*“[295] über Schiedssprüche. Er ermöglicht eine Überprüfung von Schiedssprüchen auf das Vorliegen gravierender Fehler bzw. Rechtsverstöße[296] und, mittels seiner negativen Funktion, die Abwehr unerwünschter Schiedsspruchergebnisse.[297] Er dient aber nicht – positiv – der Herbeiführung mit dem *ordre public* vereinbarer Rechtsfolgen.[298] Im Interesse besonders wichtiger Rechtsgrundsätze begrenzt der Ordre-public-Vorbehalt die Schiedsautonomie der Parteien[299] und die Entscheidungsautonomie des Schiedsgerichts. Wo dies einmal nötig sein sollte, schützt der Vorbehalt des *ordre public* vor ungerechten Schiedssprüchen oder, wie es mitunter

– I ZB 88/19, GRUR 2021, 118 (119); dazu *Fournier*, Bindungswirkung, S. 42 f.; *R. Geimer* FS Yessiou-Faltsi, 169 (174 f.); *Horn*, SchiedsVZ 2008, 209 (210).

290 Prütting/Gehrlein, ZPO/*Raeschke-Kessler*, § 1059 Rn. 63; *Völker*, Dogmatik des ordre public, S. 147–152; eingehend *Stürner* FS v. Hoffmann, 463 (464–469).

291 *Mansel*, RabelsZ 70 (2006), 651 (727).

292 *Völker*, Dogmatik des ordre public, S. 285; *Zobel*, wbl 2001, 300 (302).

293 *Haas*, Anerkennung und Vollstreckung, S. 220; *Schwark* FS Sandrock, 881 (891–895); *Tyrolt*, Sportschiedsgerichtsbarkeit, S. 120.

294 BT-Drs. 13/5274, S. 59; OLG Karlsruhe, Beschl. v. 14.9.2001 – 10 Sch 4/01, BeckRS 2004, 9826; OLG Frankfurt a. M., Beschl. v. 31.7.2013 – 26 SchH 4/13, BeckRS 2014, 4090; Zöller, ZPO/*R. Geimer*, § 1059 Rn. 64; *Hammer*, Überprüfung von Schiedsverfahren, Rn. 713–715; *Schwab/Walter*, Schiedsgerichtsbarkeit, Kap. 24 Rn. 37.

295 *Poseck* in Salger/Trittmann (Hrsg.), Internationale Schiedsverfahren, § 22 Rn. 52.

296 *Haas*, Anerkennung und Vollstreckung, S. 220; MüKo-ZPO/*J. Münch*, § 1059 Rn. 1; *Poseck* in Salger/Trittmann (Hrsg.), Internationale Schiedsverfahren, § 22 Rn. 1, 52–54.

297 *Völker*, Dogmatik des ordre public, S. 58; zum internationalprivatrechtlichen *ordre public Weller/de Micheli* FS Thümmel, 967 (972); allgemein zur Abwehrfunktion von Ordre-public-Vorbehalten bereits *G. Roth*, Der Vorbehalt des Ordre Public, S. 140 f.

298 *Völker*, Dogmatik des ordre public, S. 58, 62.

299 *Altenmüller*, Schiedsrichterliche Entscheidung, S. 279; *Altenmüller*, KTS 1974, 150 (155).

recht drastisch heißt, vor Willkür und dem Missbrauch der Rechtsprechungsbefugnis durch private Schiedsrichter.[300] Zu weitgehend sind in diesem Zusammenhang jedoch in einen Generalverdacht gekleidete Zweckbestimmungen, wie dass der Ordre-public-Vorbehalt vor einer „*Ausnutzung der* [...] *Schiedsgerichtsbarkeit zu Willkür, Gesetzesumgehung und Unterdrückung des Schwächeren*"[301] oder vor „*willkürlich*[en] *Entscheidungen unseriöser Schiedsgerichte* [und vor] *korrupt*[en] *Verhaltensweisen*"[302] schütze.

Ungeachtet solch voreingenommener Zweckbestimmungsversuche ist man sich einig, dass der *ordre public* eine Machterhaltungs- und Gerechtigkeitsfunktion in sich vereint.[303] Sieht man von echten „Missbrauchsfällen" ab, die in der Praxis selten vorkommen dürften, dient die Gerechtigkeitsfunktion der Sicherung eines gerechten Ausgleichs widerstreitender privater Interessen.[304] Machterhaltungsfunktion meint die Wahrung derjenigen Bereiche des Rechts, die zur fundamentalen wirtschaftspolitischen Staatsordnung zählen, der Einhaltung der sozialen Ordnung dienen und an deren Einhaltung der Staat ein unmittelbares Eigeninteresse hat.[305] Der materielle *ordre public* schließt aufgrund ihres Inhalts unerträgliche Schiedssprüche von Anerkennung und Vollstreckung im Inland aus.[306]

II. Abgrenzung von Ordre-public-Vorbehalten anderer Rechtsgebiete

Weitere Staatsvorbehalte regeln beispielsweise im Urteilsanerkennungsrecht Art. 45 Abs. 1 lit. a) EuGVVO, Art. 9 lit. e) HaagGVÜ, Art. 7 Abs. 1 lit. c) HaagAVÜ, ferner § 328 Abs. 1 Nr. 4 ZPO und § 109 Abs. 1 Nr. 4 FamFG, im Inter-

300 BGH, Urt. v. 25.6.1952 – II ZR 104/51, NJW 1952, 1296 (1297); *R. Geimer* FS Yessiou-Faltsi, 169 (175); *Quinke*, SchiedsVZ 2007, 246 (248 f.).

301 *v. Heymann*, Ordre public in der Schiedsgerichtsbarkeit, S. 147 f.

302 *Sonnauer*, Kontrolle der Schiedsgerichte, S. 6 f.

303 *Fournier*, Bindungswirkung, S. 42 f.; *R. Geimer* FS Yessiou-Faltsi, 169 (174 f.); *Quinke*, SchiedsVZ 2007, 246 (248); Stein/Jonas, ZPO/*Schlosser*, Anhang zu § 1061 Rn. 316; *v. Heymann*, Ordre public in der Schiedsgerichtsbarkeit, S. 163; dazu *Zimmer*, Zulässigkeit und Grenzen, S. 88 f.

304 *Zimmer*, Zulässigkeit und Grenzen, S. 88; dazu Zöller, ZPO/*R. Geimer*, § 1059 Rn. 62.

305 *Fournier*, Bindungswirkung, S. 43; *Weller/de Micheli* FS Thümmel, 967 (969); dazu Zöller, ZPO/*R. Geimer*, § 1059 Rn. 58–60.

306 OLG Köln, Beschl. v. 28.6.2011 – 19 Sch 11/10, SchiedsVZ 2012, 161 (165); OLG Frankfurt a. M., Beschl. v. 24.7.2014 – 26 Sch 28/13, 26 Sch 29/13, juris (Rn. 121); OLG Köln, Beschl. v. 19.1.2018 – 19 Sch 17/17, BeckRS 2018, 32360 (Rn. 12); *R. Geimer* FS Yessiou-Faltsi, 169 (171); *Pendl/Prantl*, SchiedsVZ 2019, 266 (273); *Saenger/S. Eberl/W. Eberl*, Schiedsverfahren, § 1059 K30.

nationalen Privatrecht unter anderem Art. 21 Rom-I-VO, Art. 26 Rom-II-VO und Art. 6 EGBGB und schließlich im Internationalen Insolvenzecht etwa Art. 33 EuInsVO und § 343 Abs. 1 Satz 2 Nr. 2 InsO.[307]

1. Weitgehend identische Tatbestände

Die Wortlaute dieser Ordre-public-Vorbehalte ähneln stark den schiedsrechtlichen Vorbehalten in § 1059 Abs. 2 Nr. 2 lit. b) ZPO und Art. V Abs. 2 lit. b) NYÜ.

Im Anwendungsbereich der EuGVVO wird die Anerkennung bzw. Vollstreckung – auf gesonderten Antrag[308] – versagt, wenn sie der öffentlichen Ordnung (*ordre public*) offensichtlich widersprechen würde, Art. 45 Abs. 1 lit. a), 46 EuGVVO, während § 328 Abs. 1 Nr. 4 ZPO und § 109 Abs. 1 Nr. 4 FamFG – insoweit identisch mit Art. 6 EGBGB – voraussetzen, dass die Anerkennung bzw. Vollstreckbarerklärung zu einem Ergebnis führt, das mit wesentlichen Grundsätzen des deutschen Rechts offensichtlich unvereinbar ist. Die Vorbehalte in § 328 Abs. 1 Nr. 4 ZPO und § 109 Abs. 1 Nr. 4 FamFG ergänzen wie Art. 6 EGBGB, dass ein Widerspruch zum *ordre public* insbesondere dann vorliegt, wenn die Anerkennung der Entscheidung bzw. die Anwendung der Norm mit den Grundrechten unvereinbar ist. Nach Art. 9 lit. e) HaagGVÜ kann die Anerkennung versagt werden, wenn die Anerkennung oder Vollstreckung der öffentlichen Ordnung (*ordre public*) offensichtlich widerspräche, gemäß Art. 7 Abs. 1 lit. c) HaagAVÜ[309], wenn *recognition or enforcement would be manifestly incompatible with public policy.* Nach dem Unionskollisionsrecht der vertraglichen und außervertraglichen Schuldverhältnisse darf eine ausländische Vorschrift unangewendet bleiben, wenn ihre Anwendung mit der öffentlichen Ordnung (*ordre public*) offensichtlich unvereinbar ist, Art. 21 Rom-I-VO, Art. 26 Rom-II-VO. Im autonomen deutschen Kollisionsrecht greift der *ordre public*, wenn die Anwendung der ausländischen Rechtsnorm zu einem Ergebnis führt, das mit wesentlichen Grundsätzen des deutschen Rechts offensichtlich unvereinbar ist, Art. 6 EGBGB. Art. 33 EuInsVO und § 343 Abs. 1 Satz 2 Nr. 2 InsO enthalten ebenfalls das Erfordernis der offensichtlichen Unvereinbarkeit und fordern die Ordre-public-Widrigkeit des Ergebnisses der Anerkennung des ausländi-

307 Überblick bei *Siehr* FS v. Hoffmann, 424 (426–436).

308 Dazu *Schack*, ZVglRWiss 119 (2020), 237 (238–240).

309 Vergleich mit dem Ordre-public-Vorbehalt in Art. V Abs. 2 lit. b) NYÜ bei *Sachs/Weiler* FS Thümmel, 763 (776 f.)

schen Insolvenzverfahrens, wobei Art. 33 EuInsVO ergänzt, zur öffentlichen Ordnung zählten insbesondere die Grundprinzipien oder verfassungsmäßig garantierten Rechte und Freiheiten des Einzelnen.

Der schiedsrechtliche Ordre-public-Vorbehalt in Art. V Abs. 2 lit. b) NYÜ greift unter der Voraussetzung, dass die Anerkennung oder Vollstreckung des Schiedsspruchs der öffentlichen Ordnung widersprechen würde, also ohne das Erfordernis eines offensichtlichen Widerspruchs. Ein solches Erfordernis enthält auch der Staatsvorbehalt der deutschen *lex arbitri* nicht, jedenfalls kein geschriebenes.[310] Nach § 1059 Abs. 2 Nr. 2 lit. b) ZPO kann der Schiedsspruch aufgehoben bzw. i. V. m. § 1060 Abs. 2 ZPO dessen Anerkennung versagt werden, wenn die Anerkennung oder Vollstreckung des Schiedsspruchs zu einem Ergebnis führt, das der öffentlichen Ordnung (*ordre public*) widerspricht.

Die Gegenüberstellung zeigt, dass die Ordre-public-Vorbehalte teilweise von einem Widerspruch zur öffentlichen Ordnung bzw. zum *ordre public* sprechen, teilweise von der Unvereinbarkeit mit dem *ordre public*. Diese sprachlichen Abweichungen dürften inhaltlich keinen Unterschied machen. Gleiches gilt für die teilweise ausdrücklich aufgenommenen Regelbeispiele eines Widerspruchs zum *ordre public*: Auch wo die Unvereinbarkeit mit Grundrechten oder verfassungsmäßig garantierten Freiheiten des Einzelnen nicht kodifiziert ist, unterfällt sie dem jeweiligen Ordre-public-Vorbehalt.[311] Es bleiben zwei sprachliche Unterschiede zwischen den Wortlauten, die möglicherweise eine inhaltliche Bedeutung haben: das in § 1059 Abs. 2 Nr. 2 lit. b) ZPO nicht ausdrücklich enthaltene Offensichtlichkeitskriterium sowie die Wendung, dass es auf das Ergebnis der Anerkennung und Vollstreckung ankommt (nicht auf den Schiedsspruch selbst). Auf diese beiden Tatbestandsmerkmale wird noch einzugehen sein.[312]

2. Dennoch unterschiedliche Eingriffsintensitäten?

Die genannten Vorbehaltsklauseln stimmen insoweit überein, als sie allesamt einen Widerspruch zum *ordre public* voraussetzen. Daraus folgt aber nicht ohne Weiteres, dass die Vorbehalte denselben Ordre-public-Begriff verwenden bzw. mit der gleichen Eingriffsintensität operieren.

---

310 Dazu unten C.I.4.a).

311 *Baumert*, SchiedsVZ 2014, 139 (141); Zöller, ZPO/*R. Geimer*, § 1059 Rn. 64; *Hammer*, Überprüfung von Schiedsverfahren, Rn. 713–715; MüKo-ZPO/*J. Münch*, § 1059 Rn. 38; *Sandrock*, BB 2001, 2173 (2174).

312 Dazu unten C.I.4.a) sowie Kap. 3 A.III.1.

a) *Ordre public* des Urteilsanerkennungsrechts und schiedsrechtlicher *ordre public*

Nach verbreiteter Auffassung ist der schiedsrechtliche *ordre public* strukturell und inhaltlich identisch mit dem anerkennungsrechtlichen *ordre public* des § 328 Abs. 1 Nr. 4 ZPO, weswegen die entwickelten Auslegungsgrundsätze wechselseitig übertragbar und die Eingriffsintensitäten identisch seien.[313] Der Ordre-public-Vorbehalt in Art. 45 Abs. 1 lit. a) EuGVVO weist hingegen nicht ohne Weiteres dieselbe Eingriffsintensität auf, denn die weitgehend „barrierefreie" Anerkennung und Vollstreckung nach der EuGVVO ist dem unionsrechtlichen Treuegebot geschuldet (Art. 4 Abs. 3 EUV), das gegenüber ausländischen Schiedssprüchen nicht gilt.[314]

Reinhold Geimer meint in diesem Zusammenhang, für die Anerkennung ausländischer Gerichtsentscheidungen gelte nur dann derselbe Maßstab wie im Falle der Schiedsspruchanerkennung, wenn es – im Sinne der Machterhaltungsfunktion des *ordre public* – um die Wahrung unmittelbarer Staatsinteressen gehe. Solche bedürften universell gleich strenger Durchsetzung.[315] Seien hingegen lediglich private Interessen betroffen (die Gerechtigkeitsfunktion), sei es denkbar, an die Anerkennung eines Schiedsspruchs einen großzügigeren Maßstab anzulegen. Immerhin hätten die Schiedsverfahrensparteien freiwillig die schiedsgerichtliche Zuständigkeit gewählt. Dieser differenzierende Vorschlag denkt die Kehrseite der Schiedsautonomie elegant fort, findet im Gesetzeswortlaut aber keinen Niederschlag und ist abzulehnen. Die Unterscheidung arbeitet mit dem unbestimmten Begriff der unmittelbaren Staatsinteressen. Solche lassen sich nicht immer von (rein) privaten Interessen unterscheiden. Die zutreffende Würdigung eines kartellrechtlichen Anspruchs dient beispielsweise nicht nur dem gerechten Ausgleich privater

---

313 *v. Brunn*, NJW 1969, 823 (825); *G. Roth*, Der Vorbehalt des Ordre Public, S. 179; *Saenger/S. Eberl/W. Eberl*, Schiedsverfahren, § 1059 K23; *Schwab/Walter*, Schiedsgerichtsbarkeit, Kap. 24 Rn. 39; *Zimmer*, Zulässigkeit und Grenzen, S. 87; abweichend MüKo-ZPO/*J. Münch*, § 1059 Rn. 42 (ähnliche Maßstäbe).

314 Mit ausführlicher Begründung so auch *Hilbig*, Kartellverbot im Schiedsverfahren, S. 25 f.

315 *R. Geimer* FS Yessiou-Faltsi, 169 (172, 175); Zöller, ZPO/*R. Geimer*, § 1059 Rn. 70 f.; dagegen MüKo-ZPO/*J. Münch*, § 1059 Rn. 42.

Vermögensinteressen, sondern auch dem Staatsinteresse am sog. *private enforcement* des Kartellrechts[316].[317]

b) *Ordre public atténué* und kollisionsrechtlicher *ordre public*

Das unwägbare Kriterium der unmittelbaren Staatsinteressen führt zu einer weiteren Abgrenzung. Im Vergleich zur kollisionsrechtlichen Anknüpfungssituation soll im Anerkennungsrecht ein geringfügig großzügigerer *ordre public* gelten. Dieser *ordre public atténué de la reconnaissance* soll gegenüber dem kollisionsrechtlichen *ordre public* in abgeschwächter Art und Weise wirken und größere Abweichungen von den Grundsätzen der öffentlichen Ordnung erlauben.[318] Selbst wenn die kollisionsrechtliche Anwendung einer ausländischen Vorschrift durch das deutsche Gericht im Einzelfall zu einem ordre-public-widrigen Ergebnis führen würde und unterbleiben müsste, kann danach eine ausländische Entscheidung bzw. ein Schiedsspruch, die bzw. der auf der Anwendung derselben Norm beruht, unter Umständen anerkannt werden.[319] Den gedämpften Effekt des anerkennungsrechtlichen *ordre public* hat der Bundesgerichtshof mit dem schutzwürdigen Vertrauen der Beteiligten auf den Bestand der ausländischen Entscheidung begründet.[320] Der Senat führte aus, der Grad der Inlandsbeziehung des Sachverhalts sei in der Anerkennungssituation typischerweise schwächer als bei der Entscheidung über die Anwendung der ausländischen Vorschrift, was für einen großzügigeren Maßstab streite.

Die Heranziehung eines großzügigeren *ordre public atténué* mag von dem begrüßenswerten Ziel der Anerkennungsfreundlichkeit im internationalen Rechtsverkehr getragen sein.[321] Die Kategorisierung trägt aber nicht zur Rechtssicherheit bei, weil sie die generalklauselartigen, ohnehin der Einzel-

316 Dazu *Hess*, EUZPR, Rn. 3.59–3.63; *Komninos* in G. Blanke/Landolt (Hrsg.), Antitrust Arbitration, S. 443–445; MüKo-WettbewR/*F.-J. Säcker/Zorn*, Art. 101 AEUV Rn. 829–832; eingehend *Zimmer/Logemann*, ZEuP 2009, 489 (490–500).

317 Statt vieler *Weitbrecht*, SchiedsVZ 2018, 159 (161); vgl. auch *Gößling*, Europäisches Kollisionsrecht und internationale Schiedsgerichtsbarkeit, S. 147.

318 BGH, Urt. v. 21.4.1998 – XI ZR 377/97, NJW 1998, 2358; BGH, Beschl. v. 10.12.2014 – XII ZB 463/13, DNotZ 2015, 296 (297); *R. Geimer* FS Yessiou-Faltsi, 169 (171 f.); *R. Geimer*, IZPR, Rn. 2912; *Hammer*, Überprüfung von Schiedsverfahren, Rn. 710; *Hilbig*, Kartellverbot im Schiedsverfahren, S. 9.

319 *Baumert*, SchiedsVZ 2014, 139 (141); *R. Geimer*, IZPR, Rn. 2912.

320 BGH, Beschl. v. 27.5.2020 – XII ZB 54/18, NJW 2020, 3026 (3031–3034).

321 So *Sandrock* FS Sonnenberger, 615 (630); *Völker*, Dogmatik des ordre public, S. 69 f.

fallprüfung unterliegenden Ordre-public-Vorbehalte[322] mit den unbestimmten Rechtsbegriffen *abgeschwächt* bzw. *Großzügigkeit* anreichert. Eine mehr oder weniger großzügige Rechtsanwendung geben die weit gefassten Tatbestände ohnehin her, ohne dass es weiterer begrifflicher Kategorien bedürfte. Vertritt man einen nur geringfügigen Unterschied, hat die Unterscheidung nur symbolischen Charakter und erscheint verzichtbar.[323]

III. Kategorien des schiedsrechtlichen *ordre public*

Innerhalb des schiedsrechtlichen *ordre public* wird weiter danach unterschieden, ob Anerkennung und Vollstreckung eines inländischen oder ausländischen Schiedsspruchs anstehen. Ferner wird die Rechtsnatur eines mit unionsrechtlichen Grundsätzen angereicherten *ordre public communautaire* diskutiert.

1. Inländische und ausländische Schiedssprüche: *ordre public interne* und *ordre public international*

Im Verfahren betreffend einen *inländischen* Schiedsspruch (§ 1059 f. ZPO) soll der *ordre public interne* gelten, der *ordre public international* bei der Vollstreckbarerklärung eines *ausländischen* Schiedsspruchs (§ 1061 ZPO).[324]

Beide Ordre-public-Begriffe sind trotz begrifflicher Unsicherheiten[325] Kategorien des nationalen (deutschen) *ordre public*.[326] Das folgt nicht zuletzt

322 Zur Begriffsunschärfe *Hilbig*, Kartellverbot im Schiedsverfahren, S. 23; *Pocsay*, Privates Kartellrecht in Schiedsverfahren, S. 283; *Schlosser*, ZZP 92 (1979), 125 (139).

323 Ähnlich *Tyrolt*, Sportschiedsgerichtsbarkeit, S. 122 f.; *Völker*, Dogmatik des ordre public, S. 53–56.

324 BGH, Urt. v. 18.10.1967 – VIII ZR 145/66, NJW 1968, 354 (355) (zur Anerkennung gerichtlicher Entscheidungen); BGH, Urt. v. 15.5.1986 – III ZR 192/84, NJW 1986, 3027 (3028); *Hilbig*, Kartellverbot im Schiedsverfahren, S. 9–11; *Raeschke-Kessler*, EuZW 1990, 145 (147); *Tafelmaier*, Schiedsspruch und staatliche Gerichtsbarkeit, S. 224–226; *v. Heymann*, Ordre public in der Schiedsgerichtsbarkeit, S. 155–157.

325 Zu Unterformen und verschiedenen Begriffen des *ordre public Völker*, Dogmatik des ordre public, S. 254–303; kritisch *Bien*, ZZP 132 (2019), 93 (99 mit Fn. 22): Der Begriff *ordre public international* sei möglicherweise irreführend, weil jede Rechtsordnung eigene Anforderungen stellen könne.

326 BT-Drs. 13/5274, S. 59; BGH, Urt. v. 15.5.1986 – III ZR 192/84, NJW 1986, 3027 (3028); *Belke*, AWD 1969, 214 (215); *Horn*, SchiedsVZ 2008, 209 (210); *Hilbig*, Kartellverbot im Schiedsverfahren, S. 10; *Pfeiffer* in Salger/Trittmann (Hrsg.), Internationale

aus Art. V Abs. 2 lit. b) NYÜ, der auf den *ordre public* desjenigen Staates abstellt, vor dessen Gerichten die Anerkennung oder Vollstreckung geltend gemacht wird.[327] Ungeachtet der „Nationalität" des Schiedsspruchs gilt im gerichtlichen Verfahren also der deutsche *ordre public*, auch wenn die Überprüfung eines ausländischen Schiedsspruchs am Maßstab des *ordre public international* ansteht.[328] Steht ein inländischer Schiedsspruch zur Prüfung, gilt umgekehrt der *ordre public interne* auch dann, wenn ausländische Parteien oder Schiedsrichter beteiligt sind[329] oder im Schiedsverfahren ausländisches Sachrecht anwendbar war,[330] es sich also um ein internationales Schiedsverfahren handelt.

a) *Ordre public international* großzügiger?

Nach gefestigter Rechtsprechung[331] und der überwiegenden Literatur[332] wirkt der *ordre public international* geringfügig[333] großzügiger als der *ordre public interne*. Danach toleriert das deutsche Recht ausländische Schiedssprüche unter Umständen selbst in Fällen, in denen ein inländischer Schiedsspruch gleichen Inhalts als ordre-public-widrig aufzuheben wäre.[334] Teile der Literatur merken hingegen an, die Unterscheidung bewirke wegen der im

---

Schiedsverfahren, § 15 Rn. 28; *Raeschke-Kessler*, EuZW 1990, 145 (147); *Schlosser*, Schiedsgerichtsbarkeit, Rn. 866; *Weller/de Micheli* FS Thümmel, 967 (973).

327 *Tornberg* in Gomez/López Rodríguez (Hrsg.), 60 Years NYC, S. 264.

328 BGH, Urt. v. 15.5.1986 – III ZR 192/84, NJW 1986, 3027 (3028); BGH, Beschl. v. 29.1.2009 – III ZB 88/07, BGHZ 179, 304 = NJW 2009, 1747 (1749); Thüringer OLG, Beschl. v. 8.8.2007 – 4 Sch 3/06, SchiedsVZ 2008, 44 (45); *Altenmüller*, Schiedsrichterliche Entscheidung, S. 241; *Bien*, ZZP 132 (2019), 93 (107); *Haas*, Anerkennung und Vollstreckung, S. 222.

329 BGH, Beschl. v. 29.1.2009 – III ZB 88/07, BGHZ 179, 304 = NJW 2009, 1747 (1749); *Pfeiffer*, NJW 2012, 1169 (1171 f.).

330 *Saenger/S. Eberl/W. Eberl*, Schiedsverfahren, § 1059 K23.

331 St. Rspr.: BGH, Urt. v. 18.1.1990 – III ZR 269/88, NJW 1990, 2199; BGH, Urt. v. 21.4.1998 – XI ZR 377/97, NJW 1998, 2358; BGH, Beschl. v. 29.1.2009 – III ZB 88/07, BGHZ 179, 304 = NJW 2009, 1747 (1749); BGH, Beschl. v. 6.10.2016 – I ZB 13/15, NJW-RR 2017, 313 (319); BGH, Beschl. v. 2.3.2017 – I ZB 42/16, NJOZ 2017, 802 (804).

332 *Schlosser*, Schiedsgerichtsbarkeit, Rn. 868; *T. Schwarz*, NJW 1969, 296 (301); *Zimmer*, Zulässigkeit und Grenzen, S. 68 f.; dagegen *Sandrock* FS Sonnenberger, 615 (631).

333 A. A. *Hilbig*, Kartellverbot im Schiedsverfahren, S. 10 (*ordre public interne* sei *„sehr viel weiter"*).

334 BGH, Urt. v. 15.5.1986 – III ZR 192/84, NJW 1986, 3027 (3028); dazu *Lüer*, JInt'lArb 7 (1990), 127 (134 f.).

Wesentlichen gleichen Maßstäbe kaum Unterschiede.[335] Denn der deutsche *ordre public* greife bereits gegenüber inländischen Schiedssprüchen sehr zurückhaltend, anders als nach den Schiedsverfahrensrechten anderer Staaten der Fall.[336] Mitunter heißt es, für inländische und ausländische Schiedssprüche sollten dieselben Maßstäbe gelten.[337] Die Parteien könnten anderenfalls durch die Verlegung des Sitzes des Schiedsgerichts ins Ausland (bzw. früher, unter Geltung der Verfahrenstheorie,[338] durch Vereinbarung ausländischen Verfahrensrechts) Einfluss auf die Prüfungsstrenge nehmen, was nicht sachgerecht sei.[339] Die Kritik an der Unterscheidung zwischen *ordre public interne* und *ordre public international* wird mitunter am Beispiel unterstellter Grundrechtswidrigkeit eines Schiedsspruchs konkretisiert: Weil Geltungsbereich und Reichweite eines Grundrechts nicht von der Nationalität des in Grundrechte „eingreifenden" Schiedsspruchs abhängen dürften, überzeuge die Unterscheidung nicht.[340] Andernorts heißt es, der *ordre public interne* greife *„sehr viel weiter"*[341] ein als der *ordre public international*, und wieder andernorts, anstelle des Sitzes des Schiedsgerichts sei an den Inlandsbezug des Schiedsverfahrens anzuknüpfen und in Abhängigkeit davon ein mehr oder weniger strenger Ordre-public-Vorbehalt anzuwenden.[342] *Horn* will bei inländischen Schiedssprüchen, die auf Grundlage ausländischen Sachrechts ergangen sind, die Wertungsmaßstäbe des anwendbaren ausländischen Rechts grundsätzlich respektieren und nicht allzu streng am Maßstab deutscher Vorstellungen prüfen.[343] Gehe es um einen inländischen Schiedsspruch, der aufgrund eines internationalen Schiedsverfahrens ergangen sei, solle hingegen der *ordre public international* angewendet werden.

---

335 *Gottwald* FS Nagel, 54 (67); MüKo-ZPO/*J. Münch*, § 1059 Rn. 43; *Pfeiffer*, LMK 2014, 356293 (Unterscheidund *„bedeutungslos"*); Stein/Jonas, ZPO/*Schlosser*, Anhang zu § 1061 Rn. 314.

336 MüKo-ZPO/*Adolphsen*, Art. V NYÜ Rn. 69; *Gottwald* FS Nagel, 54 (66 f.); MüKo-ZPO/*J. Münch*, § 1059 Rn. 43.

337 Mit Nachdruck bereits *G. Roth*, Der Vorbehalt des Ordre Public, S. 177–179.

338 Dazu oben Kap. 1 B.I.1.

339 *Borges*, Doppelexequatur, S. 54 f.; *Schütze*, IPRax 2009, 504 (504 f.).

340 *Sandrock*, BB 2001, 2173 (2175 f.).

341 *Hilbig*, Kartellverbot im Schiedsverfahren, S. 10.

342 Im Rahmen der Abgrenzung des kollisionsrechtlichen vom anerkennungsrechtlichen *ordre public*: BGH, Beschl. v. 27.5.2020 – XII ZB 54/18, NJW 2020, 3026 (3031 f.); zuvor auch *Altenmüller*, KTS 1974, 150 (156); *Tyrolt*, Sportschiedsgerichtsbarkeit, S. 125; *Völker*, Dogmatik des ordre public, S. 272–274.

343 *Horn*, SchiedsVZ 2008, 209 (216).

Schließlich wurde auf der Grundlage von Ausführungen von *Katharina Lugani* (geb. *Hilbig*)[344] ein auf das Kartellrecht zugeschnittener Vorschlag unterbreitet: *Bien* unterscheidet zwischen nationalen und internationalen Schiedssprüchen und differenziert in Anlehnung an das kartellrechtliche Auswirkungsprinzip (im deutschen Kartellrecht nach § 185 Abs. 2 GWB)[345] danach, auf welchen Märkten das dem Schiedsspruch zugrundeliegende Rechtsverhältnis wettbewerbsrelevante Wirkungen zeitigt.[346] Seien die Märkte mehrerer Staaten betroffen, sodass mehrere Kartellrechte anwendbar seien, handele es sich um einen internationalen Schiedsspruch. Dann sei der geringfügig großzügigere *ordre public international* anwendbar.[347] Im Falle eines internationalen Schiedsspruchs spreche die international unterschiedliche Beantwortung derselben Frage (etwa der Zulässigkeit einer Preisbindung der zweiten Hand) dafür, dass diese (ambivalente) Verhaltensweise weniger verwerflich sei als solche Wettbewerbsbeschränkungen, die nach international einheitlichem Rechtsverständnis[348] unzulässig seien, wie etwa horizontale Preisabsprachen.[349]

344 *Hilbig*, Kartellverbot im Schiedsverfahren, S. 5 f., wonach ein internationales Handelsschiedsverfahren dann vorliegt, wenn es aus einem Rechtsverhältnis erwächst, das direkt oder indirekt den internationalen Geschäftsverkehr zwischen mehreren Staaten betrifft.

345 Zur Geltung des Auswirkungsprinzips auch im Unionskartellrecht EuGH, Urt. v. 6.9.2017 – C-413/14 P (Intel), EuZW 2017, 850 (852 f.); *Pipoh*, Struktur der Wirksamkeitskontrolle, S. 92; *Spiegel*, Kartellprivatrecht in der Handelsschiedsgerichtsbarkeit, S. 236 f.; *Wiedemann* in Wiedemann (Hrsg.), Kartellrecht, § 5 Rn. 6; MüKo-WettbewR/*Wagner-von Papp/Wurmnest*, Bd. 1 Teil I (Grundlagen) Rn. 1383.

346 *Bien*, ZZP 132 (2019), 93 (100).

347 *Bien*, ZZP 132 (2019), 93 (104).

348 Auch außerhalb des Kartellrechts will *Völker* im Wege der Rechtsvergleichung im Einzelfall untersuchen, ob einem *„deutschen Lösungsmodell"* eine grundlegende Wesentlichkeit im Sinne des *ordre public* zukommt: *Völker*, Dogmatik des ordre public, S. 197 f.

349 *Bien*, ZZP 132 (2019), 93 (106 f.); *Bien* in Fuchs/Weitbrecht (Hrsg.), Private Kartellrechtsdurchsetzung, § 17 Rn. 171–173; in diesem Zusammenhang diskutiert *Morbach* ein *„‚Weltkartellrecht'"* bzw. einen *„kartellrechtlichen ordre public transnational"* (*Morbach*, Der kartellrechtliche ordre public, S. 213–218).

b) Stellungnahme

Die Differenzierung zwischen einem *ordre public interne* und einem geringfügig großzügigeren *ordre public international* ist nicht geboten,[350] so begrüßenswert die Unterscheidung als Ausdruck der Anerkennungsfreundlichkeit im internationalen Rechtsverkehr ist.[351] Es gelten ähnliche Bedenken wie gegen die Abgrenzung des kollisionsrechtlichen vom anerkennungsrechtlichen *ordre public*.[352] Die Ordre-public-Klauseln bieten schon *qua* Gesetzeswortlaut genügend „Spielraum" bzw. „*Wertungsmöglichkeiten*"[353], um im Einzelfall mehr oder weniger streng zu prüfen. Die Abgrenzung mehr oder weniger „anstößiger" Fälle ist auch möglich, wenn derselbe Ordre-public-Begriff gilt. Außerdem dürften Auslegung und Anwendung des Ordre-public-Vorbehalts vom einen Rechtsanwender als streng aufgefasst werden, vom anderen als großzügig. Es ist auch schlicht nicht geboten, ausländische Schiedssprüche „sanfter" anzupacken, um Konflikte mit den Interessen des internationalen Rechtsverkehrs zu vermeiden.[354] Die deutsche *lex arbitri* lässt selbst inländische Schiedssprüche weitgehend inhaltlich unangetastet, indem sie Schiedssprüche nicht wegen inhaltlicher Fehlerhaftigkeit der Aufhebung aussetzt.[355]

Der Vorschlag von *Bien*[356] schafft zwar einen eleganten Brückenschlag vom kartellrechtlichen Auswirkungsprinzip zum Prüfungsmaßstab, all dies mit dem Ziel kartellrechtlich sachgerechter Ergebnisse und angemessener Zurückhaltung staatlicher Gerichte bei Sachverhalten mit kartellrechtlichem Auslandsbezug. Dagegen ist nichts einzuwenden, denn aus der Sicht des Kartellrechts ist es in der Tat wichtiger, welche Märkte von den zugrundeliegenden Verhaltensweisen betroffen sind, als die Frage nach dem Sitz des Schiedsgerichts. Jedoch findet auch dieser Vorschlag im geltenden Recht keine Stütze. Das deutsche Schiedsverfahrensrecht unterscheidet allein zwi-

---

350 Im Ergebnis ebenso *Altenmüller*, Schiedsrichterliche Entscheidung, S. 265; ablehnend auch *Sandrock* FS Sonnenberger, 615 (626–631); *v. Heymann*, Ordre public in der Schiedsgerichtsbarkeit, S. 157; *Mavrantonakis*, Verbot der révision au fond, S. 149–152.

351 Den Ansatz befürwortend auch *Sandrock* FS Sonnenberger, 615 (630) („*höchst billigenswerte Einstellung*"); *Völker*, Dogmatik des ordre public, S. 267 f. („*Weltoffenheit und Liberalität*").

352 Dazu oben A.II.2.b).

353 *Zobel*, Schiedsgerichtsbarkeit und Gemeinschaftsrecht, S. 151.

354 So auch *Haas*, Anerkennung und Vollstreckung, S. 222.

355 *Borges*, Doppelexequatur, S. 55 f.; *Gottwald* FS Nagel, 54 (66 f.); dazu auch *Tafelmaier*, Schiedsspruch und staatliche Gerichtsbarkeit, S. 224 f.

356 *Bien*, ZZP 132 (2019), 93 (100–108).

schen inländischen und ausländischen Schiedssprüchen, und zwar anhand des leicht handhabbaren[357] Kriteriums *Sitz des Schiedsgerichts.* Ließe man in anderen Bereichen des Rechts weitere sektorspezifische Differenzierungen zu, drohte eine Rechtszersplitterung. Der theoretisch gelungene Ansatz von *Bien* begegnet schließlich praktischen Bedenken: Wer zur Bestimmung des einschlägigen *ordre public* mithilfe des Auswirkungsprinzips die zur Anwendung berufenen Kartellrechtsordnungen bestimmen will, dürfte im Einzelfall vor aufwendigen Tatsachenfeststellungen stehen. Wenn die Unterschiede zwischen den jeweils zur Anwendung berufenen Ordre-public-Begriffen aber nur geringfügig sein sollen, stellt sich die Frage nach dem Mehrwert solcher Mühen.

2. Unionsrechtlicher *ordre public communautaire*

Umstritten ist schließlich neben einer Vielzahl weiterer Kategorien des *ordre public*[358] die Rechtsnatur des unionsrechtlichen *ordre public communautaire*,[359] der Gesamtheit der grundlegenden (also nicht aller zwingenden[360]) Bestimmungen des Unionsrechts, wie sie etwa in der EU-Grundrechte-Charta oder in Art. 6 EUV i. V. m. der EMRK und im sonstigen EU-Primärrecht verankert sind.[361]

Nach der überwiegenden Auffassung bildet der *ordre public communautaire* keinen eigenständigen *ordre public*, sondern geht im nationalen *ordre public* auf und ergänzt diesen im Wege der Erweiterung oder Beschränkung,[362] sodass eine gemeinsame Menge an grundlegenden Rechts- und

---

357 Kritisch zu diesem Kriterium aber *Baumert*, SchiedsVZ 2014, 139 (141).

358 Überblick bei *Völker*, Dogmatik des ordre public, S. 254–303; zum transnationalen *ordre public Weller/de Micheli* FS Thümmel, 967 (976 f.); *Horn*, SchiedsVZ 2008, 209 (210 f.).

359 Dazu *Hilbig*, Kartellverbot im Schiedsverfahren, S. 18–22; *Stürner* FS v. Hoffmann, 463 (473–481); *Weller/de Micheli* FS Thümmel, 967 (974).

360 *Pfeiffer* in Salger/Trittmann (Hrsg.), Internationale Schiedsverfahren, § 15 Rn. 28; *Quinke*, SchiedsVZ 2007, 246 (252); aber (ablehnend) *McGuire*, SchiedsVZ 2011, 257 (263) (Gerichtshof tendiere dazu, das gesamte zwingende Unionsrecht zum *ordre public* zu zählen).

361 *Mansel/Thorn/R. Wagner*, IPRax 2016, 1 (16); ähnlich *Hilbig*, Kartellverbot im Schiedsverfahren, S. 19 (Grundfreiheiten und Wettbewerbsordnung); zum Begriff *Weyer*, EuR 2000, 145 (163–165).

362 *Dempegiotis*, JInt'lArb 25 (2008), 365 (390) (für das Unionskartellrecht); *R. Geimer*, IZPR, Rn. 2969a; *Liebscher*, JInt'lArb 2000, 73 (75); *Hilbig*, Kartellverbot im Schiedsverfahren, S. 21 f.; MüKo-ZPO/*J. Münch*, § 1059 Rn. 41; *Raeschke-Kessler*, EuZW 1990,

Wertvorstellungen entsteht.[363] Das entspricht der sog. *Krombach*-Formel, wonach es nicht Aufgabe des Gerichtshofs der Europäischen Union ist, den Inhalt der öffentlichen Ordnung der Mitgliedstaaten festzulegen, sondern über die Grenzen zu wachen, innerhalb derer sich die mitgliedstaatlichen Gerichte auf den (nationalen) *ordre public* stützen dürfen.[364] Auch die deutsche Rechtsprechung hat den unionsrechtlichen *ordre public* stillschweigend als Bestandteil des nationalen *ordre public* eingeordnet, insbesondere das Unionskartellrecht.[365] Im *Achmea*-Vorlagebeschluss führte der Bundesgerichtshof beispielsweise aus, das Unionsrecht sei in den nationalen *ordre public* einzubeziehen,[366] und lehnte damit erneut die Existenz eines eigenständigen *ordre public communautaire* ab.

Nach der Gegenauffassung schafft der *ordre public communautaire* einen eigenständigen Normkorpus des *ordre public*, der neben den nationalen *ordre public* tritt.[367] Bereits in den Schlussanträgen zum Verfahren *Eco Swiss* erwog der Generalanwalt einen eigenständigen unionsrechtlichen *ordre public*, zu dem etwa das Unionskartellrecht zählen könne.[368] Die Erwägung ergab sich daraus, dass das verfahrensgegenständliche niederländische Prozessrecht das einschlägige Kartellrecht nicht zum nationalen *ordre public* zählte. Um dennoch eine unionsrechtliche Schiedsspruchüberprüfung zu ermöglichen, bot es sich an, die nationale Vorstellung zu durchbrechen oder aber einen Umweg über einen eigenständigen *ordre public communautaire* zu beschreiten, was der Generalanwalt entsprechend erörterte. Der Gerichtshof äußerte sich im Urteil *Eco Swiss* nicht ausdrücklich zur dogmatischen Einordnung des *ordre public communautaire*, hielt die mitgliedstaatlichen

---

145 (147); wohl auch *Sachslehner*, Schiedsvereinbarungen, S. 135 f.; *Stürner* FS v. Hoffmann, 463 (481); *Tafelmaier*, Schiedsspruch und staatliche Gerichtsbarkeit, S. 248; wohl auch *G. Wagner*, ZVglRWiss 114 (2015), 494 (500); *Zobel*, wbl 2001, 300 (303).

363 *Hilbig*, Kartellverbot im Schiedsverfahren, S. 21 f.; *Stürner* FS v. Hoffmann, 463 (463 f.).

364 EuGH, Urt. v. 28.3.2000 – C-7/98 (Krombach), NJW 2000, 1853 (1854); EuGH, Urt. v. 11.5.2000 – C-38/98 (Renault/Maxicar), NJW 2000, 2185 (2186); dazu *Mansel* FS v. Hoffmann, 683 (688); *Mansel*, RabelsZ 70 (2006), 651 (727 f.); *Stürner* FS v. Hoffmann, 463 (469); *Tafelmaier*, Schiedsspruch und staatliche Gerichtsbarkeit, S. 248; *Völker*, Dogmatik des ordre public, S. 296.

365 Grundlegend BGH, Urt. v. 27.2.1969 – KZR 3/68, GRUR 1969, 501 (503); dazu *Habscheid*, KTS 1970, 1 (6); BGH, Urt. v. 31.5.1972 – KZR 43/71, NJW 1972, 2180 (2181); dazu *Habscheid*, KTS 1973, 232 (234 f.).

366 BGH, Beschl. v. 3.3.2016 – I ZB 2/15, EuZW 2016, 512 (516).

367 So bereits *v. Brunn*, NJW 1969, 823; ferner *Picht/Chrobak*, NZKart 2019, 475 (481) („*EU-ordre public*"); wohl auch *Schack*, ZVglRWiss 119 (2020), 237 (243).

368 EuGH, Schlussanträge des Generalanwalts v. 25.2.1999 – C-126/97 (Eco Swiss), Slg. 1999 I, 3057 = juris (Rn. 38).

Gerichte aber dazu an, ihre (nationalen) Ordre-public-Vorbehalte so auszulegen, dass zu den grundlegenden Vorschriften auch das Unionskartellverbot des heutigen Art. 101 AEUV zählt.[369] Auch diese Entscheidung spricht sich also (stillschweigend) gegen einen eigenständigen unionsrechtlichen *ordre public* aus,[370] sieht sich aber der Kritik ausgesetzt, die *Krombach*-Formel[371] zu durchbrechen.[372] Denn in *Eco Swiss* zog der Gerichtshof nicht bloß Grenzen des nationalen *ordre public*, sondern füllte diesen aus:[373] Das unionsrechtliche Kartellverbot sei dem nationalen *ordre public* in jedem Falle zuzurechnen.[374]

Die besseren Argumente streiten dafür, den *ordre public communautaire* als Bestandteil des nationalen *ordre public* zu fassen. Die Anerkennungsfrage ist eine nationale, und so ist auch die „Abwehrfrage" eine nationale Angelegenheit. Primäres Unionsrecht gilt in allen Mitgliedstaaten unmittelbar,[375] sodass dessen wesentliche Grundsätze ohne Weiteres in die nationale Rechtsordnung, einschließlich des nationalen *ordre public*, einfließen. Auch dort, wo das Unionsrecht selbst Ordre-public-Vorbehalte formuliert, gilt ausdrücklich der nationale *ordre public*, so etwa gemäß Art. 45 Abs. 1 lit. a) EuGVVO, wo von der öffentlichen Ordnung (*ordre public*) des ersuchten Mitgliedstaats die Rede ist. Verweise auf den nationalen *ordre public* enthalten ferner etwa Art. 21 Rom-I-VO und Art. 26 Rom-II-VO. Vom *ordre public communautaire* sollte man also allenfalls sprechen, wenn der Ursprung grundlegender Normen, die dem nationalen *ordre public* zuzuordnen sind, im Unionsrecht liegt. Das bedeutet aber nicht, dass der *ordre public communautaire* ein unionsrechtliches Gegenstück zum nationalen *ordre public* ist.

---

369 EuGH, Urt. v. 1.6.1999 – C-126/97 (Eco Swiss), Slg. I 1999, 3055 = GRUR Int 1999, 737 (739 Rn. 37–39).

370 So auch *Hilbig*, Kartellverbot im Schiedsverfahren, S. 22.

371 EuGH, Urt. v. 28.3.2000 – C-7/98 (Krombach), NJW 2000, 1853 (1854); EuGH, Urt. v. 11.5.2000 – C-38/98 (Renault/Maxicar), NJW 2000, 2185 (2186).

372 *Hilbig*, Kartellverbot im Schiedsverfahren, S. 25.

373 *Hilbig*, Kartellverbot im Schiedsverfahren, S. 25.

374 EuGH, Urt. v. 1.6.1999 – C-126/97 (Eco Swiss), Slg. I 1999, 3055 = GRUR Int 1999, 737 (739 Rn. 39).

375 Grundlegend EuGH, Urt. v. 5.2.1963 – C-26/62 (van Gend & Loos), NJW 1963, 974 (976); EuGH, Urt. v. 15.7.1964 – C-6/64 (E.N.E.L.), NJW 1964, 2371 (2372); EuGH, Urt. v. 6.3.2018 – C-284/16 (Achmea), NJW 2018, 1663 (1664); dazu *Belke*, AWD 1969, 214 (216 f.); *v. Papp*, EU law and international arbitration, S. 27–30; *Zobel*, Schiedsgerichtsbarkeit und Gemeinschaftsrecht, S. 109–111.

B. *Die Anwendung kartellrechtlicher Vorschriften im Schiedsverfahren und der kartellrechtliche* ordre public

Die vorstehenden Ausführungen deuteten bereits an, dass die unionsrechtlichen Wettbewerbsregeln der heutigen Art. 101, 102 AEUV Bestandteil des *ordre public communautaire* sind – ob man diesen nun als eigenständigen *ordre public* oder als Teilmenge des Unionsrechts versteht, die den nationalen *ordre public* unionsrechtlich ausgestaltet. Gemeinsam mit weiteren grundlegenden Vorschriften des zwingenden Kartellrechts bilden Art. 101, 102 AEUV, wie zu zeigen sein wird,[376] den kartellrechtlichen *ordre public.* Dieser greift, wenn im Verfahren nach §§ 1059–1061 ZPO kartellrechtliche Bedenken gegen die Anerkennung oder Vollstreckung des Schiedsspruchs bestehen, weil beispielsweise das einer Schiedsklage zugrundeliegende Rechtsgeschäft bzw. der einem Schiedsspruch zugrundeliegende Vertrag möglicherweise rechtswidrige Wettbewerbsbeschränkungen (etwa im Sinne des Kartellverbots (Art. 101 AEUV, § 1 GWB)) bewirkt oder bezweckt und daher nichtig ist (etwa gemäß Art. 101 Abs. 2 AEUV, § 134 BGB) – was vor dem Hintergrund der thematischen Eingrenzung der Arbeit[377] Schwerpunkt der folgenden Erörterungen sein wird.

Die Auslegung des schiedsrechtlichen Ordre-public-Vorbehalts (Prüfungsmaßstab) sowie die Bestimmung des Umfangs der gerichtlichen Schiedsspruchüberprüfung darauf, ob ein Widerspruch zum *ordre public* vorliegt (Prüfungsumfang), wurden maßgeblich in Entscheidungen zum kartellrechtlichen *ordre public* konturiert. Das Kartellrecht hat also von Beginn an eine maßgebliche Rolle bei der Entwicklung der Auslegungsgrundsätze zum heutigen § 1059 Abs. 2 Nr. 2 lit. b) ZPO gespielt. Daher verdient der kartellrechtliche *ordre public* im Folgenden einige Erörterungen.

Bekanntlich sind es staatliche Gerichte, die im Verfahren nach §§ 1059–1061 ZPO etwaige kartellrechtliche Bedenken gegen die Anerkennung oder Vollstreckung eines Schiedsspruchs „auszuräumen" haben. Das Erfordernis der Vereinbarkeit mit dem *ordre public* ist zunächst einmal keine Frage der Sachrechtsanwendung durch das Schiedsgericht. Allerdings gehen beide Normanwendungssituationen – einerseits die schiedsgerichtliche Sachentscheidung und andererseits die gerichtliche Anerkennungsprüfung am Maß-

---

376 Dazu unten II.
377 Dazu oben Einleitung.

stab des *ordre public* – ineinander über.[378] Denn Schiedsrichter sind, um ihrem Amt und dem Parteiinteresse gerecht zu werden, nicht nur gut beraten, einschlägige kartellrechtliche Vorschriften anzuwenden.[379] Vielmehr hat die Opportunität der Anwendung kartellrechtlicher Vorschriften auch eine rechtliche Facette, nämlich die schiedsgerichtliche Pflicht, einen am Sitz des Schiedsgerichts nicht aufhebbaren und zu Zwecken der Zwangsvollstreckung anerkennungsfähigen Schiedsspruch zu erlassen.[380] Diese Pflicht wiederum lässt sich, wie zu erörtern sein wird, mit dem *ordre public* des Sitzstaats sowie etwaiger Vollstreckungsstaaten begründen. Insoweit überlagern sich die Sachentscheidungsperspektive des Schiedsgerichts und die Anerkennungsperspektive des staatlichen Gerichts.[381]

Zur Veranschaulichung dieser Wechselwirkung zwischen der Anwendung von Kartellrecht durch Schiedsgerichte und der Durchsetzung des kartellrechtlichen *ordre public* durch staatliche Gerichte wird im Folgenden zunächst die Perspektive des Schiedsgerichts eingenommen. In diesem Rahmen wird neben einer Darstellung kartellrechtlicher Fallgruppen und Ausführungen zur Schiedsfähigkeit kartellrechtlicher Streitigkeiten zu erörtern sein, nach welchen kollisionsrechtlichen Vorschriften Schiedsgerichte die *lex causae* ermitteln, aus der sich die zwingende Anwendung kartellrechtlicher Vorschriften ergeben kann: entweder als Bestandteil der *lex causae* oder aufgrund deren Eingriffsrechts-Qualität. Aufbauend auf diesen Erörterungen wird in die Perspektive des staatlichen Gerichts gewechselt, das sich nach Abschluss des Schiedsverfahrens aus Gründen des *ordre public* mit kartellrechtlichen Rechtsfragen beschäftigen muss. Der so konturierte kartellrechtliche *ordre public* wird eine Überleitung schaffen zu einer Untersuchung des Prüfungsmaßstabs gemäß § 1059 Abs. 2 Nr. 2 lit. b) ZPO am Beispiel einer wichtigen Fallgruppe des kartellrechtlichen *ordre public* – im dann folgenden Unterkapitel.

---

378 Zu den Zusammenhängen am Beispiel des zwingenden Verbotskartellrechts *Pocsay*, Privates Kartellrecht in Schiedsverfahren, S. 86–88; *Sachs/Niedermaier* FS v. Hoffmann, 1051 (1059).

379 Zur Anwendung von Kartellrecht durch Schiedsgerichte in kartellrechtlichen Schadensersatzverfahren (häufig Follow-on-Schadensersatzansprüche im Nachgang einer kartellbehördlichen Entscheidung) *Wilske/Steinle/Schuler*, ZWeR 2020, 458 (461–463).

380 Dazu *Pocsay*, Privates Kartellrecht in Schiedsverfahren, S. 88; *Wilske/Steinle/Schuler*, ZWeR 2020, 458 (462 f.).

381 Vgl. *Pocsay*, Privates Kartellrecht in Schiedsverfahren, S. 86–88; *Sachs/Niedermaier* FS v. Hoffmann, 1051 (1059).

I. Die Perspektive des Schiedsgerichts: Kartellrecht als in der Sache anwendbares Recht

In einem Schiedsverfahren können sich in zahlreichen Konstellationen kartellrechtliche Rechtsfragen stellen.

1. Fallgruppen kartellrechtlicher Zivilrechtsstreitigkeiten

Kartellrechtliche Zivilrechtsstreitigkeiten lassen sich in zwei Kategorien unterteilen. Zieht man die Definition in § 87 GWB heran, der die Zuständigkeit der Kartellgerichte regelt, sind kartellrechtliche Streitigkeiten bürgerliche Rechtsstreitigkeiten, die die Anwendung von Vorschriften des ersten Teils des GWB oder der Art. 101, 102 AEUV betreffen (Kartellrecht als Hauptfrage bzw. kartellrechtliche Anspruchsgrundlage) oder deren Entscheidung ganz oder teilweise von der Anwendung einer der genannten Vorschriften abhängt (Kartellrecht als Vorfrage bzw. Einwendung).[382] Hierbei bietet es sich an, zwischen Fällen, in denen das Kartellrecht als Angriffsmittel genutzt wird, und solchen zu unterscheiden, in denen es als Verteidigungsmittel zur Anwendung kommt.[383] Pointiert gewendet kann Kartellrecht als *„Schild und Schwert“*[384] zur Anwendung kommen.

a) Kartellrechtliche Ansprüche im Schiedsverfahren

Knüpft der Schiedskläger ihm günstige Rechtsfolgen an den Verstoß gegen eine kartellrechtliche Vorschrift, macht er „offensiv“ einen kartellrechtlichen Anspruch geltend. Mit Blick auf die Gesamtfallzahl sind Kartellanspruchsschiedsverfahren eher selten,[385] obwohl die Kartellschadensersatz-

---

382 Zur Zuständigkeit der Kartellgerichte gemäß § 87 GWB *Kühnen*, NZKart 2020, 49.

383 Zur geläufigen Unterscheidung zwischen „offensiven“ und „defensiven“ Kartell-Schiedsverfahren wie nachgehend dargestellt und zu relevanten Fallgruppen *Kroitzsch*, GRUR 1969, 387 (389 f.); *K. Schmidt*, BB 2006, 1397 (1398 f.); *Pocsay*, Privates Kartellrecht in Schiedsverfahren, S. 67 f.

384 *S. Münch* FS Rüßmann, 865 (866).

385 *Morbach*, Der kartellrechtliche ordre public, S. 60.

richtlinie[386] und ihre Umsetzung in der 9. GWB-Novelle[387] die Durchsetzung von Kartellschadensersatzansprüchen klägerfreundlicher als zuvor ausgestalteten und die außergerichtliche Durchsetzung zu fördern suchten.[388]

Dass Schiedsgerichte in diesem Bereich seltener tätig werden, liegt regelmäßig am Fehlen einer Schiedsvereinbarung. Kartellrechtliche Ansprüche entspringen nämlich häufig einem rein deliktischen Rechtsverhältnis.[389] Und wenn der Streit erst einmal entstanden ist, gelingt es oft nicht, sich auf einen Streitbeilegungsmechanismus zu einigen.[390]

Karsten Schmidt hat in diesem Zusammenhang den fehlenden Anreiz gerade des Kartelldelinquenten, sich auf eine Schiedsvereinbarung einzulassen, unter Hinweis auf die Chancen-Nutzen-Verteilung eines hypothetischen Schiedsverfahrens erläutert.[391] Während die geschädigte Partei, der mögliche Schiedskläger, eine etwaige Schiedsklageabweisung im gerichtlichen Nachprüfungsverfahren (§§ 1059–1061 ZPO) wegen behaupteter Fehlanwendung des Kartellrechts angreifen könne, habe der schiedsbeklagte Kartelldelinquent, falls die Klage erfolgreich sei, nur geringe Chancen, die behauptet falsche Kartellrechtsanwendung gerichtlich korrigieren zu lassen. Die unterschiedlich aussichtsreichen Anfechtungsmöglichkeiten knüpft *Karsten Schmidt* (stillschweigend) an die Unterscheidung zwischen der Art der Rechtsfehlanwendung durch das Schiedsgericht:[392] Ist die Schiedsklage des Geschädigten erfolgreich, müsste der schiedsbeklagte Kartellant, um den Schiedsspruch zu stürzen, im gerichtlichen Verfahren darlegen, dass das Schiedsgericht die kartellrechtlichen Vorschriften fehlerhaft „zu streng" angewendet hat, also zu Unrecht einen Verstoß gegen Kartellrecht angenommen hat. Dieser Ordre-public-Einwand ist offenbar nach der Auffassung von

---

386 Richtlinie 2014/104/EU des Europäischen Parlaments und des Rates vom 26. November 2014 über bestimmte Vorschriften für Schadensersatzklagen nach nationalem Recht wegen Zuwiderhandlungen gegen wettbewerbsrechtliche Bestimmungen der Mitgliedstaaten und der Europäischen Union, ABl. 2014 L 349, S. 1.

387 Neuntes Gesetz zur Änderung des Gesetzes gegen Wettbewerbsbeschränkungen vom 1. Juni 2017, BGBl. 2017 I, S. 1416.

388 Erwägungsgrund Nr. 48 der Richtlinie 2014/104/EU; dazu *Weitbrecht*, SchiedsVZ 2018, 159 (163); *Wilske/Steinle/Schuler*, ZWeR 2020, 458 (458–460); *Thole*, ZWeR 2015, 93 (116).

389 *Eilmansberger*, SchiedsVZ 2006, 5 (7); *Morbach*, Der kartellrechtliche ordre public, S. 98, 112 f.

390 *Eilmansberger*, SchiedsVZ 2006, 5 (7); *Morbach*, Der kartellrechtliche ordre public, S. 98, 112 f.; *Picht*, GRUR 2019, 11 (20); *K. Schmidt*, BB 2006, 1397 (1399).

391 *K. Schmidt*, BB 2006, 1397 (1399).

392 Dazu ausführlich unten C.I.3.c).

Karsten Schmidt weniger aussichtsreich als der umgekehrte Fall, die Berufung auf die fehlerhaft „zu großzügige“ bzw. „zu zurückhaltende“ Kartellrechtsanwendung – die indes nur dem unterlegenen Schiedskläger (dem Geschädigten) möglich ist, wenn er zeigen kann, dass das Schiedsgericht einen Kartellrechtsverstoß verkannt hat.[393] Auf diese Unterscheidung wird noch einzugehen sein.[394]

b) Kartellrechtliche Einwendungen im Schiedsverfahren

Eigentliche „*Domäne der ‚Kartellschiedsgerichtsbarkeit*‘“[395] – und daher Schwerpunkt der vorliegenden Untersuchung[396] – sind „defensive“ kartellrechtliche Einwendungen gegen vermögensrechtliche Ansprüche. Gegenstand eines solchen Schiedsverfahrens kann beispielsweise ein Liefervertrag zwischen vertikal auf verschiedenen Wertschöpfungsstufen tätigen, nicht im horizontalen Wettbewerb stehenden Marktteilnehmern sein, der eine kartellrechtlich bedenkliche Nebenabrede enthält,[397] etwa eine Bindungsklausel über Mindestabnahmemengen, eine selektive Vertriebsbeschränkung, Liefer- oder Bezugsexklusivität oder ein Wettbewerbsverbot. Gegen die Klage auf die Hauptvertragsleistung, auf Leistung gemäß der Nebenabrede oder auf Sekundärleistung wegen deren Nichterfüllung verteidigt sich der Schiedsbeklagte mit der Kartellrechtswidrigkeit der Vertragsbestimmung oder gar

393 Konnten sich die Parteien trotz alldem auf eine Schiedsvereinbarung verständigen (oder standen sie ohnehin in einer vertraglichen Verbindung zueinander), kommt es zur Folgeproblematik, unter welchen Voraussetzungen Standard-Schiedsklauseln kartellrechtliche Ansprüche erfassen; dazu *Steinle/Wilske/Eckardt*, SchiedsVZ 2015, 165 (168 f.); *Thole*, ZWeR 2017, 133; *Weitbrecht*, SchiedsVZ 2018, 159; *Wilske/Steinle/Schuler*, ZWeR 2020, 458 (460 f.). Die Debatte wird seit der Entscheidung *CDC Hydrogen Peroxide*, die zur dahingehenden Auslegung von Gerichtsstandsvereinbarungen erging, intensiv geführt (EuGH, Urt. v. 21.5.2015 – C-352/13 (CDC Hydrogen Peroxide), NZKart 2015, 307 236).

394 Dazu unten Kap. 2 C.I.3.c).

395 *K. Schmidt*, BB 2006, 1397 (1399); ähnlich *Eilmansberger*, SchiedsVZ 2006, 5 (6 f.); *Hilbig*, Kartellverbot im Schiedsverfahren, S. 3 f.; *Komninos* in G. Blanke/Landolt (Hrsg.), Antitrust Arbitration, S. 464; *Morbach*, Der kartellrechtliche ordre public, S. 109; *Schwab/Walter*, Schiedsgerichtsbarkeit, Kap. 24 Rn. 44.

396 Dazu oben Einleitung.

397 *Kroitzsch*, GRUR 1969, 387 (390); *Lieberknecht* FS Sölter, 311 (313 f.). Vor Inkrafttreten des GWB ging es häufig um Klagen aus Kartellorganisationsverträgen; dazu *K. Schmidt* FS Pfeiffer, 765 (768 f.).

mit der Nichtigkeit des gesamten Vertrags.[398] Solche „Kartelleinwände" sind Schwerpunkt der vorliegenden Erörterungen.

2. Schiedsfähigkeit kartellrechtlicher Zivilrechtsstreitigkeiten

Urvoraussetzung eines solchen „defensiven Kartell-Schiedsverfahrens" ist, dass das staatliche Recht die Schiedsfähigkeit kartellrechtlicher Zivilstreitigkeiten anerkennt. Das ist in Deutschland der Fall:

Nach § 91 GWB a. F., der bis zur Streichung durch das SchiedsVfG galt,[399] waren Schiedsklauseln über kartellrechtliche Streitigkeiten zwar unwirksam, wenn sie nicht das Recht beider Parteien vorsahen, statt des Schiedsgerichts ein staatliches Gericht anzurufen. Wenn die Schiedsvereinbarung also dieser Anforderung genügte und somit wirksam war, konnte das Schiedsverfahren dennoch nicht erzwungen werden – wenn nämlich die klagende Partei den Gang vor ein staatliches Gericht vorzog. Die Vorschrift wurde jedoch im Zuge von Liberalisierungstendenzen zunehmend kritisiert[400] und letztlich aufgehoben.[401]

Seit der Streichung des § 91 GWB a. F. ist geklärt, dass kartellrechtliche Zivilrechtsstreitigkeiten schiedsfähig sind.[402] Weil solche Streitigkeiten zwischen Privaten vermögensrechtlicher Art sind, unterfallen sie § 1030 Abs. 1 Satz 1 ZPO.[403] Auch der Gerichtshof bejahte in der Entscheidung *Eco Swiss*[404] die Schiedsfähigkeit implizit für das Unionskartellrecht, indem er die mitgliedstaatlichen Gerichte dazu anhielt, im gerichtlichen Verfahren den

398 Fallgruppen im Überblick bei *Bien*, ZZP 132 (2019), 93 (110).

399 Dazu BGH, Urt. v. 7.6.1962 – KZR 6/60, GRUR 1963, 43 (45–47); BGH, Urt. v. 6.12.1962 – KZR 1/62, GRUR 1963, 331 (333 f.); BGH, Urt. v. 1.7.1964 – KZR 12/61, GRUR 1965, 260 (261–264); BGH, Urt. v. 25.10.1983 – KZR 27/82, BGHZ 88, 314 = NJW 1984, 1355; *Lieberknecht* FS Sölter, 311; zur Gesetzeshistorie *Gottwald/Adolphsen*, DStR 1998, 1017 (1017 f.); *G. Wagner*, ZVglRWiss 114 (2015), 494 (494–497).

400 *K. Schmidt* FS Pfeiffer, 765 (765–770); *K. Schmidt*, ZHR 162 (1998), 265 (284) (für Streichung); für extensive Auslegung oder Reform bereits *Vollmer*, GRUR Int 1986, 589 (591 f.); *Zimmer*, Zulässigkeit und Grenzen, S. 155 (für Streichung).

401 Zum vorangehenden Liberalisierungsprozess *G. Wagner*, ZVglRWiss 114 (2015), 494 (494–497); jüngst auch *Morbach*, Der kartellrechtliche ordre public, S. 72–74.

402 *Bien*, ZZP 132 (2019), 93 (96); *Eilmansberger*, SchiedsVZ 2006, 5 (6); *Remien* FS Kropholler, 869 (870); *Wilske/Steinle/Schuler*, ZWeR 2020, 458 (460); dazu umfassend *Komninos* in G. Blanke/Landolt (Hrsg.), Antitrust Arbitration, S. 464–470.

403 *Günther* FS Böckstiegel, 253 (256); *Horn*, SchiedsVZ 2008, 209 (212).

404 EuGH, Urt. v. 1.6.1999 – C-126/97 (Eco Swiss), Slg. I 1999, 3055 = GRUR Int 1999, 737.

Schiedsspruch auf Vereinbarkeit mit Unionskartellrecht zu überprüfen.[405] Das setzt nämlich voraus, dass solche Streitigkeiten zuvor von einem Schiedsgericht entschieden worden sein dürfen.

3. Anwendung kartellrechtlicher Vorschriften durch Schiedsgerichte

Im Zuge der Einführung der Schiedsfähigkeit von kartellrechtlichen Zivilrechtsstreitigkeiten ging die Begründung des Regierungsentwurfs zum SchiedsVfG ohne nähere Erörterungen davon aus, dass Schiedsgerichte zwingendes Kartellrecht *„in gleicher Weise“*[406] wie staatliche Gerichte beachten müssen. Ganz so trivial ist die Anwendung des Kartellrechts im Schiedsverfahren aber nicht. Sie hängt unter anderem davon ab, welches Recht in der Sache anwendbar ist, also auch davon, nach welchen – möglicherweise von der kollisionsrechtlichen Prüfung staatlicher Gerichte abweichenden – Regeln Schiedsgerichte das anwendbare Recht ermitteln. Das ist seit jeher Gegenstand lebendiger Diskussionen.

a) Das anwendbare Kollisionsrecht

Anders als ein staatliches Gericht, das zwingend das Zivilprozessrecht und Internationale Privatrecht seines Gerichtsorts anwendet (Lex-fori-Prinzip),[407] beginnt im Schiedsverfahren die Ermittlung des in der Sache anwendbaren Rechts, der *lex causae*, einen Schritt zuvor.[408] Ein Schiedsgericht ist nicht Organ der staatlichen Rechtspflege,[409] die Anwendung des für Ge-

---

405 So die Auslegung der Entscheidung bei *G. Blanke*, JInt'lArb 23 (2006), 249 (250 f.); *Dempegiotis*, JInt'lArb 25 (2008), 365 (378); *Eilmansberger*, SchiedsVZ 2006, 5 (8); *Komninos* in G. Blanke/Landolt (Hrsg.), Antitrust Arbitration, S. 467; *Spiegel*, Kartellprivatrecht in der Handelsschiedsgerichtsbarkeit, S. 46; *Thole*, ZWeR 2017, 133; *G. Wagner*, ZVglRWiss 114 (2015), 494 (499 f.).

406 BT-Drs. 13/5274, S. 71; dazu *Hilbig*, Kartellverbot im Schiedsverfahren, S. 143; *G. Wagner*, ZVglRWiss 114 (2015), 494 (498).

407 *Pfeiffer* in Salger/Trittmann (Hrsg.), Internationale Schiedsverfahren, § 15 Rn. 10; *Pocsay*, Privates Kartellrecht in Schiedsverfahren, S. 90 f.; *Solomon*, RIW 1997, 981 (988); *Schlosser*, Schiedsgerichtsbarkeit, Rn. 726; *Spiegel*, Kartellprivatrecht in der Handelsschiedsgerichtsbarkeit, S. 28.

408 *Hausmann* FS v. Hoffmann, 971.

409 *Pocsay*, Privates Kartellrecht in Schiedsverfahren, S. 91; *Sonnenberger* FS Schlosser, 921 (929); *Spiegel*, Kartellprivatrecht in der Handelsschiedsgerichtsbarkeit, S. 28; *Voit*, JZ 1997, 120 (122 f.); *Zobel*, Schiedsgerichtsbarkeit und Gemeinschaftsrecht, S. 112.

richte geltenden Kollisionsrechts am Sitz des Schiedsgerichts daher nur *eine* der möglichen Herangehensweisen.[410] Daher muss das Schiedsgericht zunächst die anwendbaren Kollisionsregeln ermitteln. Welche das sind, ist umstritten, wobei zwischen der Perspektive des staatlichen Gerichts bei der Entscheidung einer Schiedssache im Sinne des § 1062 Abs. 1 ZPO und derjenigen des Schiedsgerichts im Schiedsverfahren zu unterscheiden ist:[411]

Nach dem Lex-fori-Prinzip wendet ein deutsches Gericht, wenn es in einer Schiedssache entscheidet, die deutsche *lex arbitri* der §§ 1025 ff. ZPO an. Im Falle eines inländischen Schiedsverfahrens schließt das die Anwendung des § 1051 ZPO über die Ermittlung des in der Sache anwendbaren Rechts ein.[412] Zwar unterliegen auch Schiedsgerichte staatlichem (Schiedsverfahrens-)Recht[413] – ob das betreffende Recht seine Anwendbarkeit bzw. die „*Erdung*"[414] des Schiedsverfahrens nun an den Sitz oder, wie früher in Deutschland der Fall,[415] an eine Rechtswahl knüpft. Denn es gibt keine „anationalen", von jeglichem staatlichem Recht losgelösten Schiedsverfahren.[416] Staatliches Schiedsverfahrensrecht (§§ 1025 ff. ZPO) können die Parteien nicht abwählen, es sei denn, dieses stellt sich selbst dispositiv.[417] Daraus zu schließen, dass Schiedsgerichte zwingend ein bestimmtes staatliches Kollisionsrecht, wie es für staatliche Gerichte gilt, anwenden müssen, griffe jedoch zu kurz. Jedenfalls lässt sich diese Feststellung immer nur aus der Sicht einer bestimmten staatlichen Rechtsordnung bzw. eines angerufenen staatlichen

410 *Böckstiegel* FS Beitzke, 443 (446); *Martiny* FS Schütze I, 529; *Pfeiffer* in Salger/Trittmann (Hrsg.), Internationale Schiedsverfahren, § 15 Rn. 10; *Solomon*, RIW 1997, 981 (987) (mangels *lex fori* jedenfalls nicht zwingende Anwendung staatlichen Kollisionsrechts).

411 Grundlegend zu den folgenden Ausführungen *Schlosser*, Schiedsgerichtsbarkeit, Rn. 209 f., 726.

412 Aus § 1025 Abs. 2 ZPO folgt, dass § 1051 ZPO nicht für ausländische Schiedsverfahren gilt.

413 *Mankowski* FS v. Hoffmann, 1012 (1014 f.); *Schack* FS Schütze II, 511; *Schütze* FS v. Hoffmann, 1077 (1078).

414 *Mankowski* FS v. Hoffmann, 1012 (1014).

415 Zur früheren *Verfahrenstheorie* oben Kap. 1 B.I.1.

416 Vor Einführung des Territorialitätsprinzips bereits *Mann* FS Flume, 593 (599): „[Manche befürworten] *die Lehre vom ‚anationalen' Schiedsgericht,* [...] *von der hier nur gesagt zu werden braucht, daß sie mit dem deutschen Recht unvereinbar ist*"; ferner *Mankowski* FS v. Hoffmann, 1012 (1014 f.); *Schack* FS Schütze II, 511; *Schütze* FS v. Hoffmann, 1077 (1078); *Sonnenberger* FS Schlosser, 921 (929 f.); a. A. *Hartwell*, JInt'lArb 17 (2000), 11; ähnlich *Pörnbacher/Baur* FS Schütze II, 431 (438); für anationales Verständnis wohl auch *Voit*, JZ 1997, 120 (122 f.).

417 *Mankowski* FS v. Hoffmann, 1012 (1014 f.); *Schack* FS Schütze II, 511; ähnlich *Pörnbacher/Baur* FS Schütze II, 431 (438); *Voit*, JZ 1997, 120 (122).

Gerichts treffen.[418] Denn es kann vorkommen, dass mehrere staatliche Schiedsverfahrensrechte konkurrierend Anwendung beanspruchen, wenn etwa die Rechtsordnung des Staates A dem Territorialitätsprinzip folgt, die Rechtsordnung des Staates B der Verfahrenstheorie. Wenn das Schiedsgericht nun seinen Sitz im Staat A hat, aber nach dem Verfahrensrecht des Staates B verfährt, ist das Schiedsverfahrensrecht der Staaten A und B anwendbar und, soweit es dort ein Sonderkollisionsrecht für Schiedsgerichte gibt, auch das Kollisionsrecht beider Staaten (jedenfalls aus der Sicht der Staaten A und B). In einem solchen Fall sieht sich das Schiedsgericht dem Anwendungsanspruch zweier Kollisionsrechte ausgesetzt, während das staatliche, mit der Schiedssache befasste Gericht des Staates A bzw. B dem kollisionsrechtlichen Anwendungsbefehl des eigenen Rechts folgen wird.

Weil das Territorialitätsprinzip nicht zuletzt unter den Vertragsstaaten des NYÜ inzwischen weit überwiegend gilt,[419] dürfte ein derartiger Konflikt praktisch selten vorkommen. Die vorstehende, auf *Schlosser* zurückgehende Überlegung zeigt aber, dass die Perspektive des Schiedsgerichts nicht mit derjenigen des staatlichen Gerichts gleichzusetzen ist.[420] Aus diesem Grund hat *Schlosser* zutreffend ausgeführt, dass sich die Frage des anwendbaren Kollisionsrechts letztlich immer aus der Perspektive eines staatlichen Gerichts stelle, das mit dem Schiedsverfahren befasst werde.[421] *Junker* spitzt zu, es sei überflüssig, danach zu fragen, ob ein Schiedsgericht „*ohne Rücksicht auf den späteren Kontakt des Schiedsspruchs mit staatlichen Gerichten*"[422] verpflichtet sei, ein bestimmtes Internationales Privatrecht anzuwenden.[423] Immer müsse sich das Schiedsgericht daran orientieren, in welchem Staat der Schiedsspruch möglicherweise vollstreckt werden solle und welche kollisionsrechtlichen Anforderungen dieser Staat stelle.[424]

---

418 Die Ausführungten in diesem Absatz basieren auf *Schlosser*, Schiedsgerichtsbarkeit, Rn. 209 f., 726; zustimmend *Junker* FS Sandrock, 443 (445 f.); ferner *Hartwell*, JInt'lArb 17 (2000), 11 (13 f.) (aber für anationales Verständnis der internationalen Schiedsgerichtsbarkeit); *Sonnenberger* FS Schlosser, 921 (930); dazu auch *Spiegel*, Kartellprivatrecht in der Handelsschiedsgerichtsbarkeit, S. 28–31.

419 *Schack* FS Schütze II, 511.

420 So nochmals *Spiegel*, Kartellprivatrecht in der Handelsschiedsgerichtsbarkeit, S. 28–31.

421 *Schlosser*, Schiedsgerichtsbarkeit, Rn. 209 f., 726; zustimmend *Junker* FS Sandrock, 443 (445 f.); ähnlich *Sonnenberger* FS Schlosser, 921 (929 f.).

422 *Junker* FS Sandrock, 443 (446).

423 Ähnlich *Spiegel*, Kartellprivatrecht in der Handelsschiedsgerichtsbarkeit, S. 31.

424 Ähnlich *Voit*, JZ 1997, 120 (122): Weil sich staatliches Schiedsverfahrensrecht nur an staatliche Gerichte richte, wendeten Schiedsgerichte staatliches Recht nicht wegen

Welches Schiedsverfahrensrecht und welches Kollisionsrecht gelten, lässt sich daher verlässlich nur aus der Perspektive einer staatlichen Rechtsordnung beantworten. Wenn daher im Folgenden von der Pflicht des Schiedsgerichts, ein bestimmtes Kollisionsrecht anzuwenden, gesprochen wird, erfolgen diese Überlegungen aus der Perspektive eines deutschen Gerichts.

aa) Mangels Revisibilität vorrangig akademischer Streit

Allerdings wird der Streit vorrangig in der Literatur geführt. Kollisionsrechtliche Fragen zum in der Sache anwendbaren Recht sind – anders als Fragen des Schiedsvereinbarungsstatuts[425] – nur selten Gegenstand von Schiedssachen vor deutschen Gerichten. Denn nur im Ausnahmefall sind sie revisibel.[426] Die fehlerhafte Ermittlung des anwendbaren Rechts ist für sich betrachtet kein Aufhebungsgrund.[427] Als Bestandteil der materiellrechtlichen Würdigung[428] unterfällt die kollisionsrechtliche Würdigung nämlich dem Verbot der *révision au fond*.[429] Auch die Nichtanwendung international zwingenden Eingriffsrechts stellt für sich betrachtet keinen Aufhebungsgrund dar,[430] es sei denn, das Schiedsspruchergebnis widerspricht in der Folge dem *ordre public* des Gerichtsorts.[431]

---

dessen zwingender Geltung an, sondern allenfalls, um die Aufhebbarkeit des Schiedsspruchs zu vermeiden.

425 Dazu oben Kap. 1 A.I.1.

426 *Grimm*, SchiedsVZ 2012, 189 (192); *Kronke*, RIW 1998, 257 (262); *Kulpa*, Das anwendbare (materielle) Recht, S. 347 f.; *Pörnbacher/Zahn* FS Thümmel, 617 (630); *Schmidt-Ahrendts/Höttler*, SchiedsVZ 2011, 267 (268); *Spiegel*, Kartellprivatrecht in der Handelsschiedsgerichtsbarkeit, S. 30 f.

427 *Gößling*, Europäisches Kollisionsrecht und internationale Schiedsgerichtsbarkeit, S. 179; *Schütze* FS Thümmel, 847 (851 f.); *Solomon*, RIW 1997, 981 (987).

428 Zur Qualifikation des Kollisionsrechts als materielles Recht *Schack* FS Schütze II, 511 (514).

429 *Gößling*, Europäisches Kollisionsrecht und internationale Schiedsgerichtsbarkeit, S. 178; *Kulpa*, Das anwendbare (materielle) Recht, S. 348.

430 *Czernich*, RIW 2016, 701 (702); *Pocsay*, Privates Kartellrecht in Schiedsverfahren, S. 87 f., 90 (Eingriffsnorm-Verletzung führe nicht zwingend, aber mit hoher Wahrscheinlichkeit zu einem ordre-public-widrigen Ergebnis); *Pipoh*, Struktur der Wirksamkeitskontrolle, S. 173; *Quinke*, SchiedsVZ 2007, 246 (248); *Zobel*, wbl 2001, 300 (303).

431 *Junker* FS Sandrock, 443 (446); *Pfeiffer* in Salger/Trittmann (Hrsg.), Internationale Schiedsverfahren, § 15 Rn. 65; *Quinke*, SchiedsVZ 2007, 246 (248); *Schlosser*, Schiedsgerichtsbarkeit, Rn. 874; zu den Zusammenhängen zwischen Eingriffsrecht und Ordre-public-Verstoß *Sachs/Niedermaier* FS v. Hoffmann, 1051 (1058 f.).

Die fehlerhafte Bestimmung des anwendbaren Rechts durch das Schiedsgericht mag zwar im Einzelfall für einen Widerspruch zum *ordre public* ursächlich sein – unterstellt, das (falsch) ermittelte Recht führt (selbst in fehlerfreier Anwendung) notwendigerweise zu einem ordre-public-widrigen Ergebnis. In einem solchen Fall erfolgt die etwaige Aufhebung aber nicht wegen des kollisionsrechtlichen Rechtsfehlers,[432] sondern – wie auch sonst – weil das Ergebnis der Anerkennung oder Vollstreckung des Schiedsspruchs dem *ordre public* widerspricht.[433] Hierfür ist es gleichgültig, aufgrund welchen Rechts das Schiedsgericht zum tenorierten Ergebnis gelangte; in den Worten *Junkers*:

> „[F]*ür die ordre public-Klausel* [...] *zählt allein das materiellrechtliche Ergebnis, nicht der kollisionsrechtliche Weg dorthin.*“[434]

Die in diesem Zusammenhang vorgebrachte These, die Rom-I-VO verlange, dass die nationalen Verfahrensrechte die Schiedsspruchaufhebung im Falle einer fehlerhaften Anwendung der Verordnung vorsähen,[435] überzeugt angesichts der Verfahrensautonomie der Mitgliedstaaten auch in Schiedssachen[436] nicht, dies ganz unabhängig von der streitigen Frage, ob die Rom-Verordnungen überhaupt auf die Schiedsgerichtsbarkeit anwendbar sind.[437]

Und so werden nur wenige für das Aufhebungsverfahren nach § 1059 ZPO relevante kollisionsrechtliche Rechtsfehler diskutiert, etwa der Fall, dass das Schiedsgericht eine Rechtswahl der Parteien übersehen oder übergangen hat,[438] jedenfalls wenn diese eindeutig oder gar als Anweisung an die Schiedsrichter formuliert war.[439] Auch wenn das Schiedsgericht ohne Ermächti-

432 So aber wohl *Ostendorf*, SchiedsVZ 2010, 234 (236).

433 Zur dogmatischen Herleitung des Widerspruchs zum *ordre public* in einem solchen Fall *Tyrolt*, Sportschiedsgerichtsbarkeit, S. 141 f.

434 *Junker* FS Sandrock, 443 (448).

435 Dazu (ablehnend) *Grimm*, SchiedsVZ 2012, 189 (198–200); *Schack* FS Schütze II, 511 (514).

436 Dazu im schiedsrechtlichen Zusammenhang *Liebscher*, JInt'lArb 2000, 73 (83 f.); *Hilbig*, Kartellverbot im Schiedsverfahren, S. 175–177; *G. Wagner*, ZVglRWiss 114 (2015), 494 (510); allgemein *Hess*, EUZPR, Rn. 11.5 f.; *Weyer*, EuR 2000, 145 (146–150).

437 Dazu unten b).

438 *Gößling*, Europäisches Kollisionsrecht und internationale Schiedsgerichtsbarkeit, S. 183–186 (bewusste Missachtung der Rechtswahl oder Anwendung nichtstaatlichen Rechts im Wege objektiver Anknüpfung); *Kronke*, RIW 1998, 257 (262) (Willkür und Rechtsbeugung); *Lew* FS Sandrock, 581 (589); *Pörnbacher/Zahn* FS Thümmel, 617 (630); *Schlosser*, Schiedsgerichtsbarkeit, Rn. 725, 863; *Schütze* FS Thümmel, 847 (850, 856).

439 *Schlosser*, Schiedsgerichtsbarkeit, Rn. 863.

gung gemäß § 1051 Abs. 3 ZPO nach Billigkeit entschieden[440] oder das anwendbare Recht willkürlich bestimmt hat,[441] kommt die Aufhebung in Betracht.

bb) Anwendbarkeit staatlichen Kollisionsrechts?

Nicht zuletzt mangels einschlägiger Rechtsprechung (aufgrund der fehlenden Revisibilität kollisionsrechtlicher Rechtsfehler) ist weiterhin umstritten, ob ein Schiedsgericht an staatliches Kollisionsrecht gebunden ist und, wenn ja, welche Kollisionsregeln es anwenden muss.[442] Der Streit wird häufig im Zusammenhang mit der Frage diskutiert, ob Schiedsgerichte ein *forum* bzw. eine *lex fori* haben.[443] Wer das bejaht, hält Schiedsgerichte regelmäßig für an bestimmte Kollisionsvorschriften des Sitzes gebunden.[444] Wer die Existenz einer *lex fori* ablehnt,[445] kann diesen Schluss nicht ohne Weiteres ziehen.

---

440 BGH, Urt. v. 26.9.1985 – III ZR 16/84, NJW 1986, 1436 (1437); wohl auch BGH, Beschl. v. 10.3.2016 – I ZB 99/14, NJW-RR 2016, 892 (894 f.); Hanseatisches OLG Bremen, Beschl. v. 10.10.2014 – 2 Sch 2/14, BeckRS 2014, 21290 (Rn. 38); OLG München, Beschl. v. 9.11.2015 – 34 Sch 27/14, SchiedsVZ 2015, 303 (307); *Mann* FS Flume, 593 (605); *Schlosser*, Schiedsgerichtsbarkeit, Rn. 863; *Schütze* FS Thümmel, 847 (853).

441 *Pörnbacher/Zahn* FS Thümmel, 617 (630).

442 Zum Streit *Gößling*, Europäisches Kollisionsrecht und internationale Schiedsgerichtsbarkeit, S. 12–20; *Junker* FS Sandrock, 443 (445–450).

443 Dazu *Gößling*, Europäisches Kollisionsrecht und internationale Schiedsgerichtsbarkeit, S. 12–15; *Kulpa*, Das anwendbare (materielle) Recht, S. 161 f.; *Mankowski*, RIW 2018, 1 (5–8); *Schack* FS Schütze II, 511.

444 *Kronke*, RIW 1998, 257 (261) (sofern nach Schiedsverfahrensrecht das Territorialitätsprinzip gelte); *Mankowski*, RIW 2011, 30 (43); *Schack* FS Schütze II, 511; *Schütze* FS Böckstiegel, 715 (722).

445 *Berger*, JInt'lArb 9 (1992), 5; *Czernich*, RIW 2016, 701 (704); *Dempegiotis*, JInt'lArb 25 (2008), 365 (382); *R. Geimer*, IZPR, Rn. 3832; *Hilbig*, Kartellverbot im Schiedsverfahren, S. 2 f.; *Kulpa*, Das anwendbare (materielle) Recht, S. 161; *Morbach*, Der kartellrechtliche ordre public, S. 126; *Pfeiffer*, NJW 2012, 1169 (1171); *Schlosser*, Schiedsgerichtsbarkeit, Rn. 207; *Spiegel*, Kartellprivatrecht in der Handelsschiedsgerichtsbarkeit, S. 30 f.; *Weller/de Micheli* FS Thümmel, 967 (969).

(1) Traditioneller Streit: Kollisionsrecht des Sitzstaats oder Schiedsrichterermessen

Damit ist der traditionelle Streit über das für Schiedsgerichte maßgebliche Internationale Privatrecht angesprochen.[446] Zu dieser Frage war die Rechtslage bis zur Reform des Schiedsverfahrensrechts 1998 in entscheidenden Punkten anders geregelt.[447] Nach der damaligen *Verfahrenstheorie* richtete sich die Nationalität des Schiedsverfahrens nicht nach dem Sitz des Schiedsgerichts, sondern nach dem angewendeten Verfahrensrecht (das der Parteiwahl unterlag).[448] Es kam hinzu, dass es keine Vorgängerreglung zum heutigen § 1051 ZPO über das in der Sache anwendbare Recht gab. Unter Geltung des damaligen Schiedsverfahrensrechts lag somit der Schluss nahe, ein Schiedsgericht habe kein *forum*, mithin keine *lex fori*, und sei nicht an staatliches Kollisionsrecht gebunden.[449]

Das sah ein Teil der Lehre bereits damals anders und vertrat, das Schiedsgericht müsse das an seinem Sitz geltende Kollisionsrecht anwenden.[450] In Staaten, deren *lex arbitri* kein Sonderkollisionsrecht für Schiedsgerichte enthielt (wie damals in Deutschland der Fall), führte diese Auffassung zur Geltung des allgemeinen Internationalen Privatrechts, das auch staatliche Gerichte anwenden.[451] Die Kritik aufnehmend, dass der Sitz des Schiedsgerichts mitunter zufällig oder gar bewusst deswegen gewählt werde, weil er ein neutrales und damit gerade nicht eng mit dem Streitgegenstand verbundenes *forum* biete,[452] entwickelte sich die Gegenauffassung. Danach war das Schiedsgericht, wenn die Parteien keine Rechtswahl getroffen hatten, befugt,

446 Dazu *Böckstiegel* FS Beitzke, 443 (446–448); *Junker* FS Sandrock, 443 (445–450); *Kulpa*, Das anwendbare (materielle) Recht, S. 162–218; *Mankowski* FS v. Hoffmann, 1012 (1013–1015); *Martiny* FS Schütze I, 529 (530 f.).

447 Zur alten Rechtslage *Böckstiegel* FS Beitzke, 443 (446–448); *Schlosser*, Schiedsgerichtsbarkeit, Rn. 726.

448 Dazu oben Kap. 1 B.I.1.

449 *Böckstiegel* FS Beitzke, 443 (447 f.); *Sandrock*, RIW 1992, 785 (789–795); *Solomon*, RIW 1997, 981 (987–989).

450 *Gottwald* FS Nagel, 54 (63); wohl auch *Kronke*, RIW 1998, 257 (262); *Mann* FS Flume, 593 (613–615); *Schlosser*, Schiedsgerichtsbarkeit, Rn. 726–728 (in reinen Inlandsfällen).

451 So jedenfalls für reine Inlandsfälle *Schlosser*, Schiedsgerichtsbarkeit, Rn. 727 f.; zu diesem Zusammenhang *Weller/de Micheli* FS Thümmel, 967 (970).

452 *Böckstiegel* FS Beitzke, 443 (447); *Sandrock*, RIW 1992, 785 (787–789); *Solomon*, RIW 1997, 981 (988); zu dieser Kritik *Gößling*, Europäisches Kollisionsrecht und internationale Schiedsgerichtsbarkeit, S. 13.

die anwendbare Kollisionsnorm nach seinem Ermessen zu bestimmen.[453] Das schiedsrichterliche Ermessen sollte allerdings nicht grenzenlos sein, sondern musste sachgerecht anhand des Parteiinteresses ausgeübt werden.[454] Gegen die Bindung an staatliches Kollisionsrecht sprächen Kodifizierungen in staatlichen Verfahrensrechten und institutionellen Schiedsgerichtsordnungen, die jeweils umfassendes Schiedsrichterermessen vorsähen[455] – ein Argument, das kritisiert wird, weil diese Lehre die Bindung an staatliches Recht ja gerade ablehnte.[456] Diese Auffassung sah und sieht sich ferner der Kritik ausgesetzt, Rechtsunsicherheit hervorzurufen.[457]

(2) Anwendbares Kollisionsrecht nach reformiertem Schiedsverfahrensrecht

Der traditionelle Streit über die Existenz einer *lex fori* des Schiedsgerichts und das anwendbare Kollisionsrecht verlor an Schwung, als der deutsche Gesetzgeber mit dem SchiedsVfG das *Territorialitätsprinzip*, wonach das Gros der §§ 1025 ff. ZPO nur für inländische Schiedsverfahren gilt (§ 1025 Abs. 1 ZPO), sowie § 1051 ZPO einführte. Die Vorschrift ist (bis auf § 1051 Abs. 2 ZPO) Art. 28 ModG nachempfunden[458] und brachte erstmals eine Kollisionsnorm für das in inländischen Schiedsverfahren in der Sache anwendbare Recht.[459]

---

453 *Böckstiegel* FS Beitzke, 443 (448); mit ausführlicher Begründung *Sandrock*, RIW 1992, 785 (789–795); *Solomon*, RIW 1997, 981 (987–989); noch heute *Weller/de Micheli* FSThümmel, 967 (970); kritisch *Schlosser*, Schiedsgerichtsbarkeit, Rn. 726; ebenso kritisch *Schütze* FS Thümmel, 847 (848 f.); zum Streit *Gößling*, Europäisches Kollisionsrecht und internationale Schiedsgerichtsbarkeit, S. 14 f.

454 Zu den Ermessensgrenzen *Sandrock*, RIW 1992, 785 (789, 794 f.).

455 *Sandrock*, RIW 1992, 785 (790 f.); dazu *Pocsay*, Privates Kartellrecht in Schiedsverfahren, S. 96.

456 *Pocsay*, Privates Kartellrecht in Schiedsverfahren, S. 101 f.

457 *Mankowski*, RIW 2018, 1 (3 f.); *Pocsay*, Privates Kartellrecht in Schiedsverfahren, S. 107.

458 *Junker* FS Sandrock, 443 (444); *Kronke*, RIW 1998, 257 (263); *Sandrock*, RIW 2000, 321 (323); *Schütze* FS Thümmel, 847 (848); *Schumacher*, BB-Beilage 1998, Nr. 2, 6 (12 f.).

459 *Berger*, DZWir 1998, 45 (52); *Junker* FS Sandrock, 443 (444); *Kulpa*, Das anwendbare (materielle) Recht, S. 337. In seinem Anwendungsbereich verdrängt Art. VII EuÜ nationale Regelungen wie § 1051 ZPO: *Pfeiffer* in Salger/Trittmann (Hrsg.), Internationale Schiedsverfahren, § 15 Rn. 8; *Huber* FS v. Hoffmann, 815 (817 f.); zu Art. VII EuÜ *Martiny* FS Schütze I, 529 (531 f.).

Eine starke Literaturauffassung hält den Streit über die *lex fori* des Schiedsgerichts seither für inländische Schiedsgerichte für beendet.[460] Inländische Schiedsgerichte müssen danach das anwendbare Sachrecht nach staatlichem Kollisionsrecht ermitteln.[461] Und so handhabt dies auch die Rechtsprechung. Werden deutsche Gerichte ausnahmsweise mit Fragen des anwendbaren Sachrechts konfrontiert, ziehen sie in der Regel kommentarlos § 1051 ZPO heran.[462] Andere Stimmen lehnen, auch und gerade im internationalen Kontext,[463] eine Bindung an staatliches Kollisionsrecht weiterhin ab.[464] Nach einer pointierten Lesart hat § 1051 ZPO keinen echten Anwendungsbereich.[465] Vermittelnd wird angemerkt, der Vorrang staatlichen Kollisionsrechts der *lex arbitri* gelte nur in Ad-hoc-Schiedsverfahren, während in institutionellen Schiedsverfahren, soweit vorhanden, die Kollisionsnormen der anwendbaren Verfahrensordnung gölten.[466] Geht man demgegenüber von der Geltung des § 1051 ZPO auch in institutionellen Schiedsverfahren aus,

460 *Hausmann* in Reithmann/Martiny (Hrsg.), Internationales Vertragsrecht, Rn. 8.417 f.; *Junker* FS Sandrock, 443 (449); *Mankowski*, RIW 2018, 1 (6 f.); *McGuire*, SchiedsVZ 2011, 257 (259 f.); MüKo-ZPO/*J. Münch*, § 1051 Rn. 1 (SchiedsVfG *„erledigte eine strapaziöse alte Problematik“*); *Schack* FS Schütze II, 511; *Schütze* FS Thümmel, 847 (848 f.).

461 *Hausmann* in Reithmann/Martiny (Hrsg.), Internationales Vertragsrecht, Rn. 8.416–8.418; *Junker* FS Sandrock, 443 (449); *Kronke*, RIW 1998, 257 (262); *Mankowski*, RIW 2018, 1 (6 f.); *McGuire*, SchiedsVZ 2011, 257 (260); MüKo-ZPO/*J. Münch*, § 1051 Rn. 2; *Pfeiffer* in Salger/Trittmann (Hrsg.), Internationale Schiedsverfahren, § 15 Rn. 1, 3; *Pocsay*, Privates Kartellrecht in Schiedsverfahren, S. 111; *Schack* FS Schütze II, 511; Stein/Jonas, ZPO/*Schlosser*, § 1051 Rn. 1, 6; *Schmidt-Ahrendts/Höttler*, SchiedsVZ 2011, 267 (269); *Schütze* FS Böckstiegel, 715 (716); *Wilske/Steinle/Schuler*, ZWeR 2020, 458 (462).

462 So etwa BGH, Beschl. v. 16.12.2015 – I ZB 109/14, juris (Rn. 25); BGH, Beschl. v. 10.3.2016 – I ZB 99/14, NJW-RR 2016, 892 (894 f.); OLG München, Beschl. v. 22.6.2005 – 34 Sch 10/05, SchiedsVZ 2005, 308 (309); Hanseatisches OLG Bremen, Beschl. v. 10.10.2014 – 2 Sch 2/14, BeckRS 2014, 21290 (Rn. 35–40); OLG München, Beschl. v. 9.11.2015 – 34 Sch 27/14, SchiedsVZ 2015, 303 (307); OLG Frankfurt a. M., Beschl. v. 25.3.2021 – 26 Sch 18/20, juris (Rn. 88–90).

463 *Born*, International Commercial Arbitration, S. 2839 f.; *Lew* FS Sandrock, 581 (588–591); *Rajoo* FS Thümmel, 633 (S. 636 f., 644–646).

464 *Berger* FS Böckstiegel, 31 (41); für Ermessen wohl auch *Horn*, SchiedsVZ 2008, 209 (213); ferner *Weller/de Micheli* FS Thümmel, 967 (970); bereits vor Inkrafttreten des SchiedsVfG *Sandrock*, RIW 1992, 785 (789–794); *Solomon*, RIW 1997, 981 (987–989); *Voit*, JZ 1997, 120 (123).

465 *Solomon*, RIW 1997, 981 (990) (*„Mit § 1051 ZPO-E* [...] *wird* [...] *versucht, eine Frage zu regeln, die gesetzlicher Regelung im Grunde nicht zugänglich ist“*); ähnlich *Mankowski*, RIW 2018, 1 (18).

466 *Blessing*, JInt'lArb 14 (1997), 39 (49 f.); *Huber* FS v. Hoffmann, 815 (821).

quasi als Ausgangspunkt der kollisionsrechtlichen Würdigung,[467] führen beide Auffassungen zum selben Ergebnis. Weil nämlich § 1051 Abs. 1 ZPO eine Rechtswahl erlaubt, erfasst die zulässige Wahl einer Verfahrensordnung nach § 1042 Abs. 3 ZPO auch die (stillschweigende) Wahl von deren Kollisionsnorm.[468]

(3) Stellungnahme

Zurecht wies *Junker* kurz nach Inkrafttreten des reformierten Schiedsverfahrensrechts von 1998 auf den diffusen Meinungsstand hin.[469] Für die Diskussion über das anwendbare Kollisionsrecht ist der jeweilige rechtshistorische Kontext ganz entscheidend. Gerade weil sich die Rechtslage in Deutschland mit dem Inkrafttreten der reformierten §§ 1025 ff. ZPO grundlegend änderte, sollten Abhandlungen, die zur alten Rechtslage verfasst wurden, heute mit Vorsicht genossen werden: Wer nämlich nach der alten Rechtslage auf das Schiedsrichterermessen verwies, musste nicht gegen die Existenz einer für inländische Schiedsgerichte geschaffenen Kollisionsnorm (heute § 1051 ZPO) argumentieren. Umgekehrt musste, wer die Bindung an staatliches Kollisionsrecht vertrat, erklären, warum die *lex arbitri* zum Kollisionsrecht schwieg und sich das allgemeine Internationale Privatrecht auch an das Schiedsgericht richten sollte.

Diese Argumente greifen heute nicht mehr, weil es in Deutschland ein Sonderkollisionsrecht für Schiedsgerichte gibt: § 1051 ZPO. Dass (aus der Sicht eines mit der Sache befassten Gerichts[470]) eine Bindung an das Kollisionsrecht des Sitzstaats besteht, wenn die *lex arbitri* (wie in Deutschland) ein Sonderkollisionsrecht für Schiedsgerichte vorsieht, dürfte heute herrschend sein – und ist auch vorzugswürdig. Die Anwendung am Sitz geltender Kollisionsregeln und die Annahme eines einheitlichen Ausgangspunkts der kollisionsrechtlichen Anknüpfung in § 1051 ZPO haben die besseren Argumente für sich.

---

467 So *Martiny* FS Schütze I, 529 (535); vgl. auch die Argumentation bei *Hausmann* FS v. Hoffmann, 971 (975).

468 *Pfeiffer* in Salger/Trittmann (Hrsg.), Internationale Schiedsverfahren, § 15 Rn. 6, 41; *Pfeiffer*, IWRZ 2018, 213 (214); *Ritlewski*, SchiedsVZ 2007, 130 (135 f.) („*‚Schlenker' über das Verfahrensrecht*").

469 *Junker* FS Sandrock, 443 (445).

470 Zu den verschiedenen kollisionsrechtlichen Perspektiven oben I.3.a).

Neben dem Hinweis auf die Schiedsautonomie führt die Gegenauffassung, die eine Bindung an § 1051 ZPO ablehnt, die angesprochene fehlende Revisibilität der kollisionsrechtlichen Würdigung an.[471] Inwieweit der Gesetzgeber zwingendes Recht vorgeben wolle, zeige sich nicht daran, welche Vorschriften er aufstelle, sondern daran, in welchem Umfang er die Beachtung dieser Vorschriften kontrolliere.[472] Grundlegend für dieses liberale Verständnis ist auch der Gedanke, jedenfalls internationale Schiedsverfahren seien nicht in ein staatliches Gerichts- und Rechtssystem eingebunden, sondern wirkten „anational", weswegen ganz grundsätzlich eine Bindung an staatliches Recht nicht bestehe.[473]

Diese Argumentation vermag den zwingenden Charakter des § 1051 ZPO nicht zu erschüttern.[474] Der wesensbedingt überschaubare Bereich rechtlicher Überprüfbarkeit des Schiedsspruchs ist auch jenseits des Kollisionsrechts nicht deckungsgleich mit der Gesamtheit des im Schiedsverfahren zwingenden Rechts. Auch solche Regelungen können zwingend sein, deren Beachtung nicht revisibel ist. So ist das Schiedsgericht beispielsweise an das zwingende und an das abdingbare, aber nicht abbedungene Recht der kollisionsrechtlich ermittelten *lex causae* gebunden. Dennoch führt bei weitem nicht jede Fehlanwendung solchen Rechts zur Aufhebung bzw. Nichtanerkennung des Schiedsspruchs im Verfahren nach §§ 1059–1061 ZPO. Die materiellrechtliche Rechtsprüfung ist grundsätzlich nicht revisibel – keine *révision au fond*.[475] Die zwingende Geltung von Rechtsvorschriften geht also nicht bloß so weit, wie deren Einhaltung überprüft werden kann. Das zwingende Recht der §§ 1025 ff. ZPO, darunter § 1051 ZPO, dient dazu, einen geordneten Rahmen für Schiedsverfahren zu schaffen,[476] wenngleich die Durchsetzung aller zwingenden Vorschriften nicht sichergestellt werden

471 *Solomon*, RIW 1997, 981 (987).

472 *Berger* FS Böckstiegel, 31 (41); *Czernich*, RIW 2016, 701 (702); *Grimm*, SchiedsVZ 2012, 189 (193); *Solomon*, RIW 1997, 981 (987); ähnlich *Spiegel*, Kartellprivatrecht in der Handelsschiedsgerichtsbarkeit, S. 74.

473 *Hartwell*, JInt'lArb 17 (2000), 11; *Voit*, JZ 1997, 120 (122 f.).

474 Mit dem in diesem Absatz aufgegriffenen Argument, dass die „*Beschränkung der Zivilgerichtsbarkeit auf eine reine Wächterkontrollfunktion*" keine Rückschlüsse auf den fehlenden Anwendungswillen der nicht revisiblen Normen erlaube, in ähnlichem Zusammenhang bereits *Valdini*, ZIP 2017, 7 (10).

475 Dazu oben Kap. 1 C.IV.

476 Zum globalen Trend der „*Verrechtlichung*" von Schiedsverfahren durch nationale Schiedsverfahrensrechte: *Gößling*, Europäisches Kollisionsrecht und internationale Schiedsgerichtsbarkeit, S. 2 f.; gegenteilige Beobachtung bei *Rajoo* FS Thümmel, 633 (642 f.).

kann, soll und darf.[477] Wo ein privatrechtliches Rechtsverhältnis nicht pathologisch und vor ein Gericht getragen wird, bleibt die Durchsetzung des zwingenden Rechts auch außerhalb des Schiedsrechts häufig bloße Theorie. Daraus zu folgern, dass das Recht nicht zwingend gelte, geht hier wie dort fehl. Der Ansatz, Schiedsgerichte bewegten sich im „rechtsfreien" Raum, was gegen eine Bindung an staatliches Kollisionsrecht spreche,[478] ist eine ebenso gewagte These. Es gibt keine anationalen Schiedsverfahren.[479] Dass in internationalen Schiedsverfahren eine Mehrzahl staatlicher Rechtsordnungen Anwendung beanspruchen kann, was mitunter zu konfligierenden Anwendungsbefehlen führt,[480] schließt die Bindung an staatliches Recht nicht aus, sondern vervielfacht sie.

Danach ist ein inländisches Schiedsgericht (aus der Perspektive eines deutschen Gerichts) an staatliches Kollisionsrecht gebunden, und zwar wegen dessen Spezialität zunächst einmal an § 1051 ZPO.[481]

(4) Ermittlung des anwendbaren Rechts nach § 1051 ZPO

Nach § 1051 Abs. 1 ZPO gelten die von den Parteien gewählten Rechtsvorschriften, was ihnen Gestaltungsfreiheit und damit Rechtssicherheit bietet.[482] Im Rahmen ihrer Autonomie[483] können die Parteien, wie sich aus § 1051 Abs. 1 Satz 2 ZPO ergibt, neben einem staatlichen Recht als Sachnormverweisung auch ein Kollisionsrecht[484] oder nichtstaatliches Recht[485] wählen (was die Möglichkeit der Entscheidung etwa nach der vieldiskutierten

---

477 Vgl. nochmals die Argumentation bei *Valdini*, ZIP 2017, 7 (10).

478 *Hartwell*, JInt'lArb 17 (2000), 11; *Voit*, JZ 1997, 120 (122 f.).

479 *Mankowski* FS v. Hoffmann, 1012 (1014 f.); *Mann* FS Flume, 593 (594–601); *Schack* FS Schütze II, 511; *Schütze* FS v. Hoffmann, 1077 (1078); *Sonnenberger* FS Schlosser, 921 (929 f.); a. A. (mit rechtsphilosophischen Erwägungen) *Hartwell*, JInt'lArb 17 (2000), 11; für Entkoppelung vom staatlichen Recht auch *Voit*, JZ 1997, 120 (122).

480 Dazu oben I.3.a).

481 Zu der Folgefrage, nach welchen Regeln das Schiedsgericht Inhalt und Auslegung des anwendbaren Rechts bestimmen muss: *Lew* FS Sandrock, 581 (592–600).

482 *Koussoulis* FS Schlosser, 415 (420); *McGuire*, SchiedsVZ 2011, 257 (258).

483 Dazu *Pörnbacher/Baur* FS Schütze II, 431 (431–438); *Sandrock*, RIW 2000, 321 (326 f.).

484 MüKo-ZPO/*J. Münch*, § 1051 Rn. 24; *Pfeiffer*, EuZW 2008, 622 (623).

485 *Berger* FS v. Hoffmann, 914 (917); *Gottwald/Adolphsen*, DStR 1998, 1017 (1018); *Hausmann* FS v. Hoffmann, 971 (980 f.); *Junker* FS Sandrock, 443 (460); *Koussoulis* FS Schlosser, 415 (423); *Kronke*, RIW 1998, 257 (262 f.); *Martiny* FS Schütze I, 529 (536); *Pfeiffer*, IWRZ 2018, 213 (214 f.); *Sandrock*, RIW 2000, 321 (321 f.) (als materiellrechtliche Verweisung); *Schack* FS Schütze II, 511 (512).

lex mercatoria[486] einschließt). Auch Teile von Rechtsordnungen sind wählbar,[487] was dann an Grenzen stößt, wenn die Parteien Gebiete oder Vorschriften des Rechts abwählen, die international zwingend im Sinne von Eingriffsnormen sind.[488] Vereinbaren die Parteien, dass das Schiedsgericht das anwendbare Recht bestimmen möge, erlaubt dies dem Schiedsgericht nach streitiger Ansicht nicht eine direkte Sachrechtswahl (*voie directe*),[489] sondern ist als „Rückgriff" auf § 1051 Abs. 2 ZPO zu verstehen: Das Schiedsgericht soll das anwendbare Recht dann objektiv nach dem engsten Berührungspunkt ermitteln.[490] Streitig ist,[491] ob § 1051 Abs. 1 ZPO eine Rechtswahlmöglichkeit nur für vertragliche Streitigkeiten regelt[492] oder auch für gesetzliche Schuldverhältnisse und dingliche Ansprüche.[493] Auslegung und Wirksamkeit der Rechtswahl richten sich jedenfalls nach dem gewählten Recht.[494] Umstritten ist schließlich, ob die Anwendbarkeit des § 1051 ZPO einen Auslandsbezug voraussetzt, wie dies nach Art. 3 EGBGB a. E., Art. 1 Abs. 1 Rom-I-VO und Art. 1 Abs. 1 Satz 1 Rom-II-VO der Fall ist. Die Mehrheit der Stimmen verneint

486 Dazu statt vieler *Hausmann* FS v. Hoffmann, 971 (981); MüKo-ZPO/*J. Münch*, § 1051 Rn. 58–61.

487 Statt vieler MüKo-ZPO/*J. Münch*, § 1051 Rn. 14 („*für abgrenzbare vorherbestimmte Streitteile*").

488 Für unbeschränkte Wahlfreiheit auch dann *Pörnbacher/Baur* FS Schütze II, 431 (443 f.); dagegen *Sachs/Niedermaier* FS v. Hoffmann, 1051 (1065); a. A. auch *v. Mehren*, ArbInt'l 19 (2003), 465 (469); für Unwirksamkeit der Abbedingung, sofern abbedungenes Kartellrecht völkerrechtlich zulässig internationale Geltung beanspruche: *Vollmer*, GRUR Int 1986, 589 (598).

489 *Pfeiffer*, IWRZ 2018, 213 (217); a. A. wohl *Schlosser*, Schiedsgerichtsbarkeit, Rn. 733.

490 *Kulpa*, Das anwendbare (materielle) Recht, S. 341; Musielak/Voit, ZPO/*Voit*, § 1051 Rn. 2.

491 Zum Streitstand *Gößling*, Europäisches Kollisionsrecht und internationale Schiedsgerichtsbarkeit, S. 46–48; *Kulpa*, Das anwendbare (materielle) Recht, S. 342 f.

492 *Gößling*, Europäisches Kollisionsrecht und internationale Schiedsgerichtsbarkeit, S. 50; *Hausmann* FS v. Hoffmann, 971 (983); *Junker* FS Sandrock, 443 (459); *Kronke*, RIW 1998, 257 (262).

493 *Mankowski* FS Schütze II, 369 (371 f.) (alle vermögensrechtlichen Streitgegenstände); MüKo-ZPO/*J. Münch*, § 1051 Rn. 21; Prütting/Gehrlein, ZPO/*Prütting*, § 1051 Rn. 6 (Rechtswahl auch bei außervertraglichen Streitigkeiten); *Solomon*, RIW 1997, 981 (986).

494 *Hausmann* FS v. Hoffmann, 971 (979); zum Unionskollisionsrecht *Mansel* in Leible/Unberath (Hrsg.), Brauchen wir eine Rom-0-Verordnung?, 241 (272); MüKo-ZPO/*J. Münch*, § 1051 Rn. 17; *Pfeiffer*, EuZW 2008, 622 (624).

das, sodass die in § 1051 Abs. 1 ZPO vorgesehene Rechtswahl auch in reinen Inlandsschiedsverfahren möglich ist.[495]

Bei Fehlen einer Rechtswahl gilt gemäß § 1051 Abs. 2 ZPO das Recht desjenigen Staates, mit dem der Gegenstand des Verfahrens die engsten Verbindungen aufweist.[496] Im Unterschied dazu entscheidet nach Art. 28 ModG bei Fehlen einer Rechtswahl das Schiedsrichterermessen über die anwendbare Kollisionsnorm. Mit dieser Abweichung in § 1051 Abs. 2 ZPO wollte der Gesetzgeber der im Regierungsentwurf[497] angenommenen völkerrechtlichen Bindung an das EVÜ gerecht werden.[498] Zu den objektiven Anknüpfungsmodalitäten des § 1051 Abs. 2 ZPO ist neben der Frage, ob das Schiedsgericht auch im Wege der objektiven Anknüpfung nichtstaatliches Recht als in der Sache anwendbar berufen darf,[499] die Möglichkeit einer sog. *voie directe* umstritten – ob die Schiedsrichter das anwendbare Recht also direkt wählen dürfen.[500]

b) Anwendung nur des Sonderkollisionsrechts der *lex arbitri* oder auch des sonstigen am Sitz geltenden Kollisionsrechts?

Mit der Bindung des inländischen Schiedsgerichts an das Sonderkollisionsrecht seines Sitzes als Ausgangspunkt der kollisionsrechtlichen Würdigung ist nicht entschieden, ob das für staatliche Gerichte geltende Internationale Privatrecht am Sitz des Schiedsgerichts ersetzend oder ergänzend gilt, insbesondere die Rom-Verordnungen.

---

495 *Kondring*, ZIP 2017, 706 (709); *Pfeiffer* in Salger/Trittmann (Hrsg.), Internationale Schiedsverfahren, § 15 Rn. 25; Musielak/Voit, ZPO/*Voit*, § 1051 Rn. 3; für Erfordernis des Auslandsbezugs zum alten Recht *Schlosser*, Schiedsgerichtsbarkeit, Rn. 231.

496 Zur Auslegung des § 1051 Abs. 2 ZPO *Sandrock*, RIW 2000, 321.

497 BT-Drs. 13/5274, S. 27, 52; dazu *Sandrock*, RIW 2000, 321 (323).

498 *Hausmann* FS v. Hoffmann, 971 (977); *Martiny* FS Schütze I, 529 (533); *Pfeiffer*, EuZW 2008, 622 (623); *Sandrock*, RIW 2000, 321 (323); zum Vergleich der Regelungen *Zobel*, Schiedsgerichtsbarkeit und Gemeinschaftsrecht, S. 14–20.

499 Dazu *Berger* FS v. Hoffmann, 914 (917); *Sandrock*, RIW 2000, 321 (324); ferner (ablehnend) *Kulpa*, Das anwendbare (materielle) Recht, S. 349 f.; ablehnend wohl *Martiny* FS Schütze I, 529 (540).

500 Ablehnend *Pfeiffer*, IWRZ 2018, 213 (217); *Sandrock*, RIW 1992, 785 (789 mit Fn. 34); *Sandrock*, RIW 2000, 321 (323 f.); dazu *Schlosser*, Schiedsgerichtsbarkeit, Rn. 729 (letztlich würden wohl immer unausgesprochen kollisionsrechltiche Überlegungen angestellt).

Dieser Streit wird normativ an Art. 3 Abs. 3, 4 Rom-I-VO festgemacht, namentlich wenn die Zulässigkeit der Abwahl zwingenden nationalen Rechts bzw. von Unionsrecht in reinen Inlands- bzw. Binnensachverhalten in Streit steht, und an Art. 9 Rom-I-VO zu der Frage, ob das Schiedsgericht gehalten ist, Eingriffsnormen seines Sitzes (Art. 9 Abs. 2 Rom-I-VO) bzw. drittstaatliche Eingriffsnormen (Art. 9 Abs. 3 Rom-I-VO) anzuwenden.[501]

Das Verhältnis des Sonderkollisionsrechts der *lex arbitri* zum allgemeinen Kollisionsrecht war in Deutschland schon vor Inkrafttreten der Rom-Verordnungen umstritten.[502] Unklar war im Hinblick auf das auf vertragliche Schuldverhältnisse anwendbare Recht, ob die auf dem EVÜ beruhenden Art. 27–37 EGBGB a. F. im Schiedsverfahren anwendbar waren. Im Ausgangspunkt stand die Frage, ob der Gesetzgeber völkerrechtlich verpflichtet war, die Umsetzungsregeln zum EVÜ, das wegen des Vorbehalts Deutschlands im Inland nicht unmittelbar galt,[503] auf Schiedsverfahren zu erstrecken.[504] Diese Frage wurde im Zusammenhang mit Ausführungen im sog. *Giuliano/Lagarde*-Bericht[505] zum EVÜ diskutiert.[506] Eine Ansicht bejaht die damalige völkerrechtliche Pflicht, weil Art. 1 Abs. 2 lit. d) EVÜ nur Schiedsvereinbarungen, nicht aber die Schiedsgerichtsbarkeit, vom Anwendungsbereich ausgeschlossen habe.[507] Andere verneinen die Anwendung des EVÜ auf

501 Dazu die Ausführungen bei *Pfeiffer* in Salger/Trittmann (Hrsg.), Internationale Schiedsverfahren, § 15 Rn. 25; *Pörnbacher/Baur* FS Schütze II, 431 (438–440); zur Relevanz der Art. 6 ff. Rom-I-VO *Hausmann* FS v. Hoffmann, 971 (984).

502 Zum damaligen Streitstand *Junker* FS Sandrock, 443 (450–456); *Kulpa*, Das anwendbare (materielle) Recht, S. 343–347; *Solomon*, RIW 1997, 981 (986–988); *Sonnenberger* FS Schlosser, 921 (927–931); ausführlich *Zobel*, Schiedsgerichtsbarkeit und Gemeinschaftsrecht, S. 11–108.

503 Art. 1 Abs. 2 Gesetz zu dem Übereinkommen vom 19. Juni 1980 über das auf vertragliche Schuldverhältnisse anzuwendende Recht, BGBl. 1986 II, S. 809; zum Vorbehalt Deutschlands *Gößling*, Europäisches Kollisionsrecht und internationale Schiedsgerichtsbarkeit, S. 60; *Junker* FS Sandrock, 443 (450).

504 Dazu *Gößling*, Europäisches Kollisionsrecht und internationale Schiedsgerichtsbarkeit, S. 51–58; *Hausmann* FS v. Hoffmann, 971 (977 f.); *Junker* FS Sandrock, 443 (450–456); *Solomon*, RIW 1997, 981 (988 f.).

505 Bericht über das Übereinkommen über das auf vertragliche Schuldverhältnisse anzuwendende Recht von *Mario Giuliano* und *Paul Lagarde*, BT-Drs. 10/503, S. 33.

506 Zur Auslegung des Berichts *Hausmann* FS v. Hoffmann, 971 (977); *Junker* FS Sandrock, 443 (453 f.); *Martiny* FS Schütze I, 529 (533); *Zobel*, Schiedsgerichtsbarkeit und Gemeinschaftsrecht, S. 28–31.

507 *Gößling*, Europäisches Kollisionsrecht und internationale Schiedsgerichtsbarkeit, S. 55–58; *Mankowski*, RIW 2018, 1 (2); *McGuire*, SchiedsVZ 2011, 257 (262 f.).

die Schiedsgerichtsbarkeit.[508] Die Bereichsausnahme sei missverständlich zu eng gefasst; das EVÜ beanspruche denselben Anwendungsbereich wie das damalige EuGVÜ (das in der Schiedsgerichtsbarkeit nicht galt).[509] Umstritten war ferner, ob das umgesetzte Recht des EGBGB – ungeachtet einer dahingehenden völkervertraglichen Pflicht – in inländischen Schiedsverfahren galt.[510] Nach einer Ansicht waren die Umsetzungsvorschriften des EGBGB in Schiedsverfahren anwendbar.[511] Die Gegenauffassung lehnte das ab.[512]

Mit der Einführung des § 1051 ZPO bekam der Streit über die Geltung des Unionskollisionsrechts und der Art. 27–37 EGBGB in inländischen Schiedsverfahren eine neue Facette. Nun existierte erstmals eine mit den Regelungen des EGBGB konkurrierende[513] Vorschrift der *lex arbitri*, bei deren Einführung jedenfalls die Entwurfsbegründung[514] den Gesetzgeber für an das EVÜ gebunden hielt.[515] Die Rechtslage änderte sich aber schon gut zehn Jahre später erneut grundlegend, als die Rom-Verordnungen in Kraft traten und Art. 27–37 EGBGB a. F. aufgehoben wurden. Seither werden die Geltung insbesondere der Rom-I-VO in internationalen Schiedsverfahren mit Sitz innerhalb der Europäischen Union und deren Verhältnis zu § 1051 ZPO diskutiert.[516] Das Meinungsspektrum reicht von der ausgeschlossenen bis zur ausschließlichen Geltung der Verordnung.

---

508 *Junker* FS Sandrock, 443 (454–456); *Hausmann* FS v. Hoffmann, 971 (979); *Martiny* FS Schütze I, 529 (533); wohl auch *Pfeiffer*, EuZW 2008, 622 (623); *Solomon*, RIW 1997, 981 (989); *Zobel*, Schiedsgerichtsbarkeit und Gemeinschaftsrecht, S. 55, 107 f.

509 *Junker* FS Sandrock, 443 (454–456); *Hausmann* FS v. Hoffmann, 971 (979); *Martiny* FS Schütze I, 529 (533); wohl auch *Pfeiffer*, EuZW 2008, 622 (623); *Solomon*, RIW 1997, 981 (989); *Zobel*, Schiedsgerichtsbarkeit und Gemeinschaftsrecht, S. 55, 107 f.

510 Dazu *Junker* FS Sandrock, 443 (456 f.); *Martiny* FS Schütze I, 529 (539–541).

511 Vorausgesetzt von MüKo-ZPO/*J. Münch*, § 1051 Rn. 22.

512 *Junker* FS Sandrock, 443 (456); *Kulpa*, Das anwendbare (materielle) Recht, S. 347; *Martiny* FS Schütze I, 529 (541); *Solomon*, RIW 1997, 981 (989).

513 Dazu *Gößling*, Europäisches Kollisionsrecht und internationale Schiedsgerichtsbarkeit, S. 59 f., der ausführt, der Gesetzgeber habe durch Einführung des § 1051 ZPO völkerrechtswidrig gehandelt, indem er ohne Verweis auf die geltenden EGBGB-Vorschriften ein Sonderkollisionsrecht geschaffen habe.

514 BT-Drs. 13/5274, S. 27, 52; dazu *Pfeiffer*, EuZW 2008, 622 (623); *Solomon*, RIW 1997, 981.

515 Zur Frage der Anwendbarkeit der EGBGB-Regelungen in dieser „Zwischenphase" *Junker* FS Sandrock, 443 (456 f.); *Kulpa*, Das anwendbare (materielle) Recht, S. 343–347.

516 Dazu *Gößling*, Europäisches Kollisionsrecht und internationale Schiedsgerichtsbarkeit, S. 64–115; *Hausmann* FS v. Hoffmann, 971 (977–979); *Mankowski*, RIW 2011, 30;

aa) Geltung der Rom-I-VO

Nach einer Ansicht verdrängt die Rom-I-VO wegen ihres Anwendungsvorrangs § 1051 ZPO.[517]

Bei Anwendung der Rom-I-VO ist eine Rechtswahl nur in den Grenzen der Art. 3 ff. Rom-I-VO zulässig, was für die Möglichkeit relevant ist, ein staatliches Internationales Privatrecht, nichtstaatliches Recht oder Teile staatlicher Rechtsordnungen zu wählen, und in Binnensachverhalten für die Möglichkeit, staatliches Recht vollständig mit kollisionsrechtlicher Wirkung abzuwählen. Wendet man nämlich Art. 3 Abs. 1 Rom-I-VO an, besteht zwar Rechtswahlfreiheit. Gewählt werden kann dann allerdings nur Recht, was – jedenfalls als kollisionsrechtliche Verweisung[518] – nur ein (gesamtes) staatliches Recht sein kann.[519] Ferner gelten Grenzen in reinen Inlandsfällen im Sinne des Art. 3 Abs. 3 Rom-I-VO bzw. in reinen Binnenmarktfällen im Sinne des Art. 3 Abs. 4 Rom-I-VO. Ein Inlandssachverhalt im Sinne des Art. 3 Abs. 3 Rom-I-VO ist ein solcher, bei dem der einzige Berührungspunkt mit dem Ausland darin liegt, dass die Parteien ausländisches Recht als in der Sache anwendbar gewählt haben,[520] ein reiner Binnenmarktsachverhalt ein solcher, der außer der Wahl von Nicht-EU-Recht ausschließlich Berührungspunkte innerhalb der Union hat.[521]

Nach Art. 3 Abs. 3, 4 Rom-I-VO geht die vollständige Abwahl des Rechts, mit dem alle sonstigen Berührungspunkte bestehen (des Einbettungsstatuts[522]), einschließlich des (einfach) zwingenden Rechts, fehl. Die Rechtsfolgen dessen sind aber umstritten. Unstreitig ist noch, dass die Rechtswahl weder vollständig wirkungslos bleibt noch vollständig als kollisionsrechtliche Verweisung wirkt. Träte nämlich eine kollisionsrechtliche Verweisung ein, bedeutete das die vollständige Abwahl des eigentlich anwendbaren Rechts,

Mankowski FS Schütze II, 369 (374–376, 383–385); *Mankowski*, RIW 2018, 1; *Pörnbacher/Baur* FS Schütze II, 431 (438–440); *Pörnbacher/Zahn* FS Thümmel, 617 (619–621).

517 *Gößling*, Europäisches Kollisionsrecht und internationale Schiedsgerichtsbarkeit, S. 113; *Mankowski*, RIW 2011, 30 (44); *Mankowski* FS Schütze II, 369 (383); *Mankowski*, RIW 2018, 1 (7, 18); *McGuire*, SchiedsVZ 2011, 257 (263 f.).

518 Zur Möglichkeit, kraft materiellrechtlicher Verweisung auf *nichtstaatliches* Recht zu verweisen: *Mankowski* FS Schütze II, 369 (377); *Pfeiffer*, EuZW 2008, 622 (624).

519 *Pfeiffer*, EuZW 2008, 622 (624); *Valdini*, ZIP 2017, 7 (8).

520 NK-BGB/*Leible*, Art. 3 Rom I Rn. 78; *Maultzsch* FS v. Hoffmann, 304 (307); *Ostendorf*, SchiedsVZ 2010, 234 (235).

521 NK-BGB/*Leible*, Art. 3 Rom I Rn. 81; *Pfeiffer*, EuZW 2008, 622 (625).

522 Zum Begriff *Magnus*, IPRax 2010, 27 (34); *Maultzsch* FS v. Hoffmann, 304 (307).

einschließlich dessen zwingender Vorschriften, zugunsten der vollständigen Geltung des gewählten Rechts.[523] Das will Art. 3 Abs. 3, 4 Rom-I-VO aber gerade verhindern. Daher wird vermittelnd vorgeschlagen, die Rechtswahl sei zwar kollisionsrechtlich wirksam, das zwingende Recht des Einbettungsstatuts trete aber partiell neben das gewählte Recht.[524] Nach der Gegenauffassung kommt es hingegen zu einer bloß materiellrechtlichen Verweisung.[525] Das abgewählte Recht (Einbettungsstatut) bleibt in seiner Gesamtheit anwendbar, während das gewählte Recht im betreffenden sachlichen Umfang zum materiellen Vertragsinhalt wird, also relativ die Rechte und Pflichten der Parteien regelt, soweit das abgewählte Recht abdingbar ist.[526]

bb) Ausschließliche Geltung des Sonderkollisionsrechts der *lex arbitri*

Nach anderen Stimmen gilt die Rom-I-VO in Schiedsverfahren nicht.[527] Die genannten Beschränkungen der Rechtswahl greifen dann nicht,[528] jedenfalls bei Sachverhalten mit Auslandsberührung.[529] Wählbar ist dann beispielsweise nichtstaatliches Recht, wobei die „unbegrenzte" Rechtswahlmöglichkeit aus dem Wortlaut des § 1051 Abs. 1 Satz 1 ZPO (*Rechtsvorschriften*) folgt.[530] *Pfeiffer* führt aus, die Rom-Verordnungen seien zwar nicht unmittelbar an-

---

523 Ferrari/*Ferrari*, Art. 3 Rom I Rn. 6; MüKo-BGB/*Martiny*, Art. 3 Rom I Rn. 15.

524 *Maultzsch* FS v. Hoffmann, 304 (308) (*„parallele Sonderanknüpfung"* der zwingenden Regelungen des Einbettungsstatuts)

525 Ferrari/*Ferrari*, Art. 3 Rom I Rn. 49; NK-BGB/*Leible*, Art. 3 Rom I Rn. 80; MüKo-BGB/*Martiny*, Art. 3 Rom I Rn. 92; *Pfeiffer*, EuZW 2008, 622 (624); wohl auch *R. Wagner*, IPRax 2008, 377 (380).

526 Zur Funktionsweise materiellrechtlicher Verweisungen *Gößling*, Europäisches Kollisionsrecht und internationale Schiedsgerichtsbarkeit, S. 131; Ferrari/*Ferrari*, Art. 3 Rom I Rn. 6; MüKo-BGB/*Martiny*, Art. 3 Rom I Rn. 16.

527 BLHAG, ZPO/*Anders*, § 1051 Rn. 1; *Kondring*, ZIP 2017, 706 (707); *Nueber*, SchiedsVZ 2014, 186 (188–190); *Ostendorf*, SchiedsVZ 2010, 234 (237 f.); *Pfeiffer*, EuZW 2008, 622 (623) (nicht zwingend, aber als Orientierungshilfe); *Pfeiffer* in Salger/Trittmann (Hrsg.), Internationale Schiedsverfahren, § 15 Rn. 11; *Pörnbacher/Baur* FS Schütze II, 431 (439 f.); *Pörnbacher/Zahn* FS Thümmel, 617 (619); *Schack* FS Schütze II, 511 (515); Stein/Jonas, ZPO/*Schlosser*, § 1051 Rn. 6; *Schmidt-Ahrendts/Höttler*, SchiedsVZ 2011, 267 (269 f.); *Schütze* FS Thümmel, 847 (849); Musielak/Voit, ZPO/*Voit*, § 1051 Rn. 3; BeckOK-ZPO/*Wilske/L. Markert*, § 1051 Rn. 6.

528 Siehe aber *Ostendorf*, SchiedsVZ 2010, 234 (239 f.) (jedenfalls Verbot der Rechtsumgehung).

529 Für diese Einschränkung *Valdini*, ZIP 2017, 7 (8).

530 *Kondring*, ZIP 2017, 706 (709); *Pfeiffer*, NJW 2012, 1169 (1170); ausführlich zur Wahl nichtstaatlichen Rechts *Wegen/Asbrand*, RIW 2016, 557.

wendbar, sollten aber bei Anwendung des § 1051 ZPO als Auslegungshilfe herangezogen werden, als „*persuasive authority*“[531].

cc) Stellungnahme

Nach streitiger Ansicht ist mit Art. 81 Abs. 2 lit. c) AEUV eine Kompetenz der Union im (gesamten) Bereich des Internationalen Privatrechts gegeben, auch im Rahmen der Schiedsgerichtsbarkeit.[532] Wenig zweifelhaft dürfte außerdem sein, dass Schiedsgerichte grundsätzlich wie staatliche Gerichte gehalten sind, Unionsrecht anzuwenden, soweit das Recht eines Mitgliedstaats anwendbar und der Anwendungsbereich des jeweiligen Unionsrechts eröffnet ist.

Und so kreist der Streit um die Anwendung der Rom-I-VO im Schiedsverfahren schwerpunktmäßig um die Auslegung von Art. 1 Abs. 2 lit. e) Rom-I-VO (vormals Art. 1 Abs. 2 lit. d) EVÜ), wonach Gerichtsstands- und Schiedsvereinbarungen aus deren Anwendungsbereich ausgenommen sind. Die Vorschrift ist unklar, lässt sie sich doch in zwei Richtungen auslegen.[533] Im Wege eines Umkehrschlusses könnte man meinen, dass, weil nur Schiedsvereinbarungen ausgenommen sind, die Verordnung *in* Schiedsverfahren gilt: Was nicht ausgeschlossen wurde, soll nicht ausgeschlossen sein.[534] Oder man entnimmt der Bereichsausnahme: Wenn schon Schiedsvereinbarungen nicht erfasst sind, gilt die Verordnung erst recht nicht *in* Schiedsverfahren.[535] Es ist aber zweifelhaft, ob Art. 1 Abs. 2 lit. e) Rom-I-VO die Frage der Anwendbarkeit der Verordnung *in* Schiedsverfahren beantwortet, denn die Vorschrift regelt, welche Arten von Verträgen nicht in den Anwendungsbereich der Verord-

531 *Pfeiffer*, EuZW 2008, 622 (623); ferner *Pfeiffer*, IWRZ 2018, 213 (214); *Pfeiffer* in Salger/Trittmann (Hrsg.), Internationale Schiedsverfahren, § 15 Rn. 11; zustimmend *Hausmann* FS v. Hoffmann, 971 (979); MüKo-ZPO/*J. Münch*, § 1051 Rn. 9; *Schack* FS Schütze II, 511 (516).

532 Die Kompetenz bejahend *Mankowski*, RIW 2018, 1 (9 f.); Calliess/Ruffert, EUV/AEUV/*Rossi*, Art. 81 AEUV Rn. 28; a. A. *Schack* FS Schütze II, 511 (515); *Valdini*, ZIP 2017, 7 (8 f.).

533 Zur ambivalenten Lesart *Gößling*, Europäisches Kollisionsrecht und internationale Schiedsgerichtsbarkeit, S. 71 f.

534 So *Mankowski*, RIW 2011, 30 (33); *Mankowski*, RIW 2018, 1 (2).

535 Zu dieser Auslegung *Gößling*, Europäisches Kollisionsrecht und internationale Schiedsgerichtsbarkeit, S. 71 f.

nung fallen, nicht aber, wer die Verordnung anwenden muss – Gerichte oder auch Schiedsgerichte.[536]

Für die Anwendbarkeit der Verordnung wird mit durchaus guten Argumenten angeführt, dass Unionsrecht grundsätzlich auch in Schiedsverfahren gelte, ob es nun kollisionsrechtlicher oder materiellrechtlicher Natur sei.[537] Außerdem sichere die Anwendung der Verordnung im Schiedsverfahren im Einzelfall dasselbe kollisionsrechtliche Ergebnis wie im staatlichen Verfahren, was für gerichtsbarkeitsübergreifenden Entscheidungsgleichklang sorge.[538] Ein Blick auf Art. 25 Rom-I-VO zeige schließlich, dass allein Kollisionsnormen aus völkerrechtlichen Verträgen der Mitgliedstaaten mit Drittstaaten Vorrang vor der Rom-I-VO hätten, wenn der Vertrag vor deren Inkrafttreten geschlossen worden sei; einfachgesetzliche Vorschriften wie § 1051 ZPO fielen nicht unter diese Vorrangregelung zugunsten des Völkervertragsrechts, weswegen im Umkehrschluss die Rom-I-VO Vorrang genieße.[539]

Gegen die Anwendung der Rom-I-VO wurde vorgebracht, mitgliedstaatliche Regelungen, die nach deren Inkrafttreten erlassen worden seien und inhaltlich von ihr abwichen, zeigten, dass sich jedenfalls die Mitgliedstaaten nicht an die Verordnung gebunden sähen.[540] Das ist indes kein Argument gegen die Anwendbarkeit der Rom-I-VO, denn das Unionsrecht entscheidet im Rahmen der Unionskompetenzen über seinen Anwendungsbereich, nicht die Mitgliedstaaten mittels nationaler Gesetzgebung.[541] Gegenläufige Sonderkollisionsregelungen wie § 1051 ZPO sind dann gegebenenfalls kompetenzwidrig und wegen des Anwendungsvorrangs des Unionsrechts nicht anwendbar.[542] Auch ein Schluss aus § 1051 Abs. 3 ZPO, der Billigkeitsentscheidungen ermöglicht, wird angeführt: Wenn sogar die Loslösung von jedem staatlichen Recht möglich sei, erschließe sich die zwingende Geltung der Rom-I-VO nicht.[543] Denn deren Anwendbarkeit ziele gerade darauf ab, durch Heranziehung der Art. 3 ff. Rom-I-VO die Rechtswahlmöglichkeiten des

536 *Grimm*, SchiedsVZ 2012, 189 (190); *Sachs/Niedermaier* FS v. Hoffmann, 1051 (Fn. 7).

537 *Mankowski*, RIW 2011, 30 (36); *Mankowski*, RIW 2018, 1 (7).

538 *Mankowski*, RIW 2018, 1 (16 f.).

539 Mit dieser Argumentation *Mankowski* FS Schütze II, 369 (376 f.).

540 *Grimm*, SchiedsVZ 2012, 189 (191); *Schack* FS Schütze II, 511 (515); zum Argument der Staatenpraxis gegen die Anwendbarkeit des EVÜ bereits *Junker* FS Sandrock, 443 (455); *Hausmann* FS v. Hoffmann, 971 (978).

541 *Mankowski* FS Schütze II, 369 (376 f.); *Mankowski*, RIW 2018, 1 (4 f.).

542 *Mankowski* FS Schütze II, 369 (374, 376 f.); *Mankowski*, RIW 2018, 1 (2).

543 *Hausmann* FS v. Hoffmann, 971 (979); *Ostendorf*, SchiedsVZ 2010, 234 (238); entsprechend gegen die Geltung des EVÜ bereits *Junker* FS Sandrock, 443 (455).

§ 1051 Abs. 1 ZPO einzuschränken. Auch der Schluss aus § 1051 Abs. 3 ZPO scheitert aber am Anwendungsvorrang des Unionsrechts: Die Auslegung einer mitgliedstaatlichen Regelung kann nicht den Anwendungsbereich vorrangigen Unionsrechts bestimmen. Auch die Sorge, die Geltung der Rom-I-VO in Schiedsverfahren sei problematisch, weil Schiedsgerichte nicht nach Art. 267 AEUV vorlageberechtigt seien,[544] mag in der Sache zutreffen, ist aber kein rechtliches Argument gegen deren Anwendbarkeit. Gleiches gilt für den Hinweis, der deutsche Gesetzgeber habe das Schiedsverfahrensrecht im Jahr 1998 mit der Maßgabe reformiert, Deutschland als Schiedsstandort attraktiver zu machen,[545] was einer Anwendung der Rom-Verordnungen entgegenstehe.[546] Schließlich überzeugt der beschwichtigende Hinweis, selbst wenn die Schutzbestimmungen der Art. 3 ff. Rom-I-VO in Schiedsverfahren nicht angewendet würden, biete der Ordre-public-Vorbehalt im Verfahren nach §§ 1059–1061 ZPO noch Gelegenheit zu korrigierenden Eingriffen,[547] nicht. Denn die kollisionsrechtliche Würdigung ist grundsätzlich nicht revisibel.[548]

Trotz dieser nicht durchgreifenden Argumente sprechen die besseren Gründe gegen die Anwendbarkeit der Rom-I-VO in Schiedsverfahren:

Entscheidend gegen deren Anwendung spricht, dass sich das Internationale Privatrecht seinem Wesen nach zunächst einmal an staatliche Gerichte richtet. Das folgt aus dem Lex-fori-Prinzip[549] und kommt auch in Erwägungsgründen Nr. 6, 8, 12, 37 der Rom-I-VO zum Ausdruck, die von dem Gericht eines Mitgliedstaats sprechen.[550] Der Gerichtshof erkennt durch Vertrag errichtete Schiedsgerichte in ständiger Rechtsprechung nicht als Gerichte eines Mitgliedstaats im Sinne des heutigen Art. 267 AEUV an.[551]

Internationales Privatrecht knüpft an ein *forum* an und ist dort zwingend anwendbar. Jedenfalls ein echtes *forum* hat ein Schiedsgericht jedoch nach umstrittener, aber zutreffender Ansicht nicht, weil es nicht Organ der staat-

544 *Grimm*, SchiedsVZ 2012, 189 (192).

545 BT-Drs. 13/5274, S. 1; dazu *Martiny* FS Schütze I, 529; *Voit*, JZ 1997, 120.

546 So aber *Pörnbacher/Baur* FS Schütze II, 431 (439 f.).

547 *Schmidt-Ahrendts/Höttler*, SchiedsVZ 2011, 267 (270).

548 Dazu oben B.I.3.a)aa).

549 Dazu *Pfeiffer* in Salger/Trittmann (Hrsg.), Internationale Schiedsverfahren, § 15 Rn. 10; *Schlosser*, Schiedsgerichtsbarkeit, Rn. 726.

550 Zur Relevanz der Erwägungsgründe *Nueber*, SchiedsVZ 2014, 186 (187 f.).

551 St. Rspr.: EuGH, Urt. v. 23.3.1982 – C-102/81 (Nordsee), Slg. 1982, 1096 = BeckRS 2004, 70632 (Rn. 13); EuGH, Urt. v. 6.3.2018 – C-284/16 (Achmea), NJW 2018, 1663 (1665); dazu *Hilbig*, Kartellverbot im Schiedsverfahren, S. 146–149; *Schütze*, SchiedsVZ 2007, 121 (122).

lichen Rechtspflege ist.[552] Außerdem strebt die Rom-I-VO nach Erwägungsgrund Nr. 7 einen mit der Rom-II-VO und der EuGVVO im Einklang stehenden materiellen Anwendungsbereich an, wobei jedenfalls die EuGVVO die (gesamte) Schiedsgerichtsbarkeit unbestritten nicht erfasst, Art. 1 Abs. 2 lit. d) EuGVVO.[553] Zwar sieht sich dieser Gedanke dem Gegenargument ausgesetzt, dass in Art. 1 Abs. 2 lit. e) Rom-I-VO von Schiedsvereinbarungen die Rede ist, was für die Anwendung in Schiedsverfahren sprechen könnte.[554] Allerdings ist diese Auslegung der Bereichsausnahme wie erwähnt alles andere als klar, kann man ihr doch alternativ einen Erst-recht-Schluss gegen die Anwendbarkeit der Verordnung in Schiedsverfahren entnehmen. Außerdem regelt die Bereichsausnahme eben nicht, wer Adressat der Rom-I-VO ist, sondern einzig die Frage der erfassten Rechtsverhältnisse.[555] Adressat des Unionsrechtskollisionsrechts ist aber nach dem allgemeinen Charakter kollisionsrechtlicher Vorschriften – wenn sie nicht wie § 1051 ZPO im Schiedsverfahrensrecht geregelt sind – zunächst einmal nur die staatliche Gerichtsbarkeit.

Zu beachten ist auch, dass mitgliedstaatliche Kollisionsvorschriften der *lex arbitri*, die nach deren Inkrafttreten erlassen wurden, häufig von der Rom-I-VO abwichen.[556] Die mitgliedstaatliche Auffassung, nicht gebunden zu sein, ist zwar für sich kein Argument gegen die Anwendbarkeit der Rom-I-VO. Allerdings hätte sich der Unionsgesetzgeber im Gesetzgebungsverfahren zur Rom-I-VO *gegen* die Praxis nationaler Schiedsverfahrensreche, *für* eine enge Auslegung von Art. 1 Abs. 2 lit. d) Rom-I-VO und *für* die Geltung der Verordnung *in* Schiedsverfahren aussprechen können, wenn er die Praxis hätte abschaffen wollen – was unterblieb.[557] Daraus lässt sich schließen, dass der Unionsgesetzgeber schlicht nicht im Blick hatte, dass die Anwendbarkeit der Rom-I-VO *in* Schiedsverfahren zur Debatte stehen könnte. Entsprechend

---

552 Dazu oben B.I.3.a).

553 Eingehend mit dieser Argumentation *Gößling*, Europäisches Kollisionsrecht und internationale Schiedsgerichtsbarkeit, S. 77–87; *Hausmann* FS v. Hoffmann, 971 (978); *Pörnbacher/Zahn* FS Thümmel, 617 (619 f.); *Schack* FS Schütze II, 511 (515); gegen Anwendbarkeit der Rom-II-VO in Schiedsverfahren *Nueber*, SchiedsVZ 2014, 186 (190); für Anwendbarkeit *Mankowski* FS Schütze II, 369 (374); *G. Wagner*, IPRax 2008, 1 (3).

554 *Mankowski*, RIW 2011, 30 (31); *Mankowski*, RIW 2018, 1 (2).

555 *Grimm*, SchiedsVZ 2012, 189 (190); *Sachs/Niedermaier* FS v. Hoffmann, 1051 (Fn. 7).

556 Mit diesem Argument gegen die Anwendbarkeit des EVÜ bereits *Junker* FS Sandrock, 443 (455).

557 Mit dieser Argumentation *Hausmann* FS v. Hoffmann, 971 (978); *Pfeiffer*, EuZW 2008, 622 (623); *Pörnbacher/Zahn* FS Thümmel, 617 (620); *Schack* FS Schütze II, 511 (515).

werden Schiedsgerichte in der Verordnung mit keinem Wort erwähnt. Der Wortlaut der Verordnung gibt den Anwendungswillen nicht her und der Unionsgesetzgeber wollte nach vorzugswürdiger Lesart des Art. 1 Abs. 2 lit. d) Rom-I-VO lediglich – für staatliche Gerichte – ausschließen, dass diese die Verordnung auf Schiedsvereinbarungen anwenden.

c) Kartellrecht als Bestandteil der *lex causae*

Staatliches Recht umfasst, wenn es in seiner Gesamtheit als *lex causae* ermittelt wurde, wovon § 1051 Abs. 2 ZPO bei objektiver Anknüpfung ausgeht, auch das jeweilige Kartellrecht. Ist das Recht eines Mitgliedstaats der Union anwendbar, gilt auch das Unionskartellrecht unmittelbar,[558] insbesondere Art. 101, 102 AEUV. Spätestens seit der verbundenen Rechtssache *van Schijndel und van Veen* ist geklärt, dass mitgliedstaatliche Gerichte die zwingenden Vorschriften des Unionsrechts wie national zwingendes Recht von Amts wegen, also auch ohne dahingehenden Parteivortrag, anwenden müssen (wenngleich sie nicht gehalten sind, die dem einschlägigen Rechtsverhältnis zugrundeliegenden Tatsachen von Amts wegen zu ermitteln).[559] Einen Anwendungsbefehl *in Schiedsverfahren* bedeutete dies allerdings zunächst nicht. Wenige Jahre nach der Rechtssache *van Schijndel und van Veen* wurde die schiedsrichterliche Bindung an das Unionsrecht dann jedoch geklärt. Bereits in den Schlussanträgen zur Rechtssache *Eco Swiss* erwog der Generalanwalt, die für staatliche Gerichte geltende Rechtsprechung des Gerichtshofs auf die Schiedsgerichtsbarkeit zu übertragen, sodass Schiedsgerichte wie staatliche Gerichte zwingendes Unionsrecht von Amts wegen anwenden müssten.[560] Der Gerichtshof bestätigte dies im Urteil *Eco Swiss* für den damaligen Art. 81 EGV (heute Art. 101 AEUV): Er hielt die mitgliedstaatlichen Gerichte dazu an, die zwingenden Vorschriften des Unionskartellrechts unter den *ordre public* zu fassen und somit deren Einhaltung im mitgliedstaatlichen Aufhe-

---

558 Grundlegend EuGH, Urt. v. 5.2.1963 – C-26/62 (van Gend & Loos), NJW 1963, 974 (976); EuGH, Urt. v. 15.7.1964 – C-6/64 (E.N.E.L.), NJW 1964, 2371 (2372); EuGH, Urt. v. 6.3.2018 – C-284/16 (Achmea), NJW 2018, 1663 (1664); dazu *Belke*, AWD 1969, 214 (216 f.); *Zobel*, Schiedsgerichtsbarkeit und Gemeinschaftsrecht, S. 109–111.

559 EuGH, Urt. v. 14.12.1995 – C-430/93 und C-431/93 (van Schijndel und van Veen), Slg. I 1995, 4705 = juris (Rn. 13, 22); dazu *Weyer*, EuR 2000, 145 (150–153).

560 EuGH, Schlussanträge des Generalanwalts v. 25.2.1999 – C-126/97 (Eco Swiss), Slg. 1999 I, 3057 = juris (Rn. 18–26).

bungs- und Vollstreckbarerklärungsverfahren zu überprüfen.[561] Dadurch schuf der Gerichtshof zugleich indirekt eine Pflicht von Schiedsgerichten, das zwingende Unionskartellrecht im Schiedsverfahren anzuwenden, weil sie sonst die Aufhebung des Schiedsspruchs riskieren.[562]

d) Anwendung von Kartellrecht ungeachtet der *lex causae*

Schwieriger ist die Rechtslage bei der Anwendung von Kartellrecht durch Schiedsgerichte im Hinblick auf Vorschriften, die nicht Bestandteil der *lex causae* sind. Lehnt man die Anwendbarkeit der Rom-Verordnungen wie hier vorgeschlagen ab,[563] sind Art. 9 Rom-I-VO, Art. 16 Rom-II-VO, die die Sonderanknüpfung von Eingriffsnormen durch staatliche Gerichte regeln, nicht anwendbar. Weil mit der Einführung der Rom-Verordnungen auch Art. 34 EGBGB a. F. aufgehoben wurde, gibt es auch im deutschen Recht keine gesetzliche Grundlage zur Anwendung von Eingriffsnormen in inländischen Schiedsverfahren, wenngleich jedenfalls für die staatliche Gerichtsbarkeit die Sonderanknüpfung von Eingriffsrecht als *„allgemeines, ungeschriebenes Institut"*[564] des autonomen Kollisionsrechts diskutiert wird.

Trotz daraus resultierender Unsicherheiten im Hinblick auf den Rechtsgrund bzw. die Begründung des Anwendungsbefehls ist man sich in der Literatur weitgehend einig, dass Schiedsgerichte – unter vieldiskutierten Vor-

561 EuGH, Urt. v. 1.6.1999 – C-126/97 (Eco Swiss), Slg. I 1999, 3055 = GRUR Int 1999, 737 (739).

562 *Dempegiotis*, JInt'lArb 25 (2008), 365 (385); *Eilmansberger*, SchiedsVZ 2006, 5 (10); *Pocsay*, Privates Kartellrecht in Schiedsverfahren, S. 89; *F. Schwarz/Harler/Schwedler* in Kamann/Ohlhoff/Völcker (Hrsg.), Kartellprozess, § 38 Rn. 25; *G. Wagner*, ZVglRWiss 114 (2015), 494 (500); a. A. *Hilbig*, Kartellverbot im Schiedsverfahren, S. 135–137 (bloße Obliegenheit).

563 So auch BLHAG, ZPO/*Anders*, § 1051 Rn. 1; *Hausmann* FS v. Hoffmann, 971 (979); *Kondring*, ZIP 2017, 706 (709); *Nueber*, SchiedsVZ 2014, 186 (188–190); *Ostendorf*, SchiedsVZ 2010, 234 (237 f.); *Pfeiffer*, EuZW 2008, 622 (623) (aber als *„persuasive authority"*); *Pfeiffer* in Salger/Trittmann (Hrsg.), Internationale Schiedsverfahren, § 15 Rn. 11; *Pörnbacher/Baur* FS Schütze II, 431 (439 f.); *Pörnbacher/Zahn* FS Thümmel, 617 (619); *Schack* FS Schütze II, 511 (515); *Schmidt-Ahrendts/Höttler*, SchiedsVZ 2011, 267 (269 f.); *Schütze* FS Thümmel, 847 (849); Musielak/Voit, ZPO/*Voit*, § 1051 Rn. 3.

564 Dazu *Mansel* FS WH Roth, 375 (377 f.).

aussetzungen – gehalten sein können, bestimmte Eingriffsnormen außerhalb der *lex causae* anzuwenden.[565]

aa) Sonderanknüpfung von Eingriffsnormen und schiedsrechtlicher Ordre-public-Vorbehalt

Das zwingende Verbotskartellrecht zählt zum *ordre public*,[566] ist aber zugleich international zwingendes Eingriffsrecht.[567] Es kann im Schiedsverfahren also Gegenstand einer Sonderanknüpfung sein, während es im gerichtlichen Verfahren den *ordre public* ausfüllt. Dieser Zusammenhang legt einen vergleichenden Blick auf Funktionsweise und Normbestand von Eingriffsrecht und *ordre public* nahe.

(1) Funktionsweise und Zweck von Sonderanknüpfung und Ordre-public-Vorbehalt

Beim Ordre-public-Vorbehalt und der Sonderanknüpfung von Eingriffsnormen geht es jeweils um grundlegende, zwingende Normkomplexe, die gegenüber der *lex causae* mit dem Anspruch der Abwehr (*ordre public*) bzw. vorrangigen Geltung (Eingriffsnormen) auftreten.[568]

Die „normale" Anknüpfung dient dazu, den Regelungsrahmen für den Ausgleich der in dem Rechtsstreit involvierten privaten Interessen zu bestimmen.[569] Die Sonderanknüpfung von Eingriffsrecht bezweckt hingegen, öf-

565 BT-Drs. 10/504, S. 52; *Hausmann* FS v. Hoffmann, 971 (985); *Weller/de Micheli* FS Thümmel, 967 (981).

566 Dazu unten II. mit entsprechenden Nachweisen.

567 *Altenmüller*, Schiedsrichterliche Entscheidung, S. 189 f.; *Eilmansberger*, SchiedsVZ 2006, 5 (6, 9); *Gößling*, Europäisches Kollisionsrecht und internationale Schiedsgerichtsbarkeit, S. 146; *Horn*, SchiedsVZ 2008, 209 (210, 215); *Pfeiffer* in Salger/Trittmann (Hrsg.), Internationale Schiedsverfahren, § 15 Rn. 65; *Pocsay*, Privates Kartellrecht in Schiedsverfahren, S. 86–88; *Tyrolt*, Sportschiedsgerichtsbarkeit, S. 120 f.; zur schiedsrichterlichen Pflicht, kartellrechtliche Vorschriften anzuwenden, im Überblick *G. Wagner*, ZVglRWiss 114 (2015), 494 (502 f.).

568 *Horn*, SchiedsVZ 2008, 209 (210); zur Definition *Pfeiffer*, EuZW 2008, 622 (628); *Weller/de Micheli* FS Thümmel, 967 (972 f., 977); zur Abgrenzung der beiden Rechtsinstitute *Pocsay*, Privates Kartellrecht in Schiedsverfahren, S. 84–86.

569 *Mankowski*, RIW 1996, 8.

fentliche Interessen staats- oder wirtschaftspolitischer Art durchzusetzen.[570] Eingriffsnormen werden nicht in Abhängigkeit des ohne deren Beachtung zu erwartenden Rechtsanwendungsergebnisses angewendet, sondern ergebnisunabhängig.[571] Sie verdrängen die sonst anwendbare Vorschrift und setzen einen Normanwendungsbefehl der Rechtsordnung durch, der sie entspringen. Insofern lässt sich der Charakter der Sonderanknüpfung von Eingriffsnormen als positiv, im Sinne der aktiven Durchsetzung eigenen Rechts, beschreiben.[572] Die Dogmatik der Eingriffsnormen hat sich aus der positiven Funktion des *ordre public* entwickelt,[573] bei dem man traditionell zwischen negativer Abwehrfunktion und positiver Durchsetzungsfunktion unterschied.[574] Die Provenienz der Eingriffsnormen-Dogmatik zeugt von der Verwandtschaft der beiden Rechtsinstitute.[575] Allerdings haben der kollisionsrechtliche und der anerkennungsrechtliche *ordre public* eine andere Funktionsweise als die Sonderanknüpfung. Der *ordre public* übt eine ausschließlich negative Funktion aus.[576] Er wehrt ab und schützt die Rechtsordnung vor nicht hinnehmbaren Ergebnissen der Anwendung ausländischen Rechts (kollisionsrechtlicher *ordre public*) bzw. vor nicht hinnehmbaren ausländischen Gerichtsentscheidungen oder Schiedssprüchen.[577] Anders als bei der Sonderanknüpfung, die unabhängig von dem Ergebnis greift, das

570 NK-BGB/*Doehner*, Art. 9 Rom I Rn. 18; BeckOGK-Rom-I/*Maultzsch*, Art. 9 Rn. 24 f.; Ferrari/*Staudinger*, Art. 9 Rom I Rn. 5, 8; BeckOGK-EGBGB/*Stürner*, Art. 6 Rn. 140.

571 *Hausmann* in Hausmann/Odersky (Hrsg.), IPR-Notarpraxis, § 3 Rn. 119; *Pocsay*, Privates Kartellrecht in Schiedsverfahren, S. 85; *Mankowski*, RIW 1996, 8 (11).

572 *Gößling*, Europäisches Kollisionsrecht und internationale Schiedsgerichtsbarkeit, S. 145; *Dempegiotis*, JInt'lArb 25 (2008), 365 (382); BeckOGK-EGBGB/*Stürner*, Art. 6 Rn. 140; kritisch zur Sonderanküpfung (und den Umweg über den positiven *ordre public* suchend) noch *Mann* FS Beitzke, 607 (611–614).

573 MüKo-BGB/*v. Hein*, Art. 6 EGBGB Rn. 2; *Pfeiffer* in Salger/Trittmann (Hrsg.), Internationale Schiedsverfahren, § 15 Rn. 65; BeckOGK-EGBGB/*Stürner*, Art. 6 Rn. 140, 177; *Völker*, Dogmatik des ordre public, S. 59 f.; *Weller/de Micheli* FS Thümmel, 967 (972 f., 977); MüKo-GmbHG/*Weller*, Einleitung Rn. 437–440.

574 NK-BGB/*Makowsky/G. Schulze*, Art. 6 EGBGB Rn. 3 f.; BeckOGK-EGBGB/*Stürner*, Art. 6 Rn. 177; *Weller/de Micheli* FS Thümmel, 967 (972).

575 Beides vergleichend *Horn*, SchiedsVZ 2008, 209 (210); zu den Zusammenhängen zwischen Sonderanknüpfung von Eingriffsrecht und *ordre public*: *Pfeiffer* in Salger/Trittmann (Hrsg.), Internationale Schiedsverfahren, § 15 Rn. 65.

576 NK-BGB/*Doehner*, Art. 9 Rom I Rn. 11; MüKo-BGB/*v. Hein*, Art. 6 EGBGB Rn. 2–4 (auch zur positiven Funktion des *ordre public*); *Mankowski*, RIW 2018, 1 (11); *Völker*, Dogmatik des ordre public, S. 58.

577 BT-Drs. 10/504, S. 42; NK-BGB/*Doehner*, Art. 21 Rom I Rn. 2; MüKo-BGB/*v. Hein*, Art. 6 EGBGB Rn. 1; *Mankowski*, RIW 2018, 1 (11); *Völker*, Dogmatik des ordre public, S. 58.

ohne die Sonderanknüpfung zu erwarten wäre, kommt es beim *ordre public* immer auf die Unerträglichkeit des Ergebnisses der Normanwendung im Einzelfall an.[578]

Wenn der *ordre public* greift, ist die durch die Anwendung des ausländischen Rechts beantwortete Rechtsfrage wieder unbeantwortet und muss ordre-public-konform neu beantwortet werden – gegebenenfalls[579] durch Anwendung des ausländischen Rechts.[580] Auch im Bereich des anerkennungs- bzw. schiedsrechtlichen *ordre public* wird die ordre-public-widrig tenorierte Rechtsfolge aufgehoben, der Streitgegenstand zur Neuentscheidung freigegeben, § 1059 Abs. 4, 5 ZPO.

(2) Normkorpora von Eingriffsrecht und *ordre public*

Angesichts der verwandten, aber unterschiedlichen Funktionsweisen der beiden Rechtsinstitute bleibt zu untersuchen, inwieweit die Normbestände von Eingriffsrecht und *ordre public* deckungsgleich sind.

Eingriffsrecht ist zwingendes Recht in der Regel wirtschafts- oder sozialpolitischer Natur, das den Schutz von Gemeinwohlinteressen verfolgt[581] und unabhängig vom sonst anwendbaren Recht anwendbar ist, indem es international zwingend gilt.[582] Häufig handelt es sich um öffentlich-rechtliche

578 BT-Drs. 10/504, S. 43; *Hausmann* in Hausmann/Odersky (Hrsg.), IPR-Notarpraxis, § 3 Rn. 119; MüKo-BGB/*v. Hein*, Art. 6 EGBGB Rn. 92; *Mankowski*, RIW 1996, 8 (11); *Pocsay*, Privates Kartellrecht in Schiedsverfahren, S. 85; *Gößling*, Europäisches Kollisionsrecht und internationale Schiedsgerichtsbarkeit, S. 145.

579 Zu Fallgruppen auf Rechtsfolgenseite MüKo-BGB/*v. Hein*, Art. 6 EGBGB Rn. 227–229.

580 So bereits der Gesetzgeber für Art. 6 EGBGB: BT-Drs. 10/504, S. 44; ferner BGH, Beschl. v. 14.10.1992 – XII ZB 18/92, NJW 1993, 848 (850); *Pocsay*, Privates Kartellrecht in Schiedsverfahren, S. 85; zum Meinungsstand MüKo-BGB/*v. Hein*, Art. 6 EGBGB Rn. 230–250; BeckOGK-EGBGB/*Stürner*, Art. 6 Rn. 280–293.

581 NK-BGB/*Doehner*, Art. 9 Rom I Rn. 18; *Horn*, SchiedsVZ 2008, 209 (210); BeckOGK-Rom-I/*Maultzsch*, Art. 9 Rn. 24 f.; *Pocsay*, Privates Kartellrecht in Schiedsverfahren, S. 83 f.; *Pörnbacher/Zahn* FS Thümmel, 617 (627); *Sachs/Niedermaier* FS v. Hoffmann, 1051 (1055); Ferrari/*Staudinger*, Art. 9 Rom I Rn. 5, 8.

582 BGH, Urt. v. 13.12.2005 – XI ZR 82/05, NJW 2006, 762 (763); BGH, Urt. v. 7.6.2016 – KZR 6/15, BGHZ 210, 292 = NJW 2016, 2266 (2270); *Mankowski*, RIW 1996, 8 (11); *Pfeiffer* in Salger/Trittmann (Hrsg.), Internationale Schiedsverfahren, § 15 Rn. 58; *Pocsay*, Privates Kartellrecht in Schiedsverfahren, S. 85; *Pörnbacher/Baur* FS Schütze II, 431 (439).

Normen.[583] Dass es sich um zwingendes Unionsrecht oder um Unionsvorgaben umsetzendes nationales Recht handelt, begründet nicht ohne Weiteres Eingriffsrechtsqualität.[584] Der international zwingende Anwendungswille von Eingriffsnormen ergibt sich, wenn er nicht kodifiziert ist, aus dem Gesetzeszweck.[585] In der verbundenen Rechtssache *Arblade und Leloup* definierte der Gerichtshof unter Geltung des Art. 7 EVÜ die dort streitgegenständlichen polizeirechtlichen Vorschriften als nationale Vorschriften, *„deren Einhaltung* [...] *für die Wahrung der politischen, sozialen oder wirtschaftlichen Organisation des betreffenden Mitgliedstaats*"[586] entscheidend ist. Daraus hat sich die heutige Definition in Art. 9 Rom-I-VO entwickelt.[587] Nach dieser Vorschrift ist eine Eingriffsnorm eine zwingende Vorschrift, deren Einhaltung für einen Staat für die Wahrung seines öffentlichen Interesses, insbesondere seiner politischen, sozialen oder wirtschaftlichen Organisation, entscheidend ist.

Demgegenüber umfasst der *ordre public* die Gesamtheit der *„elementaren Grundlagen der Rechtsordnung*"[588], die zentralen Rechtsvorschriften und nicht kodifizierten rechtsethischen Grundwerte.[589] Der Normbestand des *ordre public* gliedert sich in einerseits Normen, die die *„Grundlagen des*

583 MüKo-BGB/*Martiny*, Art. 9 Rom I Rn. 11; BeckOGK-Rom-I/*Maultzsch*, Art. 9 Rn. 26; *Pocsay*, Privates Kartellrecht in Schiedsverfahren, S. 83; zur Qualifizierung privatrechtlicher Vorschriften als Eingriffsrecht *Remien* FS v. Hoffmann, 334 (335 f.); *Sachs/Niedermaier* FS v. Hoffmann, 1051 (1055).

584 BGH, Urt. v. 13.12.2005 – XI ZR 82/05, NJW 2006, 762 (764); *Quinke*, SchiedsVZ 2007, 246 (252).

585 BGH, Urt. v. 13.12.2005 – XI ZR 82/05, NJW 2006, 762 (763); OLG München, Urt. v. 15.1.2015 – U 1110/14 Kart, SchiedsVZ 2015, 40 (42); MüKo-BGB/*Martiny*, Art. 9 Rom I Rn. 11; *Sachs/Niedermaier* FS v. Hoffmann, 1051 (1059 f.); *Schack* FS Schütze II, 511 (517); *Mansel* FS WH Roth, 375 (376).

586 EuGH, Urt. v. 23.11.1999 – Rs. C-369/96 und C-376/96 (Arblade und Leloup), ZIP 1999, 2168 (2170).

587 *Remien* FS v. Hoffmann, 334 (335).

588 St. Rspr.: BGH, Beschl. v. 30.10.2008 – III ZB 17/08, NJW 2009, 1215 (1216); BGH, Beschl. v. 28.1.2014 – III ZB 40/13, NJW 2014, 1597 (1598); BGH, Beschl. v. 10.3.2016 – I ZB 99/14, NJW-RR 2016, 892 (895); BGH, Beschl. v. 25.6.2020 – I ZB 108/19, NJOZ 2020, 1500 (1501).

589 So auch *Tyrolt*, Sportschiedsgerichtsbarkeit, S. 120; *Völker*, Dogmatik des ordre public, S. 57, 61 (*„losgelöst von bestimmten, positiv normierten Einzelregelungen und gerichtet auf die hinter diesen Normen stehenden, elementaren Rechtsprinzipien sowohl des Verfahrensrechts als auch des materiellen Rechts*"); *Zimmer*, Zulässigkeit und Grenzen, S. 68 (*„rechtspolitisch*[e] *Prinzipien*").

staatlichen oder wirtschaftlichen Lebens“[590] regeln, und andererseits die „*deutschen Gerechtigkeitsvorstellungen*“[591].

Wenngleich sich die Definitionsansätze sprachlich unterscheiden, wird deutlich, dass es sowohl beim Eingriffsrecht als auch beim *ordre public* um eine für die Rechtsordnung besonders wichtige Teilmenge aus der Gesamtheit des zwingenden Rechts (*ius cogens*) geht. *Ordre public* und Eingriffsnormen dienen der Durchsetzung wichtiger politischer Staatsinteressen[592] oder, in den Worten von Erwägungsgrund Nr. 37 Rom-I-VO, der Durchsetzung von Gründen des öffentlichen Interesses.

Die rechtlichen Interessen, die mittels einer Sonderanknüpfung positiv durchgesetzt werden, sind häufig zugleich elementare Grundwerte im Sinne des *ordre public*.[593] Dies legt den Schluss nahe, dass die Normkorpora der beiden Rechtsinstitute kongruent sind. Und so wurden die Normbestände des Eingriffsrechts und des (kollisionsrechtlichen) *ordre public* mitunter gleichgesetzt[594] bzw. als sich teilweise überschneidend bezeichnet.[595]

Gegen die vollständige Kongruenz spricht aber, dass der *ordre public* nicht nur geschriebene Rechtssätze umfasst, sondern auch vom geschriebenen Recht losgelöste Rechtsprinzipien,[596] während es im Eingriffsrecht um die Sachrechtsanwendung und damit um Tatbestände des geschriebenen Rechts geht. Richtigerweise gibt es nicht immer die eine Ordre-public-Norm, wie es eine Eingriffsnorm gibt. Entsprechend verkürzt sich die Ordre-public-Prüfung nicht notwendigerweise auf die Subsumtion unter den Tatbestand einer einzelnen Rechtsnorm. Vielmehr findet eine „Ergebniskontrolle“ anhand grundlegender Rechtsprinzipien und Gerechtigkeitsvorstellungen statt.[597]

---

590 St. Rspr.: BGH, Beschl. v. 30.10.2008 – III ZB 17/08, NJW 2009, 1215 (1216); BGH, Beschl. v. 25.6.2020 – I ZB 108/19, NJOZ 2020, 1500 (1501); BGH, Beschl. v. 23.7.2020 – I ZB 88/19, GRUR 2021, 118 (119); dazu *Fournier*, Bindungswirkung, S. 42 f.; *R. Geimer* FS Yessiou-Faltsi, 169 (174 f.); *Horn*, SchiedsVZ 2008, 209 (210).

591 St. Rspr.: BGH, Beschl. v. 30.10.2008 – III ZB 17/08, NJW 2009, 1215 (1216); BGH, Beschl. v. 25.6.2020 – I ZB 108/19, NJOZ 2020, 1500 (1501); BGH, Beschl. v. 23.7.2020 – I ZB 88/19, GRUR 2021, 118 (119); dazu *Fournier*, Bindungswirkung, S. 42 f.; *R. Geimer* FS Yessiou-Faltsi, 169 (174 f.); *Horn*, SchiedsVZ 2008, 209 (210).

592 NK-BGB/*Doehner*, Art. 9 Rom I Rn. 18; BeckOGK-Rom-I/*Maultzsch*, Art. 9 Rn. 24 f.; Ferrari/*Staudinger*, Art. 9 Rom I Rn. 5, 8; BeckOGK-EGBGB/*Stürner*, Art. 6 Rn. 5, 140; *Weller/de Micheli* FS Thümmel, 967 (977).

593 *Völker*, Dogmatik des ordre public, S. 75.

594 Wieczorek/Schütze, ZPO/*Schütze*, § 1051 Rn. 29.

595 *Horn*, SchiedsVZ 2008, 209 (210).

596 Dazu, dass der *ordre public* nicht mit (grundlegenden) geschriebenen Rechtssätzen gleichzusetzen ist: *Völker*, Dogmatik des ordre public, S. 56–58, 61.

597 Dazu unten C.I.1. sowie Kap. 3 A.III.1. mit entsprechenden Nachweisen.

Wo der *ordre public* aber in einer einzelnen grundlegenden Rechtsvorschrift verkörpert ist, dürfte es sich regelmäßig auch um eine Eingriffsnorm handeln. Denn die wesentlichen Grundlagen der Rechtsordnung im Sinne des *ordre public* dürften häufig international zwingend gelten.

Die januskköpfige Natur betroffener Normbestände ist dem Schiedsrecht systemimmanent, ist dort doch nicht gesetzlich geregelt, dass Schiedsgerichte Eingriffsrecht anwenden müssen. Soll die Durchsetzung der betroffenen Normen gesichert werden, muss dies daher im Wege nachträglicher Kontrolle über den Ordre-public-Vorbehalt geschehen.

Der schiedsrechtliche *ordre public* ermöglicht hierbei als seltene Ausnahme eine Rechtskraftdurchbrechung und muss daher eng ausgelegt werden. Diese Strenge ist bei der Sonderanknüpfung von Eingriffsrecht nicht gleichermaßen geboten, denn hier wird das grundlegende Recht im Erkenntnisverfahren angewendet, schutzwürdige Rechtskraft ist noch nicht eingetreten.[598] Daher dürfte der Normbestand des *ordre public* enger sein als die Gesamtheit des Eingriffsrechts, sodass nicht jede international zwingende Norm zugleich den *ordre public* verkörpert.[599] In die andere Richtung dürfte der Schluss häufiger gelingen.

bb) Gesetzliche oder vertragliche Pflicht zur Anwendung von Eingriffsnormen?

Dass somit die Funktionen ähnlich und die Normkorpora von Eingriffsrecht und *ordre public* teilweise kongruent sind, beeinflusst auch die Frage, aus welchem Rechtsgrund eine Pflicht des Schiedsgerichts folgt, zwingende Verbotsvorschriften des Kartellrechts im Schiedsverfahren anzuwenden. Bejaht man die Anwendbarkeit der Verordnung im Schiedsverfahren,[600] ergibt sich im Rahmen vertraglicher Schuldverhältnisse eine dahingehende kollisionsrechtliche Pflicht aus Art. 9 Rom-I-VO.[601] Lehnt man hingegen eine Bindung

---

598 Zu dieser Argumentation BGH, Beschl. v. 27.5.2020 – XII ZB 54/18, NJW 2020, 3026 (3031–3034).

599 So auch *v. Papp*, EU law and international arbitration, S. 50 (*ordre public* als „*narrower sub-set*" des international zwingenden Eingriffsrechts).

600 So etwa *Gößling*, Europäisches Kollisionsrecht und internationale Schiedsgerichtsbarkeit, S. 113; *Mankowski*, RIW 2011, 30 (44); *Mankowski* FS Schütze II, 369 (383); *Mankowski*, RIW 2018, 1 (7, 18); *McGuire*, SchiedsVZ 2011, 257 (263 f.).

601 So etwa *Gößling*, Europäisches Kollisionsrecht und internationale Schiedsgerichtsbarkeit, S. 157; *Mankowski*, RIW 2011, 30 (43); *Mankowski*, RIW 2018, 1 (14).

an die Rom-Verordnungen ab,[602] stehen Art. 9 Rom-I-VO (und Art. 16 Rom-II-VO) nicht als gesetzliche Grundlage zur Verfügung. Alternativ kann man Schiedsgerichte im Wege eines ungeschriebenen kollisionsrechtlichen Rechtsprinzips für verpflichtet halten, einschlägiges Eingriffsrecht anzuwenden.[603] Oder man konstruiert eine direkte gesetzliche Pflicht aus § 1059 Abs. 2 Nr. 2 lit. b) ZPO bzw. Art. V Abs. 2 lit. b) NYÜ. Das verkennt aber, dass sich die beiden Ordre-public-Vorbehalte an staatliche Gerichte richten, nicht an Schiedsgerichte. Entsprechend stellte die Entscheidung *Eco Swiss* lediglich eine gesetzliche Pflicht staatlicher Gerichte auf, Unionskartellrecht mittels des Ordre-public-Vorbehalts durchzusetzen,[604] und dadurch lediglich eine indirekte Pflicht von Schiedsgerichten.[605]

Daher sieht der überwiegende Teil der Literatur Schiedsgerichte nicht unmittelbar *qua* Gesetz gehalten, die einschlägigen Eingriffsnormen anzuwenden.[606] Vielmehr besteht eine faktische[607] oder besser indirekte bzw. mittelbare[608] Pflicht des Schiedsgerichts, insbesondere zwingendes Verbotskartellrecht anzuwenden, selbst wenn es nicht zur *lex causae* zählt. Die Begründung dieser mittelbaren Pflicht fußt auf der Eingriffsnormen-Qualität und dem Ordre-public-Charakter zwingenden Kartellrechts gleichermaßen: Das Schiedsgericht ist verpflichtet, zwingendes Kartellrecht anzuwenden, weil bei Nichtbeachtung einschlägiger Eingriffsnormen die Aufhebung we-

602 So etwa BLHAG, ZPO/*Anders*, § 1051 Rn. 1; *Hausmann* FS v. Hoffmann, 971 (979); *Kondring*, ZIP 2017, 706 (709); *Nueber*, SchiedsVZ 2014, 186 (188–190); *Ostendorf*, SchiedsVZ 2010, 234 (237 f.); *Pfeiffer*, EuZW 2008, 622 (623) (aber als *„persuasive authority“*); *Pfeiffer* in Salger/Trittmann (Hrsg.), Internationale Schiedsverfahren, § 15 Rn. 11; *Pörnbacher/Baur* FS Schütze II, 431 (439 f.); *Pörnbacher/Zahn* FS Thümmel, 617 (619); *Schack* FS Schütze II, 511 (515) (517 f.: Sonderkollisionsrecht gelte aber nur für Vertragsstatut); Stein/Jonas, ZPO/*Schlosser*, § 1051 Rn. 6; *Schmidt-Ahrendts/Höttler*, SchiedsVZ 2011, 267 (269 f.); *Schütze* FS Thümmel, 847 (849); Musielak/Voit, ZPO/*Voit*, § 1051 Rn. 3.

603 Zu dem Gedanken eines allgemeinen Rechtsprinzips der Sonderanknüpfung *Mansel* FS WH Roth, 375 (377 f.).

604 EuGH, Urt. v. 1.6.1999 – C-126/97 (Eco Swiss), Slg. I 1999, 3055 = GRUR Int 1999, 737 (739).

605 *G. Blanke*, ArbInt'l 32 (2016), 275 (281); *Dempegiotis*, JInt'lArb 25 (2008), 365 (384 f.); *Eilmansberger*, SchiedsVZ 2006, 5 (10); *Pocsay*, Privates Kartellrecht in Schiedsverfahren, S. 89; a. A. *Hilbig*, Kartellverbot im Schiedsverfahren, S. 135–137 (bloße Obliegenheit).

606 *G. Blanke*, JInt'lArb 23 (2006), 249 (250 f.); *Dempegiotis*, JInt'lArb 25 (2008), 365 (384 f.); wohl auch *Horn*, SchiedsVZ 2008, 209 (213); *Hilbig*, Kartellverbot im Schiedsverfahren, S. 3.

607 *Dempegiotis*, JInt'lArb 25 (2008), 365 (385); *Eilmansberger*, SchiedsVZ 2006, 5 (10).

608 *Czernich*, RIW 2016, 701 (703); *Pocsay*, Privates Kartellrecht in Schiedsverfahren, S. 89.

gen eines Widerspruchs zum *ordre public* droht – jedenfalls dann, wenn der *ordre public* der Rechtsordnung des Sitzes des Schiedsgerichts verletzt ist.[609] Weil es keine unmittelbare gesetzliche Grundlage gibt, folgt der Anwendungsbefehl aus der schiedsrichtervertraglichen Pflicht, einen anerkennungsfähigen und vollstreckbaren[610] Schiedsspruch zu erlassen.[611] Das einschlägige Eingriffsrecht ist von Amts wegen anzuwenden (also auch ohne dahingehende Rüge einer Partei).[612]

cc) Bestimmung der anzuwendenden Eingriffsnormen

Wenn danach feststeht, dass Schiedsgerichte vertraglich verpflichtet sind, zwingendes Eingriffsrecht anzuwenden, wenn anderenfalls ein ordre-public-widriges Ergebnis droht, ist zu klären, welche Eingriffsnormen Gegenstand des Anwendungsbefehls sind. Lehnt man eine Bindung an Art. 9 Rom-I-VO ab,[613] muss die Bestimmung des anwendbaren Eingriffsrechts – auch weil es mangels echter *lex fori* keine Eingriffsnormen des Rechts des angerufenen Gerichts gibt[614] – außertatbestandlichen Kriterien folgen.

---

609 Vgl. *Horn*, SchiedsVZ 2008, 209 (213).

610 A. A. *Mann* FS Flume, 593 (596 f.), der nur die Pflicht anerkennt, einen nicht am Sitz aufhebbaren und dort vollstreckbaren Schiedsspruch zu erlassen.

611 *G. Blanke*, JInt'lArb 23 (2006), 249 (253); *G. Blanke*, ArbInt'l 32 (2016), 275 (281); *Blessing*, JInt'lArb 14 (1997), 23 (36); *Dempegiotis*, JInt'lArb 25 (2008), 365 (384 f.); *Pocsay*, Privates Kartellrecht in Schiedsverfahren, S. 204; *Pörnbacher/Baur* FS Schütze II, 431 (442); *Remien* FS Kropholler, 869 (872 f.); *Spiegel*, Kartellprivatrecht in der Handelsschiedsgerichtsbarkeit, S. 27; *v. Mehren*, ArbInt'l 19 (2003), 465 (468); *Vollmer*, GRUR Int 1986, 589 (598); *G. Wagner*, ZVglRWiss 114 (2015), 494 (500); a. A. *Hilbig*, Kartellverbot im Schiedsverfahren, S. 135–137 (bloße Obliegenheit).

612 *Blessing*, JInt'lArb 14 (1997), 23 (35); *Pocsay*, Privates Kartellrecht in Schiedsverfahren, S. 207 f.; *Sachs*, SchiedsVZ 2004, 123 (128); *K. Schmidt*, BB 2006, 1397 (1399).

613 So etwa BLHAG, ZPO/*Anders*, § 1051 Rn. 1; *Hausmann* FS v. Hoffmann, 971 (979); *Kondring*, ZIP 2017, 706 (709); *Nueber*, SchiedsVZ 2014, 186 (188–190); *Ostendorf*, SchiedsVZ 2010, 234 (237 f.); *Pfeiffer*, EuZW 2008, 622 (623) (aber als *„persuasive authority"*); *Pfeiffer* in Salger/Trittmann (Hrsg.), Internationale Schiedsverfahren, § 15 Rn. 11; *Pörnbacher/Baur* FS Schütze II, 431 (439 f.); *Pörnbacher/Zahn* FS Thümmel, 617 (619); *Schack* FS Schütze II, 511 (515) (517 f.: Sonderkollisionsrecht gelte aber nur für Vertragsstatut); Stein/Jonas, ZPO/*Schlosser*, § 1051 Rn. 6; *Schmidt-Ahrendts/Höttler*, SchiedsVZ 2011, 267 (269 f.); *Schütze* FS Thümmel, 847 (849); Musielak/Voit, ZPO/*Voit*, § 1051 Rn. 3.

614 *Sachs/Niedermaier* FS v. Hoffmann, 1051 (1056); Stein/Jonas, ZPO/*Schlosser*, § 1051 Rn. 8.

(1) Kriterien zur Ermittlung der anzuwendenden Eingriffsnormen

Zur Ermittlung der anzuwendenden Eingriffsnormen wurden verschiedene, teils übereinstimmende Kriterienkataloge aufgestellt.[615] Zunächst haben die Schiedsrichter bei der Bestimmung der sonderanzuknüpfenden Eingriffsnormen Ermessen.[616] Ungeachtet dessen müssen die Tatbestandvoraussetzungen der fraglichen Vorschrift erfüllt sein.[617] Der Streitgegenstand muss eine (enge) Verbindung mit dem Erlassstaat der Norm aufweisen.[618] Eine solche wird bejaht für den Staat, in dem das Schiedsgericht seinen Sitz hat,[619] ferner[620] für den Erfüllungsort der vertragscharakteristischen Leistung, für den Staat des Vertragsstatuts und für den Staat, in dem die Vollstreckung zu betreiben wäre. Bei Kartellrechtsbezug dürfte eine enge Verbindung zu solchen Staaten bestehen, auf deren Territorium das fragliche Verhalten Auswirkungen zeitigt.[621] Aus dem kartellrechtlichen Auswirkungsprinzip (Art. 6 Abs. 3 lit. a) Rom-II-VO, § 185 Abs. 2 GWB) ergibt sich der extraterritoriale Anwendungswille der kartellrechtlichen Vorschrift.[622]

Damit ist eine weitere Voraussetzung der Sonderanknüpfung angesprochen: Die betreffende Norm muss international zwingend wirken wollen, also Anwendungswillen in Bezug auf Sachverhalte mit Auslandsbezug besitzen.[623] Ferner muss die Vorschrift inhaltlich billigenswert bzw. anwendungswürdig

615 Überblick bei *Kulpa*, Das anwendbare (materielle) Recht, S. 244 f.; *Pörnbacher/Baur* FS Schütze II, 431 (441–446); *Sachs/Niedermaier* FS v. Hoffmann, 1051 (1055–1061); *Schlosser*, Schiedsgerichtsbarkeit, Rn. 740; *Schmidt-Ahrendts/Höttler*, SchiedsVZ 2011, 267 (271); *Weller/de Micheli* FS Thümmel, 967 (981 f.).

616 *Pörnbacher/Baur* FS Schütze II, 431 (443); *Schmidt-Ahrendts/Höttler*, SchiedsVZ 2011, 267 (271).

617 Statt aller *Schmidt-Ahrendts/Höttler*, SchiedsVZ 2011, 267 (271).

618 *Blessing*, JInt'lArb 14 (1997), 23 (32 f.); *Czernich*, RIW 2016, 701 (706); *Horn*, SchiedsVZ 2008, 209 (214); *Sachs/Niedermaier* FS v. Hoffmann, 1051 (1058); *Schmidt-Ahrendts/Höttler*, SchiedsVZ 2011, 267 (271); *Weller/de Micheli* FS Thümmel, 967 (982).

619 *Horn*, SchiedsVZ 2008, 209 (214); *Sachs/Niedermaier* FS v. Hoffmann, 1051 (1058 f.).

620 Zu den drei folgenden Berührungspunkten *Horn*, SchiedsVZ 2008, 209 (214); ferner *Commandeur/Gößling*, SchiedsVZ 2014, 12 (17).

621 So im schiedsrechtlichen Kontext *Commandeur/Gößling*, SchiedsVZ 2014, 12 (17).

622 Dazu etwa *Kling*, RIW 2020, 245 (249–252); *Wiedemann* in Wiedemann (Hrsg.), Kartellrecht, § 5 Rn. 23–25; zu den Anforderungen an die Spürbarkeit der Auswirkungen *U. Scholz/Rixen*, EuZW 2008, 327 (328–330); zur Geltung des Auswirkungesprinzips im Unionsrecht EuGH, Urt. v. 6.9.2017 - C-413/14 P (Intel), EuZW 2017, 850.

623 *Blessing*, JInt'lArb 14 (1997), 23 (32 f.); *Czernich*, RIW 2016, 701 (705); *Pfeiffer* in Salger/Trittmann (Hrsg.), Internationale Schiedsverfahren (§ 15 Rn. 60).

(„*application-worthy*"[624]) sein.[625] Das Ergebnis ihrer Anwendung muss interessengerecht[626] bzw. sachgerecht sein.[627] *Pfeiffer* schlägt zur Konkretisierung des Parteiinteresses an der Anwendung der fraglichen Vorschrift vor, danach zu differenzieren, ob sie über das Vertragsverhältnis hinausgehende Ziele verfolgt oder lediglich dem vertraglichen Interessenausgleich dient.[628] Bei Eingriffsnormen, die übergeordnete Interessen verfolgten, sei die Anwendung in der Regel nicht erwünscht.

(2) Anwendung der Kriterien

In Anwendung des Kriterienkatalogs muss das Schiedsgericht – nach Teilen des Schrifttums und entgegen abweichenden Stimmen[629] – jedenfalls die Eingriffsnormen der *lex causae* anwenden.[630] *Schlosser* schlägt einschränkend vor, international zwingendes Wirtschaftsrecht der *lex causae* im Wege einer teleologischen Reduktion jedenfalls dann nicht anzuwenden, wenn die Parteien dieses Recht aus Neutralitätsgesichtspunkten gewählt haben und der Fall keine Beziehung zu dem gewählten Recht aufweist.[631] Das Schrifttum spricht sich zurecht für die zwingende Anwendung der Eingriffsnormen des Sitzstaates bzw. möglicher Vollstreckungsstaaten aus, wenn anderenfalls die Aufhebung bzw. Nichtanerkennung droht.[632] Der Hinweis, zwingend anzu-

624 *Blessing*, JInt'lArb 14 (1997), 23 (32).

625 *Blessing*, JInt'lArb 14 (1997), 23 (32 f.); *Commandeur/Gößling*, SchiedsVZ 2014, 12 (16); *Czernich*, RIW 2016, 701 (706); *Sachs/Niedermaier* FS v. Hoffmann, 1051 (1060); Stein/Jonas, ZPO/*Schlosser*, § 1051 Rn. 8.

626 *Schmidt-Ahrendts/Höttler*, SchiedsVZ 2011, 267 (271).

627 *Blessing*, JInt'lArb 14 (1997), 23 (32 f.) („*appropriate result*").

628 *Pfeiffer* in Salger/Trittmann (Hrsg.), Internationale Schiedsverfahren, § 15 Rn. 63.

629 *Horn*, SchiedsVZ 2008, 209 (213) (nur fallweise, nicht automatische Anwendbarkeit); *Pörnbacher/Baur* FS Schütze II, 431 (443 f.) (keine Anwendung, wenn Abbedingung durch Parteien); *Schlosser*, Schiedsgerichtsbarkeit, Rn. 740 (keine Anwendung, wenn Vertragsgegenstand keinen Berührungspunkt mit betreffendem Staat hat); zurückhaltend *Vollmer*, GRUR Int 1986, 589 (597); zögernd *Sachs/Niedermaier* FS v. Hoffmann, 1051 (1056 f., für Anwendung aber 1059); differenzierend *Remien* FS v. Hoffmann, 334 (341); zum Streitstand *Spiegel*, Kartellprivatrecht in der Handelsschiedsgerichtsbarkeit, S. 246 f.

630 *Commandeur/Gößling*, SchiedsVZ 2014, 12 (15) (falls Rechtswahl); Wieczorek/Schütze, ZPO/*Schütze*, § 1051 Rn. 26; *G. Wagner*, ZVglRWiss 114 (2015), 494 (502 f.).

631 Stein/Jonas, ZPO/*Schlosser*, § 1051 Rn. 8.

632 *Hausmann* FS v. Hoffmann, 971 (985 f.); *Mankowski*, RIW 2011, 30 (43 f.) (Sitzstaat-Eingriffsrecht); MüKo-ZPO/*J. Münch*, § 1051 Rn. 22; *Pörnbacher/Baur* FS Schütze II, 431 (444–446) (wenn anderenfalls Aufhebung oder Anerkennungsversagung drohe);

wenden seien die Ordre-public-Normen des Sitzstaates[633] oder möglicher Vollstreckungsstaaten,[634] deutet erneut auf die Verwandtschaft der beiden Rechtsinstitute hin und dürfte in vielen Fällen, insbesondere bei Kartellrechtsbezug, auf dasselbe hinauslaufen.[635] Das Gegenargument, der Sitzstaat habe nur prozessualen Bezug zum Schiedsverfahren, während Eingriffsnormen die Entscheidung des Rechtsstreits in der Sache beträfen,[636] verfängt nicht. Denn anderenfalls riskierte das Schiedsgericht die Aufhebung am Sitz.[637] Hierbei begründet zwar die Nicht- oder Fehlanwendung von Eingriffsrecht nicht *per se* die Schiedsspruchaufhebung,[638] dürfte aber wegen der weitgehenden Deckungsgleichheit von Eingriffsrecht und *ordre public* in vielen Fällen zu ordre-public-widrigen Schiedsspruchergebnissen führen.[639] Manche wollen die Eingriffsnormen des Erfüllungsorts anwenden,[640] was naheliegt, wenn man Art. 9 Abs. 3 Rom-I-VO für anwendbar erachtet. Andere meinen, das Schiedsgericht müsse die Normen bzw. Rechtsprinzipien beachten bzw. anwenden, die zum transnationalen *ordre public* zählten,[641] was wegen der damit einhergehenden Schwierigkeiten, diesen zu konturieren, nicht überzeugt.[642]

Sachs/Niedermaier FS v. Hoffmann, 1051 (1059); gegen Sitzstaat-Eingriffsrecht *Weller/de Micheli* FS Thümmel, 967 (981).

633 *Pfeiffer* in Salger/Trittmann (Hrsg.), Internationale Schiedsverfahren, § 15 Rn. 26; Musielak/Voit, ZPO/*Voit*, § 1051 Rn. 3.

634 *Horn*, SchiedsVZ 2008, 209 (213); *Pfeiffer* in Salger/Trittmann (Hrsg.), Internationale Schiedsverfahren, § 15 Rn. 26 (Anwendung aber im Schiedsrichterermessen); dagegen *Zobel*, Schiedsgerichtsbarkeit und Gemeinschaftsrecht, S. 116–118.

635 Gegen Rückgriff auf den *ordre public* aber Stein/Jonas, ZPO/*Schlosser*, § 1051 Rn. 8.

636 *Weller/de Micheli* FS Thümmel, 967 (981).

637 *Hausmann* FS v. Hoffmann, 971 (985); *Pfeiffer* in Salger/Trittmann (Hrsg.), Internationale Schiedsverfahren, § 15 Rn. 26, 65.

638 *Czernich*, RIW 2016, 701 (702); *Pocsay*, Privates Kartellrecht in Schiedsverfahren, S. 87 f., 90 (Eingriffsnorm-Verletzung führe nicht zwingend, aber mit hoher Wahrscheinlichkeit zu einem ordre-public-widrigen Ergebnis); *Quinke*, SchiedsVZ 2007, 246 (248); *Zobel*, wbl 2001, 300 (303).

639 *Pocsay*, Privates Kartellrecht in Schiedsverfahren, S. 86–88; *Sachs/Niedermaier* FS v. Hoffmann, 1051 (1059).

640 MüKo-ZPO/*J. Münch*, § 1051 Rn. 22 (wegen Anwendbarkeit der Rom-I-VO aus deren Art. 9 folgend).

641 *Horn*, SchiedsVZ 2008, 209 (213); *Pörnbacher/Baur* FS Schütze II, 431 (442) (Grenze der Rechtswahl).

642 Eher gegen Anwendung des transnationalen *ordre public* auch *Sachs/Niedermaier* FS v. Hoffmann, 1051 (1060 f.); *Schlosser*, Schiedsgerichtsbarkeit, Rn. 741.

(3) Stellungnahme

Dreh- und Angelpunkt der schiedsrichtervertraglichen Pflicht zur Anwendung von Eingriffsrecht ist das Interesse der Beteiligten, eine in der Sache zutreffende Entscheidung zu erreichen und die Nichtaufhebbarkeit und Vollstreckbarkeit des Schiedsspruchs sicherzustellen.[643] Daher sind jedenfalls diejenigen international zwingenden Vorschriften des Sitzes anzuwenden, deren Verkennung bzw. Verletzung die Schiedsspruchaufhebung wegen eines Ordre-public-Verstoßes begründen könnte.[644] Für den *ordre public* möglicher Vollstreckungsstaaten lässt sich dies nicht mit derselben Vehemenz fordern. Zum einen wird es in vielen Fällen einer Vollstreckbarerklärung nicht bedürfen, wenn ein feststellender Schiedsspruch vorliegt oder der Titelschuldner bereit ist, freiwillig zu erfüllen. In internationalen Schiedsverfahren kommt das Problem hinzu, potenzielle Vollstreckungsstaaten zu identifizieren. Ist das Bedürfnis nach einer Zwangsvollstreckung wahrscheinlich, bietet es sich an, den *ordre public* derjenigen Staaten zu beachten, in denen der Schwerpunkt des Vermögens der Parteien belegen ist. In kartellrechtlichen Fällen gilt nichts Abweichendes: Mit dem Auswirkungsprinzip all diejenigen öffentlichen Ordnungen anzuwenden, in denen sich das Verhalten der Partei(en) ausgewirkt hat, dürfte in komplexen Fällen die Rechtsprüfung übermäßig verkomplizieren und mitunter unauflösbare Widersprüche hervorrufen, was nicht im Parteiinteresse liegt. Daher dürfte auch hier primär das zwingende Kartellrecht des Sitzstaats und gegebenenfalls naheliegender Vollstreckungsstaaten der Sonderanknüpfung unterliegen.

II. Die Perspektive des staatlichen Gerichts: der kartellrechtliche *ordre public*

Nach alldem sieht sich ein Schiedsgericht – jedenfalls bei Fehlen einer Rechtswahl – mit komplexen kollisionsrechtlichen Fragen konfrontiert, wenn es kartellrechtlich gelagerte Streitigkeiten entscheidet. Die Normanwendungssituation des staatlichen Gerichts im Verfahren nach §§ 1059–1061 ZPO unterscheidet sich davon grundlegend. Weil das Gericht wegen des Lex-

643 So auch *Pfeiffer* in Salger/Trittmann (Hrsg.), Internationale Schiedsverfahren, § 15 Rn. 26, 65.

644 So auch *Horn*, SchiedsVZ 2008, 209 (213); *Zimmer*, Zulässigkeit und Grenzen, S. 114.

fori-Prinzips den *ordre public* des Gerichtsorts anwendet,[645] ist die Sachrechtsermittlung durch das Schiedsgericht für seine Ordre-public-Prüfung nachrangig. Der kartellrechtliche *ordre public* greift nämlich unabhängig davon, ob das Schiedsgericht bestimmte kartellrechtliche Vorschriften anwenden musste und angewendet hat. Insofern errichtet der *ordre public* eine „starre" Anerkennungshürde.

Dennoch sind die beiden Normanwendungssituationen miteinander verknüpft.[646] Verbindungselement sind die häufig janusköpfige Natur grundlegenden Rechts (als Eingriffsrecht und Bestandteil des *ordre public*) sowie der Umstand, dass der Anwendungsbefehl bezüglich Eingriffsrechts (auch) aus der anderenfalls bestehenden Gefahr eines Widerspruchs zum *ordre public* folgt. Aus diesem Grund kann es vorkommen, dass die kartellrechtlichen Rechtsfragen, die das Schiedsgericht zu beantworten hatte, um in der Sache zu entscheiden (entweder weil die entsprechenden Kartellrechtsvorschriften Bestandteil der *lex causae* waren oder weil sie als Eingriffsnormen der Sonderanknüpfung unterlagen), mit den für die Ordre-public-Prüfung entscheidungserheblichen übereinstimmen.

Damit ist die Perspektive des staatlichen Gerichts angesprochen, das gemäß § 1059 Abs. 2 Nr. 2 lit. b) ZPO das Ergebnis der Anerkennung oder Vollstreckung des Schiedsspruchs auf Vereinbarkeit mit dem *ordre public* überprüft. Wie bereits anklang, sind die grundlegenden zwingenden Vorschriften

645 *Pfeiffer* in Salger/Trittmann (Hrsg.), Internationale Schiedsverfahren, § 15 Rn. 10; *Pocsay*, Privates Kartellrecht in Schiedsverfahren, S. 90 f.; *Solomon*, RIW 1997, 981 (988); *Schlosser*, Schiedsgerichtsbarkeit, Rn. 726; *Spiegel*, Kartellprivatrecht in der Handelsschiedsgerichtsbarkeit, S. 28.

646 Zu diesem Gedanken bereits *Sachs/Niedermaier* FS v. Hoffmann, 1051 (1059).

des deutschen[647] und unionsrechtlichen[648] Kartellrechts Bestandteil des *ordre public*, aber nicht das Kartellrecht in seiner Gesamtheit.[649] Die Ordre-public-Qualität des Kartellverbots des heutigen Art. 101 AEUV bestätigte der Gerichtshof erstmals in der Rechtssache *Eco Swiss*.[650] In der Rechtssache *Manfredi* entschied er, dass auch das Missbrauchsverbot des heutigen Art. 102 AEUV Bestandteil des *ordre public* ist.[651] Der Bundesgerichtshof war dem zuvorgekommen und hatte bereits 1969 geurteilt, dass die zwingenden Vorschriften des damaligen Gemeinschaftskartellrechts Bestandteil der deutschen öffentlichen Ordnung sind.[652] Aus der Fülle kartellrechtlicher Vorschriften besitzen nicht alle (zwingenden),[653] sondern nur wenige[654] Vor-

647 BGH, Urt. v. 23.4.1959 – VII ZR 2/58, BGHZ 30, 89 = NJW 1959, 1438 (1440) (zum Kartellverbot des alliierten Dekartellierungsrechts vor Inkrafttreten des GWB); BGH, Urt. v. 20.5.1966 – KZR 10/64, GRUR 1966, 576 (578) („*Verbote des GWB*"); BGH, Urt. v. 25.10.1966 – KZR 7/65, BGHZ 46, 365 = NJW 1967, 1178 („*die zwingenden kartellrechtlichen Vorschriften*"); BGH, Urt. v. 27.2.1969 – KZR 3/68, GRUR 1969, 501 (503); BGH, Urt. v. 25.10.1983 – KZR 27/82, BGHZ 88, 314 = NJW 1984, 1355 (1356) („[die] *zwingenden Vorschriften des Kartellrechts*"); OLG Düsseldorf, Beschl. v. 21.7.2004 – VI-Sch (Kart) 1/02, Sch (Kart) 1/02, juris (Rn. 26); OLG München, Urt. v. 15.1.2015 – U 1110/14 Kart, SchiedsVZ 2015, 40 (46) („[die] *grundlegenden Bestimmungen des Kartellrechts*"); OLG Celle, Beschl. v. 14.10.2016 – 13 Sch 1/15 (Kart)/7 Sch 3/15, BeckRS 2016, 124988 (Rn. 43) („[die] *zwingenden Vorschriften europäischen und deutschen Kartellrechts*"); so auch bereits *Kornblum*, ZZP 86 (1973), 215 (218); *Möhring*, NJW 1968, 369 (370 f.).

648 BGH, Urt. v. 27.2.1969 – KZR 3/68, GRUR 1969, 501 (503); BGH, Urt. v. 31.5.1972 – KZR 43/71, NJW 1972, 2180 (2181); OLG Düsseldorf, Beschl. v. 21.7.2004 – VI-Sch (Kart) 1/02, Sch (Kart) 1/02, juris (Rn. 26); OLG Celle, Beschl. v. 14.10.2016 – 13 Sch 1/15 (Kart)/7 Sch 3/15, BeckRS 2016, 124988 (Rn. 43); *Horn*, SchiedsVZ 2008, 209 (215); *Hilbig*, Kartellverbot im Schiedsverfahren, S. 17; *G. Wagner*, ZVglRWiss 114 (2015), 494 (511).

649 So aber jedenfalls missverständlich Thüringer OLG, Beschl. v. 8.8.2007 – 4 Sch 3/06, SchiedsVZ 2008, 44 (46).

650 EuGH, Urt. v. 1.6.1999 – C-126/97 (Eco Swiss), Slg. I 1999, 3055 = GRUR Int 1999, 737 (739).

651 EuGH, Urt. v. 13.7.2006 – C-295/04–298/04 (Manfredi), EuZW 2006, 529 (231); dazu *F. Schwarz/Harler/Schwedler* in Kamann/Ohlhoff/Völcker (Hrsg.), Kartellprozess, § 38 Rn. 24.

652 BGH, Urt. v. 27.2.1969 – KZR 3/68, GRUR 1969, 501 (503).

653 *v. Brunn*, NJW 1969, 823; auch jenseits des Kartellrechts gegen die Zuordnung des gesamten zwingenden Rechts zum *ordre public*: *Tafelmaier*, Schiedsspruch und staatliche Gerichtsbarkeit, S. 101.

654 *Kroitzsch*, GRUR 1969, 387 (389).

schriften Ordre-public-Qualität, so die wettbewerbsschützenden materiellen Vorschriften,[655] nicht aber bloße Ordnungs- oder Formvorschriften.[656]

Jedenfalls die zwingenden Verbotsvorschriften des deutschen und unionsrechtlichen Kartellrechts besitzen Ordre-public-Qualität, insbesondere Art. 101, 102 AEUV, §§ 1, 19–21 GWB (sowie wohl auch Art. 7 Abs. 1 FKVO und § 41 Abs. 1 GWB),[657] was im Hinblick auf den Detailgrad des Art. 101 AEUV und der damit verbundenen Subsumtionsvorgänge mitunter bestritten wird.[658] Wichtig ist jedenfalls, dass der Normbestand, den das staatliche Gericht im Rahmen des Ordre-public-Vorbehalts des § 1059 Abs. 2 Nr. 2 lit. b) ZPO anwendet, um das Ergebnis der Anerkennung oder Vollstreckung des Schiedsspruchs auf Vereinbarkeit mit seinem kartellrechtlichen *ordre public* zu überprüfen, nicht identisch ist mit der Gesamtheit aller kartellrechtlichen Vorschriften, die es anzuwenden hätte, wenn es in der Sache entscheiden müsste. Der Prüfungsmaßstab des *ordre public* verdichtet sich auf die wesentlichen Kerngedanken des zwingenden Kartellrechts, insbesondere das Verbot widerrechtlicher wettbewerbsbeschränkender Vereinbarungen gemäß Art. 101 AEUV, § 1 GWB und das Verbot einseitigen missbräuchlichen Verhaltens marktbeherrschender Unternehmen (Art. 102 AEUV, §§ 19–21 GWB).

C. Gesetzliche Regelung des schiedsrechtlichen Ordre-public-Vorbehalts

Mit kartellrechtlichen oder sonstigen materiellen Ordre-public-Rügen konfrontiert, misst nicht zuletzt die Rechtsprechung dem Wortlaut des § 1059 Abs. 2 Nr. 2 lit. b) ZPO mitunter wenig Bedeutung zu.[659] Wenn die Frage der gerichtlichen Prüfungsintensität im Rahmen der Ordre-public-Kontrolle (determiniert durch den Prüfungsmaßstab und den Prüfungsumfang[660])

---

655 *Sachslehner*, Schiedsvereinbarungen, S. 134 f.; *K. Schmidt* FS Pfeiffer, 765 (771 f.); *Zimmer*, Zulässigkeit und Grenzen, S. 89 f.

656 *K. Schmidt* FS Pfeiffer, 765 (772).

657 *Bien*, ZZP 132 (2019), 93 (100–102); *Bien* in Fuchs/Weitbrecht (Hrsg.), Private Kartellrechtsdurchsetzung, § 17 Rn. 164–167; *Kornblum*, ZZP 86 (1973), 215 (219) (die Kartellverbote des damaligen § 1 GWB und Art. 85 EWGV); eingehende Untersuchung einzelner Vorschriften bei *Zimmer*, Zulässigkeit und Grenzen, S. 90–97.

658 *Picht*, GRUR 2019, 11 (24); dazu *Sachslehner*, Schiedsvereinbarungen, S. 136 f.

659 *Ason*, WuW 2014, 1057 (1061) (verweist als Grund der „*Verwirrung*“ auf die fehlende gesetzliche Regelung der „*Intensität der Ordre-public-Kontrolle*“).

660 Zu der Unterscheidung oben Einleitung.

überhaupt erörtert wird,[661] wird die Ablehnung einer strengen materiellen Ordre-public-Kontrolle häufig mit dem Verbot der *révision au fond* begründet: Schiedsgerichte dürften nicht zu einer bloßen Vorinstanz degradiert werden.[662] Die Vertreter einer strengen materiellen Schiedsspruchüberprüfung am Maßstab des *ordre public* argumentieren umgekehrt mit der Wichtigkeit des *ordre public* und dem schlichten Hinweis, die Ordre-public-Prüfung dürfe nicht unwirksam sein oder leerlaufen.[663]

Ausgangspunkt des richtigen Verständnisses des Prüfungsmaßstabs (und auch des Prüfungsumfangs) muss allerdings eine Auslegung des § 1059 Abs. 2 Nr. 2 lit. b) ZPO sein.[664] Die Betroffenheit des *ordre public* ist hierbei nur eine der Voraussetzungen, unter denen Schiedssprüche wegen eines Widerspruchs zum materiellen *ordre public* der Aufhebung unterliegen.[665]

I. Der Tatbestand des § 1059 Abs. 2 Nr. 2 lit. b) ZPO

Der generalklauselartige[666] Wortlaut des heutigen § 1059 Abs. 2 Nr. 2 lit. b) ZPO wurde mehrfach reformiert,[667] was nach überwiegender Ansicht inhaltliche Änderungen weder bezweckte noch bewirkte.[668] Das gilt auch für die

661 Siehe etwa die pauschale Ablehnung einer jeden inhaltlichen Überprüfung der Rüge, das Schiedsgericht habe aus einem Scheingeschäft verurteilt: OLG Köln, Beschl. v. 23.4.2004 – 9 Sch 01/03, SchiedsVZ 2005, 163 (165).

662 In diese Richtung etwa OLG Dresden, Beschl. v. 20.4.2005 – 11 Sch 01/05, SchiedsVZ 2005, 210 (213); Thüringer OLG, Beschl. v. 8.8.2007 – 4 Sch 3/06, SchiedsVZ 2008, 44 (45); *Fournier*, Bindungswirkung, S. 55; *Tafelmaier*, Schiedsspruch und staatliche Gerichtsbarkeit, S. 80 f., 107 f.; *Voit* FS Musielak, 595 (610).

663 OLG Celle, Beschl. v. 14.10.2016 – 13 Sch 1/15 (Kart)/7 Sch 3/15, BeckRS 2016, 124988 (Rn. 45); *Ason*, WuW 2014, 1057; *R. Geimer* FS Yessiou-Faltsi, 169 (179); Zöller, ZPO/*R. Geimer*, § 1059 Rn. 49; *Gottwald* FS Nagel, 54 (66); *Kornblum*, BB 1968, 1456 (1458); *Kornblum*, NJW 1969, 1793 (1795 f.).

664 Auf diesen Zusammenhang wies bereits hin *Pocsay*, Privates Kartellrecht in Schiedsverfahren, S. 254.

665 Treffend *Altenmüller*, Schiedsrichterliche Entscheidung, S. 284.

666 *Gottwald* FS Nagel, 54 (66); *Raeschke-Kessler*, EuZW 1990, 145 (146); *v. Heymann*, Ordre public in der Schiedsgerichtsbarkeit, S. 146 f.

667 Zu frühen Fassungen seit Inkrafttreten der ZPO *v. Heymann*, Ordre public in der Schiedsgerichtsbarkeit, S. 29–48; *Schwab/Walter*, Schiedsgerichtsbarkeit, Kap. 24 Rn. 32 f.

668 BT-Drs. 10/504, S. 42 f. (zur Änderung durch das IPR-Reformgesetz 1986); dazu auch OLG Frankfurt a. M., Urt. v. 29.6.1989 – 6 U (Kart) 115/88, juris (Rn. 41); *Schlosser*, Schiedsgerichtsbarkeit, Rn. 865; *Schwark* FS Sandrock, 881 (894); *Zimmer*, Zulässigkeit und Grenzen, S. 87 f.; zu weiteren Gesetzesänderungen seither *Lachmann*,

zum 1. Januar 1998 geänderte Fassung, mit der der Gesetzgeber den international gebräuchlichen Begriff *ordre public* einführte und das Erfordernis der Offensichtlichkeit des Widerspruchs zum *ordre public* strich.[669] Nach dem heutigen § 1059 Abs. 2 Nr. 2 lit. b) ZPO findet die Aufhebung statt, wenn das Gericht feststellt, dass die Anerkennung oder Vollstreckung des Schiedsspruchs zu einem Ergebnis führt, das der öffentlichen Ordnung (*ordre public*) widerspricht.

Dass danach nicht jeder entscheidungserhebliche Tatsachen- oder Rechtsfehler, der dem Schiedsgericht unterlief, die Schiedsspruchaufhebung begründet,[670] folgt bereits aus der Finalität von Schiedssprüchen und dem Wesen des Aufhebungsverfahrens nach § 1059 ZPO, das wegen des Verbots der *révision au fond* keine Überprüfung dahingehend ermöglicht, ob der Schiedsspruch auf einer Verletzung des Rechts beruht oder abweichende Tatsachenfeststellungen eine andere Entscheidung rechtfertigen.[671] Auch der Wortlaut bestätigt diesen noch unproblematischen Befund. § 1059 Abs. 2 Nr. 2 lit. b) ZPO ordnet nämlich nicht die Überprüfung des Schiedsspruchs an und setzt nicht das Beruhen des Schiedsspruchs auf einer Verletzung des Rechts voraus, sondern die Unvereinbarkeit des Ergebnisses von dessen Anerkennung oder Vollstreckung mit dem *ordre public* des Gerichtsorts.

Nicht ganz so trivial ist indes die These:[672] Die Aufhebung erfolgt auch dann nicht ohne Weiteres oder „zwingend", wenn der Schiedsspruch aus der Sicht des Gerichts auf der Verletzung einer zu seinem *ordre public* gehörenden Rechtsnorm beruht,[673] wenn das Gericht also feststellt, dass das Schiedsspruchergebnis bei Heranziehung seines *ordre public* nur unter Inkaufnahme

---

Schiedsgerichtspraxis, Rn. 2299; MüKo-ZPO/*J. Münch*, § 1059 Rn. 9; *Sachslehner*, Schiedsvereinbarungen, S. 133; *Sandrock*, IPRax 2001, 550 (551); Immenga/Mestmäcker/*K. Schmidt*, § 87 GWB Rn. 75.

669 BT-Drs. 13/5274, S. 59; *Fournier*, Bindungswirkung, S. 23; *Sachslehner*, Schiedsvereinbarungen, S. 133; *Sandrock*, BB 2001, 2173 (2174).

670 Anders noch (Ordre-public-Verstoß bei jeder Verletzung (einfach) zwingenden Rechts) *v. Heymann*, Ordre public in der Schiedsgerichtsbarkeit, S. 183–187; ausdrücklich a. A. *Tafelmaier*, Schiedsspruch und staatliche Gerichtsbarkeit, S. 101.

671 Dazu oben Kap. 1 C.

672 Siehe bereits die Fragestellung bei *Pocsay*, Privates Kartellrecht in Schiedsverfahren, S. 255.

673 In diese Richtung aber BGH, Urt. v. 25.10.1966 – KZR 7/65, BGHZ 46, 365 = NJW 1967, 1178 (1179): Das Gericht agiere bei der Prüfung einer Ordre-public-Rüge „[w]*ie bei der Nachprüfung eines Urteils der Vorinstanz*"; mit diesem Verständnis der Rechtsprechung auch *Bien*, ZZP 132 (2019), 93 (119 f.); kritisch zu der Entscheidung *v. Brunn*, NJW 1969, 823 (824).

eines Rechtsfehlers begründbar ist.[674] Ein solcher zwingender Schluss von einem ordre-public-relevanten Rechtsfehler auf einen Widerspruch des Ergebnisses der Anerkennung oder Vollstreckung des Schiedsspruchs zum *ordre public* geht fehl.[675] Anderenfalls hätte der Gesetzgeber den Ordre-public-Vorbehalt an § 546 ZPO orientiert und – durch bloße Ersetzung des rechtlichen Maßstabs: *ordre public* statt *Recht* – die Aufhebung für den Fall angeordnet, dass der Schiedsspruch auf einer Verletzung des *ordre public* beruht.

Wie belastbar diese These ist, wird eine schrittweise Auslegung des § 1059 Abs. 2 Nr. 2 lit. b) ZPO zeigen. Dazu wird im Folgenden unterstellt, dass im Schiedsverfahren in der Sache deutsches Recht anwendbar war, sodass im gerichtlichen Verfahren retrospektiv von einem *Rechtsfehler* gesprochen werden kann, etwa bei der Anwendung des Art. 101 AEUV bzw. § 1 GWB. War nämlich in der Sache nichtstaatliches oder das Recht eines Nicht-EU-Mitgliedstaats anwendbar, stellt die Nicht- oder Fehlanwendung europäischen oder deutschen Kartellrechts grundsätzlich keinen *Rechtsfehler* dar, sondern allenfalls dann, wenn die – streitigen[676] – Voraussetzungen der Sonderanknüpfung der betreffenden kartellrechtlichen Vorschriften vorlagen und verkannt wurden oder wenn das sonderanzuknüpfende Recht fehlangewendet wurde. In allen anderen Fällen mag sich zwar ein Widerspruch zum *ordre public* ergeben. Er lässt sich aber nicht mit einem *Rechtsfehler* im eigentlichen Sinne begründen, sodass der Terminus in diesem Fall fehl am Platze ist.

1. Ergebnis der Anerkennung oder Vollstreckung des Schiedsspruchs

Gegenstand der Ordre-public-Kontrolle ist das Ergebnis der Anerkennung oder Vollstreckung des Schiedsspruchs.[677]

---

674 Zu dem zutreffenden Gedanken, dass es im Rahmen der Ordre-public-Kontrolle darauf ankommt, ob sich das vom Schiedsgericht ermittelte Schiedsspruchergebnis „*mit einer* [ordre-public-konformen] *Begründung darstellen lässt*“, bereits *Spiegel*, Kartellprivatrecht in der Handelsschiedsgerichtsbarkeit, S. 192.

675 Im Ergebnis ebenso *Pocsay*, Privates Kartellrecht in Schiedsverfahren, S. 285 f.; ähnlich *Spiegel*, Kartellprivatrecht in der Handelsschiedsgerichtsbarkeit, S. 153 f.; a. A. *Bosch* FS Bechtold, 59 (64): „*Der Verstoß gegen deutsches oder europäisches Kartellrecht ist aus deutscher Sicht immer auch ein Verstoß gegen den ordre public*“; anders auch *Weyer*, EuR 2000, 145 (163 mit Fn. 134).

676 Dazu oben B.I.3.d).

677 Dazu *Bien* in Fuchs/Weitbrecht (Hrsg.), Private Kartellrechtsdurchsetzung, § 17 Rn. 153 f.; *Bien*, ZZP 132 (2019), 93 (97 f.).

a) Ergebnis des Schiedsspruchs?

Die gesetzliche Wendung wird häufig verkürzt wiedergegeben. Der Schiedsspruch, nicht dessen Anerkennung oder Vollstreckung, müsse (im Ergebnis) ordre-public-widrig sein.[678] Die Verkürzung erscheint auf den ersten Blick als Verfälschung, denn beides ist nicht dasselbe. Ergebnis des Schiedsspruchs ist dessen Tenor, die ausgesprochene Rechtsfolge. Ergebnis der Anerkennung ist die Existenz der rechtlichen Wirkungen des Schiedsspruchs. Und Ergebnis der Vollstreckung ist die Umgestaltung der Rechts- und Vermögenslage durch zwangsweise Vollziehung der Rechtsfolge des Schiedsspruchs.

Dennoch ist es im Ausgangspunkt zutreffend, das Ergebnis des Schiedsspruchs auf seine Ordre-public-Konformität zu prüfen.[679] Denn Anerkennung (im Sinne von Geltung) und Vollstreckung (im Sinne von zwangsweiser Durchsetzung) knüpfen an das Ergebnis des Schiedsspruchs, dessen Tenor, an und verhelfen diesem zur Wirkungsentfaltung. Sobald das Ergebnis des Schiedsspruchs ordre-public-widrig ist, weil etwa eine Partei zur Vornahme einer verbotenen (einschließlich kartellrechtswidrigen) oder sittenwidrigen Handlung bzw. Leistung verurteilt wurde,[680] teilen Anerkennung und Vollstreckung dieses Schicksal. Und genau hier knüpft die gesetzliche Formulierung an. Weil der Schiedsspruch ohne Anerkennung und Vollstreckung „wirkungslos" bliebe, prüft das Gericht, ob der staatliche Anerkennungs- und Vollstreckungsakt ordre-public-widrig wäre – was davon abhängt, ob die tenorierte Rechtsfolge in Widerspruch zum *ordre public* steht.

Weil es auf die Ordre-public-Konformität des Ergebnisses der Anerkennung oder Vollstreckung des Schiedsspruchs ankommt, sind nicht die etwaig niedergeschriebenen Gründe des Schiedsspruchs Gegenstand der Ordre-public-Kontrolle,[681] was mitunter verkannt wird.[682] Bei seiner Ordre-public-Kontrolle überprüft das staatliche Gericht, ob das vom Schiedsgericht

---

678 *Eilmansberger*, SchiedsVZ 2006, 5 (14); *Poseck* in Salger/Trittmann (Hrsg.), Internationale Schiedsverfahren, § 22 Rn. 56; klarstellend aber *Bien* in Fuchs/Weitbrecht (Hrsg.), Private Kartellrechtsdurchsetzung, § 17 Rn. 153.

679 So auch *Altenmüller*, KTS 1974, 150 (158); MüKo-ZPO/*J. Münch*, § 1059 Rn. 40.

680 *Bien* in Fuchs/Weitbrecht (Hrsg.), Private Kartellrechtsdurchsetzung, § 17 Rn. 177.

681 *Altenmüller*, KTS 1974, 150 (158); *Fournier*, Bindungswirkung, S. 44.

682 Siehe etwa *Tyrolt*, Sportschiedsgerichtsbarkeit, S. 140, wonach die von ihm grundsätzlich befürwortete Vertretbarkeitskontrolle gerade dann nicht stattfinden kann, wenn der Schiedsspruch keine rechtlichen Ausführungen enthält; dann könne die Überprüfung „*von vornherein nicht auf eine Prüfung der Vertretbarkeit der Auffassung des Schiedsgerichts beschränkt sein*".

ermittelte Schiedsspruchergebnis mit dem *ordre public* vereinbar ist, ob es also – ungeachtet der vom Schiedsgericht angeführten Gründe – im Einklang mit dem *ordre public* „begründbar" ist.[683] Nicht entscheidend ist hingegen, ob das Schiedsspruchergebnis ordre-public-konform begründet *wurde*.[684] Daher folgt aus dem bloßen Umstand, dass das Schiedsgericht zum *ordre public* gehörendes Recht überhaupt nicht angewendet hat, nicht sogleich die Aufhebung.[685] Ein Schiedsspruch, der beispielsweise einschlägiges Kartellrecht vollständig verkennt, mit keinem Wort anspricht, ist zwar möglicherweise grob fehlerhaft begründet, entgeht aber der Aufhebung, solange nur das gefundene Ergebnis (zufällig) mit dem *ordre public* vereinbar ist, sich also unter Anwendung des den *ordre public* ausgestaltenden Kartellrechts (nachträglich) begründen lässt.[686] Diese Zusammenhänge sind es, die *Joachim Münch* meint, wenn er schreibt:

> „[D]*as erzielte Ergebnis (sei es das materielle Resultat oder das prozessuale Verfahren) muss selbst den ordre-public-Verstoß darstellen und damit den Schiedsspruch intolerabel machen. Mithin kann im Einzelfall am Ende einmal eine alternative, ordre-public-mäßige Begründung die erstrebte Aufhebung verhindern (das Endergebnis ist ‚tolerabel')*."[687]

Bien scheint diese Textstelle abweichend dahin zu verstehen, dass *Joachim Münch* (was nicht zuträfe) eine geschriebene ordre-public-konforme Begründung des Ergebnisses im Schiedsspruch verlangt, was er – dann aber folgerichtig – ablehnt.[688]

Auch wenn danach das Schiedsspruchergebnis Gegenstand der Ordre-public-Prüfung ist, ist die Wendung, dass es auf das Ergebnis der Anerkennung oder Vollstreckung ankommt, durchaus von Bedeutung. Denn sie grenzt

683 So auch (zum kartellrechtlichen *ordre public*) *Spiegel*, Kartellprivatrecht in der Handelsschiedsgerichtsbarkeit, S. 192.

684 Das dürfte auch *Bosch* mit „*Vorarbeit*" meinen (*Bosch* FS Bechtold, 59 (64, abweichend aber 67)): „*Bei der Prüfung, ob gegen den ‚ordre public' verstoßen wird, prüft das staatliche Gericht den Schiedsspruch selbständig, also ohne an die Vorarbeit des Schiedsgerichts gebunden zu sein.*"

685 *Bien* in Fuchs/Weitbrecht (Hrsg.), Private Kartellrechtsdurchsetzung, § 17 Rn. 154; abweichend *Bosch* FS Bechtold, 59 (67): Ordre-public-Verstoß könne vorliegen, wenn das Schiedsgericht die erforderliche Freistellungsprüfung (nach dem heutigen Art. 101 Abs. 3 AEUV bzw. § 2 GWB) überhaupt nicht oder „*ersichtlich ungenügend*" vorgenommen habe.

686 Zu diesem „*Extremfall*" *Bien* in Fuchs/Weitbrecht (Hrsg.), Private Kartellrechtsdurchsetzung, § 17 Rn. 154.

687 MüKo-ZPO/*J. Münch*, § 1059 Rn. 40.

688 *Bien* in Fuchs/Weitbrecht (Hrsg.), Private Kartellrechtsdurchsetzung, § 17 Rn. 154.

§ 1059 Abs. 2 Nr. 2 lit. b) ZPO von vergleichbaren Vorschriften des Rechtsmittelrechts in §§ 513 Abs. 1, 545 Abs. 1, 546, 576 Abs. 1 ZPO ab, die die Aufhebung der angefochtenen Entscheidung jeweils an eine entscheidungserhebliche Verletzung des Rechts knüpfen.

Auch für die Frage der prozessualen Bindung an den Schiedsspruch ist die Wendung *Ergebnis von Anerkennung oder Vollstreckung* bedeutsam. Sie legt den entscheidungserheblichen Zeitpunkt zur Feststellung eines Widerspruchs zum *ordre public* fest, und zwar auf den Zeitpunkt der Entscheidung des staatlichen Gerichts.[689] Entsprechend urteilte der Bundesgerichtshof in einer frühen Entscheidung, in der er sich gegen die Bindung an die Tatsachenfeststellungen des Schiedsgerichts im Rahmen der Ordre-public-Kontrolle aussprach, es komme darauf an, ob die Anerkennung des Schiedsspruchs durch das staatliche Gericht unter Berücksichtigung des *ihm* unterbreiteten Sachverhalts gegen die öffentliche Ordnung verstoße.[690] Zuvor hatte der Bundesgerichtshof geurteilt, dass es angesichts der gesetzlichen Wendung nicht darauf ankomme, ob das Schiedsgericht die zur öffentlichen Ordnung gehörende Norm erkannt und erörtert habe oder nicht.[691]

b) Prüfung auch der tatsächlichen Grundlage des Schiedsspruchs

Jedoch erlaubt der Tenor des Schiedsspruchs entgegen anderslautenden Ausführungen in der Literatur[692] nur selten Rückschlüsse auf seine Vereinbarkeit mit dem *ordre public*.[693] Aus Gründen des *ordre public* bedenklich wird etwa ein Zahlungstenor allenfalls unter Berücksichtigung des der Ver-

---

689 So bereits BGH, Urt. v. 23.4.1959 – VII ZR 2/58, BGHZ 30, 89 = NJW 1959, 1438 (1440) (zur zwischenzeitlichen Änderung der Rechtslage insbesondere); ferner etwa BGH, Beschl. v. 6.7.2017 – I ZB 11/16, NZG 2018, 317 (318); OLG Celle, Urt. v. 2.3.1956 – 4 U 9/56, NJW 1956, 1723; OLG Düsseldorf, Beschl. v. 21.7.2004 – VI-Sch (Kart) 1/02, Sch (Kart) 1/02, juris (Rn. 26); *Bien*, ZZP 132 (2019), 93 (108); *Hilbig*, Kartellverbot im Schiedsverfahren, S. 25; *Schlosser*, Schiedsgerichtsbarkeit, Rn. 866.

690 BGH, Urt. v. 31.5.1972 – KZR 43/71, NJW 1972, 2180 (2181); auf den Zusammenhang weist hin *Trappe*, BB-Beilage 2000, Nr. 8, 7; zur gesetzlichen Wendung *Bien*, ZZP 132 (2019), 93 (97 f.).

691 BGH, Urt. v. 27.2.1969 – KZR 3/68, GRUR 1969, 501 (503).

692 *Marx*, Verfahrensrechtlicher ordre public, S. 30.

693 *Bien* in Fuchs/Weitbrecht (Hrsg.), Private Kartellrechtsdurchsetzung, § 17 Rn. 180; *Fournier*, Bindungswirkung, S. 44; *Harbst*, Rolle der staatlichen Gerichte, S. 181; *Harbst*, SchiedsVZ 2007, 22 (24); *Mavrantonakis*, Verbot der révision au fond, S. 193; *Trappe*, BB-Beilage 2000, Nr. 8, 7.

urteilung zugrundeliegenden Sachverhalts,[694] ob das Gericht diesen nun den tatsächlichen Feststellungen des Schiedsgerichts entnimmt oder ihn – soweit gerichtliche Tatsachenfeststellungen erlaubt sind[695] – selbst feststellt. So ist die Verurteilung zur Zahlung eines Geldbetrags zwar grundsätzlich unbedenklich, jedoch aus der Sicht des *ordre public* problematisch, wenn sie aufgrund eines in Wahrheit sittenwidrigen oder verbotswidrigen (einschließlich wettbewerbswidrigen) Vertrags geschuldet ist[696] oder wenn eine Partei wegen der Nichterfüllung einer kartellrechtswidrigen Pflicht zu einer Vertragsstrafe[697] oder zu Schadensersatz[698] verurteilt wurde.[699]

Daher sind auch die tatsächlichen Grundlagen des Schiedsspruchs (die schiedsgerichtlichen Tatsachenfeststellungen und gegebenenfalls eigene Feststellungen) in die Prüfung einzubeziehen, um beispielsweise festzustellen, ob der zugrundeliegende Vertrag sittenwidrige oder kartellrechtswidrige Bestimmungen enthält.[700]

2. *Ordre public*: wesentliche Grundlagen der Rechtsordnung

Die Aufhebung des Schiedsspruchs kommt nur in Betracht, wenn das Ergebnis seiner Anerkennung oder Vollstreckung (unter Heranziehung seiner tatsächlichen Grundlagen) die öffentliche Ordnung berührt. Der *ordre public*, dessen Bedeutungsgehalt bereits konturiert wurde,[701] umfasst kurz gewendet

694 *Fournier*, Bindungswirkung, S. 44–46; *Harbst*, SchiedsVZ 2007, 22 (24).

695 Dazu unten Kap. 3 A.I.

696 Zu dieser Konstellation BGH, Urt. v. 12.5.1958 – VII ZR 436/56, BGHZ 27, 249 = NJW 1958, 1538 (1539); BGH, Urt. v. 23.4.1959 – VII ZR 2/58, BGHZ 30, 89 = NJW 1959, 1438 (1439 f.); BGH, Urt. v. 25.10.1966 – KZR 7/65, BGHZ 46, 365 = NJW 1967, 1178; BGH, Urt. v. 26.10.1972 – VII ZR 232/71, NJW 1973, 98; BGH, Beschl. v. 29.9.1983 – III ZR 213/82, juris (Rn. 19–27); Hanseatisches OLG Hamburg, Urt. v. 1.10.1954 – 1 U 66/54, NJW 1955, 390; *Bien* in Fuchs/Weitbrecht (Hrsg.), Private Kartellrechtsdurchsetzung, § 17 Rn. 178.

697 BGH, Urt. v. 20.5.1966 – KZR 10/64, GRUR 1966, 576 (579); OLG München, Beschl. v. 30.7.2012 – 34 Sch 18/10, SchiedsVZ 2012, 339 (342).

698 BGH, Urt. v. 27.2.1969 – KZR 3/68, GRUR 1969, 501 (504); BGH, Urt. v. 31.5.1972 – KZR 43/71, NJW 1972, 2180.

699 Differenzierender Ansatz zu dieser Fallgruppe bei *Bien* in Fuchs/Weitbrecht (Hrsg.), Private Kartellrechtsdurchsetzung, § 17 Rn. Rn. 183–194.

700 *Fournier*, Bindungswirkung, S. 44–46; a. A. *Marx*, Verfahrensrechtlicher ordre public, S. 30.

701 Dazu oben A.

die „*elementaren Grundlagen der Rechtsordnung*“[702] bzw. deren „*unverrückbaren Kern*“[703]. Er ist untergliedert in Normen, die die „*Grundlagen des staatlichen oder wirtschaftlichen Lebens*“[704] regeln, und die „*deutschen Gerechtigkeitsvorstellungen*“[705]. Wirft der zugrundeliegende Sachverhalt aus der Perspektive des staatlichen Gerichts beispielsweise kartellrechtliche Fragen auf, ist der kartellrechtliche *ordre public* berührt.[706]

3. Widerspruch zum *ordre public*

Das Ergebnis der Anerkennung oder Vollstreckung des Schiedsspruchs muss dem *ordre public* widersprechen.

Ein Widerspruch zum materiellen *ordre public* liegt beispielsweise vor, wenn der Schiedsspruch zur Vornahme einer am Gerichtsort verbotenen Handlung bzw. Leistung verurteilt.[707] Diskutiert wird auch der Fall, dass der Tenor des Schiedsspruchs in widersprüchlicher Weise nicht von den Gründen getragen ist (soweit solche vorhanden sind, § 1054 Abs. 2 ZPO), weil beispielsweise ein Anspruch zugesprochen wird, obwohl das Schiedsgericht den zugrundeliegenden Vertrag etwa für sittenwidrig befand.[708] In dieser Fallgruppe ist die Anerkennung oder Vollstreckung des Schiedsspruchs deswegen problematisch, weil der Schiedsspruch entweder unbeabsichtigt in sich widersprüchlich ist oder weil sich das Schiedsgericht sogar bewusst über die

702 St. Rspr.: BGH, Beschl. v. 30.10.2008 – III ZB 17/08, NJW 2009, 1215 (1216); BGH, Beschl. v. 28.1.2014 – III ZB 40/13, NJW 2014, 1597 (1598); BGH, Beschl. v. 10.3.2016 – I ZB 99/14, NJW-RR 2016, 892 (895); BGH, Beschl. v. 25.6.2020 – I ZB 108/19, NJOZ 2020, 1500 (1501).

703 *Basedow* FS Sonnenberger, 291; ähnlich *Hilbig*, Kartellverbot im Schiedsverfahren, S. 19; *Stürner* FS v. Hoffmann, 463.

704 St. Rspr.: BGH, Beschl. v. 30.10.2008 – III ZB 17/08, NJW 2009, 1215 (1216); BGH, Beschl. v. 25.6.2020 – I ZB 108/19, NJOZ 2020, 1500 (1501); BGH, Beschl. v. 23.7.2020 – I ZB 88/19, GRUR 2021, 118 (119); dazu *Fournier*, Bindungswirkung, S. 42 f.; *R. Geimer* FS Yessiou-Faltsi, 169 (174 f.); *Horn*, SchiedsVZ 2008, 209 (210).

705 St. Rspr.: BGH, Beschl. v. 30.10.2008 – III ZB 17/08, NJW 2009, 1215 (1216); BGH, Beschl. v. 25.6.2020 – I ZB 108/19, NJOZ 2020, 1500 (1501); BGH, Beschl. v. 23.7.2020 – I ZB 88/19, GRUR 2021, 118 (119); dazu *Fournier*, Bindungswirkung, S. 42 f.; *R. Geimer* FS Yessiou-Faltsi, 169 (174 f.); *Horn*, SchiedsVZ 2008, 209 (210).

706 Zum Normbestand des kartellrechtlichen *ordre public* oben B.II.

707 BGH, Urt. v. 25.10.1966 – KZR 7/65, BGHZ 46, 365 = NJW 1967, 1178; Hanseatisches OLG Hamburg, Urt. v. 1.10.1954 – 1 U 66/54, NJW 1955, 390 (unsittliche Leistung); *Bien*, ZZP 132 (2019), 93 (110); Zöller, ZPO/*R. Geimer*, § 1059 Rn. 59; MüKo-ZPO/*J. Münch*, § 1059 Rn. 47; *Poseck* in Salger/Trittmann (Hrsg.), Internationale Schiedsverfahren, § 22 Rn. 58; *Sonnauer*, Kontrolle der Schiedsgerichte, S. 42.

708 *R. Geimer* FS Yessiou-Faltsi, 169 (179 f.).

gesetzliche Nichtigkeitsfolge hinwegsetzte (was Willkür bedeutet). Sieht man angesichts dessen die Schwelle zur Unerträglichkeit überschritten, könnte daraus ein Widerspruch zum *ordre public* folgen, ohne dass es darauf ankäme, ob der Tenor im Ergebnis richtig bzw. ordre-public-konform ist. Im Rechtsmittelzug wäre die Entscheidung jedenfalls dann nicht aufzuheben, wenn sie sich aus anderen Gründen als richtig erwiese, §§ 561, 577 Abs. 3 ZPO.

Wenn jedoch die inhaltliche Unvereinbarkeit des Ergebnisses der Anerkennung oder Vollstreckung des Schiedsspruchs mit dem *ordre public* gemäß § 1059 Abs. 2 Nr. 2 lit. b) ZPO nicht bereits bei isolierter Betrachtung des Tenors oder dessen logischer Vereinbarkeit mit den Entscheidungsgründen ins Auge springt, sondern sich nur aus einer Überprüfung der tatsächlichen Grundlagen des Schiedsspruchs ergibt, ist die Prüfung eines Widerspruchs zum *ordre public* schwieriger.

Weil der *ordre public*, eine eng begrenzte Teilmenge des zwingenden deutschen Rechts,[709] betroffen sein muss, erfolgt die Aufhebung des Schiedsspruchs wie erwähnt nicht bereits im Falle der entscheidungserheblichen Verletzung einer Vorschrift des einfachen Rechts. Fraglich ist aber, ob ein Widerspruch zum *ordre public* im Sinne des § 1059 Abs. 2 Nr. 2 lit. b) ZPO ohne Weiteres vorliegt, wenn das Schiedsspruchergebnis aus der Sicht des Gerichts auf der Verletzung zum *ordre public* gehörenden Rechts beruht. Zu klären ist also, ob der Schiedsspruch sogleich aufhebbar ist, wenn das Schiedsgericht eine den *ordre public* verkörpernde Rechtsnorm (etwa Art. 101 AEUV oder § 1 GWB) in entscheidungserheblicher Weise missachtet oder fehlerhaft angewendet hat bzw. wenn das Gericht feststellt, dass das Schiedsspruchergebnis bei Heranziehung seines *ordre public* nur unter Inkaufnahme eines Rechtsfehlers begründbar ist.[710] Diese Fragestellung wird im Folgenden diskutiert unter der Wendung *Schluss von entscheidungserheblichem Rechtsfehler bei der Anwendung zum ordre public gehörenden Rechts auf Widerspruch des Ergebnisses der Anerkennung oder Vollstreckung des Schiedsspruchs zum ordre public im Sinne des § 1059 Abs. 2 Nr. 2 lit. b) ZPO* – oder kurz: *Schluss von Rechtsfehler auf Widerspruch zum ordre public.*[711]

709 Dazu oben B.II. sowie C.I.2.

710 Zu dem zutreffenden Gedanken, dass es im Rahmen der Ordre-public-Kontrolle darauf ankommt, ob sich das vom Schiedsgericht ermittelte Schiedsspruchergebnis *„mit einer* [ordre-public-konformen] *Begründung darstellen lässt“*, bereits *Spiegel*, Kartellprivatrecht in der Handelsschiedsgerichtsbarkeit, S. 192.

711 Dazu bereits die Fragestellung bei *Pocsay*, Privates Kartellrecht in Schiedsverfahren, S. 255.

Wäre ein solcher Schluss von Rechtsfehler auf Widerspruch zum *ordre public* zutreffend, liefe die Ordre-public-Prüfung gleichsam zweistufig ab: Bei der Prüfung, ob das Ergebnis der Anerkennung oder Vollstreckung des Schiedsspruchs gemäß § 1059 Abs. 2 Nr. 2 lit. b) ZPO gegen den *ordre public* verstößt, würde das Gericht die einschlägigen, zum *ordre public* gehörenden Rechtsnormen identifizieren und anschließend prüfen, ob das Schiedsgericht diese vollständig fehlerfrei angewendet hat (bzw. ob sich das Schiedsspruchergebnis unter der Anwendung dieser Vorschriften ohne Rechtsfehler begründen lässt[712]). Die Aufhebung hinge schlicht von einem entscheidungserheblichen Rechtsfehler im Hinblick auf zum *ordre public* gehörendes Recht ab.[713] Ein solcher Schluss von Rechtsfehler auf Widerspruch zum *ordre public* unterschiede sich, soweit eine konkrete Ordre-public-Norm betroffen ist, nicht von der gerichtlichen Überprüfung einer angefochtenen Entscheidung im Rechtsmittelzug.[714] Wesentlicher Unterschied zu einer Rechtsfehlerprüfung, wie sie im Rechtsmittelrecht §§ 513 Abs. 1, 545 Abs. 1, 546, 576 Abs. 1 ZPO vorsehen, wäre allein der rechtliche Maßstab der Prüfung: Während es bei der Ermittlung des in der Sache zutreffenden Ergebnisses um die richtige Anwendung des gesamten anwendbaren Rechts geht, wird der Schiedsspruch im Rahmen der Ordre-public-Prüfung nicht am Maßstab des gesamten Rechts überprüft, sondern lediglich auf die Vereinbarkeit mit solchen Rechtsvorschriften und Grundgedanken, die zum *ordre public* zählen.

Viele (auch und gerade gerichtliche) Ausführungen zur materiellen Ordre-public-Kontrolle scheinen entweder (stillschweigend) von einem Schluss von Rechtsfehler auf Widerspruch zum *ordre public* auszugehen (nehmen also beispielsweise eine vollständige kartellrechtliche Würdigung des dem Schiedsspruch zugrundeliegenden Sachverhalts vor)[715] oder weisen umge-

---

712 Dazu bereits *Spiegel*, Kartellprivatrecht in der Handelsschiedsgerichtsbarkeit, S. 192.

713 So etwa *Kornblum*, ZZP 86 (1973), 215 (222): Das Gericht habe im Rahmen der Ordre-public-Kontrolle vorzugehen „*wie* [...] *in allen anderen Fällen gerichtlicher Rechtsentscheidung*"; so auch *Bosch* FS Bechtold, 59 (64), wonach jeder Kartellrechtsvertoß immer auch ein Ordre-public-Verstoß ist; angedeutet auch bei *Bien*, ZZP 132 (2019), 93 (119 f.).

714 So bereits *Habscheid*, KTS 1967, 1 (6): Die Rechtsprechung zur vollständigen kartellrechtlichen Überprüfung von Schiedssprüchen sei eine *revision au fond*, „*wie man sie sich gründlicher und vollständiger nicht denken kann*"; die Vorgehensweise unterscheide sich „*in nichts von einem normalen Revisionsurteil*"; offenbar befürwortet von *Bien*, ZZP 132 (2019), 93 (119 f.).

715 Neben der bereits genannten Rechtsprechung des Bundesgerichtshofs für umfangreiche kartellrechtliche Überprüfung etwa: OLG Düsseldorf, Beschl. v. 21.7.2004 – VI-Sch (Kart) 1/02, Sch (Kart) 1/02, juris (Rn. 30–43); OLG Dresden, Beschl. v. 20.4.2005

kehrt auf „*Wertungsmöglichkeiten*“[716] hin, die der Tatbestand des § 1059 Abs. 2 Nr. 2 lit. b) ZPO eröffne, um darzulegen, dass nicht jede Verletzung einschlägiger kartellrechtlicher Vorschriften einen Widerspruch zum *ordre public* begründe.[717] Die jeweilige Position wurde, soweit ersichtlich, kaum einmal systematisch begründet[718] – Anlass genug, im Folgenden einen entsprechenden Versuch zu unternehmen.

a) Schluss von Rechtsfehler auf Widerspruch zum *ordre public*?

Trotz der angedeuteten Bedenken gibt es viele Stimmen, die einen Schluss von Rechtsfehler auf Widerspruch zum *ordre public* zu vertreten scheinen (ohne dies so zu bezeichnen).[719] So wurde im Schrifttum unter der noch zutreffenden Prämisse, dass die grundlegenden Verbotsvorschriften des Kartellrechts zum *ordre public* zählen, angemerkt, die „*Verletzung einer zur öffentlichen Ordnung zählenden Rechtsnorm*“[720] oder die Missachtung einer jeden (kartellrechtlichen) Unionsrechtsvorschrift[721] führe zur Aufhebung des Schiedsspruchs. Auch der Generalanwalt zog in den Schlussanträgen zur Rechtssache *Achmea* einen Schluss von Unionsrechtsverstoß auf Widerspruch zum *ordre public*: Die nach dem streitgegenständlichen Intra-EU-Investitionsabkommen gebildeten Schiedsgerichte seien, wenn man sie als Gerichte im Sinne des Art. 267 AEUV qualifiziere, verpflichtet, das Unionsrecht zu beachten, weil anderenfalls „*ihr Entscheid wegen Verstoßes gegen die*

– 11 Sch 01/05, SchiedsVZ 2005, 210 (211–213); OLG Celle, Beschl. v. 14.10.2016 – 13 Sch 1/15 (Kart)/7 Sch 3/15, BeckRS 2016, 124988 (Rn. 45–136); zustimmend *Bosch* FS Bechtold, 59 (64).

716 *Zobel*, Schiedsgerichtsbarkeit und Gemeinschaftsrecht, S. 151.

717 Gegen die Gleichsetzung eines jeden Verstoßes gegen zwingendes Verbotskartellrecht mit einem Verstoß gegen den *ordre public* bereits *Altenmüller*, Schiedsrichterliche Entscheidung, S. 284–295; *Altenmüller*, KTS 1974, 150 (157–159); *Möhring*, NJW 1968, 369 (370); *Schlosser*, Schiedsgerichtsbarkeit, Rn. 866–868, 878; *Zobel*, wbl 2001, 300 (303 f.).

718 Siehe aber aus dem älteren Schrfittum *Altenmüller*, Schiedsrichterliche Entscheidung, S. 284–295; *Altenmüller*, KTS 1974, 150 (157–159); aus dem jüngeren Schrifttum *Pocsay*, Privates Kartellrecht in Schiedsverfahren, S. 254–302.

719 Deutlich dafür *Bosch* FS Bechtold, 59 (64).

720 *Kornblum*, BB 1968, 1456 (1461).

721 *Bosch* FS Bechtold, 59 (64): „*Der Verstoß gegen deutsches oder europäisches Kartellrecht ist aus deutscher Sicht immer auch ein Verstoß gegen den ordre public*“; *Lachmann*, Schiedsgerichtspraxis, Rn. 2334; *Mankowski*, RIW 2018, 1 (7).

öffentliche Ordnung ungültig"[722] sei. Einschränkend meint *Schlosser*, ein Widerspruch zum *ordre public* liege vor, wenn das Schiedsgericht eine zwingende wirtschaftsrechtliche Vorschrift „*in klarer* [...] *Verkennung der Rechtslage*"[723] nicht oder falsch angewendet habe und der Schiedsspruch bei zutreffender Rechtsanwendung anders ausgefallen wäre. Speziell zum kartellrechtlichen *ordre public* wird anhand der Funktionen des Ordre-public-Vorbehalts vorgeschlagen, danach zu differenzieren, ob die betreffende kartellrechtliche Vorschrift dem gerechten Interessenausgleich zwischen Privaten diene (Gerechtigkeitsfunktion; dann sei ein *eklatanter* Verstoß erforderlich) oder Ausdruck wettbewerbspolitischer Anschauungen des Gesetzgebers sei (Machterhaltungsfunktion; dann folge aus einer jeden Verletzung ein Widerspruch zum *ordre public*).[724]

Auch die Rechtsprechung des Gerichtshofs in der Sache *Eco Swiss*, wonach unter bestimmten Voraussetzungen ein Verstoß gegen das Unionskartellverbot einen Widerspruch zum *ordre public* begründet,[725] wurde dahin ausgelegt, dass jede Abweichung von Art. 81 EGV (heute Art. 101 AEUV) einen solchen Widerspruch darstelle: Die Entscheidung führe im Ergebnis zu einer „*absoluten inhaltlichen Kartellrechtskontrolle*"[726] von Schiedssprüchen.[727] Ähnlich verstehen Teile des Schrifttums die frühe Rechtsprechung des Bundesgerichtshofs[728] zur Ordre-public-Qualität zwingenden Kartellrechts und zur kartellrechtlichen Ordre-public-Kontrolle von Schiedssprüchen.[729] Ver-

722 EuGH, Schlussanträge des Generalanwalts v. 19.9.2017 – C-284/16 (Achmea), BeckRS 2017, 125330 (Rn. 134).

723 Stein/Jonas, ZPO/*Schlosser*, Anhang zu § 1061 Rn. 345.

724 *Zimmer*, Zulässigkeit und Grenzen, S. 88–90.

725 EuGH, Urt. v. 1.6.1999 – C-126/97 (Eco Swiss), Slg. I 1999, 3055 = GRUR Int 1999, 737 (739).

726 *Zobel*, wbl 2001, 300 (301, 303 f.); *Zobel*, Schiedsgerichtsbarkeit und Gemeinschaftsrecht, S. 150 f.

727 *Kohler/Knapp*, ZEuP 2001, 116 (120) („*Das Urteil vom 1.6.1999 spricht nun aus, dass die Verletzung der Wettbewerbsregeln des EGV, insbesondere des Art. 81 (früher Art. 85) stets als Verstoß gegen die öffentliche Ordnung anzusehen ist*"); *Hilbig*, Kartellverbot im Schiedsverfahren, S. 28; *Pfeiffer* in Salger/Trittmann (Hrsg.), Internationale Schiedsverfahren, § 15 Rn. 65 (Ordre-public-Widrigkeit, „*wenn das Schiedsgericht die Maßgaben des EU-Kartellrechts nicht angewandt hat*").

728 BGH, Urt. v. 23.4.1959 – VII ZR 2/58, BGHZ 30, 89 = NJW 1959, 1438; BGH, Urt. v. 20.5.1966 – KZR 10/64, GRUR 1966, 576; BGH, Urt. v. 25.10.1966 – KZR 7/65, BGHZ 46, 365 = NJW 1967, 1178; BGH, Urt. v. 27.2.1969 – KZR 3/68, GRUR 1969, 501; BGH, Urt. v. 31.5.1972 – KZR 43/71, NJW 1972, 2180.

729 *Habscheid*, KTS 1967, 1 (6); *Pocsay*, Privates Kartellrecht in Schiedsverfahren, S. 87; *G. Wagner*, ZVglRWiss 114 (2015), 494 (499, 514) („[Es] *ist zu berücksichtigen, dass ein Schiedsspruch von der staatlichen Gerichtsbarkeit zu kontrollieren und wegen Verstoßes*

einzelt wurde gar vertreten, der Bundesgerichtshof habe einen eigenständigen kartellrechtlichen *ordre public* geschaffen, indem er in *jedem* Verstoß gegen das Kartellrecht einen Widerspruch zum *ordre public* erkannt habe, was außerhalb kartellrechtlicher Vorschriften nicht gelte.[730] Auch das Oberlandesgericht Dresden führte aus, ein Schiedsspruch, der die Vorschriften des GWB verletze oder übergehe, sei aufzuheben bzw. nicht anzuerkennen.[731] *Gerhard Wagner* weist dieses Verständnis – dass der Schiedsspruch bei einer Verkennung von Vorschriften des GWB aufgehoben werde – als gesicherte Rechtsprechung aus.[732] Nach einer anderslautenden Entscheidung verletzt jedenfalls die Bewertung eines kartellrechtlich unbedenklichen Verhaltens als kartellrechtswidrig nicht den *ordre public*.[733]

b) Verletzung zum *ordre public* gehörenden Rechts nicht ohne Weiteres Widerspruch zum *ordre public*

Die Einschränkung, dass jedenfalls die Behandlung einer kartellrechtlich unbedenklichen Verhaltensweise als kartellrechtswidrig unter dem Gesichtspunkt des *ordre public* unbedenklich sei, deutet im Speziellen an, was im Folgenden im Allgemeinen zu begründen sein wird: Der zwingende Schluss von der Verletzung einer Rechtsnorm, die zum *ordre public* gehört, auf einen Widerspruch des Ergebnisses der Anerkennung oder Vollstreckung des Schiedsspruchs zum *ordre public* im Sinne des § 1059 Abs. 2 Nr. 2 lit. b) ZPO ist ein Fehlschluss.[734]

---

gegen den ordre public aufzuheben ist, wenn das Schiedsgericht das Kartellrecht unrichtig angewendet hat“).

730 *Spiegel*, Kartellprivatrecht in der Handelsschiedsgerichtsbarkeit, S. 179; *Weyer*, EuR 2000, 145 (163 mit Fn. 134); ferner *Hilbig*, Kartellverbot im Schiedsverfahren, S. 32, zu BGH, Urt. v. 25.10.1966 – KZR 7/65, BGHZ 46, 365 = NJW 1967, 1178.

731 OLG Dresden, Beschl. v. 20.4.2005 – 11 Sch 01/05, SchiedsVZ 2005, 210 (212).

732 *G. Wagner*, ZVglRWiss 114 (2015), 494 (499).

733 OLG Celle, Beschl. v. 14.10.2016 – 13 Sch 1/15 (Kart)/7 Sch 3/15, BeckRS 2016, 124988 (Rn. 47, 86); *Bien* in Fuchs/Weitbrecht (Hrsg.), Private Kartellrechtsdurchsetzung, § 17 Rn. 194.

734 Im Ergebnis ebenso *Pocsay*, Privates Kartellrecht in Schiedsverfahren, S. 285 f.; ähnlich *Spiegel*, Kartellprivatrecht in der Handelsschiedsgerichtsbarkeit, S. 153 f.

aa) Rechtsprechung zum materiellen Ordre-public-Verstoß stützt Schluss von Rechtsfehler auf Widerspruch zum *ordre public* nicht

Nach zutreffender Lesart vertritt auch die höchstrichterliche Rechtsprechung keinen Schluss von Rechtsfehler auf Widerspruch zum *ordre public*, wenngleich einschlägige Entscheidungen ohne Erläuterung der dargestellten Zusammenhänge blieben.

Wenig aufschlussreich, aber zutreffend[735] ist in diesem Zusammenhang noch die häufig wiederkehrende Feststellung des Bundesgerichtshofs, die unrichtige Anwendung des richtigen materiellen Rechts stelle keinen Widerspruch zum *ordre public* dar.[736] Diese Erkenntnis folgt aus dem Verbot der *révision au fond*, lässt aber im Unklaren, ob die Aufhebung gerechtfertigt ist, sobald eine zum *ordre public* gehörende Rechtsnorm (etwa Art. 101 AEUV oder § 1 GWB) unrichtig angewendet wurde (bzw. sich das Schiedsspruchergebnis unter Anwendung des zum *ordre public* gehörenden Rechts nicht ohne Rechtsfehler begründen lässt[737]). Diese Frage beantwortet – zwischen den Zeilen – die frühe höchstrichterliche Rechtsprechung, in der der Bundesgerichtshof auch den Prüfungsumfang festlegte, also die Bindung des Gerichts an die schiedsgerichtlichen Feststellungen im Rahmen Ordre-public-Kontrolle:

Eine Entscheidung aus dem Jahr 1953 betraf eine Mieterin, die vor einem Schiedsgericht auf Herabsetzung des vertraglichen Mietzinses geklagt hatte, weil sie diesen für nach den damaligen Preisvorschriften unzulässig überhöht hielt.[738] Das Schiedsgericht erkannte keinen Verstoß gegen preisrechtliche Vorschriften und wies die Schiedsklage ab. In der Revision über das Vollstreckbarerklärungsbegehren der Schiedsbeklagten wegen der Kosten erkannte der Bundesgerichtshof die Ordre-public-Qualität des einschlägigen

735 So auch *Pfeiffer*, NJW 2012, 1169 (1172); *Tafelmaier*, Schiedsspruch und staatliche Gerichtsbarkeit, S. 101.

736 St. Rspr., seit SchiedsVfG etwa: BGH, Beschl. v. 30.10.2008 – III ZB 17/08, NJW 2009, 1215 (1216); BGH, Beschl. v. 28.1.2014 – III ZB 40/13, NJW 2014, 1597 (1598); BGH, Beschl. v. 5.3.2020 – I ZB 49/19, juris (Rn. 9).

737 Zu dem zutreffenden Gedanken, dass es im Rahmen der Ordre-public-Kontrolle darauf ankommt, ob sich das vom Schiedsgericht ermittelte Schiedsspruchergebnis *„mit einer* [ordre-public-konformen] *Begründung darstellen lässt“*, bereits *Spiegel*, Kartellprivatrecht in der Handelsschiedsgerichtsbarkeit, S. 192.

738 BGH, Urt. v. 27.5.1953 – II ZR 147/52, BeckRS 1953, 31203783; zur Anerkennungsversagung, wenn der Schiedsspruch zur Leistung aus einem gegen Preisvorschriften verstoßenden Vertrag verpflichtet, bereits: RG, Urt. v. 4.6.1940 – VII 240/39, JW 1940, 1528 (1529).

Preisrechts an, indem er urteilte, ein Schiedsspruch dürfe aus Gründen des *ordre public* nicht anerkannt werden, *„wenn und soweit er Ansprüchen zur Durchführung verhilft, die die Preisbestimmungen verletzen*"[739]. Ein solcher Fall liege aber nicht vor, selbst wenn der Mietzins preisrechtlich unzulässig sei (was das Schiedsgericht bejaht hatte und der Bundesgerichtshof *obiter* verneinte). Der Schiedsspruch lehne lediglich ein Vertragsgestaltungsbegehren ab, für welches das Preisrecht gar keine Grundlage biete. Nach geltendem Preisrecht trete *qua* Gesetz, ohne Vertragsanpassung, der angemessene an die Stelle des preisrechtlich überhöhten Mietzinses. Nach Auffassung des Bundesgerichtshofs hatte das Schiedsgericht also unzutreffend geurteilt, dass der Mietzins zulässig sei, mithin Vorschriften fehlerhaft angewendet, die zum (damaligen) *ordre public* zählten. Dennoch ließ der Bundesgerichtshof die Fehlanwendung des Preisrechts unbeanstandet.

Aus der Entscheidung folgt, dass – trotz deren Ordre-public-Qualität – nicht aus jeder entscheidungserheblichen Verletzung einer preisrechtlichen Vorschrift ein Widerspruch zum *ordre public* folgt, sondern nur dann, wenn die Fehlanwendung der Preisvorschrift zur Verurteilung zu einer preisrechtlich unzulässigen Leistung führt. Denn nur in diesem Fall verhilft der Schiedsspruch – in den Worten des Bundesgerichtshofs – dem unzulässigen Rechtsgeschäft (und damit dem zugrundeliegenden rechtswidrigen Verhalten) *„zur Durchführung*"[740]. Weil das nicht der Fall war, sondern umgekehrt das Klagebegehren abgelehnt worden war, lag ein Widerspruch nicht vor und konnte der Schiedsspruch für vollstreckbar erklärt werden.

Einer Entscheidung aus dem Jahr 1958 lagen dann aber Bedenken wegen einer möglicherweise preisrechtlich unzulässigen Verurteilung zugrunde. Wohl deswegen, weil eine solche Verurteilung nach seinem Verständnis einen Widerspruch zum *ordre public* begründet hätte, prüfte der Bundesgerichtshof den Schiedsspruch vollständig auf Vereinbarkeit mit Preisrecht – unter Verneinung einer prozessualen Bindung an die Feststellungen des Schiedsgerichts.[741] Um einen parallelen Sachverhalt betreffend den kartellrechtlichen *ordre public*, die Verurteilung aus einem möglicherweise kartellrechtswidrigen Vertrag, ging es in zwei Entscheidungen aus den Jahren 1959 (*Flugplatz*[742]) und 1966 (*Schweißbolzen*[743]). In der späteren urteilte der Bundesge-

739 BGH, Urt. v. 27.5.1953 – II ZR 147/52, BeckRS 1953, 31203783.
740 BGH, Urt. v. 27.5.1953 – II ZR 147/52, BeckRS 1953, 31203783.
741 BGH, Urt. v. 12.5.1958 – VII ZR 436/56, BGHZ 27, 249 = NJW 1958, 1538.
742 BGH, Urt. v. 23.4.1959 – VII ZR 2/58, BGHZ 30, 89 = NJW 1959, 1438.
743 BGH, Urt. v. 25.10.1966 – KZR 7/65, BGHZ 46, 365 = NJW 1967, 1178.

richtshof, die Anerkennung des Schiedsspruchs sei zu versagen, wenn das Schiedsgericht eine Partei *„auf Grund einer nach § 20 GWB unwirksamen Vertragsbestimmung verurteilt haben sollte“*[744]. Im Jahr 1972 übertrug der Bundesgerichtshof diese Rechtsprechung auf den Fall, dass der Schiedsspruch *„den Schiedsbeklagten zur Erfüllung eines nach § 138 BGB nichtigen Vertrags verpflichtet“*[745] habe.

In weiteren Entscheidungen urteilte der Bundesgerichtshof, dass ein Widerspruch zum *ordre public* auch dann vorliege, wenn eine Partei wegen Nichterfüllung einer kartellrechtswidrigen Vertragspflicht zur Zahlung von Schadensersatz (*Fruchtsäfte*[746] und *Eiskonfekt*[747]) oder zu einer Vertragsstrafe (*Zimcofot*[748]) verurteilt worden sei. Hierin einen Widerspruch zu wesentlichen Grundlagen der Rechtsordnung bzw. zu grundlegenden Gerechtigkeitsprinzipien zu sehen, leuchtet ein, muss die Partei die Verurteilung doch gerade deswegen hinnehmen, weil sie sich kartellrechtskonform verhielt. *Bien* hingegen lehnt in dieser Fallgruppe einen Widerspruch zum *ordre public* grundsätzlich ab, und zwar mit dem Argument, es sei unter dem Gesichtspunkt des Wettbewerbsschutzes begrüßenswert, dass es der Partei ermöglicht werde, sich unter Zahlung einer Geldsumme durch Nichterfüllung der kartellrechtswidrigen Vertragspflicht kartellrechtskonform zu verhalten.[749] Dass dies für sie wirtschaftlich nachteilig sei, ändere nichts an dem grundsätzlich kartellrechtlich wünschenswerten Ergebnis.

Gegen diesen Ansatz von *Bien* spricht jedoch zunächst einmal die Unsicherheit, die mit dem subjektiven Kriterium der Motivationslage der Partei, die fragliche Vertragsbestimmung nicht zu erfüllen, einhergeht. Ferner steht der Durchsetzungsanspruch des Kartellrechts auf dem Spiel. Lassen nämlich staatliche Gerichte Schiedssprüche passieren, die wegen Nichterfüllung einer kartellrechtswidrigen Vertragspflicht zu Schadensersatz oder einer Vertragsstrafe verurteilen, schafft dies für die verurteilte Partei einen Anreiz zu wett-

744 BGH, Urt. v. 25.10.1966 – KZR 7/65, BGHZ 46, 365 = NJW 1967, 1178.

745 BGH, Urt. v. 26.10.1972 – VII ZR 232/71, NJW 1973, 98 (100); zu einer solchen Konstellation auch OLG München, Beschl. v. 7.5.2008 – 34 Sch 8/07, NJOZ 2008, 3027 (3031–3033).

746 BGH, Urt. v. 27.2.1969 – KZR 3/68, GRUR 1969, 501 (504), mit ablehnender Anmerkung von *Lutz* (504 f.).

747 BGH, Urt. v. 31.5.1972 – KZR 43/71, NJW 1972, 2180.

748 BGH, Urt. v. 20.5.1966 – KZR 10/64, GRUR 1966, 576.

749 *Bien*, ZZP 132 (2019), 93 (113–118); *Bien* in Fuchs/Weitbrecht (Hrsg.), Private Kartellrechtsdurchsetzung, § 17 Rn. 187–193.

bewerbswidrigem Verhalten.[750] Eine solche Verurteilung nimmt jedenfalls den Anreiz, sich (wieder) kartellrechtskonform zu verhalten.[751] Denn mit der Kartellrechtskonformität des Verhaltens geht das Risiko der wirtschaftlichen Last einer Verurteilung einher.

Ungeachtet dieser kartellrechtlichen Besonderheiten bestätigte der Bundesgerichtshof in den soeben genannten Entscheidungen stillschweigend, dass nicht jede Verletzung zum *ordre public* gehörenden Rechts die Aufhebung bzw. Nichtanerkennung des Schiedsspruchs rechtfertigt – was dieser Rechtsprechung mitunter unterstellt[752] oder sogar als einhellige Meinung bezeichnet[753] wurde.

Die Schiedsspruchaufhebung wegen eines Widerspruchs zum *ordre public* im Sinne des heutigen § 1059 Abs. 2 Nr. 2 lit. b) ZPO) kommt nach diesen Entscheidungen[754] dann in Betracht, wenn eine Partei zu einer verbotenen (einschließlich kartellrechtswidrigen) oder sittenwidrigen Handlung bzw. Leistung, aufgrund eines verbotenen oder sittenwidrigen Vertrags oder zu Schadensersatz oder einer Vertragsstrafe wegen Nichterfüllung einer verbotenen oder sittenwidrigen Vertragsbestimmung verurteilt wurde.[755] In diesen Fallgruppen verhilft der Schiedsspruch einem unzulässigen Rechtsgeschäft bzw. Vertrag (allgemeiner gewendet: rechtswidrigem bzw. kartellrechtswidrigem Verhalten) *„zur Durchführung“*[756], was nach dem Bundesgerichtshof aus der Sicht des *ordre public* anstößig ist (womit nicht gesagt ist, dass die *Versagung* eines Anspruchs unter Verkennung zum *ordre public* gehörenden Rechts ebenfalls einen Widerspruch zum *ordre public* darstellt).

---

750 So dann auch *Bien*, ZZP 132 (2019), 93 (116 f.); *Bien* in Fuchs/Weitbrecht (Hrsg.), Private Kartellrechtsdurchsetzung, § 17 Rn. 189, 191.

751 So dann auch *Bien*, ZZP 132 (2019), 93 (116 f.); *Bien* in Fuchs/Weitbrecht (Hrsg.), Private Kartellrechtsdurchsetzung, § 17 Rn. 189, 191.

752 *G. Blanke*, SIAR 2 (2007), 51 (69); *Habscheid*, KTS 1967, 1 (6); *Schlosser*, Schiedsgerichtsbarkeit, Rn. 867; *Spiegel*, Kartellprivatrecht in der Handelsschiedsgerichtsbarkeit, S. 178 f.; *Vollmer*, GRUR Int 1986, 589 (591); *Weyer*, EuR 2000, 145 (163 mit Fn. 134).

753 *Kornblum*, BB 1968, 1456 (1461 mit Fn. 82).

754 BGH, Urt. v. 23.4.1959 – VII ZR 2/58, BGHZ 30, 89 = NJW 1959, 1438; BGH, Urt. v. 20.5.1966 – KZR 10/64, GRUR 1966, 576; BGH, Urt. v. 25.10.1966 – KZR 7/65, BGHZ 46, 365 = NJW 1967, 1178; BGH, Urt. v. 27.2.1969 – KZR 3/68, GRUR 1969, 501; BGH, Urt. v. 31.5.1972 – KZR 43/71, NJW 1972, 2180.

755 Fallgruppen anschaulich im Überblick bei *Bien* in Fuchs/Weitbrecht (Hrsg.), Private Kartellrechtsdurchsetzung, § 17 Rn. 176–194e.

756 BGH, Urt. v. 27.5.1953 – II ZR 147/52, BeckRS 1953, 31203783.

Den zwingenden Schluss von einer entscheidungserheblichen Verletzung zum *ordre public* gehörenden Rechts auf einen Widerspruch des Ergebnisses der Anerkennung oder Vollstreckung des Schiedsspruchs zum *ordre public* lehnte der Bundesgerichtshof auch im Verjährungsrecht ab. Das Verjährungsrecht sei zwar Bestandteil des deutschen *ordre public*, ein „*bloßer Rechtsfehler bei der Anwendung von Verjährungsvorschriften*"[757] verstoße aber grundsätzlich nicht gegen den *ordre public*, es sei denn, das Schiedsgericht habe einen Anspruch als unverjährbar behandelt. Die Entscheidung belegt, dass der Bundesgerichtshof auch das Verjährungsrecht nicht in all seinen Facetten zum *ordre public* zählt, sondern lediglich den Grundsatz, dass ein Anspruch zum Wohl des Rechtsfriedens und des Vertrauensschutzes (Rechtsstaatsprinzip, Art. 20 Abs. 3 GG)[758] der Verjährung unterliegen muss.

Allerdings hat die obergerichtliche Rechtsprechung das zutreffende Verständnis, dass nicht jede Verletzung zum *ordre public* gehörenden Rechts einen Widerspruch zum *ordre public* im Sinne des § 1059 Abs. 2 Nr. 2 lit. b) ZPO begründet, mitunter zu großzügig ausgelegt. Beispielsweise wurde in einem Verfahren vor dem Oberlandesgericht Köln gegen einen Vertrag, der Grundlage einer Verurteilung durch Schiedsspruch gewesen war, eingewendet, es handele sich um ein Scheingeschäft (§ 117 BGB), das der Steuerhinterziehung gedient habe.[759] Das Oberlandesgericht lehnte unter Hinweis auf das Verbot der *révision au fond* jede Prüfung der Rechtslage ab und ließ offen, ob Steuervermeidungszwecke verfolgt worden waren.[760] Unterstellt man jedoch (wofür vieles sprechen dürfte), dass Verurteilungen aufgrund von Steuervermeidungs-Scheingeschäften ordre-public-widrig sind (denn sie verhelfen der Steuervermeidung zur Durchsetzung), hätte das Gericht den Vertrag unter diesem Gesichtspunkt überprüfen müssen.

Ähnliche Bedenken bestehen gegen eine Entscheidung des Oberlandesgerichts Schleswig, die verfahrensrechtliche Aspekte des *ordre public* betraf. Im Raum stand eine Fehleinschätzung des Schiedsgerichts dazu, ob der Schiedskläger wirksam einen Teil der Schiedsklage zurückgenommen hatte, was das Schiedsgericht am Maßstab des § 269 ZPO prüfte und verneinte.[761] Das Oberlandesgericht Schleswig erkannte in dieser Würdigung eine Verletzung

---

757 BGH, Beschl. v. 10.3.2016 – I ZB 99/14, NJW-RR 2016, 892 (895).

758 Auf diesen Zweck weist auch der Bundesgerichtshof an zitierter Stelle hin BGH, Beschl. v. 10.3.2016 – I ZB 99/14, NJW-RR 2016, 892 (895); dazu auch MüKo-BGB/*Grothe*, Vor § 194 Rn. 7; Erman, BGB/*Schmidt-Räntsch*, Vor § 194 Rn. 2.

759 OLG Köln, Beschl. v. 23.4.2004 – 9 Sch 01/03, SchiedsVZ 2005, 163.

760 OLG Köln, Beschl. v. 23.4.2004 – 9 Sch 01/03, SchiedsVZ 2005, 163 (165).

761 OLG Schleswig, Beschl. v. 15.5.2008 – 16 Sch 07/07, DIS-Datenbank.

von § 269 ZPO; darin liege aber keine elementare Verletzung des Prozessrechts.[762] Richtigerweise wäre hier nicht isoliert die Anwendung des § 269 ZPO zu überprüfen gewesen. Im Raum stand vielmehr ein Verstoß gegen das grundlegende Verbot *ne ultra petita*, das in § 308 Abs. 1 ZPO verankert ist und zum (prozessualen) *ordre public* gehört.[763] Wenn das Schiedsgericht über einen wirksam zurückgenommenen Antrag entschieden haben sollte, bestünden aus Gründen des *ordre public* erhebliche Bedenken gegen den Schiedsspruch. Wenn nämlich in einem solchen Fall die Schiedsklage mit dem eigentlich zurückgenommen Antrag Erfolg hat, wird der Schiedsbeklagte ohne Antrag verurteilt. Wenn alternativ der Antrag abgelehnt wird, ist das für den Kläger nachteilig, weil er in den Grenzen des Streitgegenstands die Rechtskraft der Klageabweisung dulden muss (§ 1055 ZPO). Richtigerweise hätte das Gericht die Klagerücknahme also im Zusammenhang mit dem wesentlichen Grundgedanken *ne ultra petita* prüfen müssen.

bb) Schluss von Rechtsfehler auf Widerspruch zum *ordre public* auch im Bereich des kartellrechtlichen *ordre public* unzutreffend

Dass nicht jede Rechtsfehlerhaftigkeit des Schiedsspruchs im Hinblick auf zum *ordre public* gehörendes Recht zwingend einen Widerspruch des Ergebnisses der Anerkennung oder Vollstreckung des Schiedsspruchs zum *ordre public* begründet, dürfte ungeachtet der teilweise überschießenden Zurückhaltung in der Rechtsprechung auch im kartellrechtlichen Kontext zutreffen (wenngleich sich hier komplexe Folgefragen stellen, auf die noch einzugehen sein wird[764]).[765]

Soweit ersichtlich, hat zuerst *Altenmüller* die Bedenken gegen einen Schluss von kartellrechtlichem Rechtsfehler auf Widerspruch zum *ordre public* umfassend begründet.[766] Auffassungen, die eine Fehlanwendung von

---

762 OLG Schleswig, Beschl. v. 15.5.2008 – 16 Sch 07/07, DIS-Datenbank.

763 OLG Köln, Beschl. v. 28.6.2011 – 19 Sch 11/10, SchiedsVZ 2012, 161 (166); OLG Frankfurt a. M., Beschl. v. 5.6.2014 – 26 Sch 1/14, BeckRS 2014, 124247; OLG Köln, Beschl. v. 19.1.2018 – 19 Sch 17/17, BeckRS 2018, 32360; Zöller, ZPO/*R. Geimer*, § 1059 Rn. 44c.

764 Dazu unten C.I.3.c).

765 Im Ergebnis ebenso *Pocsay*, Privates Kartellrecht in Schiedsverfahren, S. 285 f.; ähnlich *Spiegel*, Kartellprivatrecht in der Handelsschiedsgerichtsbarkeit, S. 153 f.; a. A. wohl *Bosch* FS Bechtold, 59 (64).

766 *Altenmüller*, Schiedsrichterliche Entscheidung, S. 284–295; *Altenmüller*, KTS 1974, 150 (157–159).

Kartellrecht mit der Aufhebbarkeit des Schiedsspruchs gleichsetzten, übersähen, dass mit der Klärung des kartellrechtlichen Inhalts des *ordre public* nur ein Bestandteil der Ordre-public-Kontrolle geklärt sei. Der gesetzliche Tatbestand sehe weitere Einschränkungen vor. Entscheidend sei, dass die *Anerkennungsentscheidung des staatlichen Gerichts* nicht gegen den *ordre public* verstoße. Ob das der Fall sei, richte sich nach dem Ergebnis des Schiedsverfahrens, nicht nach den Rechtsauffassungen des Schiedsgerichts. Der Schiedsspruch sei dann nicht angreifbar, wenn das Schiedsgericht zwar Kartellrecht falsch angewendet habe, das Schiedsspruchergebnis aber nicht gegen Kartellrecht verstoße. Es komme darauf an, ob sich die Parteien im Vertragswege rechtlich wirksam auf die tenorierte Rechtsfolge hätten einigen können. Wenn das Schiedsgericht zu Unrecht einen Vertrag aus kartellrechtlichen Gründen für nichtig gehalten habe, etwa weil es die Tragweite des Kartellverbots verkannt habe, liege ein ordre-public-relevanter Verstoß gegen das Kartellrecht nicht vor. Anders sei dies bei Verkennung der kartellrechtlichen Vertragsnichtigkeit, die in einer Verurteilung aus dem nichtigen Vertrag münde.[767] *Altenmüller* scheint sich also – wie es der Bundesgerichtshof bereits zuvor getan hatte[768] – daran zu stören, dass der Schiedsspruch in den genannten Fällen eine nicht durch Vertrag erreichbare Rechtsfolge durchsetzt.

Auch nach diesen Ausführungen *Altenmüllers* ist also nicht jede Verletzung zum *ordre public* gehörenden Verbotskartellrechts (bzw. der Befund, dass sich das Schiedsspruchergebnis nicht ohne ordre-public-relevanten Rechtsfehler begründen lässt) gleichzusetzen mit einem Widerspruch des Ergebnisses der Anerkennung oder Vollstreckung des Schiedsspruchs zum *ordre public.*

Dieses Verständnis ist auch im EuGH-Urteil *Eco Swiss*[769] angelegt.[770] Darin heißt es, aus der Unerlässlichkeit des unionsrechtlichen Kartellverbots für das Funktionieren des Binnenmarkts folge,

> *„daß ein staatliches Gericht, soweit es nach seinen nationalen Verfahrensregeln einem Antrag auf Aufhebung eines Schiedsspruchs wegen Verletzung nationaler Bestimmungen, die zur öffentlichen Ordnung gehören, stattgeben*

767 So bereits ohne nähere Erläuterungen *Kornblum*, BB 1968, 1456 (1461).

768 BGH, Urt. v. 27.5.1953 – II ZR 147/52, BeckRS 1953, 31203783.

769 EuGH, Urt. v. 1.6.1999 – C-126/97 (Eco Swiss), Slg. I 1999, 3055 = GRUR Int 1999, 737.

770 Dies beobachtete bereits, ohne Hinweis auf den exakten Wortlaut der Entscheidung *Eco Swiss* an zitierter Stelle, *Eilmansberger*, SchiedsVZ 2006, 5 (14 f.).

> *muß, verpflichtet ist, einem solchen Antrag auch dann stattzugeben, wenn er auf die Verletzung des Verbots aus Art. 81 Abs. 1 EG gestützt ist.*“[771]

Zur Annahme eines Widerspruchs zum *ordre public* taugt nach dem letzten Halbsatz lediglich eine Verletzung des Unionskartellverbots des heutigen Art. 101 AEUV, auf die der Schiedsspruch gestützt ist. Auf einen Verstoß gegen ein gesetzliches Verbot wie das in Art. 101 AEUV geregelte ist ein Schiedsspruch vertretbarerweise aber nur dann *gestützt*, wenn ein kartellrechtlich verbotenes Verhalten als erlaubt behandelt wird.[772] In den Schlussanträgen zur Rechtssache *Genentech* legte der Generalanwalt das Urteil *Eco Swiss* entsprechend wie folgt aus (in einer Fußnote): Der Gerichtshof habe geurteilt, dass ein internationaler Schiedsspruch *„für nichtig zu erklären*“[773] sei, wenn er einer gegen Art. 101 AEUV verstoßenden Vereinbarung Wirkung verleihe.

Auch nach dieser Lesart rechtfertigt nicht jede Fehlanwendung von Unionskartellrecht die Aufhebung bzw. Nichtanerkennung des Schiedsspruchs. Prüfungsmaßstab ist vielmehr zunächst einmal nur das Verbot wettbewerbsbeschränkender Vereinbarungen in Art. 101 AEUV. Die Aufhebung bzw. Nichtanerkennung erfolgt danach nur dann, wenn eine Partei aus einem gegen Art. 101 AEUV verstoßenden Vertrag verurteilt wurde. Denn nur dann wird einer kartellrechtswidrigen Vereinbarung (anders formuliert: kartellrechtswidrigem Verhalten) Wirkung verliehen. Schiedssprüche bleiben danach verschont, wenn sie einem Vertrag unter Fehlanwendung etwa des Art. 101 AEUV rechtsfehlerhaft die Wirkung versagen, indem sie beispielsweise zu Unrecht eine Schiedsklage wegen angenommener Nichtigkeit des Vertrags abweisen.

Allein aus einem Rechtsfehler des Schiedsgerichts bei der Anwendung zum *ordre public* gehörenden Kartellrechts darf also nicht auf einen Widerspruch zum *ordre public* geschlossen werden.[774] Ein solcher Widerspruch ist nicht mit einer jeden fehlerhaften Anwendung zwingenden Kartellrechts gleichzusetzen.[775] *Zobel* hat dies zutreffend mit den in § 1059 Abs. 2 Nr. 2 lit. b) ZPO

771 EuGH, Urt. v. 1.6.1999 – C-126/97 (Eco Swiss), Slg. I 1999, 3055 = GRUR Int 1999, 737 (739, Rn. 37).

772 Im Ergebnis, aber mit abweichender Begründung ebenso *Eilmansberger*, SchiedsVZ 2006, 5 (14 f.).

773 EuGH, Schlussanträge des Generalanwalts v. 17.3.2016 – C-567/14 (Genentech), BeckRS 2016, 81026 (Fn. 33).

774 So bereits *Möhring*, NJW 1968, 369 (370) (nur bei *„flagranter*“ Verletzung der Norm); *Pocsay*, Privates Kartellrecht in Schiedsverfahren, S. 285 f.

775 OLG Celle, Beschl. v. 14.10.2016 – 13 Sch 1/15 (Kart)/7 Sch 3/15, BeckRS 2016, 124988 (Rn. 47, 86) (mit der noch zu erörternden Unterscheidung, ob das Schiedsgericht

angelegten „*Wertungsmöglichkeiten*“[776] begründet, anhand derer im Einzelfall zu erörtern ist, ob das Ergebnis der Anerkennung oder Vollstreckung in einem nicht hinnehmbaren Widerspruch zu den Grundgedanken der betroffenen Regelungen steht. Jede beliebige Fehlanwendung bzw. Verletzung selbst von Unionskartellrecht reicht hierfür nicht aus.[777] Das Oberlandesgericht München formulierte treffend, eine etwaige Aufhebung des Schiedsspruchs beruhe bei Kartellrechtsbezug „*nicht auf einem Verstoß gegen nationale kartellrechtliche [oder europäische] Vorschriften, sondern allein darauf,* [dass der Schiedsspruch] *zu einem unerträglichen Ergebnis*“[778] führe.

Somit ist mittels der eröffneten „*Wertungsmöglichkeiten*“[779] im Einzelfall zu fragen, ob das Ergebnis der Anerkennung oder Vollstreckung des Schiedsspruchs im Sinne des § 1059 Abs. 2 Nr. 2 lit. b) ZPO mit wesentlichen Grundgedanken der deutschen Rechtsordnung unvereinbar ist. Die Unvereinbarkeit des Anerkennungsergebnisses mit dem *ordre public* ist nicht dasselbe wie das Beruhen des Schiedsspruchergebnisses auf einer Verletzung zum *ordre public* gehörenden Rechts.

Teile des Schrifttums haben vorgeschlagen, den durch § 1059 Abs. 2 Nr. 2 lit. b) ZPO eröffneten Wertungsspielraum im Bereich des kartellrechtlichen *ordre public* mittels Art und Schwere des ermittelten Kartellrechtsverstoßes, auf dem der Schiedsspruch beruht, zu konkretisieren.[780] Danach stellen lediglich *bewirkte* Wettbewerbsbeschränkungen auch aus der Sicht des *ord-*

---

einschlägiges Kartellrecht zu streng oder zu großzügig angewendet hat); ferner gegen Gleichsetzung von kartellrechtlichem Rechtsfehler und Ordre-public-Verstoß *Eilmansberger*, SchiedsVZ 2006, 5 (14 f.); *Heukamp*, Schiedszusagen, S. 166–168; *Hilbig*, Kartellverbot im Schiedsverfahren, S. 70; *Pocsay*, Privates Kartellrecht in Schiedsverfahren, S. 285 f.; *Wilske/Steinle/Schuler*, ZWeR 2020, 458 (463); im Ergebnis auch *Zimmer*, Zulässigkeit und Grenzen, S. 66 f. (der dies aber auf die Beschränkung des Prüfungsmaßstabs auf nur wenige kartellrechtliche Vorschriften zurückzuführen scheint).

776 *Zobel*, Schiedsgerichtsbarkeit und Gemeinschaftsrecht, S. 151.

777 *Altenmüller*, Schiedsrichterliche Entscheidung, S. 284–295; *Altenmüller*, KTS 1974, 150 (157–159); *Möhring*, NJW 1968, 369 (370); *Pocsay*, Privates Kartellrecht in Schiedsverfahren, S. 285 f.; *Schlosser*, Schiedsgerichtsbarkeit, Rn. 866–868, 877; *Zobel*, wbl 2001, 300 (303 f.); *Zobel*, Schiedsgerichtsbarkeit und Gemeinschaftsrecht, S. 151.

778 OLG München, Beschl. v. 30.7.2012 – 34 Sch 18/10, SchiedsVZ 2012, 339 (341).

779 *Zobel*, Schiedsgerichtsbarkeit und Gemeinschaftsrecht, S. 151.

780 Dazu *Geradin*, RevClEspArb 2016, 133 (145 f.); *Martínez Lage*, RevClEspArb 16 (2016), 131 (139–142).

re public einen weniger schwerwiegenden Kartellrechtsverstoß dar als bezweckte:[781]

Nach kartellrechtlicher Doktrin sind horizontale Kernbeschränkungen zwischen auf derselben Produktionsstufe tätigen, direkten Wettbewerbern in Gestalt von Preis-, Mengen-, Gebiets-, oder Kundenabsprachen (Hardcore-Kartelle) *per se* verboten und schwerwiegend kartellrechtswidrig,[782] anders die nur ausnahmsweise unzulässigen Nebenabreden in vertikalen Leistungsaustauschverträgen zwischen auf unterschiedlichen Wertschöpfungsstufen tätigen Marktteilnehmern.[783] Überträgt man dies auf die schiedsrechtliche Ordre-public-Kontrolle, ergibt sich: Je mehr eine Vereinbarung zu einer bezweckten horizontalen Wettbewerbsbeschränkung über Kernwettbewerbsfaktoren (Preise, Mengen, Abnehmer) tendiert oder sich einem der in Art. 101 Abs. 1 AEUV genannten Regelbeispiele annähert, desto schwerwiegender ist der Rechtsverstoß, wenn der Schiedsspruch der Vereinbarung zur Wirkung oder Durchsetzung verhilft,[784] sodass ein Widerspruch zum *ordre public* naheliegt.[785] Anders ist es nach dieser kartellrechtlichen Differenzierung, wenn etwa die Verbotswidrigkeit einer Vereinbarung gemäß Art. 101 AEUV, § 1 GWB nur im Wege einer detaillierten tatsächlichen und rechtlichen Prüfung feststellbar ist, weil beispielsweise keine bezweckte, sondern eine bewirkte Wettbewerbsbeschränkung vorliegt, oder wenn die Zulässigkeit der Abrede mit dem Vorliegen eines Einzelfreistellungstatbestands (Art. 101 Abs. 3 AEUV, § 2 Abs. 1 GWB) steht und fällt. Dann ist der *ordre public* nicht im selben Maße berührt.[786] Der Schiedsspruch mag dann zwar ebenso rechts-

---

781 Mit diesem Ansatz *Martínez Lage*, RevClEspArb 16 (2016), 131 (140); den Ansatz diskutierend, aber mangels eindeutiger kartellrechtlicher Kriterien zur Bestimmung der Schwere von Kartellrechtsverstößen zurückhaltend: *Geradin*, RevClEspArb 2016, 133 (144–146).

782 FK-EuR/*Brömmelmeyer*, Art. 101 AEUV Rn. 6; Streinz, EUV/AEUV/*Eilmansberger/Kruis*, Art. 101 AEUV Rn. 274; *Kling/Thomas*, Kartellrecht, § 19 Rn. 97; im schiedsrechtlichen Kontext *Meinhardt/Ahrens*, SchiedsVZ 2006, 182 (187 f.).

783 Dazu *Bernhard*, NZKart 2019, 577 (577–580); *Kühling/Ceni-Hulek/Engelbracht*, NZKart 2021, 76 (78 f.); MüKo-WettbewR/*F.-J. Säcker/Zorn*, Art. 101 AEUV Rn. 221; GHN, AEUV/*Stockenhuber*, Art. 101 AEUV Rn. 151 f.

784 Grundlegend zu dem Verständnis, dass es darauf ankommt, ob der Schiedsspruch einem rechtswidrigen Vertrag zur Durchsetzung verhilft, bereits: BGH, Urt. v. 27.5.1953 – II ZR 147/52, BeckRS 1953, 31203783.

785 In diese Richtung *Bensaude*, JInt'lArb 22 (2005), 239 (243 f.); *Geradin*, RevClEspArb 2016, 133 (145 f.).

786 In diese Richtung argumentieren Literaturstimmen, die die Intensität der kartellrechtlichen Schiedsspruchüberprüfung reduzieren wollen, soweit es um Fragen der Freitstellungsfähigkeit gemäß Art. 101 Abs. 3 AEUV bzw. § 2 GWB geht: *Bosch* FS Bech-

fehlerhaft sein, er verletzt aber nicht im selben Maße den zum *ordre public* zählenden Verbotsgedanken des Art. 101 AEUV, § 1 GWB.

Ungeachtet dieser kartellrechtlichen Differenzierung lässt sich jedenfalls festhalten, dass die entscheidungserhebliche Verletzung zwingenden, zum *ordre public* gehörenden Rechts keine hinreichende Bedingung für die Annahme eines Widerspruchs zum *ordre public* im Sinne des § 1059 Abs. 2 Nr. 2 lit. b) ZPO ist. Umgekehrt gilt aber: Ein Widerspruch zum (kartellrechtlichen) *ordre public* ist auch dann denkbar, wenn der dem Schiedsspruch zugrundeliegende Sachverhalt keine Berührungspunkte mit Deutschland oder dem EU-Binnenmarkt hat. Etwaige Wettbewerbsbeschränkungen zeitigen dann zwar keine Auswirkungen im Binnenmarkt, sodass deutsches Kartellrecht und Unionskartellrecht überhaupt nicht (in der Sache) territorial anwendbar sind.[787] Soll der Schiedsspruch jedoch anschließend in Deutschland vollstreckt werden, stellt dies den erforderlichen Inlandsbezug her und ist die Annahme eines Widerspruchs zum *ordre public* dennoch möglich.[788] Gegen deutsche Rechts- und Gerechtigkeitsvorstellungen im Sinne des *ordre public* verstößt ein solcher Schiedsspruch, wenn er beispielsweise das in Deutschland anerkannte Verbot von Hardcore-Kartellen missachtet,[789] nämlich unabhängig davon, ob dadurch der inländische Wettbewerb beschränkt wurde. Denn unerträglich ist das Ergebnis, dass einem Hardcore-Kartell mit den Mitteln des deutschen Rechts zur Durchsetzung verholfen und die anstößige Rechtsfolge unter Zuhilfenahme staatlicher Stellen im Inland anerkannt bzw. vollstreckt werden soll.

---

told, 59 (67); mit der Tendenz, Art. 101, 102 AEUV nicht mit der „*Gesamtheit ihres Rechtsbestands*" dem *ordre public* zuzuordnen: *Picht*, GRUR 2019, 11 (24).

787 Zum kartellrechtlichen Auswirkungsprinzip oben A.III.1. sowie B.I.3.d)bb).

788 A. A (*obiter*) OLG München, Urt. v. 13.2.1995 – 17 U 6591/93, juris (Rn. 19): „*Ein Verstoß gegen den inländischen ordre public* [...] *ist nicht gegeben.* [...] *Mangels unmittelbarer Auswirkung* [...] *auf die deutschen Inlandsmarktverhältnisse scheidet eine Anwendung des Gesetzes gegen Wettbewerbsbeschränkungen (GWB) im übrigen aus, § 98 II GWB*"; ähnlich Thüringer OLG, Beschl. v. 8.8.2007 – 4 Sch 3/06, SchiedsVZ 2008, 44 (46) (Vertrag falle „*nicht unter den Anwendungsbereich des EG Wettbewerbsrechts*", sodass das *Verbot der révision au fond* greife).

789 Dazu oben bb).

cc) Zwischenergebnis: Schluss von Rechtsfehler auf Widerspruch zum *ordre public* ist Fehlschluss

Bei der Überprüfung des Ergebnisses der Anerkennung oder Vollstreckung des Schiedsspruchs auf Vereinbarkeit mit dem *ordre public* gemäß § 1059 Abs. 2 Nr. 2 lit. b) ZPO untersucht das staatliche Gericht also nicht, ob der Schiedsspruch in entscheidungserheblicher Weise den Tatbestand einer „Ordre-public-Norm" verletzt. Prüfungsmaßstab ist vielmehr, ob das Ergebnis des Schiedsspruchs im konkreten Fall mit den Grundwertungen der deutschen Rechtsordnung vereinbar ist. Die Vereinbarkeitsprüfung ist eine wertende Prüfung dahingehend, ob das Schiedsspruchergebnis hinnehmbar oder aus Gründen des *ordre public* abzuwehren ist. Die Ordre-public-Kontrolle ist keine Rechtsfehlerprüfung (auf Verletzung der zum *ordre public* gehörenden Rechtsvorschriften), wie sie insbesondere gemäß §§ 513 Abs. 1, 545 Abs. 1, 546, 576 Abs. 1 ZPO im Rechtsmittelzug erfolgt. Für die Prüfung gemäß § 1059 Abs. 2 Nr. 2 lit. b) ZPO ist nicht allein entscheidend, ob das Schiedsgericht auf dem Weg zum Ergebnis Normen, die zum *ordre public* gehören, verletzt hat.[790]

Daraus folgt: Das Gericht darf im Rahmen der Ordre-public-Kontrolle nicht zweistufig vorgehen, indem es erstens eine ordre-public-relevante Norm identifiziert und den Schiedsspruch auf eine entscheidungserhebliche Verletzung dieser Norm im Sinne des § 546 ZPO überprüft und zweitens das Vorliegen eines Widerspruchs zum *ordre public* allein von einer entscheidungserheblichen Rechtsverletzung abhängig macht. Der Bundesgerichtshof formulierte treffend (zum damaligen Ordre-public-Vorbehalt in Art. 27 Nr. 1 EuGVÜ):

> „[Es] *darf* [im Rahmen des Vollstreckbarerklärungsverfahrens] *nicht mehr streng nach dem Maßstab des § 138 I BGB geprüft werden, ob gemäß deutschen Vorstellungen ein Leistungsurteil des vorliegenden Inhalts zu erlassen wäre. Das wäre nämlich eine unzulässige Überprüfung der Gesetzmäßigkeit*

790 Vgl. zu den Ausführungen im vorstehenden Absatz Literaturstimmen, die ebenfalls einen zwingenden Schluss von Rechtsverletzung auf Ordre-public-Verstoß ablehnen, etwa: *Altenmüller*, Schiedsrichterliche Entscheidung, S. 288; *Altenmüller*, KTS 1974, 150 (159); *Fournier*, Bindungswirkung, S. 44; *Pfeiffer*, NJW 2012, 1169 (1172); *Quinke*, SchiedsVZ 2007, 246 (249); *Sachslehner*, Schiedsvereinbarungen, S. 135; *Schlosser*, Schiedsgerichtsbarkeit, Rn. 866–868; Stein/Jonas, ZPO/*Schlosser*, Anhang zu § 1061 Rn. 321; *Spiegel*, Kartellprivatrecht in der Handelsschiedsgerichtsbarkeit, S. 153 f., 191 f.; *Zimmer*, Zulässigkeit und Grenzen, S. 66.

der ausländischen Entscheidung […]. [Nicht entscheidend ist], *ob die Beurteilung der ausländischen Gerichte den inländischen Vorstellungen voll entspricht, ob also deutsche Gerichte genauso entscheiden würden. Maßstab ist vielmehr, ob gerade die Unterwerfung des Schuldners unter das ausländische Zahlungsgebot seine Handlungsfreiheit in verfassungswidriger Weise einschränkt. Derartiges kann allenfalls in besonders krassen Fällen der strukturellen Unterlegenheit in Betracht kommen, wenn der Schuldner nach dem Urteil aller billig und gerecht Denkenden zweifelsfrei zum wehrlosen Objekt der Fremdbestimmung gemacht und hierdurch auf Jahre hinaus auf das wirtschaftliche Existenzminium der Pfändungsfreigrenzen verwiesen würde.*"[791]

Der *ordre public* schützt grundlegende, von den Tatbeständen des geschriebenen Rechts losgelöste rechtliche Wertungen,[792] wie etwa die guten Sitten oder die Kartellverbote, genauer: den darin verankerten Grundsatz, dass niemand aufgrund eines gegen deutsche Sittlichkeitsvorstellungen oder gegen ein Kartellverbot verstoßenden Rechtsgeschäfts (bzw. unter „Nichtahndung" und „Anerkennung" kartellrechtswidrigen Verhaltens) verurteilt werden darf. Solchen rechtlich missbilligten Rechtsgeschäften (etwa Verträgen) bzw. solch kartellrechtswidrigem Verhalten darf nicht zur Durchsetzung verholfen werden, auch nicht im Wege eines Schiedsspruchs, der eine verbotene Rechtsfolge oder eine Rechtsfolge aufgrund eines rechtswidrigen Rechtsgeschäfts tenoriert (und damit rechtswidriges Verhalten „ungeahndet" lässt).

Wird die Anerkennung oder Vollstreckung des Schiedsspruchs nämlich in einem solchen Fall zugelassen, erfolgt unter Umständen die Durchsetzung von dessen Rechtsfolge unter Zuhilfenahme staatlicher Stellen. Das rechtswidrige bzw. verbotswidrige Rechtsverhältnis tritt aus seinem rein privatvertraglichen Umfeld, einschließlich der Streitentscheidung durch ein privatrechtlich gebildetes Schiedsgericht, vor die *staatliche* Gerichtsbarkeit und ersucht dort um staatliche Wirkungsverleihung. Bleibt die freiwillige Erfüllung des Schiedsspruchs aus, beauftragt der Titelgläubiger staatliche Stellen, dem rechtswidrigen bzw. verbotswidrigen Rechtsverhältnis, auf

791 BGH, Beschl. v. 24.2.1999 – IX ZB 2/98, NJW 1999, 2372 (2373); dazu *Pfeiffer*, NJW 2012, 1169 (1172); OLG Düsseldorf, Beschl. v. 18.12.2018 – I-3 W 149/18, BeckRS 2018, 37106 (Rn. 17) („*§ 138 BGB gehört nicht in allen Ausprägungen, die die Vorschrift durch die deutsche Rechtsprechung erfahren hat, zum inländischen ordre public*"); a. A. *Schwab/Walter*, Schiedsgerichtsbarkeit, Kap. 24 Rn. 36 (jede Verurteilung aus sittenwidrigem Vertrag).

792 *Tyrolt*, Sportschiedsgerichtsbarkeit, S. 120; *Völker*, Dogmatik des ordre public, S. 57–61.

Grundlage dessen das Schiedsgericht tenoriert hat, im Wege der Zwangsvollstreckung und unter Zuhilfenahme staatlicher Gewalt vermögensverschiebende Wirkung zu verleihen. Die Anrufung staatlicher Stellen und der Einsatz staatlicher Gewalt zur Vollstreckung des rechtswidrigen bzw. auf rechtswidriger Grundlage beruhenden Schiedsspruchtenors sind es, die in solchen Fällen mit den Grundgedanken der Rechtsordnung konfligieren.

Der umgekehrte Fall, die Schiedsklageabweisung wegen fehlerhafter Annahme eines Nichtigkeitsgrundes, ist im gleichen Maße rechtsfehlerhaft, nicht aber aus der Perspektive des *ordre public* ebenso anstößig. Denn eine Vollstreckung des rechtswidrigen bzw. verbotswidrigen Rechtsgeschäfts oder die „Nichtahndung" und „Durchsetzung" rechtswidrigen Verhaltens mittels staatlicher Gewalt droht hier nicht.

c) Aufhebung nur bei (verbots-)zweckwidriger Unvereinbarkeit des Schiedsspruchergebnisses mit zum *ordre public* gehörendem Recht?

Nach den bisherigen Erwägungen unterbleibt die Aufhebung eines Schiedsspruchs unter Umständen selbst dann, wenn er in entscheidungserheblicher Weise zum *ordre public* gehörendes Recht (etwa Art. 101 AEUV, § 1 GWB) verletzt. In diesem Zusammenhang wird häufig (aber kaum einmal mit Begründung[793]) zwischen der fehlerhaft zu *strengen* und der fehlerhaft zu *großzügigen* Anwendung zum *ordre public* gehörenden Rechts unterschieden. Danach begründet die rechtsirrig zu strenge Anwendung zum *ordre public* gehörenden Rechts grundsätzlich keinen Widerspruch zum *ordre public*.[794] Auch und gerade im Bereich des kartellrechtlichen *ordre public* heißt es häufig, allein die fehlerhaft zu großzügige Fehlanwendung zum *ordre public* ge-

793 Mit eingehender Begründung und unter Prägung der im Folgenden dargestellten Unterscheidung zwischen zweckwidriger und sonstiger Fehlanwendung zum *ordre public* gehörenden Rechts aber bereits: *Altenmüller*, Schiedsrichterliche Entscheidung, S. 284–295; *Altenmüller*, KTS 1974, 150 (157–159); jüngst mit knapper Begründung *Morbach*, der ausführt, die zu strenge Kartellrechtsanwendung sei deswegen grundsätzlich hinzunehmen, weil sie *„gerade eine Anerkennung des Kartellrechts"* bedeute (*Morbach*, Der kartellrechtliche ordre public, S. 265).

794 Zu Grundfreiheiten *Liebscher*, JInt'lArb 2000, 73 (88): Nehme ein Schiedsspruch eine zu großzügige Warenverkehrsfreiheit an, bestünden keine unionsrechtlichen Bedenken.

hörenden (Kartell-)Rechts könne einen Widerspruch zum *ordre public* begründen, nicht aber die zu strenge Kartellrechtsanwendung.[795]

Weil nach dieser Unterscheidung Verstöße gegen zum *ordre public* gehörendes Recht nur „in die eine Richtung" ordre-public-widrig sind, setzt die Differenzierung zwischen zu strenger und zu großzügiger Anwendung zum *ordre public* gehörenden Rechts den in § 1059 Abs. 2 Nr. 2 lit. b) ZPO angelegten Wertungsspielraum um,[796] kurz: Nicht jede Verletzung zum *ordre public* gehörenden Rechts ist mit einem Widerspruch zum *ordre public* gleichzusetzen.

Im Folgenden wird der Versuch einer Begründung dieser Unterscheidung unternommen. Wie soeben erwähnt wurde, ist diese Begründung nicht zuletzt auf der „Vollstreckungsebene" zu finden, weil gerade die Bereitstellung staatlicher Stellen zur Vollstreckung rechtswidrig tenorierender Schiedssprüche aus Gründen des *ordre public* nicht hinnehmbar ist. Der folgende Begründungsansatz verlässt das Verfahrensstadium der Vollstreckung und wirft einen teleologischen Blick auf die Unterscheidung zwischen der fehlerhaften Annahme (zu streng) und der Verkennung (zu großzügig) eines den *ordre public* berührenden Rechtsfehlers. Zu diesem Zweck sind aus der Perspektive eines deutschen Gerichts, das im Verfahren nach §§ 1059–1061 ZPO über das Schicksal des Schiedsspruchs entscheidet, jedenfalls gedanklich zwei Konstellationen zu unterscheiden.

Wenn im Schiedsverfahren deutsches Recht anwendbar war, misst das deutsche Gericht das Ergebnis der Anerkennung oder Vollstreckung des Schiedsspruchs am Maßstab solcher Rechtsnormen des *ordre public*, die schon im Schiedsverfahren in der Sache anwendbar waren, etwa am Maßstab des zwingenden Verbotskartellrechts der Art. 101, 102 AEUV, §§ 1, 19–21 GWB. In einem solchen Fall kann man aus der Perspektive des Gerichts ohne Weiteres zwischen zu strenger und zu großzügiger *Anwendung* der entsprechenden Vorschriften durch das Schiedsgericht unterscheiden. Wenn hingegen im Schiedsverfahren ausländisches Recht anwendbar war, misst das Gericht

795 OLG Celle, Beschl. v. 14.10.2016 – 13 Sch 1/15 (Kart)/7 Sch 3/15, BeckRS 2016, 124988 (Rn. 86); *Altenmüller*, Schiedsrichterliche Entscheidung, S. 293 f.; *Altenmüller*, KTS 1974, 150 (159 f.); *Bien* in Fuchs/Weitbrecht (Hrsg.), Private Kartellrechtsdurchsetzung, § 17 Rn. 194; *Eilmansberger*, SchiedsVZ 2006, 5 (14 f.); *Günther* FS Böckstiegel, 253 (264); *Hilbig*, Kartellverbot im Schiedsverfahren, S. 70; *Lachmann*, Schiedsgerichtspraxis, Rn. 2334; *Lieberknecht* FS Sölter, 311 (312 f.); *Morbach*, Der kartellrechtliche ordre public, S. 177 f., 265; *Sørensen/Torp*, JInt'lArb 34 (2017), 35 (49 mit Fn. 57); vorausgesetzt auch von *K. Schmidt*, BB 2006, 1397 (1399).

796 Zu diesem „Wertungsspielraum" oben A.III.1.b. sowie C.I.3.b. mit Nachweisen.

das Anerkennungsergebnis zwar ebenfalls am Maßstab des deutschen *ordre public*.[797] In diesem Fall umfasst der Prüfungsmaßstab aber Vorschriften, die das Schiedsgericht womöglich nicht in der Sache anwenden musste – unterstellt, auch die Voraussetzungen einer Sonderanknüpfung der einschlägigen deutschen Rechtsvorschriften lagen nicht vor.[798] In einem solchen Fall geht die Frage, ob das Schiedsgericht die Rechtsvorschriften des *ordre public* zu streng oder zu großzügig *angewendet* hat, ins Leere. Zur Bestimmung der Ordre-public-Konformität im Sinne des § 1059 Abs. 2 Nr. 2 lit. b) ZPO muss also nicht nach einer *Fehlanwendung* gefragt werden, sondern danach, ob sich das Schiedsspruchergebnis unter Heranziehung des zum *ordre public* gehörenden Rechts ohne Rechtsfehler begründen lässt[799] und, wenn nein, ob der Rechtsfehler darin liegt, dass sich das Ergebnis nur durch eine fehlerhaft zu strenge oder zu großzügige Rechtsanwendung begründen ließe.

Der Anschaulichkeit halber wird im Folgenden jedoch der erstgenannte Fall unterstellt, dass also im Schiedsverfahren deutsches Recht anwendbar war, sodass zwischen zu strenger und zu großzügiger *Anwendung* zum *ordre public* gehörenden Rechts unterschieden werden kann. Als Beispiel dienen §§ 134, 138 BGB, die die Nichtigkeit verbotswidriger bzw. sittenwidriger Rechtsgeschäfte anordnen und deren Kerngedanke Bestandteil des *ordre public* ist.[800]

aa) Die Unterscheidung zwischen (verbots-)zweckwidriger und „zweckkonformer“ Fehlanwendung grundlegender Rechtsvorschriften

Die Unterscheidung zwischen zu strenger und zu großzügiger Anwendung zum *ordre public* gehörenden Rechts findet eine Stütze in dem Gedanken, dass der Ordre-public-Vorbehalt nur greift, wenn das Schiedsgericht das

797 Zur „starren Anerkennungshürde“ oben B.II.

798 Dazu oben B.I.3.d).

799 Zu dem zutreffenden Gedanken, dass es im Rahmen der Ordre-public-Kontrolle darauf ankommt, ob sich das vom Schiedsgericht ermittelte Schiedsspruchergebnis *„mit einer* [ordre-public-konformen] *Begründung darstellen lässt“*, bereits *Spiegel*, Kartellprivatrecht in der Handelsschiedsgerichtsbarkeit, S. 192.

800 BGH, Urt. v. 26.10.1972 – VII ZR 232/71, NJW 1973, 98 (100); BGH, Beschl. v. 24.2.1999 – IX ZB 2/98, NJW 1999, 2372 (2373); OLG München, Beschl. v. 7.5.2008 – 34 Sch 8/07, NJOZ 2008, 3027 (3031–3033); OLG Saarbrücken, Urt. v. 30.5.2011 – 4 Sch 03/10, SchiedsVZ 2012, 47 (50 f.); OLG Düsseldorf, Beschl. v. 18.12.2018 – I-3 W 149/18, BeckRS 2018, 37106; *Frey/Pfeifer*, EuR 2015, 721 (732 f.); *Schwab/Walter*, Schiedsgerichtsbarkeit, Kap. 24 Rn. 36.

ordre-public-relevante Recht zweckwidrig bzw. verbotswidrig angewendet hat.[801] *Belke* formulierte wie folgt:

> „*Gerade die Belohnung oder Förderung verbotswidrigen Handelns läuft der öffentlichen Ordnung zuwider.*“[802]

Nimmt man diese von *Altenmüller*[803] entwickelte Differenzierung nach dem Gesetzeszweck auf, lässt sich die Unterscheidung zwischen zu strenger und zu großzügiger Fehlanwendung zum *ordre public* gehörenden Rechts wie folgt begründen (neben dem bereits erläuterten Vollstreckungsszenario unter Inanspruchnahme staatlicher Stellen, das bei einem rechtsirrig aufgrund eines rechts- bzw. verbotswidrigen Rechtsgeschäfts *zuerkennenden* bzw. bei einem rechtswidriges Verhalten „nichtahndenden“ und „durchsetzenden“ Schiedsspruch droht): Der Ordre-public-Vorbehalt dient der Durchsetzung grundlegender Gesetzeszwecke, nicht der Sicherstellung, dass die Tatbestände des zum *ordre public* gehörenden Rechts im Sinne von § 546 ZPO richtig ausgelegt und angewendet werden. Zweck der §§ 134, 138 BGB ist es, dass Rechtsgeschäfte, die gegen ein gesetzliches Verbot (§ 134 BGB) oder die guten Sitten (§ 138 BGB) verstoßen, keine rechtlichen und wirtschaftlichen Wirkungen zeitigen.[804] Aus solchen Rechtsgeschäften dürfen weder Vorteile noch Nachteile entstehen. Unmittelbarer Zweck der §§ 134, 138 BGB ist es hingegen nicht, dass *nicht* unter die Vorschriften fallende Rechtsgeschäfte *wirksam* sind.

Übersieht ein Schiedsgericht nun, dass ein Rechtsgeschäft wegen Verbotswidrigkeit gegen § 134 BGB oder wegen Sittenwidrigkeit gegen § 138 BGB verstößt und deswegen nichtig ist, und behandelt es das Rechtsgeschäft daher rechtsirrig als wirksam, dann wendet es die jeweilige Vorschrift (§ 134 BGB oder § 138 BGB) zu großzügig an. Eine zu großzügige Anwendung kann beispielsweise zur Folge haben, dass aus einem in Wahrheit wegen Verbots- oder Sittenwidrigkeit nichtigen Vertrag verurteilt wird. Die Verurteilung bedeutet für den Schiedskläger vermögensmäßige Vorteile, für den Schiedsbeklagten spiegelbildliche Nachteile. Der Schiedsspruch verhilft dem nichtigen Rechts-

---

801 Soweit ersichtlich, wurde die Differenzierung nach der Zweckwidrigkeit erstmals vertreten und erläutert von *Altenmüller*, Schiedsrichterliche Entscheidung, S. 293 f. Die folgenden Ausführungen nehmen diesen Gedanken *Altenmüllers* auf.

802 *Belke*, AWD 1969, 214 (217).

803 *Altenmüller*, Schiedsrichterliche Entscheidung, S. 293 f.

804 Vgl. MüKo-BGB/*Armbrüster*, § 138 BGB Rn. 1 f.; Erman, BGB/*Arnold*, § 134 Rn. 1; Palandt, BGB/*Ellenberger*, § 138 Rn. 1; Erman, BGB/*Schmidt-Räntsch*, § 138 Rn. 1.

geschäft (bzw. dem rechtswidrigen Verhalten) zur Durchsetzung.[805] Wird er nicht aufgehoben, wird der Schiedsspruch gegebenenfalls unter Zuhilfenahme staatlicher Stellen vollstreckt. Das läuft dem Verbotszweck diametral zuwider. Daher rechtfertigt etwa die Verurteilung aus einem sittenwidrigen Vertrag in der Regel die Aufhebung.[806]

Wenn das Schiedsgericht hingegen zu strenge Maßstäbe anlegt und ein in Wahrheit nicht gegen § 134 BGB oder § 138 BGB verstoßendes Rechtsgeschäft rechtsirrig als nichtig behandelt oder – allgemeiner gewendet – rechtmäßiges bzw. wettbewerbskonformes Verhalten irrig für rechtswidrig bzw. kartellrechtswidrig erachtet (und aus diesem Grund beispielsweise fehlerhaft eine Leistungsklage abweist), dann beruht der Schiedsspruch zwar ebenso wie im erstgenannten Fall auf einer entscheidungserheblichen Fehlanwendung zum *ordre public* gehörenden Rechts. In diesem Fall widerspricht die fehlerhafte Rechtsanwendung aber grundsätzlich nicht in ordre-public-widriger Weise dem Verbotszweck. Der Schiedsspruch (bzw. dessen Anerkennung oder Vollstreckung) selbst verletzt nicht das gesetzliche Verbot. Denn das Schiedsgericht goutiert nicht ein in Wahrheit rechtlich missbilligtes Verhalten bzw. Rechtsgeschäft und verhilft diesem so fehlerhaft zur Durchsetzung (was §§ 134, 138 BGB zu verhindern bezwecken). Vielmehr sanktioniert das Schiedsgericht in überschießender Anwendung der §§ 134, 138 BGB ein in Wahrheit rechtskonformes Rechtsgeschäft bzw. rechtlich nicht zu beanstandendes Verhalten. Unter der Prämisse, dass der *ordre public* nur die (verbots-)zweckwidrige Fehlanwendung zum *ordre public* gehörenden Rechts abwehrt, ist die Annahme eines Widerspruchs zum *ordre public* im Sinne des § 1059 Abs. 2 Nr. 2 lit. b) ZPO in diesem Fall nicht gerechtfertigt. Die zu strenge Durchsetzung des Verbotszwecks ist zivilrechtlich fehlerhaft, nicht aber zweck- und damit ordre-public-widrig, sondern „überschießend zweckkonform“. Es droht keine Vollstreckung einer rechtlich missbilligten Rechtsfolge mittels staatlicher Gewalt. Verboten ist nur der umgekehrte Fall, die Behandlung eines nichtigen Rechtsgeschäfts als wirksam bzw. die Behandlung von rechtswidrigem Verhalten als rechtskonform derart, dass diesem Rechtsgeschäft bzw. Verhalten trotz seiner rechtlichen Missbilligung zur Durchsetzung verholfen wird.

805 Grundlegend zu dem Verständnis, dass es darauf ankommt, ob der Schiedsspruch einem rechtswidrigen Rechtsgeschäft zur Durchsetzung verhilft, bereits: BGH, Urt. v. 27.5.1953 – II ZR 147/52, BeckRS 1953, 31203783.

806 So bereits BGH, Urt. v. 26.10.1972 – VII ZR 232/71, NJW 1973, 98; OLG München, Beschl. v. 7.5.2008 – 34 Sch 8/07, NJOZ 2008, 3027 (3011–3033); *Schwab/Walter*, Schiedsgerichtsbarkeit, Kap. 24 Rn. 36.

Mit den folgenden Überlegungen[807] kann man diese Unterscheidung ablehnen und auch die zu strenge Anwendung zum *ordre public* gehörenden Rechts für zweckwidrig und damit potenziell ordre-public-widrig im Sinne des § 1059 Abs. 2 Nr. 2 lit. b) ZPO erachten:

Indem die Rechtsordnung gesetzliche Verbote aufstellt und Verstöße gegen solche Verbote mit der zivilrechtlichen Nichtigkeitsfolge belegt (§ 134 BGB) oder der Vertragsautonomie mit dem Sittenwidrigkeitstatbestand (§ 138 BGB) Grenzen setzt, zeigt sie zugleich (stillschweigend) Handlungsspielräume auf. Rechtsgeschäfte sind vorbehaltlich spezieller Unwirksamkeitsgründe bis zur Grenze der §§ 134, 138 BGB wirksam, durchführbar und erforderlichenfalls zwangsweise durchsetzbar. Sie sind erwünscht.

Somit ist womöglich auch die zu *strenge* Anwendung zum *ordre public* gehörenden Rechts zweckwidrig, denn eine zu strenge Durchsetzung gesetzlicher Grenzen der Privatautonomie „entzieht" die geschützten Handlungsspielräume. Eine solche Entziehung wiederum ist möglicherweise aus der Sicht des *ordre public* ebenso unerwünscht und daher mit den Grundlagen der Rechtsordnung unvereinbar wie die zu großzügige Zulassung in Wahrheit verbots- oder sittenwidriger Verhaltensweisen bzw. Rechtsgeschäfte.

Allerdings droht nur in dem umgekehrten Fall – der rechtsirrigen *Verkennung* eines Verbots- oder Sittenwidrigkeitstatbestands, also bei einer zu *großzügigen* Fehlanwendung der Vorschriften und einer daraus folgenden Verurteilung – die Vollstreckung des Schiedsspruchs unter Zuhilfenahme staatlicher Stellen und mittels staatlicher Gewalt. Nur in diesem Fall steht (erforderlichenfalls) die Durchsetzung eines rechtswidrigen bzw. verbotswidrigen Schiedsspruchs an. Den Blick erneut von dem Argument der drohenden Vollstreckung wendend, ergibt sich ferner: Die zivilrechtlichen Verbotstatbestände in §§ 134, 138 BGB *eröffnen* keine Handlungsspielräume, räumen solche nicht ein. Gegenstand und Zweck der Vorschriften ist es, der Privatautonomie Grenzen zu setzen.[808] Nicht aber geht es darum, positiv erlaubte Handlungsweisen aufzuzeigen oder festzulegen. Dass jenseits gesetzlicher Verbote (etwa § 134 BGB) und Schranken (§ 138 BGB) Handlungsfreiheit herrscht, einschließlich der Vertragsautonomie, ist allenfalls ein Rechtsreflex der genannten Vorschriften. Die Handlungsspielräume folgen nicht aus §§ 134, 138 BGB (oder einschlägigen kartellrechtlichen Vorschriften, auf die

807 Die Überlegungen im folgenden Absatz gehen auf einen Hinweis meines Betreuers *Heinz-Peter Mansel* in einem Gespräch im März 2021 zurück.

808 Vgl. MüKo-BGB/*Armbrüster*, § 138 BGB Rn. 1 f.; Erman, BGB/*Arnold*, § 134 Rn. 1; Palandt, BGB/*Ellenberger*, § 138 Rn. 1; Erman, BGB/*Schmidt-Räntsch*, § 138 Rn. 1.

sogleich einzugehen sein wird), sondern aus Art. 1, 2 Abs. 1 GG, die die Handlungsfreiheit und damit die Privatautonomie und Vertragsautonomie garantieren.[809]

Wenn also in zu weitgehendem Umfang zulässige Handlungsweisen wegen vermeintlicher Unzulässigkeit verhindert werden (etwa mittels zu strenger Anwendung der §§ 134, 138 BGB), dann stellt dies zwar möglicherweise eine Beschränkung der Handlungsfreiheit dar, der Zweck der §§ 134, 138 BGB ist aber nicht verletzt. Zweck ist nur das Verbot, unerlaubten Handlungsweisen zur Durchsetzung zu verhelfen, nicht auch ein Gebot, erlaubte Handlungsweisen unbeanstandet zu lassen.

Aus diesem Grund liegt – neben dem Fehlen von „Vollstreckungsgefahr" – in der zu *strengen* Durchsetzung grundlegender Vorschriften wie des Sittenwidrigkeitstatbestands oder gesetzlicher Verbotstatbestände nicht ein ebenso unerträglicher Widerspruch zu wesentlichen Grundgedanken der Rechtsordnung im Sinne des *ordre public.* Die Aufhebung bzw. Nichtanerkennung kann unterbleiben, weil der gesetzliche Verbotszweck nicht verletzt, sondern (wenn auch „fehlerhaft überschießend") beachtet wurde, und weil nicht die Inanspruchnahme staatlicher Stellen zur Durchsetzung eines rechtlich missbilligten Schiedsspruchs droht. Nochmals sei betont, dass beide „Fehlertypen" im gleichen Maße rechtsfehlerhaft sind. Um die Frage der Richtigkeit oder Falschheit geht es im Rahmen der Ordre-public-Kontrolle aber gerade nicht, hier ermöglicht die Vereinbarkeitsprüfung die dargestellten wertenden Korrekturen.

bb) Problem: *over-enforcement* von Kartellrecht durch Schiedsgerichte

Im Falle der zu strengen Anwendung bzw. Durchsetzung *kartellrechtlicher* Vorschriften durch Schiedsgerichte ergeben sich angesichts der umstrittenen wettbewerbspolitischen Zwecke des europäischen und deutschen Kartell-

809 BVerfG, Urt. v. 8.4.1997 – 1 BvR 48/94, BVerfGE 95, 267 = NJW 1997, 1975 (1976); Jarass/Pieroth, GG/*Jarass*, Art. 2 Rn. 22a; Erman, BGB/*J. Schmidt/Müller*, Einl. § 104 Rn. 1.

rechts[810] indes Folgefragen.[811] Möglicherweise bezweckt das Kartellrecht nämlich nicht nur die Unterbindung verbotener Verhaltensweisen, sondern auch positive Verhaltenssteuerungseffekte, sodass unter Umständen auch die zu weitgehende Unterbindung von eigentlich erlaubtem Marktverhalten zweckwidrig sein kann. Die sich daraus ergebenden Fragen werden im Folgenden in den Kontext des Ordre-public-Vorbehalts des § 1059 Abs. 2 Nr. 2 lit. b) ZPO gesetzt, wobei angesichts des verfahrensrechtlichen Gegenstands der Untersuchung eine vertiefte Auseinandersetzung mit den ökonomischen (Fundamental-)Zielen des Wettbewerbsrechts unterbleiben muss.[812]

Auch für den schiedsrechtlichen Kontext von Bedeutung ist hierbei die kartellrechtliche Diskussion um das sog. *over-enforcement*, die fehlerhaft zu strenge Anwendung und Durchsetzung von Kartellrecht durch Kartellbehörden und staatliche Gerichte.[813] Übertragen auf die Schiedsspruchanerkennung darf man fragen, ob nach wettbewerbsökonomischen Maßstäben nicht auch die zu strenge Anwendung zum *ordre public* gehörenden Verbotskartellrechts (etwa des Art. 101 AEUV oder des § 1 GWB) durch Schiedsgerichte zweckwidrig ist – und damit nach der hier vertretenen Unterscheidung einen Widerspruch zum *ordre public* im Sinne des § 1059 Abs. 2 Nr. 2 lit. b) ZPO begründet. Bejahendenfalls widerspräche diese Erkenntnis dem wohl herrschenden Verständnis. Danach ist die zu strenge Anwendung kartellrechtli-

---

810 Dazu *Basedow*, WuW 2007, 712; FK-EuR/*Brömmelmeyer*, Art. 102 Rn. 13–16; *Immenga*, ZWeR 2006, 346 (356–358); *Mestmäcker/Schweitzer*, Europäisches Wettbewerbsrecht, § 3 Rn. 43–45; MüKo-WettbewR/*F.-J. Säcker*, Bd. 1 Teil I (Grundlagen) Rn. 3–11; zu ergebnisoffenen und ergebnisorientierten Wettbewerbskonzepten *Zimmer*, WuW 2007, 1198; ferner Hintergrundpapier des Bundeskartellamts *Die Zukunft der Missbrauchsaufsicht in einem ökonomisierten Wettbewerbsrecht* (20. September 2007) (https://www.bundeskartellamt.de/SharedDocs/Publikation/DE/Diskussions_Hintergrundpapier/Bundeskartellamt%20-%20Die%20Zukunft%20der%20Missbrauchsaufsicht%20in%20einem%20%C3%B6konomisierten%20Wettbewerbsrecht.html – zuletzt abgerufen am 5. Juni 2021).

811 Zu der Frage, ob die *„übermäßige Kartellrechtsdurchsetzung"* einen Widerspruch zum *ordre public* begründen kann (diskutiert am Beispiel der rechtsirrigen Verurteilung zu Kartellschadensersatz): *G. Wagner*, ZVglRWiss 114 (2015), 494 (514 f.).

812 Für den Austausch über die folgenden Überlegungen sei *Friedrich Andreas Konrad* gedankt.

813 Dazu *Ewald* in Wiedemann (Hrsg.), Kartellrecht, § 7 Rn. 15 f.; ferner etwa Hintergrundpapier des Bundeskartellamts *Die Zukunft der Missbrauchsaufsicht in einem ökonomisierten Wettbewerbsrecht* (20. September 2007), S. 4 f. (https://www.bundeskartellamt.de/SharedDocs/Publikation/DE/Diskussions_Hintergrundpapier/Bundeskartellamt%20-%20Die%20Zukunft%20der%20Missbrauchsaufsicht%20in%20einem%20%C3 %B6konomisierten%20Wettbewerbsrecht.html – zuletzt abgerufen am 5. Juni 2021).

cher Vorschriften durch Schiedsgerichte nämlich aus der Sicht des *ordre public* unschädlich,[814] mit anderen Worten eine Aufhebung oder Nichtanerkennung eines Schiedsspruchs im Falle eines „*over-enforcement* durch das Schiedsgericht" nicht gerechtfertigt.

In kartellrechtlicher Hinsicht ist *over-enforcement* vor allem aus ökonomischen Gründen problematisch: Wenn *over-enforcement* kartellrechtlicher Vorschriften durch Kartellbehörden oder Gerichte dazu führt, dass Marktteilnehmer (künftig) von eigentlich wettbewerblich wünschenswerten Verhaltensweisen Abstand nehmen, kann dies unter Umständen effizienz- oder innovationshemmend wirken, der Verbraucherwohlfahrt schaden und gesamtvolkswirtschaftlich schädlich sein (womöglich schädlicher als ein rechtsirriges Nichteinschreiten im Sinne eines *under-enforcement*).[815] Hierbei sind Notwendigkeit und zulässiger Umfang des sog. *more economic approach*, der verstärkten Hinzuziehung wettbewerbsökonomischer Betrachtungen zu den erzielten Wettbewerbsergebnissen (*effects-based approach*) bei der Kartellrechtsanwendung,[816] umstritten.[817] Seitens der Europäischen Kommission wird der *more economic approach* seit entsprechenden Ankündigungen im

814 OLG Celle, Beschl. v. 14.10.2016 – 13 Sch 1/15 (Kart)/7 Sch 3/15, BeckRS 2016, 124988 (Rn. 47, 86); *Altenmüller*, Schiedsrichterliche Entscheidung, S. 293 f.; *Altenmüller*, KTS 1974, 150 (159 f.); *Eilmansberger*, SchiedsVZ 2006, 5 (14 f.); *Günther* FS Böckstiegel, 253 (264); wohl auch *Kornblum*, BB 1968, 1456 (1461); *Lachmann*, Schiedsgerichtspraxis, Rn. 2334; *Lieberknecht* FS Sölter, 311 (312 f.); *Hilbig*, Kartellverbot im Schiedsverfahren, S. 70; *Sørensen/Torp*, JInt'lArb 34 (2017), 35 (49, Fn. 57); stillschweigend vorausgesetzt auch von *K. Schmidt*, BB 2006, 1397 (1399); a. A. (zu Kartellschadensersatzverfahren) *G. Wagner*, ZVglRWiss 114 (2015), 494 (514 f.).

815 Zu den beiden Fehlertypen im Überblick *Ewald*, ZWeR 2011, 15 (18); aus der jüngeren EuGH-Praxis etwa EuGH, Schlussanträge des Generalanwalts v. 16.7.2020 – C-372/19, BeckRS 2020, 16514 (Rn. 22–27); ferner *M. Scholz* in Wiedemann (Hrsg.), Kartellrecht, § 22 Rn. 69.

816 Zum Begriff FK-EuR/*Brömmelmeyer*, Art. 102 Rn. 14; *Ewald* in Wiedemann (Hrsg.), Kartellrecht, § 7 Rn. 17; *Immenga*, ZWeR 2006, 346 (348 f.); *Mestmäcker/Schweitzer*, Europäisches Wettbewerbsrecht, § 3 Rn. 44 f.

817 Zurückhaltend gegenüber dem *more economic approach* etwa *Immenga*, ZWeR 2006, 346 (363–365); *Kling/Thomas*, Kartellrecht, § 1 Rn. 40 f.; MüKo-WettbewR/*F.-J. Säcker*, Bd. 1 Teil I (Grundlagen) Rn. 11; die Bedeutung des *more economic approach* als echte Neuerung bezweifelnd *Böge*, WuW 2004, 726 (726 f.); *I. Schmidt* FS Bechtold, 409 (418).

Weißbuch über die Modernisierung der Vorschriften zur Anwendung der Artikel 85 und 86 EG-Vertrag[818] propagiert.[819]

Ungeachtet der zur Diskussion um die Gefahren des *over-enforcement* gehörenden Frage, welcher *Fehlertyp* wettbewerbsökonomisch schädlicher ist – die zu strenge (*Typ-1-Fehler*) oder die zu großzügige (*Typ-2-Fehler*) Anwendung und Durchsetzung des Kartellrechts:[820] Die Ziele des Wettbewerbsrechts sind wie eingangs erwähnt Gegenstand lebendiger Diskussion.[821] Das ist auch für die Frage von Bedeutung, ob nicht auch die zu strenge Anwendung des Kartellrechts – ob nun durch staatliche Behörden und Gerichte oder durch Schiedsgerichte – zweckwidrig ist (wie die zu großzügige).

Ziel des Wettbewerbsrechts ist zunächst einmal der Schutz des Wettbewerbs als solcher.[822] Dem Wettbewerbsrecht geht es um die Durchsetzung der Wettbewerbsfreiheit durch freien Zugang zum Markt und durch Ermöglichung und Aufrechterhaltung freier Konkurrenz der Marktteilnehmer,[823] daneben, im Unionsrecht, um die Erreichung und Aufrechterhaltung des Binnenmarkts (Art. 3 Abs. 3 Satz 1 EUV, Protokoll Nr. 27 zum EUV, Art. 3

---

818 ABl. 1999 C 132, S. 1 (21) Rn. 78): *„Bei der Behandlung von Einzelfällen wird die Kommission bei der Anwendung des Artikels 85 Absatz 1 einem stärker wirtschaftlichen Ansatz folgen* […].“

819 Dazu FK-EuR/*Brömmelmeyer*, Art. 102 Rn. 14; *Mestmäcker/Schweitzer*, Europäisches Wettbewerbsrecht, § 3 Rn. 46; als *„Politikwechsel“* kritisch besprochen von *Zimmer*, WuW 2007, 1198 (1203 f.).

820 Dazu *Ewald*, ZWeR 2011, 15 (18); *I. Schmidt* FS Bechtold, 409 (412).

821 Dazu *Basedow*, WuW 2007, 712; FK-EuR/*Brömmelmeyer*, Art. 102 Rn. 13–16; *Immenga*, ZWeR 2006, 346 (356–358); *Mestmäcker/Schweitzer*, Europäisches Wettbewerbsrecht, § 3 Rn. 43–45; MüKo-WettbewR/*F.-J. Säcker*, Bd. 1 Teil I (Grundlagen) Rn. 3–11; zu ergebnisoffenen und ergebnisorientierten Wettbewerbskonzepten *Zimmer*, WuW 2007, 1198; ferner Hintergrundpapier des Bundeskartellamts *„Die Zukunft der Missbrauchsaufsicht in einem ökonomisierten Wettbewerbsrecht“* (20. September 2007) (https://www.bundeskartellamt.de/SharedDocs/Publikation/DE/Diskussions_Hintergrundpapier/Bundeskartellamt%20-%20Die%20Zukunft%20der%20Missbrauchsaufsicht%20in%20einem%20%C3%B6konomisierten%20Wettbewerbsrecht.html – zuletzt abgerufen am 5. Juni 2021).

822 EuGH, Urt. v. 6.10.2009 – C-501/06P; C-513/06P; C-515/06P; C-516/06P (GlaxoSmithKline), Slg. I 2009, 9374 = GRURInt 2010, 509 (513); FK-EuR/*Brömmelmeyer*, Art. 101 AEUV 8, Art. 102 Rn. 15; *Fuchs/Weitbrecht* (Hrsg.), Private Kartellrechtsdurchsetzung, § 1 Rn. 1; *Kling/Thomas*, Kartellrecht, § 2 Rn. 1; *Wiedemann* in Wiedemann (Hrsg.), Kartellrecht, § 1 Rn. 1.

823 MüKo-WettbewR/*F.-J. Säcker*, Bd. 1 Teil I (Grundlagen) Rn. 2; *Wiedemann* in Wiedemann (Hrsg.), Kartellrecht, § 1 Rn. 1, 4.

Abs. 1 lit. b) AEUV).[824] Während die Einzelheiten dessen umstritten sind,[825] verfolgt das Wettbewerbsrecht den Wettbewerbsschutz nach vorzugswürdiger Ansicht nicht als Selbstzweck, sondern als Mittel (bzw. Instrumentalziel) zur Erreichung übergeordneter Fundamentalziele.[826] Zu den ökonomischen Fundamentalzielen wird neben der Maximierung der Gesamtwohlfahrt[827] und der Steigerung der technologischen und ökonomischen Effizienz[828] die Konsumentenwohlfahrt gezählt, also die Förderung und Verbesserung der ökonomischen Situation der Verbraucher.[829] Allerdings ist die Verbraucherbenachteiligung nach der Rechtsprechung des Gerichtshofs kein ungeschriebenes Tatbestandsmerkmal der Wettbewerbsregeln der Art. 101, 102 AEUV,[830] sodass Wettbewerb wohl nicht als alleiniges Instrument zur Steigerung der Konsumentenwohlfahrt verstanden werden darf.[831] Hierzu sei angemerkt, dass jedenfalls im deutschen Kartellrecht zuletzt der *Facebook*-Beschluss des Bundesgerichtshofs[832] eine Debatte um die Stellung des Verbrauchers in der Wettbewerbsordnung als Subjekt bzw. Akteur oder (bloßes) Schutzobjekt

---

824 *Körber/Schweitzer/Zimmer* in Wettbewerbsrecht, Einl. A. II Rn. 17–19; *Wiedemann* in Wiedemann (Hrsg.), Kartellrecht, § 1 Rn. 1; *Zimmer*, WuW 2007, 1198 (1200).

825 Anschaulich *Immenga*, ZWeR 2006, 346 (356–358).

826 FK-EuR/*Brömmelmeyer*, Art. 102 Rn. 15; MüKo-WettbewR/*F.-J. Säcker*, Bd. 1 Teil I (Grundlagen) Rn. 1–3; zu verschiedenen Sichtweisen zur wettbewerbspolitischen Zweckhierarchie *Zimmer*, WuW 2007, 1198 (1198–1200).

827 Dazu *Mestmäcker/Schweitzer*, Europäisches Wettbewerbsrecht, § 3 Rn. 43 (m. w. N. aus der ökonomischen Literatur); zurückhaltend MüKo-WettbewR/*F.-J. Säcker*, Bd. 1 Teil I (Grundlagen) Rn. 7.

828 *Fuchs/Weitbrecht* (Hrsg.), Private Kartellrechtsdurchsetzung, § 1 Rn. 2; dazu *Kling/Thomas*, Kartellrecht, § 2 Rn. 19 f.; *Wiedemann* in Wiedemann (Hrsg.), Kartellrecht, § 1 Rn. 2; kritisch MüKo-WettbewR/*F.-J. Säcker*, Bd. 1 Teil I (Grundlagen) Rn. 15, 20.

829 Aus der Rechtsprechung etwa EuG, Urt. v. 7.6.2006 – T-213/01, BeckRS 2006, 70422 (Rn. 115) („*Insoweit ist daran zu erinnern, dass mit den Bestimmungen* [der heutigen Art. 101, 102 AEUV], *die einen unverfälschten Wettbewerb im Binnenmarkt gewährleisten sollen, letztlich der Zweck verfolgt wird, das Wohlergehen des Verbrauchers zu erhöhen*"); EuG, Urt. v. 27.9.2006 – T-168/01, Slg 2006, II-2969 = BeckRS 2006, 70744 (Rn. 118); FK-EuR/*Brömmelmeyer*, Art. 102 Rn. 15; MüKo-WettbewR/*F.-J. Säcker*, Bd. 1 Teil I (Grundlagen) Rn. 4, 7; gegen Fokussierung auf Verbraucherwohlfahrtgedanken *Basedow*, WuW 2007, 712 (715); a. A. als *Basedow* aber *Weizsäcker*, WuW 2007, 1078 (1084); kritisch zum Verbraucherwohlfahrtsansatz *Immenga*, ZWeR 2006, 346 (365); zu den jeweiligen zugrundeliegenden ökonomischen Schulen: *I. Schmidt* FS Bechtold, 409 (417 f.).

830 EuGH, Urt. v. 6.10.2009 – C-501/06P; C-513/06P; C-515/06P; C-516/06P (GlaxoSmithKline), Slg. I 2009, 9374 = GRURInt 2010, 509 (513).

831 FK-EuR/*Brömmelmeyer*, Art. 101 AEUV 8, Art. 102 Rn. 15; *Kling/Thomas*, Kartellrecht, § 2 Rn. 45; *Mestmäcker/Schweitzer*, Europäisches Wettbewerbsrecht, § 3 Rn. 45.

832 BGH, Beschl. v. 23.6.2020 – KVR 69/19, BGHZ 226, 67 = NZKart 2020, 473.

entfacht hat.[833] *Podszun* spricht in diesem Zusammenhang von *„consumer choice' als Schutzzweck des Kartellrechts*"[834].

Bereits die Begründung des Entwurfs des GWB vom 22. Januar 1955 nannte Verbraucherwohlfahrt und Innovationsförderung als Fundamentalziele der Errichtung der Wettbewerbsordnung:

> *„Das ‚Gesetz gegen Wettbewerbsbeschränkungen'* [...] *soll die Freiheit des Wettbewerbs sicherstellen und wirtschaftliche Macht da beseitigen, wo sie die Wirksamkeit des Wettbewerbs und die ihm innewohnenden Tendenzen zur Leistungssteigerung beeinträchtigt und die bestmögliche Versorgung der Verbraucher in Frage stellt.* [...] *Der Wettbewerb und die durch ihn bedingte Leistungssteigerung und Fortschrittsförderung muß durch staatliche Ordnungsmaßnahmen im weitesten Umfange erhalten werden.* [...] [Aus wettbewerbswidriger wirtschaftlicher Macht] *ergibt sich die Gefahr der Übervorteilung des Verbrauchers, die Gefahr volkswirtschaftlicher Fehlinvestitionen und die Möglichkeit der Beeinträchtigung des technischen und wirtschaftlichen Fortschritts.* [...] *Weiterhin müssen grundsätzlich diejenigen gemeinsamen Marktmaßnahmen statthaft sein, die durch Beschränkung des Wettbewerbs erst die Voraussetzungen für eine Leistungssteigerung und verbesserte Versorgung der Verbraucher bewirken (Rationalisierung).*"[835]

Die Ziele der Verbraucherwohlfahrt und Innovationsförderung klingen auch im Unionsrecht an, etwa in den Freistellungstatbeständen des Art. 101 Abs. 3 AEUV sowie beispielsweise in Erwägungsgrund Nr. 2, 9, 10 F&E-GVO[836] und schließlich (der Verbraucherschutz als allgemeines Politikziel der Europäischen Union) in Art. 38 EU-GRCh. Die zitierte Gesetzesbegründung zum GWB legt darüber hinaus unter den einleitenden Worten *„Weiterhin müssen* [...] *diejenigen Markmaßnahmen statthaft sein*" neben dem Zweck, unerlaubtes wettbewerbsbeschränkendes Verhalten zu verbieten, den weiteren Gesetzeszweck nahe, nämlich „unschädliche" Verhaltensweisen zu *erlauben*.

Vor dem Hintergrund der dargestellten (umstrittenen) Zweckhierarchie des europäischen und deutschen Kartellrechts können behördliche bzw.

---

833 Dazu *Podszun*, GRUR 2020, 1268 (1273 f.).

834 *Podszun*, GRUR 2020, 1268 (1274).

835 Begründung zu dem Entwurf eines Gesetzes gegen Wettbewerbsbeschränkungen vom 22. Januar 1955, BT-Drs. 2/1158, S. 21 f.; dazu *Kornblum*, BB 1968, 1456 (1458).

836 Verordnung (EU) Nr. 1217/2010 der Kommission vom 14. Dezember 2010 über die Anwendung von Artikel 101 Absatz 3 des Vertrags über die Arbeitsweise der Europäischen Union auf bestimmte Gruppen von Vereinbarungen über Forschung und Entwicklung, ABl. 2010 L 335, S. 36.

gerichtliche Eingriffe in den freien Wettbewerb dem einen Ziel dienen, dem anderen schaden. Beispielsweise können untersagte Kooperation oder nicht freigegebene Konzentration durch Unternehmenszusammenschluss zwar möglicherweise eine Kartellierung oder das Entstehen oligopolistischer Marktstrukturen verhindern, gleichzeitig aber zum Innovationshemmnis werden und die Partizipation der Verbraucher an erwartbaren Effizienzgewinnen verhindern.

Übertragen auf den schiedsrechtlichen *ordre public* kann man aus diesem Mittel-Zweck-Verhältnis der Wettbewerbsziele schließen, dass auch die zu strenge Anwendung kartellrechtlicher Vorschriften durch Schiedsgerichte zweckwidrig sein kann, wenn sie nämlich wettbewerbsrechtlich Erlaubtes verbietet und sich dadurch nachteilig auf die Gesamtwohlfahrt oder Verbraucherwohlfahrt auswirkt. Je nach Gewichtung der Wettbewerbsziele wirkt sich der Schiedsspruch dann mehr oder weniger „wettbewerbswidrig" aus, selbst wenn er nicht einem eigentlich verbotenen Verhalten zur Durchsetzung verhilft. Unter dieser Prämisse kann die zu strenge Kartellrechtsdurchsetzung ebenso wie die zu großzügige Hinnahme wettbewerbsrechtlich *verbotener* Verhaltensweisen einen Widerspruch zum *ordre public* im Sinne des § 1059 Abs. 2 Nr. 2 lit. b) ZPO begründen.

Im Ergebnis übereinstimmend führt *Gerhard Wagner* aus, auch die zu strenge Anwendung einer kartellrechtlichen Vorschrift könne den *ordre public* verletzen, denn sie gefährde die *„Anreize zu ihrer Einhaltung*"[837]. Andernfalls drohe eine abzulehnende asymmetrische Ordre-public-Kontrolle von Schiedssprüchen nur zugunsten desjenigen, der sich auf die zu großzügige Anwendung berufe – worauf zuvor bereits *Altenmüller*[838] sowie (stillschweigend) *Karsten Schmidt*[839] und *Lieberknecht*[840] hingewiesen hatten. Hintergrund dieses Gedankens ist wie bereits erwähnt,[841] dass, wenn im Falle der Erhebung kartellrechtlicher Einwendungen nur die zu großzügige Anwendung etwa des Kartellverbots (Art. 101 AEUV, § 1 GWB) in Widerspruch zum *ordre public* steht, ein unterlegener Schiedskläger gegenüber einem unterlegenen Schiedsbeklagten benachteiligt ist. Während danach nämlich der Ordre-public-Vorbehalt dem unterlegenen Schiedskläger, der rügt, das Schiedsgericht habe das in Art. 101 AEUV, § 1 GWB geregelte Kartellverbot zu

837 *G. Wagner*, ZVglRWiss 114 (2015), 494 (515).

838 *Altenmüller*, Schiedsrichterliche Entscheidung, S. 293 f.; *Altenmüller*, KTS 1974, 150 (159 f.).

839 *K. Schmidt*, BB 2006, 1397 (1399).

840 *Lieberknecht* FS Sölter, 311 (312 f.).

841 Dazu oben B.I.1.a).

streng angewendet und seine Schiedsklage daher zu Unrecht abgewiesen, nicht weiterhilft, kann der unterlegene Schiedsbeklagte, der wegen vermeintlich zu großzügiger Anwendung des Kartellrechts zu Unrecht verurteilt wurde, dies im Verfahren nach §§ 1059–1061 ZPO mittels des Ordre-public-Vorbehalts geltend machen.

Ob die Sorge um die Generalprävention, die *Gerhard Wagner*[842] anspricht, im Falle zu strenger Anwendung des Kartellrechts berechtigt ist, ist eine psychologisch-empirische Frage, der hier nicht nachgegangen werden kann. Es sei aber angemerkt, dass man die Sorge auch „umkehren" kann. Wer eine zu strenge Kartellrechtsdurchsetzung befürchten muss, wird sein Wettbewerbsverhalten umso entschlossener aus der rechtlichen Grauzone in den „grünen Bereich" hieven, sich also zu gar größerer Kartellrechts-Compliance angehalten sehen. Das wiederum kann unter Umständen zur Unterlassung von Verhaltensweisen führen, die kartellrechtlich nicht verboten sind, und könnte damit ähnliche Wirkungen zeitigen wie das kartellbehördliche *over-enforcement.*

Vor dem Hintergrund der Bedenken gegen *over-enforcement* von Kartellrecht im Allgemeinen ergibt sich, dass eine solche Reaktion der Marktteilnehmer, wenngleich (oder weil) sie überschießendem Gehorsam entspringt, aus wettbewerbsrechtlicher und wettbewerbsökonomischer Sicht ebenso problematisch sein kann wie der umgekehrte Fall. Denn selbst wenn man annimmt, dass „*over-enforcement* durch Schiedsgerichte", anders als *Gerhard Wagner* befürchtet,[843] auf Seiten der Marktteilnehmer zu vorsichtigerer Kartellrechts-Compliance führt, ist damit nicht gesagt, dass dies aus der Sicht des Wettbewerbsrechts wünschenswert ist. Vielmehr kann der gesamtvolkswirtschaftliche Effekt überschießender Kartellrechts-Compliance nach den soeben dargestellten Maßgaben den Zielen der Wettbewerbsordnung ebenso zuwiderlaufen. Denkbar ist das etwa dann, wenn die irrige Unterbindung in Wahrheit wettbewerbskonformer Verhaltensweisen nicht nur im Einzelfall eine innovations- oder verbraucherwohlfahrtsfördernde Vereinbarung durch Schiedsspruch beseitigt (wegen eines irrig angenommenen Verstoßes der Vereinbarung gegen Art. 101 AEUV oder § 1 GWB), sondern darüber hinaus in der Weise abschreckend wirkt, dass zukünftiges, eigentlich innovations- und wohlfahrtsförderndes Verhalten unterlassen wird.

842 *G. Wagner*, ZVglRWiss 114 (2015), 494 (515).
843 *G. Wagner*, ZVglRWiss 114 (2015), 494 (515).

In einem solchen Fall würde sich die Kartellrechtsdurchsetzung bzw. Kartellrechts-Compliance ins eigene Fleisch schneiden – wobei fraglich ist, ob einschlägige fehlerhafte Schiedssprüche hinreichende Publizität erlangen könnten, um entsprechende Abschreckungseffekte der Marktteilnehmer auszulösen. Denn angesichts der häufig vertraulichen Natur von Schiedsverfahren[844] dürfte damit nicht im gleichen Maße zu rechnen sein wie im Falle veröffentlichter kartellbehördlicher oder gerichtlicher Entscheidungen. Spätestens infolge der Durchführung eines Verfahrens nach §§ 1059–1061 ZPO wäre die Publizität aber hergestellt (§ 169 GVG) und könnte die Anerkennung von Schiedssprüchen, die Kartellrecht im Sinne eines *over-enforcement* zu streng anwenden, die diskutierten abschreckenden Wirkungen zeitigen.

Trotz der nach alldem ungeklärten wettbewerbspolitischen Zweckhierarchie ist die unterschiedliche Behandlung zu strenger und zu großzügiger Fehlanwendung zum *ordre public* gehörenden Rechts nach verbreiteter Ansicht auch bei Fehlanwendung des Kartellrechts angemessen,[845] wenngleich die kartellrechtlichen Zusammenhänge in der Regel unerwähnt blieben.[846] Fälle, in denen ein Schiedsspruch wegen zu strenger Anwendung zwingenden Verbotskartellrechts aufgehoben oder nicht anerkannt worden wäre, gibt es, soweit ersichtlich, nicht. Die dargestellte Rechtsprechung des Bundesgerichtshofs insbesondere zum kartellrechtlichen *ordre public*[847] behandelte den umgekehrten Fall, die rechtsirrige Verkennung kartellrechtlicher Rechtsfolgen (etwa der Nichtigkeit einer Abrede gemäß Art. 101 Abs. 2 AEUV oder § 1 GWB i. V. m. § 134 BGB), also die zu großzügige Kartellrechtsanwendung. Und so formulierte das Oberlandesgericht Celle (leider ohne ein Wort der Begründung):

---

844 Siehe etwa Art. 44 DIS-Schiedsgerichtsordnung 2018, (auf Parteiantrag) Art. 22 Nr. 3 ICC-Schiedsgerichtsordnung 2021 sowie Art. 30 LCIA-Regeln 2020.

845 OLG Celle, Beschl. v. 14.10.2016 – 13 Sch 1/15 (Kart)/7 Sch 3/15, BeckRS 2016, 124988 (Rn. 86); *Altenmüller*, Schiedsrichterliche Entscheidung, S. 293 f.; *Altenmüller*, KTS 1974, 150 (159 f.); *Bien* in Fuchs/Weitbrecht (Hrsg.), Private Kartellrechtsdurchsetzung, § 17 Rn. 194; *Eilmansberger*, SchiedsVZ 2006, 5 (14 f.); *Günther* FS Böckstiegel, 253 (264); *Lachmann*, Schiedsgerichtspraxis, Rn. 2334; *Lieberknecht* FS Sölter, 311 (312 f.); *Hilbig*, Kartellverbot im Schiedsverfahren, S. 70; *Sørensen/Torp*, JInt'lArb 34 (2017), 35 (49, Fn. 57); stillschweigend vorausgesetzt auch von *K. Schmidt*, BB 2006, 1397 (1399).

846 Exemplarisch die bündige Feststellung bei *Bien* in Fuchs/Weitbrecht (Hrsg.), Private Kartellrechtsdurchsetzung, § 17 Rn. 194; *Lachmann*, Schiedsgerichtspraxis, Rn. 2334.

847 BGH, Urt. v. 23.4.1959 – VII ZR 2/58, BGHZ 30, 89 = NJW 1959, 1438; BGH, Urt. v. 20.5.1966 – KZR 10/64, GRUR 1966, 576; BGH, Urt. v. 25.10.1966 – KZR 7/65, BGHZ 46, 365 = NJW 1967, 1178; BGH, Urt. v. 27.2.1969 – KZR 3/68, GRUR 1969, 501; BGH, Urt. v. 31.5.1972 – KZR 43/71, NJW 1972, 2180.

„*[47]Ob das Schiedsgericht möglicherweise zu weitgehend eine Nichtigkeit einzelner Vertragsbestimmungen angenommen hat, hat der Senat aufgrund des Verbots einer révision au fond nicht zu überprüfen. Die Einstufung eines – möglicherweise – kartellrechtlich unbedenklichen Verhaltens als kartellrechtswidrig und damit nichtig, verletzt den ordre public nicht.* [...] *[86]Eine zu Unrecht erfolgte Annahme eines Kartellrechtsverstoßes und damit einer (Teil-)Nichtigkeit des Vertrages verletzte jedenfalls den ordre public nicht.*“[848]

Unter Hinweis auf diese Stelle stimmt *Bien* der unterschiedlichen Behandlung zu großzügiger und zu strenger Fehlanwendung von Kartellrecht bei der Frage einer etwaigen Ordre-public-Widrigkeit zu.[849] Auch nach *Katharina Lugani* (geb. *Hilbig*) ist ein Widerspruch zum *ordre public* nur dann anzunehmen, wenn die kartellrechtliche Vorschrift „*in grober, missbrauchsartiger Weise* [...] *eindeutig zu liberal*[]“[850] angewendet wurde, sodass der Verdacht der Kollusion nahe liege.

cc) Abstellen auf (verbots-)zweckwidrige Unvereinbarkeit mit zum *ordre public* gehörendem Recht sachgerecht

Zunächst lässt sich festhalten, dass sich die Tolerierung eines rechtlich missbilligten Verhaltens durch einen Schiedsspruch in der Regel unmittelbar und diametral gegen die gesetzlich angeordnete Rechtsfolge richtet – im besprochenen Anwendungsfall gegen die Nichtigkeitsfolge bei Verbots- oder Sittenwidrigkeit (§§ 134, 138 BGB). In diesem Fall droht die gerichtliche Bestätigung bzw. zwangsweise Durchsetzung des rechtswidrigen bzw. verbotswidrigen Rechtsgeschäfts (bzw. die „Nichtahndung“ und „Durchsetzung“ des rechtswidrigen Verhaltens) mittels staatlicher Gewalt. Das spricht dafür, der zu großzügigen Fehlanwendung zum *ordre public* gehörenden Rechts mit größerer Entschlossenheit entgegenzutreten.

Trotz der unklaren Zweckhierarchie und der Bedenken gegen „*over-enforcement* von Kartellrecht durch Schiedsgerichte“ dürfte dasselbe im Bereich des kartellrechtlichen *ordre public* gelten. Auch hier hat der Gesetzgeber etwa mit Art. 101 AEUV, § 1 GWB zwingende Verbote aufgestellt, deren Verbots-

848 OLG Celle, Beschl. v. 14.10.2016 – 13 Sch 1/15 (Kart)/7 Sch 3/15, BeckRS 2016, 124988 (Rn. 47, 86).

849 *Bien* in Fuchs/Weitbrecht (Hrsg.), Private Kartellrechtsdurchsetzung, § 17 Rn. 194.

850 *Hilbig*, Kartellverbot im Schiedsverfahren, S. 70.

zweck ein Schiedsspruch, der kartellrechtswidriges Verhalten passieren lässt und so einer kartellrechtswidrigen Vereinbarung zur Durchsetzung verhilft, diametral widerspricht. Angesichts der Nichtigkeitsfolge gemäß Art. 101 Abs. 2 AEUV, § 134 BGB steht fest, dass die Rechtsordnung kartellrechtswidrige Vereinbarungen nicht toleriert. Der umgekehrte Fehler, die rechtsirrige Anwendung des Verbotstatbestands auf eigentlich unbedenkliche Verhaltensweisen, mag ebenso rechtsfehlerhaft und aus der Sicht der Wettbewerbsfreiheit in wettbewerbsökonomischer Sicht ähnlich bedenklich sein. Es gilt allerdings auch in diesem Fall, dass der *ordre public* den Verbotszweck aufgreift und diesen schützt. Verboten ist aber nur kartellrechts*widriges* Verhalten, also ein Schiedsspruch, der kartellrechtswidrigem Verhalten (irrig) zur Durchsetzung verhilft. Nur in diesem Falle müsste die Rechtsordnung es im Falle der Anerkennung des Schiedsspruchs hinnehmen, die kartellrechtswidrige Rechtsfolge des Schiedsspruchs (und damit das verbotswidrige Rechtsgeschäft bzw. rechtswidrige Verhalten) mittels staatlicher Gewalt zwangsweise zu vollstrecken.

Die fehlerhafte Beurteilung kartellrechtlich unbedenklichen Verhaltens als kartellrechtswidrig ist zwar ebenso rechtsfehlerhaft, aber nicht im selben Maße zweckwidrig. Der Schiedsspruch widerspricht nicht selbst dem Verbot, es droht keine Vollstreckung „aus ihm" mittels staatlicher Gewalt. Daher greift die Unterscheidung anhand des Verbotszwecks auch dann, wenn kartellrechtliche Bedenken gegen die Anerkennung oder Vollstreckung des Schiedsspruchs bestehen. Somit ist die irrige Annahme eines kartellrechtlichen Verbotstatbestands durch das Schiedsgericht aus der Sicht des *ordre public* grundsätzlich unbedenklich.

Ein Widerspruch zum *ordre public* im Sinne des § 1059 Abs. 2 Nr. 2 lit. b) ZPO kommt nach alldem also grundsätzlich nur dann in Betracht, wenn das Schiedsspruchergebnis in zweckwidriger Weise zum *ordre public* gehörendes Recht verletzt. Das ist der Fall, wenn sich der Schiedsspruch unter Heranziehung des zum *ordre public* gehörenden Rechts nicht ohne Rechtsfehler begründen lässt und der Rechtsfehler darin begründet liegt, dass sich das Schiedsspruchergebnis nur durch eine (verbots-)zweckwidrige Rechtsfehlanwendung (hier: unter Verkennung der Nichtigkeit des dem Schiedsspruch zugrundeliegenden Rechtsgeschäfts) begründen ließe. Denn dann verhilft der Schiedsspruch zweckwidrig einem verbotenen Rechtsgeschäft bzw. verbotswidrigem Verhalten zur Durchsetzung, sodass die zwangsweise Durchsetzung unter Inanspruchnahme staatlicher Stellen droht. Das ist es, was der Ordre-public-Vorbehalt verhindern will, wie das Abstellen auf das *Ergebnis der Anerkennung oder Vollstreckung* des Schiedsspruchs in § 1059 Abs. 2 Nr. 2 lit. b) ZPO belegt.

Die unterschiedliche „Bedenklichkeit" von zu strenger und zu großzügiger Fehlanwendung zum *ordre public* gehörenden Rechts unterstellte auch der Bundesgerichtshof implizit in einer Entscheidung, die Treu und Glauben (§ 242 BGB) betraf.[851] Das Schiedsgericht hatte dem Schiedsbeklagten wegen dessen Treuwidrigkeit (§ 242 BGB) verwehrt, sich mittels einer hypothetischen Reserveursache gegen einen Schadensersatzanspruch zu verteidigen. Im gerichtlichen Verfahren urteilte der Bundesgerichtshof, selbst wenn diese Würdigung rechtsfehlerhaft sein sollte, begründe dies keinen Widerspruch zum *ordre public*[852] – obwohl die streitgegenständliche Normanwendung § 242 BGB, eine grundlegende Norm des deutschen Zivilrechts, betraf. Ähnlich urteilte das Oberlandesgericht Hamm in einem Fall, in dem das Schiedsgericht Treu und Glauben anspruchshemmend zulasten des Schiedsklägers herangezogen hatte, was sodann im gerichtlichen Verfahren gerügt wurde.[853]

In beiden Fällen gilt: Sollte das Schiedsgericht § 242 BGB fehlerhaft angewendet haben, würde dies jeweils eine zu strenge Durchsetzung des Gebots von Treu und Glauben nach § 242 BGB darstellen – im ersten Fall, weil ein nicht treuwidrig Handelnder rechtsirrig wegen angenommener Treuwidrigkeit daran gehindert wurde, eine Verurteilung abzuwenden, und im zweiten Fall, weil einem nicht treuwidrig Handelnden rechtsirrig Ansprüche versagt wurden. Beides mag eine Fehlanwendung von § 242 BGB darstellen. Zweckwidrig ist die überschießende Anwendung von Treu und Glauben nach der hier vertretenen Differenzierung aber nicht. Denn das Schiedsgericht hat nicht zugunsten eines treuwidrig Handelnden erkannt, sodass die Vollstreckung zu dessen Gunsten und unter Zuhilfenahme staatlicher Stellen drohen würde.

Die Unterscheidung zwischen der zweckwidrigen und „zweckkonformen" Fehlanwendung zum *ordre public* gehörenden Rechts lässt sich ferner aus einer bereits erwähnten Entscheidung des Bundesgerichtshofs zum Verjährungsrecht[854] ableiten. Wenn danach nicht jede Fehlanwendung von Verjährungsvorschriften einen Ordre-public-Verstoß im Sinne des § 1059 Abs. 2 Nr. 2 lit. b) ZPO begründet, sondern (nur) die Annahme der Unverjährbarkeit eines Anspruchs, dann folgt dies daraus, dass das Verjährungsrecht im

851 BGH, Beschl. v. 16.12.2015 – I ZB 109/14, juris.
852 BGH, Beschl. v. 16.12.2015 – I ZB 109/14, juris (Rn. 20).
853 OLG Hamm, Beschl. v. 7.11.2008 – 11 Sch 02/08, DIS-Datenbank.
854 BGH, Beschl. v. 10.3.2016 – I ZB 99/14, NJW-RR 2016, 892 (895).

Kern dem Vertrauensschutz dient und das Ziel der Rechtssicherheit und des Rechtsfriedens verfolgt, Art. 20 Abs. 2, 3 GG.[855] Legt das Schiedsgericht eine Verjährungsvorschrift zu streng aus derart, dass ein noch nicht verjährter Anspruch wegen Verjährung an der Durchsetzung gehindert wird, ist das zwar rechtsfehlerhaft, aber aus der Perspektive der Kerngedanken des Verjährungsrechts grundsätzlich unbedenklich. Denn in der fehlerhaften Rechtsanwendung des Schiedsgerichts tritt gar zügiger Rechtsfrieden ein. Es droht auch keine Vollstreckung eines in Wahrheit zugunsten des Rechtsfriedens nicht mehr durchsetzbaren Anspruchs.

4. Offensichtlichkeit des Widerspruchs

Verletzt der Schiedsspruch also zum *ordre public* gehörendes Recht derart, dass im Falle von dessen Anerkennung oder Vollstreckbarerklärung durch deutsche Gerichte (verbots-)zweckwidrig die Durchsetzung eines rechtlich missbilligten Rechtsgeschäfts (bzw. die „Nichtahndung“ und „Durchsetzung“ rechtswidrigen Verhaltens) im Wege der zwangsweisen Vollstreckung droht, ist der Schiedsspruch nach dem Wortlaut des § 1059 Abs. 2 Nr. 2 lit. b) ZPO aufzuheben. Denn dann widerspräche die Anerkennung oder Vollstreckung des Schiedsspruchs der öffentlichen Ordnung. Insbesondere nach gefestigter Rechtsprechung findet die Aufhebung allerdings nur statt, wenn die Anerkennung oder Vollstreckung *offensichtlich* dem *ordre public* widerspricht.[856]

a) Ungeschriebenes Tatbestandsmerkmal

Bei diesem Offensichtlichkeitskriterium handelt es sich um ein ungeschriebenes Tatbestandsmerkmal,[857] was *Pocsay* aus einer teleologischen Reduktion des Tatbestands hergeleitet hat.[858] Das Offensichtlichkeitskriterium war durch das Gesetz zur Neuregelung des Internationalen Privatrechts zum

855 MüKo-BGB/*Grothe*, Vor § 194 Rn. 7; Erman, BGB/*Schmidt-Räntsch*, Vor § 194 Rn. 2.

856 Grundlegend zum reformierten Recht nach dem SchiedsVfG BGH, Beschl. v. 30.10.2008 – III ZB 17/08, NJW 2009, 1215 (1216); BGH, Beschl. v. 28.1.2014 – III ZB 40/13, NJW 2014, 1597 (1598); BGH, Beschl. v. 25.6.2020 – I ZB 108/19, NJOZ 2020, 1500 (1501).

857 BGH, Beschl. v. 28.1.2014 – III ZB 40/13, NJW 2014, 1597 (1597 f.).

858 *Pocsay*, Privates Kartellrecht in Schiedsverfahren, S. 277–282.

1. September 1986[859] eingeführt worden, was nach Auffassung des Gesetzgebers[860] keine inhaltlichen Änderungen gegenüber der bis dahin geltenden Fassung bewirken sollte.[861] Als das Kriterium durch das SchiedsVfG mit Wirkung ab 1. Januar 1998 gestrichen wurde,[862] soll auch dies keine inhaltliche Bedeutung gehabt haben.[863] Bedenken gegen die Fortgeltung des Offensichtlichkeitskriteriums auch nach der Streichung aus dem Tatbestand räumte der Bundesgerichtshof ausdrücklich aus.[864] Das Offensichtlichkeitskriterium gilt nach der Rechtsprechung bei der Anerkennung ausländischer Schiedssprüche am Maßstab des *ordre public international*[865] wie auch in Verfahren betreffend inländische Schiedssprüche, in denen der *ordre public interne* zur Anwendung kommt.[866] Einzelne Stimmen führen hingegen aus, nur wenn es um Privatinteressen (also um die Gerechtigkeitsfunktion des *ordre public*) gehe, sei ein eklatanter Widerspruch erforderlich.[867] Dass das Offensichtlichkeitskriterium nur für die Gerechtigkeitsfunktion des *ordre public* gelten soll, verlangt aber eine mitunter schwierige Abgrenzung der betroffenen Interessenkreise und ist daher abzulehnen.

b) Inhaltliche Bedeutung des Offensichtlichkeitskriteriums

Zweifelhaft ist der Bedeutungsgehalt des Offensichtlichkeitskriteriums.

---

859 Art. 4 Nr. 11, 12 des Gesetzes zur Neuregelung des Internationalen Privatrechts vom 25. Juli 1986, BGBl. 1986 I, S. 1142; zur wechselhaften Geschichte des Wortlauts der Ordre-public-Klausel *Schwab/Walter*, Schiedsgerichtsbarkeit, Kap. 24 Rn. 32.

860 BT-Drs. 10/504, S. 92 i. V. m. S. 89; dazu *Völker*, Dogmatik des ordre public, S. 104.

861 So auch OLG Frankfurt a. M., Urt. v. 29.6.1989 – 6 U (Kart) 115/88, juris; *Völker*, Dogmatik des ordre public, S. 106–108.

862 Art. 2 § 19 SchiedsVfG (BGBl. 1997 I, S. 3224 (3239)).

863 BGH, Beschl. v. 30.10.2008 – III ZB 17/08, NJW 2009, 1215 (1216); BGH, Beschl. v. 28.1.2014 – III ZB 40/13, NJW 2014, 1597 (1598); OLG Köln, Beschl. v. 4.8.2017 – 19 Sch 6/17, NJOZ 2018, 949 (951); OLG Köln, Beschl. v. 19.1.2018 – 19 Sch 17/17, BeckRS 2018, 32360; (besprochen bei *Kröll*, NJW 2018, 836–839 (839)).

864 BGH, Beschl. v. 28.1.2014 – III ZB 40/13, NJW 2014, 1597 (1597 f.); zuvor BGH, Beschl. v. 30.10.2008 – III ZB 17/08, NJW 2009, 1215 (1216).

865 So etwa BGH, Beschl. v. 6.10.2016 – I ZB 13/15, NJW-RR 2017, 313 (319).

866 BGH, Beschl. v. 30.10.2008 – III ZB 17/08, NJW 2009, 1215 (1216); BGH, Beschl. v. 28.1.2014 – III ZB 40/13, NJW 2014, 1597 (1598); BGH, Beschl. v. 6.7.2017 – I ZB 11/16, NZG 2018, 317; BGH, Beschl. v. 5.3.2020 – I ZB 49/19, juris.

867 *Fournier*, Bindungswirkung, S. 43; *R. Geimer* FS Yessiou-Faltsi, 169 (174 f.); *Zimmer*, Zulässigkeit und Grenzen, S. 88 f.

Der Gesetzgeber verwendet das Offensichtlichkeitskriterium unter anderem in § 328 Abs. 1 Nr. 4 ZPO zur Anerkennung ausländischer Gerichtsentscheidungen. Dass die Auslegungsgrundsätze zu dieser Vorschrift auf § 1059 Abs. 2 Nr. 2 lit. b) ZPO übertragbar sein sollen,[868] das Offensichtlichkeitskriterium aber nur in § 328 Abs. 1 Nr. 4 ZPO genannt wird, deutet darauf hin, dass das Kriterium inhaltlich vernachlässigbar ist. Nimmt man hingegen eine tatbestandseinschränkende Funktion des Offensichtlichkeitskriteriums an, bietet sich zu dessen umstrittener Konturierung[869] ein Blick auf andere Bereiche des Zivilprozessrechts an.[870]

Das Zwangsvollstreckungsrecht bedient sich an einigen Stellen des Tatbestandsmerkmals der Offensichtlichkeit. So soll bei der Eintragung in das Schuldnerverzeichnis mit dem Offensichtlichkeitskriterium in § 882c Abs. 1 Satz 1 Nr. 2 ZPO sichergestellt werden, dass die Prüfung des Vorliegens des Eintragungstatbestands ohne *„komplexe (und entsprechend aufwändige und fehleranfällige) Bewertungsfragen“*[871] möglich ist. Auch die novellierte Fassung des § 522 Abs. 2 Nr. 1 ZPO ist für das gesetzgeberische Verständnis von *Offensichtlichkeit* instruktiv.[872] Nach der Vorschrift kann das Berufungsgericht eine Berufung ohne mündliche Verhandlung durch einstimmigen Beschluss zurückweisen, wenn sie offensichtlich keine Aussicht auf Erfolg hat. Unter Heranziehung von Rechtsprechung des Bundesverfassungsgerichts zu einer ähnlichen Regelung im StPO-Revisionsrecht[873] führen die Gesetzgebungsmaterialien aus, eine Berufung sei offensichtlich aussichtslos, *„wenn für jeden Sachkundigen ohne längere Nachprüfung erkennbar“*[874] sei, dass sie unbegründet sei. Das Berufungsgericht müsse die aufgeworfenen Tat- und Rechtsfragen zweifelsfrei beantworten können. Das setze aber nicht voraus, dass die Aussichtslosigkeit – wie das Bundesverfassungsgericht ebenfalls in

868 Dazu oben A.II.2.a).
869 Dazu *Pocsay*, Privates Kartellrecht in Schiedsverfahren, S. 282–284; *Völker*, Dogmatik des ordre public, S. 104–108.
870 Vergleichender Blick auf andere Rechtsgebiete bereits bei *Pocsay*, Privates Kartellrecht in Schiedsverfahren, S. 282 f.
871 BT-Drs. 16/10069, S. 37; Zöller, ZPO/*Seibel*, § 882c Rn. 3.
872 Darauf weist hin *Baumert*, SchiedsVZ 2014, 139 (140).
873 BVerfG, Beschl. v. 10.10.2001 - 2 BvR 1620/01, NJW 2002, 814 (815).
874 BT-Drs. 17/6406, S. 9.

anderem Zusammenhang entschied[875] – auf der Hand liege. Die Aussichtslosigkeit könne auch das Ergebnis gründlicher Prüfung sein.[876]

aa) Deutungsansätze, insbesondere *Begriffshoflehre*

In eine ähnliche Richtung gehen Deutungsversuche im Hinblick auf das ungeschriebene Offensichtlichkeitskriterium des § 1059 Abs. 2 Nr. 2 lit. b) ZPO. Nach einer in der Rechtsprechung vertretenen Definition ist die Unvereinbarkeit mit dem *ordre public* offensichtlich, wenn sie *„eklatant, unzweifelhaft ist und sozusagen auf der Hand liegt"*[877]. Andere schließen aus dem Erfordernis der Offensichtlichkeit, dass der Widerspruch zum *ordre public* ohne Weiteres aus dem Schiedsspruch ersichtlich sein müsse[878] oder dass nicht jeder Verstoß gegen eine zwingende Norm des deutschen Rechts ausreiche, sondern es sich um eine grundlegende Norm handeln müsse.[879] Das letztgenannte Verständnis trifft zwar zu, folgt aber nicht aus dem Offensichtlichkeitskriterium, sondern bereits daraus, dass § 1059 Abs. 2 Nr. 2 lit. b) ZPO nicht eine Verletzung des Rechts voraussetzt, sondern einen Widerspruch zum *ordre public*, zu besonders wichtigen zwingenden Rechtsvorschriften oder Rechtsgedanken. *Pocsay* knüpft die (zu verneinende) Frage, ob jeder Verstoß gegen eine kartellrechtliche Vorschrift einen Widerspruch zum *ordre public* begründet, an das Offensichtlichkeitskriterium.[880] Weil er meint, aus der Rechtsprechung des Bundesgerichtshofs ergebe sich das Erfordernis eines offensichtlichen Verstoßes nicht,[881] schlussfolgert er, der Bundesgerichtshof erkenne in *jeder* Verletzung einer Kartellvorschrift einen Widerspruch zum *ordre public*.

Alternativ wird das Offensichtlichkeitskriterium nicht nur auf den Widerspruch des Ergebnisses der Anerkennung oder Vollstreckung des Schieds-

875 BVerfG, Beschl. v. 18.9.1990 – 2 BvE 2/90, BVerfGE 82, 316 (319 f.).

876 Zu den in diesem Absatz besprochenen Gesetzgebungsmaterialien zur Neufassung des § 522 ZPO: Musielak/Voit, ZPO/*Ball*, § 522 Rn. 21; MüKo-ZPO/*Rimmelspacher*, § 522 Rn. 21 f.

877 OLG München, Beschl. v. 25.9.2006 – 34 Sch 12/06, juris (Rn. 36); so auch OLG Düsseldorf, Beschl. v. 14.8.2007 – I-4-Sch-02/06, SchiedsVZ 2008, 156; zu Interpretationsansätzen aus der Literatur *Völker*, Dogmatik des ordre public, S. 104–106.

878 *Pocsay*, Privates Kartellrecht in Schiedsverfahren, S. 251, 276.

879 Prütting/Gehrlein, ZPO/*Raeschke-Kessler*, § 1059 Rn. 62; *Schwab/Walter*, Schiedsgerichtsbarkeit, Kap. 24 Rn. 37.

880 *Pocsay*, Privates Kartellrecht in Schiedsverfahren, S. 250 f.

881 Ausdrücklich anders aber BGH, Beschl. v. 30.10.2008 – III ZB 17/08, NJW 2009, 1215.

spruchs zum *ordre public* angewendet, sondern auch auf den zugrundeliegenden Verstoß gegen die zum *ordre public* gehörende Vorschrift bzw. den wesentlichen Rechtsgrundsatz[882] (was nicht notwendigerweise dasselbe ist wie die Offensichtlichkeit des Widerspruchs zum *ordre public*[883]). Bereits *Möhring* vertrat, dass ein Widerspruch zum *ordre public* nur dann vorliege, wenn sich der Schiedsspruch in flagranter Weise über Normen hinwegsetze, die der öffentlichen Ordnung zuzuordnen seien.[884] In Anlehnung an ältere, vieldiskutierte französische Entscheidungen, wonach der Verstoß *„flagrante, effective et concrète"*[885] sein muss, wird auch heute noch diskutiert, ob die ordre-public-relevante Rechtsverletzung leicht erkennbar oder schwerwiegend sein muss.[886] In der Fallgruppe *Verurteilung aufgrund eines möglicherweise kartellrechtswidrigen Rechtsgeschäfts* wird schließlich erörtert, zur Präzisierung des Offensichtlichkeitskriteriums kartellrechtliche Kriterien heranzuziehen:[887] Je mehr die der Verurteilung zugrundeliegende Vereinbarung zu einer bezweckten horizontalen Wettbewerbsbeschränkung über Kernwettbewerbsfaktoren tendiert, desto schwerwiegender und erkennbarer (im Sinne von *offensichtlich*) soll der Verstoß sein – und damit der Widerspruch zum *ordre public.*

Die Beurteilung, ob ein offensichtlicher Widerspruch zum *ordre public* vorliegt, eröffnet also korrigierende Wertungen, die die Ordre-public-Prüfung nochmals von der Rechtsmittelprüfung auf eine Verletzung des Rechts abgrenzen.

---

882 So etwa betreffend die Anerkennung gerichtlicher Entscheidungen EuGH, Urt. v. 28.3.2000 – C-7/98 (Krombach), NJW 2000, 1853 (1854); EuGH, Urt. v. 11.5.2000 – C-38/98 (Renault/Maxicar), NJW 2000, 2185 (2186); ähnlich *Hilbig*, Kartellverbot im Schiedsverfahren, S. 70 (Rechtsfehler in *„grober, missbrauchsartiger Weise"*).

883 So auch die Unterscheidung bei *Reiner*, IPRax 2000, 323 (326).

884 *Möhring*, NJW 1968, 369 (370); ausdrücklich a. A. *Kornblum*, BB 1968, 1456 (1461); *Reiner*, IPRax 2000, 323 (326).

885 *Cour de Cassation (Première chambre civile)*, Urt. v. 4.6.2008 (SNF/Cytec), Bulletin des Arrêts des Chambres civiles 2008 N°6, Nr. 162; *Cour d'Appel de Paris*, Urt. v. 18.11.2004 (Thalès/Euromissile), Revue de l'arbitrage 2005, 751; dazu *Geradin*, RevClEspArb 2016, 133 (144–146); *Liebscher* in G. Blanke/Landolt (Hrsg.), Antitrust Arbitration, S. 792 f., 797 f.; *Martínez Lage*, RevClEspArb 16 (2016), 131 (135–137); *Meinhardt/Ahrens*, SchiedsVZ 2006, 182 (186); zu jüngeren, abweichenden Entscheidungen französischer Gerichte: *Wiegandt*, ZWeR 2022, 185 (190 mit Fn. 43); zur Rechtsprechungsentwicklung in Frankreich auch unter Beachtung jüngerer Tendenzen: *Morbach*, Der kartellrechtliche ordre public, S. 254–257, 286–288.

886 Dazu *Völker*, Dogmatik des ordre public, S. 105.

887 Zu diesem Ansatz *Geradin*, RevClEspArb 2016, 133 (145 f.).

Entsprechend hat *Schlosser* aus dem Offensichtlichkeitskriterium die *Begriffshoflehre* entwickelt.[888] Danach gehört nur der sog. Begriffskern eines ordre-public-relevanten Tatbestands zum *ordre public*, während der sog. Begriffshof den häufig umstrittenen Randbereich des tatbestandlichen Bedeutungsgehalts bezeichne, der nicht Bestandteil des *ordre public* sei. Ein Schiedsspruch, der den Begriffshof anders auffasse als das angerufene Gericht, verstoße nicht zwingend gegen den *ordre public*, selbst wenn die Hauptstoßrichtung der betreffenden Norm zum *ordre public* gehöre.

Gegen die Begriffshoflehre sind Bedenken erhoben worden, weil die Grenzen der Begrifflichkeiten fließend seien[889] und die Theorie auf abstrakten Thesen beruhe.[890] In der Tat erscheint eine Aufspaltung des *ordre public* in Begriffskern und Begriffshof etwas gekünstelt. Die Begriffshoflehre umschreibt letztlich aber nichts anderes als die im Ordre-public-Vorbehalt des § 1059 Abs. 2 Nr. 2 lit. b) ZPO angelegten „*Wertungsmöglichkeiten*“[891] – ob man diese nun mit den Begriffen *Begriffshof* und *Begriffskern* illustriert oder eine einschränkende Auslegung des Aufhebungstatbestands dadurch erreicht, dass man die Annahme eines Ordre-public-Verstoßes an das Vorliegen eines schwerwiegenden oder leicht erkennbaren Rechtsverstoßes knüpft. Schwachpunkt der *Begriffshoflehre* ist jedenfalls, dass der *ordre public* nicht immer in einzelnen Rechtsvorschriften und Tatbestandsmerkmalen aufgeht, sondern mitunter in nicht kodifizierten Rechtsätzen oder Gerechtigkeitsvorstellungen,[892] bei denen die Unterscheidung zwischen Begriffshof und Begriffskern häufig nicht hilfreich ist.

bb) Stellungnahme

Das Offensichtlichkeitskriterium ermöglicht wertende Korrekturmöglichkeiten bzw. eine „Stellschraube“ – derart, dass nicht jeder Normverstoß im Bereich des *ordre public* sogleich die Aufhebung rechtfertigt. Das kann man durchaus mit Kategorien wie *besondere Schwere* oder *leichte Erkennbarkeit* der zugrundeliegenden Rechtsverletzung umschreiben. Dass ein solcher

888 *Schlosser*, Schiedsgerichtsbarkeit, Rn. 867.

889 *Eilmansberger*, SchiedsVZ 2006, 5 (10); *Hilbig*, Kartellverbot im Schiedsverfahren, S. 33.

890 *Kornblum*, ZZP 86 (1973), 215 (219).

891 *Zobel*, Schiedsgerichtsbarkeit und Gemeinschaftsrecht, S. 151.

892 Vgl. die Ausführungen bei *Tyrolt*, Sportschiedsgerichtsbarkeit, S. 120; *Völker*, Dogmatik des ordre public, S. 57, 61; *Zimmer*, Zulässigkeit und Grenzen, S. 68.

Schluss von Rechtsfehler auf Widerspruch nicht zulässig ist, folgt aber ebenfalls bereits aus der Wendung *Widerspruch zum ordre public.*[893] Die unausweichliche Frage, warum das Offensichtlichkeitskriterium dann überhaupt als ungeschriebenes Tatbestandsmerkmal fortgelten soll, erklärt *Völker* mit Interessen des internationalen Rechtsverkehrs: Das Kriterium drücke aus, dass deutsche Gerichte bei der Überprüfung von Schiedssprüchen großzügig agierten, und ermahne den Richter zu *„größter Zurückhaltung"*[894] bei der Anwendung des Ordre-public-Vorbehalts.

In der Tat hat das Offensichtlichkeitskriterium bei richtiger Lesart keinen die Prüfungsstrenge konstituierenden Gehalt, sondern den Charakter einer im Sinne der Anerkennungsfreundlichkeit motivierten *„Entscheidungsregel für Zweifelsfälle"*[895]. Das Offensichtlichkeitskriterium ist kein neben die geschriebenen Voraussetzungen tretendes, zusätzliches Tatbestandsmerkmal, sondern es prägt den *gesamten* Tatbestand im Sinne äußerster Zurückhaltung bei Auslegung und Anwendung des § 1059 Abs. 2 Nr. 2 lit. b) ZPO. Das Kriterium mahnt zur Vorsicht. Der Widerspruch zum *ordre public* muss im Ergebnis zweifelsfrei sein (wie beschwerlich der Weg zu dieser Erkenntnis auch sein mag), wenngleich der Bundesgerichtshof in anderem Zusammenhang anmerkte, eine Unterscheidung *„zwischen einer ‚evident' unrichtigen Entscheidung und einer lediglich ‚schlicht' falschen Entscheidung"*[896] rufe schwierige Abgrenzungsschwierigkeiten hervor.

Das Kriterium ist mehr Appell zur Zurückhaltung denn tatbestandliche Einschränkung. Die gesetzliche Wendung überlässt bereits für sich genügend Spielraum für eine Unvereinbarkeitsprüfung im Einzelfall. Durch das Offensichtlichkeitskriterium wird diese Einzelfallprüfung in eine besonders restriktive Richtung gelenkt. „Psychologische" bzw. *„‚pädagogische'"*[897] Bedeutung hat das Offensichtlichkeitskriterium aber allemal, indem es unterstreicht, dass die Schiedsspruchaufhebung ein extremer Ausnahmefall bleiben soll und im Zweifelsfall unterbleiben muss.

893 Dazu oben C.I.3.
894 *Völker*, Dogmatik des ordre public, S. 104.
895 *Völker*, Dogmatik des ordre public, S. 105.
896 BGH, Urt. v. 18.11.2004 – IX ZR 229/03, NJW 2005, 291 (293).
897 *Völker*, Dogmatik des ordre public, S. 108.

II. Ausgestaltung des Ordre-public-Vorbehalts insbesondere durch die Gerichtspraxis

Wenn damit die Tatbestandsmerkmale des Prüfungsmaßstabs konturiert sind, bleibt ein vergleichender Blick auf die Auslegung des Ordre-public-Vorbehalts in der Gerichtspraxis.

Bereits das Reichsgericht formulierte eine Auslegung, auf Elemente derer die Rechtsprechung bis heute zurückgreift.[898] Diese Formel verleitet zu der Annahme, dass die Ordre-public-Prüfung an eine zweistufige Rechtsmittelprüfung angenähert sei: erstens Identifizierung einer ordre-public-relevanten Rechtsvorschrift, zweitens Überprüfung des Schiedsspruchs auf eine entscheidungserhebliche Verletzung der Ordre-public-Norm. Eine solche zweistufige Prüfung sieht § 1059 Abs. 2 Nr. 2 lit. b) ZPO jedoch nicht vor, wie die vorstehenden Ausführungen gezeigt haben.

1. Die Formel der Rechtsprechung

Der Bundesgerichtshof[899] und die obergerichtliche Rechtsprechung[900] paraphrasieren den Aufhebungstatbestand nach jahrzehntelanger Konturierung[901] inzwischen ständig, in sprachlicher Variation, wie folgt:

---

898 RG, Urt. v. 21.3.1905 – II 387/04, RGZ 60, 296 (299 f.) (zum kollisionsrechtlichen Ordre-public-Vorbehalt); (Kollisionsrecht) RG, Urt. v. 27.5.1910 – II 485/09, RGZ 73, 366 (368 f.); (Kollisionsrecht) RG, Urt. v. 28.6.1918 – II 69/18, RGZ 93, 182 (183); RG, Urt. v. 29.6.1942 – II 22/42, RGZ 169, 240 (245); RG, Urt. v. 12.12.1918 – IV 328/18, RGZ 95, 268 (272) (Kollisionsrecht); dazu *Völker*, Dogmatik des ordre public, S. 63.

899 BGH, Beschl. v. 6.11.1980 – III ZR 148/79, ZIP 1980, 1088 (1089); BGH, Urt. v. 12.7.1990 – III ZR 174/89, NJW 1990, 3210 (3211); BGH, Beschl. v. 30.10.2008 – III ZB 17/08, NJW 2009, 1215 (1216); BGH, Beschl. v. 28.1.2014 – III ZB 40/13, NJW 2014, 1597 (1598); BGH, Beschl. v. 6.10.2016 – I ZB 13/15, NJW-RR 2017, 313 (319); BGH, Beschl. v. 6.7.2017 – I ZB 11/16, NZG 2018, 317 (318); BGH, Beschl. v. 11.10.2018 – I ZB 9/18, NJW-RR 2019, 762; BGH, Beschl. v. 5.3.2020 – I ZB 49/19, juris (Rn. 9).

900 Hanseatisches OLG Hamburg, Urt. v. 1.10.1954 – 1 U 66/54, NJW 1955, 390; OLG Karlsruhe, Beschl. v. 14.9.2001 – 10 Sch 4/01, BeckRS 2004, 9826; OLG Stuttgart, Beschl. v. 5.11.2013 – 1 Sch 2/11, SchiedsVZ 2014, 307 (308); OLG München, Urt. v. 15.1.2015 – U 1110/14 Kart, SchiedsVZ 2015, 40 (46); OLG Frankfurt a. M., Beschl. v. 29.9.2016 – 26 Sch 5/16, juris (Rn. 42); OLG Köln, Beschl. v. 4.8.2017 – 19 Sch 6/17, NJOZ 2018, 949 (951).

901 Zur Konturenschwäche des Ordre-public-Vorbehalts *Harbst*, SchiedsVZ 2007, 22 (23); *Völker*, Dogmatik des ordre public, S. 112.

„[1]*Ein Schiedsspruch kann nach § 1059 Abs. 2 Nr. 2 Buchst. b ZPO aufgehoben werden, wenn seine Anerkennung oder Vollstreckung zu einem Ergebnis führt, das der öffentlichen Ordnung (ordre public) widerspricht.* [2]*Das setzt voraus, dass dieses Ergebnis mit wesentlichen Grundsätzen des deutschen Rechts offensichtlich unvereinbar ist.* [3]*Das ist der Fall, wenn der Schiedsspruch eine Norm verletzt, die die Grundlagen des staatlichen oder wirtschaftlichen Lebens regelt, oder wenn er zu deutschen Gerechtigkeitsvorstellungen in einem untragbaren Widerspruch steht.* [4]*Der Schiedsspruch muss mithin die elementaren Grundlagen der Rechtsordnung verletzen.* [5]*Danach stellt nicht jeder Widerspruch der Entscheidung eines Schiedsgerichts zu zwingenden Vorschriften des deutschen Rechts einen Verstoß gegen den ordre public dar.* [6]*Vielmehr muss es sich um eine nicht abdingbare Norm handeln, die Ausdruck einer für die Rechtsordnung grundlegenden Wertentscheidung des Gesetzgebers ist* [...].“[902]

Die Rechtsprechung wendete diese Formel schon auf das vor dem SchiedsVfG geltende Recht an[903] – ein Beleg, dass die Änderungen des Gesetzeswortlauts wohl keine inhaltlichen Auswirkungen hatten.[904] Auch die Literatur hat diese Ausgestaltung des Aufhebungstatbestands weitgehend übernommen.[905] Die Formel findet auch im Verfahren betreffend die Vollstreckbarerklärung inländischer[906] und ausländischer Schiedssprüche[907] Anwendung.

2. Analyse und Bewertung

In der zitierten jüngsten Fassung der Formel „seziert“ der Bundesgerichtshof den Tatbestand des § 1059 Abs. 2 Nr. 2 lit. b) ZPO schulbuchmäßig. Die Formel scheint aber in einem entscheidenden Punkt einen Akzent zu setzen, der

902 BGH, Beschl. v. 25.6.2020 – I ZB 108/19, NJOZ 2020, 1500 (1501).

903 Etwa BGH, Urt. v. 12.7.1990 – III ZR 174/89, NJW 1990, 3210 (3211); im Wesentlichen bereits BGH, Beschl. v. 6.11.1980 – III ZR 148/79, ZIP 1980, 1088 (1089): „[Die] *Anerkennung* [verstieße] *nur dann gegen die öffentliche Ordnung, wenn sie sich über einen Kernbereich von Normen des zwingenden Rechts hinweggesetzt hätte, welche die Grundlage* [sic] *des staatlichen und wirtschaftlichen Lebens berühren und aus bestimmten staatspolitischen, sozial- oder wirtschaftspolitischen Zielsetzungen heraus erlassen worden sind* [...].“

904 Dazu oben C.I.

905 Beobachtet von *Völker*, Dogmatik des ordre public, S. 112 f.

906 So etwa BGH, Beschl. v. 6.7.2017 – I ZB 11/16, NZG 2018, 317 (318).

907 So etwa BGH, Beschl. v. 6.10.2016 – I ZB 13/15, NJW-RR 2017, 313 (319); BGH, Beschl. v. 2.3.2017 – I ZB 42/16, NJOZ 2017, 802 (804).

von dem hier vertretenen Auslegungsergebnis abweicht (wonach nicht aus jeder entscheidungserheblichen Verletzung einer zum *ordre public* gehörenden Rechtsvorschrift ohne Weiteres ein Widerspruch des Ergebnisses der Anerkennung oder Vollstreckung des Schiedsspruchs zum *ordre public* folgt[908]).

Der an das wörtliche Normzitat in Satz [1] anschließende Satz [2]

> „*Das setzt voraus, dass dieses Ergebnis mit wesentlichen Grundsätzen des deutschen Rechts offensichtlich unvereinbar ist*“

ersetzt den Begriff *ordre public* durch *wesentliche Grundsätze des deutschen Rechts* und führt das Offensichtlichkeitskriterium ein. Beides ist unproblematisch. Der *ordre public* umfasst in der Tat die wesentlichen Grundsätze des deutschen Rechts,[909] das Offensichtlichkeitskriterium ist als ungeschriebenes Tatbestandsmerkmal anerkannt.[910] Eine Akzentverschiebung könnte man aber Satz [3] entnehmen:

> „*Das ist der Fall, wenn der Schiedsspruch eine Norm verletzt, die die Grundlagen des staatlichen oder wirtschaftlichen Lebens regelt, oder wenn er zu deutschen Gerechtigkeitsvorstellungen in einem untragbaren Widerspruch steht.*“

Der Satz beinhaltet eine Art Äquivalenzumformung des Vorstehenden, und zwar wie folgt: Eine offensichtliche Unvereinbarkeit des Ergebnisses der Anerkennung oder Vollstreckung des Schiedsspruchs mit dem *ordre public* liegt *genau dann* (zwingend, ohne Weiteres) vor, wenn *der Schiedsspruch* eine grundlegende Norm *verletzt* (oder untragbar gerechtigkeitswidrig ist). Liest man die Formel so, bestehen zwar insoweit keine Bedenken, als Satz [3] den Begriff des *ordre public* anhand dessen anerkannter Funktionen aufgliedert in Normen, die die „*Grundlagen des staatlichen oder wirtschaftlichen Lebens*“[911] regeln (Machterhaltungsfunktion), und die „*deutschen Gerechtigkeitsvorstellungen*“[912] (Gerechtigkeitsfunktion). Problematisch ist jedoch die angedeute-

---

908 Dazu oben C.I.3.b),c).

909 Dazu oben C.I.2.

910 Dazu oben C.I.4.a).

911 St. Rspr.: BGH, Beschl. v. 30.10.2008 – III ZB 17/08, NJW 2009, 1215 (1216); BGH, Beschl. v. 25.6.2020 – I ZB 108/19, NJOZ 2020, 1500 (1501); BGH, Beschl. v. 23.7.2020 – I ZB 88/19, GRUR 2021, 118 (119); dazu *Fournier*, Bindungswirkung, S. 42 f.; *R. Geimer* FS Yessiou-Faltsi, 169 (174 f.); *Horn*, SchiedsVZ 2008, 209 (210).

912 St. Rspr.: BGH, Beschl. v. 30.10.2008 – III ZB 17/08, NJW 2009, 1215 (1216); BGH, Beschl. v. 25.6.2020 – I ZB 108/19, NJOZ 2020, 1500 (1501); BGH, Beschl. v. 23.7.2020 – I ZB 88/19, GRUR 2021, 118 (119); dazu *Fournier*, Bindungswirkung, S. 42 f.; *R. Geimer* FS Yessiou-Faltsi, 169 (174 f.); *Horn*, SchiedsVZ 2008, 209 (210).

te Gleichstellung des (offensichtlichen) Widerspruchs des Ergebnisses der Anerkennung oder Vollstreckung des Schiedsspruchs zum *ordre public* mit der Verletzung einer grundlegenden Norm. Denn zum einen umfasst der *ordre public* nicht ausschließlich geschriebene Rechtsnormen, sondern hinter dem geschriebenen Recht stehende rechtliche Grundsätze.[913] Zum anderen tendiert die Wendung in Richtung einer Rechtsfehlerprüfung: erstens Heranziehung einer zum *ordre public* zählenden bzw. den *ordre public* ausgestaltenden Rechtsnorm und zweitens Prüfung, ob der Schiedsspruch diese Norm (in entscheidungserheblicher Weise) verletzt. Der Gesetzeswortlaut gibt nach hier vertretener Auffassung ein solches zweistufiges Vorgehen aber nicht her. Der Schluss von Rechtsfehler auf Widerspruch zum *ordre public* trifft nicht zu.[914]

Die Kritik an der Gleichsetzung einer Normverletzung mit einem Widerspruch zum *ordre public* gilt nicht für den ebenfalls in Satz [3] genannten untragbaren *Widerspruch zu deutschen Gerechtigkeitsvorstellungen.* Diese Alternative ermöglicht eine Prüfung jenseits eines zweistufigen, an die Rechtsmittelprüfung angelehnten Vorgehens. Weil sie aber nur diejenigen Normbereiche erfasst, die der materiellen Gerechtigkeit dienen (nicht die öffentlichen Interessen dienenden Normen), dürfte sie für den kartellrechtlichen *ordre public* wenig Bedeutung haben. Auch die Rechtsprechung argumentiert, soweit ersichtlich, meist mit einer Normverletzung und stützt die Ordre-public-Kontrolle auf geschriebenes Recht, nicht auf materielle Gerechtigkeitserwägungen.[915]

Im Anschluss an den folgerichtigen Ergebnissatz [4] spricht Satz [5] die Trivialität aus, dass nicht jede Verletzung des einfachen zwingenden Rechts einen Widerspruch zum *ordre public* darstellt. Problematischer ist wiederum Satz [6]:

> *„Vielmehr muss es sich um eine nicht abdingbare Norm handeln, die Ausdruck einer für die Rechtsordnung grundlegenden Wertentscheidung des Gesetzgebers ist.“*

Danach soll ein Widerspruch des Ergebnisses der Anerkennung oder Vollstreckung des Schiedsspruchs zum *ordre public* vorliegen, wenn die Entschei-

---

913 Dazu oben A.

914 Dazu oben C.I.3.b),c).

915 Anders BGH, Urt. v. 12.7.1990 – III ZR 174/89, NJW 1990, 3210 (3211): *„Dies läßt ‚einen eklatanten Verstoß gegen die materielle Gerechtigkeit‘ nicht erkennen;* [...] *Würdigung des Verhandlungs- und Beweisergebnisses und* [...] *Rechtsfolgenausspruch* [halten] *dem eingeschränkten Prüfungsmaßstab des Vollstreckbarerklärungsverfahrens stand* [...].“

dung des Schiedsgerichts in Widerspruch zu einer nicht abdingbaren Norm steht, die Ausdruck einer grundlegenden Wertentscheidung des Gesetzgebers ist. Die für Satz [3] geltenden Überlegungen betreffen auch Satz [6]: Die Wendung deutet an, dass jede Verletzung einer grundlegenden Rechtsvorschrift sogleich einen Widerspruch zum *ordre public* begründet.

Die dargestellte Auslegung ist nicht zuletzt wegen der unbestimmten Rechtsbegriffe, mit denen die Formel bestückt ist, indes nur *eine* mögliche Lesart. Der Bundesgerichtshof selbst vertritt nämlich insbesondere in seiner Rechtsprechung zum kartellrechtlichen Ordre-public-Vorbehalt[916] keinen zwingenden Schluss von einem Rechtsfehler bei der Anwendung zum *ordre public* gehörenden Rechts auf einen Widerspruch des Ergebnisses der Anerkennung oder Vollstreckung des Schiedsspruchs zum *ordre public*. Wie gezeigt wurde,[917] entscheidet die Rechtsprechung fallgruppenweise derart, dass beispielsweise die Verurteilung zu einer Leistung aus einem sittenwidrigen oder kartellrechtswidrigen Vertrag – unter „Nichtahndung" und „Durchsetzung" rechtswidrigen Verhaltens – regelmäßig ordre-public-widrig ist, nicht aber der umgekehrte Fall, die rechtsirrige Klageabweisung.

Womöglich ist es aber der schwer handhabbare Wortlaut der höchstrichterlichen Normparaphrase, der für Missverständnisse sorgt. Die genannte höchstrichterliche Rechtsprechung zur materiellen Überprüfung von Schiedssprüchen am Maßstab des *ordre public* wird nämlich häufig so verstanden, dass im Bereich des zum ordre public gehörenden Rechts jede Normverletzung die Aufhebung begründe.[918]

D. *Schlussfolgerungen aus Kapitel 2 zum Prüfungsmaßstab – Widerspruch zum materiellen* ordre public *und kartellrechtlicher* ordre public

Der Ordre-public-Vorbehalt schließt als *„Herzstück der staatlichen Kontrolle"*[919] aufgrund ihres Inhalts nicht hinnehmbare Schiedssprüche von Anerkennung und Vollstreckung aus. Begriffliche Differenzierungen zwischen *ordre public interne* und *ordre public international* sowie die großzügigere

916 BGH, Urt. v. 23.4.1959 – VII ZR 2/58, BGHZ 30, 89 = NJW 1959, 1438; BGH, Urt. v. 20.5.1966 – KZR 10/64, GRUR 1966, 576; BGH, Urt. v. 25.10.1966 – KZR 7/65, BGHZ 46, 365 = NJW 1967, 1178; BGH, Urt. v. 27.2.1969 – KZR 3/68, GRUR 1969, 501; BGH, Urt. v. 31.5.1972 – KZR 43/71, NJW 1972, 2180.

917 Dazu oben C.I.3.b).

918 So *Habscheid*, KTS 1967, 1 (6); *Pocsay*, Privates Kartellrecht in Schiedsverfahren, S. 87; *G. Wagner*, ZVglRWiss 114 (2015), 494 (499, 514).

919 *Poseck* in Salger/Trittmann (Hrsg.), Internationale Schiedsverfahren, § 22 Rn. 52.

Stoßrichtung eines *ordre public atténué de la reconnaissance* sind wegen der tatbestandlichen Unschärfe des Vorbehalts, die genügend Spielraum für eine geringfügig strengere oder großzügigere Prüfung bietet, verzichtbar. Der *ordre public communautaire* ist Bestandteil des nationalen *ordre public*, kein eigenständiger *ordre public*. Die zwingenden Verbotsvorschriften des Kartellrechts (insbesondere Art. 101, 102 AEUV, §§ 1, 19–21 GWB) bilden den kartellrechtlichen *ordre public*, der greift, wenn im Verfahren nach §§ 1059–1061 ZPO kartellrechtliche Bedenken gegen die Anerkennung oder Vollstreckung des Schiedsspruchs bestehen.

Die Ordre-public-Qualität dieser kartellrechtlichen Vorschriften nimmt auch Einfluss auf die Sachentscheidung des Schiedsgerichts:

Zunächst einmal müssen Schiedsgerichte das zur *lex causae* zählende Kartellrecht anwenden, wobei dieses (wie gewohnt) kollisionsrechtlich ermittelt wird. Seit in Deutschland das Territorialitätsprinzip und § 1051 ZPO gelten, muss ein inländisches Schiedsgericht – jedenfalls aus der Perspektive eines deutschen Gerichts – das in der Sache anwendbare Recht nach § 1051 ZPO ermitteln, nicht nach seinem Ermessen. Hingegen gilt das harmonisierte Kollisionsrecht der Rom-I-VO in inländischen Schiedsverfahren nicht, weil sich diese mangels anderweitiger Anordnung nur an staatliche Gerichtet richtet. Die Verpflichtung von Schiedsgerichten, bestimmte nicht zur *lex causae* gehörende kartellrechtliche Vorschriften anzuwenden, ist dem Grunde nach anerkannt. Nach hiesiger Ansicht haben Schiedsgerichte keine unmittelbare gesetzliche Pflicht, Eingriffsnormen anzuwenden, denn der Ordre-public-Vorbehalt richtet sich lediglich an staatliche Gerichte und Schiedsgerichte sind mangels natürlicher *lex fori* nicht verpflichtet, das Eingriffsrecht „ihrer" Rechtsordnung durchzusetzen. Die Pflicht zur Sonderanknüpfung bestimmten Eingriffsrechts folgt jedoch aus dem Schiedsrichtervertrag, weil Schiedsgerichte verpflichtet sind, einen nicht aufhebbaren, anerkennungsfähigen Schiedsspruch zu erlassen. Voraussetzungen der Sonderanknüpfung sind die Erfüllung der Tatbestandvoraussetzungen der fraglichen Norm, eine enge Verbindung des Erlassstaats der Norm mit dem Streitgegenstand und deren Anwendungswille und Anwendungswürdigkeit. In Anwendung dieser Kriterien sind Schiedsgerichte gehalten, diejenigen Eingriffsnormen anzuwenden, deren Verkennung bzw. Verletzung am Schiedsort die Schiedsspruchaufhebung bzw. in naheliegenden Vollstreckungsstaaten die Anerkennungsversagung wegen eines Ordre-public-Verstoßes begründen würde.

Dass im Rahmen der Ordre-public-Kontrolle nicht jeder entscheidungserhebliche Tatsachen- oder Rechtsfehler zur Aufhebung des Schiedsspruchs führt, folgt bereits aus der Finalität von Schiedssprüchen, dem Wesen des

Aufhebungs- und Vollstreckbarerklärungsverfahrens, das kein Rechtsmittelverfahren ist, und aus dem Verbot der *révision au fond*. Auch der Wortlaut des Aufhebungstatbestands in § 1059 Abs. 2 Nr. 2 lit. b) ZPO bestätigt dies. Während die Kassation im Rechtsmittelzug eine entscheidungserhebliche Verletzung des Rechts voraussetzt, setzt der Ordre-public-Vorbehalt weder das Beruhen des Schiedsspruchs auf einer Verletzung des Rechts voraus noch, was häufig verkannt wird, das Beruhen auf der Verletzung einer zum *ordre public* gehörenden Rechtsnorm. Gegenstand der Ordre-public-Kontrolle ist das Ergebnis der Anerkennung oder Vollstreckung des Schiedsspruchs. Dieses Ergebnis muss dem *ordre public* widersprechen, was eine wertende Unvereinbarkeitsprüfung eröffnet. Die zweistufige Vorgehensweise (Identifizierung einer Ordre-public-Norm und sodann Überprüfung des Schiedsspruchs auf eine entscheidungserhebliche Verletzung dieser Norm) zieht einen (Fehl-)Schluss von Rechtsfehler auf Widerspruch zum *ordre public*, auch wenn ein solcher zweistufiger Prüfungsgang nicht zuletzt in der Formel der Rechtsprechung anklingt.

Ungeachtet der eigenen Normparaphrase vertritt jedoch auch die höchstrichterliche Rechtsprechung nicht ein bloßes Abstellen auf die Verletzung zum *ordre public* gehörenden Rechts. Stand der Rechtsprechung ist vielmehr, dass die Schiedsspruchaufhebung in Betracht kommt, wenn eine Partei erstens zu einer verbotenen, einschließlich kartellrechtswidrigen, oder einer sittenwidrigen Handlung bzw. Leistung, zweitens aufgrund einer verbotenen oder sittenwidrigen Vertragsbestimmung oder drittens zu Schadensersatz oder einer Vertragsstrafe wegen Nichterfüllung einer verbotenen oder sittenwidrigen Vertragsbestimmung verurteilt wurde (was jeweils mit einer „Nichtahndung" bzw. „Durchsetzung" des dahinterstehenden rechtswidrigen bzw. kartellrechtswidrigen Verhaltens einhergeht).

Danach bleibt einem Schiedsspruch womöglich selbst dann die Aufhebung erspart, wenn er auf einem Rechtsfehler im Hinblick auf eine zum *ordre public* gehörende Norm beruht. Das ist denkbar, wenn das Schiedsgericht zum *ordre public* gehörendes Recht zwar falsch, aber zu streng – und damit nicht zweckwidrig – angewendet hat. Ein Widerspruch zum *ordre public* kommt somit grundsätzlich nur in Betracht, wenn sich das Schiedsspruchergebnis unter Heranziehung des zum *ordre public* des Gerichtsorts gehörenden Rechts nicht ohne Rechtsfehler begründen lässt und der Rechtsfehler darin begründet liegt, dass sich das Schiedsspruchergebnis nur durch fehlerhaft zu *großzügige* (und damit verbotszweckwidrige) Rechtsanwendung, etwa unter Verkennung der Nichtigkeit des zugrundeliegenden Rechtsgeschäfts oder der Rechtswidrigkeit bestimmten Verhaltens, begründen lässt. Denn in einem solchen Fall – der rechtsirrigen Verurteilung aufgrund eines rechtlich missbilligten Rechtsgeschäfts bzw. aus einem rechtlich missbilligten Vertrag – verletzt der Schiedsspruch selbst den Verbotszweck und droht die zwangsweise Vollstreckung eines rechtswidrigen bzw. verbotswidrigen Schiedsspruchs, was sogleich dem zugrundeliegenden rechtlich missbilligten Verhalten unter Zuhilfenahme staatlicher Stellen (mittels staatlicher Gewalt) zur Durchsetzung verhelfen würde. Genau dies ist es, was aus der Sicht der Rechtsordnung nicht hinnehmbar und daher mittels des Ordre-public-Vorbehalts abzuwehren ist. Wenn ein Schiedsgericht hingegen zu strenge Maßstäbe anlegt und beispielsweise ein *wirksames* Rechtsgeschäft rechtsfehlerhaft für sittenwidrig oder verbotswidrig (und *nichtig*) oder wenn er – allgemeiner gewendet – rechtmäßiges bzw. wettbewerbskonformes Verhalten für rechtswidrig bzw. kartellrechtswidrig erachtet, dann widerspricht dies grundsätzlich nicht dem Verbotszweck. Denn dadurch wird nicht missbilligtes Verhalten gebilligt und „durchgesetzt" bzw. einem missbilligten Rechtsgeschäft zur Durchsetzung verholfen (wie bei der zu großzügigen Rechtsanwendung), sondern erlaubtes Verhalten (überschießend) sanktioniert. Es droht nicht die Bereitstellung staatlicher Stellen zur zwangsweisen Durchsetzung einer rechtlich missbilligten Rechtsfolge. In rechtlicher Hinsicht sind zwar beide Fehlertypen gleichermaßen rechtsfehlerhaft, wertungsmäßig aber nicht im selben Maße im Sinne des *ordre public* anstößig.

Das gilt auch im Anwendungsbereich des kartellrechtlichen *ordre public*, wenn also kartellrechtliche Bedenken gegen die Anerkennung oder Vollstreckung bestehen. Denn auch im Kartellrecht sieht die Rechtsordnung beispielsweise mit Art. 101 AEUV, § 1 GWB zwingende, ausdrückliche Verbote wettbewerbswidriger Vereinbarungen vor, gegen die ein Schiedsspruch nicht verstoßen darf, indem er solchen kartellrechtswidrigen Abreden zur Durchsetzung verhilft. Eine Verletzung des Verbots liegt in dieser Fallgruppe nur vor, wenn der der Verurteilung zugrundeliegende Vertrag (also die Vereinbarung bzw. das dahinterstehende Wettbewerbsverhalten) in Wahrheit kartellrechtswidrig ist und eine rechtlich missbilligte Vollstreckung droht. Dann widerspricht das Schiedsspruchergebnis selbst dem Verbotszweck, wenngleich der Schiedsspruch im umgekehrten Fall, der rechtsirrig zu strengen Anwendung kartellrechtlicher Verbotstatbestände, im gleichem Maße rechtsfehlerhaft ist. Dabei wird nicht verkannt, dass die zu strenge, überschießende Anwendung kartellrechtlicher Vorschriften, ein *„over-enforcement"*, effizienz- und innovationshemmend wirken und der Verbraucherwohlfahrt schaden und damit – je nach Auffassung zu Hierarchie und Gewichtung der Ziele des Wettbewerbsrechts – ebenso zweckwidrig sein kann wie die zu großzügige. Denn möglicherweise reagieren Marktteilnehmer auf die allzu strenge Kartellrechtsdurchsetzung, indem sie ihr Wettbewerbsverhalten an überschießendem Gehorsam ausrichten. Dies muss aus der Sicht des Wettbewerbsrechts aber nicht wünschenswert sein. Jedenfalls ist nicht ausgeschlossen, dass der gesamtvolkswirtschaftliche Effekt eines „*over-enforcement* durch Schiedsgerichte" den Zielen der Wettbewerbsordnung zuwiderläuft – dann nämlich, wenn die irrige Unterbindung in Wahrheit wettbewerbskonformer Verhaltensweisen nicht nur im Einzelfall eine innovations- oder verbraucherwohlfahrtsfördernde Vereinbarung beseitigt, sondern auch derart abschreckend wird, dass zukünftiges, eigentlich verbraucherwohlfahrts- oder innovationsförderndes Verhalten unterbleibt.

Kapitel 3 Prüfungsumfang: Bindung an den Schiedsspruch bei Überprüfung des Ergebnisses seiner Anerkennung oder Vollstreckung auf Vereinbarkeit mit dem *ordre public*

Wenngleich das deutsche Recht die Eigenständigkeit und Gleichwertigkeit der Schiedsgerichtsbarkeit – mit Einschränkungen – anerkennt,[920] sind der privatautonomen Streitbeilegung im Interesse an einer staatlichen Rahmenkontrolle Grenzen gesetzt,[921] und zwar maßgeblich durch den Ordre-public-Vorbehalt (Kapitel 1). Gemäß § 1059 Abs. 2 Nr. 2 lit. b) ZPO prüft das Gericht die Vereinbarkeit des Ergebnisses der Anerkennung oder Vollstreckung des Schiedsspruchs mit den wesentlichen Grundlagen der deutschen Rechtsordnung. Das Ergebnis der Anerkennung oder Vollstreckung des Schiedsspruchs wird an der „starren Anerkennungshürde" des deutschen *ordre public* gemessen, die unabhängig von der *lex causae* und von sonderanzuknüpfendem Eingriffsrecht greift (Kapitel 2).

Die Höhe der „Anerkennungshürde" hängt nicht nur von den in § 1059 Abs. 2 Nr. 2 lit. b) ZPO geregelten Aufhebungsvoraussetzungen ab (Prüfungsmaßstab). Wie streng der Ordre-public-Vorbehalt wirkt, hängt auch und gerade von den prozessualen Mitteln ab, mit denen das Gericht das Vorliegen eines Widerspruchs zum *ordre public* „ermitteln" darf.[922] Entscheidend ist vor allem, in welchem Umfang das Gericht an die tatsächlichen und rechtlichen Feststellungen des Schiedsgerichts gebunden ist (Prüfungsumfang). Je weitreichender die gerichtlichen Prüfungsbefugnisse sind, desto eher ist das Gericht in der Lage, Widersprüche zum *ordre public* aufzudecken. Hierbei sind die Kategorien *Prüfungsmaßstab* und *Prüfungsumfang* nicht immer trennscharf voneinander abzugrenzen. Wenn beispielsweise die Annahme eines Widerspruchs zum *ordre public* an das Vorliegen einer offensichtlichen (im

---

920 BT-Drs. 13/5274, S. 34 („*im Prinzip gleichwertige Rechtsschutzmöglichkeit*"); *Berger* FS Sandrock, 49 (56); *R. Geimer* FS Yessiou-Faltsi, 169 (171); dazu *Tafelmaier*, Schiedsspruch und staatliche Gerichtsbarkeit, S. 32.

921 Vgl. *Haas*, Anerkennung und Vollstreckung, S. 220; *Poseck* in Salger/Trittmann (Hrsg.), Internationale Schiedsverfahren, § 22 Rn. 1, 52; *Sonnauer*, Kontrolle der Schiedsgerichte, S. 6; *Tafelmaier*, Schiedsspruch und staatliche Gerichtsbarkeit, S. 103; *Tyrolt*, Sportschiedsgerichtsbarkeit, S. 119 f.; Musielak/Voit, ZPO/*Voit*, § 1059 Rn. 1.

922 Zum Begriffspaar *Prüfungsmaßstab* und *Prüfungsumfang* oben Einleitung.

Sinne von schwerwiegenden, leicht erkennbaren oder zweifelsfreien[923]) Verletzung von Rechtsvorschriften des *ordre public* geknüpft wird, qualifiziert dies einerseits die Aufhebungsvoraussetzungen des § 1059 Abs. 2 Nr. 2 lit. b) ZPO (Prüfungsmaßstab), determiniert aber andererseits das prozessuale Vorgehen des staatlichen Gerichts, wenn es das Ergebnis der Anerkennung oder Vollstreckung des Schiedsspruchs auf Ordre-public-Konformität überprüft (Prüfungsumfang).[924] Qualifiziert das Offensichtlichkeitskriterium nämlich die Anforderungen an den Rechtsverstoß, ist das Gericht unterhalb der Schwelle zum qualifizierten Rechtsverstoß „prozessual gebunden".

Vor dem Hintergrund unterschiedlicher Auslegungen des § 1059 Abs. 2 Nr. 2 lit. b) ZPO (Prüfungsmaßstab) und wegen des umstrittenen Prüfungsumfangs (der Frage der Bindung an die schiedsgerichtlichen Feststellungen) haben deutsche Gerichte Schiedssprüche in unterschiedlichem Maße auf Verstöße gegen zum *ordre public* zählendes Recht überprüft.[925] Auch im in-

923 Zu Auslegungsmöglichkeiten oben Kap. 2 C.I.4.b).

924 Diesen Zusammenhang veranschaulicht *Pocsay*, indem er den von ihm befürworteten Prüfungsumfang mittels *„Konkretisierung"* des Offensichtlichkeitskriteriums entwickelt: *Pocsay*, Privates Kartellrecht in Schiedsverfahren, S. 282–302.

925 Vgl. einerseits die strenge Rechtsprechung BGH, Urt. v. 12.5.1958 – VII ZR 436/56, BGHZ 27, 249 = NJW 1958, 1538 (1539); BGH, Urt. v. 23.4.1959 – VII ZR 2/58, BGHZ 30, 89 = NJW 1959, 1438 (1439); BGH, Urt. v. 20.5.1966 – KZR 10/64, GRUR 1966, 576 (579 f.); BGH, Urt. v. 25.10.1966 – KZR 7/65, BGHZ 46, 365 = NJW 1967, 1178 (1179); BGH, Urt. v. 27.2.1969 – KZR 3/68, GRUR 1969, 501 (503); BGH, Urt. v. 31.5.1972 – KZR 43/71, NJW 1972, 2180 (2181); BGH, Urt. v. 26.10.1972 – VII ZR 232/71, NJW 1973, 98 (99 f.); BGH, Beschl. v. 29.9.1983 – III ZR 213/82, juris (Rn. 21); andererseits zurückhaltende Prüfungsstrenge, etwa Thüringer OLG, Beschl. v. 8.8.2007 – 4 Sch 3/06, SchiedsVZ 2008, 44 (46) (Plausibilität); OLG Frankfurt a. M., Beschl. v. 24.7.2014 – 26 Sch 28/13, 26 Sch 29/13, juris (Rn. 108–122) (keine kartellrechtliche Überprüfung des Schiedsspruchs); OLG Frankfurt a. M., Beschl. v. 22.4.2021 – 26 Sch 12/20, BeckRS 2021, 41901 (Rn. 74–102), und OLG Frankfurt a. M., Beschl. v. 3.3.2022 – 26 Sch 2/21, BeckRS 2022, 3492 (Rn. 80–90) (keine Überprüfung der Richtigkeit der Rechtsanwendung, keine summarische Prüfung, keine Plausibilitätskontrolle und keine neuen Tatsachenfeststellungen, sondern lediglich Prüfung, ob schiedsrichterliche Rechtsanwendung *„der in der betreffenden Norm zum Ausdruck kommenden grundlegenden Wertentscheidung des Gesetzgebers"* zuwiderlaufe); ferner *Bechtold*, NZKart 2020, 459 (464); *Fournier*, Bindungswirkung, S. 56, 63; *Habscheid*, KTS 1973, 232 (235) (Vertretbarkeit); *Heukamp*, Schiedszusagen, S. 167 (Vertretbarkeit); *Picht*, GRUR 2019, 11 (24); *Schlosser*, Schiedsgerichtsbarkeit, Rn. 878 (Vertretbarkeit); *Spiegel*, Kartellprivatrecht in der Handelsschiedsgerichtsbarkeit, S. 191 f. (Vertretbarkeit).

ternationalen Vergleich variiert der Umfang der gerichtlichen Überprüfung, nicht zuletzt im Bereich des kartellrechtlichen *ordre public*.[926]

Im folgenden Kapitel wird dieser gerichtliche Prüfungsumfang im Lichte der gefundenen Auslegung des Aufhebungstatbestands[927] erörtert, und zwar unter besonderer Berücksichtigung des kartellrechtlichen *ordre public*.[928] Zur Einordnung der einschlägigen Rechtsprechung, insbesondere jüngerer Liberalisierungstendenzen, wird der Stand der Diskussion zum Prüfungsumfang dargestellt (A). Das wird die Frage der Bindung an die tatsächlichen Feststellungen des Schiedsgerichts ebenso umfassen wie die Frage der Bindung an dessen Rechtsauffassungen – eine Wendung, die zu konkretisieren sein wird. Auch die Rechtsprechung ist sich über den Prüfungsumfang uneinig – nicht zuletzt wegen unklarer Vorgaben des Gerichtshofs der Europäischen Union, die im *Achmea*-Urteil[929] neu akzentuiert wurden (B). Es folgen eine Zusammenfassung des Stands der Rechtsprechung (C) und sodann eine Zusammenfassung des Kapitels (D).

A. *Meinungsstand zur prozessualen Bindung an den Schiedsspruch*

In §§ 1059–1061 ZPO fehlt es an einer ausdrücklichen Regelung des Prüfungsumfangs, insbesondere der gerichtlichen Befugnis, selbst Tatsachen festzustellen, die zur Subsumtion unter den Ordre-public-Vorbehalt erforderlich sind.[930] Die lückenhaften gesetzlichen Vorgaben mögen der Grund

---

926 Dazu *Billiet*, Int'lJAMDM 76 (2010), 86 (90–92) (Frankreich, Belgien); *Di Radicati Brozolo/Mourre*, JInt'lArb 23 (2006), 171 (173–175) (Frankreich, USA, England, Deutschland, Schweiz); Rechtsprechung in den EU-Mitgliedstaaten im Überblick: *Ilie/Seow*, JInt'lArb 2017, 1007 (1029–1031); *Liebscher* in G. Blanke/Landolt (Hrsg.), Antitrust Arbitration, S. 790–806 (Niederlande, Italien, Frankreich, Belgien); *Hilbig*, Kartellverbot im Schiedsverfahren, S. 34–52, 61–66 (Österreich, Frankreich, England, Belgien); *Martínez Lage*, RevClEspArb 16 (2016), 131 (135–139) (Frankreich, Spanien); *Mavrantonakis*, Verbot der révision au fond, S. 212–252 (zur Frage der Bindung an die Tatsachenfeststellungen); *Meinhardt/Ahrens*, SchiedsVZ 2006, 182 (183–187) (Schweiz); *de Meulemeester/Piers*, ASA Bulletin 25 (2007), 630 (635–642) (Belgien); *Sørensen/Torp*, JInt'lArb 34 (2017), 35 (41–50) (Schweden, Dänemark).

927 Dazu oben Kap. 2 C.

928 Zur Auslegung des Tatbestands des § 1059 Abs. 2 Nr. 2 lit. b) ZPO zur Bestimmung des Prüfungsumfangs (dann aber mit teleologischem Auslegungsschwerpunkt): *Pocsay*, Privates Kartellrecht in Schiedsverfahren, S. 254–277.

929 EuGH, Urt. v. 6.3.2018 – C-284/16 (Achmea), NJW 2018, 1663.

930 *Ason* (WuW 2014, 1057 (1061)) bezeichnet dies als Grund dafür, dass der Prüfungsumfang umstritten ist.

für Unsicherheiten im Hinblick auf den Prüfungsumfang sein. In welchem Umfang Schiedssprüche gerichtlich zu überprüfen sind, um zu ermitteln, ob deren Anerkennung oder Vollstreckung dem *ordre public* widerspricht, bzw. in welchem Umfang Gerichte hierbei an die Feststellungen des Schiedsgerichts gebunden sind, ist nach wie vor nicht abschließend geklärt.[931] Das Meinungsspektrum reicht *„von ‚Null Kontrolle' bis* [...] *‚Null Toleranz'"*[932] – je nachdem, ob ein „minimalistischer"[933] oder „maximalistischer"[934] Ansatz verfolgt wird.[935] Umstritten ist zum einen, ob eine plausible, vertretbare oder nicht offenkundig bzw. nicht schwerwiegend falsche Würdigung eines den *ordre public* berührenden Sachverhalts hinzunehmen ist.[936] Zum anderen wird – nicht nur in Deutschland[937] – diskutiert, in welchem Umfang das Gericht in tatsächlicher Hinsicht an den Schiedsspruch gebunden ist.[938]

I. Zur Bindung an den Schiedsspruch in tatsächlicher Hinsicht

Ob das Gericht an die Tatsachenfeststellungen des Schiedsgerichts gebunden ist und in welchem Umfang es befugt ist, selbst Tatsachen festzustellen, betrifft die tatsächliche Grundlage der Ordre-public-Prüfung. Inwieweit in

---

931 Zum Meinungsstand *Bien*, ZZP 132 (2019), 93 (118–122); *Eilmansberger*, SchiedsVZ 2006, 5 (15 f.); *R. Geimer* FS Yessiou-Faltsi, 169 (178–182); *Hilbig*, Kartellverbot im Schiedsverfahren, S. 22–34, 52–58; *Pocsay*, Privates Kartellrecht in Schiedsverfahren, S. 232–252; *Remien* FS Kropholler, 869 (882–884).

932 *Ason*, WuW 2014, 1057 (1061).

933 Dazu (mit der entsprechenden Terminologie) *Pocsay*, Privates Kartellrecht in Schiedsverfahren, S. 234–236; ferner *Billiet*, Int'lJAMDM 76 (2010), 86 (90 f.); *Liebscher* in G. Blanke/Landolt (Hrsg.), Antitrust Arbitration, S. 819.

934 Dazu (mit der entsprechenden Terminologie) *Pocsay*, Privates Kartellrecht in Schiedsverfahren, S. 232–234; ferner *Billiet*, Int'lJAMDM 76 (2010), 86 (90 f.); *Liebscher* in G. Blanke/Landolt (Hrsg.), Antitrust Arbitration, S. 819.

935 Im Folgenden wird diese gängige Unterscheidung immer wieder illustrierend aufgegriffen; mit dieser Unterscheidung etwa *Bien* in Fuchs/Weitbrecht (Hrsg.), Private Kartellrechtsdurchsetzung, § 17 Rn. 195; *Pocsay*, Privates Kartellrecht in Schiedsverfahren, S. 232–236.

936 Zum Streitstand etwa *Pocsay*, Privates Kartellrecht in Schiedsverfahren, S. 232–236.

937 Überblick bei *Di Radicati Brozolo/Mourre*, JInt'lArb 23 (2006), 171 (173–175); *Liebscher* in G. Blanke/Landolt (Hrsg.), Antitrust Arbitration, S. 793–801; *Hilbig*, Kartellverbot im Schiedsverfahren, S. 34–52, 61–66.

938 Zum Streitstand etwa *Pocsay*, Privates Kartellrecht in Schiedsverfahren, S. 236–238.

tatsächlicher Hinsicht eine Bindung an den Schiedsspruch besteht, ist umstritten.[939]

1. Bindung an die Tatsachenfeststellungen des Schiedsgerichts

Nach einigen Stimmen aus der frühen Rechtsprechung[940] und Literatur[941], denen sich bemerkenswerterweise jüngst auch das Oberlandesgericht Frankfurt am Main anschloss,[942] ist das staatliche Gericht an die Tatsachenfeststellungen des Schiedsgerichts gebunden.

Danach darf das Gericht zur Ermittlung der Ordre-public-Konformität des Schiedsspruchs keine eigenen Tatsachen feststellen. Die Prüfung des Ergebnisses der Anerkennung oder Vollstreckung des Schiedsspruchs auf Vereinbarkeit mit dem *ordre public* erfolgt allein auf der Grundlage der schiedsgerichtlichen Tatsachenfeststellungen (wie sie sich aus dem Schiedsspruch ergeben). Mit dem Rechtsgedanken des § 559 Abs. 1 Satz 1 ZPO kann man allenfalls erwägen, ergänzend die Schiedsakte oder ein etwaiges Verhandlungsprotokoll hinzuzuziehen. Entsprechend konkretisierte das Oberlandesgericht Frankfurt am Main in seiner Entscheidung, mit der es in das Lager der „Minimalisten“ wechselte,[943] dass die materielle Ordre-public-Prüfung allein *„unter Berücksichtigung des von den Parteien im Schiedsverfahren gehaltenen Sachvortrages und der Tatsachenfeststellungen des Schiedsgerichts“*[944] zu erfolgen habe.

Diese das Gericht auf den Schiedsspruch bzw. die Schiedsakte verweisende Auffassung wurde in früheren Ausführungen mit § 1040 ZPO a. F. begründet, der Vorgängervorschrift des § 1055 ZPO über die Rechtskraftwirkungen des Schiedsspruchs, sowie mit einem Vergleich der damaligen Aufhebungsgründe (§ 1041 ZPO a. F.) mit den Restitutionsgründen des § 580 ZPO a. F.:

939 Zum Streitstand etwa *Fournier*, Bindungswirkung, S. 12–18; *Harbst*, Rolle der staatlichen Gerichte, S. 181 f.

940 RG, Urt. v. 24.3.1936 – VII 205/35, JW 1936, 1894; OLG Köln, Urt. v. 30.7.1952 – 6 U 43/52, NJW 1952, 1420 (1421); Hanseatisches OLG Hamburg, Urt. v. 1.10.1954 – 1 U 66/54, NJW 1955, 390; zur frühen Rechtsprechung *Kornblum*, ZZP 86 (1973), 215 (219 f.); *v. Heymann*, Ordre public in der Schiedsgerichtsbarkeit, S. 83 f.

941 *v. Brunn*, NJW 1969, 823 (825); *Kroitzsch*, GRUR 1969, 387 (369–398).

942 OLG Frankfurt a. M., Beschl. v. 22.4.2021 – 26 Sch 12/20, BeckRS 2021, 41901 (Rn. 77, 80); OLG Frankfurt a. M., Beschl. v. 3.3.2022 – 26 Sch 2/21, BeckRS 2022, 3492 (Rn. 81–83).

943 Dazu unten B.II.5.b).

944 OLG Frankfurt a. M., Beschl. v. 3.3.2022 – 26 Sch 2/21, BeckRS 2022, 3492 (Rn. 83).

Weil § 1041 Abs. 1 Nr. 6 ZPO a. F. auf die in § 580 Nr. 1–6 ZPO a. F. aufgezählten Restitutionsgründe verweise, dürfe ein Schiedsspruch aufgrund neuer Tatsachen, die dort nicht genannte Gründe beträfen, nicht aufgehoben werden – auch nicht wegen eines Widerspruchs zur öffentlichen Ordnung.[945] Ferner wurde mit der Urteilsanerkennung (§ 328 ZPO) argumentiert, im Rahmen derer das deutsche Gericht ebenfalls an die Tatsachenfeststellungen des Erstgerichts gebunden sei.[946]

2. Keine Bindung: ersetzende und neue Tatsachenfeststellungen möglich

Im Streben nach der Aufdeckung auch solcher Ordre-public-Verstöße, die sich anhand der vorhandenen Tatsachenfeststellungen nicht feststellen lassen, sprach sich bereits das Reichsgericht gegen die Bindung an die Tatsachenfeststellungen des Schiedsgerichts aus und ließ ferner neue Tatsachen zu Sachverhaltskomplexen zu, zu denen der Schiedsspruch keine Feststellungen enthielt.[947]

Auch der Bundesgerichtshof entschied – in kartellrechtlich gelagerten Fällen –, dass das Gericht im Rahmen der Ordre-public-Kontrolle nicht an die Tatsachenfeststellungen des Schiedsgerichts gebunden sei,[948] und ließ ausdrücklich sowohl neuen Vortrag zu bisher unbekannten Sachverhaltskomplexen[949] als auch eine Ersetzung der bereits vorhandenen Tatsachenfeststellungen[950] zu. Das begründete der Bundesgerichtshof damit, dass das Gesetz eine Bindung an die schiedsgerichtlichen Tatsachenfeststellungen nicht vorsehe.[951] Daher sei von der Grundregel auszugehen, dass die Gründe einer angefochtenen Entscheidung keine Bindungswirkung entfalteten.[952] Der Ordre-public-Vorbehalt stelle nicht darauf ab, ob der Schiedsspruch gegen die öffentliche Ordnung verstoße, sondern darauf, ob die Anerkennung

945 *Kroitzsch*, GRUR 1969, 387 (396 f.).
946 *v. Brunn*, NJW 1969, 823 (824 f.).
947 RG, Urt. v. 4.6.1940 – VII 240/39, JW 1940, 1528 (1529).
948 BGH, Urt. v. 23.4.1959 – VII ZR 2/58, BGHZ 30, 89 = NJW 1959, 1438 (1439 f.); BGH, Urt. v. 20.5.1966 – KZR 10/64, GRUR 1966, 576 (580); BGH, Urt. v. 25.10.1966 – KZR 7/65, BGHZ 46, 365 = NJW 1967, 1178 (1179); BGH, Urt. v. 31.5.1972 – KZR 43/71, NJW 1972, 2180 (2181); BGH, Urt. v. 26.10.1972 – VII ZR 232/71, NJW 1973, 98 (99 f.); BGH, Beschl. v. 29.9.1983 – III ZR 213/82, juris (Rn. 21).
949 BGH, Urt. v. 31.5.1972 – KZR 43/71, NJW 1972, 2180 (2181).
950 BGH, Beschl. v. 29.9.1983 – III ZR 213/82, juris (Rn. 21).
951 BGH, Urt. v. 23.4.1959 – VII ZR 2/58, BGHZ 30, 89 = NJW 1959, 1438 (1439).
952 BGH, Urt. v. 23.4.1959 – VII ZR 2/58, BGHZ 30, 89 = NJW 1959, 1438 (1439).

des Schiedsspruchs – unter Berücksichtigung des im gerichtlichen Verfahren vorgetragenen Sachverhalts – in Widerspruch zur öffentlichen Ordnung stehe.[953] Die gerichtliche Überprüfung sei bei Annahme einer Bindung „*wirkungslos*“[954].

In der Folgezeit bestätigte der Bundesgerichtshof diese Rechtsprechung, indem er etwa – unter Zurückweisung der Schiedssache – dem Oberlandesgericht eine weitere tatsächliche Aufklärung aufgab.[955] Eine Bindung an die Tatsachenfeststellungen des Schiedsgerichts wurde auch in der obergerichtlichen Rechtsprechung abgelehnt,[956] teilweise unter Durchführung einer eigenen Beweisaufnahme.[957] Große Teile der Literatur pflichten dem bei,[958] mitunter mit dem zirkelschlüssigen Argument, wo ein Ordre-public-Verstoß festgestellt werde, da „*war es auch sachgerecht, den Sachverhalt aufzuklären*“[959].

3. Eingeschränkte Bindung in tatsächlicher Hinsicht

Um einerseits eine umfangreiche Neuverhandlung der Sache auf der Grundlage neuen Tatsachenvortrags zu vermeiden,[960] andererseits nicht etwaige Unzulänglichkeiten der schiedsgerichtlichen Tatsachenfeststellungen unan-

---

953 BGH, Urt. v. 31.5.1972 – KZR 43/71, NJW 1972, 2180 (2181).

954 BGH, Urt. v. 25.10.1966 – KZR 7/65, BGHZ 46, 365 = NJW 1967, 1178 (1179).

955 BGH, Urt. v. 25.10.1983 – KZR 27/82, BGHZ 88, 314 = NJW 1984, 1355 (1356); BGH, Beschl. v. 2.11.2000 – III ZB 55/99, NJW 2001, 373 (374); BGH, Beschl. v. 29.1.2009 – III ZB 88/07, BGHZ 179, 304 = NJW 2009, 1747 (1749 f.).

956 OLG Dresden, Beschl. v. 20.4.2005 – 11 Sch 01/05, SchiedsVZ 2005, 210 (212) (Berücksichtigung einer während des Verfahrens erteilten kartellbehördlichen Mitteilung).

957 OLG Düsseldorf, Beschl. v. 21.7.2004 – VI-Sch (Kart) 1/02, Sch (Kart) 1/02, juris.

958 MüKo-ZPO/*Adolphsen*, Art. V NYÜ Rn. 71; *Altenmüller*, KTS 1974, 150 (157); BLHAG, ZPO/*Anders*, § 1059 Rn. 16; *Gottwald* FS Nagel, 54 (66); *Habscheid*, KTS 1973, 232 (234 f.); *Hammer*, Überprüfung von Schiedsverfahren, Rn. 661, 710; *Kornblum*, BB 1968, 1456 (1460); *Kornblum*, ZZP 86 (1973), 215 (221); *Ollerdißen* in Wiedemann (Hrsg.), Kartellrecht, § 63 Rn. 30; *Reiner*, IPRax 2000, 323 (326); *G. Roth*, Der Vorbehalt des Ordre Public, S. 176; MüKo-WettbewR/*F.-J. Säcker*, § 1 GWB Rn. 39; Saenger, ZPO/*Saenger*, § 1059 Rn. 31; Immenga/Mestmäcker/*K. Schmidt*, § 87 GWB Rn. 75; Wieczorek/Schütze, ZPO/*Schütze*, § 1059 Rn. 68; *Schwab/Walter*, Schiedsgerichtsbarkeit, Kap. 24 Rn. 46.

959 Musielak/Voit, ZPO/*Voit*, § 1059 Rn. 30; so auch *Tafelmaier*, Schiedsspruch und staatliche Gerichtsbarkeit, S. 106 f.

960 Mit diesem Argument *Kornblum*, NJW 1969, 1793 (1795); *Kroitzsch*, GRUR 1969, 387 (396 f.); *R. Geimer* FS Yessiou-Faltsi, 169 (180 f.).

getastet lassen zu müssen,[961] wurden vermittelnde Ansätze entwickelt. Diese nehmen eine grundsätzliche Bindung an die Tatsachenfeststellungen des Schiedsgerichts an. Welche Ausnahmen zuzulassen sind, ist unter den Vertretern vermittelnder Ansätze aber umstritten.

a) Grundsätzliche Bindung nur an vorhandene Tatsachenfeststellungen

Die mancherorts vertretene Differenzierung, wonach das Gericht grundsätzlich nicht befugt ist, die vorhandenen schiedsgerichtlichen Tatsachenfeststellungen zu überprüfen und zu ersetzen, andererseits aber ohne Weiteres *neue* Tatsachen zu im Schiedsspruch unerwähnten Sachverhaltsbestandteilen feststellen darf,[962] ist ein Beispiel für einen solchen vermittelnden Ansatz.

Diese Lockerung der „tatsächlichen Bindung" hat Fälle im Auge, in denen der Schiedsspruch einen lückenhaften Tatbestand enthält und eine Überprüfung des Ergebnisses von dessen Anerkennung oder Vollstreckung auf Vereinbarkeit mit dem *ordre public* daher ohne ergänzende Feststellungen nicht möglich wäre.[963] Für die Unterscheidung zwischen vorhandenen und neuen Tatsachenfeststellungen wurde ein systematischer Vergleich der Aufhebungsgründe des § 1059 Abs. 2 Nr. 1 ZPO mit denen des § 1059 Abs. 2 Nr. 2 ZPO angeführt: Die Gründe der Nr. 1 erforderten die Überprüfung von Umständen, zu denen der Schiedsspruch regelmäßig keine Feststellungen treffe, wohingegen die Gründe der Nr. 2 auf den Inhalt des Schiedsspruchs abstellten – was das Festhalten an vorhandene Feststellungen rechtfertige.[964]

Nach dieser differenzierenden Auffassung soll der Grad der Bindung an die Tatsachenfeststellungen also vom Umfang der schiedsgerichtlichen Feststellungen abhängen. Hierbei soll die grundsätzliche Bindung an die *vorhandenen* Tatsachenfeststellungen ausnahmsweise durchbrochen werden, wenn diese verfahrensfehlerhaft zustande kamen, während die Feststellung *neuer* Tatsachen, zu denen der Schiedsspruch schweigt, ohne Weiteres möglich sein soll.[965] Zum kartellrechtlichen *ordre public* wird einschränkend vertreten, das

961 Mit diesem Argument für ausnahmsweise gerichtliche Tatsachenfeststellungsbefugnis *Eilmansberger*, SchiedsVZ 2006, 5 (16).

962 *Trappe*, BB-Beilage 2000, Nr. 8, 7 (8); *Tyrolt*, Sportschiedsgerichtsbarkeit, S. 148.

963 Mit dieser Argumentation auch *Kornblum*, NJW 1969, 1793 (1794); *Harbst*, SchiedsVZ 2007, 22 (24).

964 So zu verstehen wohl die Argumentation von *Trappe*, BB-Beilage 2000, Nr. 8, 7 (7 f.).

965 *Trappe*, BB-Beilage 2000, Nr. 8, 7 (8); ähnlich *Harbst*, SchiedsVZ 2007, 22 (25–27); *Tyrolt*, Sportschiedsgerichtsbarkeit, S. 148.

Gericht sei (vollständig) an die Tatsachenfeststellungen gebunden (derart, dass auch neue Tatsachenfeststellungen nicht möglich seien), wenn das Schiedsgericht die kartellrechtliche Frage „*ernsthaft geprüft*"[966] habe.

b) Keine Bindung, soweit unmittelbare Staatsinteressen betroffen

Unter Heranziehung der Berührungspunkte des Schiedsverfahrens und der Machterhaltungs- und Gerechtigkeitsfunktion des *ordre public*[967] lehnt *Reinhold Geimer* eine Bindung an die Tatsachenfeststellungen jedenfalls insoweit ab, als unmittelbare Staatsinteressen berührt sind (was er bei Kartellrechtsbezug bejaht).[968] Hingegen sei eine grundsätzliche Bindung anzunehmen, soweit der Schiedsspruch allein private Interessen berühre. Auch insoweit ende die Bindung jedoch, wenn die Tatsachen unter einem ordre-public-relevanten Verfahrensverstoß zustande gekommen seien (etwa unter einem Gehörsverstoß).

c) Keine Bindung, soweit Verfahrensfehler des Schiedsgerichts

Mit der Verfahrensfehlerhaftigkeit der schiedsgerichtlichen Tatsachenfeststellungen ist das wohl am häufigsten vertretene Kriterium zur Einschränkung der grundsätzlichen Tatsachenbindung angesprochen.[969] Danach können die schiedsgerichtlichen Tatsachenfeststellungen ersetzt oder ergänzt werden, wenn dem Schiedsgericht bei den Feststellungen ein Verfahrensfeh-

966 *Remien* FS Kropholler, 869 (883).
967 Dazu oben Kap. 2 A.I.
968 *R. Geimer* FS Yessiou-Faltsi, 169 (178 f.).
969 So etwa OLG Celle, Urt. v. 2.3.1956 – 4 U 9/56, NJW 1956, 1723 (1724 f.); OLG Köln, Beschl. v. 23.4.2004 – 9 Sch 01/03, SchiedsVZ 2005, 163 (165); OLG München, Beschl. v. 25.9.2006 – 34 Sch 12/06, juris (Rn. 37); OLG Saarbrücken, Urt. v. 30.5.2011 – 4 Sch 03/10, SchiedsVZ 2012, 47 (52); *Fournier*, Bindungswirkung, S. 94; *R. Geimer* FS Yessiou-Faltsi, 169 (180 f.); Zöller, ZPO/*R. Geimer*, § 1059 Rn. 53 (anders, wenn unmittelbare Staatsinteressen berührt); *Harbst*, SchiedsVZ 2007, 22 (25–27); *Horn*, SchiedsVZ 2008, 209 (216 f.); *Hilbig*, Kartellverbot im Schiedsverfahren, S. 71; *Mavrantonakis*, Verbot der révision au fond, S. 295; *Poseck* in Salger/Trittmann (Hrsg.), Internationale Schiedsverfahren, § 22 Rn. 57; *Tyrolt*, Sportschiedsgerichtsbarkeit, S. 148.

ler unterlief. Die normative Anknüpfung bleibt unter den Vertretern dieser Meinung aber weitgehend unbeleuchtet.[970]

Ihren normativen Bezugspunkt findet die Anknüpfung an die Verfahrensfehlerfreiheit der Tatsachenfeststellungen in § 1059 Abs. 2 Nr. 1 lit. d) ZPO (bzw. seinem Pendant in Art. V Abs. 1 lit. d) NYÜ).[971] Danach erfolgt die Schiedsspruchaufhebung wegen des bloßen Vorliegens bestimmter einfacher Verfahrensfehler (ohne dass diese zugleich einen prozessualen Ordre-public-Verstoß darstellen müssten). Daraus kann man schließen, dass erst recht korrigierende Tatsachenfeststellungen zuzulassen sind, um das Vorliegen eines Widerspruchs des Ergebnisses der Anerkennung oder Vollstreckung des Schiedsspruchs zum materiellen *ordre public* zu ermitteln. Denn in diesem Falle sind gar wesentliche Grundlagen der Rechtsordnung im Sinne des *ordre public* betroffen.

Einschränkend wird mitunter ein schwerwiegender Verfahrensfehler verlangt.[972] Was bereits nach *ordre public* klingt, wird andernorts exakt so gefordert: Die Tatsachenbindung ende, wenn dem Schiedsgericht bei der Tatsachenfeststellung ein den *ordre public* berührender Verfahrensfehler unterlaufen sei.[973] Die Durchbrechung der Bindung im Falle eines Verstoßes gegen den verfahrensrechtlichen *ordre public* hat auch der Bundesgerichtshof bestätigt, allerdings im Urteilsanerkennungsrecht nach § 328 ZPO.[974] *Schlosser* spezifiziert, neue Tatsachenfeststellungen seien zuzulassen, wenn dies der Aufdeckung eines möglichen Meineids, einer Rechtsbeugung oder eines Prozessbetrugs diene,[975] und merkt andernorts an, neue Tatsachenfeststellungen müssten unterbleiben, wenn sich das Schiedsgericht ernsthaft um eine Aufklärung der Tatsachenfragen bemüht habe.[976] Im Umkehrschluss bedeutet dies, dass neue Tatsachenfeststellungen auch unterhalb der Schwelle zu einem Verfahrensfehler möglich sind, wobei unklar bleibt, wann das staatli-

970 Ohne direkten normativen Bezug bereits OLG Celle, Urt. v. 2.3.1956 – 4 U 9/56, NJW 1956, 1723 (1724 f.); OLG Köln, Beschl. v. 23.4.2004 – 9 Sch 01/03, SchiedsVZ 2005, 163 (165); OLG München, Beschl. v. 25.9.2006 – 34 Sch 12/06, juris (Rn. 37); *Horn*, SchiedsVZ 2008, 209 (217).

971 *Hilbig*, Kartellverbot im Schiedsverfahren, S. 71.

972 OLG Celle, Urt. v. 2.3.1956 – 4 U 9/56, NJW 1956, 1723 (1724); *Hilbig*, Kartellverbot im Schiedsverfahren, S. 71.

973 OLG München, Beschl. v. 25.9.2006 – 34 Sch 12/06, juris (Rn. 37); *Hilbig*, Kartellverbot im Schiedsverfahren, S. 71; *Tyrolt*, Sportschiedsgerichtsbarkeit, S. 148 (neue Tatsachen aber immer zulässig).

974 BGH, Urt. v. 11.4.1979 – IV ZR 93/78, NJW 1980, 529 (531).

975 *Schlosser*, Schiedsgerichtsbarkeit, Rn. 873.

976 Stein/Jonas, ZPO/*Schlosser*, Anhang zu § 1061 Rn. 371.

che Gericht von einem hinreichenden Bemühen ausgehen kann und damit an die Tatsachenfeststellungen gebunden ist. Schließlich wurde vorgeschlagen, neue Tatsachen ausnahmsweise dann zuzulassen, wenn der Schiedsspruch einen Begründungsmangel im Hinblick auf eine ordre-public-relevante Frage aufweise.[977]

Welcher dieser Einschränkungen man auch folgt: Bei der Prüfung, ob die schiedsgerichtlichen Tatsachenfeststellungen verfahrensfehlerfrei sind, ist zu beachten, dass nicht jede objektiv falsche Tatsachenfeststellung notwendigerweise verfahrensfehlerhaft, nicht jeder verfahrensfehlerhaft festgestellte Sachverhalt sogleich falsch ist:

Im deutschen Zivilprozess folgt das aus dem Beibringungsgrundsatz.[978] Weil das Gericht danach die Wahrheit der beigebrachten Tatsachen grundsätzlich nicht untersuchen muss, legt es seiner Entscheidung auch objektiv falsche Tatsachen zugrunde, wenn sie unstreitig sind,[979] es sei denn, das übereinstimmend falsch Vorgetragene entspricht offensichtlich nicht der Wahrheit.[980] Falsche Tatsachenfeststellungen sind daher nicht *per se* verfahrensfehlerhaft. Gleiches gilt im Ergebnis auch im Schiedsverfahrensrecht, allerdings gelten dort abweichende Tatsachenfeststellungsregeln. In institutionellen Schiedsverfahren ist ein „Beibringungsgrundsatz" nach deutschem Vorbild unüblich.[981] Er gilt auch in einem Ad-hoc-Schiedsverfahren nach den Regeln der ZPO nicht.[982] Vielmehr tendiert § 1042 Abs. 4 Satz 2 ZPO zu einem „beschränkten Untersuchungsgrundsatz"[983] (der aber nicht gleichzusetzen ist mit einer Amtsermittlung etwa im Sinne von § 26 FamFG oder § 86

977 *Eilmansberger*, SchiedsVZ 2006, 5 (16).

978 Anders z. B. in der freiwilligen Gerichtsbarkeit (§ 26 FamFG) und in kartellrechtlichen Beschwerdesachen (§ 75 Abs. 1 GWB); Überblick bei Stein/Jonas, ZPO/*Kern*, vor § 128 Rn. 209–215.

979 *Brand*, NJW 2017, 3558 (3559); Stein/Jonas, ZPO/*Kern*, vor § 128 Rn. 181; MüKo-ZPO/*Rauscher*, Einleitung Rn. 361.

980 BAG, Urt. v. 9.12.1997 – 1 AZR 319/97, BAGE 87, 234 = NZA 1998, 661 (663); Zöller, ZPO/*Greger*, § 291 Rn. 2; *Maushake*, NZBau 2020, 578 (579); MüKo-ZPO/*Rauscher*, Einleitung Rn. 361; *Windau*, NJOZ 2018, 761 (762).

981 *Blackaby/Partasides*, Redfern/Hunter, Rn. 6.28; *Quinke*, SchiedsVZ 2013, 129 (132).

982 Zöller, ZPO/*R. Geimer*, § 1042 Rn. 30; dazu *Trittmann* FS Thümmel, 913 (914).

983 So wohl BGH, Beschl. v. 16.12.2015 – I ZB 109/14, juris (Rn. 30); OLG Frankfurt a. M., Beschl. v. 2.2.2017 – 26 Sch 3/16, juris (Rn. 81); OLG Frankfurt a. M., Beschl. v. 28.5.2020 – 26 Sch 7/19, juris (Rn. 122); Saenger, ZPO/*Saenger*, § 1042 Rn. 16; *Trittmann* FS Thümmel, 913 (914 f.); dazu Zöller, ZPO/*R. Geimer*, § 1042 Rn. 30.

Abs. 1 VwGO). Auch nach den Regeln der DIS[984], der ICC[985] und des LCIA[986] gilt – unter dem Vorbehalt abweichender Parteivereinbarung – ein „beschränkter Untersuchungsgrundsatz".[987] Danach haben Schiedsgerichte Ermessen, die Tatsachenfeststellungen auf das Parteivorbringen oder auf eigene Ermittlungen zu gründen, ohne Bindung an den Parteivortrag und Beweisangebote.[988] Eine inquisitorische Ermittlungspflicht besteht aber grundsätzlich nicht. Nach dem Oberlandesgericht Frankfurt am Main liegt ein Verstoß gegen den „beschränkten Untersuchungsgrundsatz" – mithin ein Verfahrensfehler – nur vor, wenn aufgrund von Anhaltspunkten offensichtlich war, dass es weiterer Tatsachenermittlungen bedurfte, die das Schiedsgericht unterließ.[989] Daher begründet auch im Schiedsverfahrensrecht die objektive Falschheit einer Tatsache nicht zwingend deren Verfahrensfehlerhaftigkeit, die zur Befugnis der Neufeststellung im Sinne des dargestellten vermittelnden Ansatzes führen würde. Vielmehr kommt es auf die konkret geltenden Verfahrensregeln zur Tatsachenfeststellung an. Die Überprüfung ist in vielen Fällen auf eine Ermessensfehlerprüfung beschränkt, weil nach gängigen Schiedsregeln und § 1042 Abs. 4 ZPO im Zweifel das Schiedsrichterermessen über das Verfahren der Tatsachenfeststellung entscheidet.

---

984 Art. 28.1, 2 DIS-Schiedsgerichtsordnung 2018: „*Das Schiedsgericht stellt den Sachverhalt fest.*" Gemäß Art. 28.2 „*kann*" es dazu „*eigene Ermittlungen anstellen*", insbesondere Sachverständige bestellen, von den Parteien *nicht benannte* Zeugen vernehmen oder eine Dokumentvorlage anordnen.

985 Art. 25.1 ICC Rules of Arbitration 2021: „*The arbitral tribunal shall* [...] *establish the facts of the case by all appropriate means.*"

986 Art. 22.1(iii) LCIA Arbitration Rules 2020: „*The Arbitral Tribunal shall have the power, upon the application of any party or* [...] *upon its own initiative,* [...] *to conduct such enquiries as may appear to the Arbitral Tribunal to be necessary or expedient, including whether and to what extent the Arbitral Tribunal should itself take the initiative in* [...] *ascertaining relevant facts* [...]."

987 *Trittmann* in Salger/Trittmann (Hrsg.), Internationale Schiedsverfahren, § 10 Rn. 68; *Trittmann* FS Thümmel, 913 (915 f.); dazu *Leuering*, NJW 2014, 657 (659); MüKo-ZPO/*J. Münch*, § 1042 Rn. 108–111.

988 OLG Frankfurt a. M., Beschl. v. 2.2.2017 – 26 Sch 3/16, juris (Rn. 81); OLG Frankfurt a. M., Beschl. v. 26.11.2020 – 26 Sch 14/20, juris (Rn. 84); *Trittmann* in Salger/Trittmann (Hrsg.), Internationale Schiedsverfahren, § 10 Rn. 76 f.; *Trittmann* FS Thümmel, 913 (916 f.).

989 OLG Frankfurt a. M., Beschl. v. 28.5.2020 – 26 Sch 7/19, juris (Rn. 122).

4. Beschränkung der Zulassung neuen Sachvortrags: Präklusionstatbestände?

Eine Bindung an die Tatsachenfeststellungen des Schiedsgerichts lässt sich auch auf indirektem Wege erreichen, und zwar durch Anwendung von Präklusionsregeln.[990] Sie greifen dann als zusätzlicher „Filter", wenn neuer Sachvortrag, der die schiedsgerichtlichen Tatsachenfeststellungen angreift, nach den dargestellten Auffassungen grundsätzlich zulässig wäre, und verhindern so ein vollständiges Auseinanderfallen des dem Schiedsverfahren und dem gerichtlichen Verfahren zugrundeliegenden Sachverhalts.[991]

Die Sorge, neuer Tatsachenvortrag im gerichtlichen Verfahren sei allein deswegen abzulehnen, weil es keine Möglichkeit gebe, ihn zu begrenzen,[992] trifft daher angesichts einiger prozessualer Präklusionstatbestände, die möglicherweise analog herangezogen werden können, in dieser Pauschalität nicht zu.[993]

a) Keine Feststellungen zu Umständen, die schon bei Erlass des Schiedsspruchs vorlagen: Quasi-Einwendungspräklusion

Einen möglichen Präklusionstatbestand brachte das Oberlandesgericht Saarbrücken ins Spiel. Das Gericht schloss in einer Entscheidung über die Vollstreckbarerklärung eines Schiedsspruchs analog § 767 Abs. 2 ZPO Sachvortrag zu der Ordre-public-Rüge aus, der der Verurteilung zugrundeliegende Vertrag sei sittenwidrig.[994] Die Gründe, auf denen die Rüge fuße, müssten nach dem Schiedsverfahren entstanden sein, was streitgegenständlich nicht der Fall sei. Diese Präklusion stellt auf den Zeitpunkt der *Entstehung* des betreffenden Umstands ab.

---

990 Zu möglichen Präklusionstatbeständen bereits *Kornblum*, NJW 1969, 1793 (1795); ferner *R. Geimer* FS Yessiou-Faltsi, 169 (181).

991 Mit diesem Argument *Kornblum*, NJW 1969, 1793 (1795); *Kroitzsch*, GRUR 1969, 387 (396 f.); *R. Geimer* FS Yessiou-Faltsi, 169 (180 f.).

992 *Kroitzsch*, GRUR 1969, 387 (397).

993 Zu Möglichkeit der Präklusion bereits *Kornblum*, NJW 1969, 1793 (1795); ferner *R. Geimer* FS Yessiou-Faltsi, 169 (181).

994 OLG Saarbrücken, Urt. v. 30.5.2011 – 4 Sch 03/10, SchiedsVZ 2012, 47 (49 f.).

b) Keine Feststellungen zu Umständen, zu denen im Schiedsverfahren nicht vorgetragen wurde: Quasi-Klageänderungspräklusion

Im Wege einer weiteren objektiven Präklusion wurde vorgeschlagen, solchen Sachvortrag auszuschließen, der Umstände betrifft, zu denen die Parteien im Schiedsverfahren trotz dessen Erheblichkeit[995] nicht vorgetragen haben.[996] Präklusionskriterium ist also nicht das Vorliegen des Umstands, sondern dessen fehlende Erwähnung im Schiedsverfahren. Diese Präklusion lässt sich an § 559 Abs. 1 Satz 1 ZPO anknüpfen, wonach auf eine Sachrüge[997] nur dasjenige Parteivorbringen der Beurteilung des Revisionsgerichts unterliegt, das aus dem Berufungsurteil oder dem Sitzungsprotokoll ersichtlich ist.

In vielen Fällen dürfte die Zulassung solchen neuen Vortrags, der im Schiedsverfahren unerwähnt blieb, den Klagegrund im Sinne des § 253 Abs. 2 Nr. 2 ZPO, also den Streitgegenstand des Schiedsverfahrens, verändern oder ergänzen. Präklusionskriterium ist also analog §§ 263 ff. ZPO das Vorliegen einer Quasi-Klageänderung – mit der Modifikation, dass die Streitgegenstände in beiden Verfahren (Schiedsverfahren und gerichtliches Verfahren nach §§ 1059–1061 ZPO) naturgemäß verschieden sind. Jedenfalls greift nach dieser Auffassung bei Vorliegen einer Quasi-Klageänderung eine Präklusion, es sei denn, die Gegenseite willigt ein oder das Gericht hält die Klageänderung für sachdienlich.[998]

c) Treuwidrigkeitspräklusion

Denkbar ist schließlich der Ausschluss neuen Vortrags, der analog § 242 BGB gegen Treu und Glauben verstößt. Er ist dann präkludiert, wenn sich der Rügeführer in treuwidriger Weise widersprüchlich zum Prozessgebaren im Schiedsverfahren verhält.[999] Die nicht bloß schuldhaft, sondern treuwidrig handelnde Partei wird so gehindert, Sachvortrag aus nicht schützenswerten

---

995 Mit dieser Einschränkung *R. Geimer* FS Yessiou-Faltsi, 169 (181).

996 *R. Geimer* FS Yessiou-Faltsi, 169 (181); in diese Richtung auch *Picht/Chrobak*, NZKart 2019, 475 (481); *F. Schwarz/Harler/Schwedler* in Kamann/Ohlhoff/Völcker (Hrsg.), Kartellprozess, § 38 Rn. 28.

997 Anders nach §§ 559 Abs. 1 Satz 2, 551 Abs. 3 Nr. 2 ZPO bei einer Verfahrensrüge.

998 Für eine so verstandene Klageänderungspräklusion bereits *Kornblum*, NJW 1969, 1793 (1795); *Kornblum*, ZZP 86 (1973), 215 (222).

999 Dazu im Überblick MüKo-BGB/*Schubert*, § 242 Rn. 314–316, 353; zum Ansatz einer „*Missbrauchsabwehr als allgemeiner Grundsatz des Gemeinschaftsrechts*“ bei der Zuständigkeitserschleichtung *Thole*, ZZP 122 (2009), 423 (433–436).

prozesstaktischen Gründen in das gerichtliche Verfahren zu „verschleppen". Hierbei dürfte die Annahme von Treuwidrigkeit ein vorsätzliches Zurückhalten der Umstände im Schiedsverfahren trotz deren Kenntnis und aus nicht schützenswerten Motiven sowie schutzwürdiges Vertrauen der Gegenseite in die erlangte Rechtsposition voraussetzen.

d) Stellungnahme

Die Quasi-Einwendungspräklusion analog § 767 Abs. 2 ZPO ist abzulehnen. Richtig ist zwar, dass im Vollstreckbarerklärungsverfahren nach § 1060 f. ZPO materiellrechtliche Einwendungen gegen den titulierten Anspruch analog § 767 ZPO statthaft sind und der Vollstreckbarerklärung entgegenstehen können.[1000] Der Ordre-public-Einwand ist jedoch von Einwendungen im Sinne des § 767 ZPO zu unterscheiden. Er verschafft keine materiellrechtliche Einwendung gegen den titulierten Anspruch, sondern verhindert die Anerkennung oder Vollstreckung des Schiedsspruchs, wenn sie im Ergebnis mit wesentlichen Grundsätzen des deutschen Rechts unvereinbar wäre, § 1059 Abs. 2 Nr. 2 lit. b) ZPO. Sind grundlegende Interessen im Sinne des *ordre public* betroffen, muss der Zeitpunkt des Entstehens des Einwands grundsätzlich unbeachtlich sein. Eine Einwendung im Sinne des § 767 Abs. 2 ZPO ist hingegen nicht an die Betroffenheit wichtiger Rechtsgüter gekoppelt, sondern dient dem privaten Interesse, nicht unter Vollstreckungszwang auf einen inzwischen erloschenen oder nicht durchsetzbaren Anspruchs leisten zu müssen. Lag eine solche materiellrechtliche Einwendung bereits bei Erlass des Schiedsspruchs vor, überwiegt das Interesse an Rechtssicherheit das private Vermögensinteresse des Vollstreckungsschuldners. Um private Vermögensbelange geht es bei der Ordre-public-Kontrolle aber nicht. Daher besteht keine vergleichbare Interessenlage zum Ordre-public-Vorbehalt, der von Amts wegen berücksichtigt wird und grundlegende Interessen der Rechtsordnung schützt. Die ursprüngliche, bereits bei Erlass des Schiedsspruchs gegebene Unvereinbarkeit mit dem *ordre public* dürfte im Übrigen der Regelfall sein. Das ist im Gesetz angelegt, sodass schon keine planwidrige Regelungslücke besteht, die Raum für eine analoge Quasi-Einwendungspräklusion ließe. Eher selten wird sich etwa die Kartellrechtswidrigkeit der einer

1000 St. Rspr.: BGH, Beschl. v. 8.11.2007 – III ZB 95/06, SchiedsVZ 2008, 40 (43); BGH, Beschl. v. 30.9.2010 – III ZB 57/10, NJW-RR 2011, 213 (214); OLG Brandenburg, Beschl. v. 24.7.2015 – 11 Sch 2/13, SchiedsVZ 2016, 43 (50).

Verurteilung zugrundeliegenden Vereinbarung bzw. des zugrundeliegenden Verhaltens erst nach Erlass des Schiedsspruchs einstellen.

Der Ausschluss objektiv nicht bereits im Schiedsverfahren vorgetragener Umstände im Sinne der Klageänderungspräklusion analog §§ 263 ff. ZPO schafft zwar Rechtssicherheit, verhindert aber die Aufdeckung des Ordre-public-Verstoßes, wenn im Schiedsverfahren hinreichender Sachvortrag – aus welchen Gründen auch immer – unterblieb. Außerdem stellt § 1059 Abs. 2 Nr. 2 lit. b) ZPO auf die Ordre-public-Konformität des Ergebnisses der Anerkennung oder Vollstreckung des Schiedsspruchs ab, was die Prüfung vom Blick auf Schiedsspruch und Schiedsverfahren hin zu einer Berücksichtigung neuen Vortrags im Verfahren nach §§ 1059–1061 ZPO lenkt.[1001] Daher müssen neuer Vortrag im gerichtlichen Verfahren unter gewissen Voraussetzungen zulässig und diesbezügliche Tatsachenfeststellungen möglich sein. Weil die Streitgegenstände von Schiedsverfahren und anschließendem gerichtlichen Verfahren ohnehin grundverschieden sind (bereits wegen der unterschiedlichen Anträge bzw. „Antragsziele“), regeln §§ 263 ff. ZPO eine nicht vergleichbare Interessenlage. Auch der Klagegrund beider Verfahren, der zugrundeliegende Sachverhalt, ist im Ausgangspunkt nicht derselbe, auch wenn der für die materielle Ordre-public-Prüfung relevante Sachverhalt häufig ein Ausschnitt des für die Sachentscheidung erheblichen sein dürfte. Die „Klageänderung“ gegenüber dem Schiedsverfahren wäre somit der Normalfall, die Zulassung neuen Vortrags hinge in aller Regel von der Einwilligung der Gegenseite, die regelmäßig nicht zu erwarten sein dürfte, oder von der Sachdienlichkeit ab. Die Aussichten einer Ordre-public-Kontrolle dürfen aber nicht allein vom Parteiwillen der Gegenseite abhängen. Weil eine Ordre-public-Rüge das öffentliche Interesse betrifft, dürfte dann zwar im Regelfall Sachdienlichkeit anzunehmen sein. Das zeigt aber zugleich, dass die Klageänderungspräklusion analog §§ 263 ff. ZPO – über den Umstand hinaus, dass keine vergleichbare Interessenlage besteht – verzichtbar und daher abzulehnen ist.

Es bleibt die allgemeine Treuwidrigkeitspräklusion analog § 242 BGB. Der Ausschluss treuwidrig verspätet vorgetragener Umstände dürfte in aller Regel sachgerecht sein. Denn Treu und Glauben sind allgemeine Schranken zulässigen Prozessgebarens[1002] und stellen Einzelfallgerechtigkeit her. Präklusio-

1001 Zu dieser Auslegung des Gesetzes bereits BGH, Urt. v. 31.5.1972 – KZR 43/71, NJW 1972, 2180 (2181); zustimmend *Altenmüller*, KTS 1974, 150 (158); *K. Schmidt* FS Pfeiffer, 765 (771); zur gesetzlichen Wendung *Bien*, ZZP 132 (2019), 93 (97).

1002 Dazu im Überblick MüKo-BGB/*Schubert*, § 242 Rn. 314–316, 353.

nen analog § 242 BGB sind im Schiedsverfahrensrecht auch in anderem Zusammenhang anerkannt. Treuwidrig handelt beispielsweise, wer im Gerichtsverfahren die Einrede der Schiedsvereinbarung erhebt, deren Ungültigkeit er zuvor erfolgreich im Schiedsverfahren geltend gemacht hat, ferner wer im Vollstreckbarerklärungsverfahren das Fehlen einer wirksamen Schiedsvereinbarung rügt, nachdem er zuvor mit Erfolg die Unzuständigkeit der staatlichen Gerichte geltend gemacht hat,[1003] und schließlich wer sich im vorprozessualen Schriftverkehr nachdrücklich und uneingeschränkt auf eine Schiedsvereinbarung berufen und dadurch die Gegenseite zur Erhebung einer Schiedsklage veranlasst hat, gegen die er sich im anschließenden Schiedsverfahren oder gerichtlichen Verfahren nach §§ 1059–1061 ZPO unter Berufung auf das Fehlen einer gültigen Schiedsvereinbarung verteidigt.[1004]

Diese Grundsätze sind auch auf das Prozessgebaren im Verfahren nach §§ 1059–1061 ZPO zu übertragen, wenn eine Ordre-public-Rüge treuwidrig geltend gemacht wird. Zwar sind mit dem *ordre public* öffentliche Interessen betroffen. Allerdings gilt im Verfahren nach §§ 1059–1061 ZPO auch im Rahmen der Ordre-public-Rüge gemäß § 1059 Abs. 2 Nr. 2 lit. b) ZPO kein Amtsermittlungsgrundsatz, sodass der Gesetzgeber offenbar kein unbedingtes Interesse an der Sicherstellung einer wahren Tatsachengrundlage der Ordre-public-Prüfung hat. Anderenfalls hätte er eine Amtsermittlung anordnen müssen. Insofern überwiegt das Interesse daran, nicht durch Zulassung verspäteten Vortrags im gerichtlichen Verfahren treuwidrigem Verhalten Vorschub zu leisten. Die Treuwidrigkeitspräklusion ermöglicht dies – in den seltenen Fällen, in denen eine Partei einmal analog § 242 BGB gegen Treu und Glauben verstößt.

5. Bindung an die schiedsgerichtliche Beweiswürdigung

Diskutiert wird auch die Überprüfbarkeit einer schiedsgerichtlichen Beweiswürdigung. Deren Revisibilität im Verfahren nach §§ 1059–1061 ZPO wird gelegentlich unter Hinweis auf das Verbot der *révision au fond* pauschal verneint,[1005] wobei die Meinungen auch dazu recht vielfältig sind.

1003 BGH, Urt. v. 2.4.1987 – III ZR 76/86, NJW-RR 1987, 1194 (1195); BGH, Beschl. v. 16.3.2017 – I ZB 49/16, SchiedsVZ 2018, 37 (41); BGH, Beschl. v. 16.3.2017 – I ZB 50/16, NJW 2017, 2115 (2118); MüKo-BGB/*Schubert*, § 242 Rn. 356.

1004 BGH, Urt. v. 2.4.1987 – III ZR 76/86, NJW-RR 1987, 1194 (1195).

1005 OLG München, Beschl. v. 2.3.2011 – 34 Sch 06/11, SchiedsVZ 2011, 167 (168).

a) Dogmatisch undifferenzierte Handhabung

Die wohl überwiegende Auffassung geht davon aus, dass Beweiswürdigungsfehler grundsätzlich keinen Ordre-public-Verstoß begründen,[1006] selbst schwerwiegende oder leicht erkennbare.[1007] Ausnahmen sollen bei Rechtsbeugung oder ähnlich schweren Rechtsverstößen gelten.[1008] Dagegen heißt es mitunter, die Beweiswürdigung sei darauf zu prüfen, ob sie klar gegen Denkgesetze verstoße oder offenkundig widersinnig sei.[1009] Mitunter wurde die Beweiswürdigung auf Nachvollziehbarkeit[1010] oder auf (einfache) Denkfehler und Verstöße gegen Erfahrungssätze geprüft.[1011]

Selten wird die Bindung an die schiedsgerichtliche Beweiswürdigung jedoch im Zusammenhang mit der übergeordneten Frage erörtert, ob das staatliche Gericht in tatsächlicher Hinsicht an den Schiedsspruch gebunden ist.

b) Differenzierung nach Kontext der Beweiswürdigung und Schwere des Beweiswürdigungsfehlers

Grund für Unsicherheiten im Umgang mit der schiedsgerichtlichen Beweiswürdigung mag sein, dass sie einerseits Tatsachenfeststellung ist, andererseits Rechtsregeln, etwa zum Beweismaß oder zur Beweislast, unterliegt und damit zugleich Rechtsanwendung ist (und dass ferner Regeln der Logik,

---

1006 *Poseck* in Salger/Trittmann (Hrsg.), Internationale Schiedsverfahren, § 22 Rn. 57; BeckOK-ZPO/*Wilske/L. Markert*, § 1059 Rn. 63; dazu MüKo-ZPO/*J. Münch*, § 1059 Rn. 46.

1007 OLG München, Beschl. v. 18.12.2013 – 34 Sch 14/12, juris (Rn. 108); OLG Frankfurt a. M., Beschl. v. 26.11.2020 – 26 Sch 14/20, juris (Rn. 65 f.); *Hammer*, Überprüfung von Schiedsverfahren, Rn. 728; BeckOK-ZPO/*Wilske/L. Markert*, § 1059 Rn. 63.

1008 OLG München, Beschl. v. 18.12.2013 – 34 Sch 14/12, juris (Rn. 108); *Hammer*, Überprüfung von Schiedsverfahren, Rn. 728; BeckOK-ZPO/*Wilske/L. Markert*, § 1059 Rn. 63.

1009 OLG Düsseldorf, Beschl. v. 29.1.2016 – I-4 Sch 4/15, BeckRS 2016, 121412 (Rn. 60) (allerdings verfahrensrechtlicher *ordre public*).

1010 Hanseatisches OLG Hamburg, Urt. v. 12.3.1998 – 6 U 110/97, juris (Rn. 100).

1011 OLG Saarbrücken, Urt. v. 30.5.2011 – 4 Sch 03/10, SchiedsVZ 2012, 47 (52); OLG München, Beschl. v. 9.11.2015 – 34 Sch 27/14, SchiedsVZ 2015, 303 (308) (aber unklar, ob überprüfte Tatsachenfeststellungen für *ordre public* relevant); OLG Düsseldorf, Beschl. v. 29.1.2016 – I-4 Sch 4/15, BeckRS 2016, 121412.

Denk- und Erfahrungssätze gelten).[1012] Anders als die Beweisaufnahme[1013] ist die Beweiswürdigung Teil der Entscheidungsfindung im engeren Sinne, nicht des Verfahrens, was ferner die Nähe zum Verbot der *révision au fond* begründet.[1014]

Im Schiedsverfahrensrecht müssen zwei Konstellationen unterschieden werden: diejenige, dass die mittels Beweiswürdigung festgestellten Tatsachen zur Bestimmung der Ordre-public-Konformität des Ergebnisses der Anerkennung des Schiedsspruchs erforderlich sind, von derjenigen, dass die betreffenden Umstände außerhalb des *ordre public* liegen, also der Subsumtion unter das „einfache" Recht dienen:

Soweit die Tatsachengrundlage des *ordre public* betroffen ist (eine Korrektur der Beweiswürdigung also möglicherweise zur „Aufdeckung" eines Widerspruchs zum *ordre public* führt), ist eine strenge Bindung an die Beweiswürdigung abzulehnen, es sei denn, man vertritt eine vollständige Bindung an die Tatsachenfeststellungen des Schiedsgerichts. Nach hergebrachter höchstrichterlicher Rechtsprechung besteht indes keinerlei Bindung an die schiedsgerichtlichen Tatsachenfeststellungen,[1015] was dann auch gelten müsste, wenn die relevanten Tatsachen streitig waren und mittels Beweiswürdigung festgestellt wurden. Soweit ersichtlich, hatte der Bundesgerichtshof allerdings bislang weder Gelegenheit noch Anlass, diese Zusammenhänge zu erörtern. Vertritt man hingegen mit der Gegenauffassung eine eingeschränkte

---

1012 So im Revisionsrecht: BGH, 9.7.1999 – V ZR 12/98, NJW 1999, 3481 (3482); BGH, Urt. v. 12.6.2014 – III ZR 245/13, BeckRS 2014, 13313 (Rn. 10); BGH, Urt. v. 12.12.2019 – III ZR 198/18, NJW 2020, 776; BGH, Beschl. v. 12.8.2020 – III ZR 160/19, BeckRS 2020, 23744; Musielak/Voit, ZPO/*Ball*, § 559 Rn. 21 f.; Zöller, ZPO/*Heßler*, § 546 Rn. 13.

1013 Ordre-public-relevant ist etwa der Vestoß gegen ein Beweisverwertungsverbot: Hanseatisches OLG Bremen, Beschl. v. 10.11.2005 – 2 Sch 2/05, juris; dazu *Kröll*, NJW 2007, 743 (748).

1014 OLG Düsseldorf, Beschl. v. 29.1.2016 – I-4 Sch 4/15, BeckRS 2016, 121412 (Rn. 60); anschaulich zu den Zusammenhängen OLG Frankfurt a. M., Beschl. v. 26.11.2020 – 26 Sch 14/20, juris (Rn. 68).

1015 BGH, Urt. v. 23.4.1959 – VII ZR 2/58, BGHZ 30, 89 = NJW 1959, 1438 (1439 f.); BGH, Urt. v. 20.5.1966 – KZR 10/64, GRUR 1966, 576 (580); BGH, Urt. v. 25.10.1966 – KZR 7/65, BGHZ 46, 365 = NJW 1967, 1178 (1179); BGH, Urt. v. 31.5.1972 – KZR 43/71, NJW 1972, 2180 (2181); BGH, Urt. v. 26.10.1972 – VII ZR 232/71, NJW 1973, 98 (99 f.); BGH, Beschl. v. 29.9.1983 – III ZR 213/82, juris (Rn. 21); BGH, Urt. v. 25.10.1983 – KZR 27/82, BGHZ 88, 314 = NJW 1984, 1355 (1356); BGH, Beschl. v. 2.11.2000 – III ZB 55/99, NJW 2001, 373 (374); BGH, Beschl. v. 29.1.2009 – III ZB 88/07, BGHZ 179, 304 = NJW 2009, 1747 (1749 f.).

Bindung in tatsächlicher Hinsicht bis zur Grenze eines Verfahrensfehlers,[1016] ist die Annahme einer Bindung an die Beweiswürdigung folgerichtig. Denn die Beweiswürdigung ist nicht Teil des Verfahrens im eigentlichen Sinne.[1017]

Stimmig ist das Gesamtkonzept der Tatsachenbindung jedenfalls nur dann, wenn die Bindung an die schiedsgerichtliche Beweiswürdigung unter Berücksichtigung der (übergeordneten) Bindung an die Tatsachenfeststellungen beantwortet wird.

Ist die Beweiswürdigung danach fehlerhaft und wird ersetzt, liegt der etwaige Widerspruch zum *ordre public* allerdings nicht in der fehlerhaften Tatsachenfeststellung begründet (bzw. in einem Verstoß gegen Beweiswürdigungsvorschriften wie §§ 286 ff. ZPO). Vielmehr ermöglichen die korrigierten Tatsachenfeststellungen dann erst die Prüfung, ob das Ergebnis der Anerkennung oder Vollstreckung des Schiedsspruchs in Widerspruch zum *ordre public* steht. Erst recht begründet ein Beweiswürdigungsfehler, der jenseits des Anwendungsbereichs des *ordre public* unterlief, für sich betrachtet keinen materiellen Ordre-public-Verstoß.[1018] Auch kann eine etwaig berichtigte Tatsachengrundlage insoweit nicht der Aufdeckung eines Ordre-public-Verstoßes dienen. Die Richtigkeit der schiedsgerichtlichen Beweiswürdigung kann dahinstehen und unterfällt dem Verbot der *révision au fond*. Denn die Korrektur der Tatsachenfeststellungen würde allenfalls der Berichtigung der Entscheidung in der Sache dienen, was nicht Gegenstand der Ordre-public-Prüfung ist.

1016 So OLG Celle, Urt. v. 2.3.1956 – 4 U 9/56, NJW 1956, 1723 (1724 f.); OLG Köln, Beschl. v. 23.4.2004 – 9 Sch 01/03, SchiedsVZ 2005, 163 (165); OLG München, Beschl. v. 25.9.2006 – 34 Sch 12/06, juris (Rn. 37); OLG Saarbrücken, Urt. v. 30.5.2011 – 4 Sch 03/10, SchiedsVZ 2012, 47 (52); *Fournier*, Bindungswirkung, S. 94; *R. Geimer* FS Yessiou-Faltsi, 169 (180 f.); Zöller, ZPO/*R. Geimer*, § 1059 Rn. 53 (anders, wenn unmittelbare Staatsinteressen berührt); *Harbst*, SchiedsVZ 2007, 22 (25–27); *Horn*, SchiedsVZ 2008, 209 (216 f.); *Poseck* in Salger/Trittmann (Hrsg.), Internationale Schiedsverfahren, § 22 Rn. 57; *Tyrolt*, Sportschiedsgerichtsbarkeit, S. 148.

1017 Anschaulich OLG Frankfurt a. M., Beschl. v. 26.11.2020 – 26 Sch 14/20, juris (Rn. 65–68).

1018 Anschaulich OLG Frankfurt a. M., Beschl. v. 26.11.2020 – 26 Sch 14/20, juris (Rn. 65).

Wenn Gerichte mitunter gravierende Beweiswürdigungsfehler *per se* als Widerspruch zum *ordre public* prüften,[1019] scheinen sie dies verkannt zu haben.[1020]

Allerdings hat die Bindung an die schiedsgerichtliche Beweiswürdigung auch dann Grenzen, wenn die Korrektur der Beweiswürdigung für die materielle Ordre-public-Konformität des Ergebnisses der Anerkennung oder Vollstreckung des Schiedsspruchs unbeachtlich wäre. Grenze ist die rechtsbeugende[1021] und wohl auch die willkürliche Beweiswürdigung. Ganz allgemein gilt nämlich, dass ein willkürlich[1022] oder mittels Rechtsbeugung zustande gekommener[1023] Schiedsspruch aufhebbar ist.[1024] Willkür und Rechtsbeugung sind als Fallgruppen des Ordre-public-Verstoßes anerkannt[1025] (analog § 580 Nr. 5 ZPO jedenfalls dann, wenn der Rechtsverstoß kausal war[1026]).

1019 Hanseatisches OLG Hamburg, Beschl. v. 14.5.1999 – 1 Sch 02/99, DIS-Datenbank ((II.3.)); OLG Düsseldorf, Beschl. v. 29.1.2016 – I-4 Sch 4/15, BeckRS 2016, 121412 (Rn. 60).

1020 Zutreffend aber OLG Frankfurt a. M., Beschl. v. 26.11.2020 – 26 Sch 14/20, juris (Rn. 65 f.): *„Die Beweiswürdigung* [...] *kann* [...] *grundsätzlich nicht durch eine eigene* [...] *ersetzt werden* [...]. *Das Verbot der révision au fond greift selbst dann, wenn die Beweiswürdigung erkennbar falsch ist* [...]. *Die bloße sachliche Unrichtigkeit oder Widersprüchlichkeit einer Beweiswürdigung ist an sich kein Aufhebungsgrund, lediglich dann, wenn der Schiedsspruch mit elementaren Gerechtigkeitsvorstellungen nicht vereinbar ist, kommt eine Aufhebung unter dem Gesichtspunkt eines Verstoßes gegen den ordre public in Betracht* [...].“

1021 OLG München, Beschl. v. 18.12.2013 – 34 Sch 14/12, juris (Rn. 108); *Hammer*, Überprüfung von Schiedsverfahren, Rn. 728; BeckOK-ZPO/*Wilske/L. Markert*, § 1059 Rn. 63.

1022 BeckOK-ZPO/*Wilske/L. Markert*, § 1059 Rn. 63.2.

1023 *R. Geimer* FS Yessiou-Faltsi, 169 (176–178); Zöller, ZPO/*R. Geimer*, § 1059 Rn. 67; *Hammer*, Überprüfung von Schiedsverfahren, Rn. 728; *Kornblum*, NJW 1987, 1105 (1107).

1024 Zur Willkürprüfung oben Kap. 1 C.IV.1. und unten A.III.4.b).

1025 Zöller, ZPO/*R. Geimer*, § 1059 Rn. 67; *Hammer*, Überprüfung von Schiedsverfahren, Rn. 716.

1026 OLG Frankfurt a. M., Beschl. v. 28.11.2019 – 26 Sch 17/18, BeckRS 2019, 33789 (Rn. 70); zum Kausalitätserfordernis bei der Restitutionsklage BGH, Urt. v. 21.1.1988 – III ZR 252/86, BGHZ 103, 121 (1915) = NJW 1988, 1914; Zöller, ZPO/*Greger*, § 580 ZPO Rn. 5; einschränkend KG, Beschl. v. 2.4.1976 – 11 W 636/76, NJW 1976, 1356 (1357).

II. Ordre-public-Prüfung von Amts wegen oder Amtsermittlung der zugrundeliegenden Tatsachen?

Die Aufhebung erfolgt, wenn das Gericht einen Widerspruch zum *ordre public* feststellt, § 1059 Abs. 2 Nr. 2 lit. b) ZPO. Im Vergleich zu § 1059 Abs. 2 Nr. 1 ZPO, wonach die dort genannten Aufhebungsgründe begründet geltend zu machen sind, stellt die Ordre-public-Prüfung erhöhte Anforderungen an die gerichtliche Aufklärung des Sachverhalts. Die Vorschrift ordnet eine Amtsprüfung möglicher Widersprüche zum *ordre public* an, ohne dahingehende Rüge.[1027]

War jedoch der Vortrag im Schiedsverfahren begrenzt oder ist der Schiedsspruch spärlich begründet, verfügt das Gericht möglicherweise über keine hinreichende Tatsachengrundlage, um die Vereinbarkeit mit dem *ordre public* zu prüfen. Wenn die Parteien auch auf Hinweis nach § 139 ZPO nicht ergänzend vortragen, ist fraglich, ob das Gericht zur eigenen Untersuchung befugt ist. Teile der Literatur fordern in der Tat eine Amtsermittlung der Tatsachen insoweit, als unmittelbare Staatsinteressen berührt sind, was auch für den kartellrechtlichen *ordre public* gelten soll.[1028] Der Bundesgerichtshof entschied indes, die Ordre-public-Prüfung müsse im Rahmen der im gerichtlichen Verfahren unterbreiteten Tatsachenbehauptungen und Beweisangebote erfolgen[1029] – ein Plädoyer für den Beibringungsgrundsatz. Auch nach der obergerichtlichen Rechtsprechung[1030] und der Literatur[1031] unterliegen Verstöße gegen den *ordre public* zwar der amtswegigen Prüfung, aber keiner Amtsermittlung.

In der Tat bedürfte die Abkehr von einer Prozessmaxime wie dem Beibringungsgrundsatz einer ausdrücklichen Anordnung, wofür das Wort *feststellt* in § 1059 Abs. 2 Nr. 2 ZPO nicht genügen dürfte. Es bedarf daher Parteivortrags, der zumindest Anhaltspunkte auf einen Ordre-public-Verstoß

1027 *Hammer*, Überprüfung von Schiedsverfahren, Rn. 701; *Saenger/S. Eberl/W. Eberl*, Schiedsverfahren, § 1059 Rn. K21.

1028 *Fournier*, Bindungswirkung, S. 35 f.; Zöller, ZPO/*R. Geimer*, § 1059 Rn. 53 f.; *R. Geimer* FS Yessiou-Faltsi, 169 (179).

1029 BGH, Urt. v. 31.5.1972 – KZR 43/71, NJW 1972, 2180 (2181).

1030 OLG München, Beschl. v. 13.5.2013 – 34 Sch 13/12, BeckRS 2015, 2548; OLG Brandenburg, Beschl. v. 24.7.2015 – 11 Sch 2/13, SchiedsVZ 2016, 43 (49); OLG Frankfurt a. M., Beschl. v. 29.9.2016 – 26 Sch 5/16, juris (Rn. 69).

1031 MüKo-ZPO/*J. Münch*, § 1059 Rn. 50; *Tyrolt*, Sportschiedsgerichtsbarkeit, S. 151; a. A. *R. Geimer* FS Yessiou-Faltsi, 169 (179) (wenn unmittelbare Staatsinteressen berührt).

enthält.[1032] Das öffentliche Interesse an der Aufdeckung von Ordre-public-Verstößen beachtet das Gericht im Rahmen der Prozessförderung nach § 139 Abs. 2 ZPO. Auch wenn ein Verstoß gegen grundlegendes Unionsrecht, etwa Unionskartellrecht der Art. 101, 102 AEUV, im Raum steht, gilt der Beibringungsgrundsatz. Nach dem Urteil *van Schijndel und van Veen* müssen die nationalen *Gerichte*, sofern bezüglich des nationalen Rechts eine entsprechende Verpflichtung besteht, zwar zwingendes Unionsrecht von Amts wegen anwenden, nicht aber die dazugehörigen Tatsachen ermitteln, wenn sie dadurch die Grenzen des Sachvortrags der Parteien überschreiten würden.[1033] In einem nationalen Aufhebungs- und Vollstreckbarerklärungsverfahren (in Deutschland nach §§ 1059–1061 ZPO) gilt nichts anderes,[1034] denn auch im grundlegenden Urteil *Eco Swiss* verlangte der Gerichtshof zwar eine Überprüfung des Schiedsspruchs auf Vereinbarkeit mit dem Unionsrecht *ex officio*,[1035] nicht aber darüber hinaus eine gerichtliche Ermittlung der Tatsachen.[1036]

III. Zur Bindung an den Schiedsspruch in rechtlicher Hinsicht

Ob das Gericht bei der Ordre-public-Kontrolle in gewissem Umfang an die rechtliche Würdigung des Schiedsgerichts gebunden ist, ist ebenfalls umstritten[1037] und wird auch im Schrifttum anderer Mitgliedstaaten der Union diskutiert.[1038]

1032 *Hammer*, Überprüfung von Schiedsverfahren, Rn. 701; MüKo-ZPO/*J. Münch*, § 1059 Rn. 50.

1033 EuGH, Urt. v. 14.12.1995 – C-430/93 und C-431/93 (van Schijndel und van Veen), Slg. I 1995, 4705 = juris (Rn. 22).

1034 Zur amtswegigen Überprüfung einer Schiedsklausel in einem Verbrauchervertrag auf Missbräuchlichkeit EuGH, Urt. v. 6.10.2009 – C-40/08 (Asturcom), SchiedsVZ 2010, 110 (113).

1035 EuGH, Urt. v. 1.6.1999 – C-126/97 (Eco Swiss), Slg. I 1999, 3055 = GRUR Int 1999, 737 (739).

1036 Zu den verschiedenen Lesarten der Entscheidung unten B.I.1.b) sowie C.I.2.

1037 Zum Meinungsstand *Ason*, WuW 2014, 1057 (1058–1060); *Eilmansberger*, SchiedsVZ 2006, 5 (14–16); *Haus/Heitzer*, NZKart 2015, 181 (185); *Sachslehner*, Schiedsvereinbarungen, S. 140–144; *Tafelmaier*, Schiedsspruch und staatliche Gerichtsbarkeit, S. 105–108.

1038 *Billiet*, Int'lJAMDM 76 (2010), 86 (90–92) (Belgien, Frankreich); *Di Radicati Brozolo/Mourre*, JInt'lArb 23 (2006), 171 (173–175); *Liebscher* in G. Blanke/Landolt (Hrsg.), Antitrust Arbitration, S. 818–821 (Europa im Überblick); *Martínez Lage*, RevClEspArb 16 (2016), 131 (135–139) (Frankreich, Spanien).

1. Schiedsspruchergebnis entscheidend, nicht geschriebene rechtliche Ausführungen zur Begründung des Ergebnisses

Wenn häufig die Bindung an die Rechtsauffassungen[1039] oder an die rechtlichen Ausführungen[1040] des Schiedsgerichts erörtert wird, ist dies jedoch unpräzise. Dass es nicht um die Bindung an die geschriebenen Entscheidungsgründe gehen kann, folgt bereits daraus, dass nicht jeder Schiedsspruch Gründe enthält. Grund dafür können das Absehen von einer Begründung (§ 1054 Abs. 2 ZPO), das Übersehen (später aus der Sicht des staatlichen Gerichts) für den *ordre public* relevanter Rechtsfragen oder schlicht unzureichender Begründungsaufwand sein. Eine geschriebene Würdigung von Rechtsfragen, die den *ordre public* berühren, ist auch dann nicht zu erwarten, wenn die Vorschriften, die im gerichtlichen Verfahren den *ordre public* ausgestalten, nicht Bestandteil des in der Sache anwendbaren Rechts waren, wenn das Schiedsgericht also aus der Sicht des Gerichtsorts ausländisches Recht anwendete. Lagen darüber hinaus die Voraussetzungen der Sonderanknüpfung der betreffenden Normen nicht vor oder hat sich die Rechtslage zwischen Erlass des Schiedsspruchs und gerichtlicher Entscheidung im Verfahren nach §§ 1059–1061 ZPO geändert, bleibt es beim Auseinanderfallen von *lex causae* des Schiedsverfahrens und *lex fori* des Gerichts einschließlich *ordre public*.

Wenn hingegen im Schiedsverfahren deutsches Recht einschließlich zwingenden Verbotskartellrechts (Art. 101, 102 AEUV, §§ 1, 19–21 GWB) anwendbar war, sind ordre-public-relevante Ausführungen im Schiedsspruch erwartbar. Aber auch in diesem Fall übersieht die Annahme, zu bestimmen sei die Bindung an die Rechtsauffassungen[1041] oder an die rechtlichen Ausfüh-

1039 So etwa in den grundlegenden Entscheidungen BGH, Urt. v. 12.5.1958 – VII ZR 436/56, BGHZ 27, 249 = NJW 1958, 1538 (1539); BGH, Urt. v. 23.4.1959 – VII ZR 2/58, BGHZ 30, 89 = NJW 1959, 1438; BGH, Urt. v. 25.10.1966 – KZR 7/65, BGHZ 46, 365 = NJW 1967, 1178 (1179); BGH, Urt. v. 31.5.1972 – KZR 43/71, NJW 1972, 2180 (2181); BGH, Urt. v. 26.10.1972 – VII ZR 232/71, NJW 1973, 98 (99 f.); BGH, Beschl. v. 29.9.1983 – III ZR 213/82, juris (Rn. 21).

1040 So etwa Zöller, ZPO/*R. Geimer*, § 1059 Rn. 49: „*Hinsichtl der rechtl Ausführungen des Schiedsgerichts ist das staatl Gericht bei der Nachprüfung auf einen Verstoß gegen den ordre public vollkommen frei* […]."

1041 So etwa in den grundlegenden Entscheidungen BGH, Urt. v. 12.5.1958 – VII ZR 436/56, BGHZ 27, 249 = NJW 1958, 1538 (1539); BGH, Urt. v. 23.4.1959 – VII ZR 2/58, BGHZ 30, 89 = NJW 1959, 1438; BGH, Urt. v. 25.10.1966 – KZR 7/65, BGHZ 46, 365 = NJW 1967, 1178 (1179); BGH, Urt. v. 31.5.1972 – KZR 43/71, NJW 1972, 2180 (2181); BGH, Urt. v. 26.10.1972 – VII ZR 232/71, NJW 1973, 98 (99 f.); BGH, Beschl. v. 29.9.1983 – III ZR 213/82, juris (Rn. 21).

rungen des Schiedsgerichts,[1042] Gegenstand und Zweck der Ordre-public-Prüfung nach § 1059 Abs. 2 Nr. 2 lit. b) ZPO. Das staatliche Gericht überprüft nicht die Sachentscheidung des Schiedsgerichts, sondern das Ergebnis der Anerkennung oder Vollstreckung des Schiedsspruchs auf Vereinbarkeit mit dem *ordre public*, wobei die Ordre-public-Konformität zunächst einmal vom Schiedsspruchergebnis, vom Tenor, abhängt.[1043] Wenn der Tenor neutral ist, wie bei einem Zahlungstenor der Fall, lässt sich die Ordre-public-Konformität nur unter Hinzuziehung der tatsächlichen Grundlage des Schiedsspruchs bestimmen.[1044] Steht die Tatsachengrundlage der Ordre-public-Kontrolle fest, ermittelt das Gericht (jedenfalls gedanklich) das Ergebnis der Rechtsanwendung im Hinblick auf das den *ordre public* ausgestaltende Recht und vergleicht dieses sodann mit dem vom Schiedsgericht gefundenen.

An diesen „Ergebnistest" knüpft der Streit über die Bindung an die rechtliche Würdigung des Schiedsgerichts an. Fraglich ist nämlich, ob das vom Schiedsgericht gefundene Ergebnis aus der Sicht des Gerichts unter Beachtung seines *ordre public* richtig oder lediglich vertretbar, plausibel, nicht offensichtlich falsch oder nicht schwerwiegend falsch sein muss, damit der Schiedsspruch die Ordre-public-Kontrolle passiert.[1045] Die Ergebniskontrolle erfolgt hierbei unabhängig davon, ob und wie das Schiedsgericht sein eigenes Ergebnis begründet hat. Der Bundesgerichtshof drückte diese Zusammenhänge wie folgt aus:

> *„§ 1041 Abs. 1 Nr. 2 ZPO stellt nicht darauf ab, ob der ‚Schiedsspruch' (des Schiedsgerichts) gegen die öffentliche Ordnung ‚verstößt', sondern darauf, ob seine ‚Anerkennung' (durch das staatliche Gericht) gegen die öffentliche Ordnung ‚verstoßen würde'. Es kommt daher* [...] *nicht darauf an, ob das Schiedsgericht seinerseits die zur öffentlichen Ordnung* [...] *gehörige Norm beachtet und erörtert hat oder nicht; hat es das – wie hier – nicht getan, so ist dieser ‚Verstoß' des Schiedsgerichts als solcher* [kein Aufhebungsgrund]."[1046]

1042 So etwa Zöller, ZPO/*R. Geimer*, § 1059 Rn. 49: *„Hinsichtl der rechtl Ausführungen des Schiedsgerichts ist das staatl Gericht bei der Nachprüfung auf einen Verstoß gegen den ordre public vollkommen frei* [...]."

1043 Dazu oben Kap. 2 C.I.1. mit entsprechenden Nachweisen.

1044 Dazu oben Kap. 2 C.I.1. mit entsprechenden Nachweisen.

1045 Anschaulich dazu bereits der „Fragenkatalog" bei *Hilbig*, Kartellverbot im Schiedsverfahren, S. 22 f.

1046 BGH, Urt. v. 27.2.1969 – KZR 3/68, GRUR 1969, 501 (503).

Der Meinungsstreit betrifft also die Frage, ob das Ergebnis der rechtlichen Würdigung der den *ordre public* berührenden Fragen aus der Sicht des staatlichen Gerichts richtig sein muss. Meinungen, die geringere Anforderungen stellen, lassen ein nicht geteiltes Rechtsanwendungsergebnis unbeanstandet, solange es nur vertretbar, plausibel oder nicht schwerwiegend oder nicht offenkundig falsch ist. Das ist mit *Bindung an die rechtliche Würdigung* des Schiedsgerichts gemeint.

2. Überprüfung nur des Tenors: keine rechtliche Überprüfung der schiedsgerichtlichen Würdigung

Die frühe Rechtsprechung[1047] und Literatur[1048] vertraten (vor dem Hintergrund der soeben erörterten Unterscheidung etwas ungenau) eine Bindung an die rechtliche Würdigung des Schiedsgerichts – jedenfalls in dem Umfang, in dem sich das Schiedsgericht beispielsweise mit der Frage der Kartellrechtswidrigkeit oder Sittenwidrigkeit des der Schiedsklage zugrundeliegenden Vertrags auseinandergesetzt hatte.[1049] Nach damaliger Lesart des Aufhebungstatbestands[1050] war allein zu prüfen, ob die tenorierte Rechtsfolge wirksam hätte vertraglich vereinbart werden können.[1051] Ob der Tenor vor dem Hintergrund des zugrundeliegenden Sachverhalts rechtlich haltbar war, war danach unerheblich. Zum kartellrechtlichen *ordre public* wurde argumentiert, angesichts § 91 GWB a. F. (der in engen Grenzen Schiedsverfahren in privatrechtlichen Kartellstreitigkeiten erlaubte) sei eine gerichtliche Über-

---

1047 RG, Urt. v. 24.3.1936 – VII 205/35, JW 1936, 1894; Hanseatisches OLG Hamburg, Urt. v. 1.10.1954 – 1 U 66/54, NJW 1955, 390; OLG Celle, Urt. v. 2.3.1956 – 4 U 9/56, NJW 1956, 1723 (1724 f.); zur frühen Rechtsprechung *Kornblum*, ZZP 86 (1973), 215 (219 f.); *v. Heymann*, Ordre public in der Schiedsgerichtsbarkeit, S. 83 f.

1048 Anm. *Fuchs* zu OLG Köln, Urt. v. 30.7.1952 – 6 U 43/52, NJW 1952, 1420 (1421); für zurückhaltende rechtliche Überprüfung auch *Kroitzsch*, GRUR 1969, 387 (398 f.).

1049 Vgl. BGH, Urt. v. 12.5.1958 – VII ZR 436/56, BGHZ 27, 249 = NJW 1958, 1538 (1539) (erörtert entsprechend die Frage der Bindung *„an die Rechtsauffassung des Schiedsger. über das Vorliegen eines Verstoßes gegen die öffentliche Ordnung und über den Begriff der guten Sitten*"); entsprechend die Streitdarstellung bei BGH, Urt. v. 23.4.1959 – VII ZR 2/58, BGHZ 30, 89 = NJW 1959, 1438 (1439); auf die Zusammenhänge weist hin *v. Brunn*, NJW 1969, 823 (825 f.).

1050 Danach fand die Aufhebung eines inländischen Schiedsspruchs statt (oder wurde dessen Anerkennung versagt), wenn die Anerkennung gegen die öffentliche Ordnung oder die guten Sitten verstieße, § 1041 Abs. 1 Nr. 2 ZPO.

1051 *Fournier*, Bindungswirkung, S. 24.

prüfung der kartellrechtlichen Fragen verboten.[1052] Der Bundesgerichtshof[1053] und die Mehrheit der Literatur[1054] lehnten diese Schlüsse ab. Soweit ersichtlich, wird eine rechtliche Bindung an die schiedsgerichtlichen Rechtsauffassungen unter bloßer Überprüfung des Tenors, worauf diese Meinung letztlich hinausläuft, nicht mehr vertreten.

3. Eigenständige rechtliche Würdigung des den *ordre public* berührenden Sachverhalts ohne Bindung an den Schiedsspruch

Nachdem diese Meinung vereinzelt obergerichtlich vertreten worden war[1055] und er diese Frage zunächst noch offengelassen hatte,[1056] entschied der Bundesgerichtshof erstmals 1958, dass das staatliche Gericht im Rahmen der Ordre-public-Kontrolle nicht an die Rechtsauffassungen des Schiedsgerichts gebunden sei.[1057] In der Folgezeit bestätigte er diese Rechtsprechung.[1058] Ein Verstoß gegen den *ordre public* könne auch vorliegen, wenn die schiedsgerichtliche Rechtsauffassung vertretbar sei.[1059]

Das Fehlen einer Bindung an die schiedsgerichtlichen Rechtsauffassungen begründete der Bundesgerichtshof ohne konkreten Normbezug mit dem zivilprozessualen „Normalfall", dass angefochtene Entscheidungen vollständig rechtlich überprüfbar seien, es sei denn, das Gesetz ordne Abweichendes an.[1060] Auch obergerichtlich wurde dieser Ansatz einer vollständigen bzw. eigenständigen rechtlichen Überprüfung befürwortet – auch wenn

1052 *Kroitzsch*, GRUR 1969, 387 (392 f.); *Möhring*, NJW 1968, 369 (371 f.).
1053 BGH, Urt. v. 25.10.1966 – KZR 7/65, BGHZ 46, 365 = NJW 1967, 1178.
1054 *Altenmüller*, KTS 1974, 150 (151 f.); *Schlosser*, Schiedsgerichtsbarkeit, Rn. 878; *T. Schwarz*, NJW 1969, 296 (297–300).
1055 OLG Celle, Urt. v. 2.3.1956 – 4 U 9/56, NJW 1956, 1723 (1724); dazu *Fournier*, Bindungswirkung, S. 19 f.
1056 BGH, Urt. v. 27.5.1953 – II ZR 147/52, BeckRS 1953, 31203783 (II.1.))...
1057 BGH, Urt. v. 12.5.1958 – VII ZR 436/56, BGHZ 27, 249 = NJW 1958, 1538 (1539).
1058 BGH, Urt. v. 23.4.1959 – VII ZR 2/58, BGHZ 30, 89 = NJW 1959, 1438 (1439); BGH, Urt. v. 20.5.1966 – KZR 10/64, GRUR 1966, 576 (579, 581); BGH, Urt. v. 25.10.1966 – KZR 7/65, BGHZ 46, 365 = NJW 1967, 1178 (1179); BGH, Urt. v. 27.2.1969 – KZR 3/68, GRUR 1969, 501 (503); BGH, Urt. v. 31.5.1972 – KZR 43/71, NJW 1972, 2180 (2181); BGH, Urt. v. 26.10.1972 – VII ZR 232/71, NJW 1973, 98 (99 f.); BGH, Beschl. v. 29.9.1983 – III ZR 213/82, juris (Rn. 21).
1059 BGH, Urt. v. 25.10.1966 – KZR 7/65, BGHZ 46, 365 = NJW 1967, 1178 (1179); gegenteilige Auslegung bei *Meinhardt/Ahrens*, SchiedsVZ 2006, 182 (187).
1060 BGH, Urt. v. 23.4.1959 – VII ZR 2/58, BGHZ 30, 89 = NJW 1959, 1438 (1439).

kartellrechtliche Bedenken gegen die Anerkennung oder Vollstreckung des Schiedsspruchs im Raum standen.[1061]

Große Teile der Literatur gehen ebenfalls davon aus, dass das Gericht nicht an die schiedsgerichtlichen Rechtsauffassungen bzw. an die vom Schiedsgericht vertretenen, den *ordre public* berührenden Normanwendungsergebnisse gebunden ist.[1062] Das wurde mit dem Erfordernis begründet, zwischenzeitige Veränderungen der Sach- und Rechtslage berücksichtigen zu können.[1063] Es solle eine Überprüfung des Schiedsspruchs insbesondere auf Verletzungen kartellrechtlicher Vorschriften mit Ordre-public-Qualität so stattfinden, wie sie auch im Rechtsmittelzug nach §§ 513 ff. ZPO stattfände,[1064] einschließlich einer Kontrolle der schiedsgerichtlichen Subsumtionstätigkeit (also nicht bloß als Kontrolle der Auslegung des Rechts).[1065] Einen Auslegungsspielraum des Schiedsgerichts oder eine bloße Vertretbarkeitskontrolle lehnen diese Stimmen ab,[1066] ebenso eine Plausibilitätsprüfung.[1067] Die Überprüfung soll auch nicht auf schwerwiegende[1068] oder eklatante bzw. offensichtliche Verstöße[1069] gegen zum *ordre public* gehörendes Recht beschränkt sein.

1061 OLG Düsseldorf, Beschl. v. 21.7.2004 – VI-Sch (Kart) 1/02, Sch (Kart) 1/02, juris (Rn. 25); kritisch zu dieser Entscheidung *Kasolowsky/Steup*, IPRax 2009, 268 (270); OLG Dresden, Beschl. v. 20.4.2005 – 11 Sch 01/05, SchiedsVZ 2005, 210 (211–213).

1062 MüKo-ZPO/*Adolphsen*, Art. V NYÜ Rn. 71; *Altenmüller*, KTS 1974, 150 (157); BLHAG, ZPO/*Anders*, § 1059 Rn. 16; *G. Blanke*, SIAR 2 (2007), 51 (77); *Eilmansberger*, SchiedsVZ 2006, 5 (16) (anders, wenn betreffene kartellrechtliche Frage noch nicht durch Europäische Kommission und EuGH geklärt sei); *R. Geimer* FS Yessiou-Faltsi, 169 (179 f.); *Harbst*, Rolle der staatlichen Gerichte, S. 181; *Haus/Heitzer*, NZKart 2015, 181 (185); *Kornblum*, NJW 1969, 1793 (1795 f.); *Kornblum*, ZZP 86 (1973), 215 (222); *Lachmann*, Schiedsgerichtspraxis, Rn. 2355; *Marx*, Verfahrensrechtlicher ordre public, S. 30; *S. Münch* FS Rüßmann, 865 (880 f.); *Reiner*, IPRax 2000, 323 (325 f.); MüKo-WettbewR/*F.-J. Säcker*, § 1 GWB Rn. 39; *K. Schmidt*, BB 2006, 1397 (1400); *Schwab/Walter*, Schiedsgerichtsbarkeit, Kap. 24 Rn. 44; Musielak/Voit, ZPO/*Voit*, § 1059 Rn. 30.

1063 *Altenmüller*, KTS 1974, 150 (158).

1064 *Bien*, ZZP 132 (2019), 93 (119 f.) (anders aber im Randbereich der Freistellungstatbestände).

1065 *R. Geimer* FS Yessiou-Faltsi, 169 (180); *Lachmann*, Schiedsgerichtspraxis, Rn. 2353 f.; *Marx*, Verfahrensrechtlicher ordre public, S. 30.

1066 MüKo-ZPO/*Adolphsen*, Art. V NYÜ Rn. 71; *Hammer*, Überprüfung von Schiedsverfahren, Rn. 720; *K. Schmidt*, BB 2006, 1397 (1400); *Schwab/Walter*, Schiedsgerichtsbarkeit, Kap. 24 Rn. 44; Musielak/Voit, ZPO/*Voit*, § 1059 Rn. 30.

1067 *S. Münch* FS Rüßmann, 865 (880 f.); *K. Schmidt*, ZWeR 2007, 394 (417) (aber *in praxi* regelmäßig Plausibilitätsprüfung).

1068 *K. Schmidt* FS Pfeiffer, 765 (771); so aber *Martínez Lage*, RevClEspArb 16 (2016), 131 (132, 140).

1069 Dies ausdrücklich ablehnend etwa *Eilmansberger*, SchiedsVZ 2006, 5 (16).

Im Anwendungsbereich des Unionsrechts wurde diese Auffassung damit begründet, dass eine beschränkte rechtliche Überprüfung nicht Grundlage einer vom Gerichtshof für das gerichtliche Aufhebungs- und Vollstreckbarerklärungsverfahren geforderten Vorlagemöglichkeit gemäß Art. 267 AEUV sein könne.[1070] Eine eigenständige rechtliche Überprüfung nach diesen Maßgaben laufe auch nicht den Grundprinzipien des Schiedsverfahrens zuwider, denn mit der Einleitung des Nachprüfungsverfahrens entfalle ohnehin das gemeinsame Interesse der Parteien an der Schnelligkeit und Finalität der schiedsgerichtlichen Entscheidung.[1071]

4. Eingeschränkte Bindung in rechtlicher Hinsicht

Zu den Folgen einer solchen eigenständigen rechtlichen Überprüfung wurde angemerkt, sie eröffne eine zweite Instanz und weiche von der unionsrechtlichen Rechtsprechung des Gerichtshofs ab, der eine beschränkte Schiedsspruchüberprüfung anerkannt habe.[1072] In der Tat entschied der Gerichtshof, dass staatlichen Gerichten eine *„je nach Lage des Falles mehr oder weniger weitgehendend*[e] *Überprüfung*“[1073] des Schiedsspruchs zukomme und dass das Erfordernis der Effizienz des Schiedsverfahrens es rechtfertige, Schiedssprüche *„nur in beschränktem Umfang*“[1074] zu überprüfen. Auf die Bedeutung dieser Formulierungen wird noch zurückzukommen sein.[1075]

Vor diesem Hintergrund haben sich über den Umstand hinaus, dass nicht das gesamte zwingende Recht zum *ordre public* zählt, was einen eng begrenzten Prüfungsmaßstab bedeutet,[1076] verschiedene Beschränkungen des gerichtlichen Prüfungsumfangs auch in rechtlicher Hinsicht entwickelt.[1077]

1070 *G. Blanke*, SIAR 2 (2007), 51 (64 f.); *S. Münch* FS Rüßmann, 865 (880 f.); *Remien* FS Kropholler, 869 (882); *Sachslehner*, Schiedsvereinbarungen, S. 143; *Tyrolt*, Sportschiedsgerichtsbarkeit, S. 143.

1071 *Ason*, WuW 2014, 1057 (1063).

1072 *Horn*, SchiedsVZ 2008, 209 (216 f.).

1073 EuGH, Urt. v. 23.3.1982 – C-102/81 (Nordsee), Slg. 1982, 1096 = BeckRS 2004, 70632 (Rn. 14).

1074 EuGH, Urt. v. 1.6.1999 – C-126/97 (Eco Swiss), Slg. I 1999, 3055 = GRUR Int 1999, 737 (739, Rn. 35).

1075 Dazu unten B.I. sowie C.I.

1076 Dazu oben Kap. 2 A., Kap. 2 B.II. sowie Kap. 2 C. I.2. mit entsprechenden Nachweisen.

1077 Zum dahingenden Meinungsstand *Altenmüller*, KTS 1974, 150 (154 f.); *Eilmansberger*, SchiedsVZ 2006, 5 (16); *Hilbig*, Kartellverbot im Schiedsverfahren, S. 26–29; *Pocsay*, Privates Kartellrecht in Schiedsverfahren, S. 232–236.

Ein dem Schiedsgericht danach eingeräumter rechtlicher Entscheidungsspielraum wird auch in anderen Rechtsordnungen diskutiert.[1078]

a) Prüfung des Schiedsspruchs auf das Vorhandensein einer rechtlichen Würdigung (ohne inhaltliche Anforderungen)

Am weitesten entfernt von einer eigenständigen rechtlichen Überprüfung ist der Ansatz, den Schiedsspruch lediglich darauf durchzusehen, ob das Schiedsgericht die ordre-public-relevanten Fragen überhaupt gewürdigt hat.[1079] Auf die inhaltliche Überzeugungskraft der rechtlichen Ausführungen bzw. des ermittelten Schiedsspruchergebnisses kommt es nach dieser Ansicht, die vorrangig in Entscheidungen von Gerichten anderer Mitgliedstaaten anklingt,[1080] nicht an.[1081]

In Richtung einer derart zurückhaltenden Schiedsspruchüberprüfung tendierte bereits die für die Anerkennung der Schiedsfähigkeit kartellprivatrechtlicher Streitigkeiten global wegbereitende *Mitsubishi*-Entscheidung des *U.S. Supreme Court.*[1082] Darin rechtfertigte der *U.S. Supreme Court* die Zulassung der Schiedsfähigkeit mit dem Hinweis auf die Möglichkeit einer minimalen nachgehenden gerichtlichen Inhaltsüberprüfung des Schiedsspruchs (sog. Second-look-Doktrin)[1083] und deutete an, dass es genüge, wenn das Schiedsgericht die kartellrechtlichen Fragen erkannt und überhaupt gewür-

1078 Richtungweisend insoweit *Cour de Cassation (Première chambre civile)*, Urt. v. 4.6.2008 (SNF/Cytec), Bulletin des Arrêts des Chambres civiles 2008 N°6, Nr. 162; *Cour d'Appel de Paris*, Urt. v. 18.11.2004 (Thalès/Euromissile), Revue de l'arbitrage 2005, 751; zur dahingehenden Diskussion *Di Radicati Brozolo/Mourre*, JInt'lArb 23 (2006), 171 (175–179, 186 f.); *Ilie/Seow*, JInt'lArb 2017, 1007 (1028).

1079 Neben den im Folgenden Genannten in diese Richtung bereits *Möhring*, NJW 1968, 369 (370 f.).

1080 Dazu etwa *Billiet*, Int'lJAMDM 76 (2010), 86 (90) (Frankreich); *Di Radicati Brozolo/Mourre*, JInt'lArb 23 (2006), 171 (173); *Liebscher* in G. Blanke/Landolt (Hrsg.), Antitrust Arbitration, S. 796 (Italien).

1081 Ablehnend *Bien* in Fuchs/Weitbrecht (Hrsg.), Private Kartellrechtsdurchsetzung, § 17 Rn. 192.

1082 *U.S. Supreme Court*, Urt. v. 2.7.1985 (Mitsubishi v Soler Chrysler-Plymouth), 473 U.S. 614 (1985); dazu *Spiegel*, Kartellprivatrecht in der Handelsschiedsgerichtsbarkeit, S. 171; *Vollmer*, GRUR Int 1986, 589; *v. Zumbusch*, GRUR Int 1988, 541 (542–546).

1083 Dazu *Spiegel*, Kartellprivatrecht in der Handelsschiedsgerichtsbarkeit, S. 190–194.

digt habe.[1084] Jedenfalls wenn eine schiedsgerichtliche Würdigung vorhanden ist, soll das staatliche Gericht also gebunden sein, sodass diese Auffassung stark zur Annahme einer vollständigen Bindung an den Schiedsspruch neigt.

Möhring, der angesichts § 91 GWB a. F. bereits vor Jahrzehnten gegen jede kartellrechtliche Überprüfung des Schiedsspruchs plädierte, führte hilfsweise aus, ein Widerspruch zum *ordre public* liege jedenfalls dann nicht vor, wenn das Schiedsgericht in eine sachgerechte Erörterung der Rechtsfrage eingetreten sei.[1085] Eine rechtliche Überprüfung des Schiedsspruchs verlangt er offenbar nicht, wenngleich die inhaltlichen Anforderungen an die Sachgemäßheit der Behandlung der Frage unklar bleiben. *Pocsay* führt zum kartellrechtlichen *ordre public* aus, wenn das Schiedsgericht die kartellrechtliche Frage erörtert und einschlägige Rechtsprechung und etwaige Kommissionsvorgaben beachtet habe, müsse eine weitere rechtliche Überprüfung des Schiedsspruchs unterbleiben.[1086] Umgekehrt wurde angemerkt, ein Schiedsspruch könne allein deswegen wegen eines Widerspruchs zum *ordre public* aufhebbar sein, weil er im Falle einer unter den Tatbestand des Art. 101 AEUV bzw. § 1 GWB fallenden Vereinbarung eine Freistellungsprüfung vollständig vermissen lasse oder diese „*ersichtlich ungenügend*[]“[1087] sei. Diese Auffassung läuft darauf hinaus, die Schiedsspruchaufhebung von der Art und Weise der vom Schiedsgericht im Schiedsspruch niedergelegten Begründung abhängig zu machen. Das weicht indes von dem hier vertretenen „Ergebnistest“ ab, den § 1059 Abs. 2 Nr. 2 lit. b) ZPO anordnet.[1088]

b) Prüfung des Schiedsspruchs auf Willkür

Als niedrigste inhaltliche Hürde, die der Schiedsspruch nehmen muss, um die Ordre-public-Kontrolle zu passieren, wird ein Willkürmaßstab diskutiert:

1084 *U.S. Supreme Court*, Urt. v. 2.7.1985 (Mitsubishi v Soler Chrysler-Plymouth), 473 U.S. 614 (1985) (638): „*While the efficacy of the arbitral process requires that substantive review at the award-enforcement stage remain* minimal, *it would not require intrusive inquiry to ascertain that the tribunal* took cognizance of *the antitrust claims and actually* decided *them*“ (Hervorhebungen hinzugefügt); gegen derart reduzierte Überprüfung *Spiegel*, Kartellprivatrecht in der Handelsschiedsgerichtsbarkeit, S. 191.

1085 *Möhring*, NJW 1968, 369 (370 f.).

1086 Diskutiert als eine der von ihm vorgestellten Fallgruppen von *Pocsay*, Privates Kartellrecht in Schiedsverfahren, S. 284–302.

1087 *Bosch* FS Bechtold, 59 (67).

1088 Dazu oben 1. mit entsprechenden Nachweisen; zutreffend a. A. daher *Bien* in Fuchs/Weitbrecht (Hrsg.), Private Kartellrechtsdurchsetzung, § 17 Rn. 194.

Der Schiedsspruch wird anerkannt, solange die rechtliche Würdigung nicht willkürlich ist.[1089] Auch deutsche Gerichte haben eine Willkürprüfung im Rahmen der materiellen Ordre-public-Kontrolle vorgenommen.[1090] Richtigerweise ist aber der gesamte Schiedsspruch auf Willkürfreiheit zu überprüfen – nicht in nur dem Umfang, in dem der ihm zugrundeliegende Sachverhalt den *ordre public* berührt (etwa das zwingende Verbotskartellrecht).[1091] Das aus Art. 3 Abs. 1 GG folgende Willkürverbot begrenzt die schiedsrichterliche Entscheidungsfindung nämlich ungeachtet der Frage, ob die Willkür Auslegung und Anwendung zum *ordre public* gehörenden Rechts betraf oder das „einfache" Recht. Bei einer Willkürentscheidung handelt es sich um einen eigenständigen Ordre-public-Verstoß.[1092]

c) Prüfung des Schiedsspruchs auf schwerwiegende oder leicht erkennbare Verletzungen zum *ordre public* gehörenden Rechts

Andernorts heißt es, dass der Schiedsspruch nicht erst bei Willkür, sondern bereits im Falle einer schwerwiegenden Verletzung zum *ordre public* gehörenden Rechts aufhebbar sei.[1093] Wann eine Rechtsverletzung schwerwiegend ist, dürfte hierbei häufig im Auge des Betrachters liegen. *Katharina Lugani* (geb. *Hilbig*) konkretisiert das Erfordernis des besonders schwerwiegenden Rechtsverstoßes dahin, dass im kartellrechtlichen Kontext ein Widerspruch zum *ordre public* nur dann anzunehmen sei, wenn die kartellrechtliche Vorschrift *„in grober, missbrauchsartiger Weise* [...] *eindeutig zu liberal*[] [...][bzw.] *eklatant falsch*"[1094] ausgelegt worden sei, sodass der Verdacht der

1089 *Born*, International Commercial Arbitration, S. 3653 f.; zu entsprechenden spanischen Gerichtsentscheidungen *Martínez Lage*, RevClEspArb 16 (2016), 131 (136 f.).

1090 OLG Celle, Beschl. v. 6.10.2005 – 8 Sch 06/05, DIS-Datenbank; OLG Köln, Beschl. v. 24.7.2013 – 19 Sch 8/13, juris (Rn. 7); OLG Düsseldorf, Beschl. v. 29.1.2016 – I-4 Sch 4/15, BeckRS 2016, 121412 (Rn. 51).

1091 Dazu etwa OLG Stuttgart, Beschl. v. 30.7.2010 – 1 Sch 3/10, SchiedsVZ 2011, 49 (53); OLG Düsseldorf, Beschl. v. 29.1.2016 – I-4 Sch 4/15, BeckRS 2016, 121412 (Rn. 51).

1092 OLG Frankfurt a. M., Beschl. v. 28.11.2019 – 26 Sch 17/18, BeckRS 2019, 33789 (Rn. 78–80); BeckOK-ZPO/*Wilske*/*L. Markert*, § 1059 Rn. 63.2; zur Willkürentscheidung eines staatlichen Gerichts BVerfG, Beschl. v. 14.9.2011 – 2 BvR 449/11, NJW 2012, 141 (142).

1093 *Spiegel*, Kartellprivatrecht in der Handelsschiedsgerichtsbarkeit, S. 154; ähnlich *Hilbig*, Kartellverbot im Schiedsverfahren, S. 70 (mit den sogleich folgenden Präzisierungen).

1094 *Hilbig*, Kartellverbot im Schiedsverfahren, S. 70.

Kollusion des Schiedsgerichts mit den Parteien naheliege. Nur in derartigen *„besonders krassen Fällen"*[1095] sei das Gericht befugt, die schiedsgerichtliche Subsumtion durch seine eigene zu ersetzen (ohne jede Bindung an die schiedsgerichtliche Würdigung).

Die Qualifikation der *leichten Erkennbarkeit* geht dahin, dass die Rechtsverletzung besonders zügig, ohne eingehende Prüfung erkennbar sein muss. So führte das Oberlandesgericht München aus, der Verstoß müsse *„eklatant, unzweifelhaft* [sein] *und sozusagen auf der Hand lieg*[en]"[1096].

d) Prüfung des Schiedsspruchs auf Plausibilität

Nach anderer Auffassung muss der Schiedsspruch nicht nur frei von Willkür und schwerwiegenden oder leicht erkennbaren Rechtsfehlern sein. Vielmehr muss er auch inhaltlich plausibel, also nachvollziehbar, sein.[1097] Im Falle eines plausiblen Ergebnisses der Würdigung der den *ordre public* berührenden Rechtsfragen liegt nach dieser Auffassung kein Widerspruch zum *ordre public* im Sinne des § 1059 Abs. 2 Nr. 2 lit. b) ZPO vor.[1098] So urteilte das Oberlandesgericht Rostock, es sei bei der Ordre-public-Prüfung darauf beschränkt, zu prüfen, ob das Schiedsgericht zu einem rechtlich nachvollziehbaren Ergebnis gelangt sei.[1099]Auch das Thüringer Oberlandesgericht beschränkte sich in einem kartellrechtlichen gelagerten Fall darauf, die kartellrechtliche Würdigung des Schiedsgerichts mit einer Plausibilitätsüberlegung zu überprüfen.[1100] Die Plausibilitätskontrolle bezeichnet *Karsten Schmidt* als in der Praxis verbreitet, wenngleich er sie dogmatisch ablehnt.[1101]

1095 *Hilbig*, Kartellverbot im Schiedsverfahren, S. 70.

1096 OLG München, Beschl. v. 25.9.2006 – 34 Sch 12/06, juris (Rn. 36); so auch OLG Düsseldorf, Beschl. v. 14.8.2007 – I-4-Sch-02/06, SchiedsVZ 2008, 156; zu Interpretationsansätzen aus der Literatur *Völker*, Dogmatik des ordre public, S. 104–106.

1097 Für Überprüfung der schiedsgerichtlichen Würdigung des Sittenwidrigkeitstatbestands (§ 138 BGB) auf bloße Nachvollziehbarkeit etwa *Kröll*, SchiedsVZ 2004, 113 (119) (eine unveröffentlichte Entscheidung des BayObLG besprechend); Entscheidung besprochen bei *Hilbig*, Kartellverbot im Schiedsverfahren, S. 33.

1098 BayObLG, Beschl. v. 25.8.2004 – 4Z Sch 13/04, SchiedsVZ 2004, 319 (320) (*„rechtlich nachvollziehbar*[es] *Ergebnis"*); Thüringer OLG, Beschl. v. 8.8.2007 – 4 Sch 3/06, SchiedsVZ 2008, 44 (46); OLG Rostock, Beschl. v. 18.9.2007 – 1 Sch 04/06, DIS-Datenbank.

1099 OLG Rostock, Beschl. v. 18.9.2007 – 1 Sch 04/06, DIS-Datenbank.

1100 Siehe etwa Thüringer OLG, Beschl. v. 8.8.2007 – 4 Sch 3/06, SchiedsVZ 2008, 44 (46).

1101 *K. Schmidt*, BB 2006, 1397 (1400); nochmals *K. Schmidt*, ZWeR 2007, 394 (417).

e) Prüfung des Schiedsspruchs auf Vertretbarkeit

Als weitere Vorstufe einer vollständigen rechtlichen Überprüfung des Schiedsspruchs auf eine Verletzung zum *ordre public* gehörenden Rechts bzw. zu einer eigenständigen rechtlichen Würdigung der ordre-public-relevanten Rechtsfragen durch das Gericht wird eine Vertretbarkeitsprüfung diskutiert.

Vertretbarkeit ist hierbei nicht dasselbe wie Plausibilität, auch wenn das eine das andere häufig bedingen wird. Vertretbar ist eine Rechtsmeinung, die mittels anerkannter juristischer Methodik hergeleitet und begründbar ist und nicht als eindeutig dogmatisch falsch bezeichnet werden kann.[1102] Vertretbar ist mit anderen Worten eine Rechtsauffassung, die ein vernünftiger Rechtsanwender einnehmen darf, ohne dass sie vom konkreten Entscheider geteilt werden müsste. An prominenter Stelle wird *Vertretbarkeit* wie folgt definiert:

> *„Der Jurist nennt eine Entscheidung dann ‚vertretbar', wenn zum mindesten ebenso gute Gründe für wie gegen ihre Richtigkeit sprechen."*[1103]

Vertretbar dürfte eine Auffassung jedenfalls nicht allein deswegen sein, weil sie von jemandem vertreten *wird*.[1104] Im Unterschied dazu[1105] ist eine rechtliche Würdigung plausibel, wenn sie in sich stimmig, also widerspruchsfrei, und nachvollziehbar ist. Man denke an eine die Wortlautgrenze und sodann die Analogievoraussetzungen verkennende Gesetzesauslegung oder an die richtige Lösung einer Rechtsfrage unter Anwendung des eindeutig falschen Rechts. In beiden Fällen kann die Lösung plausibel sein, sie ist deswegen aber nicht sogleich vertretbar.

1102 Vgl. die Definitionen bei *Fournier*, Bindungswirkung, S. 52; *Spiegel*, Kartellprivatrecht in der Handelsschiedsgerichtsbarkeit, S. 192.

1103 *Larenz/Canaris*, Methodenlehre, S. 115.

1104 So aber BGH, Urt. v. 25.10.1966 – KZR 7/65, BGHZ 46, 365 = NJW 1967, 1178 (1179); *Pocsay*, Privates Kartellrecht in Schiedsverfahren, S. 297 f.; derartiges Begriffsverständnis auch bei *Bien* in Fuchs/Weitbrecht (Hrsg.), Private Kartellrechtsdurchsetzung, § 17 Rn. 197.

1105 Tendenz zu Gleichsetzung der Begriffe: BVerfG, Beschl. v. 23.10.2018 – 1 BvR 2523/13, 1 BvR 595/14, NVwZ 2019, 52 (55): *„Existiert keine allgemein anerkannte fachliche Meinung, kann und muss das Gericht kontrollieren, ob die von der Behörde verwendeten fachlichen Maßstäbe und Methoden vertretbar sind und die Behörde* [...] *zu einer plausiblen Einschätzung der fachlichen Tatbestandsmerkmale einer Norm gelangt ist* [...]"; *Kramer*, Juristische Methodenlehre, S. 374.

Ungeachtet dieser Nuancen befürworten einige Gerichte[1106] und Literaturstimmen[1107] eine Vertretbarkeitsprüfung des Schiedsspruchergebnisses auch im Bereich des kartellrechtlichen *ordre public.* Das Gericht ist danach an eine vertretbare Würdigung des den *ordre public* berührenden Sachverhalts bzw. an eine vertretbare Anwendung des den kartellrechtlichen *ordre public* ausgestaltenden Rechts gebunden. Einschränkend heißt es mitunter, eine vertretbare Rechtsanwendung sei jedenfalls dann hinzunehmen, wenn sich die Kartellrechtswidrigkeit einer wettbewerbsbeschränkenden Vereinbarung erst nach Durchführung einer Freistellungsprüfung (Art. 101 Abs. 3 AEUV bzw. § 2 GWB i. V. m. einschlägigen Gruppenfreistellungsverordnungen) ergebe.[1108] Demgegenüber reiche Vertretbarkeit dann nicht aus, wenn ein Schiedsspruch einer kartellrechtswidrigen Vereinbarung zur Geltung verhelfe, die nicht freistellbar sei, weil sie etwa Kernwettbewerbsbeschränkungen wie horizontale Preis-, Gebiets- oder Kundenabsprachen enthalte.[1109]

Nichts anderes als eine Vertretbarkeitsprüfung dürfte gemeint sein, wenn dem Schiedsgericht Ermessen bzw. ein Entscheidungsspielraum eingeräumt wird.[1110] Andernorts wird angemerkt, eine Verletzung des *ordre public* sei im Falle einer vertretbaren Rechtsauffassung jedenfalls dann regelmäßig ausgeschlossen, wenn das kartellrechtliche Problem noch nicht höchstrichterlich entschieden[1111] oder die Anwendung der ordre-public-relevanten Norm noch nicht zweifelsfrei geklärt sei.[1112] Strikter ist der Ansatz, den Schiedsspruch nur dann nicht aufzuheben, wenn das Schiedsgericht unter den vertretbaren der herrschenden Auffassung gefolgt ist.[1113] *Schlosser* will

1106 OLG München, Beschl. v. 25.9.2006 – 34 Sch 12/06, juris (Rn. 37); OLG Rostock, Beschl. v. 18.9.2007 – 1 Sch 04/06, DIS-Datenbank; OLG Karlsruhe, Beschl. v. 27.3.2009 – 10 Sch 8/08, BeckRS 2011, 8009 (II.3.b)ee.); OLG München, Beschl. v. 30.7.2012 – 34 Sch 18/10, SchiedsVZ 2012, 339 (341); zum verfahrensrechtlichen *ordre public* OLG Köln, Beschl. v. 19.1.2018 – 19 Sch 17/17, BeckRS 2018, 32360 (Rn. 14).

1107 *Bechtold*, NZKart 2020, 459 (464); *Bosch* FS Bechtold, 59 (67 f.) (wenn sich Kartellrechtswidrigkeit erst nach Freistellungsprüfung ergebe); *v. Brunn*, NJW 1969, 823 (826 f.); *Fournier*, Bindungswirkung, S. 56, 63; *Habscheid*, KTS 1973, 232 (235); *Heukamp*, Schiedszusagen, S. 167; *Picht*, GRUR 2019, 11 (24); *Schlosser*, Schiedsgerichtsbarkeit, Rn. 878; *Spiegel*, Kartellprivatrecht in der Handelsschiedsgerichtsbarkeit, S. 191 f.; *Wiegandt*, ZWeR 2022, 185 (191); a. A. *Bien* in Fuchs/Weitbrecht (Hrsg.), Private Kartellrechtsdurchsetzung, § 17 Rn. 197, offener aber Rn. 201.

1108 *Bosch* FS Bechtold, 59 (67).

1109 *Bosch* FS Bechtold, 59 (67); in diese Richtung auch *Wiegandt*, ZWeR 2022, 185 (191).

1110 OLG Köln, Beschl. v. 4.8.2017 – 19 Sch 6/17, NJOZ 2018, 949 (957).

1111 *Picht/Chrobak*, NZKart 2019, 475 (481).

1112 *Eilmansberger*, SchiedsVZ 2006, 5 (16).

1113 So *Kroitzsch*, GRUR 1969, 387 (398).

nach seiner *Begriffshoflehre*[1114] eine vom angerufenen Gericht nicht geteilte, aber vertretbare Rechtsauffassung passieren lassen, soweit lediglich der Begriffshof des Tatbestandsmerkmals der Ordre-public-Norm betroffen sei, während eine vertretbare Rechtsauffassung überstimmt werden dürfe, soweit sie den Begriffskern betreffe.[1115]

f) Prüfung der schiedsrichterlichen Rechtsanwendung auf Verkennung der in der betreffenden Ordre-public-Norm zum Ausdruck kommenden grundlegenden gesetzgeberischen Wertentscheidung

Insbesondere unter ausdrücklicher Ablehnung der andernorts vorgeschlagenen Plausibilitätskontrolle[1116] formulierte jüngst der Schiedssenat[1117] des Oberlandesgerichts Frankfurt am Main einen eigenständigen Prüfungsumfang. Nach diesem inzwischen bestätigten[1118] Beschluss[1119] darf das staatliche Gericht einen mit der Rüge der Verletzung zwingenden Kartellrechts angegriffenen Schiedsspruch weder in tatsächlicher noch in rechtlicher Hinsicht einer „*umfassenden Kontrolle*“[1120] unterziehen. In rechtlicher Hinsicht dürfe das Gericht keine „*umfassende Überprüfung der Richtigkeit der Rechtsanwendung*“[1121] vornehmen. Es solle auch keine „*– ohnehin kaum näher abgrenzbare – summarische Prüfung der Kartellrechtswidrigkeit oder eine kartellrechtliche Plausibilitätskontrolle*“[1122] erfolgen (wie sie mitunter prominent, auch von deutschen Gerichten, vertreten wurde[1123]). Aus der Anerkennung der Schiedsfähigkeit einer Rechtsmaterie und dem Verbot der *révision au fond* folge vielmehr, dass die Kontrolle des staatlichen Gerichts auch im Bereich der zum *ordre public* gehörenden Normen „*stark eingeschränkt*[]“[1124] und darauf beschränkt sei, ob die schiedsrichterliche

1114 Dazu oben Kap. 2 C.I.4.b)aa) mit entsprechenden Nachweisen.

1115 *Schlosser*, Schiedsgerichtsbarkeit, Rn. 867; Stein/Jonas, ZPO/*Schlosser*, Anhang zu § 1061 Rn. 325.

1116 OLG Frankfurt a. M., Beschl. v. 22.4.2021 – 26 Sch 12/20, BeckRS 2021, 41901 (Rn. 78).

1117 Zur hier nicht näher behandelten Frage der gerichtsinternen Zuständigkeit der Schiedssenate oder der Kartellsenate unten B.II.5.a)aa).

1118 OLG Frankfurt a. M., Beschl. v. 3.3.2022 – 26 Sch 2/21, BeckRS 2022, 3492 (Rn. 81–83).

1119 OLG Frankfurt a. M., Beschl. v. 22.4.2021 – 26 Sch 12/20, BeckRS 2021, 41901.

1120 OLG Frankfurt a. M., Beschl. v. 22.4.2021 – 26 Sch 12/20, BeckRS 2021, 41901 (Rn. 77).

1121 OLG Frankfurt a. M., Beschl. v. 22.4.2021 – 26 Sch 12/20, BeckRS 2021, 41901 (Rn. 77).

1122 OLG Frankfurt a. M., Beschl. v. 22.4.2021 – 26 Sch 12/20, BeckRS 2021, 41901 (Rn. 78).

1123 Dazu oben d).

1124 OLG Frankfurt a. M., Beschl. v. 22.4.2021 – 26 Sch 12/20, BeckRS 2021, 41901 (Rn. 80).

Rechtsanwendung *„der in der betreffenden Norm zum Ausdruck kommenden grundlegenden Wertentscheidung des Gesetzgebers“*[1125] zuwiderlaufe.

g) Differenzierende, „fallgruppenweise“ Ansätze

Schließlich werden „fallgruppenweise“ Ansätze vorgeschlagen, die die Ordre-public-Prüfung in verschiedene Prüfungsgänge aufgliedern. Die bereits genannte Differenzierung danach, ob es eine gesicherte Rechtsprechung zur entscheidungserheblichen Rechtsfrage gibt (sodass die gerichtliche Prüfung nur dann, wenn das nicht der Fall ist, auf eine Vertretbarkeitsprüfung beschränkt ist),[1126] gehört zu diesen Ansätzen. Die Vertreter einer weiteren „fallgruppenweisen“ Betrachtung verlangen eine vollständige, eigenständige rechtliche Würdigung der ordre-public-relevanten Rechtsfragen jedenfalls dann, wenn das Schiedsgericht diese nicht selbst gewürdigt hat.[1127] Das bedeutet, dass das Schiedsspruchergebnis, wenn es an einer geschriebenen rechtlichen Würdigung fehlt, nicht nur vertretbar oder frei von schweren Fehlern sein muss, sondern nach der eigenen Auffassung des Gerichts richtig.

Auch *Pocsay* hat ein Prüfprogramm entwickelt, das er als Konkretisierung des Offensichtlichkeitskriteriums in § 1059 Abs. 2 Nr. 2 lit. b) ZPO vorstellt.[1128] Wenn es Anhaltspunkte dafür gebe, dass der Sachverhalt eine kartellrechtliche Facette aufweise (nur in diesem Fall komme ein offensichtlicher Ordre-public-Verstoß überhaupt in Betracht), sei danach zu differenzieren, ob das Schiedsgericht die kartellrechtliche Frage erörtert habe oder nicht. Im Anschluss sei zu prüfen, ob das Schiedsgericht auch einschlägige Rechtsprechung und etwaige Kommissionsvorgaben beachtet habe. Sei beides der Fall, sei die Gefahr eines Ordre-public-Verstoßes gering. In diesem Fall müsse eine weitere rechtliche Überprüfung des Schiedsspruchs unterbleiben. Hoch sei die Gefahr für die öffentliche Ordnung aber, wenn das Schiedsgericht die Kartellfrage trotz Vorliegens von Anhaltspunkten für einen Kartellrechtsbezug nicht erörtert habe. Dann sei eine eigenständige rechtliche Prüfung geboten. Mittelmäßig gefahrenträchtig sei der Fall, dass das Schiedsgericht die Kartellfrage erörtert habe, jedoch unter Verkennung einschlägiger Recht-

1125 OLG Frankfurt a. M., Beschl. v. 22.4.2021 – 26 Sch 12/20, BeckRS 2021, 41901 (Rn. 77, 80).
1126 So etwa *Tyrolt*, Sportschiedsgerichtsbarkeit, S. 137–140.
1127 *Remien* FS Kropholler, 869 (882 f.); *Tyrolt*, Sportschiedsgerichtsbarkeit, S. 140 (zur Nichtanwendung einschlägigen Eingriffsrechts).
1128 *Pocsay*, Privates Kartellrecht in Schiedsverfahren, S. 284–302.

sprechung oder relevanter Vorgaben der Europäischen Kommission. Dann greife eine Vertretbarkeitskontrolle. Eine Rechtsauffassung sei aber bereits dann unvertretbar, wenn sie von der Auffassung der Rechtsprechung oder der Europäischen Kommission abweiche.

Bien differenziert am Beispiel von Schiedssprüchen, die vertikale Vereinbarungen zu würdigen hatten, nach der Art des im Raum stehenden kartellrechtlichen Fehlers.[1129] Sei der mögliche Rechtsfehler auf der Freistellungsebene des Art. 101 Abs. 3 AEUV bzw. § 2 GWB im Bereich eines Kernverbots unterlaufen, etwa im Anwendungsbereich des Art. 4 Vertikal-GVO, erfolge eine vollständige rechtliche Überprüfung der Freistellungswürdigung. Eine Vertretbarkeitsprüfung finde statt, wenn es um eine sonstige Beschränkung nach Art. 5 Vertikal-GVO gehe. Nach *Bien* spricht es im Übrigen gegen die Annahme eines Widerspruchs zum *ordre public*, wenn das kartellrechtliche Problem weltweit unterschiedlich gehandhabt wird.[1130] Beim global anerkannten Verbot von Hardcore-Kartellen[1131] sei das anders. Hier liege bei jeder Missachtung ein Widerspruch zum *ordre public* vor.

Auch *Morbach* schlägt einen „*variablen Kontrollmaßstab*"[1132] vor und will es dem staatlichen Gericht anhand dreier Fallgruppen ermöglichen, unter wertender Betrachtung Umstände wie die „*wettbewerbsrechtliche Relevanz des Schiedsspruchs, die Komplexität des kartellrechtlichen Problems und die Qualität der Rechtsfindung des Schiedsgerichts*"[1133] zu berücksichtigen. Dem Schiedsspruch müsse in der ersten Fallgruppe die Anerkennung versagt werden, wenn er eine Partei zu einer kartellrechtlich verbotenen Handlung verurteile, während in der weiteren Fallgruppe, der Verurteilung aus einem kartellrechtswidrigen Vertrag, die „*ansonsten keinerlei wettbewerbsschädliche Wirkung*"[1134] habe, eine Abwägung „*eher für die Wirksamkeit des Schiedsspruchs*"[1135] spreche. Wenn allerdings der Kartellrechtsverstoß „*‚ins Auge spring*[e]*'*"[1136], sei dem Schiedsspruch die Anerkennung auch in dieser Fallgruppe zu versagen. In der dritten, nach der Darstellung *Morbachs* am

1129 *Bien*, ZZP 132 (2019), 93 (121 f.); *Bien* in Fuchs/Weitbrecht (Hrsg.), Private Kartellrechtsdurchsetzung, § 17 Rn. 203.

1130 *Bien*, ZZP 132 (2019), 93 (106 f.); *Bien* in Fuchs/Weitbrecht (Hrsg.), Private Kartellrechtsdurchsetzung, § 17 Rn. 172 f.

1131 Dazu oben Kap. 2 C.I.3.b)bb).

1132 *Morbach*, Der kartellrechtliche ordre public, S. 294.

1133 *Morbach*, Der kartellrechtliche ordre public, S. 294.

1134 *Morbach*, Der kartellrechtliche ordre public, S. 295.

1135 *Morbach*, Der kartellrechtliche ordre public, S. 295.

1136 *Morbach*, Der kartellrechtliche ordre public, S. 295.

ehesten „ergebnisoffenen" Fallgruppe – wenn der Schiedsspruch zu einer Handlung verurteile, die *„zwar nicht kartellrechtlich verboten, aber dennoch wettbewerbsschädlich und funktional wettbewerbswidrig"*[1137] sei – bedürfe es einer Wertungsentscheidung des Gerichts, die die Folgen der betreffenden Handlung für den Wettbewerb gegen das Interesse an der Beachtung des Verbots der *révision au fond* abwäge.[1138]

B. Unionsrechtliche Vorgaben für die materielle Ordre-public-Kontrolle und wechselhafte Rechtsprechung in Deutschland

Der dargestellte Meinungsstand zeigt: Obwohl der Bundesgerichtshof seit langem eine Bindung an die tatsächlichen und rechtlichen Feststellungen des Schiedsgerichts ablehnt,[1139] entwickelte die obergerichtliche Rechtsprechung eine mitunter liberalere Entscheidungspraxis.[1140] Einige Oberlandesgerichte lehnten eine vollständige tatsächliche und rechtliche Überprüfung des Schiedsspruchs auf Verstöße gegen zum *ordre public* gehörendes materielles Recht ab,[1141] auch in Fällen, in denen Kernbereiche des Kartellrechts wie das Kartellverbot (Art. 101 AEUV, § 1 GWB) berührt waren.[1142]

1137 *Morbach*, Der kartellrechtliche ordre public, S. 294.

1138 *Morbach*, Der kartellrechtliche ordre public, S. 294 f.

1139 BGH, Urt. v. 12.5.1958 – VII ZR 436/56, BGHZ 27, 249 = NJW 1958, 1538 (1539); BGH, Urt. v. 23.4.1959 – VII ZR 2/58, BGHZ 30, 89 = NJW 1959, 1438 (1439 f.); BGH, Urt. v. 20.5.1966 – KZR 10/64, GRUR 1966, 576 (580); BGH, Urt. v. 25.10.1966 – KZR 7/65, BGHZ 46, 365 = NJW 1967, 1178 (1179); BGH, Urt. v. 31.5.1972 – KZR 43/71, NJW 1972, 2180 (2181); BGH, Urt. v. 26.10.1972 – VII ZR 232/71, NJW 1973, 98 (99 f.); BGH, Beschl. v. 29.9.1983 – III ZR 213/82, juris (Rn. 21).

1140 Zu dem von ihm identifizierten *„Umdenken"* der deutschen Instanzgerichte bereits *Pocsay*, Privates Kartellrecht in Schiedsverfahren, S. 244–252; zur *„bemerkenswert*[en] *Entwicklung"* der deutschen Rechtsprechung auch *Hilbig*, Kartellverbot im Schiedsverfahren, S. 55–58.

1141 OLG München, Beschl. v. 25.9.2006 – 34 Sch 12/06, juris (Rn. 37); OLG Rostock, Beschl. v. 18.9.2007 – 1 Sch 04/06, DIS-Datenbank; OLG Schleswig, Beschl. v. 15.5.2008 – 16 Sch 07/07, DIS-Datenbank; OLG Karlsruhe, Beschl. v. 27.3.2009 – 10 Sch 8/08, BeckRS 2011, 8009 (II.3.b)ee.); OLG München, Beschl. v. 30.7.2012 – 34 Sch 18/10, SchiedsVZ 2012, 339 (341).

1142 Thüringer OLG, Beschl. v. 8.8.2007 – 4 Sch 3/06, SchiedsVZ 2008, 44 (46); OLG Frankfurt a. M., Beschl. v. 24.7.2014 – 26 Sch 28/13, 26 Sch 29/13, juris (Rn. 108–122); OLG Frankfurt a. M., Beschl. v. 22.4.2021 – 26 Sch 12/20, BeckRS 2021, 41901 (Rn. 74–102); OLG Frankfurt a. M., Beschl. v. 3.3.2022 – 26 Sch 2/21, BeckRS 2022, 3492 (Rn. 80–90); zu den *„schiedsfreundlichen Tendenzen" Ason*, WuW 2014, 1057 (1058–1060).

Diese Liberalisierung ging von der Entscheidung *Eco Swiss* des Gerichtshofs[1143] aus und wurde gestützt durch entsprechende Tendenzen insbesondere aus Frankreich.[1144] Dagegen deuteten auf unionsrechtlicher Ebene zuletzt die Schlussanträge im Verfahren *Genentech*[1145] und (am Rande) das *Achmea*-Urteil[1146] in eine restriktivere Richtung. Weil unionsrechtliche Einflüsse in der Diskussion um den gerichtlichen Prüfungsumfang im Verfahren nach §§ 1059–1061 ZPO seit jeher eine wichtige Rolle spielen, wird die Rechtsprechung des Gerichtshofs der Europäischen Union im Folgenden aufgearbeitet, bevor genauer auf den Stand der Rechtsprechung deutscher Gerichte eingegangen wird.

I. Rechtsprechung des Gerichtshofs der Europäischen Union

Berührt der dem Schiedsspruch zugrundeliegende Sachverhalt das zum *ordre public* gehörende[1147] Unionsecht, schränken der Effektivitäts- und Äquivalenzgrundsatz die Verfahrensautonomie der Mitgliedstaaten[1148] im Rahmen der gerichtlichen Schiedsspruchüberprüfung ein. Danach darf die Durchsetzung der unionsrechtlich begründeten Rechte und Pflichten – einschließlich solcher, die aus Art. 101, 102 AEUV folgen – nicht übermäßig erschwert werden; deren Durchsetzung muss mit der Durchsetzung vergleichbarer mitgliedstaatlich begründeter Rechtspositionen gleichwertig sein.[1149]

1143 EuGH, Urt. v. 1.6.1999 – C-126/97 (Eco Swiss), Slg. I 1999, 3055 = GRUR Int 1999, 737.

1144 Richtungweisend *Cour de Cassation (Première chambre civile)*, Urt. v. 4.6.2008 (SNF/Cytec), Bulletin des Arrêts des Chambres civiles 2008 N°6, Nr. 162; *Cour d'Appel de Paris*, Urt. v. 18.11.2004 (Thalès/Euromissile), Revue de l'arbitrage 2005, 751; dazu *Di Radicati Brozolo/Mourre*, JInt'lArb 23 (2006), 171 (175–179, 186 f.); *Ilie/Seow*, JInt'lArb 2017, 1007 (1028).

1145 EuGH, Schlussanträge des Generalanwalts v. 17.3.2016 – C-567/14 (Genentech), BeckRS 2016, 81026.

1146 EuGH, Urt. v. 6.3.2018 – C-284/16 (Achmea), NJW 2018, 1663.

1147 Siehe aber zu den Besonderheiten der unionsrechtlichen Überprüfung von aus Investitionsschiedsverfahren resultierenden Schiedssprüchen seit dem Urteil *Achmea* unten 2.b).

1148 St. Rspr. seit EuGH, Urt. v. 16.12.1976 – C-33/76 (Rewe), Slg. 76, 1989 = NJW 1977, 495 (496); EuGH, Urt. v. 16.12.1976 – C-45/76 (Comet), Slg. 1976, 2043 = juris (Rn. 11/18); dazu *Hess*, RabelsZ 66 (2002), 470 (473 f.); *Hess*, EUZPR, Rn. 11.5 f.

1149 St. Rspr. seit EuGH, Urt. v. 16.12.1976 – C-33/76 (Rewe), Slg. 76, 1989 = NJW 1977, 495 (496); ferner etwa EuGH, Urt. v. 14.12.1995 – C-312/93 (Peterbroek), juris (Rn. 12, 15); EuGH, Urt. v. 15.1.2013 – C-416/10, ZUR 2013, 220 (222); dazu *Hess*, RabelsZ 66 (2002), 470 (474); *Hilbig*, Kartellverbot im Schiedsverfahren, S. 175–177;

Trotz einer Reihe von Grundsatzentscheidungen ist der unionsrechtlich gebotene Prüfungsumfang nicht geklärt.[1150] Wohl nicht zuletzt wegen diesbezüglicher Unsicherheiten werden Schiedssprüche innerhalb der Europäischen Union in unterschiedlichem Maße auf Vereinbarkeit mit zwingendem, zum *ordre public* gehörendem Recht überprüft, auch im Bereich des – häufig unionsrechtlich geprägten – kartellrechtlichen *ordre public*.[1151]

1. Die Verfahren *Nordsee*, *Eco Swiss* und *Genentech* zu den unionsrechtlichen Anforderungen an die unionsrechtliche Schiedsspruchkontrolle

Bevor die Modalitäten der unionsrechtlichen Schiedsspruchüberprüfung erneut in der Rechtssache *Achmea*[1152] erörtert wurden, waren die Verfahren *Nordsee*, *Eco Swiss* und *Genentech*[1153] wegbereitend für den unionsrechtlich gebotenen Prüfungsmaßstab und Prüfungsumfang.

a) Das Verfahren *Nordsee*

Die erste Entscheidung, in der sich der Gerichtshof eingehend mit dem Verhältnis der Schiedsgerichtsbarkeit zum Unionsrecht befasste, war das Urteil *Nordsee*.[1154] Das Vorabentscheidungsverfahren nach dem damaligen Art. 177 EWGV behandelte die Frage, ob das vorlegende, privatrechtlich bestellte Schiedsgericht vorlagebefugt war, gab aber Gelegenheit auch zu Ausführungen zur Schiedsspruchüberprüfung im gerichtlichen Verfahren (der heutigen §§ 1059–1061 ZPO). Der Gerichtshof sprach in diesem Zusammenhang von einer mehr oder weniger weitgehenden unionsrechtlichen Überprüfung von Schiedssprüchen, die staatlichen Gerichten zukommen könne:

G. Wagner, ZVglRWiss 114 (2015), 494 (510); *Weitbrecht/Fabis*, EWS 1997, 1 (3 f.); *Weyer*, EuR 2000, 145 (147 f.); *Hess*, EUZPR, Rn. 11.7–11.18.

1150 So auch die Feststellung von *Hilbig*, Kartellverbot im Schiedsverfahren, S. 69 (zum Stand der EuGH-Rechtsprechung nach der Entscheidung *Eco Swiss*).

1151 Meinungsstand im Überblick bei *G. Blanke*, SIAR 2 (2007), 51 (51 f.); *Hilbig*, Kartellverbot im Schiedsverfahren, S. 34–52, 61–66; siehe die Nachweise in Fn. 926.

1152 EuGH, Urt. v. 6.3.2018 – C-284/16 (Achmea), NJW 2018, 1663.

1153 EuGH, Urt. v. 23.3.1982 – C-102/81 (Nordsee), Slg. 1982, 1096 = BeckRS 2004, 70632; EuGH, Urt. v. 1.6.1999 – C-126/97 (Eco Swiss), Slg. I 1999, 3055 = GRUR Int 1999, 737; EuGH, Schlussanträge des Generalanwalts v. 17.3.2016 – C-567/14 (Genentech), BeckRS 2016, 81026.

1154 EuGH, Urt. v. 23.3.1982 – C-102/81 (Nordsee), Slg. 1982, 1096 = BeckRS 2004, 70632.

„Aus dieser Sicht ist darauf hinzuweisen, daß in Fällen, in denen sich in einem vertraglichen Schiedsverfahren Fragen des Gemeinschaftsrechts stellen, die ordentlichen Gerichte in die Lage kommen können, diese Frage zu prüfen, [...] *sei es im Rahmen der je nach Lage des Falles mehr oder weniger weit gehenden Überprüfung des Schiedsspruchs, die ihnen obliegt, wenn sie im Wege der Aufhebungsklage, durch einen Einspruch, zur Vollstreckbarerklärung oder mit irgendeinem anderen durch die einschlägigen nationalen Rechtsvorschriften eröffneten Rechtsbehelf befaßt werden.*“[1155]

Diese Formulierung hat der Gerichtshof seither mehrfach wiederholt,[1156] aber nicht präzisiert. Bereits im *Nordsee*-Urteil unterblieben Ausführungen zu den unionsrechtlichen Anforderungen an die gerichtliche Überprüfung von Schiedssprüchen auf Vereinbarkeit mit dem Unionsrecht. Interpretationsspielraum eröffnete die Entscheidung aber sehr wohl. Der Gerichtshof verneinte die Vorlageberechtigung des verfahrensgegenständlichen Schiedsgerichts nämlich unter Hinweis auf die Befugnis des im anschließenden Aufhebungs- und Vollstreckbarerklärungsverfahren angerufenen nationalen Gerichts, den Gerichtshof zu unionsrechtlichen Fragen anzurufen.[1157] Aus der Argumentation folgt, dass der Gerichtshof die fehlende Vorlagebefugnis des Schiedsgerichts zur Klärung unionsrechtlicher Fragen (nach dem heutigen Art. 267 AEUV) durch die Vorlageberechtigung des staatlichen Gerichts kompensiert sah.[1158] Das streitet für die Vollwertigkeit der im gerichtlichen Verfahren vorzunehmenden unionsrechtlichen Überprüfung – mithin gegen Prüfungsbeschränkungen.[1159] Denn die Identifizierung und Formulierung vorlagefähiger Fragen zur Auslegung des Unionsrechts verlangt eine mehr als nur oberflächliche unionsrechtliche Prüfung, wird argumentiert.[1160] Zur Feststellung einer lediglich nicht offensichtlich fehlerhaften oder nicht un-

1155 EuGH, Urt. v. 23.3.1982 – C-102/81 (Nordsee), Slg. 1982, 1096 = BeckRS 2004, 70632 (Rn. 14).

1156 EuGH, Urt. v. 1.6.1999 – C-126/97 (Eco Swiss), Slg. I 1999, 3055 = GRUR Int 1999, 737 (739); EuGH, Urt. v. 26.10.2006 – C-168/05 (Mostaza Claro), IPRax 2008, 515 (517); EuGH, Urt. v. 6.3.2018 – C-284/16 (Achmea), NJW 2018, 1663 (1666).

1157 EuGH, Urt. v. 23.3.1982 – C-102/81 (Nordsee), Slg. 1982, 1096 = BeckRS 2004, 70632 (Rn. 14–16).

1158 Zu dieser Argumentation in *Achmea*: *Kottmann*, EuZW 2016, 519; ähnlich *Boknik*, Verhältnis von EuGH und Investitionsschiedsgerichten, S. 241 f.

1159 So etwa *G. Blanke*, SIAR 2 (2007), 51 (64 f.); *S. Münch* FS Rüßmann, 865 (880 f.); *Remien* FS Kropholler, 869 (882); *Sachslehner*, Schiedsvereinbarungen, S. 143; *Tyrolt*, Sportschiedsgerichtsbarkeit, S. 143.

1160 *G. Blanke*, SIAR 2 (2007), 51 (64 f.); *S. Münch* FS Rüßmann, 865 (880 f.); *Remien* FS Kropholler, 869 (882); *Sachslehner*, Schiedsvereinbarungen, S. 143.

vertretbaren Unionsrechtsauslegung bedürfe es, wenn eine solche genügte, um den Schiedsspruch „passieren zu lassen“, keines Vorlageverfahrens.[1161]

Entsprechend wurde das *Nordsee*-Urteil dahin ausgelegt, dass der Gerichtshof eine umfassende Schiedsspruchüberprüfung am Maßstab des gesamten Unionsrechts gefordert habe.[1162] Damit ist aber zunächst einmal nur der Prüfungsmaßstab angesprochen (das gesamte Unionsrecht), nicht die Zulässigkeit einer Bindung an die schiedsgerichtlichen Feststellungen bei Durchführung der Prüfung (Prüfungsumfang). Denkbar ist auch die Auslegung, dass der Gerichtshof die Prüfungsmodalitäten des nationalen Verfahrensrechts nicht festlegen wollte.[1163] Üblicherweise verbindet der Gerichtshof nämlich dann, wenn er Vorgaben zur Durchsetzung unionsrechtlicher Rechtspositionen macht, dahingehende Ausführungen mit Erörterungen zur Verfahrensautonomie der Mitgliedstaaten und zum Effektivitäts- und Äquivalenzgrundsatz; in *Nordsee* unterblieb das aber.[1164] Auch der Hinweis, dass nationale Gerichte in die Lage einer unionsrechtlichen Schiedsspruchüberprüfung kommen könnten, sowie auf die unterschiedlich weitgehende Überprüfung deuten das an.[1165] Andererseits würde eine vollständige Freistellung des Schiedsspruchs von jeder unionsrechtlichen Überprüfung die Effektivität der Unionsrechtsdurchsetzung „auf null“ reduzieren.[1166]

b) Das Verfahren *Eco Swiss*

Auch in dem wegweisenden Verfahren *Eco Swiss*[1167] wurden die Modalitäten des unionsrechtlich gebotenen Prüfungsmaßstabs (das gesamte oder nur das grundlegende Unionsrecht) und Prüfungsumfangs (Zulässigkeit einer Bindung an den Schiedsspruch) nicht abschließend geklärt.[1168] Umso

1161 *G. Blanke*, SIAR 2 (2007), 51 (64 f.); *S. Münch* FS Rüßmann, 865 (880 f.); *Remien* FS Kropholler, 869 (882); *Sachslehner*, Schiedsvereinbarungen, S. 143.

1162 *Classen*, EuR 2012, 611 (620).

1163 In diese Richtung *Lugard*, ECLR 1998, 295 (297); *Weitbrecht/Fabis*, EWS 1997, 1 (4 f.).

1164 *Weitbrecht/Fabis*, EWS 1997, 1 (4 f.).

1165 *Lugard*, ECLR 1998, 295 (297).

1166 *Kohler/Knapp*, ZEuP 2001, 116 (121); *Liebscher*, JInt'lArb 2000, 73 (84).

1167 EuGH, Urt. v. 1.6.1999 – C-126/97 (Eco Swiss), Slg. I 1999, 3055 = GRUR Int 1999, 737.

1168 So etwa *Hilbig*, Kartellverbot im Schiedsverfahren, S. 66 (die Vorgaben des Gerichtshofs seien *„unkonkret und unvollständig“*).

intensiver werden sie seither diskutiert, weil das Urteil im Vergleich zur vorangegangenen Entscheidung *Nordsee* gehaltvoller ist.[1169]

aa) Schlussanträge und Urteil

In den Schlussanträgen nannte der Generalanwalt das bereits im *Nordsee*-Urteil[1170] angeklungene „Kompensationsargument" beim Namen: Die fehlende Vorlagebefugnis privater Schiedsgerichte (nach dem heutigen Art. 267 AEUV) werde – insoweit im Sinne der sog. Second-look-Doktrin[1171] – dadurch „*ausgeglichen*"[1172], dass die Kontrolle im anschließenden gerichtlichen Verfahren eine Überprüfung des Schiedsspruchs auf Vereinbarkeit mit dem Unionsrecht ermögliche. Wie soeben erörtert wurde, spricht diese „Kompensationsfunktion" tendenziell gegen die Zulässigkeit von Prüfungsbeschränkungen im gerichtlichen Verfahren.[1173] Entsprechend schlussfolgerte der Generalanwalt, dass nationale Verfahrensvorschriften, die die Kontrolle der Vereinbarkeit des Schiedsspruchs mit dem Unionsrecht einschränkten, unionsrechtswidrig seien.[1174] An den streitgegenständlichen niederländischen Vorschriften bemängelte der Generalanwalt, dass diese die Schiedsspruchanfechtung wegen einer Rechtsverletzung auf außergewöhnliche Fälle beschränkten (was heute der gefestigten Rechtsprechung in Deutschland entspricht[1175]).[1176]

1169 Darstellung der verschiedenen Lesarten der Entscheidung bereits bei *Hilbig*, Kartellverbot im Schiedsverfahren, S. 26–29.

1170 EuGH, Urt. v. 23.3.1982 – C-102/81 (Nordsee), Slg. 1982, 1096 = BeckRS 2004, 70632.

1171 Geprägt durch *U.S. Supreme Court*, Urt. v. 2.7.1985 (Mitsubishi v Soler Chrysler-Plymouth), 473 U.S. 614 (1985); dazu *Spiegel*, Kartellprivatrecht in der Handelsschiedsgerichtsbarkeit, S. 171; *Vollmer*, GRUR Int 1986, 589; *v. Zumbusch*, GRUR Int 1988, 541 (542–546).

1172 EuGH, Schlussanträge des Generalanwalts v. 25.2.1999 – C-126/97 (Eco Swiss), Slg. 1999 I, 3057 = juris (3069); zu dieser Argumentation in *Achmea* auch *Kottmann*, EuZW 2016, 519; ferner *Boknik*, Verhältnis von EuGH und Investitionsschiedsgerichten, S. 241 f.

1173 So etwa *G. Blanke*, SIAR 2 (2007), 51 (64 f.); *S. Münch* FS Rüßmann, 865 (880 f.); *Remien* FS Kropholler, 869 (882); *Sachslehner*, Schiedsvereinbarungen, S. 143.

1174 EuGH, Schlussanträge des Generalanwalts v. 25.2.1999 – C-126/97 (Eco Swiss), Slg. 1999 I, 3057 = juris (3070 f.).

1175 Ausführlich dazu BGH, Beschl. v. 28.1.2014 – III ZB 40/13, NJW 2014, 1597.

1176 EuGH, Schlussanträge des Generalanwalts v. 25.2.1999 – C-126/97 (Eco Swiss), Slg. 1999 I, 3057 = juris (3070 f.).

Ein unionsrechtliches Gebot, im gerichtlichen Verfahren gegebenenfalls neue Tatsachen festzustellen, um die unionsrechtliche Ordre-public-Konformität überprüfen zu können, nahm der Generalanwalt hierbei wohl nicht an. Er führte aus, dass die unionsrechtliche Ordre-public-Prüfung erfolgen müsse, „*vorausgesetzt allerdings, die Nichtigkeitsgründe ergeben sich mit Klarheit aus den Verfahrensakten, so daß weitere Sachverhaltsaufklärung nicht erforderlich ist*“[1177]. Umgekehrt statuierte der Generalanwalt mit dieser Aussage wohl keine Bindung des Gerichts an die schiedsgerichtliche Verfahrensakte.[1178] Denn in dem streitgegenständlichen Verfahren wurden die Vorlagefragen von einem niederländischen Revisionsgericht vorgelegt, das keinerlei Tatsachenfeststellungsbefugnis hatte, sondern dessen „*Aufgabe* [...] *auf eine blosse Rechtmässigkeitskontrolle beschränkt*“[1179] war. Insofern dürfte die Einschränkung des Generalanwalts schlicht der Besonderheit des streitgegenständlichen Verfahrens geschuldet gewesen sein, dass nämlich das vorlegende Gericht nach niederländischem Verfahrensrecht keine Tatsachenfeststellungsbefugnisse hatte und sich die Prüfung daher naturgemäß auf die aus der Akte ersichtlichen Umstände beschränken musste. Insoweit bleiben die Ausführungen des Generalanwalts zur Frage der Bindung an die Tatsachenfeststellungen des Schiedsgerichts unklar.

Im darauffolgenden Urteil *Eco Swiss*[1180] verhielt sich der Gerichtshof zwar weder ausdrücklich dazu, ob Schiedssprüche durch nationale Gerichte auf Vereinbarkeit mit dem gesamten Unionsrecht überprüft werden müssen (Prüfungsmaßstab), noch dazu, in welchem Umfang Gerichte befugt sein müssen, solche Unionsrechtsverstöße festzustellen (Prüfungsumfang). Dennoch enthält das Urteil relevante Ausführungen. Unter Bezugnahme auf die Rechtssache *Nordsee*[1181] merkte der Gerichtshof zunächst an, dass die mitgliedstaatlichen Gerichte in die Lage kommen könnten, Fragen des Unionsrechts zu beantworten, und zwar im Rahmen der „*mehr oder weniger*

1177 EuGH, Schlussanträge des Generalanwalts v. 25.2.1999 – C-126/97 (Eco Swiss), Slg. 1999 I, 3057 = juris (Rn. 42); zu dieser Stelle *Hilbig*, Kartellverbot im Schiedsverfahren, S. 53.

1178 Anders aber wohl *Hilbig*, Kartellverbot im Schiedsverfahren, S. 53, die die zitierte Stelle der Schlussanträge im Rahmen ihrer Ausführungen zur „*Prüfungstiefe*“ nennt.

1179 EuGH, Schlussanträge des Generalanwalts v. 25.2.1999 – C-126/97 (Eco Swiss), Slg. 1999 I, 3057 = juris (Rn. 42).

1180 EuGH, Urt. v. 1.6.1999 – C-126/97 (Eco Swiss), Slg. I 1999, 3055 = GRUR Int 1999, 737.

1181 EuGH, Urt. v. 23.3.1982 – C-102/81 (Nordsee), Slg. 1982, 1096 = BeckRS 2004, 70632.

weit gehenden Überprüfung des Schiedsspruchs“[1182] im gerichtlichen Verfahren. Die Erfordernisse der Effizienz des Schiedsverfahrens rechtfertigten es hierbei, Schiedssprüche „*nur in beschränktem Umfang zu überprüfen*“[1183] und die Aufhebung oder Anerkennungsversagung nur in außergewöhnlichen Fällen vorzusehen.

> „*[32]Zunächst ist darauf hinzuweisen, daß in Fällen, in denen sich in einem vertraglichen Schiedsverfahren Fragen des Gemeinschaftsrechts stellen, die ordentlichen Gerichte in die Lage kommen können, diese Fragen zu prüfen, insbesondere im Rahmen der je nach Lage des Falles mehr oder weniger weit gehenden Überprüfung des Schiedsspruchs, die ihnen obliegt, wenn sie im Wege der Aufhebungsklage, durch einen Einspruch, zwecks Vollstreckbarerklärung oder mit irgendeinem anderen durch die einschlägigen nationalen Rechtsvorschriften eröffneten Rechtsbehelf befaßt werden* [...]. [...] *[35]Weiter ist darauf hinzuweisen, daß die Erfordernisse der Effizienz des Schiedsverfahrens es rechtfertigen, Schiedssprüche nur in beschränktem Umfang zu überprüfen und die Aufhebung eines Schiedsspruchs oder die Versagung seiner Anerkennung nur in außergewöhnlichen Fällen vorzusehen.*“[1184]

Damit lehnte der Gerichtshof die gegenteilige Auffassung des Generalanwalts, der sich gegen eine Beschränkung der Nichtanerkennung auf außergewöhnliche Fälle ausgesprochen hatte,[1185] ab. Nachdem der Gerichtshof mit diesen einleitenden Ausführungen (nicht weiter präzisierte) Beschränkungen der inhaltlichen Schiedsspruchüberprüfung im Grundsatz gebilligt hatte, wendetet er sich dem Sonderfall zu, dass der Schiedsspruch das Unionskartellverbot des damaligen Art. 81 EGV (heute Art. 101 AEUV) berührt.[1186] Es

1182 EuGH, Urt. v. 1.6.1999 – C-126/97 (Eco Swiss), Slg. I 1999, 3055 = GRUR Int 1999, 737 (739) (Rn. 32).

1183 EuGH, Urt. v. 1.6.1999 – C-126/97 (Eco Swiss), Slg. I 1999, 3055 = GRUR Int 1999, 737 (739) (Rn. 35).

1184 EuGH, Urt. v. 1.6.1999 – C-126/97 (Eco Swiss), Slg. I 1999, 3055 = GRUR Int 1999, 737 (739) (Rn. 32, 35).

1185 EuGH, Schlussanträge des Generalanwalts v. 25.2.1999 – C-126/97 (Eco Swiss), Slg. 1999 I, 3057 = juris (Rn. 35).

1186 EuGH, Urt. v. 1.6.1999 – C-126/97 (Eco Swiss), Slg. I 1999, 3055 = GRUR Int 1999, 737 (739) (Rn. 36 f.).

folgten Ausführungen zur Wichtigkeit dieses Verbots,[1187] die der Gerichtshof mit dem Wort *jedoch* einleitete:

> „*Art. 81 EG stellt jedoch* [...] *eine grundlegende Bestimmung dar, die für die Erfüllung der Aufgaben der Gemeinschaft und insbesondere für das Funktionieren des Binnenmarktes unerläßlich ist. Die Bedeutung dieser Bestimmung hat die Verfasser des Vertrages dazu veranlaßt, in Art. 81 Abs. 2 EG ausdrücklich anzuordnen, daß die nach diesem Artikel verbotenen Vereinbarungen oder Beschlüsse nichtig sind.*“[1188]

Daraus wurde geschlossen, dass Beschränkungen der Schiedsspruchüberprüfung dann nicht zulässig seien, wenn der Schiedsspruch möglicherweise in Widerspruch zum Unionskartellverbot stehe.[1189] Jedenfalls müsse ein Schiedsspruch aufgehoben werden, wenn er auf der Verletzung des Art. 81 EGV (heute Art. 101 AEUV) beruhe, dies aber nur, soweit das nationale Verfahrensrecht die Schiedsspruchaufhebung wegen Verstößen gegen den *ordre public* vorsehe:

> „*Daraus folgt, daß ein staatliches Gericht, soweit es nach seinen nationalen Verfahrensregeln einem Antrag auf Aufhebung eines Schiedsspruchs wegen Verletzung nationaler Bestimmungen, die zur öffentlichen Ordnung gehören, stattgeben muß, verpflichtet ist, einem solchen Antrag auch dann stattzugeben, wenn er auf die Verletzung des Verbots aus Art. 81 Abs. 1 EG gestützt ist.*“[1190]

Dass er eine gerichtliche Überprüfung von Schiedssprüchen auf Vereinbarkeit jedenfalls mit dem Unionskartellverbot verlangte, rechtfertigte der Gerichtshof dann erneut mit der fehlenden Vorlagebefugnis von Schiedsgerichten.[1191]

1187 Dazu auch EuGH, Urt. v. 20.9.2001 – C-453/99 (Courage), Slg I 2001, 6297 = EuZW 2001, 715 (716); *Komninos* in G. Blanke/Landolt (Hrsg.), Antitrust Arbitration, S. 447.

1188 EuGH, Urt. v. 1.6.1999 – C-126/97 (Eco Swiss), Slg. I 1999, 3055 = GRUR Int 1999, 737 (739) (Rn. 36).

1189 So *G. Blanke*, SIAR 2 (2007), 51 (63); *Günther* FS Böckstiegel, 253 (263 f.); *S. Münch* FS Rüßmann, 865 (880).

1190 EuGH, Urt. v. 1.6.1999 – C-126/97 (Eco Swiss), Slg. I 1999, 3055 = GRUR Int 1999, 737 (739) (Rn. 37).

1191 EuGH, Urt. v. 1.6.1999 – C-126/97 (Eco Swiss), Slg. I 1999, 3055 = GRUR Int 1999, 737 (739 f.) (Rn. 40).

bb) Offene Fragen

Die unionsrechtlichen Anforderungen an den Prüfungsmaßstab und den Prüfungsumfang blieben im Urteil *Eco Swiss* aber unklar.[1192] Entsprechend ist das Urteil unterschiedlich interpretiert worden.[1193] Die Anmerkungen variieren von der Lesart, der Gerichtshof habe die Vorgaben für die materielle Schiedsspruchüberprüfung offengelassen,[1194] bis zur Interpretation, er tendiere zu einer *„absoluten inhaltlichen Kartellrechtskontrolle"*[1195].

Drei Fragenkreise, die den Prüfungsmaßstab und den Prüfungsumfang betreffen und zu denen sogleich im Zusammenhang mit dem *Achmea*-Urteil[1196] Stellung bezogen wird, sind von Interesse:

Fraglich ist erstens, ob die unionsrechtliche (bzw. unionskartellrechtliche) Überprüfung dem Grunde nach abdingbar ist. Einerseits könnte *Eco Swiss* verlangen, dass die Überprüfung der Vereinbarkeit des Schiedsspruchs jedenfalls mit dem Unionskartellverbot dem Grunde nach zwingend ist.[1197] Das hieße, dass das nationale Verfahrensrecht gegebenenfalls um diesen unionsrechtlichen Aufhebungsgrund zu erweitern wäre.[1198] Dafür spricht das Effektivitätsgebot, weil die Durchsetzung des Unionskartellverbots anderenfalls im wahrsten Sinne „unwirksam" wäre.[1199] Nach dem Urteil *Nordsee*[1200] „kompensiert" die gerichtliche Überprüfungsmöglichkeit nämlich im Sinne der sog. Second-look-Doktrin[1201] die fehlende Vorlagebefugnis des Schiedsge-

---

1192 So auch *G. Blanke*, SIAR 2 (2007), 51 (78); *Eilmansberger*, SchiedsVZ 2006, 5 (15); *Grierson*, b-Arbitra 2019, 309 (313); *Liebscher*, JInt'lArb 2000, 73 (84); *Hilbig*, Kartellverbot im Schiedsverfahren, S. 66 (die Vorgaben des Gerichtshofs seien *„unkonkret und unvollständig"*); *Sørensen/Torp*, JInt'lArb 34 (2017), 35 (38 f.); *Tyrolt*, Sportschiedsgerichtsbarkeit, S. 144; *Weyer*, EuR 2000, 145 (146).

1193 Dazu *G. Blanke*, SIAR 2 (2007), 51 (61–67); *Hilbig*, Kartellverbot im Schiedsverfahren, S. 26–29.

1194 *Ason*, WuW 2014, 1057 (1059).

1195 *Zobel*, wbl 2001, 300 (301, 303 f.); *Zobel*, Schiedsgerichtsbarkeit und Gemeinschaftsrecht, S. 151; ähnliche Lesart bei *Kohler/Knapp*, ZEuP 2001, 116 (120).

1196 EuGH, Urt. v. 6.3.2018 – C-284/16 (Achmea), NJW 2018, 1663.

1197 *Ason*, WuW 2014, 1057 (1059); *Brulard/Quintin*, JInt'lArb 18 (2001), 533; wohl auch *Dempegiotis*, JInt'lArb 25 (2008), 365 (390 f.); *Kohler/Knapp*, ZEuP 2001, 116 (121); *Liebscher*, JInt'lArb 2000, 73 (84); *Remien* FS Kropholler, 869 (874); *Weyer*, EuR 2000, 145 (158 f.).

1198 Zu diesem Zusammenhang *Hilbig*, Kartellverbot im Schiedsverfahren, S. 180.

1199 So die Argumentation bei *Kohler/Knapp*, ZEuP 2001, 116 (121); *Liebscher*, JInt'lArb 2000, 73 (84).

1200 EuGH, Urt. v. 23.3.1982 – C-102/81 (Nordsee), Slg. 1982, 1096 = BeckRS 2004, 70632.

1201 Geprägt durch *U.S. Supreme Court*, Urt. v. 2.7.1985 (Mitsubishi v Soler Chrysler-Plymouth), 473 U.S. 614 (1985); dazu *Spiegel*, Kartellprivatrecht in der Handelsrichts,[1202] nach dem Urteil *Eco Swiss* stellt die unionsrechtliche Schiedsspruchkontrolle die Durchsetzung des für den Binnenmarkt essenziellen Unionskartellverbots des heutigen Art. 101 AEUV sicher.[1203] Daraus könnte man schließen, dass der Gerichtshof das Fehlen einer jeden unionsrechtlichen Überprüfung, also eine Reduzierung der Unionsrechtsdurchsetzung „auf null", nicht zulässt. Nach anderer Lesart überlässt *Eco Swiss* den Mitgliedstaaten das „Ob"[1204] der unionskartellrechtlichen Überprüfung, was mit dem Hinweis des Gerichtshofs auf die nach nationalem Recht beschränkte Überprüfung begründet wird.[1205]

Zu klären ist zweitens der unionsrechtliche Prüfungsmaßstab, ob also der Schiedsspruch (bzw. das Anerkennungs- bzw. Vollstreckungsergebnis) – in „quantitativer" Hinsicht[1206] – auf Vereinbarkeit mit dem gesamten Unionsrecht zu überprüfen ist oder lediglich auf Vereinbarkeit mit dem grundlegenden Unionsrecht. Weil es in der Rechtssache *Eco Swiss*[1207] um das Unionskartellverbot des heutigen Art. 101 AEUV ging, das zum grundlegenden Unionsrecht im Sinne des *ordre public* zählt,[1208] und weil sich die Ausführungen des Gerichtshofs recht deutlich auf dieses Verbot bezogen, stand die Frage des unionsrechtlichen Prüfungsmaßstabs zunächst nicht im Fokus der Diskussion. Spätestens seit dem Urteil *Achmea*[1209] wurde die Unterscheidung aber wichtig, worauf noch einzugehen sein wird.[1210]

Drittens ist seit *Eco Swiss* unklar, wie die unionsrechtliche Überprüfung des Schiedsspruchs – „qualitativ" – ausgestaltet sein muss. Fraglich ist insbesondere, in welchem Umfang das staatliche Gericht an die tatsächlichen und rechtlichen Feststellungen des Schiedsgerichts gebunden sein soll, wenn

---

schiedsgerichtsbarkeit, S. 171; *Vollmer*, GRUR Int 1986, 589; *v. Zumbusch*, GRUR Int 1988, 541 (542–546).

1202 Zu dieser Argumentation in *Achmea*: *Boknik*, Verhältnis von EuGH und Investitionsschiedsgerichten, S. 241 f.; *Kottmann*, EuZW 2016, 519.

1203 EuGH, Urt. v. 1.6.1999 – C-126/97 (Eco Swiss), Slg. I 1999, 3055 = GRUR Int 1999, 737 (739).

1204 Siehe mit dieser Terminologie bereits die Ausführungen bei *Hilbig*, Kartellverbot im Schiedsverfahren, S. 179–181.

1205 Mit diesem Verständnis wohl *G. Blanke*, SIAR 2 (2007), 51 (65 f.); *Kottmann*, EuZW 2016, 519; *Martínez Lage*, RevClEspArb 16 (2016), 131 (133); *F. Schwarz/Harler/Schwedler* in Kamann/Ohlhoff/Völcker (Hrsg.), Kartellprozess, § 38 Rn. 27.

1206 Das hier vertretene Begriffspaar *qualitativer* und *quantitativer Prüfungsumfang* ist inspiriert von Musielak/Voit, ZPO/*Ball*, § 529 Rn. 1.

1207 EuGH, Urt. v. 1.6.1999 – C-126/97 (Eco Swiss), Slg. I 1999, 3055 = GRUR Int 1999, 737.

1208 Dazu oben Kap. 2 B.II. mit entsprechenden Nachweisen.

1209 EuGH, Urt. v. 6.3.2018 – C-284/16 (Achmea), NJW 2018, 1663.

1210 Dazu unten 2.

es überprüft, ob das Ergebnis von dessen Anerkennung oder Vollstreckung mit dem gesamten oder grundlegenden Unionsrecht vereinbar ist (Prüfungsumfang). Zu diesem Fragenkreis zählt auch, ob eine Überprüfung nur auf offensichtliche oder schwerwiegende Verstöße gegen das Unionsrecht zulässig ist.[1211] Zu diesem dritten Fragenkreis legt die Entscheidung einerseits nahe, dass die Mitgliedstaaten Beschränkungen des Prüfungsumfangs vorsehen dürfen – insbesondere die Wendung, Schiedssprüche unterlägen wegen des Erfordernisses der Effizienz von Schiedsverfahren einer nur beschränkten Überprüfung[1212].[1213] Man könnte gar zuspitzen, der Gerichtshof habe sich gegen eine tiefgehende Überprüfung des Schiedsspruchs ausgesprochen.[1214] Andererseits könnte man dem Urteil entnehmen, dass jedenfalls zur Feststellung, ob ein Verstoß gegen das Unionskartellverbot vorliegt, eine vollständige Überprüfung des Schiedsspruchs in tatsächlicher und rechtlicher Hinsicht erfolgen muss (ohne Bindungen an den Schiedsspruch).[1215]

c) Das Verfahren *Genentech*

Energischen Widerspruch gegen qualitative Beschränkungen des Prüfungsumfangs erhob der Generalanwalt in den Schlussanträgen zur Rechtssache *Genentech.*[1216] Beschränkungen wie diejenige, dass der Verstoß gegen die zur öffentlichen Ordnung gehörende Norm offenkundig sein müsse oder der Schiedsspruch nicht auf einen Ordre-public-Verstoß überprüft werden könne, wenn das Schiedsgericht die entsprechende Rechtsfrage erörtert habe, verstoße gegen den unionsrechtlichen Effektivitätsgrundsatz. Anderenfalls blieben die meisten Kartellrechtsverstöße ungeahndet.[1217]

1211 Dazu oben A.III.4. mit entsprechenden Nachweisen.

1212 EuGH, Urt. v. 1.6.1999 – C-126/97 (Eco Swiss), Slg. I 1999, 3055 = GRUR Int 1999, 737 (739) (Rn. 35).

1213 So *Brulard/Quintin*, JInt'lArb 18 (2001), 533 (544); *Dempegiotis*, JInt'lArb 25 (2008), 365 (391); *Eilmansberger*, SchiedsVZ 2006, 5 (15); *Horn*, SchiedsVZ 2008, 209 (217); *Niggemann*, SchiedsVZ 2005, 265 (271); *Tyrolt*, Sportschiedsgerichtsbarkeit, S. 145.

1214 *Kasolowsky/Steup*, SchiedsVZ 2008, 72 (76).

1215 *G. Blanke*, SIAR 2 (2007), 51 (61 f.); *S. Münch* FS Rüßmann, 865 (880 f.) (jedenfalls in rechtlicher Hinsicht vollständige Überprüfung geboten); *Zobel*, Schiedsgerichtsbarkeit und Gemeinschaftsrecht, S. 150 f.

1216 EuGH, Schlussanträge des Generalanwalts v. 17.3.2016 – C-567/14 (Genentech), BeckRS 2016, 81026 (Rn. 54–72); dazu *Grierson*, b-Arbitra 2019, 309 (320–323).

1217 So auch *Bensaude*, JInt'lArb 22 (2005), 239 (243 f.); *Pocsay*, Privates Kartellrecht in Schiedsverfahren, S. 284.

Im *Genentech*-Urteil äußerte sich der Gerichtshof bedauerlicherweise mit keinem Wort zu diesen Ausführungen.[1218]

2. Das Verfahren *Achmea* und seine Aussagen zu den unionsrechtlichen Anforderungen an die unionsrechtliche Schiedsspruchkontrolle

Obwohl die Anforderungen an die Schiedsspruchüberprüfung auf Vereinbarkeit mit dem Unionsrecht nicht Gegenstand der Vorlagefragen waren, äußerte sich der Gerichtshof erneut im *Achmea*-Urteil[1219] dazu.[1220]

Streitgegenständlich war die Vereinbarkeit einer Intra-EU-BIT-Schiedsklausel mit Art. 18, 267, 344 AEUV. Deren Unionsrechtskonformität machte der Gerichtshof, weil er das BIT-Schiedsgericht für nicht vorlageberechtigt hielt,[1221] maßgeblich davon abhängig, ob eine unionsrechtliche Überprüfung aus der Schiedsklausel hervorgehender Schiedssprüche im nachgehenden gerichtlichen Verfahren hinreichend sei, um die Ziele zu erreichen, die insbesondere das Vorlageverfahren nach Art. 267 AEUV verfolge.[1222] Dabei machte der Gerichtshof eine Reihe von auch für den hiesigen Untersuchungsgegenstand interessanten Aussagen, auch wenn das *Achmea*-Urteil, soweit ersichtlich, unter diesem Blickwinkel bislang wenig Beachtung gefunden hat.

a) Schlussanträge des Generalanwalts

Die Schlussanträge des Generalanwalts betonten die große Bedeutung des Vorabentscheidungsverfahrens nach Art. 267 AEUV für das unionsrechtliche Rechts- und Gerichtssystem, um zu gewährleisten, dass der Schiedsspruch nicht mit dem Unionsrecht unvereinbar ist.[1223] In den entsprechenden Aus-

1218 EuGH, Urt. v. 7.7.2016 – C-567/14 (Genentech), GRUR 2016, 917.

1219 EuGH, Urt. v. 6.3.2018 – C-284/16 (Achmea), NJW 2018, 1663; dazu *Balthasar*, SchiedsVZ 2018, 227; *Boknik*, Verhältnis von EuGH und Investitionsschiedsgerichten, S. 28–54; *Jaeger*, EuR 2018, 611 (625); *Miller*, EuZW 2018, 357 (359–363); *Reuter*, ZaöRV 2020, 379 (384–398).

1220 Denkanstöße zur Bedeutung des *Achmea*-Urteils für die vorliegende Untersuchung gab *Tim Maxian Rusche* in einem Gespräch im Oktober 2020.

1221 EuGH, Urt. v. 6.3.2018 – C-284/16 (Achmea), NJW 2018, 1663 (1665) (Rn. 49).

1222 EuGH, Urt. v. 6.3.2018 – C-284/16 (Achmea), NJW 2018, 1663 (1666) (Rn. 50–56).

1223 EuGH, Schlussanträge des Generalanwalts v. 19.9.2017 – C-284/16 (Achmea), BeckRS 2017, 125330 (Rn. 240–244).

führungen des Generalanwalts klingen erneut die „Kompensationsfunktion" des Vorlageverfahrens für die fehlende Vorlageberechtigung von Schiedsgerichten und die Second-look-Doktrin[1224] an, mit der bereits in *Nordsee*[1225] und *Eco Swiss*[1226] argumentiert wurde.[1227] Hier wie dort streitet die Wichtigkeit der Vorlagemöglichkeit des mitgliedstaatlichen Gerichts zur Sicherstellung einer einheitlichen Auslegung und Anwendung des Unionsrechts tendenziell gegen Beschränkungen der unionsrechtlichen Schiedsspruchüberprüfung.[1228]

b) Urteil des Gerichtshofs

In seinem Urteil präzisierte der Gerichtshof die unionsrechtlichen Anforderungen an die Überprüfung von Schiedssprüchen auf Vereinbarkeit mit dem Unionsrecht und unterschied dabei zwischen Schiedssprüchen, die aus Investitionsschiedsverfahren resultieren, und solchen, die aus Handelsschiedsverfahren hervorgehen.[1229]

aa) Zur Abdingbarkeit der unionsrechtlichen Schiedsspruchüberprüfung dem Grunde nach

Die auch für die Handelsschiedsgerichtsbarkeit beachtlichen Ausführungen betreffen zunächst die Abdingbarkeit der unionsrechtlichen Schiedsspruchüberprüfung, die nach *Eco Swiss*[1230] unklar geblieben war.[1231] In *Achmea*

1224 Geprägt durch *U.S. Supreme Court*, Urt. v. 2.7.1985 (Mitsubishi v Soler Chrysler-Plymouth), 473 U.S. 614 (1985); dazu *Spiegel*, Kartellprivatrecht in der Handelsschiedsgerichtsbarkeit, S. 171; *Vollmer*, GRUR Int 1986, 589; *v. Zumbusch*, GRUR Int 1988, 541 (542–546).

1225 EuGH, Urt. v. 23.3.1982 – C-102/81 (Nordsee), Slg. 1982, 1096 = BeckRS 2004, 70632 (Rn. 14–16).

1226 EuGH, Schlussanträge des Generalanwalts v. 25.2.1999 – C-126/97 (Eco Swiss), Slg. 1999 I, 3057 = juris (3069); zu dieser Argumentation in *Achmea*: *Kottmann*, EuZW 2016, 519; ferner *Boknik*, Verhältnis von EuGH und Investitionsschiedsgerichten, S. 241 f.

1227 Dazu oben 1.a),b).

1228 So im Hinblick auf *Eco Swiss G. Blanke*, SIAR 2 (2007), 51 (64 f.); *S. Münch* FS Rüßmann, 865 (880 f.); *Remien* FS Kropholler, 869 (882); *Sachslehner*, Schiedsvereinbarungen, S. 143; *Tyrolt*, Sportschiedsgerichtsbarkeit, S. 143.

1229 EuGH, Urt. v. 6.3.2018 – C-284/16 (Achmea), NJW 2018, 1663 (1666) (Rn. 54 f.).

1230 EuGH, Urt. v. 1.6.1999 – C-126/97 (Eco Swiss), Slg. I 1999, 3055 = GRUR Int 1999, 737.

1231 Dazu oben 1.b)bb).

tendierte der Gerichtshof nun dazu, dass Schiedssprüche auf die Vereinbarkeit mit dem grundlegenden Unionsrecht (Handelsschiedsgerichtsbarkeit) bzw. mit dem gesamten Unionsrecht (Investitionsschiedsgerichtsbarkeit) überprüft werden *müssen*.[1232] Das „Ob" der Schiedsspruchüberprüfung auf Vereinbarkeit mit dem Unionsrecht[1233] steht demnach nicht (mehr) zur Disposition der Mitgliedstaaten.[1234] Im Einzelnen:

In *Eco Swiss* hatte der Gerichtshof geurteilt, ein Schiedsspruch müsse im Falle der Unvereinbarkeit mit dem Unionskartellverbot des heutigen Art. 101 AEUV aufgehoben werden, *„soweit"*[1235] (nicht: *wenn*) nach nationalem Verfahrensrecht einem Antrag auf Aufhebung des Schiedsspruchs wegen einer Verletzung des *ordre public* stattgegeben werden müsse.[1236] In der englischen, französischen bzw. spanischen Fassung hatte es an dieser Stelle geheißen, die Aufhebung müsse erfolgen, *„where"* bzw. *„dans la mesure où"* bzw. *„en la medida en que"*[1237] das nationale Recht die Aufhebung wegen eines Widerspruchs zum *ordre public* vorsehe. Während die Konjunktion *where* in der englischen Sprachfassung auf eine echte Wenn-Konditionalität (mithin die Abdingbarkeit der unionsrechtlichen Schiedsspruchüberprüfung) hindeuten mag, tendieren die anderen genannten Sprachfassungen, auch die deutsche (*soweit*), zur Bedeutung *in dem Maße/Umfang, in dem*. Die Verknüpfung *in dem Maße/Umfang, in dem* weicht von einer echten Wenn-Konditionalität ab. Sie setzt das Vorhandensein einer unionsrechtlichen Überprüfungsmöglichkeit voraus und knüpft an die Modalitäten der Überprüfung an. Das spricht eher gegen die Abdingbarkeit der unionsrechtlichen Schiedsspruchüberprüfung nach dem Urteil *Eco Swiss*.

Dieses Verständnis der Urteilsstelle ist aber alles andere als eindeutig, und die sprachlichen Unsicherheiten dürften die Unklarheiten bezüglich der

---

1232 *Balthasar*, SchiedsVZ 2018, 227 (228); *Boknik*, Verhältnis von EuGH und Investitionsschiedsgerichten, S. 248–251.

1233 Siehe mit dieser Terminologie bereits die Ausführungen bei *Hilbig*, Kartellverbot im Schiedsverfahren, S. 179–181.

1234 Zu Überlegungen zur Prüfungsdichte angesichts sprachlicher Abweichungen bereits *Boknik*, Verhältnis von EuGH und Investitionsschiedsgerichten, S. 248–251. Denkanstöße zu den folgenden Erörterungen gab *Tim Maxian Rusche* in einem Gespräch im Oktober 2020.

1235 EuGH, Urt. v. 1.6.1999 – C-126/97 (Eco Swiss), Slg. I 1999, 3055 = GRUR Int 1999, 737 (739) (Rn. 37).

1236 Bereits *Katharina Lugani* (geb. *Hilbig*) untersuchte die Abdingbarkeit der unionsrechtlichen (Ordre-public-)Kontrolle nach der Entscheidung *Eco Swiss* im Hinblick auf die Wendung *„soweit"*: *Hilbig*, Kartellverbot im Schiedsverfahren, S. 179–181.

1237 Vgl. die jeweiligen Sprachfassungen des Urteils *Eco Swiss*, jeweils Rn. 37.

Abdingbarkeit der unionsrechtlichen Schiedsspruchüberprüfung mitverursacht haben. Im *Achmea*-Urteil wich der Gerichtshof nun sprachlich von der genannten Textstelle aus der Entscheidung *Eco Swiss* ab.[1238] Seine bisherige Rechtsprechung fasste er dahin zusammen, dass eine beschränkte Schiedsspruchüberprüfung im Bereich der Handelsschiedsgerichtsbarkeit zulässig sei, *„soweit"*[1239] bzw. *„provided that"*[1240] die Vereinbarkeit mit grundlegenden Bestimmungen des Unionsrechts Gegenstand der inhaltlichen Überprüfung sein könne:

> *„[53]Es ist jedoch festzustellen, dass eine solche gerichtliche Überprüfung durch dieses Gericht nur vorgenommen werden kann, soweit das nationale Recht sie gestattet. Darüber hinaus sieht § 1059 ZPO II ZPO nur eine beschränkte Überprüfung vor, die sich unter anderem* […] *auf die Frage bezieht, ob die Anerkennung und Vollstreckung des Schiedsspruchs die öffentliche Ordnung wahrt. [54]Für die Handelsschiedsgerichtsbarkeit hat der EuGH zwar entschieden, dass die Erfordernisse der Wirksamkeit des Schiedsverfahrens es rechtfertigen, Schiedssprüche durch die Gerichte der Mitgliedstaaten nur in beschränktem Umfang zu überprüfen, soweit die grundlegenden Bestimmungen des Unionsrechts im Rahmen dieser Kontrolle geprüft werden können und gegebenenfalls Gegenstand einer Vorlage zur Vorabentscheidung an den EuGH sein können* […]."[1241]

> *„[53]However, such judicial review can be exercised by that court only to the extent that national law permits. Moreover, Paragraph 1059(2) of the Code of Civil Procedure provides only for limited review, concerning in particular* […] *the consistency with public policy of the recognition or enforcement of the arbitral award. [54]It is true that, in relation to commercial arbitration, the Court has held that the requirements of efficient arbitration proceedings justify the review of arbitral awards by the courts of the Member States being limited in scope, provided that the fundamental provisions of EU law can be examined in the course of that review and, if necessary, be the subject of a reference to the Court for a preliminary ruling* […]."[1242]

1238 Dazu auch *Boknik*, Verhältnis von EuGH und Investitionsschiedsgerichten, S. 249–251.

1239 EuGH, Urt. v. 6.3.2018 – C-284/16 (Achmea), NJW 2018, 1663 (1666) (Rn. 54).

1240 *Achmea*, engl. Fassung Rn. 54.

1241 EuGH, Urt. v. 6.3.2018 – C-284/16 (Achmea), NJW 2018, 1663 (1666) (Rn. 53 f.).

1242 *Achmea*, engl. Fassung Rn. 53 f.

Die deutsche Sprachfassung tendiert erneut zur Bedeutung *in dem Umfang, in dem*. Jedenfalls aus der englischen Fassung folgt aber diesmal recht deutlich, dass die Schiedsspruchüberprüfung am Maßstab des grundlegenden Unionsrechts nicht (mehr) dem Grunde nach abdingbar ist.[1243] Denn mit „*provided that*"[1244] stellte der Gerichtshof positiv eine dahingehende Voraussetzung auf, was in *Eco Swiss* unterblieben (oder jedenfalls nicht eindeutig der Fall gewesen) war. Den Schwenk hin zu einer zwingenden unionsrechtlichen Überprüfung auch im Bereich der Handelsschiedsgerichtsbarkeit bekräftigen auch die französische und spanische Sprachfassung. Dort heißt es an der entsprechenden Stelle, eine beschränkte Überprüfung sei zulässig, aber nur unter der Bedingung, dass („*pourvu que*" bzw. „*siempre que*")[1245] im Rahmen dieser Überprüfung der Schiedsspruch auf Vereinbarkeit mit dem (grundlegenden) Unionsrecht überprüft werden könne.

bb) Zur Zulässigkeit quantitativer Beschränkungen des Prüfungsmaßstabs auf das grundlegende Unionsrecht

Recht deutlich bezog der Gerichtshof in *Achmea* Position zum unionsrechtlich gebotenen Maßstab der Überprüfung von Schiedssprüchen auf Vereinbarkeit mit dem Unionsrecht: Er urteilte, dass im Bereich der Handelsschiedsgerichtsbarkeit quantitative Beschränkungen zulässig sind – derart, dass der Schiedsspruch auf Vereinbarkeit nur mit den grundlegenden Unionsvorschriften überprüft wird, nicht mit dem gesamten Unionsrecht.[1246] Schiedssprüche, die aus Investitionsschiedsverfahren resultierten, müssten hingegen auf Vereinbarkeit mit dem gesamten Unionsrecht überprüft werden.[1247] Wörtlich heißt es:

> *„[54]Für die Handelsschiedsgerichtsbarkeit hat der EuGH zwar entschieden, dass die Erfordernisse der Wirksamkeit des Schiedsverfahrens es rechtfertigen, Schiedssprüche durch die Gerichte der Mitgliedstaaten nur in be-*

1243 Im Ergebnis auch *Boknik*, Verhältnis von EuGH und Investitionsschiedsgerichten, S. 249–251.

1244 *Achmea*, engl. Fassung Rn. 54.

1245 Vgl. die jeweiligen Sprachfassungen des Urteils *Achmea*, jeweils Rn. 54.

1246 EuGH, Urt. v. 6.3.2018 – C-284/16 (Achmea), NJW 2018, 1663 (1666) (Rn. 54); dazu *Balthasar*, SchiedsVZ 2018, 227 (228); *Boknik*, Verhältnis von EuGH und Investitionsschiedsgerichten, S. 250 f.

1247 EuGH, Urt. v. 6.3.2018 – C-284/16 (Achmea), NJW 2018, 1663 (1666) (Rn. 55 f.); dazu *Boknik*, Verhältnis von EuGH und Investitionsschiedsgerichten, S. 110 f.

schränktem Umfang zu überprüfen, soweit die grundlegenden Bestimmungen des Unionsrechts im Rahmen dieser Kontrolle geprüft werden können und gegebenenfalls Gegenstand einer Vorlage zur Vorabentscheidung an den EuGH sein können [...]. *[55]Ein Schiedsverfahren wie das in Art. 8 des BIT vorgesehene unterscheidet sich jedoch von einem Handelsschiedsverfahren.* [...] *Daher lassen sich [diese] Überlegungen zur Handelsschiedsgerichtsbarkeit nicht auf ein Schiedsverfahren wie das in Art. 8 des BIT vorgesehene übertragen.*"[1248]

Diese Unterscheidung zwischen Handels- und Investitionsschiedsgerichtsbarkeit betreffend den gebotenen Prüfungsmaßstab teilte in der Folge auch Generalanwältin *Kokott* unter Bezugnahme auf das *Achmea*-Urteil in den Schlussanträgen zur Rechtssache *PL Holdings*, in der es um aus der Rechtssache *Achmea* resultierende Folgefragen ging.[1249] Inwieweit sich der Bundesgerichtshof im Falle eines aus einem Intra-EU-BIT-Schiedsverfahren ergangenen Schiedsspruchs der Forderung anschlösse, den Schiedsspruch auf Vereinbarkeit mit dem gesamten Unionsrecht zu überprüfen, dürfte auf Zeit eine theoretische Frage bleiben.[1250] Denn nach dem Urteil *Achmea* liegt in einem solchen Fall bereits keine wirksame Schiedsvereinbarung vor,[1251] was – wie im *Achmea*-Aufhebungsbeschluss[1252] – regelmäßig den Aufhebungsgrund darstellen dürfte. Jenseits von Intra-EU-BIT-Investitionsschiedsverfahren könnte sich die Frage zwar durchaus stellen. Unklar ist aber, ob die Forderung nach einer Überprüfung auf Vereinbarkeit mit dem gesamten Unionsrecht hier ohne Weiteres gilt.[1253]

1248 EuGH, Urt. v. 6.3.2018 – C-284/16 (Achmea), NJW 2018, 1663 (Rn. 54 f.).

1249 EuGH, Schlussanträge der Generalanwältin v. 22.4.2021 – C-109/20 (PL Holdings), BeckRS 2021, 8383; zur Unterscheidung der beiden Formen der Schiedsgerichtsbarkeit *Boknik*, Verhältnis von EuGH und Investitionsschiedsgerichten, S. 245–248.

1250 *Boknik* (Verhältnis von EuGH und Investitionsschiedsgerichten, S. 110) merkt an, eine Berücksichtigung des gesamten Unionsrechts sei im Rahmen des Ordre-public-Vorbehalts des Art. V Abs. 2 lit. b) NYÜ schon gar nicht möglich.

1251 EuGH, Urt. v. 6.3.2018 – C-284/16 (Achmea), NJW 2018, 1663 (1666) (Rn. 59 f.).

1252 BGH, Beschl. v. 31.10.2018 – I ZB 2/15, BeckRS 2018, 28148 (Rn. 14).

1253 Zur Reichtweite der Entscheidung etwa *Balthasar*, SchiedsVZ 2018, 227 (228 f.); *Boknik*, Verhältnis von EuGH und Investitionsschiedsgerichten, S. 242 f., 403–405.

cc) Zur Zulässigkeit qualitativer Beschränkungen des Umfangs der unionsrechtlichen Schiedsspruchüberprüfung

Ausführungen zur Zulässigkeit qualitativer Beschränkungen des unionsrechtlichen Prüfungsumfangs sind im *Achmea*-Urteil kaum „wahrnehmbar“ (soweit überhaupt vorhanden). Im Folgenden soll dennoch der Versuch unternommen werden, das Urteil unter diesem Blickwinkel zu analysieren.

Fraglich ist also, ob es nach *Achmea* unionsrechtlich zulässig ist, wenn mitgliedstaatliche Gerichte bei der Prüfung, ob der Schiedsspruch (bzw. das Ergebnis von dessen Anerkennung oder Vollstreckung) mit dem zum *ordre public* zählenden Unionsrecht vereinbar ist, in gewissem Umfang an die tatsächlichen und rechtlichen Feststellungen des Schiedsgerichts gebunden sind.[1254] Zu diesem Problemkreis zählt auch, ob es unionsrechtlich zulässig ist, wenn Schiedssprüche lediglich auf qualifizierte Verstöße gegen das betreffende Unionsrecht überprüft werden.

Zunächst ist festzuhalten, dass sich der Gerichtshof erneut nicht ausdrücklich zu diesen Fragen positionierte. Er akzeptierte zwar, dass aus Handelsschiedsverfahren resultierende Schiedssprüche „*nur in beschränktem Umfang*“[1255] gerichtlich überprüfbar sind, hatte mit Beschränkungen der Überprüfung aber wohl den anzulegenden Prüfungsmaßstab im Blick (nur das grundlegende Unionsrecht). Diesbezüglich bezog der Gerichtshof wie gerade gesehen nämlich recht deutlich Stellung, indem er jedenfalls für die Handelsschiedsgerichtsbarkeit anerkannte, dass daraus hervorgehende Schiedssprüche im gerichtlichen Verfahren nicht auf Vereinbarkeit mit dem gesamten Unionsrecht überprüft werden müssen, anders solche aus Investitionsschiedsverfahren.[1256]

Wegen des Fehlens von Ausführungen zum Prüfungsumfang erlaubt auch das *Achmea*-Urteil keine eindeutigen Schlüsse im Hinblick auf die Zulässigkeit dahingehender Prüfungsbeschränkungen:

Einerseits könnte man aus dem Schweigen im Hinblick auf den Prüfungsumfang schließen, dass nach Auffassung des Gerichtshofs naturgemäß jede gerichtliche Kontrolle, auch die Schiedsspruchüberprüfung am Maßstab des (grundlegenden) Unionsrechts, zunächst einmal uneingeschränkt ist. Und weil der Gerichtshof nichts Abweichendes festlegte, keine Zurücknahme der Prüfung etwa auf die vertretbare Anwendung des Unionsrechts

1254 Zur Einordnung der beiden Fragenkreise oben vor A.

1255 EuGH, Urt. v. 6.3.2018 – C-284/16 (Achmea), NJW 2018, 1663 (1666) (Rn. 54).

1256 EuGH, Urt. v. 6.3.2018 – C-284/16 (Achmea), NJW 2018, 1663 (Rn. 54–56).

definierte, bliebe es dabei, dass der Schiedsspruch schlicht vollständig und eigenständig rechtlich überprüfbar ist, gegebenenfalls auch mithilfe neuer Tatsachenfeststellungen. Mit einem solchen Gedankengang argumentierte bereits der Bundesgerichtshof in einer frühen Entscheidung zur materiellen Schiedsspruchkontrolle am Maßstab des deutschen *ordre public*, als er von der vollständig eigenständigen Überprüfung als „Normalfall" ausging.[1257]

Auch wenn man der im *Achmea*-Urteil anklingenden Tendenz folgte, dass die unionsrechtliche Schiedsspruchüberprüfung dem Grunde nach nicht (mehr) abdingbar ist,[1258] erschiene es wenig wahrscheinlich, dass der Gerichtshof andererseits qualitative Beschränkungen der Schiedsspruchüberprüfung wie diejenige auf schwerwiegende oder leicht erkennbare Unionsrechtsverstöße für zulässig hält. Gegen die Zulässigkeit qualitativer Prüfungsbeschränkungen dürfte schließlich sprechen, dass der Gerichtshof das Vorlageverfahren des Art. 267 AEUV in *Achmea* als *„Schlüsselelement"*[1259] des Unionsgerichtssystems bezeichnete. Dann dürfte die Vorlagemöglichkeit staatlicher Gerichte andererseits nicht beeinträchtigt werden durch Prüfungsbeschränkungen, die über den beschränkten Maßstab der Prüfung (in der Handelsschiedsgerichtsbarkeit: nur das grundlegende Unionsrecht) hinausgehen. Denn bereits zu der zuvor ergangenen Rechtsprechung des Gerichtshofs wurde angemerkt, die Identifizierung und Formulierung gemäß Art. 267 AEUV vorlagefähiger Fragen verlange eine mehr als nur oberflächliche unionsrechtliche Prüfung.[1260]

Andererseits könnte man aus dem Fehlen jeglicher Ausführungen zum Prüfungsumfang – trotz oder gerade wegen der ausdrücklichen Ablehnung solcher Beschränkungen zuvor in den Schlussanträgen zu *Eco Swiss*[1261] und *Genentech*[1262] – schließen, dass der Gerichtshof diesen Prüfungsumfang schlicht nicht unionsrechtlich vorgeben wollte. Anderenfalls hätte er Anforderungen insbesondere im Hinblick auf die ungeklärte Frage der Tatsa-

1257 BGH, Urt. v. 23.4.1959 – VII ZR 2/58, BGHZ 30, 89 = NJW 1959, 1438 (1439).

1258 Dazu oben aa) mit entsprechenden Nachweisen.

1259 EuGH, Urt. v. 6.3.2018 – C-284/16 (Achmea), NJW 2018, 1663 (1665); so auch jüngst OLG Frankfurt a. M., Beschl. v. 11.2.2021 – 26 SchH 2/20, juris (Rn. 41).

1260 So unter Kommentierung der der Rechtssache *Achmea* vorangegangenen EuGH-Rechtsprechung: *G. Blanke*, SIAR 2 (2007), 51 (64 f.); *S. Münch* FS Rüßmann, 865 (880 f.); *Remien* FS Kropholler, 869 (882); *Sachslehner*, Schiedsvereinbarungen, S. 143; *Tyrolt*, Sportschiedsgerichtsbarkeit, S. 143.

1261 EuGH, Schlussanträge des Generalanwalts v. 25.2.1999 – C-126/97 (Eco Swiss), Slg. 1999 I, 3057 = juris (Rn. 32–35).

1262 EuGH, Schlussanträge des Generalanwalts v. 17.3.2016 – C-567/14 (Genentech), BeckRS 2016, 81026 (Rn. 58–71).

chenfeststellungsbefugnis des staatlichen Gerichts im Rahmen der unionsrechtlichen Schiedsspruchkontrolle aufstellen können. Wegen des beredten Schweigens müsste es folglich beim Grundsatz der Verfahrensautonomie der Mitgliedstaaten[1263] bleiben.[1264]

Unter dieser Prämisse obläge es weiterhin den Mitgliedstaaten, zu regeln, inwiefern wegen der *„Erfordernisse der Wirksamkeit des Schiedsverfahrens“*[1265] etwa eine Bindung an die schiedsgerichtlichen Tatsachenfeststellungen besteht oder ob die Prüfung in rechtlicher Hinsicht beispielsweise auf eine Vertretbarkeitskontrolle reduziert ist. Denn auch nach den Ausführungen in der Rechtssache *Achmea* kann eine *„gerichtliche Überprüfung* [...] *nur vorgenommen werden* [...], *soweit das nationale Recht sie gestattet.“*[1266] Und wenn der Gerichtshof die Anforderungen an den Prüfungsumfang entsprechend nicht definieren wollte oder schlicht nicht im Blick hatte, sind Beschränkungen wie die Annahme einer (gewissen) Bindung an die schiedsgerichtlichen Feststellungen (weiterhin) unionsrechtlich zulässig.

Angesichts dieser Auslegungsmöglichkeiten gibt also auch das *Achmea*-Urteil nicht eindeutig vor, ob Beschränkungen des Prüfungsumfangs – durch Annahme einer Bindung an die Tatsachenfeststellungen des Schiedsgerichts oder durch die Reduktion der Überprüfung auf beispielsweise unvertretbare oder schwerwiegende Rechtsverletzungen – unionsrechtlich zulässig sind. Ob eine Bindung an die Tatsachenfeststellungen des Schiedsgerichts unionsrechtlich zulässig ist, hängt hierbei auch davon ab, welchen Zweck das Unionsrecht mit der inhaltlichen Schiedsspruchüberprüfung, flankiert durch eine Vorlagemöglichkeit gemäß Art. 267 AEUV, verfolgt. Wäre vorrangiger Zweck die einheitliche Auslegung und Anwendung des Unionsrechts, wäre eine Bindung an die Tatsachenfeststellungen des Schiedsgerichts möglicherweise zulässig. Denn auch auf der Grundlage unwahrer Sachverhalte kann die Einheitlichkeit der Auslegung und Anwendung sichergestellt werden. Stellt man hingegen vorrangig auf den Zweck ab, das Unionsrecht (irgendwie) durchzusetzen (einheitlich oder nicht), spricht dies gegen eine Tatsachenbindung. Die Aufdeckung möglichst aller Verstöße gegen Unionsrecht ist nämlich am effektivsten, wenn unzureichende tatsächliche Feststellungen erforderlichenfalls korrigiert und ergänzt werden können.

1263 Dazu oben I.

1264 Mit dieser Argumentation bereits zur *Nordsee*-Entscheidung *Weitbrecht/Fabis*, EWS 1997, 1 (4 f.).

1265 EuGH, Urt. v. 6.3.2018 – C-284/16 (Achmea), NJW 2018, 1663 (1666) (Rn. 54).

1266 EuGH, Urt. v. 6.3.2018 – C-284/16 (Achmea), NJW 2018, 1663 (1666) (Rn. 53).

II. Zur wechselhaften Rechtsprechung deutscher Gerichte

Womöglich inspiriert von einer liberalen Lesart der unklaren Rechtsprechung des Gerichtshofs, lassen einige deutsche Gerichtsentscheidungen[1267] Zweifel erkennen, ob die hergebrachte Rechtsprechung des Bundesgerichtshofs zur vollständigen tatsächlichen und rechtlichen Überprüfung von Schiedssprüchen auf Verstöße gegen zum *ordre public* gehörendes Recht[1268] über jeden Zweifel erhaben ist. Einen vorläufigen Schluss- und Höhepunkt setzten insoweit die bereits erwähnten Entscheidungen des Oberlandesgerichts Frankfurt am Main aus den Jahren 2021 und 2022.[1269] Darin sprach sich das Gericht selbst im Anwendungsbereich von Rechtsnormen des *ordre public* ausdrücklich gegen eine *„umfassend*[e] *Kontrolle*"[1270] des Schiedsspruchs in tatsächlicher und rechtlicher Hinsicht aus, befürwortete stattdessen eine *„stark eingeschränkte*"[1271] Kontrolle und lehnte sowohl eine *„Überprüfung der Richtigkeit der Rechtsanwendung*"[1272] als auch eine summarische Prüfung

1267 Hanseatisches OLG Hamburg, Urt. v. 12.3.1998 – 6 U 110/97, juris; Thüringer OLG, Beschl. v. 8.8.2007 – 4 Sch 3/06, SchiedsVZ 2008, 44; OLG München, Beschl. v. 30.7.2012 – 34 Sch 18/10, SchiedsVZ 2012, 339; OLG Frankfurt a. M., Beschl. v. 24.7.2014 – 26 Sch 28/13, 26 Sch 29/13, juris; OLG Frankfurt a. M., Beschl. v. 14.3.2019 – 26 Sch 10/18, juris; OLG Frankfurt a. M., Beschl. v. 22.4.2021 – 26 Sch 12/20, BeckRS 2021, 41901 (Rn. 74–102); OLG Frankfurt a. M., Beschl. v. 3.3.2022 – 26 Sch 2/21, BeckRS 2022, 3492 (Rn. 80–90).

1268 BGH, Urt. v. 12.5.1958 – VII ZR 436/56, BGHZ 27, 249 = NJW 1958, 1538 (1539); BGH, Urt. v. 23.4.1959 – VII ZR 2/58, BGHZ 30, 89 = NJW 1959, 1438 (1439 f.); BGH, Urt. v. 20.5.1966 – KZR 10/64, GRUR 1966, 576 (580); BGH, Urt. v. 25.10.1966 – KZR 7/65, BGHZ 46, 365 = NJW 1967, 1178 (1179); BGH, Urt. v. 31.5.1972 – KZR 43/71, NJW 1972, 2180 (2181); BGH, Urt. v. 26.10.1972 – VII ZR 232/71, NJW 1973, 98 (99 f.); BGH, Beschl. v. 29.9.1983 – III ZR 213/82, juris (Rn. 21).

1269 OLG Frankfurt a. M., Beschl. v. 22.4.2021 – 26 Sch 12/20, BeckRS 2021, 41901; OLG Frankfurt a. M., Beschl. v. 3.3.2022 – 26 Sch 2/21, BeckRS 2022, 3492. Die ältere der beiden Entscheidungen wurde mit der Rechtsbeschwerde angefochten. Die BGH-Entscheidung KZB 75/21 lag zum Zeitpunkt der Überarbeitung der Arbeit zur Drucklegung nicht vor.

1270 OLG Frankfurt a. M., Beschl. v. 22.4.2021 – 26 Sch 12/20, BeckRS 2021, 41901 (Rn. 77).

1271 OLG Frankfurt a. M., Beschl. v. 22.4.2021 – 26 Sch 12/20, BeckRS 2021, 41901 (Rn. 80); OLG Frankfurt a. M., Beschl. v. 3.3.2022 – 26 Sch 2/21, BeckRS 2022, 3492 (Rn. 81).

1272 OLG Frankfurt a. M., Beschl. v. 22.4.2021 – 26 Sch 12/20, BeckRS 2021, 41901 (Rn. 77).

oder eine Plausibilitätskontrolle[1273] als auch die Befugnis des Gerichts zu neuen Tatsachenfeststellungen ab.[1274]

1. Entscheidungen zur fehlenden Bindung des Gerichts an den Schiedsspruch in tatsächlicher und rechtlicher Hinsicht

Bereits vor einigen Jahrzehnten urteilte der Bundesgerichtshof, dass das staatliche Gericht im Rahmen der Ordre-public-Kontrolle (damals nach § 1041 Abs. 1 Nr. 2 ZPO a. F.) nicht an die Tatsachenfeststellungen des Schiedsgerichts gebunden sei.[1275] Soweit ersichtlich, bestätigte er dies zuletzt ausdrücklich im Jahr 1983.[1276] Seither verneinte der Bundesgerichtshof die Tatsachenbindung implizit, indem er etwa unter Zurückweisung der Sache darauf hinwies, das Oberlandesgericht müsse zur Prüfung des Ordre-public-Verstoßes weitere Tatsachen feststellen.[1277] Gestützt auf diese gefestigte Rechtsprechung lehnten mitunter auch Oberlandesgerichte eine Bindung an die Tatsachenfeststellungen des Schiedsgerichts ab.[1278]

Ebenso entspricht es höchstrichterlicher[1279] und obergerichtlicher[1280] Rechtsprechung, dass das Gericht nicht in rechtlicher Hinsicht an den Schiedsspruch gebunden ist. Danach überprüft das Gericht den Schieds-

1273 OLG Frankfurt a. M., Beschl. v. 22.4.2021 – 26 Sch 12/20, BeckRS 2021, 41901 (Rn. 78); OLG Frankfurt a. M., Beschl. v. 3.3.2022 – 26 Sch 2/21, BeckRS 2022, 3492 (Rn. 81).

1274 OLG Frankfurt a. M., Beschl. v. 22.4.2021 – 26 Sch 12/20, BeckRS 2021, 41901 (Rn. 80); OLG Frankfurt a. M., Beschl. v. 3.3.2022 – 26 Sch 2/21, BeckRS 2022, 3492 (Rn. 81–83).

1275 BGH, Urt. v. 23.4.1959 – VII ZR 2/58, BGHZ 30, 89 = NJW 1959, 1438 (1439 f.); BGH, Urt. v. 20.5.1966 – KZR 10/64, GRUR 1966, 576 (580); BGH, Urt. v. 25.10.1966 – KZR 7/65, BGHZ 46, 365 = NJW 1967, 1178 (1179); BGH, Urt. v. 31.5.1972 – KZR 43/71, NJW 1972, 2180 (2181); BGH, Urt. v. 26.10.1972 – VII ZR 232/71, NJW 1973, 98 (99 f.).

1276 BGH, Beschl. v. 29.9.1983 – III ZR 213/82, juris (Rn. 21).

1277 BGH, Urt. v. 25.10.1983 – KZR 27/82, BGHZ 88, 314 = NJW 1984, 1355 (1356); BGH, Beschl. v. 2.11.2000 – III ZB 55/99, NJW 2001, 373 (374); BGH, Beschl. v. 29.1.2009 – III ZB 88/07, BGHZ 179, 304 = NJW 2009, 1747 (1749 f.).

1278 OLG Düsseldorf, Beschl. v. 21.7.2004 – VI-Sch (Kart) 1/02, Sch (Kart) 1/02, juris; OLG Dresden, Beschl. v. 20.4.2005 – 11 Sch 01/05, SchiedsVZ 2005, 210 (212).

1279 BGH, Urt. v. 12.5.1958 – VII ZR 436/56, BGHZ 27, 249 = NJW 1958, 1538; BGH, Urt. v. 23.4.1959 – VII ZR 2/58, BGHZ 30, 89 = NJW 1959, 1438 (1439 f.); BGH, Urt. v. 20.5.1966 – KZR 10/64, GRUR 1966, 576 (580); BGH, Urt. v. 25.10.1966 – KZR 7/65, BGHZ 46, 365 = NJW 1967, 1178 (1179); BGH, Urt. v. 31.5.1972 – KZR 43/71, NJW 1972, 2180 (2181); BGH, Urt. v. 26.10.1972 – VII ZR 232/71, NJW 1973, 98 (99 f.); BGH, Beschl. v. 29.9.1983 – III ZR 213/82, juris (Rn. 21).

1280 OLG Düsseldorf, Beschl. v. 21.7.2004 – VI-Sch (Kart) 1/02, Sch (Kart) 1/02, juris (Rn. 25); OLG Dresden, Beschl. v. 20.4.2005 – 11 Sch 01/05, SchiedsVZ 2005, 210 (211–

spruch vollständig auf Vereinbarkeit mit zum *ordre public* gehörendem Recht, nicht etwa bloß auf Plausibilität, Vertretbarkeit oder das Fehlen scherwiegender oder offenkundiger Rechtsverstöße, wenn es untersucht, ob das Ergebnis von dessen Anerkennung oder Vollstreckung mit dem *ordre public* vereinbar ist.

Diese wegweisenden Entscheidungen des Bundesgerichtshofs ergingen zu inländischen Schiedssprüchen.[1281] Wegen des nur geringfügigen Unterschieds zwischen dem *ordre public interne* und dem *ordre public international*[1282] dürfte für die Ordre-public-Prüfung im Rahmen der Vollstreckbarerklärung ausländischer Schiedssprüche allerdings nichts anderes gelten.[1283] Allerdings stellten Gerichte den gerichtlichen Prüfungsumfang und die Frage der Bindung an den Schiedsspruch häufig nicht ausdrücklich fest, sondern würdigten schlicht – kommentarlos – den dem Schiedsverfahren zugrundeliegenden Sachverhalt eigenständig am Maßstab etwa des Art. 101 AEUV bzw. § 1 GWB.[1284]

2. Liberalisierungstendenzen einiger Oberlandesgerichte (und des Bundesgerichtshofs?)

In den Jahren nach dem wegweisenden Urteil *Eco Swiss*[1285] gab es einige deutsche Gerichtsentscheidungen, die von der zitierten höchstrichterlichen Rechtsprechung zur vollständigen tatsächlichen und rechtlichen Überprüfung des Schiedsspruchs auf Verstöße gegen zum *ordre public* gehörendes Recht abwichen, diese jedenfalls infrage stellten.[1286] Unterstützung fand

---

213); OLG Frankfurt a. M., Beschl. v. 17.5.2005 – 2 Sch 2/03, SchiedsVZ 2005, 311 (312); OLG Celle, Beschl. v. 14.10.2016 – 13 Sch 1/15 (Kart)/7 Sch 3/15, BeckRS 2016, 124988; *Valdini*, GWR 2017, 362.

1281 *Tyrolt*, Sportschiedsgerichtsbarkeit, S. 127–129.

1282 Dazu oben Kap. 2 A.III.1.

1283 Mit abweichender Argumentation ebenso *Tyrolt*, Sportschiedsgerichtsbarkeit, S. 127–129; ferner *Gottwald* FS Nagel, 54 (66 f.).

1284 So etwa OLG Düsseldorf, Beschl. v. 21.7.2004 – VI-Sch (Kart) 1/02, Sch (Kart) 1/02, juris; OLG Dresden, Beschl. v. 20.4.2005 – 11 Sch 01/05, SchiedsVZ 2005, 210 (211–213).

1285 EuGH, Urt. v. 1.6.1999 – C-126/97 (Eco Swiss), Slg. I 1999, 3055 = GRUR Int 1999, 737.

1286 Hanseatisches OLG Hamburg, Urt. v. 12.3.1998 – 6 U 110/97, juris; Thüringer OLG, Beschl. v. 8.8.2007 – 4 Sch 3/06, SchiedsVZ 2008, 44; OLG Frankfurt a. M., Beschl. v. 24.7.2014 – 26 Sch 28/13, 26 Sch 29/13, juris; OLG Celle, Beschl. v. 14.10.2016 – 13 Sch 1/15 (Kart)/7 Sch 3/15, BeckRS 2016, 124988; OLG Frankfurt a. M., Beschl. v. 14.3.2019 – 26 Sch 10/18, juris.

diese Rechtsprechung in den besprochenen Urteilen des Gerichtshofs der Europäischen Union, der sich mit Bedacht auf die erforderliche Effizienz der Schiedsgerichtsbarkeit für eine beschränkte bzw. mehr oder weniger weitgehende Schiedsspruchüberprüfung offen gezeigt hatte.[1287] Wie bereits erörtert wurde,[1288] steht damit aber nicht ohne Weiteres fest, dass der Gerichtshof Beschränkungen des Prüfungsumfangs, wie sie im deutschen Schrifttum diskutiert werden und in obergerichtlichen Entscheidungen anklingen,[1289] für unionsrechtlich zulässig erklärte. Vor diesem Hintergrund ist ein genauerer Blick auf die genannten Liberalisierungstendenzen zu werfen.

a) Abweichende Gerichtsentscheidungen

Unbeeindruckt von der bis dahin unangefochtenen Rechtsprechung des Bundesgerichtshofs warf etwa das Hanseatische Oberlandesgericht Hamburg kurz nach Inkrafttreten des reformierten Schiedsverfahrensrechts 1998 ausdrücklich die Frage auf, ob an der Rechtsprechung zur fehlenden Bindung in tatsächlicher Hinsicht festzuhalten sei, ließ den dazu geführten Streit aber dahinstehen.[1290] Das Thüringer Oberlandesgericht zweifelte, ob es den ihm vorgelegten Schiedsspruch im Rahmen des Ordre-public-Einwands vollständig auf die Beachtung der einschlägigen kartellrechtlichen Vorschriften überprüfen müsse, obwohl ein Verstoß gegen Kernbestandteile des europäischen und deutschen Kartellrechts im Raum stand (Art. 81 EGV a. F., § 1 GWB).[1291] Das Gericht urteilte, wegen des Verbots der *révision au fond* sei die Überprüfung der dahingehenden kartellrechtlichen Erwägungen des Schiedsgerichts nicht möglich, und beließ es bei einer Plausibilitätsprüfung. Einen abstrakten Rechtssatz dahingehend, dass das Gericht die kartellrechtliche Würdigung lediglich auf Plausibilität überprüfen dürfe, vermied der Senat aber. Das Oberlandesgericht Celle schloss sich in einer jüngeren Entscheidung ausdrücklich der Auffassung des Bundesgerichtshofs an und überprüfte den

1287 EuGH, Urt. v. 23.3.1982 – C-102/81 (Nordsee), Slg. 1982, 1096 = BeckRS 2004, 70632 (Rn. 14); EuGH, Urt. v. 1.6.1999 – C-126/97 (Eco Swiss), Slg. I 1999, 3055 = GRUR Int 1999, 737 (739); EuGH, Urt. v. 26.10.2006 – C-168/05 (Mostaza Claro), IPRax 2008, 515 (517).

1288 Dazu oben I.1.b)bb) sowie I.2.b).

1289 Dazu oben A.I.3. sowie A.III.4.

1290 Hanseatisches OLG Hamburg, Urt. v. 12.3.1998 – 6 U 110/97, juris (Rn. 93–101).

1291 Thüringer OLG, Beschl. v. 8.8.2007 – 4 Sch 3/06, SchiedsVZ 2008, 44 (45 f.); dazu *Kröll*, NJW 2009, 1183 (1189).

dem Schiedsspruch zugrundeliegenden Sachverhalt umfassend und eigenständig auf Verletzungen des einschlägigen Kartellrechts.[1292] Das Gericht nahm die aufgekommenen Liberalisierungstendenzen aber jedenfalls zum Anlass, den Streit über den anzulegenden Prüfungsumfang ausführlich darzustellen, und wies auch darauf hin, dass eine *„zu Unrecht erfolgte Annahme eines Kartellrechtsverstoßes"*[1293] nicht geeignet sei, einen Widerspruch zum *ordre public* zu begründen (eine Differenzierung nach der „Art des kartellrechtlichen Fehlers", die bereits erörtert wurde[1294]).

Inmitten der obergerichtlichen Zweifel an der ständigen höchstrichterlichen Rechtsprechung,[1295] im Jahr 2008, formulierte der Bundesgerichtshof nach längerer Zeit noch einmal Anforderungen an die Annahme eines Widerspruchs zum *ordre public* gemäß § 1059 Abs. 2 Nr. 2 lit. b) ZPO (an den Prüfungsmaßstab): Auch nach dem durch das SchiedsVfG 1998 reformierten Recht zählten nicht sämtliche zwingenden Vorschriften des deutschen Rechts zum *ordre public*, sodass nicht jede Verletzung zwingenden Rechts einen Ordre-public-Verstoß begründe.[1296] Auch das Offensichtlichkeitskriterium gelte trotz Streichung fort.

Nach dieser Entscheidung ist zwar nach dem reformierten Schiedsverfahrensrecht der Prüfungsmaßstab derselbe. Das schließt jedoch eine Neubewertung des Prüfungsumfangs, der prozessualen Bindung an die schiedsgerichtlichen Feststellungen, nicht *per se* aus. Dennoch vollzog der Bundesgerichtshof in der Folgezeit keine ausdrückliche Abkehr von seiner Rechtsprechung, wonach eine Bindung an die tatsächlichen und rechtlichen Feststellungen des Schiedsgerichts nicht besteht, wenn das Ergebnis der Anerkennung oder Vollstreckung des Schiedsspruchs auf Vereinbarkeit mit dem *ordre public* überprüft wird.[1297]

1292 OLG Celle, Beschl. v. 14.10.2016 – 13 Sch 1/15 (Kart)/7 Sch 3/15, BeckRS 2016, 124988 (Rn. 44 f.).

1293 OLG Celle, Beschl. v. 14.10.2016 – 13 Sch 1/15 (Kart)/7 Sch 3/15, BeckRS 2016, 124988 (Rn. 86).

1294 Dazu oben Kap. 2 C.I.3.c).

1295 Zu dem von ihm identifizierten *„Umdenken"* der deutschen Instanzgerichte bereits *Pocsay*, Privates Kartellrecht in Schiedsverfahren, S. 244–252.

1296 BGH, Beschl. v. 30.10.2008 – III ZB 17/08, NJW 2009, 1215 (1216).

1297 BGH, Urt. v. 12.5.1958 – VII ZR 436/56, BGHZ 27, 249 = NJW 1958, 1538 (1539); BGH, Urt. v. 23.4.1959 – VII ZR 2/58, BGHZ 30, 89 = NJW 1959, 1438 (1439 f.); BGH, Urt. v. 20.5.1966 – KZR 10/64, GRUR 1966, 576 (580); BGH, Urt. v. 25.10.1966 – KZR 7/65, BGHZ 46, 365 = NJW 1967, 1178 (1179); BGH, Urt. v. 31.5.1972 – KZR 43/71, NJW 1972, 2180 (2181); BGH, Urt. v. 26.10.1972 – VII ZR 232/71, NJW 1973, 98 (99 f.); BGH, Beschl. v. 29.9.1983 – III ZR 213/82, juris (Rn. 21).

b) „Abkehrtendenzen" auch seitens des Bundesgerichtshofs?

Tendenzen der Abkehr von der eigenen langjährigen Rechtsprechung klangen aber an, so in einer Entscheidung aus dem Jahr 2014.[1298] Darin bestätigte der Bundesgerichtshof erneut, dass das Offensichtlichkeitskriterium fortgelte und die Schiedsspruchaufhebung auch nach dem reformierten Recht nur *„in extremen Ausnahmefällen"*[1299] erfolge.[1300] Die Rechtsbeschwerde hatte sich gegen diese enge Auslegung des Ordre-public-Vorbehalts gerichtet und sich dabei auf die ständige Rechtsprechung des Bundesgerichtshofs zur vollständigen tatsächlichen und rechtlichen Schiedsspruchüberprüfung auf Verstöße gegen den *ordre public*[1301] gestützt. Der Senat wies diese Einwände zurück und machte dabei subtile, aber je nach Lesart weitreichende Anmerkungen zu seiner langjährigen Rechtsprechung: Es handele sich um *„ältere"*[1302] Entscheidungen, die zur damaligen Fassung des Aufhebungstatbestands (§ 1041 Abs. 1 Nr. 2 ZPO a. F.) ergangen seien, als dieser das Offensichtlichkeitskriterium noch nicht enthalten habe. Daher sei dort die Frage der offensichtlichen Unvereinbarkeit mit dem *ordre public* nicht problematisiert worden; vielmehr heiße es in einer der älteren Entscheidungen, es sei unerheblich, ob die der Entscheidung des Schiedsgerichts zugrundeliegende Rechtsauffassung vertretbar erscheine.[1303]

Man könnte geneigt sein, diesem distanzierenden Blick auf die eigene Rechtsprechungshistorie Folgendes zu entnehmen: *Nunmehr*, nach dem *reformierten* Recht, ist ein vertretbares Rechtsanwendungsergebnis *sehr wohl* erheblich, denn der *jetzt geltende* Aufhebungstatbestand enthält das Offensichtlichkeitskriterium, wenn auch ungeschrieben. Träfe diese Lesart zu, bedeutete dies, dass die gerichtliche Überprüfung darauf beschränkt wäre, ob sich das Schiedsspruchergebnis mit vertretbaren rechtlichen Erwägungen betreffend das zum *ordre public* gehörende Recht begründen lässt (ungeachtet

---

1298 BGH, Beschl. v. 28.1.2014 – III ZB 40/13, NJW 2014, 1597.

1299 BGH, Beschl. v. 28.1.2014 – III ZB 40/13, NJW 2014, 1597.

1300 So zuvor bereits EuGH, Urt. v. 1.6.1999 – C-126/97 (Eco Swiss), Slg. I 1999, 3055 = GRUR Int 1999, 737 (739).

1301 Konkret verwies der Senat auf BGH, Urt. v. 12.5.1958 – VII ZR 436/56, BGHZ 27, 249 = NJW 1958, 1538; BGH, Urt. v. 23.4.1959 – VII ZR 2/58, BGHZ 30, 89 = NJW 1959, 1438; BGH, Urt. v. 25.10.1966 – KZR 7/65, BGHZ 46, 365 = NJW 1967, 1178; BGH, Urt. v. 25.10.1983 – KZR 27/82, BGHZ 88, 314 = NJW 1984, 1355.

1302 BGH, Beschl. v. 28.1.2014 – III ZB 40/13, NJW 2014, 1597.

1303 Der Senat zitiert BGH, Urt. v. 25.10.1966 – KZR 7/65, BGHZ 46, 365 = NJW 1967, 1178 (1179).

der Frage, ob und wie das Gericht den Schiedsspruch begründet hat[1304]). Das Gericht wäre also an das Ergebnis der Auslegung und Anwendung des zum *ordre public* gehörenden Rechts gebunden, es sei denn, es ist nicht vertretbar.

Das wäre in der Tat eine Kehrtwende. Allerdings stellte der Bundesgerichtshof an der zitierten Stelle mit keinem Wort ausdrücklich die fehlende Bindung an den Schiedsspruch infrage, die in den früheren Entscheidungen etabliert worden war. Die Entscheidung des Bundesgerichtshofs aus dem Jahr 2014 wurde daher unterschiedlich interpretiert: Mitunter wurde der Beschluss als Anzeichen dafür gewertet, dass zukünftig eine eher zurückhaltende Überprüfung von Schiedssprüchen auf der Grundlage des *ordre public* (auch des kartellrechtlichen *ordre public*) erfolgen werde.[1305] Das Oberlandesgericht Frankfurt am Main merkte sogar an, aus der Entscheidung folge, dass die Rechtsprechung zur materiellen Ordre-public-Kontrolle ohne prozessuale Bindung an die schiedsgerichtlichen Feststellungen[1306] überholt sei.[1307] Nach heutigem Recht setze die Schiedsspruchaufhebung eine offensichtliche Unvereinbarkeit mit dem *ordre public* im Ergebnis voraus. Aus dem Offensichtlichkeitskriterium ergebe sich, dass wegen des Verbots der *révision au fond* die inhaltliche Entscheidung des Schiedsgerichts zu den kartellrechtlichen Erwägungen als solche keiner Überprüfung unterliege:

> *„Zunächst können die Antragsgegnerinnen nicht damit gehört werden, der Schiedsspruch sei mit zwingenden Normen des deutschen Kartellrechts unvereinbar. Die inhaltliche Entscheidung des Schiedsgerichts zu den von den Antragsgegnerinnen im Schiedsverfahren vorgebrachten kartellrechtlichen Erwägungen unterliegt als solche wegen des Verbots der révision au fond nicht der Überprüfung durch das staatliche Gericht.“*[1308]

Aus den Entscheidungen des Bundesgerichtshofs zur vollständigen Überprüfung kartellrechtlich gelagerter Schiedssprüche folge nichts anderes. Diese

---

1304 Dazu oben A.III.1.

1305 *F. Schwarz/Harler/Schwedler* in Kamann/Ohlhoff/Völcker (Hrsg.), Kartellprozess, § 38 Rn. 29.

1306 BGH, Urt. v. 12.5.1958 – VII ZR 436/56, BGHZ 27, 249 = NJW 1958, 1538 (1539); BGH, Urt. v. 23.4.1959 – VII ZR 2/58, BGHZ 30, 89 = NJW 1959, 1438 (1439 f.); BGH, Urt. v. 20.5.1966 – KZR 10/64, GRUR 1966, 576 (580); BGH, Urt. v. 25.10.1966 – KZR 7/65, BGHZ 46, 365 = NJW 1967, 1178 (1179); BGH, Urt. v. 31.5.1972 – KZR 43/71, NJW 1972, 2180 (2181); BGH, Urt. v. 26.10.1972 – VII ZR 232/71, NJW 1973, 98 (99 f.); BGH, Beschl. v. 29.9.1983 – III ZR 213/82, juris (Rn. 21).

1307 OLG Frankfurt a. M., Beschl. v. 24.7.2014 – 26 Sch 28/13, 26 Sch 29/13, juris (Rn. 113).

1308 OLG Frankfurt a. M., Beschl. v. 24.7.2014 – 26 Sch 28/13, 26 Sch 29/13, juris (Rn. 110).

seien lange Zeit vor der Neufassung des Aufhebungstatbestands ergangen. Der Bundesgerichtshof selbst habe seine ältere Rechtsprechung (in dem zitierten Beschluss aus dem Jahr 2014[1309]) als überholt angesehen:

> „*[111]Eine andere Beurteilung ergibt sich auch nicht aus den* [...] *zitierten Entscheidungen des Bundesgerichtshofs (BGHZ 30, 89 ff. bzw. BGHZ 46, 365 ff.). [112]Es handelt sich hierbei um ältere Entscheidungen* [...], *die lange vor der Neufassung durch das Gesetz zur Neuregelung des Internationalen Privatrechts vom 25.07.1986 bzw. vor der Neufassung des 10. Buches der ZPO* [...] *ergangen sind. [113]Ausdrücklich hat der Bundesgerichtshof in einer* [...] *Entscheidung vom 28.01.2014 (Az.: III ZB 41/13) diese* [...] *Rechtsprechung* [...] *als überholt angesehen. Danach verstößt die Anerkennung oder Vollstreckung eines Schiedsspruchs nur dann gegen die öffentliche Ordnung (ordre public), wenn sie zu einem Ergebnis führt, das mit wesentlichen Grundsätzen des deutschen Rechts ‚offensichtlich' unvereinbar ist.*"[1310]

Weil ihm aus diesen Gründen nicht die Aufgabe einer Berufungs- oder Revisionsinstanz zukomme,[1311] vollzog der Senat keine Prüfung des zugrundeliegenden Sachverhalts am Maßstab der kartellrechtlichen Vorschriften, sondern entschied (ohne eigene Normauslegung und Subsumtion), dass die Würdigung des Schiedsgerichts nicht offensichtlich gegen elementare Gerechtigkeitsvorstellungen des deutschen Rechts verstoße:

> „*[113]*[...]*Ein derartiger offensichtlicher Verstoß lässt sich jedoch* [...] *nicht herleiten. [114]*[...] [Die] *Einwände der Antragsgegnerinnen* [...] *lassen außer Acht, dass im Aufhebungs- bzw. Vollstreckbarkeitsverfahren dem staatlichen Gericht nicht die Aufgabe einer Berufungs- oder Revisionsinstanz zukommt* [...]. [...]*[117]Dass* [die kartellrechtlichen] *Überlegungen* [des Schiedsgerichts] *‚offensichtlich' gegen elementare Gerechtigkeitsvorstellungen des deutschen Rechts verstoßen könnten, lässt sich nicht feststellen.*"[1312]

1309 BGH, Beschl. v. 28.1.2014 – III ZB 40/13, NJW 2014, 1597.

1310 OLG Frankfurt a. M., Beschl. v. 24.7.2014 – 26 Sch 28/13, 26 Sch 29/13, juris (Rn. 111–113).

1311 OLG Frankfurt a. M., Beschl. v. 24.7.2014 – 26 Sch 28/13, 26 Sch 29/13, juris (Rn. 114).

1312 OLG Frankfurt a. M., Beschl. v. 24.7.2014 – 26 Sch 28/13, 26 Sch 29/13, juris (Rn. 113–117).

Diesen stark reduzierten Prüfungsumfang wendete das Oberlandesgericht schließlich auch auf den Einwand an, der der Verurteilung zugrundeliegende Vertrag sei wegen Sittenwidrigkeit nichtig (§ 138 BGB).[1313]

Die Note der Abkehr von der eigenen Rechtsprechung zur fehlenden Bindung an den Schiedsspruch in tatsächlicher und rechtlicher Hinsicht im Rahmen der Ordre-public-Prüfung wird man der Entscheidung des Bundesgerichtshofs aus dem Jahr 2014[1314] wohl nicht abstreiten können. Immerhin grenzt der Bundesgerichtshof den jetzigen Ordre-public-Vorbehalt von der alten Gesetzesfassung ab, zu der er seine ständige Rechtsprechung etablierte, und illustriert die gesetzlichen Änderungen anhand der Erheblichkeit des „Vertretbarkeitseinwands" als Hindernis der Aufhebung des Schiedsspruchs. Das deutet an, dass ein vertretbares Schiedsspruchergebnis nunmehr genügen könnte, um einen Ordre-public-Verstoß abzulehnen. Außerdem verweist der Bundesgerichtshof an zitierter Stelle darauf, dass die Aufhebung lediglich *„in extremen Ausnahmefällen"*[1315] in Betracht komme. Hieraus könnte man schließen, dass der den Widerspruch zum *ordre public* begründende Rechtsverstoß ohne Zweifel feststellbar[1316] oder leicht erkennbar[1317] sein muss. Das wiederum dürfte kaum einmal anzunehmen sein, wenn die Verletzung der kartellrechtlichen Vorschrift nur im Wege einer umfassenden tatsächlichen Aufklärung und tiefgehenden rechtlichen Würdigung feststellbar ist.

Jedoch sprechen auch gewichtige Gründe gegen eine Abkehr von der zitieren ständigen Rechtsprechung zur fehlenden Bindung an den Schiedsspruch.[1318] Zunächst einmal rückt der Bundesgerichtshof im gesamten Beschluss mit keinem Wort ausdrücklich von der fehlenden Bindung an die schiedsgerichtlichen Feststellungen ab, sondern scheint vielmehr darum bemüht, die Fortgeltung des Offensichtlichkeitskriteriums sowie den Umstand zu bestätigen, dass die Aufhebung nur ganz ausnahmsweise in Betracht komme. Eine grundlegende Kehrtwende der Rechtsprechung wäre ohnehin kaum

1313 OLG Frankfurt a. M., Beschl. v. 24.7.2014 – 26 Sch 28/13, 26 Sch 29/13, juris (Rn. 118–122).

1314 BGH, Beschl. v. 28.1.2014 – III ZB 40/13, NJW 2014, 1597.

1315 BGH, Beschl. v. 28.1.2014 – III ZB 40/13, NJW 2014, 1597.

1316 OLG München, Beschl. v. 25.9.2006 – 34 Sch 12/06, juris (Rn. 36); OLG Düsseldorf, Beschl. v. 14.8.2007 – I-4-Sch-02/06, SchiedsVZ 2008, 156 (159); *Pocsay*, Privates Kartellrecht in Schiedsverfahren, S. 276.

1317 *Pocsay*, Privates Kartellrecht in Schiedsverfahren, S. 251; ähnliches Verständnis der Offensichtlichkeit bei *Meinhardt/Ahrens*, SchiedsVZ 2006, 182 (188) (im Sinne von *ohne eingehende Prüfung feststellbar*).

1318 So etwa *Bien*, ZZP 132 (2019), 93 (120); *Bien* in Fuchs/Weitbrecht (Hrsg.), Private Kartellrechtsdurchsetzung, § 17 Rn. 198.

– wie im Fall aus dem Jahr 2014 geschehen[1319] – im Wege der Verwerfung einer Rechtsbeschwerde als unzulässig (§ 574 Abs. 2 ZPO) zu rechtfertigen. Hätte der Bundesgerichtshof seine ständige Rechtsprechung korrigieren wollen, hätte die Sache grundsätzliche Bedeutung im Sinne des § 574 Abs. 2 Nr. 1 ZPO gehabt, wenn man nicht auch das Erfordernis, das Recht fortzubilden oder eine Rechtszersplitterung zu verhindern, annehmen will. Ferner erläuterte der Bundesgerichtshof einleitend, das Oberlandesgericht sei nicht von einem falschen Maßstab ausgegangen.[1320] Dieser Obersatz leitet nicht Ausführungen zum Prüfungsumfang ein, sondern eine Konturierung der Aufhebungsvoraussetzungen des § 1059 Abs. 2 Nr. 2 lit. b) ZPO, des Prüfungsmaßstabs.[1321] Soweit ersichtlich, wurden die Ausführungen des Bundesgerichtshofs mit Ausnahme der genannten Entscheidung des Oberlandesgerichts Frankfurt am Main[1322] auch von anderen Gerichten nicht als Aufgabe der frühen Rechtsprechung zur vollständigen tatsächlichen und rechtlichen Überprüfung von Schiedssprüchen auf Verstöße gegen den *ordre public*[1323] verstanden.

3. Der *Achmea*-Vorlagebeschluss des Bundesgerichtshofs und dortige Aussagen zur materiellen Ordre-public-Kontrolle

Angesichts der wiederholt zur Diskussion gestellten, aber nicht aufgegebenen ständigen Rechtsprechung bestand weiterhin Klärungsbedarf, als der Bundesgerichtshof im *Achmea*-Verfahren erneut zu den Modalitäten der materiellen Ordre-public-Kontrolle gemäß § 1059 Abs. 2 Nr. 2 lit. b) ZPO Stellung bezog.

Im Vorlagebeschluss erörterte der Bundesgerichtshof, ob Art und Umfang der gerichtlichen Überprüfung von Schiedssprüchen auf Vereinbarkeit mit dem Unionsrecht im Verfahren nach § 1059 ZPO hinreichend sind, um die

---

1319 BGH, Beschl. v. 28.1.2014 – III ZB 40/13, NJW 2014, 1597.
1320 BGH, Beschl. v. 28.1.2014 – III ZB 40/13, NJW 2014, 1597.
1321 So auch *Bien*, in Fuchs/Weitbrecht (Hrsg.), Private Kartellrechtsdurchsetzung, § 17 Rn. 198.
1322 OLG Frankfurt a. M., Beschl. v. 24.7.2014 – 26 Sch 28/13, 26 Sch 29/13, juris.
1323 BGH, Urt. v. 12.5.1958 – VII ZR 436/56, BGHZ 27, 249 = NJW 1958, 1538 (1539); BGH, Urt. v. 23.4.1959 – VII ZR 2/58, BGHZ 30, 89 = NJW 1959, 1438 (1439 f.); BGH, Urt. v. 20.5.1966 – KZR 10/64, GRUR 1966, 576 (580); BGH, Urt. v. 25.10.1966 – KZR 7/65, BGHZ 46, 365 = NJW 1967, 1178 (1179); BGH, Urt. v. 31.5.1972 – KZR 43/71, NJW 1972, 2180 (2181); BGH, Urt. v. 26.10.1972 – VII ZR 232/71, NJW 1973, 98 (99 f.); BGH, Beschl. v. 29.9.1983 – III ZR 213/82, juris (Rn. 21).

mit dem Vorlageverfahren nach Art. 267 AEUV bezweckte einheitliche Auslegung und Anwendung des Unionsrechts[1324] zu gewährleisten.[1325] Zunächst merkte der Bundesgerichtshof an, dass nicht jede Verletzung einer unionsrechtlichen Vorschrift einen Verstoß gegen den *ordre public* darstelle:

> *„Zu den Aufhebungsgründen zählt nach § 1059 II Nr. 2 Buchst. b ZPO ein Verstoß gegen die öffentliche Ordnung (ordre public). In den ordre public ist neben dem jeweiligen nationalen Recht das Unionsrecht einzubeziehen* [...]. *Allerdings begründet nicht jede Verletzung einer unionsrechtlichen Vorschrift einen Verstoß gegen den ordre public* [...]. *Erforderlich ist vielmehr, dass es sich um eine grundlegende Bestimmung handelt, die für die Erfüllung der Aufgaben der Union und insbesondere für das Funktionieren des Binnenmarkts unerlässlich ist.*“[1326]

Dass nicht jede Verletzung einer unionsrechtlichen Vorschrift einen Widerspruch zum *ordre public* begründet, scheint trivial. Jedoch deutet die Stellung der Wendung *nicht jede* vor dem Wort *Verletzung* an, dass qualifizierende Anforderungen an die Art der Rechtsverletzung zu stellen seien – etwa derart, dass es sich um eine schwerwiegende oder leicht erkennbare Verletzung handeln müsse. Diese Lesart schlösse an Entscheidungen französischer Gerichte an, wonach der Verstoß gegen den *ordre public „flagrante, effective et concrète*“[1327] sein muss, und stünde im Einklang mit Stimmen aus der Literatur, die qualifizierende Anforderungen an den Normverstoß stellen.[1328] Die Wendung *nicht jede Verletzung* ist nämlich zu unterscheiden von der alternativen Formulierung, dass *nicht die Verletzung einer jeden Vorschrift* einen Widerspruch zum *ordre public* begründe. So gewendet würde lediglich der Prüfungsmaßstab qualifiziert – derart, dass nur eine Teilmenge aus der

---

1324 St. Rspr.: EuGH, Urt. v. 5.2.1963 – C-26/62 (van Gend & Loos), NJW 1963, 974 (976); EuGH, Urt. v. 16.1.1974 – C-166/73, Slg. 1974, 33 = juris (Rn. 2); EuGH, Urt. v. 24.10.2018 – C-234/17, EuZW 2019, 82 (85); Streinz, EUV/AEUV/*Ehricke*, Art. 267 Rn. 6; *Hess*, RabelsZ 66 (2002), 470 (472 f.); *Karpenstein*, Rn. 2; ErfKomm-ArbR/*Schlachter*, Art. 267 AEUV Rn. 1.

1325 BGH, Beschl. v. 3.3.2016 – I ZB 2/15, EuZW 2016, 512 (515–517).

1326 BGH, Beschl. v. 3.3.2016 – I ZB 2/15, EuZW 2016, 512 (516) (Rn. 56).

1327 Richtungweisend *Cour de Cassation (Première chambre civile)*, Urt. v. 4.6.2008 (SNF/Cytec), Bulletin des Arrêts des Chambres civiles 2008 N°6, Nr. 162; *Cour d'Appel de Paris*, Urt. v. 18.11.2004 (Thalès/Euromissile), Revue de l'arbitrage 2005, 751.

1328 *Hilbig*, Kartellverbot im Schiedsverfahren, S. 70 („*eklatant falsch*[e]“ bzw. „*grob*[e], *missbrauchsartig*[e]“ Normfehlanwendung); *Spiegel*, Kartellprivatrecht in der Handelsschiedsgerichtsbarkeit, S. 153 f. (Rechtsfehler müsse „*krass und unvertretbar sein*“); *Tyrolt*, Sportschiedsgerichtsbarkeit, S. 136.

Gesamtheit der unionsrechtlichen Vorschriften überhaupt in ordre-public-relevanter Weise verletzt werden kann.

Trotz der anderslautenden, insoweit missverständlichen Formulierung dürfte der Senat genau das gemeint haben, dass also allein Verstöße (selbst „einfache") gegen grundlegende Unionsvorschriften für den Ordre-public-Vorbehalt gemäß § 1059 Abs. 2 Nr. 2 lit. b) ZPO erheblich sind. Das folgt aus dem Zusatz, erforderlich sei, dass es sich bei der verletzten Norm um eine grundlegende Bestimmung des Unionsrechts handele,[1329] und gilt nach Auffassung des Bundesgerichtshofs auch für Schiedssprüche, die aus Investitionsschiedsverfahren resultieren (wie im *Achmea*-Verfahren). Nach dem Bundesgerichtshof muss das Ergebnis des aus einem Investitionsschiedsverfahren hervorgehenden Schiedsspruchs nämlich nicht auf Vereinbarkeit mit dem gesamtem Unionsrecht überprüft werden, sondern lediglich auf Konformität mit dessen grundlegenden Vorschriften, die Bestandteil des *ordre public* sind:

> „*Kommt ein Verstoß des Schiedsspruchs gegen eine solche* [grundlegende] *unionsrechtliche Vorschrift in Betracht, kann das nationale Gericht* [...] *den EuGH* [...] *um eine Vorabentscheidung ersuchen. Hat das SchiedsGer. dagegen Bestimmungen des Unionsrechts missachtet, die nicht zum ordre public zählen, ist die Letztentscheidungskompetenz des EuGH nicht gewährleistet.*"[1330]

Eine besondere Schwere oder leichte Erkennbarkeit muss die Verletzung der grundlegenden Vorschrift danach nicht aufweisen, um einen Widerspruch zum *ordre public* zu begründen. Spätestens seit dem nachfolgenden *Achmea*-Urteil gilt indes nur noch im Bereich der Handelsschiedsgerichtsbarkeit, dass es ausreicht, den Schiedsspruch auf Vereinbarkeit nur mit dem grundlegenden Unionsrecht zu überprüfen (nicht mit dem gesamten Unionsrecht).[1331] Insoweit weichen Vorlagebeschluss und Urteil des Gerichtshofs voneinander ab. Das betrifft aber nur den Prüfungsmaßstab.

1329 BGH, Beschl. v. 3.3.2016 – I ZB 2/15, EuZW 2016, 512 (516).

1330 BGH, Beschl. v. 3.3.2016 – I ZB 2/15, EuZW 2016, 512 (516) (Rn. 56).

1331 EuGH, Urt. v. 6.3.2018 – C-284/16 (Achmea), NJW 2018, 1663 (1666); dazu oben I.2.b)bb).

4. Beschränkung auf Vertretbarkeitsprüfung in der jüngeren Rechtsprechung des Bundesgerichtshofs?

Nur ein Jahr später urteilte der Bundesgerichtshof allerdings ein weiteres Mal (*en passant*) zum Prüfungsumfang. Der Beschluss aus dem Juli 2017[1332] erlaubt Rückschlüsse auf die Zulässigkeit einer auf eine Vertretbarkeitsprüfung beschränkten Schiedsspruchüberprüfung im Bereich des *ordre public*.

In dem zugrundeliegenden Schiedsverfahren ging es um die Qualifizierung einer Forderung der Schiedsklägerin gegen die insolvente Schuldnerin, deren Insolvenzverwalter sie als Schiedsbeklagten auf Zahlung verklagte, als Insolvenzforderung gemäß § 38 InsO oder als zu ihren Gunsten vorweg zu berichtigende Masseforderung gemäß § 55 InsO. Das Schiedsgericht qualifizierte die Forderung als Masseforderung und gab der Zahlungsklage der Schiedsklägerin statt. Der Insolvenzverwalter und Schiedsbeklagte focht den Schiedsspruch gemäß § 1059 ZPO an. Mit der Qualifikation der Forderung als Insolvenzforderung oder als vorweg zu berichtigende Masseforderung war der Grundsatz der gleichmäßigen Gläubigerbehandlung (*par conditio creditorum*) berührt, der als Grundpfeiler des deutschen Insolvenzrechts Bestandteil des *ordre public* ist.[1333] Dem vom Oberlandesgericht angelegten Vertretbarkeitsmaßstab im Hinblick auf die schiedsgerichtliche Qualifizierung der Forderung als Masseforderung stimmte der Bundesgerichtshof in der Rechtsbeschwerde ausdrücklich zu:

> „*[24]a) Das OLG hat angenommen, diese Beurteilung des Schiedsrichters beruhe auf einer mindestens vertretbaren Argumentation. Einer weiteren Prüfung dieses Ergebnisses stehe das Verbot der vollständigen Sachprüfung (révision au fond) von Schiedssprüchen entgegen, da sie eine Frage der zutreffenden Rechtsauslegung beträfe.* […] *[25]b) Die Beurteilung des Schiedsgerichts, die geltend gemachte Schadensersatzforderung sei eine Masseverbindlichkeit gem. § 55 I Nr. 1 InsO, war mindestens vertretbar.*“[1334]

Die Beschränkung auf eine bloße Vertretbarkeitsprüfung unter Hinweis auf das Verbot der *révision au fond* ist beachtlich. Denn sie weicht (unausgesprochen) von der ständigen höchstrichterlichen Rechtsprechung zur voll-

---

1332 BGH, Beschl. v. 27.7.2017 – I ZB 93/16, NZI 2018, 106 (108) (Rn. 23–25); Vorinstanz OLG Köln, Beschl. v. 23.9.2016 – 19 Sch 9/16, NZI 2017, 509 (511).

1333 BGH, Beschl. v. 29.1.2009 – III ZB 88/07, BGHZ 179, 304 = NJW 2009, 1747 (1748 f.); OLG Köln, Beschl. v. 23.9.2016 – 19 Sch 9/16, NZI 2017, 509 (511); *Ehricke*, ZIP 2006, 1847 (1850); *Nacimiento/Bähr*, NJOZ 2009, 4752 (4755 f.).

1334 BGH, Beschl. v. 27.7.2017 – I ZB 93/16, NZI 2018, 106 (108) (Rn. 24 f.).

ständigen Schiedsspruchüberprüfung auf Ordre-public-Verstöße in tatsächlicher und rechtlicher Hinsicht[1335] ab. Dennoch hat die Entscheidung in dieser Hinsicht offenbar wenig Beachtung gefunden. Das dürfte daran liegen, dass der Bundesgerichtshof die Abweichung *en passant* im Rahmen der Subsumtion formulierte, nicht als abstrakten Rechtssatz zum Prüfungsumfang. Im Übrigen handelte es sich erneut um einen Verwerfungsbeschluss gemäß § 574 Abs. 2 ZPO, von dem rechtsprechungsändernde Aussagen ohnehin nicht zu erwarten waren.

Im Jahr 2019 befand der Bundesgerichtshof erneut in einem Aufhebungsverfahren gegen einen inländischen Schiedsspruch gemäß § 1059 ZPO, es lasse keinen Rechtsfehler erkennen, dass das Oberlandesgericht bestimmte Rechtsausführungen des Schiedsgerichts für *„gut vertretbar"*[1336] gehalten habe. Allerdings betraf dies die Prüfung der Aktivlegitimation der Schiedsklägerin durch das Schiedsgericht, nicht unmittelbar zum *ordre public* zählende Bereiche des materiellen Rechts, sodass auch diese Entscheidung keine Neujustierung der ständigen Rechtsprechung mit sich brachte.

5. Diskussion zum Prüfungsumfang im Bereich des kartellrechtlichen *ordre public* wiedereröffnet

Wenngleich der Bundesgerichtshof seine hergebrachte Rechtsprechung zur vollständigen tatsächlichen und rechtlichen Schiedsspruchüberprüfung im Bereich des *ordre public* bislang nicht aufgegeben hat, hat er nach alldem doch anderslautende Tendenzen anklingen lassen. Das mag – neben den genannten Liberalisierungsansätzen einiger Oberlandesgerichte[1337] – ein Grund gewesen sein, warum das Oberlandesgericht Frankfurt am Main

1335 BGH, Urt. v. 12.5.1958 – VII ZR 436/56, BGHZ 27, 249 = NJW 1958, 1538 (1539); BGH, Urt. v. 23.4.1959 – VII ZR 2/58, BGHZ 30, 89 = NJW 1959, 1438 (1439 f.); BGH, Urt. v. 20.5.1966 – KZR 10/64, GRUR 1966, 576 (580); BGH, Urt. v. 25.10.1966 – KZR 7/65, BGHZ 46, 365 = NJW 1967, 1178 (1179); BGH, Urt. v. 31.5.1972 – KZR 43/71, NJW 1972, 2180 (2181); BGH, Urt. v. 26.10.1972 – VII ZR 232/71, NJW 1973, 98 (99 f.); BGH, Beschl. v. 29.9.1983 – III ZR 213/82, juris (Rn. 21).

1336 BGH, Beschl. v. 14.2.2019 – I ZB 33/18, SchiedsVZ 2019, 287 (289) (Rn. 23).

1337 Hanseatisches OLG Hamburg, Urt. v. 12.3.1998 – 6 U 110/97, juris; Thüringer OLG, Beschl. v. 8.8.2007 – 4 Sch 3/06, SchiedsVZ 2008, 44; OLG Frankfurt a. M., Beschl. v. 24.7.2014 – 26 Sch 28/13, 26 Sch 29/13, juris; OLG Celle, Beschl. v. 14.10.2016 – 13 Sch 1/15 (Kart)/7 Sch 3/15, BeckRS 2016, 124988; OLG Frankfurt a. M., Beschl. v. 14.3.2019 – 26 Sch 10/18, juris; OLG Frankfurt a. M., Beschl. v. 22.4.2021 – 26 Sch 12/20, BeckRS 2021, 41901 (Rn. 77, 80); OLG Frankfurt a. M., Beschl. v. 3.3.2022 – 26 Sch 2/21, BeckRS 2022, 3492 (Rn. 81–83).

die Frage des gerichtlichen Prüfungsumfangs in einer Entscheidung zum kartellrechtlichen *ordre public* aus dem Jahr 2019 ausdrücklich für nicht abschließend geklärt hielt und sich zunächst nicht zu einer Streitentscheidung durchrang[1338] (bevor sich derselbe Senat erstmals 2021 ausdrücklich dem Lager der „Minimalisten“ anschloss[1339]). Weil die Rechtsbeschwerde zum Bundesgerichtshof gegen den Beschluss aus dem Jahr 2019 zurückgenommen wurde,[1340] gab es bedauerlicherweise zunächst keine höchstrichterliche Stellungnahme.[1341]

a) Beschluss des Oberlandesgerichts Frankfurt am Main aus dem Jahr 2019: Streitentscheidung offengelassen

Deutliche Anzeichen für eine Abkehr von der hergebrachten Rechtsprechung des Bundesgerichtshofs zur umfassenden materiellen Ordre-public-Kontrolle ließ der Schiedssenat des Oberlandesgerichts Frankfurt am Main im März 2019 anklingen.

aa) Sachverhalt und Entscheidungsgründe

Der Entscheidung lag ein Antrag auf Vollstreckbarerklärung eines inländischen Schiedsspruchs nach § 1060 ZPO zugrunde. Der Schiedsbeklagte und Vollstreckungsschuldner, Verkäufer eines Unternehmens, war zur Erteilung von Auskünften über möglicherweise wettbewerbsverbotswidrige Geschäftstätigkeiten verurteilt worden. Im Vollstreckbarerklärungsverfahren wendete er ein, das der Verurteilung zugrundeliegende dreijährige Wettbewerbsverbot sei kartellrechtswidrig. Es verstoße gegen Art. 101 AEUV bzw. § 1 GWB. Weil das Schiedsgericht dies verkannt habe, verstoße der Schiedsspruch gegen den *ordre public.*

1338 OLG Frankfurt a. M., Beschl. v. 14.3.2019 – 26 Sch 10/18, juris; dazu *Kröll*, SchiedsVZ 2020, 219 (226).

1339 OLG Frankfurt a. M., Beschl. v. 22.4.2021 – 26 Sch 12/20, BeckRS 2021, 41901 (Rn. 77, 80); ferner OLG Frankfurt a. M., Beschl. v. 3.3.2022 – 26 Sch 2/21, BeckRS 2022, 3492 (Rn. 81–83).

1340 Das Aktenzeichen beim Bundesgerichtshof lautete I ZB 29/19.

1341 Der Beschluss 26 Sch 12/20 des Oberlandesgerichts Frankfurt am Main wurde mit der Rechtsbeschwerde angefochten. Die BGH-Entscheidung KZB 75/21 lag zum Zeitpunkt der Überarbeitung der Arbeit zur Drucklegung noch nicht vor.

Der Senat bejahte seine gerichtsinterne Zuständigkeit,[1342] verneinte einen Ordre-public-Verstoß und erklärte den Schiedsspruch – unter Ablehnung einer Vorlage an den Gerichtshof nach Art. 267 AEUV – für vollstreckbar.

In der Zuständigkeitsprüfung führte er aus, die in § 1062 Abs. 1 Nr. 4 ZPO geregelte Zuständigkeit der Schiedssenate gelte auch, wenn kartellrechtliche Fragen anstünden.[1343] Im Vollstreckbarerklärungsverfahren finde wegen des Verbots der *révision au fond* keine sachliche Nachprüfung der Richtigkeit des Schiedsspruchs statt. Ein Schiedsspruch, der sich in den Grenzen vertretbarer Rechtserwägungen halte, widerspreche nicht dem *ordre public.* Die Prüfung sei *de facto* auf eine kartellrechtliche Plausibilitätskontrolle beschränkt. Dass eine solche den Kartellsenaten vorbehalten sei, sei nicht ersichtlich.

In der Sache entschied der Senat, der geltend gemachte Verstoß gegen Art. 101 AEUV bzw. § 1 GWB begründe keinen Widerspruch zum *ordre public.* Dazu merkte er an, es sei umstritten, in welchem Umfang Schiedssprüche auf Verstöße gegen kartellrechtliche Vorschriften zu überprüfen seien, und stellte verschiedene vertretene Auffassungen dar: diejenige des Bundesgerichtshofs gegen die Bindung in tatsächlicher und rechtlicher Hinsicht,[1344] diejenige einer summarischen Prüfung[1345] und schließlich die vermittelnde Betrachtung, wonach es jedenfalls beim kartellrechtlichen Ordre-public-Einwand *de facto* bei einer Plausibilitätskontrolle bleibt.[1346] Von einer Streitentscheidung sah der Senat jedoch ab – anders als in der bereits besprochenen Entscheidung gut fünf Jahre zuvor[1347] und in Widerspruch zu den Ausfüh-

1342 OLG Frankfurt a. M., Beschl. v. 14.3.2019 – 26 Sch 10/18, juris (Rn. 82–96). Die umstrittene gerichtsinterne Zuständigkeit in Fällen, in denen kartellrechtliche Ordre-public-Bedenken bestehen, wird hier nicht erörtert. Allein: In Verfahren, in denen ein kartellrechtlicher Ordre-public-Verstoß im Raum stand, entschieden in der Vergangenheit teilweise Schiedssenate (etwa Thüringer OLG, Beschl. v. 8.8.2007 – 4 Sch 3/06, SchiedsVZ 2008, 44; OLG München, Beschl. v. 30.7.2012 – 34 Sch 18/10, SchiedsVZ 2012, 339), teilweise Kartellsenate (etwa OLG Düsseldorf, Beschl. v. 15.7.2002 – 6 Sch 5/02, NJOZ 2002, 2480; OLG Düsseldorf, Beschl. v. 21.7.2004 – VI-Sch (Kart) 1/02, Sch (Kart) 1/02, juris; OLG Celle, Beschl. v. 14.10.2016 – 13 Sch 1/15 (Kart)/7 Sch 3/15, BeckRS 2016, 124988).

1343 OLG Frankfurt a. M., Beschl. v. 14.3.2019 – 26 Sch 10/18, juris (Rn. 91).

1344 Der Senat verweist auf BGH, Urt. v. 31.5.1972 – KZR 43/71, NJW 1972, 2180.

1345 Der Senat verweist auf Thüringer OLG, Beschl. v. 8.8.2007 – 4 Sch 3/06, SchiedsVZ 2008, 44..

1346 Der Senat verweist auf OLG Celle, Beschl. v. 14.10.2016 – 13 Sch 1/15 (Kart)/7 Sch 3/15, BeckRS 2016, 124988; so auch *K. Schmidt*, ZWeR 2007, 394 (417).

1347 OLG Frankfurt a. M., Beschl. v. 24.7.2014 – 26 Sch 28/13, 26 Sch 29/13, juris (Rn. 98–105).

rungen in der Zuständigkeitsprüfung, die zu einer nur beschränkten Plausibilitätsprüfung tendierten.

Um den Streit dahinstehen lassen zu können, bediente sich der Senat eines Erst-recht-Schlusses.[1348] Selbst nach der strengsten, vom Bundesgerichtshof vertretenen Auffassung liege kein Ordre-public-Verstoß vor. Es sei nicht erkennbar, dass der Schiedsspruch gegen Kartellrecht verstoße und deshalb in einem offensichtlichen, untragbaren Widerspruch zu deutschen Gerechtigkeitsvorstellungen stehe. Zur Begründung schloss der Senat eine vollständige materiellrechtliche Überprüfung des Schiedsspruchs bzw. des zugrundeliegenden Sachverhalts auf einen Verstoß gegen Art. 101 AEUV bzw. § 1 GWB an, ohne sich etwa auf eine Vertretbarkeits- oder Plausibilitätsüberprüfung zu beschränken.

Weil er sich durch die Rechtsprechung des Gerichtshofs, von der er nicht abweiche, hinreichend unterrichtet sah, lehnte der Senat schließlich eine Vorlage an den Gerichtshof gemäß Art. 267 AEUV ab.[1349]

bb) Bewertung

Die Entscheidung überzeugt jedenfalls mit ihrer Begründung nicht – ganz unabhängig davon, welcher der dargestellten Auffassungen zum gerichtlichen Prüfungsumfang im Rahmen der Ordre-public-Kontrolle[1350] man zuneigt.

Weil der Senat nämlich die ihm nach eigener Aussage obliegende Plausibilitätskontrolle heranzog, um das Vorliegen einer Kartellsache im Sinne des § 87 GWB zu verneinen, wäre zu erwarten gewesen, dass er den Streit über den anwendbaren Prüfungsumfang zugunsten eben dieser Auffassung entscheidet. Stattdessen ließ er den Streit in der Begründetheit dahinstehen. Das Vorgehen schafft Rechtsunsicherheit, lässt es doch einerseits die Beschränkung auf eine Plausibilitätskontrolle erkennen (Zuständigkeitsprüfung), andererseits durchblicken, dass eine vollständige rechtliche Überprüfung des Schiedsspruchs auf eine Verletzung der betroffenen Ordre-public-Normen (hier Art. 101 AEUV bzw. § 1 GWB) stattzufinden habe (hilfsweise Kartellrechtsprüfung in der Begründetheit).

Indem er den Streit nunmehr dahinstehen ließ, wich der Senat kommentarlos von der eigenen Entscheidung aus dem Jahr 2014 ab, in der er die

1348 OLG Frankfurt a. M., Beschl. v. 14.3.2019 – 26 Sch 10/18, juris (Rn. 126–141).
1349 OLG Frankfurt a. M., Beschl. v. 14.3.2019 – 26 Sch 10/18, juris (Rn. 142–146).
1350 Dazu oben A.

Rechtsprechung des Bundesgerichtshofs zur fehlenden Bindung an den Schiedsspruch[1351] noch als überholt bezeichnet hatte.[1352] Auch eine Auseinandersetzung mit den unionsrechtlichen Implikationen, die ebenfalls nicht geklärt sind,[1353] ließ der Senat vermissen. Die Ablehnung einer Vorlage gemäß Art. 267 AEUV wegen angeblicher Klärung durch den Gerichtshof ist bedauerlich, wenn der Senat den Streit andererseits ausdrücklich dahinstehen lässt, also gerade nicht für geklärt erklärt.

Das Offenlassen des Streits ist schließlich auch aus rechtspraktischen Gründen problematisch. Zwar trifft es zu, dass ein Streit logisch dahinstehen kann, wenn alle Ansichten zum selben Ergebnis führen. Die Frage der Bindung an den Schiedsspruch gerade in tatsächlicher Hinsicht entscheidet aber über die Art der Durchführung des gesamten gerichtlichen Verfahrens nach §§ 1059–1061 ZPO – darüber, ob neuer Tatsachenvortrag, neue Tatsachenfeststellungen und erforderlichenfalls eine Beweisaufnahme zulässig sind. Darauf müssen sich die Verfahrensbeteiligten frühzeitig einstellen können. Es widerspricht der Prozessökonomie, vorsichtshalber vollständig zur Sache vortragen zu müssen, um die gerichtliche Prüfung des Sachverhalts nach allen vertretenen Ansichten zu ermöglichen (weil sich das Gericht nicht auf den Prüfungsumfang festlegt), wenn dies doch womöglich nicht erforderlich ist, weil neue Tatsachenfeststellungen ohnehin nicht zulässig oder die Voraussetzungen der Neufeststellung nicht erfüllt sind. Ein klärendes Wort, eine Streitentscheidung, wäre also auch aus diesem Grunde wünschenswert gewesen.

b) Beschlüsse des Oberlandesgerichts Frankfurt am Main aus dem April 2021 und Februar 2022: „minimalistischer" Ansatz

In seinen beiden Beschlüssen aus den Jahren 2021 und 2022 sah sich der Schiedssenat, nachdem er seine eigene gerichtsinterne Zuständigkeit erneut bejaht hatte, nunmehr zu einer Streitentscheidung veranlasst.

1351 BGH, Urt. v. 12.5.1958 – VII ZR 436/56, BGHZ 27, 249 = NJW 1958, 1538 (1539); BGH, Urt. v. 23.4.1959 – VII ZR 2/58, BGHZ 30, 89 = NJW 1959, 1438 (1439 f.); BGH, Urt. v. 20.5.1966 – KZR 10/64, GRUR 1966, 576 (580); BGH, Urt. v. 25.10.1966 – KZR 7/65, BGHZ 46, 365 = NJW 1967, 1178 (1179); BGH, Urt. v. 31.5.1972 – KZR 43/71, NJW 1972, 2180 (2181); BGH, Urt. v. 26.10.1972 – VII ZR 232/71, NJW 1973, 98 (99 f.); BGH, Beschl. v. 29.9.1983 – III ZR 213/82, juris (Rn. 21).

1352 OLG Frankfurt a. M., Beschl. v. 24.7.2014 – 26 Sch 28/13, 26 Sch 29/13, juris (Rn. 101).

1353 Dazu oben B.I.

aa) Ausführungen zum gerichtlichen Prüfungsumfang

Unter ausführlicher Begründung votierte der Senat selbst im Anwendungsbereich von Rechtsnormen des *ordre public* (im entschiedenen Fall: kartellrechtlicher Normen) gegen eine „*umfassend*[e] *Kontrolle*"[1354] des Schiedsspruchs „*in tatsächlicher und rechtlicher Hinsicht*"[1355]. Stattdessen befürwortete er eine „*stark eingeschränkte*"[1356] Kontrolle, die „*auf die Frage einer Missachtung von in den kartellrechtlichen Normen zum Ausdruck gekommenen grundlegenden Wertentscheidungen des Gesetzgebers*"[1357] beschränkt sein müsse. Hierbei dürfe das staatliche Gericht in rechtlicher Hinsicht weder eine „*Überprüfung der Richtigkeit der Rechtsanwendung*"[1358] durch das Schiedsgericht noch eine summarische Prüfung oder eine Plausibilitätskontrolle vornehmen.[1359] Ferner dürfe das Gericht keine neuen Tatsachenfeststellungen treffen.[1360] In dem jüngeren der beiden Beschlüsse konkretisierte der Senat insoweit, dass die Ordre-public-Prüfung „*unter Berücksichtigung des von den Parteien im Schiedsverfahren gehaltenen Sachvortrages und der Tatsachenfeststellungen des Schiedsgerichts*"[1361] erfolgen müsse.

bb) Bewertung

Den Blick immer wieder auf das Verbot der *révision au fond* und das Wesen der Schiedsgerichtsbarkeit als Form der privatautonomen Streitentscheidung

1354 OLG Frankfurt a. M., Beschl. v. 22.4.2021 – 26 Sch 12/20, BeckRS 2021, 41901 (Rn. 77).

1355 OLG Frankfurt a. M., Beschl. v. 22.4.2021 – 26 Sch 12/20, BeckRS 2021, 41901 (Rn. 77).

1356 OLG Frankfurt a. M., Beschl. v. 22.4.2021 – 26 Sch 12/20, BeckRS 2021, 41901 (Rn. 80); OLG Frankfurt a. M., Beschl. v. 3.3.2022 – 26 Sch 2/21, BeckRS 2022, 3492 (Rn. 81).

1357 OLG Frankfurt a. M., Beschl. v. 22.4.2021 – 26 Sch 12/20, BeckRS 2021, 41901 (Rn. 80); fast wortgleich OLG Frankfurt a. M., Beschl. v. 3.3.2022 – 26 Sch 2/21, BeckRS 2022, 3492 (Rn. 81).

1358 OLG Frankfurt a. M., Beschl. v. 22.4.2021 – 26 Sch 12/20, BeckRS 2021, 41901 (Rn. 77).

1359 OLG Frankfurt a. M., Beschl. v. 22.4.2021 – 26 Sch 12/20, BeckRS 2021, 41901 (Rn. 78); OLG Frankfurt a. M., Beschl. v. 3.3.2022 – 26 Sch 2/21, BeckRS 2022, 3492 (Rn. 81).

1360 OLG Frankfurt a. M., Beschl. v. 22.4.2021 – 26 Sch 12/20, BeckRS 2021, 41901 (Rn. 80); OLG Frankfurt a. M., Beschl. v. 3.3.2022 – 26 Sch 2/21, BeckRS 2022, 3492 (Rn. 81–83).

1361 OLG Frankfurt a. M., Beschl. v. 3.3.2022 – 26 Sch 2/21, BeckRS 2022, 3492 (Rn. 81).

richtend,[1362] befürwortet der Senat in selten zu lesender Deutlichkeit und mit ansehnlicher Begründung eine sehr zurückhaltende Schiedsspruchüberprüfung im Bereich des materiellen *ordre public*, hier des kartellrechtlichen *ordre public*.

In *tatsächlicher* Hinsicht bedeutet die Rechtsauffassung des Senats eine Bindung an die schiedsgerichtlichen Tatsachenfeststellungen. Der Senat deutet aber an, dass diese Feststellungen erforderlichenfalls durch Hinzunahme weiteren, nicht im Schiedsspruch wiedergegebenen Sachvortrags der Parteien, wie er aus der Schiedsakte ersichtlich ist, ergänzt werden können. Ausgeschlossen sind jedenfalls „völlig neue“ Tatsachenfeststellungen des staatlichen Gerichts, wie der Senat ausdrücklich festhält. Denn das Aufhebungsverfahren nach § 1059 ZPO könne nicht die Funktion eines Berufungsverfahrens erfüllen.[1363]

Weitaus unklarer sind die Ausführungen zur *rechtlichen* Überprüfungsmöglichkeit durch das staatliche Gericht. Der Senat fasst sie unter der schwer fassbaren Formel zusammen, gestattet sei allein eine *„Prüfung, ob die schiedsrichterliche Rechtsanwendung der in der betreffenden Norm zum Ausdruck kommenden grundlegenden Wertentscheidung des Gesetzgebers“*[1364] zuwiderlaufe. Bedauerlicherweise präzisiert der Senat nicht in Gestalt eines abstrakten Rechtssatzes, unter welchen Umständen ein solches Zuwiderlaufen angenommen werden kann, sondern betont schlicht mehrmals, im gerichtlichen Verfahren finde keine umfassende kartellrechtliche Prüfung durch das Gericht statt.

Auch die Subsumtion hilft beim Verständnis dessen, was der Senat unter einem Zuwiderlaufen gegen eine grundlegende gesetzgeberische Wertentscheidung versteht, wenig. Stattdessen besteht ein Großteil der Subsumtion aus der Wiedergabe der rechtlichen Ausführungen des Schiedsgerichts. So verweist der Senat vielfach darauf, dass das Schiedsgericht kartellrechtlich relevante Aspekte *„berücksichtigt“*[1365], sich damit *„befasst“*[1366], Ausführungen

1362 OLG Frankfurt a. M., Beschl. v. 22.4.2021 – 26 Sch 12/20, BeckRS 2021, 41901 (Rn. 77, 79).

1363 OLG Frankfurt a. M., Beschl. v. 22.4.2021 – 26 Sch 12/20, BeckRS 2021, 41901 (Rn. 80).

1364 OLG Frankfurt a. M., Beschl. v. 22.4.2021 – 26 Sch 12/20, BeckRS 2021, 41901 (Rn. 77, 80).

1365 OLG Frankfurt a. M., Beschl. v. 22.4.2021 – 26 Sch 12/20, BeckRS 2021, 41901 (etwa Rn. 82)

1366 OLG Frankfurt a. M., Beschl. v. 22.4.2021 – 26 Sch 12/20, BeckRS 2021, 41901 (etwa Rn. 82)

dazu gemacht oder seine Rechtsanwendung „*im Einzelnen begründet*“[1367] habe – ergänzt um die Aussage, der Senat könne wegen des Verbots der *révision au fond* nicht nachprüfen, ob die rechtliche Würdigung des Schiedsgerichts „*zutreffend oder in jeder Hinsicht widerspruchsfrei*“[1368] sei. Daher liest sich die Subsumtion eher wie die Prüfung eines Gehörsverstoßes, für den es in der Tat völlig unbeachtlich ist, wie falsch, widersprüchlich oder widersinnig die schiedsgerichtliche Auseinandersetzung mit dem wesentlichen Kernvortrag der Parteien ist – solange eine solche nur existiert.[1369]

Der Subsumtionsvorgang ähnelt hierbei auch einer summarischen Prüfung oder Plausibilitätskontrolle, wenngleich der Senat einen solchen Prüfungsumfang ausdrücklich ablehnt.[1370] Denn die gesamte Subsumtion besteht in weiten Teilen aus einer schriftlichen „Nachvollziehung“ – im Sinne von Plausibilitätskontrolle – dessen, was das Schiedsgericht zur Begründung seiner Entscheidung ausführte. Offen bleibt, wie erwähnt, warum jeweils kein Verstoß gegen die betroffene (kartellrechtliche) Grundentscheidung des Gesetzgebers vorliegen soll. Auch insoweit belässt es der Senat bei apodiktischen Feststellungen derart, dass die Würdigung des Schiedsgerichts nicht gegen die der betreffenden Vorschrift zugrundeliegenden, zum *ordre public* gehörenden Grundgedanken verstoße.[1371]

Lediglich an zwei Stellen deutet der Senat im Rahmen der Subsumtion an, dass er unter der Missachtung einer grundlegenden Wertentscheidung des Gesetzgebers, um die es ihm geht, möglicherweise eine offenkundig oder schwerwiegend fehlerhafte kartellrechtliche Würdigung versteht (was auch andere Stimmen in Literatur und Rechtsprechung vertreten[1372]). So hält der Senat an einer Stelle fest, es sei nicht feststellbar, dass das Schiedsgericht den relevanten kartellrechtlichen Aspekt „*in evident fehlerhafter Weise*“[1373] ermit-

1367 OLG Frankfurt a. M., Beschl. v. 22.4.2021 – 26 Sch 12/20, BeckRS 2021, 41901 (etwa Rn. 84).

1368 OLG Frankfurt a. M., Beschl. v. 22.4.2021 – 26 Sch 12/20, BeckRS 2021, 41901 (etwa Rn. 85).

1369 Statt aller etwa OLG Frankfurt a. M., Beschl. v. 3.3.2022 – 26 Sch 2/21, BeckRS 2022, 3492 (Rn. 59 f., 64, 66).

1370 OLG Frankfurt a. M., Beschl. v. 22.4.2021 – 26 Sch 12/20, BeckRS 2021, 41901 (Rn. 78).

1371 OLG Frankfurt a. M., Beschl. v. 22.4.2021 – 26 Sch 12/20, BeckRS 2021, 41901 (etwa etwa Rn. 95).

1372 Dazu oben A.III.4.c).

1373 OLG Frankfurt a. M., Beschl. v. 22.4.2021 – 26 Sch 12/20, BeckRS 2021, 41901 (etwa Rn. 97).

telt habe bzw. ihm eine „*grundlegende Missachtung wettbewerbsrechtlicher Maßstäbe*“[1374] unterlaufen sei.

Sollte der Senat offenkundige oder schwerwiegende kartellrechtliche Rechtsfehler als Unterfall oder „Beleg“ der Missachtung einer grundlegenden gesetzgeberischen Wertentscheidung verstehen wollen (was nach seiner Rechtsauffassung die Schiedsspruchaufhebung rechtfertigen würde), wäre zu wünschen gewesen, dass er dies in Gestalt eines abstrakten Rechtssatzes deutlich macht. Das unterblieb indes. Und weil die abstrakte Normparaphrase „*Missachtung von in den kartellrechtlichen Normen zum Ausdruck gekommenen grundlegenden Wertentscheidungen des Gesetzgebers*“[1375] insgesamt schwammig bleibt und sich die Subsumtion nicht so recht unter den zuvor aufgestellten Prüfungsumfang fassen lässt, bleibt der vom Senat vertretene rechtliche Prüfungsumfang insgesamt unklar.

C. Stand der Rechtsprechung und gerichtlicher Klärungsbedarf

Es bleibt ein zusammenfassender Blick auf den Stand der Rechtsprechung sowie auf den gerichtlichen Klärungsbedarf zum Umfang der materiellen Ordre-public-Kontrolle.

I. Unionsrechtlicher Klärungsbedarf gemäß Art. 267 AEUV

Seit dem Urteil *Eco Swiss*[1376] steht fest, dass jedenfalls das grundlegende Unionsrecht, etwa das Unionskartellverbot des heutigen Art. 101 AEUV, unter den nationalen[1377] Ordre-public-Vorbehalt zu fassen ist. Spätestens seit der Rechtssache *Achmea*[1378] ist eine gerichtliche Schiedsspruchüberprüfung auf Vereinbarkeit mit den grundlegenden Vorschriften des Unionsrechts (Handelsschiedsgerichtsbarkeit) bzw. mit dem gesamten Unionsrecht (Investitionsschiedsgerichtsbarkeit) geboten.[1379] Dass aus Handelsschiedsverfahren hervorgehende Schiedssprüche (insoweit beschränkt) nicht auf Vereinbar-

1374 OLG Frankfurt a. M., Beschl. v. 22.4.2021 – 26 Sch 12/20, BeckRS 2021, 41901 (etwa Rn. 98).
1375 OLG Frankfurt a. M., Beschl. v. 22.4.2021 – 26 Sch 12/20, BeckRS 2021, 41901 (Rn. 80).
1376 EuGH, Urt. v. 1.6.1999 – C-126/97 (Eco Swiss), Slg. I 1999, 3055 = GRUR Int 1999, 737.
1377 Zur dogmatischen Einordnung des *ordre public communautaire* oben Kap. 2 A.III.2.
1378 EuGH, Urt. v. 6.3.2018 – C-284/16 (Achmea), NJW 2018, 1663.
1379 Dazu oben B.I.2.b)bb) mit entsprechenden Nachweisen.

keit mit *jeglichem* Unionsrecht überprüft werden müssen, kommentierte Generalanwältin *Kokott* mit den Worten, im Bereich der Handelsschiedsgerichtsbarkeit nehme der Gerichtshof *„sogar die Verletzung von Unionsrecht durch Schiedssprüche in Kauf, falls die betroffenen Regelungen nicht grundlegender Natur“*[1380] seien.

Die Zulässigkeit von Beschränkungen des Prüfungsumfangs auf qualifizierte Rechtsverstöße und die Zulässigkeit einer Bindung an die tatsächlichen Feststellungen oder das Rechtsanwendungsergebnis des Schiedsgerichts blieben hingegen offen.[1381] Es besteht somit Klärungsbedarf, der bei Gelegenheit mittels weiterer Vorabentscheidungsverfahren gemäß Art. 267 AEUV befriedigt werden sollte. Ein Ausnahmefall, in dem ein mit einer diesbezüglichen unionsrechtlichen Frage konfrontiertes nationales Gericht von einer Vorlage absehen dürfte, liegt – entgegen der Auffassung des Oberlandesgerichts Frankfurt am Main[1382] – nicht vor. Zwar darf eine Vorlage unterbleiben, wenn die Rechtslage durch die Rechtsprechung des Gerichtshofs hinreichend geklärt (*acte éclairé*) oder die Beantwortung der Frage zweifellos ohne Anrufung des Gerichtshofs möglich ist (*acte claire*).[1383] Das ist allerdings angesichts der sich teils diametral gegenüberstehenden Lesarten der einschlägigen Rechtsprechung als Folge der unklaren Vorgaben durch den Gerichtshof[1384] nicht der Fall.

1. Unionsrechtliche Zulässigkeit qualitativer Beschränkungen des Prüfungsumfangs

Nicht abschließend geklärt ist zunächst, ob die Beschränkung der Überprüfung auf das Vorliegen eines qualifizierten, etwa schwerwiegenden oder leicht erkennbaren, Unionsrechtsverstoßes zulässig ist. In den *Genentech-*

1380 EuGH, Schlussanträge der Generalanwältin v. 22.4.2021 – C-109/20 (PL Holdings), BeckRS 2021, 8383 (Rn. 46).

1381 Dazu oben B.I.1.b)bb) sowie B.I.2.b) mit entsprechenden Nachweisen.

1382 OLG Frankfurt a. M., Beschl. v. 14.3.2019 – 26 Sch 10/18, juris (Rn. 142–146); OLG Frankfurt a. M., Beschl. v. 3.3.2022 – 26 Sch 2/21, BeckRS 2022, 3492 (Rn. 85).

1383 Die Ausnahme des *acte éclairé* greift, wenn eine gleichgelagerte Entscheidung durch den Gerichtshof vorliegt, und nach der Acte-claire-Doktrin kann das Gericht von der Vorlage absehen, wenn die *„richtige Anwendung des Gemeinschaftsrechts derart offenkundig* [ist], *daß keinerlei Raum für einen vernünftigen Zweifel an der Entscheidung der gestellten Frage bleibt“* (EuGH, Urt. v. 6.10.1982 – C-283/81 (C.I.L.F.I.T.), NJW 1983, 1257 (1258)); dazu *Hess*, RabelsZ 66 (2002), 470 (493 f.); *Piekenbrock*, EuR 2011, 317 (336); Calliess/Ruffert, EUV/AEUV/*Wegener*, Art. 267 AEUV Rn. 33).

1384 Dazu oben B.I.1.b)bb) sowie B.I.2.b) mit entsprechenden Nachweisen.

Schlussanträgen hielt der Generalanwalt Beschränkungen wie diejenige nach damaliger französischer Rechtsprechung auf Verstöße, die „*flagrante, effective et concrète*“[1385]sind, für wegen Verstoßes gegen den Effektivitätsgrundsatz unzulässig,[1386] ähnlich zuvor der Generalanwalt in *Eco Swiss*.[1387] Je nach Auslegung der Qualifikation des Verstoßes als *zweifelsfrei feststellbar*, *leicht erkennbar* oder *schwerwiegend* sind Variationen der Vorlagefrage denkbar – etwa:

> Sind Art. 101, 102 AEUV dahin auszulegen, dass sie im nationalen Recht vorgesehenen Beschränkungen der unionsrechtlichen Überprüfung von aus Handelsschiedsverfahren hervorgehenden Schiedssprüchen auf offensichtliche Verstöße gegen Unionskartellrecht entgegenstehen, wenn nach nationalem Recht aus dem Erfordernis der Offensichtlichkeit folgt, dass der Rechtsverstoß
>
> (a) ohne Zweifel gegeben,
> (b) leicht erkennbar (z. B. ohne eigehende Prüfung feststellbar bzw. aus der bloßen Schiedsspruchlektüre ersichtlich) oder
> (c) schwerwiegend (z. B. die Rechtswidrigkeit einer bezweckten horizontalen Wettbewerbsbeschränkung oder die EuGH-Rechtsprechung verkennend)
>
> sein muss?

2. Unionsrechtliche Zulässigkeit prozessualer Bindungen an den Schiedsspruch

Beschränkungen der Überprüfung auf qualifizierte Rechtsverstöße werden häufig dem ungeschriebenen Offensichtlichkeitskriterium in § 1059 Abs. 2 Nr. 2 lit. b) ZPO entnommen.[1388] Je nach Auslegung folgt aus dem Erfordernis der Offensichtlichkeit zugleich eine Bindung an den Schiedsspruch, denn das Merkmal liegt an der Schnittstelle zwischen Aufhebungstatbestand (Prü-

---

1385 Richtungweisend *Cour de Cassation (Première chambre civile)*, Urt. v. 4.6.2008 (SNF/Cytec), Bulletin des Arrêts des Chambres civiles 2008 N°6, Nr. 162; *Cour d'Appel de Paris*, Urt. v. 18.11.2004 (Thalès/Euromissile), Revue de l'arbitrage 2005, 751.

1386 EuGH, Schlussanträge des Generalanwalts v. 17.3.2016 – C-567/14 (Genentech), BeckRS 2016, 81026 (Rn. 54–72); dazu *Grierson*, b-Arbitra 2019, 309 (320–323).

1387 EuGH, Schlussanträge des Generalanwalts v. 25.2.1999 – C-126/97 (Eco Swiss), Slg. 1999 I, 3057 = juris (3070 f.).

1388 Dazu oben Kap. 2 C.I.4.a).

fungsmaßstab) und Prüfungsumfang.[1389] Ob eine Bindung unionsrechtskonform ist, ist eine unionsrechtlich nicht abschließend geklärte Frage, die sich ungeachtet deren normativer Anknüpfung in verschiedenen Variationen stellt – etwa:

> Sind Art. 101, 102 AEUV dahin auszulegen, dass sie im nationalen Recht vorgesehenen Beschränkungen der unionsrechtlichen Überprüfung von aus Handelsschiedsverfahren hervorgehenden Schiedssprüchen entgegenstehen, wenn nach nationalem Recht das mitgliedstaatliche Gericht (in gewissem Umfang)
>
> (a) an die Tatsachenfeststellungen des Schiedsgerichts (es sei denn etwa, diese sind verfahrensfehlerhaft zustande gekommen) oder
> (b) an das Ergebnis der Auslegung und Anwendung des zum *ordre public* gehörenden Rechts (es sei denn etwa, dieses ist unplausibel oder unvertretbar)
>
> gebunden ist?

II. Klärungsbedarf nach deutschem Recht

Die bisherigen Ausführungen haben gezeigt, dass indes auch ohne Unionsrechtsbezug Unsicherheiten im Hinblick auf die „Intensität" der materiellen Ordre-public-Kontrolle gemäß § 1059 Abs. 2 Nr. 2 lit. b) ZPO bestehen.

Zwar sind nach hergebrachter höchstrichterlicher Rechtsprechung deutsche Gerichte bei der Prüfung, ob das Ergebnis der Anerkennung oder Vollstreckung des Schiedsspruchs mit dem *ordre public* vereinbar ist, weder an die schiedsgerichtlichen Feststellungen gebunden noch darauf beschränkt, den Schiedsspruch lediglich auf besonders schwerwiegende oder leicht erkennbare Verletzungen des ordre-public-relevanten Rechts zu prüfen.[1390] Das

1389 Dazu oben Kap. 2 C.I.4.b).

1390 BGH, Urt. v. 12.5.1958 – VII ZR 436/56, BGHZ 27, 249 = NJW 1958, 1538 (1539); BGH, Urt. v. 23.4.1959 – VII ZR 2/58, BGHZ 30, 89 = NJW 1959, 1438 (1439 f.); BGH, Urt. v. 20.5.1966 – KZR 10/64, GRUR 1966, 576 (580); BGH, Urt. v. 25.10.1966 – KZR 7/65, BGHZ 46, 365 = NJW 1967, 1178 (1179); BGH, Urt. v. 31.5.1972 – KZR 43/71, NJW 1972, 2180 (2181); BGH, Urt. v. 26.10.1972 – VII ZR 232/71, NJW 1973, 98 (99 f.); BGH, Beschl. v. 29.9.1983 – III ZR 213/82, juris (Rn. 21).

gilt auch im Anwendungsbereich etwa des Unionskartellrechts der heutigen Art. 101, 102 AEUV.[1391]

Jedoch erging diese Rechtsprechung zur alten Gesetzesfassung, was auch der Bundesgerichtshof zwischenzeitig distanzierend anmerkte.[1392] Ferner gab es vonseiten einiger Oberlandesgerichte Widerspruch: Das Hanseatische Oberlandesgericht Hamburg stellte die Rechtsprechung infrage, indem es die Bindung an die schiedsgerichtlichen Feststellungen für nicht geklärt hielt.[1393] Das Thüringer Oberlandesgericht entschied ausdrücklich anders und verfolgte eine Plausibilitätsprüfung.[1394] Das Oberlandesgericht Frankfurt am Main bezeichnete die Rechtsprechung des Bundesgerichtshofs als überholt und sah ebenfalls von einer kartellrechtlichen Überprüfung des Schiedsspruchs ab,[1395] bevor es später entschied, die Rechtsfrage sei umstritten, und den Streit dahinstehen ließ.[1396] Zwischen diesen Frankfurter Entscheidungen hatte das Oberlandesgericht Celle den Streit über den Prüfungsumfang immerhin ausführlich dargestellt, wenngleich es sich dem Bundesgerichtshof anschloss.[1397] Zuletzt positionierte sich das Oberlandesgericht Frankfurt am Main in den besprochenen Entscheidungen aus den Jahren 2021 und 2022 eindeutig *gegen* die hergebrachte Rechtsprechung des Bundesgerichtshofs und vertrat eine nur sehr eingeschränkte Schiedsspruchüberprüfung im Sinne des „minimalistischen“ Ansatzes.[1398] Diese obergerichtlichen Tendenzen finden Unterstützung durch Stimmen aus dem Schrifttum, die die Rechtsprechung zur vollständigen tatsächlichen und rechtlichen Überprüfung von Schiedssprüchen auf Verstöße gegen zum *ordre public* gehörendes Recht ablehnen.[1399]

1391 BGH, Urt. v. 27.2.1969 – KZR 3/68, GRUR 1969, 501 (503); BGH, Urt. v. 31.5.1972 – KZR 43/71, NJW 1972, 2180 (2181).

1392 BGH, Beschl. v. 28.1.2014 – III ZB 40/13, NJW 2014, 1597.

1393 Hanseatisches OLG Hamburg, Urt. v. 12.3.1998 – 6 U 110/97, juris; dazu *Trappe*, BB-Beilage 2000, Nr. 8, 7.

1394 Thüringer OLG, Beschl. v. 8.8.2007 – 4 Sch 3/06, SchiedsVZ 2008, 44 (46); dazu *Kröll*, NJW 2009, 1183 (1189).

1395 OLG Frankfurt a. M., Beschl. v. 24.7.2014 – 26 Sch 28/13, 26 Sch 29/13, juris (Rn. 110–122).

1396 OLG Frankfurt a. M., Beschl. v. 14.3.2019 – 26 Sch 10/18, juris (Rn. 126).

1397 OLG Celle, Beschl. v. 14.10.2016 – 13 Sch 1/15 (Kart)/7 Sch 3/15, BeckRS 2016, 124988 (Rn. 44 f.).

1398 OLG Frankfurt a. M., Beschl. v. 22.4.2021 – 26 Sch 12/20, BeckRS 2021, 41901 (Rn. 74–102); OLG Frankfurt a. M., Beschl. v. 3.3.2022 – 26 Sch 2/21, BeckRS 2022, 3492 (Rn. 80–90).

1399 *Bechtold*, NZKart 2020, 459 (464) (Vertretbarkeitskontrolle); *Born*, International Commercial Arbitration, S. 3653 f. (Tendenz zur bloßen Willkürkontrolle); *Eilmans-*

Der Bundesgerichtshof wiederum hat seit langem keine Gelegenheit gehabt, zu diesen mehr als vereinzelten Stimmen Stellung zu nehmen.[1400] Die vorerst letzte Entscheidung des Bundesgerichtshofs, in der er das Fehlen jeglicher Bindung an den Schiedsspruch bestätigte,[1401] erging lange vor dem Urteil *Eco Swiss*[1402] und vor dem Aufkeimen eines Großteils der Debatte, die eine Reihe von Abhandlungen und beachtenswerten Gedanken zu dem Thema hervorgebracht hat. So urteilte der Bundesgerichtshof (vorerst) letztmals in einem Beschluss aus dem Jahr 1983 ausdrücklich, dass keine prozessuale Bindung an den Schiedsspruch bestehe,[1403] und zwar zur alten Fassung des Ordre-public-Vorbehalts. Diese enthielt insbesondere das inzwischen ungeschriebene Tatbestandsmerkmal der Offensichtlichkeit des Widerspruchs zum *ordre public*[1404] nicht.

Und so deutete der Bundesgerichtshof in einem Beschluss aus dem Jahr 2014 selbst an, dass das Offensichtlichkeitskriterium für eine zurückhaltende Überprüfung sprechen könnte:[1405] In der Entscheidung bezeichnete er seine eigene Rechtsprechung als *„ältere Entscheidungen"*[1406], die zur alten Fassung des Aufhebungstatbestands ergangen seien. Bezeichnenderweise begründete der Senat den Umstand, dass es nach altem Recht *nicht* auf eine vertretbare Rechtsaufassung des Schiedsgerichts angekommen sei,[1407] damit, dass der Aufhebungstatbestand damals kein Offensichtlichkeitskriterium enthalten habe. Bekanntlich enthält die heutige Fassung das Erfordernis des offensichtlichen Widerspruchs zum *ordre public*. Daraus könnte man

---

berger, SchiedsVZ 2006, 5 (16) (grundsätzliche Bindung an Tatsachenfeststellungen und bloße Vertretbarkeitskontrolle, solange kartellrechtliche Fragen noch nicht gerichtlich geklärt); *Fournier*, Bindungswirkung, S. 56, 63, 94 (Vertretbarkeitskontrolle); *R. Geimer* FS Yessiou-Faltsi, 169 (180 f.) (Bindung an Tatsachenfeststellungen bis zur Grenze des Verfahrensfehlers, soweit nur Gerechtigkeitsfunktion des *ordre public* betroffen); *Heukamp*, Schiedszusagen, S. 167 (Vertretbarkeitskontrolle); *Horn*, SchiedsVZ 2008, 209 (216 f.) (grundsätzliche Bindung an schiedsgerichtliche Tatsachenfeststellungen); *Hilbig*, Kartellverbot im Schiedsverfahren, S. 70 f. (eklatante Rechtsfehler, Missbrauch, Kollusion); *Schlosser*, Schiedsgerichtsbarkeit, Rn. 866–868, 873, 878 (Vertretbarkeitskontrolle); *Spiegel*, Kartellprivatrecht in der Handelsschiedsgerichtsbarkeit, S. 191 f. (Vertretbarkeitskontrolle).

1400 Die BGH-Entscheidung KZB 75/21 lag zum Zeitpunkt der Überarbeitung der Arbeit zur Drucklegung nicht vor.

1401 BGH, Beschl. v. 29.9.1983 – III ZR 213/82, juris (Rn. 21).

1402 EuGH, Urt. v. 1.6.1999 – C-126/97 (Eco Swiss), Slg. I 1999, 3055 = GRUR Int 1999, 737.

1403 BGH, Beschl. v. 29.9.1983 – III ZR 213/82, juris (Rn. 21).

1404 Dazu oben Kap. 2 C.I.4.a).

1405 BGH, Beschl. v. 28.1.2014 – III ZB 40/13, NJW 2014, 1597 (1597 f.).

1406 BGH, Beschl. v. 28.1.2014 – III ZB 40/13, NJW 2014, 1597.

1407 So etwa BGH, Urt. v. 25.10.1966 – KZR 7/65, BGHZ 46, 365 = NJW 1967, 1178 (1179).

schließen, dass ein unter Beachtung des *ordre public* vertretbares Rechtsanwendungsergebnis nach heutigem Recht sehr wohl erheblich ist und die Aufhebung verhindert.

Zusammengefasst steht die deutsche Rechtsprechung auf „lange nicht geprüftem Fundament". Eine erneute höchstrichterliche Auseinandersetzung mit den Anforderungen an die materielle Ordre-public-Kontrolle gemäß § 1059 Abs. 2 Nr. 2 lit. b) ZPO ist überfällig.[1408]

D. *Schlussfolgerungen aus Kapitel 3 zum Prüfungsumfang, insbesondere zur Bindung an den Schiedsspruch bei Überprüfung des Ergebnisses seiner Anerkennung oder Vollstreckung auf Vereinbarkeit mit dem* ordre public

Der Umfang der gerichtlichen Schiedsspruchüberprüfung auf Verstöße gegen den materiellen *ordre public* wird in Rechtsprechung und Schrifttum lebendig diskutiert. Der Prüfungsumfang betrifft die Frage, ob das Gericht, wenn es das Ergebnis der Anerkennung oder Vollstreckung des Schiedsspruchs auf Vereinbarkeit mit dem *ordre public* überprüft, an den Schiedsspruch gebunden ist. Damit ist gemeint, unter welchen Voraussetzungen das Gericht eigene Tatsachen feststellen darf (oder ob es an die schiedsgerichtlichen Feststellungen gebunden ist) und ob das vom Schiedsgericht ermittelte, den *ordre public* berührende Schiedsspruchergebnis richtig oder nur vertretbar, plausibel oder nicht leicht erkennbar falsch bzw. nicht schwerwiegend falsch sein muss, damit der Schiedsspruch die Ordre-public-Kontrolle passiert.

Eine starke Meinung in obergerichtlicher Rechtsprechung und Literatur spricht sich dafür aus, dass das Gericht jedenfalls in dem Umfang eigene Tatsachen feststellen darf, in dem die schiedsgerichtlichen Tatsachenfeststellungen verfahrensfehlerhaft zustande kamen. Fehler in der schiedsgerichtlichen Beweiswürdigung als Teil der Entscheidungsfindung im engeren Sinne sind dann irreversibel, solange nicht die Schwelle zur Willkür oder Rechtsbeugung überschritten ist (wobei die Einzelheiten streitig sind). Zur Frage der rechtlichen Bindung an das Schiedsspruchergebnis, soweit dieses den *ordre public* berührt, stehen sich im Wesentlichen Vertreter gegenüber, die eine vollständige Richtigkeit verlangen, und solche, die das Ergebnis der rechtlichen Würdigung lediglich auf Plausibilität oder Vertretbarkeit prüfen

1408 Die BGH-Entscheidung KZB 75/21 lag zum Zeitpunkt der Überarbeitung der Arbeit zur Drucklegung nicht vor.

wollen. Ferner wird diskutiert, ob die Annahme eines Widerspruchs zum *ordre public* eine schwerwiegende oder offenkundige Verletzung des den *ordre public* ausgestaltenden Rechts voraussetzt.

Das facettenreiche Meinungsspektrum nährt sich im Anwendungsbereich des Unionsrechts aus der unpräzisen Rechtsprechung des Gerichtshofs (auch und gerade zum kartellrechtlichen *ordre public*) seit der Rechtssache *Nordsee*, schwerpunktmäßig aus dem Urteil *Eco Swiss*. Das Urteil *Achmea* setzte zuletzt neue Akzente. Darin bestätigte der Gerichtshof für die Handelsschiedsgerichtsbarkeit eine Beschränkung der unionsrechtlichen Überprüfung von Schiedssprüchen (des Prüfungsmaßstabs) auf die grundlegenden Unionsvorschriften (die für aus Investitionsschiedsverfahren hervorgehende Schiedssprüche nicht gilt). Ungeklärt blieben aber die unionsrechtlichen (Mindest-)Anforderungen an den Prüfungsumfang, insbesondere die Zulässigkeit einer beschränkten Schiedsspruchüberprüfung auf das Vorliegen eines leicht erkennbaren oder schwerwiegenden Unionsrechtsverstoßes und einer Bindung an die schiedsgerichtlichen Tatsachenfeststellungen oder an ein vertretbares, plausibles oder nicht offensichtlich falsches Ergebnis der ordre-public-relevanten Normanwendung. Es besteht unionsrechtlicher Klärungsbedarf, der anhand denkbarer Vorlagefragen präzisiert wurde.

Auch in der deutschen Rechtsprechung ist der Prüfungsumfang umstritten und wird seit langer Zeit unterschiedlich beantwortet. Stand der hergebrachten Rechtsprechung des Bundesgerichtshofs ist, dass staatliche Gerichte im Bereich zum *ordre public* gehörenden Rechts Schiedssprüche ohne prozessuale Bindung vollständig überprüfen und die Annahme eines Widerspruchs zum *ordre public* auch keinen qualifizierten Rechtsverstoß voraussetzt. Allerdings scheint diese Rechtsprechung nicht in Stein gemeißelt.

Kapitel 4 Stellungnahme zum Prüfungsumfang, gerichtlicher Prüfungsgang im Rahmen der materiellen Ordre-public-Kontrolle und abschließende Betrachtungen

Auf der Grundlage einiger Ausführungen zum Wesen der Schiedsgerichtsbarkeit und zu den Charakteristika des gerichtlichen Verfahrens nach §§ 1059–1061 ZPO (Kapitel 1) hat die Arbeit durch Auslegung des § 1059 Abs. 2 Nr. 2 lit. b) ZPO den Maßstab der materiellen Ordre-public-Kontrolle ermittelt (Prüfungsmaßstab).

Dies hat ergeben, dass nicht jede entscheidungserhebliche Verletzung zum *ordre public* gehörenden Rechts (etwa der Art. 101, 102 AEUV, §§ 1, 19–21 GWB) ohne Weiteres die Schiedsspruchaufhebung rechtfertigt. Der zwingende Schluss von der Verletzung einer zum *ordre public* gehörenden Rechtsvorschrift auf einen Widerspruch zum *ordre public* ist ein Fehlschluss. Entscheidend ist, dass das Ergebnis der Anerkennung oder Vollstreckung des Schiedsspruchs nicht in offensichtlichem Widerspruch zu grundlegenden Rechtssätzen oder Gerechtigkeitsgedanken der deutschen Rechtsordnung steht.[1409] Der Ordre-public-Vorbehalt verlangt hierzu eine Betrachtung des Schiedsspruchergebnisses und eine wertende Prüfung, ob dieses offensichtlich mit wesentlichen Grundgedanken der deutschen Rechtsordnung unvereinbar ist, im Sinne von *inhaltlich unerträglich*. Das trifft in der hier schwerpunktmäßig untersuchten Fallgruppe kartellrechtlicher Einwendungen gegen (vertragliche) Ansprüche[1410] insbesondere auf solche Schiedssprüche zu, die unter (zweckwidriger) Verkennung grundlegender Vorschriften bzw. Rechtsgedanken des *ordre public* einem verbotswidrigen oder anderweitig rechtswidrigen Rechtsgeschäft oder – allgemein gewendet – rechtswidrigem bzw. kartellrechtswidrigem Verhalten zur Durchsetzung verhelfen. Denn dann droht die Vollstreckung aus einem rechtlich missbilligten Rechtsgeschäft bzw. die „Nichtahndung“ und „Durchsetzung“ rechtswidrigen Verhaltens unter Zuhilfenahme staatlicher Stellen.[1411] Für die materielle Ordre-public-Kontrolle sind hierbei die im Schiedsspruch niedergeschriebenen Grün-

1409 So nicht zuletzt die „ständige Formel der Rechtsprechung“; dazu oben Kap. 2 C.II.

1410 Zur thematischen Eingrenzung der Arbeit oben Einleitung.

1411 In einem Kartellanspruchsschiedsverfahren könnte umgekehrt die fehlerhafte Klage*abweisung* unter Verkennung eines Kartellrechtsverstoßes aus der Sicht des

de bzw. Erwägungen nicht entscheidend. Dies folgt bereits daraus, dass das Schiedsgericht nicht notwendigerweise das aus der Sicht des Gerichts zum *ordre public* zählende Recht – als Bestandteil der *lex causae* oder im Wege der Sonderanknüpfung – anwenden musste (Kapitel 2).

Eine vom so verstandenen Prüfungsmaßstab zu unterscheidende Frage[1412] ist, inwieweit das staatliche Gericht an die schiedsgerichtlichen Tatsachenfeststellungen gebunden ist, wenn es gemäß § 1059 Abs. 2 Nr. 2 lit. b) ZPO überprüft, ob das Ergebnis der Anerkennung oder Vollstreckung des Schiedsspruchs mit dem *ordre public* vereinbar ist. Im Hinblick auf den damit angesprochenen Prüfungsumfang ist ferner fraglich, ob die Schiedsspruchaufhebung nur dann unterbleibt, wenn das Gericht das Ergebnis der den *ordre public* berührenden Rechtsanwendung für richtig hält, oder bereits dann, wenn das Schiedsgericht nach Auffassung des Gerichts zu einem vertretbaren, plausiblen oder nicht schwerwiegend bzw. nicht leicht erkennbar falschen Ergebnis gelangte.[1413] Das Meinungsspektrum zur Frage des Prüfungsumfangs ist facettenreich, wobei der Charakter der Ordre-public-Kontrolle als „Ergebnistest" im soeben zusammengefassten Sinne mitunter verkannt wird (Kapitel 3).

Aufbauend auf den Erkenntnissen zum gerichtlichen Prüfungsmaßstab und Prüfungsumfang werden im Folgenden die in Schrifttum und Rechtsprechung vertretenen Ansichten zum Prüfungsumfang einer Stellungnahme zugeführt (A). Im Anschluss wird der aus dem Prüfungsumfang folgende Prüfungsgang (B) dargestellt, bevor die Arbeit mit abschließenden Gedanken (C) und einer Zusammenfassung in Thesen beendet wird.

A. Stellungnahme zum Prüfungsumfang

Der Meinungsstand[1414] hat gezeigt, dass eine Stellungnahme zu zwei Fragenkreisen erforderlich ist: Erstens ist zu erörtern, in welchem Umfang das Gericht, wenn es gemäß § 1059 Abs. 2 Nr. 2 lit. b) ZPO das Ergebnis der Anerkennung oder Vollstreckung des Schiedsspruchs auf einen Widerspruch zum *ordre public* prüft, an die Tatsachenfeststellungen des Schiedsgerichts ge-

ordre public besonders problematisch sein, was wegen des hiesigen Untersuchungsgegenstands („Kartell*einwände*") aber nicht vertieft werden soll.

1412 Zur Unterscheidung der beiden Prüfungsebenen oben Einleitung sowie Kap. 3 vor A.

1413 Dazu bereits der „Fragenkatalog" bei *Hilbig*, Kartellverbot im Schiedsverfahren, S. 22 f.

1414 Dazu oben A.

bunden ist und ob es selbst für den *ordre public* entscheidungserhebliche Tatsachen feststellen darf. Zweitens bedarf es einer Stellungnahme zu der Frage, ob, damit die Aufhebung unterbleibt, das den *ordre public* berührende Schiedsspruchergebnis aus der Sicht des staatlichen Gerichts richtig sein muss oder ein vertretbares, plausibles oder nicht schwerwiegend bzw. nicht leicht erkennbar falsches Ergebnis genügt.

Bevor auf diese beiden Teilaspekte des Prüfungsumfangs eingegangen wird, seien einige allgemeine Erwägungen zur Prüfungsstrenge vorangestellt:

Deutliche Signale für eine zurückhaltende Schiedsspruchüberprüfung am Maßstab des *ordre public*, also eine gewisse Bindung an die schiedsgerichtlichen Tatsachenfeststellungen und an die schiedsgerichtliche Würdigung, liefert der Wortlaut des § 1059 ZPO. Er mahnt insgesamt Zurückhaltung an. Nach § 1059 ZPO ist die Aufhebung nur in Ausnahmefällen vorgesehen, und zwar nur dann, wenn einer der dort abschließend aufgezählten[1415] Aufhebungsgründe vorliegt. Auch das ungeschriebene Erfordernis der Offensichtlichkeit des Widerspruchs zum *ordre public*[1416] gebietet Zurückhaltung. Nur in extremen Ausnahmefällen ist ein Widerspruch zum *ordre public* anzunehmen.[1417] Der Schluss, angesichts des Offensichtlichkeitskriteriums müsse die Feststellung des Vorliegens eines solchen Extremfalls ohne eingehende Überprüfung des Schiedsspruchs feststellbar sein,[1418] ist naheliegend. Auch das Verbot der *révision au fond* mag im Ansatz für eine zurückhaltende materielle Ordre-public-Kontrolle streiten, wie mitunter argumentiert wird.[1419] Bei richtigem Verständnis des Verbots der *révision au fond* konfligiert indes selbst

1415 BT-Drs. 13/5274, S. 58; *Kronke*, RIW 1998, 257 (264); *Mansel* FS Kühne, 809 (814); MüKo-ZPO/*J. Münch*, § 1059 Rn. 4; *Poseck* in Salger/Trittmann (Hrsg.), Internationale Schiedsverfahren, § 22 Rn. 1; *Nacimiento/G. Geimer*, SchiedsVZ 2003, 88 (92).

1416 Zu dessen Geltung nach dem reformierten Schiedsverfahrensrecht BGH, Beschl. v. 30.10.2008 – III ZB 17/08, NJW 2009, 1215 (1216); BGH, Beschl. v. 28.1.2014 – III ZB 40/13, NJW 2014, 1597 (1598).

1417 BGH, Beschl. v. 28.1.2014 – III ZB 40/13, NJW 2014, 1597: *„Die Annahme des OLG, dass ein Widerspruch gegen den ordre public nur bei ‚offensichtlicher' Unvereinbarkeit mit wesentlichen Grundsätzen des deutschen Rechts vorliege und daher der Einwand einer Verletzung des ordre public nur in ‚extremen Ausnahmefällen' greife, ist zutreffend und entspricht der Senatsrechtsprechung."*

1418 *Pocsay*, Privates Kartellrecht in Schiedsverfahren, S. 251 (*„nur auf den ersten Blick ersichtliche Rechtsanwendungsfehler"*).

1419 In diese Richtung etwa OLG Dresden, Beschl. v. 20.4.2005 – 11 Sch 01/05, SchiedsVZ 2005, 210 (213); Thüringer OLG, Beschl. v. 8.8.2007 – 4 Sch 3/06, SchiedsVZ 2008, 44 (45); OLG Frankfurt a. M., Beschl. v. 22.4.2021 – 26 Sch 12/20, BeckRS 2021, 41901 (Rn. 77); *Fournier*, Bindungswirkung, S. 55; *Tafelmaier*, Schiedsspruch und staatliche Gerichtsbarkeit, S. 80 f., 107 f.; *Voit* FS Musielak, 595 (610).

eine strenge Ordre-public-Kontrolle nicht zwingend mit diesem Verbot, selbst wenn das Gericht eigene Tatsachen feststellt und das Schiedsspruchergebnis eigenständig auf Vereinbarkeit mit dem *ordre public* überprüft.[1420] Denn unabhängig vom Prüfungsumfang findet im Rahmen der Ordre-public-Prüfung keine *révision au fond* statt, weil nicht die richtige Entscheidung des Rechtsstreits ansteht, sondern die Sicherstellung der Vereinbarkeit des Schiedsspruchergebnisses mit dem *ordre public*.[1421] Für eine zurückhaltende Schiedsspruchüberprüfung spricht jedenfalls die Gleichwertigkeit der Schiedsgerichtsbarkeit mit der staatlichen Gerichtsbarkeit,[1422] die nicht zuletzt durch die Schiedsspruchfinalität[1423] gesichert wird (§ 1055 ZPO). Eine allzu strenge Schiedsspruchüberprüfung erscheint systemwidrig, verhilft sie doch zu häufigerer Rechtskraftdurchbrechung – wenngleich das Zivilprozessrecht auch für Urteile Durchbrechungstatbestände vorsieht, namentlich die Wiederaufnahmeklage nach §§ 578 ff. ZPO.

Für eine strenge Schiedsspruchkontrolle streitet hingegen die Funktion der staatlichen Gerichtsbarkeit als Kontrollinstanz – eine Funktion, die sie im Allgemeinen im Verfahren nach §§ 1059–1061 ZPO[1424] und im Besonderen mittels des Ordre-public-Vorbehalts zur Wahrung grundlegender Rechtssätze und Gerechtigkeitsvorstellungen der deutschen Rechtsordnung ausübt.[1425] Die essenzielle Bedeutung der geschützten Rechtsgüter spricht umso mehr für den Normalfall der vollständigen gerichtlichen (jedenfalls rechtlichen) Überprüfung.[1426] Außerdem stellt § 1059 Abs. 2 Nr. 2 lit. b) ZPO die *Anerkennung oder Vollstreckung* des Schiedsspruchs zur Prüfung und erklärt so den Entscheidungszeitpunkt des *Gerichts* für maßgeblich. Das emanzipiert die Prüfung von einer Fehlerkontrolle *des Schiedsspruchs* und so von einer Bin-

1420 *Bien* in Fuchs/Weitbrecht (Hrsg.), Private Kartellrechtsdurchsetzung, § 17 Rn. 196.

1421 Zur Auslegung des Verbots der *révision au fond* oben Kap. 1 C.IV.

1422 Dazu oben Kap. 1.

1423 Dazu *Berger*, JInt'lArb 9 (1992), 5 (16 f.); *Dempegiotis*, JInt'lArb 25 (2008), 365 (371); *Pocsay*, Privates Kartellrecht in Schiedsverfahren, S. 268 f.; *Werner*, JInt'lArb 12 (1995), 21 (23).

1424 Dazu *Haas*, Anerkennung und Vollstreckung, S. 220; *Poseck* in Salger/Trittmann (Hrsg.), Internationale Schiedsverfahren, § 22 Rn. 1, 52; *Sonnauer*, Kontrolle der Schiedsgerichte, 6 f.; *Tafelmaier*, Schiedsspruch und staatliche Gerichtsbarkeit, S. 103; *Tyrolt*, Sportschiedsgerichtsbarkeit, S. 119 f.; Musielak/Voit, ZPO/*Voit*, § 1059 Rn. 1.

1425 Dazu oben Kap. 1 C.

1426 Vgl. die Argumentation in BGH, Urt. v. 23.4.1959 – VII ZR 2/58, BGHZ 30, 89 = NJW 1959, 1438 (1439).

dung an die schiedsgerichtlichen Feststellungen und Normanwendungsergebnisse.[1427]

Bei der Ermittlung des Prüfungsumfangs im Rahmen der materiellen Ordre-public-Kontrolle gemäß § 1059 Abs. 2 Nr. 2 lit. b) ZPO stehen sich somit gegenüber: einerseits der Gesetzeswortlaut mitsamt der Gleichwertigkeit der Schiedsgerichtsbarkeit mit der staatlichen Gerichtsbarkeit, gesichert durch die Schiedsspruchfinalität und das Verbot der *révision au fond*, und andererseits das Interesse an der Wahrung der Grundlagen der Rechtsordnung, gesichert durch die Kontrollfunktion staatlicher Gerichte und den Vorbehalt des *ordre public*.

Vor dem Hintergrund dieser allgemeinen Erwägungen wird nun der Versuch unternommen, den Meinungsstand zum Prüfungsumfang einer eigenen Stellungnahme zur Bindung erstens an die schiedsgerichtlichen Tatsachenfeststellungen und zweitens an die rechtliche Würdigung des Schiedsgerichts zuzuführen.

I. Zur Bindung an die Tatsachenfeststellungen: Fehlerkontrolle auf Grundlage der schiedsgerichtlichen Feststellungen

Anders als die Struktur des § 1059 ZPO als Ausnahmevorschrift, die zur gerichtlichen Zurückhaltung ermahnt, deutet der Gesetzeswortlaut des § 1059 Abs. 2 Nr. 2 lit. b) ZPO auf eine umfassende gerichtliche Tatsachenfeststellungsbefugnis hin: Er legt den entscheidungserheblichen Zeitpunkt auf die gerichtliche Anerkennungsentscheidung, wodurch jedenfalls tatsächliche Änderungen seit Erlass des Schiedsspruchs berücksichtigt werden können – und wohl auch müssen.[1428] Nicht der Schiedsspruch muss zum Erlasszeitpunkt inhaltlich tolerabel gewesen sein, sondern dessen Anerkennung oder Vollstreckung muss zum gerichtlichen Entscheidungszeitpunkt hinnehmbar sein. Das spricht gegen die Annahme einer Bindung an die (damaligen) Tatsachenfeststellungen, wohl auch in Bezug auf ursprünglich vorhandene Umstände.

1427 Vgl. die Argumentation in BGH, Urt. v. 27.2.1969 – KZR 3/68, GRUR 1969, 501 (503); BGH, Urt. v. 31.5.1972 – KZR 43/71, NJW 1972, 2180 (2181); zustimmend *Altenmüller*, KTS 1974, 150 (158); *Kornblum*, ZZP 86 (1973), 215 (215 f.); zur gesetzlichen Wendung *Bien*, ZZP 132 (2019), 93 (97 f.).

1428 Vgl. die Argumentation in BGH, Urt. v. 27.2.1969 – KZR 3/68, GRUR 1969, 501 (503); BGH, Urt. v. 31.5.1972 – KZR 43/71, NJW 1972, 2180 (2181); zustimmend *Altenmüller*, KTS 1974, 150 (158); *Kornblum*, ZZP 86 (1973), 215 (215 f.); zur gesetzlichen Wendung *Bien*, ZZP 132 (2019), 93 (97 f.).

Einen relevanten Rechtsgedanken enthalten in diesem Zusammenhang Art. 8 Abs. 2 Satz 1 HaagGVÜ, Art. 45 Abs. 2 EuGVVO und Art. 35 Abs. 2 LugÜ. Danach ist das Zweitgericht bei der Zuständigkeitsprüfung im Urteilsanerkennungsverfahren an die erstgerichtlichen Tatsachenfeststellungen gebunden, was im Umkehrschluss nahelegt, dass im Rahmen einer Ordre-public-Kontrolle keine solche Bindung besteht. Für weitgehende gerichtliche Tatsachenbefugnisse spricht ferner, dass der Ordre-public-Verstoß anderenfalls unerkennbar bleiben könnte.[1429] An die Begründung von Schiedssprüchen (§ 1054 Abs. 2 ZPO) werden ohnehin nicht so strenge Anforderungen gestellt wie an die Begründung von Gerichtsurteilen (§ 313 Abs. 2, 3 ZPO), sodass es mitunter an einer tatsächlichen Grundlage zur Beurteilung der Ordre-public-Konformität fehlen kann.[1430] Außerdem unterscheiden sich die Streitgegenstände von Schiedsverfahren und gerichtlichem Nachprüfungsverfahren grundlegend. Entsprechend ist die entscheidungserhebliche Tatsachengrundlage der Ordre-public-Prüfung notwendigerweise eine andere als diejenige, die das Schiedsgericht dem Schiedsspruch zugrunde gelegt hat (wenngleich sich beide häufig überschneiden).

Die Annahme einer Bindung an die Tatsachenfeststellungen würde also nicht nur den Gesetzeswortlaut verkennen, sondern dazu führen, die beiden wesensverschiedenen Verfahren „über einen tatsächlichen Kamm zu scheren“. Nach vorzugswürdiger Ansicht kann es also keine *vollständige* Bindung an die schiedsgerichtlichen Tatsachenfeststellungen geben, das staatliche Gericht muss eigene Tatsachenfeststellungsbefugnisse haben. Der hergebrachte Ansatz des Bundesgerichtshofs, wonach keine Tatsachenbindung besteht,[1431] ist daher im Ausgangspunkt zutreffend. Allerdings hat der Bundesgerichtshof, soweit ersichtlich, keine Voraussetzungen aufgestellt, unter denen neue Tatsachenfeststellungen zulässig sind, sondern solche bislang voraussetzungslos zugelassen. Richtigerweise bedarf es aber einer normativen Verankerung der Tatsachenfeststellungsbefugnis (und deren Umfang und

1429 Zu diesem Gedanken *S. Münch* FS Rüßmann, 865 (882 f.).

1430 Vgl. BGH, Urt. v. 23.4.1959 – VII ZR 2/58, BGHZ 30, 89 = NJW 1959, 1438 (1439); BGH, Urt. v. 26.9.1985 – III ZR 16/84, NJW 1986, 1436 (1437); BGH, Beschl. v. 26.11.2020 – I ZB 11/20, juris (Rn. 24); Zöller, ZPO/*R. Geimer*, § 1054 Rn. 8; Saenger, ZPO/*Saenger*, § 1054 Rn. 5.

1431 BGH, Urt. v. 12.5.1958 – VII ZR 436/56, BGHZ 27, 249 = NJW 1958, 1538 (1539); BGH, Urt. v. 23.4.1959 – VII ZR 2/58, BGHZ 30, 89 = NJW 1959, 1438 (1439 f.); BGH, Urt. v. 20.5.1966 – KZR 10/64, GRUR 1966, 576 (580); BGH, Urt. v. 25.10.1966 – KZR 7/65, BGHZ 46, 365 = NJW 1967, 1178 (1179); BGH, Urt. v. 31.5.1972 – KZR 43/71, NJW 1972, 2180 (2181); BGH, Urt. v. 26.10.1972 – VII ZR 232/71, NJW 1973, 98 (99 f.); BGH, Beschl. v. 29.9.1983 – III ZR 213/82, juris (Rn. 21).

Grenzen) – nicht zuletzt, um die gerichtliche Prüfung in ihrerseits revisibler Weise zu „strukturieren“ und eine vollständige Neuverhandlung der Sache zu vermeiden.

Als vermittelnder Ansatz bietet sich daher ein Prüfungsgang derart an, dass das Gericht im Rahmen der Ordre-public-Kontrolle von den schiedsgerichtlichen Tatsachenfeststellungen ausgehen muss, diese aber einer Fehlerkontrolle unterziehen darf.

1. Anlehnung an das berufungsrechtliche Fehlerkontrollregime

Orientierungspunkt und Ersatz für die fehlende Regelung des Prüfungsumfangs in §§ 1059–1061 ZPO können hierbei §§ 529, 531 ZPO sein.

Zwar ist das Schiedsspruchüberprüfungsverfahren kein Rechtsmittelverfahren, was bei der Heranziehung von Rechtsgedanken des Rechtsmittelrechts nicht übersehen werden darf. Angesichts dessen könnte der Wunsch, den Anschein einer *révision au fond* zu vermeiden, der Grund sein, warum eine Anlehnung an das Berufungsrecht, soweit ersichtlich, bislang wenig Beachtung gefunden hat.[1432] Für eine Heranziehung der berufungsrechtlichen Rechtsgedanken spricht jedoch, dass nach der hier vertretenen Auffassung im Verfahren nach §§ 1059–1061 ZPO, wie auch im Berufungsverfahren, der Umfang der (grundsätzlichen) Bindung an die Tatsachenfeststellungen in der angefochtenen Entscheidung geklärt werden muss (und die Ausnahmen davon). Denn auch das Berufungsrecht sieht eine grundsätzliche Bindung an die erstinstanzlichen Feststellungen vor: Seit der Reform zum Jahr 2002[1433] findet in der Berufung bekanntlich keine Neuverhandlung der Sache mehr statt (§ 525 ZPO a. F. ZPO), sondern eine Fehlerkontrolle gemäß §§ 529, 531 ZPO unter grundsätzlicher Bindung an die erstinstanzlichen Tatsachenfeststellungen.[1434] Das Berufungsrecht unterscheidet dabei zwischen der Korrektur vorhandener Tatsachenfeststellungen wegen Unvollständigkeit oder Unrichtigkeit (§ 529 Abs. 1 Nr. 1 ZPO) und der Ergänzung oder Berichtigung der Tatsachenfeststellungen durch *neue* Tatsachen, die erstmals im Berufungsverfahren vorgetragen werden (§§ 529 Abs. 1 Nr. 2, 531 Abs. 2 Satz 1

1432 Siehe aber Ansätze bei *Kornblum*, NJW 1969, 1793 (1795).

1433 Durch das Gesetz zur Reform des Zivilprozesses (Zivilprozessreformgesetz – ZPO-RG) vom 27. Juli 2001, BGBl. 2001 I, S. 1887.

1434 Zur Ausgestaltung des reformierten Berufungsrechts als Fehlerkontrollinstanz BT-Drs. 14/4722, S. 61; BGH, Urt. v. 9.3.2005 – VIII ZR 266/03, NJW 2005, 1583 (1584 f.); Musielak/Voit, ZPO/*Ball*, § 513 Rn. 8; *Stackmann*, NJW 2002, 781; *Thole*, ZWeR 2015, 93 (111).

ZPO). Zur Korrektur der vorhandenen Feststellungen ist das Berufungsgericht befugt, wenn Zweifel an deren Richtigkeit oder Vollständigkeit bestehen, § 529 Abs. 1 Nr. 1 ZPO. Neue Tatsachen können – jenseits von Fällen der fehlerhaften Prozessleitung durch das erstinstanzliche Gericht (§ 531 Abs. 2 Satz 1 Nr. 1, 2 ZPO) – festgestellt werden, wenn sie nachträglich entstanden sind oder der Rügeführer unverschuldet außerstande war, sie erstinstanzlich vorzutragen, obwohl sie bereits vorlagen (§ 531 Abs. 2 Satz 1 Nr. 3 ZPO).

Die vorgeschlagene grundsätzliche Bindung an die schiedsgerichtlichen Feststellungen unter „Korrekturmöglichkeiten" in Anlehnung an §§ 529, 531 ZPO versucht, im Rahmen der Ordre-public-Kontrolle gemäß § 1059 Abs. 2 Nr. 2 lit. b) ZPO einen Ausgleich der widerstreitenden Interessen zu schaffen.

Im Ergebnis unterscheidet sich dieser Ansatz nicht maßgeblich von der Rechtsprechung des Bundesgerichtshofs, der von einer voraussetzungslosen Tatsachenersetzungsbefugnis auszugehen scheint.[1435] Der vorgeschlagene Ansatz hat aber den Vorzug der normativen Verankerung, der eine prozessordnende Funktion erfüllt. Dass neue Tatsachen nicht voraussetzungs- und anlasslos festgestellt werden dürfen, lenkt nämlich den Parteivortrag im Verfahren nach §§ 1059–1061 ZPO, der mit den Rechtsgedanken der §§ 529, 531 ZPO die eigene Entscheidungserheblichkeit rechtfertigen und darüber darlegen muss, warum er zulassungsfähig ist. So strafft die Heranziehung der §§ 529, 531 ZPO das gerichtliche Verfahren. Die Befugnis, die schiedsgerichtlichen Tatsachenfeststellungen gegebenenfalls auch wegen inhaltlicher Unrichtigkeit oder Unvollständigkeit zu Fall zu bringen (nicht nur bei Verfahrensfehlern[1436]), stellt auch keinen Freibrief für missbräuchliches Prozessgebaren der Parteien aus.[1437] Falls Parteivortrag im Schiedsverfahren bewusst zurückgehalten worden sein sollte, ist dessen dortiges Unterbleiben nicht nur nachlässig im Sinne des § 531 Abs. 2 Satz 1 Nr. 3 ZPO, sondern gar vorsätzlich.

1435 BGH, Urt. v. 23.4.1959 – VII ZR 2/58, BGHZ 30, 89 = NJW 1959, 1438 (1439 f.); BGH, Urt. v. 20.5.1966 – KZR 10/64, GRUR 1966, 576 (580); BGH, Urt. v. 25.10.1966 – KZR 7/65, BGHZ 46, 365 = NJW 1967, 1178 (1179); BGH, Urt. v. 31.5.1972 – KZR 43/71, NJW 1972, 2180 (2181); BGH, Urt. v. 26.10.1972 – VII ZR 232/71, NJW 1973, 98 (99 f.); BGH, Beschl. v. 29.9.1983 – III ZR 213/82, juris (Rn. 21); BGH, Urt. v. 25.10.1983 – KZR 27/82, BGHZ 88, 314 = NJW 1984, 1355 (1356); BGH, Beschl. v. 2.11.2000 – III ZB 55/99, NJW 2001, 373 (374); BGH, Beschl. v. 29.1.2009 – III ZB 88/07, BGHZ 179, 304 = NJW 2009, 1747 (1749 f.).

1436 So aber weite Teile von Rechtsprechung und Literatur; dazu oben Kap. 3 A.I.3.c).

1437 So aber befürchtet von *Kornblum*, ZZP 86 (1973), 215 (222); *Fournier*, Bindungswirkung, S. 29.

Der Vortrag ist dann nicht zulassungsfähig; ergänzend greift die vorgestellte Treuwidrigkeitspräklusion.[1438]

Die Anknüpfung an §§ 529, 531 ZPO leitet auch den Prüfungsgang des Gerichts: Anhand der Rechtsgedanken der §§ 529, 531 ZPO prüft es, in welchem Umfang der ihm unterbreitete Sachvortrag zulassungsfähig ist und eine Neufeststellung, soweit für die Ordre-public-Prüfung erheblich, gebieten kann.

2. Tatsachenfeststellungen im Falle der Verfahrensfehlerhaftigkeit der schiedsgerichtlichen Feststellungen

Unter der hier vorgeschlagenen Heranziehung der berufungsrechtlichen Rechtsgedanken der §§ 529, 531 ZPO endet die Bindung an die schiedsgerichtlichen Feststellungen zunächst einmal, soweit die für die Ordre-public-Prüfung erheblichen Feststellungen verfahrensfehlerhaft zustande kamen (was einer weit verbreiteten Meinung entspricht,[1439] ohne dass diese hierfür eine Anlehnung an das berufungsrechtliche Überprüfungsregime bemüht). Verfahrensfehler eröffnen nämlich auch im Berufungsrecht die Befugnis zu neuen Tatsachenfeststellungen, weil ein Verfahrensfehler zugleich Zweifel an der Vollständigkeit und Richtigkeit der Feststellungen gemäß § 529 Abs. 1 Nr. 1 ZPO begründet.[1440] Übertragen auf die Ordre-public-Kontrolle gemäß § 1059 Abs. 2 Nr. 2 lit. b) ZPO muss die Verfahrensfehlerhaftigkeit die Neufeststellung sowohl von bereits im Schiedsverfahren vorgetragenen Tatsachen erlauben, die sodann fehlerhaft festgestellt wurden, als auch von Tatsachen, die wegen des Verfahrensfehlers des Schiedsgerichts erst gar nicht vorgetragen wurden (Rechtsgedanke des § 531 Abs. 2 Satz 1 Nr. 1 ZPO).

Die Durchbrechung der Tatsachenbindung im Falle von Verfahrensfehlern ist systemgerecht, denn die Ordnungsgemäßheit des Verfahrens unterliegt im Verfahren nach §§ 1059–1061 ZPO ohnehin der gerichtlichen Kontrolle. Gemäß § 1059 Abs. 2 Nr. 1 lit. d) ZPO kann der Schiedsspruch aufgehoben werden, wenn das schiedsrichterliche Verfahren in potenziell kausaler Weise einer Bestimmung des Zehnten Buches der ZPO oder einer zulässigen

1438 Dazu oben Kap. 3 A.I.4.c).

1439 Dazu oben Kap. 3 A.I.3.c).

1440 BGH, Urt. v. 12.3.2004 – V ZR 257/03, NJW 2004, 1876; BGH, Urt. v. 8.6.2004 – VI ZR 230/03, BGHZ 159, 254 = NJW 2004, 2828 (2829); BGH, Urt. v. 3.6.2014 – VI ZR 394/13, NJW 2014, 2797; Musielak/Voit, ZPO/*Ball*, § 529 Rn. 5, 9; *Rimmelspacher*, NJW 2002, 1897 (1901).

Verfahrensvereinbarung der Parteien nicht entsprach. Eine weitgehend[1441] inhaltsgleiche Regelung enthält Art. V Abs. 1 lit. d) NYÜ. Das Verfahren muss sich hierbei an einschlägigen Parteiabsprachen, den anwendbaren Verfahrensregeln und zwingend geltendem Verfahrensrecht der *lex arbitri* messen lassen, § 1042 Abs. 1, 2 ZPO.[1442]

Einen qualifizierten Verfahrensverstoß, namentlich einen prozessualen Ordre-public-Verstoß (etwa einen Gehörsverstoß[1443]), setzt die Neufeststellungsbefugnis im Rahmen der materiellen Ordre-public-Kontrolle richtigerweise allerdings nicht voraus. Ein gewöhnlicher Verfahrensfehler genügt.[1444] Die Tatsachenfeststellungsbefugnis an einen qualifizierten Verstoß zu knüpfen, hat zwar den Charme des Brückenschlags zur Ordre-public-Klausel. Allerdings rechtfertigt ein (kausaler) prozessualer Ordre-public-Verstoß bereits für sich betrachtet gemäß § 1059 Abs. 2 Nr. 2 lit. b) ZPO die Aufhebung. Der Ermittlung der materiellen Ordre-public-Konformität, mithin dahingehender Tatsachenfeststellungen, bedarf es dann nicht mehr.

3. Tatsachenfeststellungen im Falle inhaltlicher Zweifel an der Richtigkeit und Vollständigkeit der schiedsgerichtlichen Feststellungen

Im Interesse der Wahrung des *ordre public* sind nach der vorgeschlagenen Anlehnung an die Rechtsgedanken der §§ 529, 531 ZPO – ungeachtet eines Verfahrensfehlers – auch bei *inhaltlichen* Zweifeln an der Richtigkeit und Vollständigkeit der schiedsgerichtlichen Feststellungen neue Tatsachenfeststellungen möglich, ferner Feststellungen zu neuen Tatsachen, soweit diese für die Ordre-public-Prüfung erforderlich sind.[1445]

1441 Art. V Abs. 1 lit. d) NYÜ setzt die Kausalität des Verfahrensfehlers nicht ausdrücklich voraus. Sie ist nach umstrittener Ansicht aber Voraussetzung der Anerkennungsversagung; dazu MüKo-ZPO/*Adolphsen*, Art. V NYÜ Rn. 53; für Kausalitätserfordernis Musielak/Voit, ZPO/*Voit*, § 1061 Rn. 17.

1442 Dazu oben Kap. 1 A.II.

1443 Der Gehörsverstoß ist das Paradebeispiel eines prozessualen Ordre-public-Verstoßes, dazu etwa BGH, Beschl. v. 18.7.2019 – I ZB 90/18, SchiedsVZ 2020, 46 (49); BGH, Beschl. v. 23.7.2020 – I ZB 88/19, GRUR 2021, 118 (119 f.); OLG Frankfurt a. M., Beschl. v. 16.1.2020 – 26 Sch 14/18, BeckRS 2020, 4606 (Rn. 129); OLG Frankfurt a. M., Beschl. v. 26.11.2020 – 26 Sch 14/20, juris (Rn. 60).

1444 A. A. OLG München, Beschl. v. 25.9.2006 – 34 Sch 12/06, juris (Rn. 37); *Hilbig*, Kartellverbot im Schiedsverfahren, S. 71; *Tyrolt*, Sportschiedsgerichtsbarkeit, S. 148.

1445 Im Ergebnis ähnlich (Neufeststellungen „*bei konkreten Zweifeln*"), aber ohne Anlehnung an das berufungsrechtliche Tatsachenkontrollregime: *Morbach*, Der kartellrechtliche ordre public, S. 271 f.

Danach ist das Gericht zunächst befugt, die Feststellungen zu bereits im Schiedsverfahren vorgetragenen Tatsachen auf Richtigkeit und Vollständigkeit zu überprüfen. Das knüpft an den Rechtsgedanken des § 529 Abs. 1 Nr. 1 ZPO an, wonach die Bindung an die Tatsachenfeststellungen endet, wenn konkrete Anhaltspunkte Zweifel an der Richtigkeit oder Vollständigkeit der entscheidungserheblichen Feststellungen begründen. Konkrete Anhaltspunkte können sich, wie erwähnt, in der Berufung aus Verfahrensfehlern der Vorinstanz ergeben, ferner aus sonstigen objektivierbaren Umständen.[1446] Zur Auslösung der Feststellungsbefugnis gemäß § 529 Abs. 1 Nr. 1 ZPO genügen im Berufungsrecht einfache Zweifel, also *„eine gewisse – nicht notwendig überwiegende – Wahrscheinlichkeit dafür* [...], *dass* [...] *die erstinstanzliche Feststellung keinen Bestand haben wird*"[1447]. Bei der Übertragung dieser Grundsätze auf die Ordre-public-Kontrolle gemäß § 1059 Abs. 2 Nr. 2 lit. b) ZPO bietet sich im Interesse der Schiedsspruchfinalität und zur Vermittlung zwischen den konfligierenden Interessen[1448] eine leichte Modifikation an: Die vorhandenen Tatsachen dürfen nur dann einer Überprüfung unterzogen und gegebenenfalls ersetzt oder ergänzt werden, wenn Sachvortrag im gerichtlichen Verfahren nach §§ 1059–1061 ZPO *erhebliche* Zweifel an der Richtigkeit und Vollständigkeit der zur Ermittlung der Ordre-public-Konformität relevanten Umstände begründet, und zwar im Sinne von jedenfalls überwiegender Wahrscheinlichkeit.

Zusätzlich zu der Ersetzung oder Ergänzung unrichtiger oder unvollständiger Feststellungen zu Umständen, die bereits im Schiedsverfahren vorgetragen wurden (Rechtsgedanke des § 529 Abs. 1 Nr. 1 ZPO), muss die Tatsachenbindung des staatlichen Gerichts auch zugunsten der Möglichkeit enden, erstmals im gerichtlichen Verfahren vorgetragene Tatsachen festzustellen (Rechtsgedanke des § 529 Abs. 1 Nr. 2 ZPO):

1446 BGH, Urt. v. 12.3.2004 – V ZR 257/03, NJW 2004, 1876; BGH, Urt. v. 8.6.2004 – VI ZR 230/03, BGHZ 159, 254 = NJW 2004, 2828 (2829); BGH, Urt. v. 3.6.2014 – VI ZR 394/13, NJW 2014, 2797; Musielak/Voit, ZPO/*Ball*, § 529 Rn. 5, 9; *Rimmelspacher*, NJW 2002, 1897 (1901).

1447 BGH, Urt. v. 15.7.2003 – VI ZR 361/02, NJW 2003, 3480 (3481); so auch BGH, Urt. v. 8.6.2004 – VI ZR 230/03, BGHZ 159, 254 = NJW 2004, 2828 (2829 f.); BGH, Urt. v. 8.6.2004 – VI ZR 199/03, BGHZ 159, 245 = NJW 2004, 2825 (2826); dazu Musielak/Voit, ZPO/*Ball*, § 529 Rn. 5; eingehend und großzügiger (Unrichtigkeit nicht auszuschließen): *Rimmelspacher*, NJW 2002, 1897 (1902 f.); gegen bloße Möglichkeit aber *Greger*, NJW 2003, 2882.

1448 Dazu oben A.

Danach ist erheblicher Sachvortrag zu solchen Umständen zuzulassen, die erst nach Erlass des Schiedsspruchs eintraten. Das ergibt sich bereits aus dem entscheidungserheblichen Zeitpunkt, der nach § 1059 Abs. 2 Nr. 2 lit. b) ZPO der Zeitpunkt der gerichtlichen Entscheidung ist.[1449] Nachträglich eingetretene Tatsachen unterfallen auch nicht den Ausschlusstatbeständen der §§ 529 Abs. 1 Nr. 2, 531 Abs. 2 Satz 1 ZPO. Die Nichtgeltendmachung solcher Noven im Schiedsverfahren kann nämlich nicht auf einem Übersehen, einem Verfahrensfehler oder auf Nachlässigkeit im Sinne des § 531 Abs. 2 Satz 1 Nr. 1–3 ZPO beruhen. Freilich dürften die wenigsten Ordre-public-Rügen auf nachträglich eingetretene Tatsachen gestützt werden. Im Bereich des kartellrechtlichen *ordre public* liegen beispielsweise die tatsächlichen Umstände, aus denen sich eine unzulässige Wettbewerbsbeschränkung ergibt, in der Regel bereits zur Zeit des Schiedsspruchserlasses vor.

Für erstmals im gerichtlichen Verfahren vorgetragene, aber bereits bei Erlass des Schiedsspruchs objektiv vorliegende Umstände gilt:

Während der Rechtsgedanke des § 531 Abs. 2 Satz 1 Nr. 2 ZPO wie soeben gezeigt bereits im Durchbrechungstatbestand des Verfahrensfehlers aufgeht, kann das Gericht den in § 531 Abs. 2 Satz 1 Nr. 1 ZPO geregelten Zulassungsgrund nicht heranziehen. Neue Tatsachen sind also nicht bloß deswegen zuzulassen, weil sie einen Gesichtspunkt betreffen, den das Schiedsgericht erkennbar übersah oder für unerheblich hielt. Die Prüfung, welche Umstände für die Entscheidung erheblich sind, betrifft aus der Perspektive des Schiedsgerichts die für die Sachentscheidung relevanten Umstände; die Entscheidung darüber fällt in dessen Kompetenz, mithin unter das Verbot der *révision au fond*. Aus der Perspektive des staatlichen Gerichts stellt sich diese Frage nicht, denn für dessen Würdigung sind allein die zur Feststellung der Ordre-public-Konformität relevanten Umstände entscheidungserheblich.

Es bleibt ein Blick auf § 531 Abs. 2 Satz 1 Nr. 3 ZPO: Mit dem Rechtsgedanken der §§ 529 Abs. 1 Nr. 2, 531 Abs. 2 Satz 1 Nr. 3 ZPO sollten neue Tatsachen, die erstmals im gerichtlichen Verfahren vorgetragen wurden, zugelassen werden, soweit deren Nichterwähnung im Schiedsverfahren nicht auf Nachlässigkeit beruht. Nachlässigkeit ist hierbei jedenfalls dann anzunehmen, wenn der betreffende Umstand der nun nachträglich dazu vortragenden Partei bekannt war und die ordre-public-relevante Rechtsfrage mit einer für die Sachentscheidung erheblichen kongruent ist (was der Fall ist, wenn die Verurteilung aufgrund einer kartellrechtswidrigen Vereinbarung im Raum

1449 Dazu oben Kap. 2 C.I.1.a) sowie Kap. 3 A.II.

steht). Denn dann hätte entsprechender Sachvortrag die Richtigkeit der schiedsgerichtlichen Entscheidung gefördert, sodass ein Unterlassen das nicht schutzwürdige Zurückhalten des Vortrags nahelegt. Darlegungs- und beweisbelastet ist in Bezug auf das Nichtvorliegen von Nachlässigkeit die Partei, die sich auf den *ordre public* beruft. Das schafft vor dem Hintergrund der Bedenken gegen die Berücksichtigung ursprünglich vorhandener, aber nicht bereits im Schiedsverfahren vorgetragener Tatsachen[1450] einen Ausgleich für die nachträgliche gerichtliche Tatsachenfeststellungsbefugnis. Durch die Heranziehung des Nachlässigkeitstatbestands des § 531 Abs. 2 Satz 1 Nr. 3 ZPO wird die Wirksamkeit der Ordre-public-Prüfung zwar von einem subjektiven Moment abhängig gemacht, „subjektiviert". Dies erscheint aber angesichts der Gesichtspunkte, die für nicht allzu umfassende gerichtliche Tatsachenbefugnisse sprechen,[1451] sachgerecht. Immerhin verzichtet das Gesetz im Rahmen der Ordre-public-Prüfung auf eine Amtsermittlung der Tatsachen,[1452] wodurch es die Nichtaufdeckung von Widersprüchen zum *ordre public* in Kauf nimmt, zu denen schlicht nicht vorgetragen wird. Das Gesetz ordnet also ohnehin keine „absolute" Ordre-public-Prüfung an.

4. Tatsachenfeststellungen im Falle fehlerhafter schiedsgerichtlicher Beweiswürdigung

Die so definierte tatsächliche Kontroll- und Neufeststellungsbefugnis des Gerichts nach den Rechtsgedanken der §§ 529, 531 ZPO legt auch die Überprüfung der schiedsgerichtlichen Beweiswürdigung fest. Die Ausnahme des Verfahrensfehlers greift insoweit nicht, weil die Beweiswürdigung nicht Bestandteil des Verfahrens ist, sondern der Entscheidungsfindung im engeren Sinne.[1453] Mit dem vorgeschlagenen Rechtsgedanken des § 529 Abs. 1 Nr. 1 ZPO muss die Beweiswürdigung aber auf Richtigkeit und Vollständigkeit überprüft und gegebenenfalls selbst dann ersetzt werden, wenn sie zwar möglicherweise nicht fehlerhaft ist (etwa wegen Widersprüchlichkeit oder eines Verstoßes gegen Denkgesetze), jedenfalls aber erhebliche Zweifel an der

1450 Siehe aber die Bedenken bei *Kornblum*, ZZP 86 (1973), 215 (222); *Fournier*, Bindungswirkung, S. 29.

1451 Dazu oben A.

1452 Dazu oben Kap. 3 A.II.

1453 OLG Düsseldorf, Beschl. v. 29.1.2016 – I-4 Sch 4/15, BeckRS 2016, 121412 (Rn. 60); anschaulich zu den Zusammenhängen OLG Frankfurt a. M., Beschl. v. 26.11.2020 – 26 Sch 14/20, juris (Rn. 68).

Richtigkeit bzw. Wahrheit der festgestellten Tatsachen, also am Ergebnis der Beweiswürdigung, bestehen.

Zur weiteren Verfahrensweise für den Fall, dass das Gericht der schiedsgerichtlichen Beweiswürdigung nicht folgt, bietet sich erneut eine Orientierung am Berufungsrecht an. Danach steht die Wahl zwischen erneuter Beweiswürdigung auf Grundlage der schiedsgerichtlichen Beweisaufnahme und erneuter Beweisaufnahme im pflichtgemäßen Ermessen des Gerichts, soweit nicht eine Ermessensreduktion eine erneute Beweisaufnahme gebietet.[1454] Im Berufungsverfahren muss etwa dann eine erneute Zeugenvernehmung erfolgen, wenn das Berufungsgericht einer protokollierten Aussage einen abweichenden Sinn beimessen will, es diese für ergänzungs- oder präzisierungsbedürftig hält oder die Glaubwürdigkeit des Zeugen anders beurteilt.[1455] Im Falle des Sachverständigenbeweises ist eine erneute Begutachtung geboten, wenn das Berufungsgericht die vorhandene Begutachtung für unvollständig, unklar oder im Ergebnis zweifelhaft hält.[1456] Insgesamt dürfte auch im Verfahren nach §§ 1059–1061 ZPO grundsätzlich eine erneute Beweisaufnahme geboten sein, weil sie häufig ein belastbareres Bild der Beweislage verschafft als die Würdigung „aus der Akte".

II. Zur „rechtlichen Bindung": eingeschränkte Überprüfung auf Vertretbarkeit

Stehen mit der vorgeschlagenen Anlehnung an §§ 529, 531 ZPO die tatsächlichen Umstände fest, auf Grundlage derer das Gericht gemäß § 1059 Abs. 2 Nr. 2 lit. b) ZPO das Ergebnis der Anerkennung oder Vollstreckung des Schiedsspruchs auf Vereinbarkeit mit dem *ordre public* überprüft, ist die „rechtliche Bindung" an den Schiedsspruch zu klären.

Damit ist nicht die Bindung an die im Schiedsspruch niedergeschriebene rechtliche Würdigung gemeint. „Rechtliche Bindung" meint im Sinne des bereits erörterten „Ergebnistests"[1457] vielmehr, ob das Gericht ein vertretbares, plausibles oder nicht schwerwiegend falsches bzw. nicht leicht erkennbar

1454 BGH, Urt. v. 12.3.2004 – V ZR 257/03, NJW 2004, 1876 (1877); Musielak/Voit, ZPO/*Ball*, § 529 Rn. 13; Zöller, ZPO/*Heßler*, § 529 Rn. 4.

1455 BGH, Urt. v. 25.10.2013 – V ZR 147/12, NJW 2014, 550 (551 f.); BGH, Beschl. v. 21.10.2020 – XII ZR 114/19, NJW-RR 2020, 1519; Musielak/Voit, ZPO/*Ball*, § 529 Rn. 13–15; BeckOK-ZPO/*Wulf*, § 529 Rn. 12.

1456 BGH, Urt. v. 8.6.2004 – VI ZR 230/03, BGHZ 159, 254 = NJW 2004, 2828 (2829 f.); Musielak/Voit, ZPO/*Ball*, § 529 Rn. 18; BeckOK-ZPO/*Wulf*, § 529 Rn. 12.

1457 Dazu oben Kap. 3 A.III.1.

falsches Schiedsspruchergebnis, das den *ordre public* berührt, hinnehmen muss oder ob die Schiedsspruchaufhebung lediglich dann unterbleibt, wenn das Ergebnis aus der Sicht des Gerichts richtig ist. Letzteres bedeutet eine vollständige bzw. eigenständige Überprüfung ohne „rechtliche Bindung". Bei alldem ist wegen des Verbots der *révision au fond* eine gerichtliche Überprüfung des Schiedsspruchergebnisses überhaupt nur eröffnet, soweit der Schiedsspruch den *ordre public* berührt, etwa weil der zugrundeliegende Sachverhalt in den Anwendungsbereich von Art. 101 AEUV, § 1 GWB fällt.

1. Kein Richtigkeitserfordernis

Nach vorzugswürdiger Ansicht ist das Gericht, wenn es das Ergebnis der Anerkennung oder Vollstreckung des Schiedsspruchs auf Vereinbarkeit mit dem *ordre public* überprüft, in gewissem Umfang an das vom Schiedsgericht ermittelte, den *ordre public* berührende Normanwendungsergebnis gebunden.

Das folgt zunächst aus dem umfassend erörterten[1458] Prüfungsmaßstab der Ordre-public-Kontrolle. Das Schiedsspruchergebnis wird *per definitionem* lediglich auf Vereinbarkeit mit wesentlichen Grundsätzen der deutschen Rechtsordnung überprüft. Sind solche nicht berührt, besteht eine vollständige Bindung an den Schiedsspruch. Aber auch wenn der *ordre public* berührt ist, besteht nach hiesiger Auslegung der durch § 1059 Abs. 2 Nr. 2 lit. b) ZPO eröffneten „*Wertungsmöglichkeiten*"[1459] eine grundsätzliche Bindung an den Schiedsspruch, soweit dessen Ergebnis in nicht zweckwidriger Weise gegen Rechtssätze verstößt, die dem *ordre public* zuzurechnen sind. Das ist beispielsweise grundsätzlich der Fall, wenn das Schiedsgericht eine Schiedsklage wegen eines irrig angenommenen Nichtigkeitstatbestands zu Unrecht abgewiesen hat. Denn in diesem Fall droht nicht die Vollstreckung eines rechtlich missbilligten Rechtsgeschäfts bzw. die „Nichtahnung" und „Durchsetzung" rechtswidrigen Verhaltens unter Zuhilfenahme staatlicher Stellen.[1460]

Im Folgenden geht es aber um eine andere Konstellation, diejenige nämlich, dass eine verdächtige Fallgruppe eröffnet ist, und zwar die Verurteilung aufgrund einer kartellrechtswidrigen Vereinbarung bzw. – allgemeiner gewendet – die Verurteilung unter „Nichtahnung" und „Durchsetzung" kartell-

1458 Dazu oben Kap. 3 C.
1459 *Zobel*, Schiedsgerichtsbarkeit und Gemeinschaftsrecht, S. 151.
1460 Dazu oben Kap. 2 C.I.3.c).

rechtswidrigen Verhaltens.[1461] Ist das Gericht auch in diesem Fall in gewissem Umfang an das Rechtsanwendungsergebnis des Schiedsgerichts gebunden?

Die Antwort dürfte lauten: Ja. Das folgt bereits aus der Wendung *(offensichtlicher) Widerspruch des Ergebnisses der Anerkennung oder Vollstreckung des Schiedsspruchs zum ordre public* in § 1059 Abs. 2 Nr. 2 lit. b) ZPO und den dadurch eröffneten „*Wertungsmöglichkeiten*“[1462]. Nicht zuletzt das Erfordernis des *offensichtlichen* Widerspruchs zum *ordre public*, das Offensichtlichkeitskriterium, emanzipiert die Ordre-public-Kontrolle von einer Richtigkeitsprüfung, wie sie im Instanzenzug der §§ 513 ff. ZPO stattfindet, hin zu einer wertenden Vereinbarkeitsprüfung. Die Annahme einer offensichtlichen Unvereinbarkeit des Ergebnisses der Anerkennung oder Vollstreckung des Schiedsspruchs mit dem *ordre public* erfordert eine augenfällige Unerträglichkeit wegen des nicht hinzunehmenden *Schiedsspruchergebnisses*. Das ist nicht gleichzusetzen mit einer jeden entscheidungserheblichen Verletzung von Rechtsvorschriften, die dem *ordre public* zuzurechnen sind.

Ein vernünftigerweise begründbares Schiedsspruchergebnis mag aus der Sicht des Gerichts falsch sein, daraus folgt aber nicht dessen Unerträglichkeit. Nicht jede Unrichtigkeit ist im gleichen Maße unerträglich.[1463] Beispielsweise stellt das Übersehen eines Hardcore-Kartells und die daraus folgende Verurteilung aus der Kartellabrede einen schwerwiegenden Kartellrechtsverstoß dar, nicht nur aus der Sicht des *ordre public*.[1464] Die Verurteilung aus einer vertikalen Vereinbarung, deren Unzulässigkeit erst im Rahmen einer Freistellungsabwägung nach Art. 101 Abs. 3 AEUV erkennbar ist, ist ein ebenso entscheidungserheblicher Rechtsfehler, der im Rechtsmittelverfahren die Kassation erlaubt. Für die Aufhebungsentscheidung im Rahmen des § 1059 Abs. 2 Nr. 2 lit. b) ZPO gilt das aber nicht.[1465] Die hier eröffneten „*Wertungsmöglichkeiten*“[1466] können dazu genutzt werden, unerträgliche von noch hin-

1461 In einem Kartellanspruchsschiedsverfahren könnte umgekehrt die fehlerhafte Klage*abweisung* unter Verkennung eines Kartellrechtsverstoßes aus der Sicht des *ordre public* besonders problematisch sein, was wegen des Untersuchungsgegenstands („Kartell*einwände*“) aber nicht vertieft wurde.

1462 *Zobel*, Schiedsgerichtsbarkeit und Gemeinschaftsrecht, S. 151.

1463 Mit der folgenden Argumentation für eine Vertretbarkeitsprüfung jedenfalls bezüglich Freistellungsfragen: *Bosch* FS Bechtold, 59 (67 f.).

1464 Zur Differenzierung nach Art und Schwere des Kartellrechtsverstoßes oben Kap. 2 C.I.3.b)bb) sowie Kap. 3 A.III.4.f) mit entsprechenden Nachweisen.

1465 Zwischen Rechtsfehler bezüglich nicht freistellungsfähigen Hardcore-Kartellen und Freistellungstatbeständen unterscheidend: *Bosch* FS Bechtold, 59 (67 f.).

1466 *Zobel*, Schiedsgerichtsbarkeit und Gemeinschaftsrecht, S. 151.

nehmbar falschen Schiedsspruchergebnissen abzugrenzen. Bis zur Grenze der Erträglichkeit ist das Gericht dann „rechtlich gebunden".

Je nach Kriterium zur Abgrenzung hinnehmbarer von intolerablen Schiedsspruchergebnissen findet die Aufhebung nur statt, wenn das Ergebnis beispielsweise in besonders schwerwiegender[1467] oder leicht erkennbarer Weise[1468] mit dem *ordre public* unvereinbar oder nicht nachvollziehbar[1469] oder unvertretbar[1470] ist. Die Begrifflichkeiten gehen ineinander über, meinen aber letztlich nichts anderes, als dass das Gericht seine eigene Rechtsauffassung zum richtigen (den *ordre public* berührenden) Normanwendungsergebnis nicht ohne Weiteres an die Stelle derjenigen des Schiedsgerichts setzen darf. Insoweit ist – abweichend von der hergebrachten Rechtsprechung des Bundesgerichtshofs, wonach staatliche Gerichte nur an ein vollständig richtiges Ergebnis gebunden sind[1471] – ein vermittelnder Ansatz zutreffend, namentlich eine eingeschränkte rechtliche Überprüfung des Schiedsspruchergebnisses.

Auch in anderen Bereichen des Rechts sind eingeschränkte gerichtliche Überprüfungen angefochtener Entscheidungen anerkannt:

So räumt der Europäische Gerichtshof für Menschenrechte nationalen Gerichten, deren Entscheidungen er auf Vereinbarkeit mit der EMRK überprüft, im Rahmen der EMRK-Rechtfertigungstatbestände einen Beur-

---

1467 So etwa *Martínez Lage*, RevClEspArb 16 (2016), 131 (132, 140).

1468 So etwa *Hilbig*, Kartellverbot im Schiedsverfahren, S. 70.

1469 Vgl. den Prüfungsmaßstab bei BayObLG, Beschl. v. 25.8.2004 – 4Z Sch 13/04, SchiedsVZ 2004, 319; Thüringer OLG, Beschl. v. 8.8.2007 – 4 Sch 3/06, SchiedsVZ 2008, 44 (46); OLG Rostock, Beschl. v. 18.9.2007 – 1 Sch 04/06, DIS-Datenbank.

1470 OLG Karlsruhe, Beschl. v. 27.3.2009 – 10 Sch 8/08, BeckRS 2011, 8009 (II.3.b)ee.) („*Es ist nicht erkennbar, dass das Schiedsgericht mit einer unvertretbaren Begründung zu einem Ergebnis gelangt ist, das den Grundprinzipien des deutschen Rechts oder sonstigen elementaren Normen und Gerechtigkeitsvorstellungen zuwiderläuft*"); OLG München, Beschl. v. 30.7.2012 – 34 Sch 18/10, SchiedsVZ 2012, 339 (341) („*Ist strittig, ob ein Verstoß gegen Kartellrecht vorliegt, so steht ein Schiedsspruch, der sich in den Grenzen rechtlich vertretbarer Rechtserwägungen hält, jedenfalls nicht im Widerspruch zum ordre public*"); *Bechtold*, NZKart 2020, 459 (464); *Fournier*, Bindungswirkung, S. 56, 63; *Habscheid*, KTS 1973, 232 (235); *Heukamp*, Schiedszusagen, S. 167; *Picht*, GRUR 2019, 11 (24); *Schlosser*, Schiedsgerichtsbarkeit, Rn. 878; *Spiegel*, Kartellprivatrecht in der Handelsschiedsgerichtsbarkeit, S. 191 f.

1471 BGH, Urt. v. 12.5.1958 – VII ZR 436/56, BGHZ 27, 249 = NJW 1958, 1538 (1539); BGH, Urt. v. 23.4.1959 – VII ZR 2/58, BGHZ 30, 89 = NJW 1959, 1438 (1439 f.); BGH, Urt. v. 20.5.1966 – KZR 10/64, GRUR 1966, 576 (580); BGH, Urt. v. 25.10.1966 – KZR 7/65, BGHZ 46, 365 = NJW 1967, 1178 (1179); BGH, Urt. v. 31.5.1972 – KZR 43/71, NJW 1972, 2180 (2181); BGH, Urt. v. 26.10.1972 – VII ZR 232/71, NJW 1973, 98 (99 f.); BGH, Beschl. v. 29.9.1983 – III ZR 213/82, juris (Rn. 21).

teilungsspielraum bei der Anwendung des nationalen Rechts ein.[1472] Im Rahmen der Durchsetzung des Unionskartellrechts hat selbst der Gerichtshof eine nur eingeschränkte Überprüfung[1473] kartellbehördlicher Entscheidungen der Europäischen Kommission anerkannt,[1474] insbesondere bei der Überprüfung der Anwendung kartellrechtlicher Freistellungstatbestände.[1475] Recht anschaulich führte das Gericht der Europäischen Union in einer Entscheidung aus dem Jahr 2017 wie folgt aus:

> *„[66]Lastly, it should be noted that judicial review of decisions rejecting complaints must not lead to the General Court substituting its own assessment of the EU interest for that of the Commission and must focus on whether or not the contested decision is based on materially incorrect facts or is vitiated by an error of law, a manifest error of appraisal or misuse of powers. […][80]In that regard, it is to be noted that the Commission has a certain discretion*

1472 St. Rspr.: EGMR, Urt. v. 21.1.1999 – 26/1998/929/1141, NJW 1999, 1315 (1316 f.); EGMR, Urt. v. 28.4.2005 – 41604/98 (Buck/Deutschland), NJW 2006, 1495 (1497); EGMR, Urt. v. 12.5.2005 – 46221/99 (Öcalan/Türkei), NVwZ 2006, 1267 (1268); EGMR, Urt. v. 8.4.2021 – 47621/13 u. a. (Vavřička ua/Tschechien), NJW 2021, 1657 2021, 853 (1659); EGMR, Urt. v. 20.2.2007 – 35865/03 (Al-Moayad/Deutschland), NVwZ 2008, 761 (763); dazu *Mansel* in Hess (Hrsg.), Der europäische Gerichtsverbund, 1 (21 f.); Karpenstein/Mayer, EMRK/*Mayer*, Einleitung Rn. 60–67.

1473 Auf den Zusammenhang mit dem Umfang der Schiedsspruchüberprüfung weist hin: *Bien* in Fuchs/Weitbrecht (Hrsg.), Private Kartellrechtsdurchsetzung, § 17 Rn. 202; zuvor etwa *Hilbig*, Kartellverbot im Schiedsverfahren, S. 66–68.

1474 EuGH, Urt. v. 17.11.1987 – C-142 und C-156/84, NJW 1988, 3083 (3086) (*„Da es sich insoweit um die Würdigung komplexer wirtschaftlicher Gegebenheiten handelt, ist an die Ausführungen des Gerichtshofes in seinem Urteil vom 11. 7. 1985 (EuGHE 1985, 2545) zu erinnern, wonach der Gerichtshof zwar grundsätzlich eine umfassende Prüfung der Frage vornimmt, ob die Tatbestandsmerkmale des Art. 85 I erfüllt sind, aber seine Prüfung der Würdigung komplexer wirtschaftlicher Gegebenheiten notwendigerweise auf die Frage zu beschränken hat, ob die Verfahrensvorschriften eingehalten worden sind, ob die Begründung ausreichend ist, ob der Sachverhalt zutreffend festgestellt worden ist und ob keine offensichtlich fehlerhafte Würdigung des Sachverhalts und kein Ermessensmißbrauch vorliegen*“); allgemein zum Beurteilungsspielraum der Kommission in unionsrechtlichen Verwaltungsverfahren: EuGH, Urt. v. 21.11.1991 – C-269/90, NVwZ 1992, 358 (359); zum Beurteilungsspielraum bei der Würdigung wirtschaftlich komplexer Sachverhalte: EuG, Urt. v. 24.1.1992 – T-44/90, Slg II 1992, 3 (28, Rn. 40); EuG, Urt. v. 15.7.1994 – T-17/93, Slg II 1994, 598 (631 f., Rn. 104); anschaulich zum Unionskartellrecht EuG, Urt. v. 11.1.2017 – T-699/14 (Panini-Sammelbilder), NZKart 2017, 134 (135 f.); dazu *Schütte* in Wiedemann (Hrsg.), Kartellrecht, § 49 Rn. 227 f.; MüKo-WettbewR/*M. Wolf*, Art. 101 AEUV Rn. 1039 ff.

1475 EuG, Urt. v. 15.7.1994 – T-17/93, Slg II 1994, 598 (691 f.); dazu *Immenga*, ZWeR 2006, 346 (362); *Hilbig*, Kartellverbot im Schiedsverfahren, S. 66–68 m. w. N.

concerning the definition of the relevant market, in so far as that definition involves complex economic assessments.“[1476]

Auf eine Nichtigkeitsklage (Art. 263, 256 Abs. 1 Satz 1 AEUV) überprüft das Gericht der Europäischen Union die Anwendung von Freistellungstatbeständen durch die Kommission danach auf Beurteilungsfehler[1477] – wenngleich umstritten ist, ob sich der behördliche Beurteilungsspielraum nur auf die Feststellung des Sachverhalts oder auch auf die Rechtsanwendung bezieht.[1478]

2. Umfang der „rechtlichen Bindung“: erforderlicher „Richtigkeitsgrad“

Der danach auch andernorts anerkannte Beurteilungsspielraum führt zu der Frage, welche Anforderungen an das Schiedsspruchergebnis zu stellen sind, damit es dem Verdikt des § 1059 ZPO entgeht.

a) Keine Beschränkung der Überprüfung auf Vorhandensein einer Würdigung oder auf Rechtsbeugung und Willkür

Die vereinzelt vertretene Beschränkung der rechtlichen Überprüfung darauf, ob der Schiedsspruch eine Würdigung der relevanten Rechtsfrage enthält (und bejahendenfalls das Absehen von deren inhaltlicher Überprüfung),[1479] ist abzulehnen. Sie verkennt den durch § 1059 Abs. 2 Nr. 2 lit. b) ZPO angeordneten „Ergebnistest“[1480], denn sie erlaubt kein Urteil darüber, ob der Schiedsspruch wegen seines Inhalts *im Ergebnis* mit dem *ordre public* vereinbar ist. Auch die Beschränkung der Überprüfung darauf, ob das Schiedsgericht beispielsweise sittlich anstößig,[1481] willkürlich[1482] oder rechtsmiss-

1476 EuG, Urt. v. 11.1.2017 – T-699/14 (Panini-Sammelbilder), NZKart 2017, 134 (135 f.).
1477 *Immenga*, ZWeR 2006, 346 (362).
1478 Dazu *Schütte* in Wiedemann (Hrsg.), Kartellrecht, § 49 Rn. 227 f.; MüKo-WettbewR/*M. Wolf*, Art. 101 AEUV Rn. 1045 m. w. N.
1479 OLG Dresden, Beschl. v. 7.6.2006 – 11 Sch 02/06, DIS-Datenbank; Tendenz auch bei OLG Frankfurt a. M., Beschl. v. 24.7.2014 – 26 Sch 28/13, 26 Sch 29/13, juris (Rn. 108–117); *Möhring*, NJW 1968, 369 (370).
1480 Dazu oben Kap. 3 A.III.1.
1481 OLG München, Beschl. v. 23.1.2012 – 34 Sch 33/11, SchiedsVZ 2012, 107 (110).
1482 OLG Köln, Beschl. v. 24.7.2013 – 19 Sch 8/13, juris (Rn. 7); OLG Düsseldorf, Beschl. v. 29.1.2016 – I-4 Sch 4/15, BeckRS 2016, 121412 (Rn. 51); *Born*, International Commercial Arbitration, S. 3653 f.

bräuchlich[1483] agierte, geht insoweit fehl. Anderenfalls setzte die Aufhebung sittlich anstößiges Verhalten der Schiedsrichter bzw. einen vorsätzlichen Rechtsverstoß der Schiedsrichter voraus, was nicht zuletzt Beweisprobleme begründete.

b) Nicht bloß summarische Überprüfung der Ordre-public-Konformität; keine Beschränkung der Prüfung auf eine Verkennung einer grundlegenden gesetzgeberischen Wertentscheidung

Auch die mitunter angedeutete summarische Prüfung der Ordre-public-Konformität[1484] ist abzulehnen.

Bei übereinstimmender Erledigungserklärung (§ 91a ZPO) sowie im einstweiligen Rechtsschutz nach §§ 916 ff. ZPO mag ein solcher Prüfungsumfang geboten sein. Weil § 91a ZPO nämlich eine Billigkeitsentscheidung anordnet, kommt es nicht allein auf den (sicheren) hypothetischen Ausgang des Rechtsstreits ohne Erledigung an. Im einstweiligen Rechtsschutz nach §§ 916 ff. ZPO liegt die Beschränkung des Prüfungsumfangs auf eine summarische Prüfung in der besonderen Eilbedürftigkeit begründet. Daher kann sich das Gericht jeweils darauf zurückziehen, den überwiegend wahrscheinlichen Ausgang des Rechtsstreits zu ermitteln,[1485] wobei umfassende Tatsachenfeststellungen, die Erhebung nicht präsenter Beweise[1486] und die Beantwortung schwieriger Rechtsfragen erlassen sind.[1487] Weil das Gericht im Rahmen der Ordre-public-Konformität aber weder nach Billigkeit entscheidet noch besondere Eilbedürftigkeit besteht, ist dieser summarische Prüfungsumfang nicht auf die Ordre-public-Kontrolle übertragbar. Die Vereinbarkeit mit dem *ordre public*

1483 *Hilbig*, Kartellverbot im Schiedsverfahren, S. 70.

1484 Thüringer OLG, Beschl. v. 8.8.2007 – 4 Sch 3/06, SchiedsVZ 2008, 44 (46).

1485 Zum dahingehenden Prüfungsumfang BGH, Beschl. v. 8.11.1976 – NotZ 1/76, NJW 1977, 436; BGH, Beschl. v. 8.6.2005 – XII ZR 177/03, NJW 2005, 2385; BGH, Beschl. v. 15.9.2009 – IX ZB 36/08, juris (Rn. 3); BGH, Beschl. v. 30.4.2020 – VII ZB 23/19, juris (Rn. 7); Zöller, ZPO/*Althammer*, § 91a Rn. 24; MüKo-ZPO/*Schulz*, § 91a Rn. 53.

1486 Zu streitigen Einzelfragen Zöller, ZPO/*Althammer*, § 91a Rn. 26; Musielak/Voit, ZPO/*Flockenhaus*, § 91a Rn. 22; MüKo-ZPO/*Schulz*, § 91a Rn. 49–52.

1487 BGH, Beschl. v. 8.11.1976 – NotZ 1/76, NJW 1977, 436; BGH, Beschl. v. 17.3.2004 – IV ZB 21/02, NJW-RR 2004, 1219 (1220); BGH, Beschl. v. 8.6.2005 – XII ZR 177/03, NJW 2005, 2385; BGH, Beschl. v. 28.10.2008 – VIII ZB 28/08, NJW-RR 2009, 422; Zöller, ZPO/*Althammer*, § 91a Rn. 27; MüKo-ZPO/*Schulz*, § 91a Rn. 53; kritisch demgegenüber (zum verwaltungsgerichtlichen Eilrechtsschutz) *Heinemann*, NVwZ 2019, 517 (518).

muss hier feststehen, sie ist Hauptfrage. Dass nach der hier vertretenen Auffassung ein Widerspruch zum *ordre public* womöglich nicht vorliegt, obwohl das Schiedsgericht aus der Sicht des staatlichen Gerichts nicht richtig entschieden hat, bedeutet nicht, dass die Frage der Ordre-public-Konformität nur summarisch überprüft würde.

Die schwer fassbare Formel des Oberlandesgerichts Frankfurt am Main, gestattet sei allein eine „*Prüfung, ob die schiedsrichterliche Rechtsanwendung der in der betreffenden Norm zum Ausdruck kommenden grundlegenden Wertentscheidung des Gesetzgebers*“[1488] zuwiderlaufe, ist wegen ihrer Konturlosigkeit ebenfalls abzulehnen, zumal die Prüfung des Senats im entschiedenen Fall eher als Melange aus Gehörsverletzungsprüfung und Plausibilitätskontrolle daherkommt.[1489]

c) Vertretbarkeitskontrolle

Als zutreffender Prüfungsumfang bleiben die Plausibilitäts- bzw. Vertretbarkeitskontrolle, worin verwandte Prüfungsbeschränkungen wie die Prüfung auf ein schwerwiegend oder leicht erkennbar falsches Normanwendungsergebnis[1490] begrifflich aufgehen. Wenngleich sich die Begriffe *Plausibilität* und *Vertretbarkeit* ähneln, ist richtigerweise ein Vertretbarkeitsmaßstab im rechtlichen Sinne anzulegen. Denn Rechtsauffassungen sind nicht streng an Gesetzen der Logik zu messen,[1491] für die die Plausibilität eine „Mindestrichtigkeitsschwelle“ errichtet, sondern müssen, um das Verdikt der Falschheit abzuwenden, vertretbar sein.[1492] Man kann es kaum treffender umschreiben als *Larenz/Canaris*:

> „*Um solche Vermittlungen, die nicht den Charakter von ‚logisch zwingenden‘ Schlüssen, wohl aber den von nachvollziehbaren und (innerhalb gewisser Grenzen) überzeugenden Denk-Schritten haben, geht es vornehmlich in der Jurisprudenz. Sie ist daher, und zwar sowohl im praktischen Bereich (dem*

1488 OLG Frankfurt a. M., Beschl. v. 22.4.2021 – 26 Sch 12/20, BeckRS 2021, 41901 (Rn. 77, 80).

1489 Dazu oben Kap. 3 B.II.5.b)bb).

1490 Zu den Vertretern solcher Beschränkungen des Prüfungsumfangs oben Kap. 3 A.III.4.c).

1491 Vgl. *Larenz/Canaris*, Methodenlehre, S. 37–39.

1492 Vgl. *Larenz/Canaris*, Methodenlehre, S. 39, 115.

> *der ‚Rechtsanwendung'), wie im theoretischen Bereich (dem der ‚Dogmatik') weithin ein ‚wertorientiertes' Denken."*[1493]

Eine Rechtsauffassung ist vertretbar, wenn sie mittels anerkannter juristischer Methodik begründbar und daher nicht eindeutig dogmatisch falsch ist[1494] bzw. wenn „*zum mindesten ebenso gute Gründe für wie gegen ihre Richtigkeit sprechen*"[1495] (ohne dass sie vom konkreten Entscheider geteilt werden müsste).

Als Zwischenstufe zur rechtlichen Vertretbarkeit darf man vorab die Plausibilität des Schiedsspruchergebnisses im Sinne von logischer Nachvollziehbarkeit verlangen. Zur Konturierung der Nachvollziehbarkeit mag man sich des aus der revisionsrechtlichen Überprüfung einer tatrichterlichen Beweiswürdigung bekannten Fehlerkanons[1496] bedienen. Nachvollziehbarkeit liegt vor, wenn das Ergebnis ohne Widersprüche und Verstöße gegen allgemeine Denk- und Erfahrungssätze herleitbar ist.

Die Nachvollziehbarkeit ist notwendige, aber nicht hinreichende Bedingung der Vereinbarkeit des Ergebnisses der Anerkennung oder Vollstreckung mit dem *ordre public*. Das Schiedsspruchergebnis muss daher aus der Sicht des Gerichts nachvollziehbar und, darüber hinaus, in methodisch und dogmatisch belastbarer Weise unter Beachtung des zum *ordre public* gehörenden Rechts *begründbar* sein – egal, *ob* und *wie* das Schiedsgericht selbst sein eigenes Ergebnis begründet hat.[1497] Steht also die Nachvollziehbarkeit fest, muss geprüft werden, ob das Schiedsspruchergebnis unter Beachtung sämtlicher Rechtssätze bzw. Rechtsgedanken, die den *ordre public* des Gerichtsorts ausgestalten, vernünftigerweise vertretbar ist. Nach der Definition von *Larenz/Canaris* müssen, damit die Aufhebung bzw. Nichtanerkennung unterbleibt, für die Richtigkeit des gefundenen Ergebnisses ebenso gute Gründe sprechen wie dagegen.[1498]

1493 *Larenz/Canaris*, Methodenlehre, S. 37.

1494 Vgl. die Definitionen bei *Fournier*, Bindungswirkung, S. 52; *Spiegel*, Kartellprivatrecht in der Handelsschiedsgerichtsbarkeit, S. 192.

1495 *Larenz/Canaris*, Methodenlehre, S. 115.

1496 BGH, Urt. v. 9.7.1999 – V ZR 12/98, NJW 1999, 3481 (3482); BGH, Urt. v. 12.6.2014 – III ZR 245/13, BeckRS 2014, 13313 (Rn. 10); BGH, Urt. v. 12.12.2019 – III ZR 198/18, NJW 2020, 776; BGH, Beschl. v. 12.8.2020 – III ZR 160/19, BeckRS 2020, 23744 (Rn. 21); Musielak/Voit, ZPO/*Ball*, § 546 Rn. 9 f.; Zöller, ZPO/*Heßler*, § 546 Rn. 13.

1497 Zutreffend und anschaulich *Spiegel*, Kartellprivatrecht in der Handelsschiedsgerichtsbarkeit, S. 191 f.

1498 *Larenz/Canaris*, Methodenlehre, S. 115.

Ein dem vorgeschlagenen Vertretbarkeitsmaßstab ähnlicher Prüfungsumfang wird auch in Bezug auf die gerichtliche Überprüfung wettbewerbsbeschränkender Vergleiche (§ 779 BGB) erörtert.[1499] Betraf die vergleichsweise geregelte Unsicherheit in Bezug auf ein Rechtsverhältnis die Zulässigkeit möglicherweise kartellrechtswidrigen Verhaltens bzw. das Bestehen eines kartellrechtlichen Anspruchs, kann der Vergleich seinerseits Wettbewerbsbeschränkungen zeitigen, indem er etwa einer Vertragspartei Wettbewerbshandlungen untersagt, auf deren Unterlassung (§ 33 GWB) die andere Partei in Wahrheit keinen Anspruch hat.[1500] Nach der Rechtsprechung des Bundesgerichtshofs ist ein solcher Vergleich mit objektiv wettbewerbsbeschränkendem Inhalt jedoch bereits dann wirksam, wenn ein ernsthafter, objektiv begründeter Anlass zu der Annahme besteht, dem begünstigten Vertragspartner stehe der Anspruch zu, sodass bei Durchführung eines Rechtsstreits ernstlich zu erwarten wäre, dass das Verhalten untersagt würde.[1501] Erforderlich ist, dass sich die wettbewerbsbeschränkenden Absprachen innerhalb der Grenzen desjenigen halten, was bei objektiver Beurteilung ernsthaft zweifelhaft sein kann.[1502] Diese Rechtsprechung räumt den Parteien also einen kartellrechtlichen Beurteilungsspielraum ein.[1503] Angesichts der Wesensverschiedenheit der beiden Streitbeilegungsformen sind zwar auch diese Grundsätze nicht ohne Weiteres auf die Ordre-public-Kontrolle von Schiedssprüchen gemäß § 1059 Abs. 2 Nr. 2 lit. b) ZPO übertragbar. Denn anders als ein Vergleich beendet der Schiedsspruch den Rechtsstreit nicht, um die Unsicherheiten in Bezug auf das Rechtsverhältnis gütlich im Wege des beiderseitigen Nachgebens beizulegen, sondern das Schiedsgericht entscheidet abschließend und streitig über die Rechtslage. Dennoch kristallisiert sich hier heraus, dass dem Erstentscheider (hier: den Vertragsparteien) ein gewisser Entscheidungsspielraum zugestanden wird – ob man dies nun als Beurteilungsspielraum oder Vertretbarkeitsspielraum bezeichnet.

1499 Dazu *Kirchhoff*, GRUR 2017, 248 (253) (im markenrechtlichen Kontext); LMRKM/*Nordemann*, 3. Teil Rn. 34–39; (kritisch) MüKo-WettbewR/*F.-J. Säcker*, § 1 GWB Rn. 40 f., jeweils m. w. N.

1500 LMRKM/*Nordemann*, 3. Teil Rn. 34.

1501 BGH, Urt. v. 22.5.1975 – KZR 9/74, NJW 1976, 194 (195); BGH, Urt. v. 21.4.1983 – I ZR 201/80, GRUR 1983, 602 (603); BGH, Urt. v. 5.7.2005 – X ZR 14/03, GRUR 2005, 845 (847); dazu LMRKM/*Nordemann*, 3. Teil Rn. 35.

1502 BGH, Urt. v. 22.5.1975 – KZR 9/74, NJW 1976, 194 (195); BGH, Urt. v. 5.7.2005 – X ZR 14/03, GRUR 2005, 845 (847); *Harte-Bavendamm/v. Bomhard*, GRUR 1998, 530 (532); *Kirchhoff*, GRUR 2017, 248 (253); *Loschelder* in Gloy/Loschelder/Danckwerts (Hrsg.), Wettbewerbsrecht, § 90 Rn. 4; *Nothdurft*, GRUR 2021, 299 (303).

1503 *Kirchhoff*, GRUR 2017, 248 (253); *Nothdurft*, GRUR 2021, 299 (303).

Für den Vertretbarkeitsmaßstab im Rahmen der materiellen Ordre-public-Kontrolle spricht überdies, dass sich die Gesetzesanwendung häufig eindeutig logischen Schlüssen entzieht – oder, wie ebenfalls an prominenter Stelle formuliert wurde:

> *„Dort, wo die Entwicklung ‚im Flusse', die Verkehrsanschauung unsicher ist, gibt es, statt festliegender Grenzen, ‚fließende Übergänge' und infolgedessen in Einzelfällen einen Beurteilungsspielraum, innerhalb dessen die eine wie die andere Beurteilung, wie der Jurist sagt, ‚vertretbar' ist. Zwar ist die Jurisprudenz bemüht, im Wege der Interpretation diesen Spielraum einzuengen, er verschwindet aber nie ganz. Zum mindesten innerhalb dieses Spielraums ist eine Subsumtion im streng logischen Sinne nicht mehr möglich."*[1504]

Dass ein eindeutig richtiges Rechtsanwendungsergebnis mitunter nicht feststellbar ist, hindert zwar im Rechtsmittelzug nicht die Kassation wegen nicht geteilter Rechtsauffassung. Im Instanzenzug geht es aber um die richtige Entscheidung in der Sache, während sich der in § 1059 Abs. 2 Nr. 2 lit. b) ZPO aufgestellte Unvereinbarkeitsmaßstab im Sinne eines unerträglichen Anerkennungs- oder Vollstreckungsergebnisses von einer solchen Betrachtungsweise im Sinne von „richtig oder falsch" unterscheidet.

Ferner gilt: Die Entscheidung auf der Grundlage einer vertretbaren Rechtsauffassung ist nicht mit den Grundlagen der Rechtsordnung unvereinbar; was vertretbar ist und den Mindestanforderungen des rechtswissenschaftlichen Diskurses standhält, kann nicht inhaltlich unerträglich im Sinne eines Widerspruchs zum *ordre public* sein.[1505] Die Vertretbarkeit ist der anerkannte Minimalkonsens hinzunehmender, wenngleich womöglich nicht geteilter Gesetzesauslegung und Gesetzesanwendung.[1506] Das mag im gerichtlichen Instanzenzug anders sein, weil das übergeordnete Gericht dort befugt ist, eine auf vertretbarer Gesetzesarbeit beruhende Entscheidung aufzuheben, seine eigene Meinung also an die Stelle der Meinung des Instanzgerichts zu setzen. Das Verfahren nach §§ 1059–1061 ZPO ist aber nun einmal kein Rechtsmittelverfahren. Hier lässt sich der Vertretbarkeitsmaßstab mit den genannten allgemeinen Erwägungen zur Gleichwertigkeit der Schiedsgerichtsbarkeit, zur Schiedsspruchfinalität und zum Verbot der *révision au fond* sowie insbe-

1504 *Larenz/Canaris*, Methodenlehre, S. 39.

1505 Vgl. *Fournier*, Bindungswirkung, S. 62 f.; im Ergebnis auch *Schlosser*, Schiedsgerichtsbarkeit, Rn. 878; *v. Brunn*, NJW 1969, 823 (827).

1506 Vgl. *Larenz/Canaris*, Methodenlehre, S. 37–39, 135.

sondere mit dem Gesetzeswortlaut des § 1059 Abs. 2 Nr. 2 lit. b) ZPO, der auf Vereinbarkeitswertungen abstellt, gut begründen.

Der hier vorgeschlagene Vertretbarkeitsmaßstab sollte auch im Anwendungsbereich des Unionsrechts Anwendung finden, etwa bei einem möglichen Widerspruch zu Art. 101, 102 AEUV. Soweit die insgesamt unklare Rechtsprechung des Gerichtshofs abweichende Vorgaben machen will,[1507] ist sie abzulehnen. Richtigerweise ist ein zumindest vertretbares, wenn auch möglicherweise nicht geteiltes Ergebnis der Anwendung von Unionsrecht ebenso wenig wegen eines offensichtlichen Widerspruchs zum *ordre public* unerträglich, wie das bei einer vertretbaren Anwendung von *nationalen* Rechtsvorschriften der Fall ist, die Bestandteil des *ordre public* sind. Für eine Heranziehung derselben Maßstäbe spricht auch, dass der *ordre public* nach hier vertretener Auffassung[1508] auch im Anwendungsbereich des Kernbestands des Unionsrechts ein *nationales*, von den Mitgliedstaaten zu regelndes Konzept ist.

B. Prüfungsgang bei der materiellen Ordre-public-Kontrolle

Aus den vorstehenden Erwägungen zum tatsächlichen und rechtlichen Prüfungsumfang ergibt sich der folgende Vorschlag für einen gerichtlichen Prüfungsgang, den das Gericht nach hiesiger Auffassung zu beschreiten hat, wenn im Verfahren nach §§ 1059–1061 ZPO ein Widerspruch zum materiellen *ordre public* im Raum steht.

Berührt das Ergebnis der Anerkennung oder Vollstreckung des Schiedsspruchs den deutschen *ordre public*, ist die materielle Ordre-public-Kontrolle eröffnet. Solche Berührungspunkte bestehen, wenn der Schiedsspruchtenor (etwa wegen der Verurteilung zur Vornahme einer rechtlich missbilligten Handlung) oder, im Falle eines „neutralen“ Tenors, der dem Schiedsverfahren zugrundeliegende Sachverhalt in den Geltungsbereich einer zum *ordre public* zählenden Rechtsnorm oder eines wesentlichen Kerngedankens der deutschen Rechtsordnung fällt. Ob das (möglicherweise) der Fall ist, bestimmt das Gericht zunächst einmal anhand des Sachvortrags der Parteien im Aufhebungs- oder Vollstreckbarerklärungsverfahren. Auch der im Rahmen des Vollstreckbarerklärungsverfahrens wegen § 1064 Abs. 1 Satz 1 ZPO vorzulegende und im Aufhebungsverfahren üblicherweise vorliegende

1507 Zur unklaren Rechtsprechung des Gerichtshofs oben Kap. 3 B.I. sowie Kap. 3 C.I.
1508 Dazu oben Kap. 2 A.III.2.

Schiedsspruch wird es häufig (aber nicht immer) ermöglichen, Berührungspunkte mit dem *ordre public* zu identifizieren.

Im Anwendungsbereich des kartellrechtlichen *ordre public* berührt der Schiedsspruch beispielsweise dann den *ordre public*, wenn eine Partei auf der Grundlage einer möglicherweise kartellrechtswidrigen Vereinbarung bzw. – allgemeiner gewendet – unter „Nichtahndung" und „Durchsetzung" kartellrechtswidrigen Verhaltens verurteilt wurde. Das Gleiche gilt regelmäßig für Fälle der Verurteilung aus einem Vertrag, der nach deutschen Vorstellungen sittenwidrig (§ 138 BGB) oder wegen anderweitiger Verbotswidrigkeit nichtig (§§ 134, 139 BGB) ist. Der *ordre public* ist auch dann berührt, wenn eine Partei wegen Verletzung einer möglicherweise kartellrechtswidrigen oder anderweitig verbotswidrigen Vertragspflicht zu einer Sekundärleistung verurteilt wurde.[1509]

Ist sie einmal eröffnet, erfolgt die Ordre-public-Kontrolle im Ausgangspunkt auf der Grundlage der schiedsgerichtlichen Tatsachenfeststellungen. Grundsätzlich ist das Gericht an diese gebunden, es sei denn, einer der dargestellten Durchbrechungstatbestände greift. Soweit also die schiedsgerichtlichen Tatsachenfeststellungen nach dem Rechtsgedanken der §§ 529, 531 ZPO auf einem Verfahrensfehler berufen, erhebliche Zweifel an deren Richtigkeit oder Vollständigkeit bestehen oder neue Tatsachen, die erstmals im gerichtlichen Verfahren vorgetragen wurden, zulassungsfähig sind (weil sie etwa erst nachträglich eintraten oder bereits zur Zeit des Schiedsspruchs vorlagen, aber deren Nichterwähnung im Schiedsverfahren nicht auf Nachlässigkeit beruht), ist eine Neufeststellung geboten. Neuer Sachvortrag, mit dem die vorhandenen Tatsachenfeststellungen erschüttert oder ergänzt werden sollen, ist im gerichtlichen Verfahren aber dann ausgeschlossen, wenn die vorgestellte Treuwidrigkeitspräklusion analog § 242 BGB greift.

Auf der Grundlage des so festgestellten Sachverhalts ermittelt das Gericht (jedenfalls gedanklich) das richtige Schiedsspruchergebnis unter Anwendung und Beachtung des zu seinem *ordre public* gehörenden Rechts, etwa des Kartellverbots der Art. 101 AEUV, § 1 GWB. Soweit der *ordre public* nicht betroffen ist, nimmt das Gericht die rechtliche Würdigung bzw. deren Ergebnisse hin; das folgt aus dem Verbot der *révision au fond*. Das so jedenfalls gedanklich ermittelte, entsprechend „ordre-public-konforme" Ergebnis vergleicht das Gericht sodann mit dem vom Schiedsgericht ermittelten Ergebnis. Ist das Schiedsspruchergebnis zumindest *vertretbar*, also unter Beachtung des deutschen *ordre public* mittels einer vertretbaren rechtlichen Würdigung be-

1509 Dazu oben Kap. 2 C.I.3.

gründbar (egal, wie das Schiedsgericht den Schiedsspruch selbst begründet hat), ist der Schiedsspruch zwar möglicherweise aus der Sicht des staatlichen Gerichts falsch. Darin liegt aber nicht zugleich ein offensichtlicher Widerspruch des Ergebnisses seiner Anerkennung oder Vollstreckung zum *ordre public*; die Aufhebung bzw. Anerkennungsversagung unterbleibt.

C. Abschließende Betrachtungen zum Prüfungsmaßstab und Prüfungsumfang der materiellen Ordre-public-Kontrolle

Nach wie vor bestehen Unsicherheiten bei der Bestimmung des Prüfungsmaßstabs und Prüfungsumfangs der materiellen Ordre-public-Kontrolle von Schiedssprüchen. Grund der Unklarheiten sind der schwer subsumierbare Wortlaut des § 1059 Abs. 2 Nr. 2 lit. b) ZPO (*Widerspruch des Ergebnisses der Anerkennung oder Vollstreckung des Schiedsspruchs zur öffentlichen Ordnung*), der den Prüfungsmaßstab festlegt,[1510] das Fehlen einer gesetzlichen Regelung zu den tatsächlichen und rechtlichen Prüfungsbefugnissen des staatlichen Gerichts (Prüfungsumfang)[1511] sowie die konkurrierenden Interessen für und wider eine mehr oder weniger strenge Schiedsspruchüberprüfung. Hierbei stehen sich einerseits die Gleichwertigkeit der Schiedsgerichtsbarkeit mit der staatlichen Gerichtsbarkeit, gesichert durch die Finalität des Schiedsspruchs und das Verbot der *révision au fond*, und andererseits das Interesse an der Wahrung der Grundlagen der Rechtsordnung, gesichert durch die Kontrollfunktion der staatlichen Gerichte und den Vorbehalt des *ordre public*, gegenüber.[1512]

Höchstrichterliche Klarstellungen insbesondere zum Prüfungsumfang sind überfällig,[1513] wenngleich die überwiegende deutsche Rechtsprechung gerade zum kartellrechtlichen *ordre public*, wonach eine Bindung an die schiedsgerichtlichen Tatsachenfeststellungen und die rechtliche Würdigung des Schiedsgerichts nicht besteht, mehrfach bestätigt worden ist. Auch vonseiten des Gerichtshofs der Europäischen Union wären präzisierende Ausführungen wünschenswert. Zuletzt lieferte zwar das *Achmea*-Urteil[1514]

1510 Dazu oben Kap. 2 C.I.

1511 *Ason*, WuW 2014, 1057 (1061).

1512 Dazu oben A.

1513 Die BGH-Entscheidung KZB 75/21 lag zum Zeitpunkt der Überarbeitung der Arbeit zur Drucklegung nicht vor.

1514 EuGH, Urt. v. 6.3.2018 – C-284/16 (Achmea), NJW 2018, 1663.

neue Anhaltspunkte für die unionsrechtlichen Anforderungen an die materielle Schiedsspruchüberprüfung, konnte die Rechtslage aber ebenso wenig wie zuvor das grundlegende Urteil *Eco Swiss*[1515] klären.

Der angesichts des Klärungsbedarfs hier vorgeschlagene, vermittelnde Prüfungsgang weicht vom Standpunkt des Bundesgerichtshofs[1516] und möglicherweise auch des Gerichtshofs der Europäischen Union[1517] ab:

Der Bundesgerichtshof scheint in den zitierten Entscheidungen von einer „voraussetzungslosen" Tatsachenfeststellungsbefugnis des staatlichen Gerichts auszugehen. Die hier vorgeschlagene grundsätzliche Bindung an die schiedsgerichtlichen Tatsachenfeststellungen unter Durchbrechung der Bindung derart, dass eigene Tatsachenfeststellungen des Gerichts nach den Rechtsgedanken der §§ 529, 531 ZPO ausnahmsweise erlaubt sind, weicht davon auf den ersten Blick ab. Im Ergebnis dürfte der hiesige, auf das Berufungsrecht rekurrierende Vorschlag aber weitgehend im Einklang mit der höchstrichterlichen Rechtsprechung stehen. So wurde hier beispielsweise vorgeschlagen, dass das staatliche Gericht bei Verfahrensfehlerhaftigkeit und inhaltlichen Zweifeln an der Richtigkeit und Vollständigkeit der vorhandenen Tatsachenfeststellungen ergänzende und korrigierende Feststellungen treffen darf. Diese Zweifel müssen sich nach dem hiesigen Vorschlag zwar auf eine überwiegende Wahrscheinlichkeit der Unrichtigkeit oder Unvollständigkeit der für die Ordre-public-Kontrolle entscheidungserheblichen Feststellungen verdichten; ein „Anfangsverdacht" reicht nicht aus. Jedoch wird wohl auch die hergebrachte höchstrichterliche Rechtsprechung die zuständigen Oberlandesgerichte in der Praxis nicht dazu verleiten, anlasslos neue Feststellungen zu treffen, wenn nicht zumindest der (durch Sachvortrag untermauerte) Verdacht besteht, dass die schiedsgerichtlichen Tatsachenfeststellungen unvollständig oder unrichtig sind. Die Ansätze unterscheiden sich auch insoweit nicht, als es um nachträglich eingetretene Tatsachen geht; zu

1515 EuGH, Urt. v. 1.6.1999 – C-126/97 (Eco Swiss), Slg. I 1999, 3055 = GRUR Int 1999, 737.

1516 BGH, Urt. v. 12.5.1958 – VII ZR 436/56, BGHZ 27, 249 = NJW 1958, 1538 (1539); BGH, Urt. v. 23.4.1959 – VII ZR 2/58, BGHZ 30, 89 = NJW 1959, 1438 (1439 f.); BGH, Urt. v. 20.5.1966 – KZR 10/64, GRUR 1966, 576 (580); BGH, Urt. v. 25.10.1966 – KZR 7/65, BGHZ 46, 365 = NJW 1967, 1178 (1179); BGH, Urt. v. 31.5.1972 – KZR 43/71, NJW 1972, 2180 (2181); BGH, Urt. v. 26.10.1972 – VII ZR 232/71, NJW 1973, 98 (99 f.); BGH, Beschl. v. 29.9.1983 – III ZR 213/82, juris (Rn. 21).

1517 EuGH, Urt. v. 23.3.1982 – C-102/81 (Nordsee), Slg. 1982, 1096 = BeckRS 2004, 70632; EuGH, Urt. v. 1.6.1999 – C-126/97 (Eco Swiss), Slg. I 1999, 3055 = GRUR Int 1999, 737; EuGH, Urt. v. 26.10.2006 – C-168/05 (Mostaza Claro), IPRax 2008, 515; EuGH, Urt. v. 6.3.2018 – C-284/16 (Achmea), NJW 2018, 1663.

solchen dürfen auch nach dem hiesigen Vorschlag ohne Weiteres neue Feststellungen getroffen werden.

Ob sie nun im selbem Umfang Neufeststellungen erlaubt wie nach höchstrichterlicher Rechtsprechung der Fall oder nicht: Die normative Verankerung der tatsächlichen Befugnisse des Gerichts in §§ 529, 531 ZPO „diszipliniert" jedenfalls den Parteivortrag im Verfahren nach §§ 1059–1061 ZPO. Dieser muss dann nämlich seine eigene Zulassungsfähigkeit rechtfertigen. Das Wechselspiel von grundsätzlicher Bindung und ausnahmsweiser Neufeststellung ordnet zugleich den gerichtlichen Prüfungsgang und begrenzt das Risiko überbordenden Vortrags zur Substanziierung der für den *ordre public* unbeachtlichen Behauptung, dass der Schiedsspruch „falsch" sei.

Abweichungen von der Vorgehensweise des Bundesgerichtshofs bewirkt die hier vertretene grundsätzliche Tatsachenbindung vor allem dann, wenn erstmals im gerichtlichen Verfahren nach §§ 1059–1061 ZPO zu bestimmten Tatsachenkomplexen vorgetragen wird, es sich mit der Terminologie der §§ 529, 531 ZPO also um *neue* Tatsachen handelt. Mit dem Bundesgerichtshof sind auch solche wohl ohne Weiteres zuzulassen. Nach der hier vorgeschlagenen Anlehnung an das Berufungsrecht ist das hingegen nicht ohne Weiteres der Fall. Vielmehr muss mit den Rechtsgedanken der §§ 529, 531 ZPO ein Zulassungsgrund bejaht werden können. Eine sachgerechte Beschränkung „neuen" Vortrags bewirkt hierbei insbesondere die Heranziehung des Nachlässigkeitstatbestands des § 531 Abs. 2 Satz 1 Nr. 3 ZPO: Nachlässig nicht bereits im Schiedsverfahren vorgetragene Umstände bleiben im gerichtlichen Verfahren nach §§ 1059–1061 ZPO unberücksichtigt, selbst wenn sie möglicherweise der „Aufdeckung" eines Ordre-public-Verstoßes dienlich wären. Jedenfalls dann, wenn die Umstände bereits im Schiedsverfahren bekannt und die (nachträglich) ordre-public-relevanten Rechtsfragen zugleich für die Entscheidung in der Sache entscheidungserheblich waren, dürfte Nachlässigkeit vorliegen. Dass der Vortrag im Schiedsverfahren unterblieb und nun im gerichtlichen Verfahren nachgeholt wird, dürfte in vielen Fällen auf prozesstaktische Erwägungen zurückzuführen sein, was nicht schutzwürdig ist.

Mit dem Rechtsgedanken des § 531 Abs. 2 Satz 1 Nr. 3 ZPO wird die Wirksamkeit der Ordre-public-Prüfung, soweit sie sich auf neue, nicht bereits im Schiedsverfahren vorgetragene Tatsachen stützt, also in gewissem Maße „subjektiviert". Angesichts der Erwägungen, die für nicht allzu umfassende gerichtliche Tatsachenbefugnisse sprechen,[1518] ist diese Subjektivierung je-

1518 Dazu oben A.

doch hinzunehmen. Denn indem das Gesetz im Rahmen der Ordre-public-Prüfung keine Amtsermittlung der Tatsachen vorsieht,[1519] sondern die Ordre-public-Kontrolle vom Parteivortrag im gerichtlichen Verfahren abhängig macht, „subjektiviert" es diese ohnehin und nimmt aufgrund lückenhaften Parteivortrags unerkannt bleibende Ordre-public-Verstöße in gewissem Umfang in Kauf.

Die Abweichung des vorgeschlagenen Prüfungsgangs von der hergebrachten höchstrichterlichen Rechtsprechung betrifft auch und gerade die hier vertretene eingeschränkte „rechtliche Bindung" an ein möglicherweise vom Gericht nicht geteiltes, aber zumindest vertretbares Rechtsanwendungsergebnis. Der Bundesgerichtshof lehnt jegliche Bindung an die rechtliche Würdigung des Schiedsgerichts ab und würdigt den dem Schiedsspruch zugrundeliegenden Sachverhalt eigenständig, sobald und soweit etwa der kartellrechtliche *ordre public* betroffen ist.[1520] Danach hebt der Bundesgerichtshof den Schiedsspruch auf, wenn er einen einschlägigen Verstoß gegen das Kartellrecht feststellt. Es sei daran erinnert, dass nach hier vertretener Auffassung nicht sämtliche Verletzungen zum *ordre public* gehörenden Kartellrechts „einschlägig" sind, sondern zunächst einmal die Verurteilung aus einem kartellrechtswidrigen Vertrag (bzw. aus einer kartellrechtswidrigen Vereinbarung), wegen Verstoßes gegen eine kartellrechtswidrige Vertragsbestimmung oder – allgemeiner gewendet – unter Hinzuziehung eines kartellrechtswidrigen Rechtsgeschäfts (was jeweils mit einer „Nichtahndung" und „Durchsetzung" kartellrechtswidrigen Verhaltens einhergeht). Und so betraf auch die höchstrichterliche Rechtsprechung zum kartellrechtlichen *ordre public*, soweit ersichtlich, ausnahmslos Fälle, in denen eine Partei wegen möglicher *Verkennung* kartellrechtlicher Vorschriften rechtsfehlerhaft *verurteilt* wurde. Dass nach dem Bundesgerichtshof eine vollständige kartellrechtliche Überprüfung auch dann stattfände, wenn ein Schiedsgericht möglicherweise unter „zu strenger" Anwendung kartellrechtlicher Vorschriften fehlerhaft einen Kartellrechtsverstoß angenommen hat, steht damit nicht ohne Weiteres fest.

1519 Dazu oben Kap. 3 A.II.

1520 BGH, Urt. v. 12.5.1958 – VII ZR 436/56, BGHZ 27, 249 = NJW 1958, 1538 (1539); BGH, Urt. v. 23.4.1959 – VII ZR 2/58, BGHZ 30, 89 = NJW 1959, 1438 (1439 f.); BGH, Urt. v. 20.5.1966 – KZR 10/64, GRUR 1966, 576 (580); BGH, Urt. v. 25.10.1966 – KZR 7/65, BGHZ 46, 365 = NJW 1967, 1178 (1179); BGH, Urt. v. 31.5.1972 – KZR 43/71, NJW 1972, 2180 (2181); BGH, Urt. v. 26.10.1972 – VII ZR 232/71, NJW 1973, 98 (99 f.); BGH, Beschl. v. 29.9.1983 – III ZR 213/82, juris (Rn. 21).

Ungeachtet der Frage, welche Fallgruppen aus der Sicht des *ordre public* hinreichend verdächtig sind: Der vorgeschlagene Ansatz einer Vertretbarkeitsprüfung hat den Vorzug eines Kompromisses zwischen den widerstreitenden Interessen und nimmt die im Wortlaut des § 1059 Abs. 2 Nr. 2 lit. b) ZPO angelegten „*Wertungsmöglichkeiten*"[1521] auf: Die Rechtsfehlerhaftigkeit des Schiedsspruchs bzw. die Unrichtigkeit seines Ergebnisses (gemessen am Maßstab zum *ordre public* gehörenden Rechts) ist nicht dasselbe wie die offensichtliche, unerträgliche Unvereinbarkeit des Ergebnisses von dessen Anerkennung oder Vollstreckung mit dem *ordre public*. Eine vertretbare Rechtsanwendung wird man kaum als unerträglich bezeichnen können.[1522]

Über jeden Zweifel erhaben ist der vorgeschlagene Prüfungsgang bei alldem freilich keineswegs, sucht er doch einen Ausgleich der widerstreitenden Interessen und weicht dabei nicht zuletzt von der hergebrachten Rechtsprechung des Bundesgerichtshofs ab (die allerdings in die Jahre gekommen ist). Es besteht nach alldem nach wie vor gerichtlicher Klärungsbedarf zum Maßstab und Umfang der materiellen Schiedsspruchkontrolle.[1523]

Eine gerichtliche Klarstellung wäre gut beraten, eine Abgrenzung zu den Rechtsmittelverfahren der §§ 513 ff. ZPO zu schaffen. Zwar ist das Verfahren nach § 1059 ZPO kein Rechtsmittelverfahren. Fragen des gerichtlichen Prüfungsumfangs stellen sich aber in beiden Verfahren gleichermaßen. Vorgaben des Rechtsmittelrechts können daher zumindest als Orientierungspunkt für eine Regelung des Prüfungsumfangs im Schiedsverfahrensrecht dienen. Vergleichsmaßstab sollte hierbei die Berufung sein. Denn nur die Berufung erlaubt, anders als die Revision (§ 559 ZPO), im Rahmen der Sachrüge auch ohne einen Verfahrensfehler die Neufeststellung von Tatsachen, und nach hiesiger Auffassung muss die Neufeststellungsbefugnis über Fälle der Verfahrensfehlerhaftigkeit der schiedsgerichtlichen Tatsachenfeststellungen hinausgehen.

Je klarer der gerichtliche Prüfungsumfang im Rahmen der Ordre-public-Rüge gerichtlich oder gesetzlich konturiert wird, desto mehr ist der Rechtssicherheit gedient. Die zwischenzeitig beim Oberlandesgericht Frankfurt am Main[1524] zu beobachtende Vermeidung einer Streitentscheidung ist jedenfalls abzulehnen. Solange der Streit insbesondere über die gerichtlichen

1521 *Zobel*, Schiedsgerichtsbarkeit und Gemeinschaftsrecht, S. 151.

1522 Vgl. *Fournier*, Bindungswirkung, S. 62 f.; im Ergebnis auch *Schlosser*, Schiedsgerichtsbarkeit, Rn. 878; *v. Brunn*, NJW 1969, 823 (827).

1523 Die BGH-Entscheidung KZB 75/21 lag zum Zeitpunkt der Überarbeitung der Arbeit zur Drucklegung nicht vor.

1524 OLG Frankfurt a. M., Beschl. v. 14.3.2019 – 26 Sch 10/18, juris.

Tatsachenfeststellungsbefugnisse im Verfahren nach §§ 1059–1061 ZPO fortwährt, lässt er nicht zuletzt die Parteien und ihre Verfahrensbevollmächtigten über den Umfang des erforderlichen Sachvortrags im gerichtlichen Verfahren im Unklaren. Aus Gründen der (anwaltlichen) Vorsicht führt das häufig zu überbordendem Vortrag, womit keinem Beteiligten gedient ist, am wenigsten der Prozessökonomie. Dass wünschenswerte Nachjustierungen seitens der Gerichte die vorstehenden Überlegungen obsolet machen könnten, würde nicht zuletzt angesichts dessen gern in Kauf genommen.

Zusammenfassung der Arbeit in Thesen

Der Ordre-public-Vorbehalt als starre Anerkennungshürde am Maßstab der wesentlichen Grundlagen der deutschen Rechtsordnung ungeachtet des im Schiedsverfahren anwendbaren Rechts

1. Anders als ein staatliches Gericht hat ein Schiedsgericht keine echte *lex fori*, weil es nicht Organ der staatlichen Rechtspflege ist.
2. Trotz Fehlens einer echten *lex fori* agieren Schiedsgerichte nicht „anational“, ohne Bindung an staatliches Recht. Jedenfalls aus der Sicht eines mit einer Schiedssache befassten deutschen Gerichts gilt deutsches Schiedsverfahrensrecht zwingend, wenn der Sitz des Schiedsgerichts in Deutschland liegt (und soweit sich das deutsche Schiedsverfahrensrecht nicht selbst abdingbar stellt).
3. Welches Schiedsverfahrens- und Kollisionsrecht für Schiedsgerichte gilt, lässt sich eindeutig nur aus der Perspektive eines staatlichen Gerichts beantworten. Denn das Schiedsgericht sieht sich unter Umständen konfligierenden Anwendungsbefehlen verschiedener Rechtsordnungen ausgesetzt. Denkbar ist dies etwa, wenn zwei verschiedene Schiedsverfahrensrechte ihre jeweilige Anwendbarkeit an zwei unterschiedliche Berührungspunkte knüpfen, die das Schiedsverfahren beide erfüllt (etwa Sitz in Staat A, der dem Territorialitätsprinzip folgt, zugleich aber Verfahrensrechtswahl zugunsten der Rechtsordnung des Staates B, der der Verfahrenstheorie folgt, sodass ungeachtet des Sitzes auch dessen Schiedsverfahrensrecht Anwendung beansprucht).[1525]
4. Wegen des in Deutschland geltenden Territorialitätsprinzips ist ein inländisches Schiedsgericht aus der Perspektive eines deutschen Gerichts zur Ermittlung des in der Sache anwendbaren Rechts an § 1051 ZPO gebunden (wenngleich dessen Anwendung im Verfahren nach §§ 1059–1061 ZPO nur ganz ausnahmsweise revisibel ist).
5. Die Rom-I-VO gilt in inländischen Schiedsverfahren hingegen nicht. Das folgt aber nicht aus der fehlenden Bindung von Schiedsgerichten an staatliches Recht, sondern daraus, dass sich die Verordnung mangels anderweitiger Anordnung nur an staatliche Gerichte richtet.

1525 These 3 geht, auch in ihrer Formulierung, maßgeblich auf Ausführungen von *Schlosser* zurück. Dazu oben Kap. 2 B.I.3.a) mit entsprechenden Nachweisen.

6. Kraft der nach den anwendbaren Kollisionsregeln ermittelten *lex causae* sind Schiedsgerichte verpflichtet, einschlägiges nationales Kartellrecht und, falls das Recht eines Mitgliedstaats anwendbar ist, einschlägiges Unionskartellrecht anzuwenden.
7. Ungeachtet der *lex causae* müssen Schiedsgerichte auch bestimmte Eingriffsnormen in Betracht kommender weiterer Rechtsordnungen anwenden, insbesondere international zwingende kartellrechtliche Vorschriften. Bei der Ermittlung des sonderanzuknüpfenden Eingriffsrechts haben Schiedsgerichte, weil sie mangels echter *lex fori* nicht zwischen eigenen und drittstaatlichen Eingriffsnormen differenzieren können, Ermessen und müssen sich am Parteiinteresse und an einem sachgerechten Ergebnis orientieren.
8. Voraussetzungen der Sonderanknüpfung sind eine enge Verbindung des Erlassstaats der Norm mit dem Streitgegenstand, die Erfüllung der Tatbestandvoraussetzungen der Norm sowie deren Anwendungswille (im Kartellrecht nach dem Auswirkungsprinzip) und Anwendungswürdigkeit. Das Schiedsgericht ist danach regelmäßig gehalten, die Eingriffsnormen anzuwenden, deren Nichtbeachtung die Aufhebung am Sitz oder die Anerkennungsversagung in naheliegenden Vollstreckungsstaaten – wegen eines Ordre-public-Verstoßes – begründen könnte.

****

9. Ungeachtet der *lex causae* und des durch das Schiedsgericht sonderanzuknüpfenden Eingriffsrechts errichtet der Ordre-public-Vorbehalt des § 1059 Abs. 2 Nr. 2 lit. b) ZPO im Rahmen der gerichtlichen Schiedsspruchkontrolle eine starre Anerkennungshürde am Maßstab des deutschen *ordre public* (dessen Normbestand allerdings in weiten Teilen mit deutschem Eingriffsrecht kongruent ist).
10. Die Grundlagen der Rechtsordnung im Sinne des *ordre public* gehen nicht ausnahmslos in Tatbeständen des geschriebenen Rechts auf, wie etwa im Bereich des kartellrechtlichen *ordre public* bei Art. 101, 102 AEUV, §§ 1, 19–21 GWB und wohl auch Art. 7 Abs. 1 FKVO, § 41 Abs. 1 GWB der Fall. Grundlegend können auch ungeschriebene Rechtsprinzipien bzw. rechtliche Grundwerte sein.

Die Bedeutung des Verbots der révision au fond für den materiellen Ordre-public-Vorbehalt vor dem Hintergrund des gerichtlichen Prüfungsmaßstabs und Prüfungsumfangs

11. In seiner materiellen Facette erlaubt der Ordre-public-Vorbehalt die Überprüfung des Schiedsspruchs auf inhaltliche Vereinbarkeit mit den wesentlichen Grundlagen der deutschen Rechtsordnung.
12. Nach dem Gesetzeswortlaut wird das Ergebnis der Anerkennung oder Vollstreckung des Schiedsspruchs auf inhaltliche Ordre-public-Konformität überprüft, nicht der Schiedsspruch. Der Ordre-public-Vorbehalt des § 1059 Abs. 2 Nr. 2 lit. b) ZPO ordnet also einen „Ergebnistest" an, sobald der *ordre public* berührt ist. Eine solche Berührung liegt vor, wenn der Tenor oder (häufiger) der dem Schiedsverfahren zugrundeliegende Sachverhalt in den Geltungsbereich zum *ordre public* gehörenden Rechts fällt, etwa kartellrechtlicher Verbote.
13. Die Ordre-public-Kontrolle ist nicht gleichzusetzen mit einer Inhaltskontrolle des Schiedsspruchs. Sie stellt keine Ausnahme vom Verbot der *révision au fond* dar. Der Schiedsspruch wird gerade nicht auf Richtigkeit *in der Sache* überprüft. Selbst wenn das staatliche Gericht einen Schiedsspruch streng auf Vereinbarkeit etwa mit grundlegendem Verbotskartellrecht überprüft, dient dies lediglich der Abwehr unerträglicher Anerkennungs- und Vollstreckungsergebnisse, nicht in der Sache falscher Schiedssprüche.
14. Bei der materiellen Ordre-public-Prüfung sollte unterschieden werden zwischen dem Prüfungsmaßstab und dem Prüfungsumfang. Der in § 1059 Abs. 2 Nr. 2 lit. b) ZPO geregelte Prüfungsmaßstab definiert die Aufhebungsvoraussetzungen, einschließlich des Begriffs *ordre public*. Er bestimmt den Ausschnitt aus der deutschen Rechtsordnung, mit dem der Schiedsspruch (genauer: das Ergebnis von dessen Anerkennung und Vollstreckung) vereinbar sein muss, und gibt vor, unter welchen Voraussetzungen ein Ordre-public-Verstoß vorliegt. Der Prüfungsumfang legt hingegen die gerichtlichen Überprüfungsbefugnisse zur Feststellung, ob ein solcher Widerspruch vorliegt, fest. Er regelt, inwieweit das Gericht an die schiedsgerichtlichen Tatsachenfeststellungen gebunden ist, wenn es das Ergebnis der Anerkennung oder Vollstreckung des Schiedsspruchs auf Vereinbarkeit mit dem *ordre public* überprüft, zugleich also, inwieweit das Gericht eigene Tatsachen feststellen darf. Der Prüfungsumfang gibt auch die „rechtliche Bindung an den Schiedsspruch" vor: Er beantwortet, ob das Gericht den Schiedsspruch nur dann

aufhebt, wenn es das den *ordre public* berührende Schiedsspruchergebnis für richtig hält, oder ob die Aufhebung auch dann unterbleibt, wenn das Ergebnis etwa vertretbar, plausibel oder nicht schwerwiegend bzw. nicht leicht erkennbar falsch ist.

Prüfungsmaßstab 1: der gesetzlich angeordnete „Ergebnistest" und der Fehlschluss von einer Verletzung zum ordre public *gehörenden Rechs auf einen Ordre-public-Verstoß*

15. Ein Widerspruch zum materiellen *ordre public* gemäß § 1059 Abs. 2 Nr. 2 lit. b) ZPO liegt insbesondere vor, wenn eine Partei zur Vornahme einer am Gerichtsort verbotenen (einschließlich kartellrechtswidrigen) oder sittenwidrigen Handlung, auf der Grundlage eines verbots- oder sittenwidrigen Rechtsgeschäfts oder wegen Verletzung einer verbots- oder sittenwidrigen Vertragsbestimmung bzw. – allgemeiner gewendet – unter „Nichtahndung" und „Durchsetzung" kartellrechtswidrigen Verhaltens *verurteilt* wurde.
16. Im zweitgenannten Fall ergibt sich die Ordre-public-Widrigkeit des Ergebnisses der Anerkennung oder Vollstreckung des Schiedsspruchs nicht aus dem Tenor, sondern erst unter Hinzuziehung des dem Schiedsspruch zugrundeliegenden Sachverhalts. Auf dessen Grundlage muss dann das vom Schiedsgericht ermittelte Schiedsspruchergebnis auf Vereinbarkeit mit dem *ordre public* überprüft werden.
17. Im Rahmen dieses „Ergebnistests" ist zu prüfen, ob sich das Schiedsspruchergebnis unter Beachtung des am Gerichtsort zum *ordre public* gehörenden Rechts, also „in ordre-public-konformer Weise", begründen lässt (ungeachtet dessen, ob und wie das Schiedsgericht den Schiedsspruch begründet hat). Eine grobe Rechtsfehlerhaftigkeit oder inhaltliche Anstößigkeit der etwaig im Schiedsspruch niedergeschriebenen Rechtsauffassungen des Schiedsgerichts ist daher unerheblich, solange nicht das Ergebnis des Schiedsspruchs inhaltlich unerträglich im Sinne des *ordre public* ist.
18. Die Aufhebung ist nicht ohne Weiteres gerechtfertigt, wenn der Schiedsspruch auf der Verletzung zum *ordre public* gehörenden Rechts beruht, wenn er also solches Recht verkennt oder fehlanwendet (bzw. wenn dessen Ergebnis nur unter Verletzung zum *ordre public* gehörenden Rechts begründbar ist).
19. Ein solcher zwingender Schluss von einem Rechtsfehler im Hinblick auf zum *ordre public* gehörendes Recht auf einen Widerspruch zum *ordre public* ist ein Fehlschluss. Die Unvereinbarkeit des Ergebnisses

der Anerkennung oder Vollstreckung des Schiedsspruchs mit dem *ordre public* ist nicht dasselbe wie das Beruhen des Schiedsspruchs auf einer Verletzung zum *ordre public* gehörenden Rechts.

Prüfungsmaßstab 2: die Unterscheidung zwischen zweckwidriger und „zweckkonformer" Verletzung zum ordre public *gehörenden Rechts sowie zwischen „kartellrechtlichem* under-enforcement" *und „kartellrechtlichem* over-enforcement" *durch Schiedsgerichte*

20. Weil die Gleichstellung von einem Rechtsfehler im Bereich des *ordre public* mit einem Ordre-public-Verstoß fehlgeht, kann auch die Verletzung einer zwingenden Verbotsnorm des Kartellrechts (Art. 101, 102 AEUV, §§ 1, 19–21 GWB) nicht ohne Weiteres gleichgesetzt werden mit einem Widerspruch des Ergebnisses der Anerkennung oder Vollstreckung zum (kartellrechtlichen) *ordre public*, selbst wenn der Schiedsspruch auf dieser Rechtsverletzung beruht.
21. Die Überprüfung der Vereinbarkeit des Ergebnisses der Anerkennung oder Vollstreckung des Schiedsspruchs mit dem *ordre public* ist eine wertende Prüfung. Unter Wertungsgesichtspunkten ist insbesondere zwischen „zu strenger" und „zu großzügiger" Fehlanwendung zum *ordre public* gehörenden Rechts durch das Schiedsgericht zu differenzieren (bzw. zwischen einem Schiedsspruchergebnis, das nur unter „zu strenger" oder „zu großzügiger" Fehlanwendung zum *ordre public* gehörenden Rechts begründbar ist).
22. Der Ordre-public-Vorbehalt greift grundsätzlich nur dann, wenn das Schiedsspruchergebnis zum *ordre public* gehörendes (Verbots-)Recht zweckwidrig verletzt (etwa § 138 BGB, Art. 101 AEUV, § 1 GWB). Das ist grundsätzlich nur dann denkbar, wenn es – unter „Anerkennung" und „Durchsetzung" rechtswidrigen Verhaltens – zu einer aus Gründen des *ordre public* rechtlich zu beanstandenden Verurteilung kam. Rechtsfehlerhafte Klageabweisungen, etwa wegen rechtsirriger Annahme eines Nichtigkeitsgrundes, sind aus der Sicht des *ordre public* grundsätzlich unbedenklich (wenngleich sie im gleichen Maße rechtsfehlerhaft sein mögen).[1526]

1526 In einem Kartellanspruchsschiedsverfahren könnte umgekehrt die fehlerhafte Klage*abweisung* unter Verkennung eines Kartellrechtsverstoßes aus der Sicht des *ordre public* besonders problematisch sein, was wegen des Untersuchungsgegenstands („Kartell*einwände*") aber nicht vertieft wurde.

23. Behandelt das Schiedsgericht beispielsweise ein nach dem Recht des Gerichtsorts nichtiges Rechtsgeschäft als wirksam und zieht es als Verurteilungsgrundlage heran, dann lässt sich dieses Ergebnis aus der Perspektive des staatlichen Gerichts nur unter zu großzügiger Rechtsfehlanwendung, einer Verkennung des Nichtigkeitstatbestands, begründen. Der Schiedsspruch verhilft dem verbotenen Rechtsgeschäft bzw. dem dahinterstehenden rechtswidrigen Verhalten zur Durchsetzung. Er selbst verletzt das Verbot, die Anerkennung des Schiedsspruchs liefe dem Verbotszweck diametral zuwider. Das rechtfertigt die Aufhebung des Schiedsspruchs. Denn es ist mit den Grundlagen der deutschen Rechtsordnung unvereinbar, wenn eine Partei – unter „Nichtahndung" und „Durchsetzung" rechtlich missbilligten Verhaltens – aus einem sittlich anstößigen oder verbotenen und daher nichtigen Rechtsgeschäft verurteilt wird und unter Zuhilfenahme staatlicher Stellen aus einem solchen Schiedsspruch in das Schuldnervermögen vollstreckt würde.
24. Wenn hingegen ein aus der Sicht des *ordre public* wirksames Rechtsgeschäft als nichtig bzw. – allgemeiner gewendet – rechtmäßiges Verhalten als rechtswidrig behandelt wird (und daher die Schiedsklage abgewiesen wird), beruht der Schiedsspruch zwar ebenso auf einer Verletzung zum *ordre public* gehörenden Rechts (etwa einer Verletzung des § 138 BGB). Das Schiedsspruchergebnis lässt sich in diesem Fall aus der Sicht des *ordre public* des Gerichtsorts nur unter „zu strenger" Rechtsfehlanwendung begründen. In diesem Fall widerspricht das Normanwendungsergebnis, die Nichtigkeit und daraus folgende Klageabweisung, aber grundsätzlich nicht in ordre-public-widriger Weise dem Verbotszweck. Der Schiedsspruch widerspricht nicht dem Verbot, sondern setzt es (rechtsfehlerhaft) überschießend um. Die Anerkennung des Schiedsspruchs goutiert nicht ein rechtlich missbilligtes Rechtsgeschäft bzw. rechtswidriges Verhalten und verhilft diesem nicht fehlerhaft zur Durchsetzung. Es droht keine Vollstreckung der missbilligten Rechtsfolge mittels staatlichen Zwangs.
25. Im Bereich des kartellrechtlichen *ordre public* wirft die Unterscheidung zwischen (aus der Sicht des *ordre public* „schädlicher") zweckwidriger und (aus der Sicht des *ordre public* unbeachtlicher) „zweckkonformer" Rechtsfehlanwendung indes Folgefragen auf, wenngleich es herrschender Meinung entspricht, dass die rechtsirrige Annahme eines Kartellrechtsverstoßes durch ein Schiedsgericht aus der Sicht des *ordre public* unbedenklich sei. Diese Auffassung ist aber kartellrechtlich nicht gesichert. Das liegt daran, dass die Gesetzeszwecke des Kartellrechts und

deren Rangverhältnis (Instrumental- vs. Fundamentalziele) unklar und Gegenstand lebendiger Diskussion sind. Ohne dass diese Unklarheiten hier ausgeräumt werden konnten, gilt: Auch das „*over-enforcement* kartellrechtlicher Vorschriften durch Schiedsgerichte“ kann negativ-generalpräventiv wirken, indem es dazu führt, dass Marktteilnehmer von wettbewerblich wünschenswerten Verhaltensweisen, die innovations-, effizienz- und verbraucherwohlfahrtsfördernd gewirkt hätten, Abstand nehmen. Das läuft, je nach vertretener Zweckhierarchie und betroffenem Wettbewerbsziel, unter Umständen dem kartellrechtlichen Verbotszweck zuwider und scheint entsprechend auch aus der Sicht des *ordre public* bedenklich.

26. Ungeachtet des Rangverhältnisses der wettbewerbsökonomischen Ziele des Kartellrechts gilt aber auch im Kartellrecht, dass der Gesetzgeber mit Art. 101, 102 AEUV, §§ 1, 19–21 GWB ausdrückliche gesetzliche Verbote aufgestellt hat, gegen die ein Schiedsspruch (bzw. das Ergebnis von dessen Anerkennung oder Vollstreckung) jedenfalls dann verstößt, wenn er einer Vereinbarung bzw. einseitigem Verhalten zur Durchsetzung verhilft, die bzw. das den Wettbewerb rechtswidrig beschränkt. In diesem Fall liegt eine verbotszweckwidrige und damit ordre-public-widrige „Nichtahndung“ rechtswidrigen Verhaltens vor, die gegen den *ordre public* verstößt. Es droht die Vollstreckung aus einem wegen dessen Kartellrechtswidrigkeit rechtlich missbilligten Rechtsgeschäft bzw. die „Durchsetzung“ kartellrechtswidrigen Verhaltens unter Zuhilfenahme staatlicher Stellen, sodass das eben Gesagte gilt (Thesen 22–24).

Prüfungsumfang 1: der Stand der deutschen Rechtsprechung im Bereich des materiellen ordre public *vor dem Hintergrund der unionsrechtlichen Vorgaben und jüngerer Liberalisierungstendenzen*

27. Spätestens seit dem EuGH-Urteil in der Rechtssache *Achmea* dürfte eine materielle Schiedsspruchüberprüfung auf Vereinbarkeit mit den grundlegenden Vorschriften des Unionsrechts (Handelsschiedsgerichtsbarkeit) bzw. mit dem gesamten Unionsrecht (Investitionsschiedsgerichtsbarkeit) unionsrechtlich geboten sein. Die unionsrechtliche Zulässigkeit von Beschränkungen des Prüfungsumfangs, insbesondere einer Bindung an die schiedsgerichtlichen Tatsachenfeststellungen und das den *ordre public* berührende Schiedsspruchergebnis, bleibt allerdings ungeklärt.
28. Stand der überwiegenden Rechtsprechung deutscher Gerichte ist, dass Schiedssprüche im Bereich zum *ordre public* gehörenden Rechts eigenständig und ohne Bindung an den Schiedsspruch überprüft werden

und die Aufhebung keinen qualifizierten Rechtsverstoß voraussetzt. Der Schiedsspruch passiert danach nur dann die Ordre-public-Kontrolle, wenn das durch das Schiedsgericht ermittelte Schiedsspruchergebnis, soweit es den *ordre public* berührt und die Ordre-public-Prüfung damit eröffnet ist, auf der Grundlage des eigens durch das staatliche Gericht festgestellten ordre-public-relevanten Sachverhalts *richtig* ist.

29. Wegen der unklaren unionsrechtlichen Vorgaben und europaweit wahrnehmbarer Liberalisierungstendenzen, die die obergerichtliche Rechtsprechung mitunter aufgriff, scheint die höchstrichterliche deutsche Rechtsprechung zur vollständigen Ordre-public-Prüfung aber nicht in Stein gemeißelt. Auch die lebendig geführte wissenschaftliche Diskussion belegt den weiterhin bestehenden Klärungsbedarf.
30. Den fortwährenden Streit behandelte zuletzt etwa das Oberlandesgericht Frankfurt am Main in einer Reihe von Entscheidungen zum gerichtlichen Prüfungsumfang mit Kartellrechtsbezug. Nachdem sich das Gericht zunächst nicht zu einer Streitentscheidung hatte durchringen können (Beschluss vom 14. März 2019 – 26 Sch 10/18), vertrat es in zwei jüngeren Entscheidungen gemäß § 1059 ZPO (Beschluss vom 22. April 2021 – 26 Sch 12/20; Beschluss vom 3. März 2022 – 26 Sch 2/21) eine sehr eingeschränkte („minimalistische") Überprüfung. Im – angefochtenen[1527] – Beschluss 26 Sch 12/20 wies das Gericht darauf hin, dass die gerichtliche Kontrolle „*auch im Bereich der zum ordre public gehörenden Normen*" beschränkt sei „*auf die Prüfung, ob die schiedsrichterliche Rechtsanwendung der in der betreffenden Norm zum Ausdruck kommenden grundlegenden Wertentscheidung des Gesetzgebers*" zuwiderlaufe. Das Aufhebungsverfahren sei auch keine „*dem Berufungsverfahren entsprechende zweite Tatsacheninstanz, in der zu kartellrechtlichen Fragen neue Tatsachenfeststellungen getroffen werden können*".

Prüfungsumfang 2: Stellungnahme und Vorschlag eines „gerichtlichen Prüfprogramms"

31. Richtigerweise muss das Gericht bei der Prüfung, ob das Ergebnis der Anerkennung oder Vollstreckung des Schiedsspruchs dem *ordre public* widerspricht, von den Tatsachenfeststellungen des Schiedsgerichts ausgehen, ist grundsätzlich daran gebunden. Es erfolgt eine Fehlerkontrolle der Feststellungen nach den Rechtsgedanken der §§ 529, 531 ZPO.

1527 Die BGH-Entscheidung KZB 75/21 lag zum Zeitpunkt der Überarbeitung der Arbeit zur Drucklegung nicht vor.

32. Danach darf das Gericht eigene Tatsachen feststellen, soweit die schiedsgerichtlichen Feststellungen verfahrensfehlerhaft zustande kamen, was aber keinen prozessualen Ordre-public-Verstoß voraussetzt. Das Gericht darf eigene Tatsachen auch insoweit feststellen, als Vortrag im gerichtlichen Verfahren erhebliche Zweifel an der Richtigkeit oder Vollständigkeit der zur Würdigung der Ordre-public-Konformität relevanten Feststellungen begründet. Das Gericht darf auch echte *Noven* feststellen, die erst nach Erlass des Schiedsspruchs eintraten. Sonstige neue Tatsachen, die erstmals im gerichtlichen Verfahren vorgetragen wurden, sind zulässig, soweit deren Nichterwähnung im Schiedsverfahren nicht auf Nachlässigkeit beruht. Auch die schiedsgerichtliche Beweiswürdigung darf das Gericht auf Richtigkeit überprüfen und selbst dann ersetzen, wenn sie zwar nicht fehlerhaft ist, aber erhebliche Zweifel an der Wahrheit der festgestellten Tatsachen bestehen.
33. Bei alldem schließt die Treuwidrigkeitspräklusion analog § 242 BGB neuen Sachvortrag aus, der wider Treu und Glauben im Schiedsverfahren zurückgehalten wurde.
34. In rechtlicher Hinsicht ist eine eingeschränkte Bindung an das den *ordre public* berührende Schiedsspruchergebnis vorzugswürdig. Das Gericht überprüft auf der Grundlage des korrigierten bzw. neu festgestellten Sachverhalts das Normanwendungsergebnis auf *Vertretbarkeit*. Es prüft also, ob das Schiedsspruchergebnis unter Heranziehung seines zum *ordre public* gehörenden Rechts in vertretbarer Weise begründbar ist (ungeachtet der vom Schiedsgericht etwaig angegebenen Entscheidungsgründe). Überschreitet das Schiedsspruchergebnis diese Vertretbarkeitsschwelle, unterbleibt die Aufhebung, selbst wenn das Gericht das Ergebnis nicht teilt.
35. Das Ergebnis des Schiedsspruchs wird bei alldem nur insoweit überprüft, als es den *ordre public* überhaupt berührt. Jenseits solcher Berührungspunkte greift das Verbot der *révision au fond.*

Literaturverzeichnis

Altenmüller, Reinhard, Die schiedsrichterliche Entscheidung kartellrechtlicher Streitigkeiten, Tübingen 1973 (zugl. Diss., Univ. Tübingen, 1972) (zitiert: *Altenmüller,* Schiedsrichterliche Entscheidung).

Altenmüller, Reinhard, Zur materiellrechtlichen Überprüfung von Schiedssprüchen, KTS 1974, S. 150–160.

Alvarez de Pfeifle, María Elena, Der Ordre Public-Vorbehalt als Versagungsgrund der Anerkennung und Vollstreckbarerklärung internationaler Schiedssprüche, Unter Berücksichtigung des deutschen, schweizerischen, französischen und englischen Rechts sowie des UNCITRAL-Modellgesetzes, Frankfurt am Main u. a. 2009 (zugl. Diss., Univ. Hamburg, 2008) (zitiert: *Alvarez de Pfeifle,* Ordre Public-Vorbehalt als Versagungsgrund).

Ason, Agnieszka, Schutz des Wettbewerbs im Wettbewerb der Schiedsorte: Zur Ordre-public-Widrigkeit von Schiedssprüchen mit kartellrechtlichem Bezug, WuW 2014, S. 1057–1064.

Bach, Ivo, Deine Rechtskraft? Meine Rechtskraft!, EuZW 2013, S. 56–59.

Balthasar, Stephan (Hrsg.), International Commercial Arbitration, International Conventions, Country Reports and Comparative Analysis, 2. Aufl., München u. a. 2021 (zitiert: *Bearbeiter(in)* in Balthasar (Hrsg.), Arbitration).

Balthasar, Stephan, Investment Protection in Europe: International Investment Treaties, the European Convention on Human Rights and the Need for Reform at EU Level, SchiedsVZ 2018, S. 227–233.

Basedow, Jürgen, Die Verselbständigung des europäischen ordre public, in: Coester, Michael/Martiny, Dieter/v. Sachsen Gessaphe, Karl August Prinz (Hrsg.), Privatrecht in Europa, Vielfalt, Kollision, Kooperation, Festschrift für Hans Jürgen Sonnenberger zum 70. Geburtstag, München 2004, S. 291–230 (zitiert: *Basedow* FS Sonnenberger).

Basedow, Jürgen, Konsumentenwohlfahrt und Effizienz – Neue Leitbilder der Wettbewerbspolitik?, WuW 2007, S. 712–715.

Baumbach, Adolf (Begr.)/Lauterbach, Wolfgang (ehem. Hrsg.)/Hartmann, Peter (ehem. Hrsg.)/Anders, Monika/Gehle, Burkhard (Hrsg.), Zivilprozessordnung, Mit GVG und anderen Nebengesetzen, 78. Aufl., München 2020 (zitiert: BLHAG, ZPO/*Bearbeiter(in)*).

Baumert, Andreas J., Ordre public international versus ordre public interne bei inländischen Schiedssprüchen, SchiedsVZ 2014, S. 139–141.

Bechtold, Rainer, Umfang und Grenzen der kartellrechtlichen Nichtigkeitssanktion, NZKart 2020, S. 459–465.

BeckOK ZPO, hrsg. v. Vorwerk, Volkert/Wolf, Christian, Stand 1. März 2021 (zitiert: BeckOK-ZPO/*Bearbeiter(in)*).

Beck-online.Großkommentar zum Zivilrecht, hrsg. v. Gsell, Beate/Krüger, Wolfgang/Lorenz, Stephan/Reymann, Christoph.
EGBGB, hrsg. v. Budzikiewicz, Christine/Harke, Jan Dirk/Weller, Marc-Philippe/Wurmnest, Wolfgang, Stand 1. Mai 2021 (zitiert: BeckOGK-EGBGB/*Bearbeiter(in)*).
Rom-I-Verordnung, hrsg. v. Budzikiewicz, Christine/Weller, Marc-Philippe/Wurmnest, Wolfgang, Stand 1. Juni 2021 (zitiert: BeckOGK-Rom-I/*Bearbeiter(in)*).

Belke, Rolf, Gerichtliche Nachprüfbarkeit von Schiedssprüchen auf Verstöße gegen EWG-Kartellrecht, AWD 1969, S. 214–220.

Bensaude, Denis, Thalès Air Defence BV v. GIE Euromissile: Defining the Limits of Scrutiny of Awards Based on Alleged Violations of European Competition Law, JInt'lArb 22 (2005), S. 239–244.

Berger, Klaus Peter, The International Arbitrators' Application of Precedents, JInt'lArb 9 (1992), S. 5–22.

Berger, Klaus Peter, Das neue deutsche Schiedsverfahrensrecht, DZWir 1998, S. 45–54.

Berger, Klaus Peter, Vom praktischen Nutzen der Rechtsvergleichung, Die „international brauchbare" Auslegung nationalen Rechts, in: Berger, Klaus Peter/Ebke, Werner F./Elsing, Siegfried/Großfeld, Bernhard/Kühne, Gunther (Hrsg.), Festschrift für Otto Sandrock zum 70. Geburtstag, Heidelberg 2000, S. 49–64 (zitiert: *Berger* FS Sandrock).

Berger, Klaus Peter, The German Arbitration Law of 1998 – First Experiences, in: Briner, Robert/Fortier, L. Yves/Berger, Klaus Peter/Bredow, Jens (Hrsg.), Law of international business and dispute settlement in the 21st century, Recht der internationalen Wirtschaft und Streiterledigung im 21. Jahrhundert, Liber Amicorum Karl-Heinz Böckstiegel anlässlich seines Ausscheidens als Direktor des Instituts für Luft- und Weltraumrecht und des von ihm gegründeten Lehrstuhls für Internationales Wirtschaftsrecht, Köln 2001, S. 31–50 (zitiert: *Berger* FS Böckstiegel).

Berger, Klaus Peter, Streitentscheidung durch Schiedsgerichte – Ad hoc oder Institutionell, Ein Schiedsverfahren als Alternative zum Zivilprozess – nicht nur bei hohen Streitwerten, AnwBl 2009, S. 771–774.

Berger, Klaus Peter, Herausforderungen für die (deutsche) Schiedsgerichtsbarkeit, SchiedsVZ 2009, S. 289–299.

Berger, Klaus Peter, Allgemeine Rechtsgrundsätze in der Internationalen Wirtschaftsschiedsgerichtsbarkeit, in: Kronke, Herbert/Thorn, Karsten (Hrsg.), Grenzen überwinden – Prinzipien bewahren, Festschrift für Bernd von Hoffmann zum 70. Geburtstag am 28. Dezember 2011, Bielefeld 2011, S. 914–927 (zitiert: *Berger* FS v. Hoffmann).

Bernhard, Jochen, Nützlichkeit oder Notwendigkeit? – Zum Prüfungsmaßstab für notwendige Nebenabreden, NZKart 2019, S. 577–582.

Bien, Florian, Kartellrechtliche ordre-public-Kontrolle von Schiedssprüchen, ZZP 132 (2019), S. 93–124.

Billiet, Philippe, Arbitrators' Means to Ensure Compliance with Competition Law and Limits of Court Review on Awards in Europe, The International Journal of Arbitration, Mediation and Dispute Management (Int'lJAMDM) 76 (2010), S. 86–97.

Blackaby, Nigel/Partasides, Constantine, Redfern and Hunter on international arbitration, New York/London 2015 (zitiert: *Blackaby/Partasides*, Redfern/Hunter).

Blanke, Gordon, Defining the Limits of Scrutiny of Awards Based on Alleged Violations of European Competition Law, JInt'lArb 23 (2006), S. 249–257.

Blanke, Gordon, The "Minimalist" and "Maximalist" Approach to Reviewing Competition Law Awards: A Never-Ending Saga, SIAR 2 (2007), S. 51–78.

Blanke, Gordon, Entrusting antitrust issues to arbitration: some personal thoughts and considerations, ArbInt'l 32 (2016), S. 275–285.

Blanke, Gordon/Landolt, Phillip (Hrsg.), EU and US Antitrust Arbitration, A Handbook for Practitioners, Alphen aan den Rijn 2011 (zitiert: *Bearbeiter(in)* in G. Blanke/Landolt (Hrsg.), Antitrust Arbitration).

Blessing, Marc, Mandatory Rules of Law versus Party Autonomy in International Arbitration, JInt'lArb 14 (1997), S. 23–40.

Blessing, Marc, Choice of substantive law in international arbitration, JInt'lArb 14 (1997), S. 39–66.

Böckstiegel, Karl-Heinz, Die Bestimmung des anwendbaren Rechts in der Praxis internationaler Schiedsgerichtsverfahren, in: Sandrock, Otto (Hrsg.), Festschrift für Günther Beitzke zum 70. Geburtstag am 26. April 1979, Berlin u. a. 1979, S. 443–458 (zitiert: *Böckstiegel* FS Beitzke).

Böckstiegel, Karl-Heinz, Die Anerkennung der Parteiautonomie in der internationalen Schiedsgerichtsbarkeit, in: Geimer, Reinhold (Hrsg.), Wege zur Globalisierung des Rechts, Festschrift für Rolf A. Schütze zum 65. Geburtstag, München 1999, S. 141–151 (zitiert: *Böckstiegel* FS Schütze I).

Böckstiegel, Karl-Heinz, Die Internationalisierung der Schiedsgerichtsbarkeit, in: Bachmann, Birgit/Breidenbach, Stephan/Coester-Waltjen, Dagmar/Heß, Burkhard/Nelle, Andreas/Wolf, Christian (Hrsg.), Grenzüberschreitungen, Beiträge zum internationalen Verfahrensrecht und zur Schiedsgerichtsbarkeit, Festschrift für Peter Schlosser zum 70. Geburtstag, Tübingen 2005, S. 49–58 (zitiert: *Böckstiegel* FS Schlosser).

Böge, Ulf, Der „more economic approach" und die deutsche Wettbewerbspolitik, WuW 2004, S. 726–733.

Boknik, Berta, Das Verhältnis von EuGH und Investitionsschiedsgerichten auf der Grundlage von intra-EU BIT, Eine Analyse anhand des Falls Achmea, Baden-Baden 2020 (zugl. Diss., Univ. Köln, 2020) (zitiert: *Boknik*, Verhältnis von EuGH und Investitionsschiedsgerichten).

Borges, Georg, Das Doppelexequatur von Schiedssprüchen, Die Anerkennung ausländischer Schiedssprüche und Exequaturentscheidungen, Berlin 1997 (zugl. Diss., Univ. Konstanz, 1996–1997) (zitiert: *Borges*, Doppelexequatur).

Born, Gary, International Commercial Arbitration, 3. Aufl., Alphen aan den Rijn 2021.

Born, Gary/Koepp, Johannes, Towards a Uniform Standard of Validity of International Arbitration Agreements Under the New York Convention, in: Bachmann, Birgit/Breidenbach, Stephan/Coester-Waltjen, Dagmar/Heß, Burkhard/Nelle, Andreas/Wolf, Christian (Hrsg.), Grenzüberschreitungen, Beiträge zum internationalen Verfahrensrecht und zur Schiedsgerichtsbarkeit, Festschrift für Peter Schlosser zum 70. Geburtstag, Tübingen 2005, S. 59–73 (zitiert: *Born/Koepp* FS Schlosser).

Bosch, Wolfgang, Schiedsgerichtliche Beilegung kartellrechtlicher Streitigkeiten?, in: Brinker, Ingo/Scheuing, Dieter H./Strockmann, Kurt (Hrsg.), Recht und Wettbewerb, Festschrift für Rainer Bechtold zum 65. Geburtstag, München 2006, S. 59–68 (zitiert: *Bosch* FS Bechtold).

Brand, Peter-Andreas, Grenzen zivilprozessualer Wahrheit und Gerechtigkeit, Disclosure- und Discovery-Elemente im deutschen Zivilverfahrensrecht, NJW 2017, S. 3558–3563.

Brulard, Yves/Quintin, Yves, European Community Law and Arbitration – National Versus Community Public Policy, JInt'lArb 18 (2001), S. 533–548.

v. Brunn, Johann Heinrich, Zur Nachprüfbarkeit von Schiedssprüchen, NJW 1969, S. 823–827.

Calliess, Christian/Ruffert, Matthias (Hrsg.), EUV/AEUV, Das Verfassungsrecht der Europäischen Union mit Europäischer Grundrechtecharta, Kommentar, 5. Aufl., München 2016 (zitiert: Calliess/Ruffert, EUV/AEUV/*Bearbeiter(in)*).

Classen, Claus Dieter, Der EuGH und die Schiedsgerichtsbarkeit in Investitionsschutzabkommen, EuR 2012, S. 611–627.

Commandeur, Marcus/Gößling, Sebastian, The determination of mandatory rules of law in International Arbitration – An attempt to set out criteria, SchiedsVZ 2014, S. 12–20.

Czernich, Dietmar, Die Rom I-VO als Grundlage für die Anwendung von Eingriffsnormen durch Schiedsgerichte, RIW 2016, S. 701–707.

Dempegiotis, Sotiris I., EC Competition Law and International Arbitration in the Light of EC Regulation 1/2003, JInt'lArb 25 (2008), S. 365–395.

Di Radicati Brozolo, Luca/Mourre, Alexis, Towards Finality of Arbitral Awards: Two Steps Forward and One Step Back, JInt'lArb 23 (2006), S. 171–188.

Duve, Christian, Was ist eigentlich Alternative Dispute Resolution (ADR)? Überblick über die außergerichtliche Streitbeilegung in den USA, BB-Beilage 1998, Nr. 9, S. 15–20.

Ehricke, Ulrich, Die Feststellung streitiger Insolvenzforderungen durch ein Schiedsgericht, ZIP 2006, S. 1847–1854.

Eilmansberger, Thomas, Die Bedeutung der Art. 81 und 82 EG für Schiedsverfahren, SchiedsVZ 2006, S. 5–17.

Elsing, Siegfried H., Alternative Dispute Resolution – geeignet zur Streitbeilegung in Gesellschaften?, in: Berger, Klaus Peter/Ebke, Werner F./Elsing, Siegfried/Großfeld, Bernhard/Kühne, Gunther (Hrsg.), Festschrift für Otto Sandrock zum 70. Geburtstag, Heidelberg 2000, S. 267–284 (zitiert: *Elsing* FS Sandrock).

Erman, Walter (Begr.), BGB, Handkommentar mit AGG, EGBGB, ErbbauRG, LPartG, ProdhaftG, VBVG, VersAusglG, WEG und ausgewählten Rechtsquellen des IPR, hrsg. v. Westermann, Harm Peter/Grunewald, Barbara/Maier-Reimer, Georg, 16. Aufl., Köln 2020 (zitiert: Erman, BGB/*Bearbeiter(in)*).

Erfurter Kommentar zum Arbeitsrecht, hrsg. v. Müller-Glöge, Rudi/Preis, Ulrich/Schmidt, Ingrid, 21. Aufl., München 2021 (zitiert: ErfKomm-ArbR/*Bearbeiter(in)*).

Ewald, Christian, Ökonomie im Kartellrecht: Vom more economic approach zu sachgerechten Standards forensischer Ökonomie, ZWeR 2011, S. 15–47.

Fach Gomez, Katia/López Rodríguez, Ana Mercedes (Hrsg.), 60 Years of the New York Convention: Key Issues and Future Challenges, Alphen aan den Rijn 2019 (zitiert: *Bearbeiter(in)* in Gomez/López Rodríguez (Hrsg.), 60 Years NYC).

Ferrari, Franco/Kieninger, Eva-Maria/Mankowski, Peter u. a. (Hrsg.), Internationales Vertragsrecht, Rom I-VO – CISG – CMR – FactÜ, Kommentar, 3. Aufl., München 2018 (zitiert: Ferrari/*Bearbeiter(in)*).

Fournier, Jörg Jochen, Bindungswirkung schiedsgerichtlicher Rechtsansichten und Tatsachenfeststellungen im Aufhebungsverfahren nach § 1059 Abs. 2 Nr. 2 b ZPO (zugl. Diss., Univ. Gießen, 1998–1999) (zitiert: *Fournier*, Bindungswirkung).

Frankfurter Kommentar zu EUV, GRC und AEUV, hrsg. v. Pechstein, Matthias/Nowak, Carsten/Häde, Ulrich, Band 3: AEUV Artikel 101–215, Tübingen 2017 (zitiert: FK-EuR/*Bearbeiter(in)*).

Frey, Michael/Pfeifer, Laura, Der ordre public – die öffentliche Ordnung: derselbe Begriff, verschiedene Funktionen – ein Rechtsprinzip?, EuR 2015, S. 721–734.

Fuchs, Andreas/Weitbrecht, Andreas (Hrsg.), Handbuch Private Kartellrechtsdurchsetzung, München 2019 (zitiert: *Bearbeiter(in)* in Fuchs/Weitbrecht (Hrsg.), Private Kartellrechtsdurchsetzung).

Gaul, Hans Friedhelm, Die Rechtskraft und Aufhebbarkeit des Schiedsspruchs im Verhältnis zur Verbindlichkeit des staatlichen Richterspruchs, in: Berger, Klaus Peter/Ebke, Werner F./Elsing, Siegfried/Großfeld, Bernhard/Kühne, Gunther (Hrsg.), Festschrift für Otto Sandrock zum 70. Geburtstag, Heidelberg 2000, S. 285–328 (zitiert: *Gaul* FS Sandrock).

Geimer, Reinhold, Der ordre public in der privaten Schiedsgerichtsbarkeit, in: Kaissis, Athanasios G./Nikas, Nikolaos Th./Apalagaki, Charoula/Pipsou, Leda-Maria/Ladas, Panagiotis/Papasteriou, Dimitrios/Karassis, Marianos/Kazakos, Aristides/Storme, Marcel/Gottwald, Peter (Hrsg.), Studia in honorem Pelayia Yessiou-Faltsi, Athen 2007, S. 169–185 (zitiert: *R. Geimer* FS Yessiou-Faltsi).

Geimer, Reinhold, Unionsweite Titelvollstreckung ohne Exequatur nach der Reform der Brüssel I-Verordnung, in: Geimer, Reinhold/Kaissis, Athanassios/Thümmel, Roderich C. (Hrsg.), Ars aequi et boni in mundo, Festschrift für Rolf A. Schütze zum 80. Geburtstag, München 2014, S. 109–121 (zitiert: *R. Geimer* FS Schütze II).

Geimer, Reinhold, Internationales Zivilprozessrecht, 8. Aufl., Köln 2020 (zitiert: *R. Geimer*, IZPR).

Geradin, Damien, Public Policy and Breach of Competition Law in International Arbitration, Spain Arbitration Review – Revista del Club Espanol del Arbitraje (RevClEspArb) 2016, S. 133–158.

Gößling, Sebastian, Europäisches Kollisionsrecht und internationale Schiedsgerichtsbarkeit, Die Bedeutung der Rom I-Verordnung bei der Bestimmung des anwendbaren materiellen Rechts durch internationale Handelsschiedsgerichte mit Sitz in der EU, Tübingen 2019 (zugl. Diss., Univ. Münster, 2017).

Gottwald, Peter, Die sachliche Kontrolle internationaler Schiedssprüche durch staatliche Gerichte, in: Habscheid, Walther J./Schwab, Karl Heinz (Hrsg.), Beiträge zum internationalen Verfahrensrecht und zur Schiedsgerichtsbarkeit, Festschrift für Heinrich Nagel zum 75. Geburtstag, Münster 1987, S. 54–69 (zitiert: *Gottwald* FS Nagel).

Gottwald, Peter/Adolphsen, Jens, Das neue deutsche Schiedsverfahrensrecht, DStR 1998, S. 1017–1025.

Grabitz, Eberhard (Begr.)/Hilf, Meinhard (ehem. Hrsg.)/Nettesheim, Martin (Hrsg.), Das Recht der Europäischen Union, 72. EL., München 2021 (zitiert: GHN, AEUV/*Bearbeiter(in)*).

Greger, Reinhard, Tatsachenfeststellung durch das Berufungsgericht – eine Menetekel aus Karlsruhe, NJW 2003, S. 2882–2883.

Greger, Reinhard/Unberath, Hannes/Steffek, Felix (Hrsg.), Recht der alternativen Konfliktlösung, Mediationsgesetz, Verbraucherstreitbeilegungsgesetz, Kommentar, 2. Aufl., München 2016 (zitiert: *Bearbeiter(in)* in Greger/Unberath/Steffek (Hrsg.), ADR).

Grierson, Jacob, The Court of Justice of the European Union and International Arbitration, Belgian Review of Arbitration (b-Arbitra) 2019, S. 309–330.

Grimm, Alexander, Applicability of the Rome I and II Regulations to International Arbitration, SchiedsVZ 2012, S. 189–200.

Günther, Klaus, Kartellrechtsstreitigkeiten vor Schiedsgerichten, in: Briner, Robert/Fortier, L. Yves/Berger, Klaus Peter/Bredow, Jens (Hrsg.), Law of international business and dispute settlement in the 21st century, Recht der internationalen Wirtschaft und Streiterledigung im 21. Jahrhundert, Liber Amicorum Karl-Heinz Böckstiegel anlässlich seines Ausscheidens als Direktor des Instituts für Luft- und Weltraumrecht und des von ihm gegründeten Lehrstuhls für Internationales Wirtschaftsrecht, Köln 2001, S. 253–265 (zitiert: *Günther* FS Böckstiegel).

Haas, Ulrich, Die Anerkennung und Vollstreckung ausländischer und internationaler Schiedssprüche, Berlin 1991 (zugl. Diss., Univ. Regensburg, 1989–1990) (zitiert: *Haas*, Anerkennung und Vollstreckung).

Habscheid, Walther J., Aus der höchstrichterlichen Rechtsprechung zur Schiedsgerichtsbarkeit, KTS 1967, S. 1–9.

Habscheid, Walther J., Aus der höchstrichterlichen Rechtsprechung zur Schiedsgerichtsbarkeit, KTS 1970, S. 1–12.

Habscheid, Walther J., Aus der höchstrichterlichen Rechtsprechung zur Schiedsgerichtsbarkeit, KTS 1973, S. 232–238.

Hammer, Gottfried, Überprüfung von Schiedsverfahren durch staatliche Gerichte in Deutschland, München 2018 (zitiert: *Hammer*, Überprüfung von Schiedsverfahren).

Harbst, Ragnar, Die Rolle der staatlichen Gerichte im Schiedsverfahren, Ein Rechtsvergleich zwischen dem englischen Arbitration Act 1996 und deutschem Schiedsverfahren, Heidelberg 2002 (zugl. Diss., Univ. Münster, 2001) (zitiert: *Harbst*, Rolle der staatlichen Gerichte).

Harbst, Ragnar, Korruption und andere ordre public-Verstöße als Einwände im Schiedsverfahren, Inwieweit sind staatliche Gerichte an Sachverhaltsfeststellungen des Schiedsgerichts gebunden?, SchiedsVZ 2007, S. 22–30.

Harte-Bavendamm, Henning/v. Bomhard, Verena, Abgrenzungsvereinbarungen und Gemeinschaftsmarken, GRUR 1998, S. 530–542.

Hartwell, Geoffrey Michael Beresford, Arbitration and the Sovereign Power, JInt'lArb 17 (2000), S. 11–18.

Haus, Florian C./Heitzer, Isabelle, Kartellrecht gegen (Sport-)Schiedsgerichtsbarkeit – 1:0, Zum Urteil des OLG München in der Sache Claudia Pechstein, NZKart 2015, S. 181–186.

Hausmann, Rainer, Anwendbares Recht vor deutschen und italienischen Schiedsgerichten – Bindung an die Rom I-Verordnung oder Sonderkollisionsrecht?, in: Kronke, Herbert/Thorn, Karsten (Hrsg.), Grenzen überwinden – Prinzipien bewahren, Festschrift für Bernd von Hoffmann zum 70. Geburtstag am 28. Dezember 2011, Bielefeld 2011, S. 971–986 (zitiert: *Hausmann* FS v. Hoffmann).

Hausmann, Rainer/Odersky, Felix (Hrsg.), Internationales Privatrecht in der Notar- und Gestaltungspraxis, Personenrecht und Rechtsgeschäfte, Familienrecht, Erbrecht, Schuldvertrags- und Sachenrecht, Gesellschaftsrecht, 3. Aufl., München 2017 (zitiert: *Bearbeiter(in)* in Hausmann/Odersky (Hrsg.), IPR-Notarpraxis).

Heinemann, Patrick, Verwaltungsrechtlicher Eilrechtsschutz: Die Chimäre der summarischen Rechtsprüfung, NVwZ 2019, S. 517–521.

Hess, Burkhard, Rechtsfragen des Vorabentscheidungsverfahrens, RabelsZ 66 (2002), S. 470–502.

Hess, Burkhard, Europäisches Zivilprozessrecht, Ius Communitatis, 2. Aufl., Berlin 2021 (zitiert: *Hess,* EUZPR).

Heukamp, Friso Albert, Schiedszusagen in der Europäischen Fusionskontrolle zur Nutzung privater Streitbeilegungsverfahren durch die Exekutive, Köln 2006 (zugl. Diss., Univ. Köln, 2005) (zitiert: *Heukamp,* Schiedszusagen).

v. Heymann, Ekkehardt, Der ordre public in der privaten Schiedsgerichtsbarkeit, Bielefeld 1969 (zugl. Diss., Univ. Frankfurt am Main, 1968) (zitiert: *v. Heymann,* Ordre public in der Schiedsgerichtsbarkeit).

Hilbig, Katharina, Das gemeinschaftsrechtliche Kartellverbot im internationalen Handelsschiedsverfahren, Anwendung und gerichtliche Kontrolle, München 2006 (zugl. Diss., Univ. München, 2006) (zitiert: *Hilbig,* Kartellverbot im Schiedsverfahren).

Hilbig, Katharina, Schiedsvereinbarungen über GmbH-Beschlussmängelstreitigkeiten, SchiedsVZ 2009, S. 247–258.

Horn, Norbert, Zwingendes Recht in der internationalen Schiedsgerichtsbarkeit, SchiedsVZ 2008, S. 209–222.

Huber, Peter, Die Anwendung des UN-Kaufrechts durch Schiedsgerichte, in: Kronke, Herbert/Thorn, Karsten (Hrsg.), Grenzen überwinden – Prinzipien bewahren, Festschrift für Bernd von Hoffmann zum 70. Geburtstag am 28. Dezember 2011, Bielefeld 2011, S. 815–822 (zitiert: *Huber* FS v. Hoffmann).

Ilie, Lucian/Seow, Amy, International Arbitration and EU Competition Law Complement Rather than Contradict One Another, JInt'lArb 2017, S. 1007–1038.

Immenga, Ulrich/Mestmäcker, Ernst-Joachim (Begr.)/Körber, Torsten/Schweitzer, Heike/Zimmer, Daniel (Hrsg.), Wettbewerbsrecht, Band 2: Kommentar zum Deutschen Kartellrecht, 6. Aufl., München 2020 (zitiert: Immenga/Mestmäcker/*Bearbeiter(in)*).

Immenga, Ulrich, Ökonomie und Recht in der europäischen Wettbewerbspolitik, ZWeR 2006, S. 346–365.

Jaeger, Thomas, Gerichtsorganisation und EU-Recht: Eine Standortbestimmung, EuR 2018, S. 611–653.

Jarass, Hans D. (Begr./Hrsg.)/Pieroth, Bodo (Begr.)/Kment, Martin (Hrsg.), Grundgesetz für die Bundesrepublik Deutschland, Kommentar, 16. Aufl., München 2020 (zitiert: Jarass/Pieroth, GG/*Bearbeiter(in)*).

Junker, Abbo, Deutsche Schiedsgerichte und Internationales Privatrecht (§ 1051 ZPO), in: Berger, Klaus Peter/Ebke, Werner F./Elsing, Siegfried/Großfeld, Bernhard/Kühne, Gunther (Hrsg.), Festschrift für Otto Sandrock zum 70. Geburtstag, Heidelberg 2000, S. 443–464 (zitiert: *Junker* FS Sandrock).

Kamann, Hans-Georg/Ohlhoff, Stefan/Völcker, Sven (Hrsg.), Kartellverfahren und Kartellprozess, Handbuch, München 2017 (zitiert: *Bearbeiter(in)* in Kamann/Ohlhoff/Völcker (Hrsg.), Kartellprozess).

Karpenstein, Ulrich/Mayer, Franz C. (Hrsg.), Konvention zum Schutz der Menschenrechte und Grundfreiheiten, Kommentar, 2. Aufl., München 2015 (zitiert: Karpenstein/Mayer, EMRK/*Bearbeiter(in)*).

Kasolowsky, Boris/Steup, Magdalene, Révision au fond – Einheitliche europäische Maßstäbe bei der Überprüfung von Schiedssprüchen auf kartellrechtliche ordre public-Verstöße?, SchiedsVZ 2008, S. 72–76.

Kasolowsky, Boris/Steup, Magdalene, Ordre public-Widrigkeit kartellrechtlicher Schiedssprüche – der flagrante, effective et conrète-Test der französischen Cour de cassation, zu Cour de cassation, 4.6.2008 – Arrèt no 680/Pourvoi no 06–15.320, IPRax 2009, S. 268–271.

Khodykin, Roman/Mulcahy, Carol/Fletcher, Nicholas, A guide to the IBA rules on the taking of evidence in international arbitration, Oxford 2019 (zitiert: *Khodykin/Mulcahy/Fletcher*, IBA Rules).

Kirchhoff, Wolfgang, Möglichkeiten und Grenzen markenrechtlicher Abgrenzungsvereinbarungen aus Sicht des Kartellrechts, GRUR 2017, S. 248–255.

Kling, Michael, Die internationale Dimension des EU-Kartellrechts, RIW 2020, S. 245–252.

Kling, Michael/Thomas, Stefan, Kartellrecht, 2. Aufl., München 2016.

König, Ute, Zur Bestimmung des Schiedsvertragsstatuts bei fehlender Gesetzesgrundlage nach Inkrafttreten der Rom I-Verordnung, SchiedsVZ 2012, S. 129–133.

Kohler, Christian/Knapp, Andreas, Gemeinschaftsrecht und Privatrecht, Zur Rechtsprechung des EuGH im Jahre 1999, ZEuP 2001, S. 116–149.

Kondring, Jörg, § 1051 Abs. 1 ZPO und die Abwahl einfach zwingenden Rechts bei Binnensachverhalten, Über die Normenhierarchie von Kollisionsrecht und materiellrechtlichem Umgehungsverbot, ZIP 2017, S. 706–710.

Kornblum, Udo, Zur Kontrolle kartellrechtlicher Entscheidungen privater Schiedsgerichte durch die staatlichen Gerichte, BB 1968, S. 1456–1460.

Kornblum, Udo, Nachprüfbarkeit kartellrechtlicher Schiedssprüche durch die ordentlichen Gerichte, NJW 1969, S. 1793–1797.

Kornblum, Udo, Zur Bindung des ordentlichen Gerichts and die tatsächlichen Feststellungen des Schiedsgerichts bei der nach § 1041 Abs. 1 Nr. 2 ZPO erforderlichen Prüfung des Schiedsspruchs, ZZP 86 (1973), S. 215–223.

Kornblum, Udo, Das „Gebot überparteilicher Rechtspflege“ und der deutsche schiedsrechtliche ordre public, NJW 1987, S. 1105–1108.

Kottmann, Matthias, Anmerkung zu BGH, Beschl. v. 3.3.2016 – I ZB 2/15, Investitionsschutzrecht: EuGH-Vorlage zur Wirksamkeit von Schiedsvereinbarungen in Investitionsschutzabkommen, EuZW 2016, S. 519–520.

Koussoulis, Stelios, Zur Dogmatik des auf die Schiedsvereinbarung anwendbaren Rechts, in: Bachmann, Birgit/Breidenbach, Stephan/Coester-Waltjen, Dagmar/Heß, Burkhard/Nelle, Andreas/Wolf, Christian (Hrsg.), Grenzüberschreitungen, Beiträge zum internationalen Verfahrensrecht und zur Schiedsgerichtsbarkeit, Festschrift für Peter Schlosser zum 70. Geburtstag, Tübingen 2005, S. 415–427 (zitiert: *Koussoulis* FS Schlosser).

Kramer, Ernst A., Juristische Methodenlehre, 6. Aufl., München u. a. 2019.

Kroitzsch, Hermann, Die Nachprüfbarkeit kartellrechtlicher Schiedssprüche durch die ordentlichen Gerichte, GRUR 1969, S. 387–400.

Kröll, Stefan, Schiedsrechtliche Rechtsprechung 2003, SchiedsVZ 2004, S. 113–123.

Kröll, Stefan, Die Entwicklung des Rechts der Schiedsgerichtsbarkeit 2005/2006, NJW 2007, S. 743–749.

Kröll, Stefan, Die Entwicklung des Schiedsrechts 2007–2008, NJW 2009, S. 1183–1190.

Kröll, Stefan, Die Entwicklung des Schiedsrechts 2013 bis 2014, NJW 2015, S. 833–839.

Kröll, Stefan, Die Entwicklung des Schiedsrechts 2017, NJW 2018, S. 836–839.

Kröll, Stefan, Die schiedsrechtliche Rechtsprechung 2019, Fortsetzung des Beitrags aus SchiedsVZ 2020, 156 ff., SchiedsVZ 2020, S. 219–228.

Kröll, Stefan, Die Entwicklung des Schiedsrechts im Jahr 2020, NJW 2021, S. 832–836.

Kronke, Herbert, Internationale Schiedsverfahren nach der Reform, RIW 1998, S. 257–265.

Kühling, Jürgen/Ceni-Hulek, Lorela/Engelbracht, Thiemo, Alles wieder auf Anfang – Zur kartellrechtlichen Bewertung enger Bestpreisklauseln auf Hotelportalen, NZKart 2021, S. 76–83.

Kühnen, Jürgen, Die Zuständigkeit des Kartell-Oberlandesgerichts im Zivilprozess, NZKart 2020, S. 49–54.

Kulpa, Norman Norbert, Das anwendbare (materielle) Recht in internationalen Handelsschiedsgerichtsverfahren, Ein rechtsvergleichender Ansatz ausgehend vom UNCITRAL-Modellgesetz mit besonderer Berücksichtigung des österreichischen, deutschen, schweizerischen, englischen sowie französischen Rechts, Frankfurt am Main 2005 (zugl. Diss., Univ. Salzburg, 2004) (zitiert: *Kulpa*, Das anwendbare (materielle) Recht).

Lachmann, Jens-Peter, Handbuch für die Schiedsgerichtspraxis, 3. Aufl., Köln 2007 (zitiert: *Lachmann*, Schiedsgerichtspraxis).

Larenz, Karl/Canaris, Claus-Wilhelm, Methodenlehre der Rechtswissenschaft, 3. Aufl., Berlin 1995 (zitiert: *Larenz/Canaris*, Methodenlehre).

Leuering, Dieter, Organhaftung und Schiedsverfahren, NJW 2014, S. 657–661.

Lew, Julian D. M., Proof of Applicable Law in International Commercial Arbitration, in: Berger, Klaus Peter/Ebke, Werner F./Elsing, Siegfried/Großfeld, Bernhard/Kühne, Gunther (Hrsg.), Festschrift für Otto Sandrock zum 70. Geburtstag, Heidelberg 2000, S. 581–601 (zitiert: *Lew* FS Sandrock).

Lieberknecht, Otfried, Kartellrechtliche Probleme in internationalen Schiedsgerichtsverfahren, in: Andreae, Clemens-August/Benisch, Werner (Hrsg.), Wettbewerbsordnung und Wettbewerbsrealität, Festschrift für Arno Sölter zum 70. Geburtstag, Köln 1982, S. 311–320 (zitiert: *Lieberknecht* FS Sölter).

Liebscher, Christoph, European Public Policy, A Black Box?, JInt'lArb 2000, S. 73–88.

Lionnet, Klaus/Lionnet, Annette, Handbuch der internationalen und nationalen Schiedsgerichtsbarkeit, 3. Aufl., Stuttgart 2005 (zitiert: *K. Lionnet/A. Lionnet*, Schiedsgerichtsbarkeit).

Lörcher, Gino/Lörcher, Torsten, Organisation eines Ad-hoc-Schiedsverfahrens, SchiedsVZ 2005, S. 179–189.

Loewenheim, Ulrich/Meessen, Karl M./Riesenkampff, Alexander u. a. (Hrsg.), Kartellrecht, Kommentar zum Deutschen und Europäischen Recht, 4. Aufl., München 2020 (zitiert: LMRKM/*Bearbeiter(in)*).

Loritz, Karl-Georg, Probleme der Rechtskraft von Schiedssprüchen im deutschen Zivilprozeßrecht, ZZP 105 (1992), S. 1–19.

Loschelder, Michael/Danckwerts, Rolf (Hrsg.), Handbuch des Wettbewerbsrechts, 5. Aufl., München 2019 (zitiert: *Bearbeiter(in)* in Gloy/Loschelder/Danckwerts (Hrsg.), Wettbewerbsrecht).

Lüer, Hans-Jochem, German Court Decisions Interpreting and Implementing the New York Convention, JInt'lArb 7 (1990), S. 127–138.

Lugard, Paul, E.C. Competition Law and Arbitration: Opposing Principles?, ECLR 1998, S. 295–301.

Magnus, Ulrich, Die Rom I-Verordnung, IPRax 2010, S. 27–44.

Magnus, Ulrich, Sonderkollisionsnorm für das Statut von Gerichtsstands- und Schiedsgerichtsvereinbarungen? Schriftliche Fassung des Vortrags auf der Sitzung des Deutschen Rates für Internationales Privatrecht am 20.6.2015 in Würzburg, IPRax 2016, S. 521–531.

Mankowski, Peter, Art. 34 EGBGB erfaßt § 138 BGB nicht!, RIW 1996, S. 8–12.

Mankowski, Peter, Rom I-VO und Schiedsverfahren, RIW 2011, S. 30–44.

Mankowski, Peter, Schiedsgerichte und die Verordnungen des europäischen Internationalen Privat- und Verfahrensrechts, in: Kronke, Herbert/Thorn, Karsten (Hrsg.), Grenzen überwinden – Prinzipien bewahren, Festschrift für Bernd von Hoffmann zum 70. Geburtstag am 28. Dezember 2011, Bielefeld 2011, S. 1012–1028 (zitiert: *Mankowski* FS v. Hoffmann).

Mankowski, Peter, § 1051 ZPO und die europäischen IPR-Verordnungen, in: Geimer, Reinhold/Kaissis, Athanassios/Thümmel, Roderich C. (Hrsg.), Ars aequi et boni in mundo, Festschrift für Rolf A. Schütze zum 80. Geburtstag, München 2014, S. 369–385 (zitiert: *Mankowski* FS Schütze II).

Mankowski, Peter, Schiedsgerichte und die Rom I-VO, RIW 2018, S. 1–19.

Mann, Frederick Alexander, Schiedsrichter und Recht, in: Jakobs, Horst Heinrich/Knobbe-Keuk, Brigitte/Picker, Eduard/Wilhelm, Jan (Hrsg.), Festschrift für Werner Flume zum 70. Geburtstag, 12. September 1978, S. 593–619 (zitiert: *Mann* FS Flume).

Mann, Frederick Alexander, Sonderanknüpfung und zwingendes Recht im internationalen Privatrecht, in: Sandrock, Otto (Hrsg.), Festschrift für Günther Beitzke zum 70. Geburtstag am 26. April 1979, Berlin u. a. 1979, S. 607–624 (zitiert: *Mann* FS Beitzke).

Mansel, Heinz-Peter, Anerkennung als Grundprinzip des Europäischen Rechtsraums, Zur Herausbildung eines europäischen Anerkennungs-Kollisionsrechts: Anerkennung statt Verweisung als neues Strukturprinzip des Europäischen internationalen Privatrechts?, RabelsZ 70 (2006), S. 651–731.

Mansel, Heinz-Peter, Zur Einrede der anderweitigen Schiedshängigkeit im Schiedsverfahrensrecht, in: Baur, Jürgen F./Sandrock, Otto/Scholtka, Boris/Shapira, Amos (Hrsg.), Festschrift für Gunther Kühne zum 70. Geburtstag, Frankfurt am Main 2009, S. 809–818 (zitiert: *Mansel* FS Kühne).

Mansel, Heinz-Peter, Grenzüberschreitende Restschuldbefreiung – Anerkennung einer (automatic) discharge nach englischem Recht und ordre public, in: Kronke, Herbert/Thorn, Karsten (Hrsg.), Grenzen überwinden – Prinzipien bewahren, Festschrift für Bernd von Hoffmann zum 70. Geburtstag am 28. Dezember 2011, Bielefeld 2011, S. 683–697 (zitiert: *Mansel* FS v. Hoffmann).

Mansel, Heinz-Peter, Parteiautonomie, Rechtsgeschäftslehre der Rechtswahl und Allgemeiner Teil des europäischen Kollisionsrechts, in: Leible, Stefan/Unberath, Hannes (Hrsg.), Brauchen wir eine Rom-0-Verordnung? Überlegungen zu einem Allgemeinen Teil des europäischen IPR, Jena 2013, S. 241–292 (zitiert: *Mansel* in Leible/Unberath (Hrsg.), Brauchen wir eine Rom-0-Verordnung?).

Mansel, Heinz-Peter, Eingriffsnormen im internationalen Sachenrecht, in: Ackermann, Thomas/Köndgen, Johannes (Hrsg.), Privat- und Wirtschaftsrecht in Europa, Festschrift für Wulf-Henning Roth zum 70. Geburtstag, München 2015, S. 375–382 (zitiert: *Mansel* FS WH Roth).

Mansel, Heinz-Peter/Thorn, Karsten/Wagner, Rolf, Europäisches Kollisionsrecht 2015: Neubesinnung, IPRax 2016, S. 1–33.

Mansel, Heinz-Peter, Der europäische Gerichtsverbund – Die deutsche Perspektive: Judikative Gewaltenteilung des checks and balances im Gerichtsverbund, in: Hess, Burkhard (Hrsg.), Der europäische Gerichtsverbund, Gegenwartsfragen der internationalen Schiedsgerichtsbarkeit – Die internationale Dimension des europäischen Zivilverfahrensrechts, Bielefeld 2017, S. 1–34 (zitiert: *Mansel* in Hess (Hrsg.), Der europäische Gerichtsverbund).

Martínez Lage, Santiago, Arbitration and EU Competition Law: New Rulings and New Thoughts, Spain Arbitration Review – Revista del Club Espanol del Arbitraje (RevClEspArb) 2016, S. 131–145.

Martiny, Dieter, Die Bestimmung des anwendbaren Sachrechts durch das Schiedsgericht, in: Geimer, Reinhold (Hrsg.), Wege zur Globalisierung des Rechts, Festschrift für Rolf A. Schütze zum 65. Geburtstag, München 1999, S. 529–542 (zitiert: *Martiny* FS Schütze I).

Marx, Ludger, Der verfahrensrechtliche ordre public bei der Anerkennung und Vollstreckung ausländischer Schiedssprüche in Deutschland, Frankfurt am Main 1994 (zugl. Diss., Univ. Münster, 1993) (zitiert: *Marx*, Verfahrensrechtlicher *ordre public*).

Masser, Anna/Harraschain, Nadja, CISG und Schiedsvereinbarung, verträgt sich das?, Anmerkung zu BGH, Urteil vom 26.11.2020 – I ZR 245/19, SchiedsVZ 2021, S. 103–104.

Maultzsch, Felix, Parteiautonomie bei reinen Inlandsfällen im Internationalen Privat-, Prozess- und Schiedsverfahrensrecht, in: Kronke, Herbert/Thorn, Karsten (Hrsg.), Grenzen überwinden – Prinzipien bewahren, Festschrift für Bernd von Hoffmann zum 70. Geburtstag am 28. Dezember 2011, Bielefeld 2011, S. 304–318 (zitiert: *Maultzsch* FS v. Hoffmann).

Maushake, Christina, Feststellung einer Schwarzgeldabrede ohne dahingehenden Parteivortrag, Anm. zu OLG Düsseldorf, Urteil vom 21.01.2020 – I-21 U 34/19, NZBau 2020, S. 578–579.

Mavrantonakis, Emmanouil, Das Verbot der révision au fond im internationalen Handelsschiedsverfahren, Zur Bindung des staatlichen Gerichts an die schiedsgerichtlichen Sachverhaltsfeststellungen und zu den erforderlichen Ausnahmen, Tübingen 2021 (zugl. Diss., Univ. Heidelberg, 2020) (zitiert: *Mavrantonakis*, Verbot der révision au fond).

McGuire, Mary-Rose, Grenzen der Rechtswahlfreiheit im Schiedsverfahrensrecht?, Über das Verhältnis zwischen der Rom-I-VO und § 1051 ZPO, SchiedsVZ 2011, S. 257–267.

v. Mehren, Robert B., The Eco-Swiss Case and International Arbitration, ArbInt'l 19 (2003), S. 465–469.

Meinhardt, Marcel/Ahrens, Jan-Michael, Wettbewerbsrecht und Schiedsgerichtsbarkeit in der Schweiz – Eine Würdigung des Entscheids des Bundesgerichts vom 8. März 2006, SchiedsVZ 2006, S. 182–188.

Mestmäcker, Ernst-Joachim/Schweitzer, Heike (Hrsg.), Europäisches Wettbewerbsrecht, 3. Aufl., München 2014.

de Meulemeester, Dirk/Piers, Maud, Brussels Court, Judgment R.G. 2005/7721/A of 8 March 2007, SNF SAS (F) v. Cytec Industrie (NL) – Merits revisited? Arbitral Award, Public Policy and Annulment – The Belgian Experience, ASA Bulletin 25 (2007), S. 630–642.

Miller, Robin Dominik, Autonomie des Unionsrechts versus Schiedsgerichtsbarkeit, Zur Bedeutung des EuGH-Urteils in der Rs. Achmea für die Entwicklung der Europäischen Union als Rechtsgemeinschaft, EuZW 2018, S. 357–363.

Möhring, Philipp, Die Nachprüfung kartellrechtlicher Entscheidungen von Schiedsgerichten durch die ordentlichen Gerichte, NJW 1968, S. 369–373.

Moller, Hans, Schiedsverfahrensnovelle und Europäisches Übereinkommen über die internationale Handelsschiedsgerichtsbarkeit, NZG 2000, S. 57–72.

Morbach, Rüdiger, Der kartellrechtliche ordre public in der internationalen Schiedsgerichtsbarkeit, Baden-Baden 2021 (zugl. Diss., Univ. Würzburg/Paris, 2021) (zitiert: *Morbach*, Der kartellrechtliche ordre public)

Münchener Kommentar zum Bürgerlichen Gesetzbuch, hrsg. v. Säcker, Franz Jürgen/Rixecker, Roland/Oetker, Hartmut/Limperg, Bettina (zitiert: MüKo-BGB/*Bearbeiter(in)*).
Band 1: Allgemeiner Teil §§ 1–240, AllgPersönlR, ProstG, AGG, 8. Aufl., München 2018.
Band 2: Schuldrecht – Allgemeiner Teil I §§ 241–310, 8. Aufl., München 2019.
Band 12: Internationales Privatrecht I, Europäisches Kollisionsrecht, Einführungsgesetz zum Bürgerlichen Gesetzbuche (Art. 1–26), 8. Aufl., München 2020.
Band 13: Internationales Privatrecht II, IntWR, Art. 50–253 EGBGB, 8. Auflage, München 2021.

Münchener Kommentar zum Gesetz betreffend die Gesellschaften mit beschränkter Haftung, hrsg. v. Fleischer, Holger/Goette, Wulf, Band 1: §§ 1–34, 3. Aufl., München 2018 (zitiert: MüKo-GmbHG/*Bearbeiter(in)*).

Münchener Kommentar zum Wettbewerbsrecht, hrsg. v. Säcker, Franz Jürgen/Meier-Beck, Peter/Bien, Florian u. a. (zitiert: MüKo-WettbewR/*Bearbeiter(in)*).
Band 1: Europäisches Wettbewerbsrecht, 3. Aufl., München 2020.
Band 2: Gesetz gegen Wettbewerbsbeschränkungen (GWB), §§ 1–96, 185, 186, Verfahren vor den europäischen Gerichten, 3. Aufl., München 2020.

Münchener Kommentar zur Insolvenzordnung, hrsg. v. Stürner, Rolf/Eidenmüller, Horst/Schoppmeyer, Heinrich, Band 4: EuInsVO 2015, Art. 102a-102c EGInsO, Länderberichte (hrsg. v. Schlegel, Ursula), 4. Aufl., München 2021 (zitiert: MüKo-InsO/*Bearbeiter(in)*).

Münchener Kommentar zur Zivilprozessordnung, Mit Gerichtsverfassungsgesetz und Nebengesetzen, hrsg. v. Rauscher, Thomas/Krüger, Wolfgang (zitiert: MüKo-ZPO/*Bearbeiter(in)*).
Band 1: §§ 1–354, 6. Aufl., München 2020.
Band 2: §§ 355–945b, 6. Aufl., München 2020.
Band 3: §§ 946–1120, EGZPO, GVG, EGGVG, UKlaG, Internationales und Europäisches Zivilprozessrecht, 5. Aufl., München 2017.

Münch, Susanne, Europäisches Kartellrecht im Aufhebungs-, sowie im Anerkennungs- und Vollstreckbarerklärungsverfahren von Schiedssprüchen – Auf der Suche nach einem einheitlichen Überprüfungsmaßstab, in: Stamm, Jürgen (Hrsg.), Festschrift für Helmut Rüßmann, Saarbrücken 2013, S. 865–885 (zitiert: *S. Münch* FS Rüßmann).

Musielak, Hans-Joachim/Voit, Wolfgang (Hrsg.), Zivilprozessordnung, Mit Gerichtsverfassungsgesetz, Kommentar, 18. Aufl., München 2021 (zitiert: Musielak/Voit, ZPO/*Bearbeiter(in)*).

Nacimiento, Patricia/Bähr, Biner, Insolvenz in nationalen und internationalen Schiedsverfahren, NJOZ 2009, S. 4752–4762.

Nacimiento, Patricia/Geimer, Gregor, Eins zu null für die Verbandsschiedsgerichtsbarkeit des Deutschen Fußballbundes, SchiedsVZ 2003, S. 88–92.

Nicklisch, Fritz, BOT-Projekte: Vertragsstrukturen, Risikoverteilung und Streitbeilegung, BB 1998, S. 2–9.

Niggemann, Friedrich, Europäisches Wettbewerbsrecht und Schiedsgerichtsbarkeit: Eco Swiss und europäischer Ordre Public in der praktischen Anwendung in Frankreich, SchiedsVZ 2005, S. 265–273.

Nomos-Kommentar Bürgerliches Gesetzbuch, hrsg. v. Dauner-Lieb, Barbara/Heidel, Thomas/Ring, Gerhard (zitiert: NK-BGB/*Bearbeiter(in)*).
Band 1, hrsg. v. Heidel, Thomas/Hüßtege, Rainer/Mansel, Heinz-Peter/Noack, Ulrich, Allgemeiner Teil, EGBGB, 3. Aufl., Baden-Baden 2016.
Band 6, hrsg. v. Hüßtege, Rainer/Mansel, Heinz-Peter, Rom-Verordnungen, EuGüVO, EuPartVO, HUP, EuErbVO, 3. Aufl., Baden-Baden 2019.

Nothdurft, Jörg, Hinkende Vergleiche – Grenzen des Kartellverbots, GRUR 2021, S. 299–303.

Nueber, Michael, Nochmals: Schiedsgerichtsbarkeit ist vom Anwendungsbereich der ROM I-VO nicht erfasst, SchiedsVZ 2014, S. 186–190.

Ostendorf, Patrick, Wirksame Wahl ausländischen Rechts auch bei fehlendem Auslandsbezug im Fall einer Schiedsgerichtsvereinbarung und ausländischem Schiedsort?, SchiedsVZ 2010, S. 234–243.

Palandt, Otto (Begr.), Bürgerliches Gesetzbuch, 80. Aufl., München 2021 (zitiert: Palandt, BGB/*Bearbeiter(in)*).

v. Papp, Konstanze, EU law and international arbitration, Managing distrust through dialogue, Oxford 2021 (zitiert: *v. Papp*, EU law and international arbitration).

Pendl, Matthias/Prantl, Désirée, Mäßigung einer Vertragsstrafe durch das Schiedsgericht, SchiedsVZ 2019, S. 266–274.

Pfeiffer, Thomas, Neues Internationales Vertragsrecht, Zur Rom I-Verordnung, EuZW 2008, S. 622–629.

Pfeiffer, Thomas, Die Abwahl des deutschen AGB-Rechts in Inlandsfällen bei Vereinbarung eines Schiedsverfahrens, NJW 2012, S. 1169–1174.

Pfeiffer, Thomas, BGH: Der interne ordre public bei der Überprüfung inländischer Schiedssprüche, LMK 2014, 356293.

Pfeiffer, Thomas, Rechtsgeschäftliche Entscheidungsfreiheit beim Abschluss von Schiedsvereinbarungen, SchiedsVZ 2014, S. 161–165.

Pfeiffer, Thomas, Neues IPR in DIS-Schiedsverfahren, IWRZ 2018, S. 213–218.

Picht, Peter Georg/Chrobak, Lennart, Aktuelle Entwicklungen im EU-Pharmakartellrecht – Teil 1, NZKart 2019, S. 475–482.

Picht, Peter Georg, Schiedsverfahren in SEP/FRAND-Streitigkeiten, Überblick und Kernprobleme, GRUR 2019, S. 11–25.

Piekenbrock, Andreas, Vorlagen an den EuGH nach Artikel 267 AEUV im Privatrecht, EuR 2011, S. 317–357.

Pipoh, Kay Eric, Die Struktur der Wirksamkeitskontrolle von Schiedsvereinbarungen im Spannungsfeld zwischen Schiedsverfahrensrecht, Kartellrecht und allgemeinem Zivilrecht, Zugleich ein Beitrag zum Verhältnis des § 1034 Abs. 2 ZPO zur Inhaltskontrolle von Schiedsvereinbarungen, Berlin 2021 (zugl. Diss., Univ. Düsseldorf, 2019) (zitiert: *Pipoh*, Struktur der Wirksamkeitskontrolle).

Pocsay, Michael, Privates Kartellrecht in internationalen Schiedsverfahren, Hamburg 2012 (zugl. Diss., Univ. Saarbrücken, 2011) (zitiert: *Pocsay*, Privates Kartellrecht in Schiedsverfahren).

Podszun, Rupprecht, Der Verbraucher als Marktakteur: Kartellrecht und Datenschutz in der „Facebook"-Entscheidung des BGH, GRUR 2020, S. 1268–1276.

Pörnbacher, Karl/Baur, Sebastian, Rechtswahl und ihre Grenzen in der internationalen Schiedsgerichtsbarkeit, in: Geimer, Reinhold/Kaissis, Athanassios/Thümmel, Roderich C. (Hrsg.), Ars aequi et boni in mundo, Festschrift für Rolf A. Schütze zum 80. Geburtstag, München 2014, S. 431–447 (zitiert: *Pörnbacher/Baur* FS Schütze II).

Pörnbacher, Karl/Wortmann, Daniel, Schiedsgerichtsbarkeit: Eine wertvolle Alternative zu staatlichen Gerichtsverfahren, ZKM 2012, S. 144–148.

Pörnbacher, Karl/Zahn, Bastian, Die Wahl deutschen Rechts unter Ausschluss der AGB-Kontrolle: Lösungsansätze für die Praxis aus der schiedsrechtlichen Perspektive, in: Schütze, Rolf A./Klötzel, Thomas/Gebauer, Martin (Hrsg.), Usus atque scientia, Festschrift für Roderich Thümmel zum 65. Geburtstag am 23. Oktober 2020, Berlin/Boston 2020, S. 617–632 (zitiert: *Pörnbacher/Zahn* FS Thümmel).

Prütting, Hanns/Gehrlein, Markus (Hrsg.), Zivilprozessordnung, Kommentar, 12. Aufl., Köln 2020 (zitiert: Prütting/Gehrlein, ZPO/*Bearbeiter(in)*).

Prütting, Hanns, Schiedsgerichtsbarkeit contra Vertragsfreiheit – die seltsamen Wege des neuen Urhebervertragsrechts, in: Schütze, Rolf A. (Hrsg.), Einheit und Vielfalt des Rechts, Festschrift für Reinhold Geimer zum 65. Geburtstag, München 2002, S. 839–854 (zitiert: *Prütting* FS Geimer).

Prütting, Hanns, Schiedsgerichtsbarkeit und Verfassungsrecht, in: Bachmann, Birgit/Breidenbach, Stephan/Coester-Waltjen, Dagmar/Heß, Burkhard/Nelle, Andreas/Wolf, Christian (Hrsg.), Grenzüberschreitungen, Beiträge zum internationalen Verfahrensrecht und zur Schiedsgerichtsbarkeit, Festschrift für Peter Schlosser zum 70. Geburtstag, Tübingen 2005, S. 705–712 (zitiert: *Prütting* FS Schlosser).

Quinke, David, Schiedsvereinbarungen und Eingriffsnormen – Zugleich Anmerkung zu OLG München, Urt. v. 17. Mai 2006, Az. 7 U 1781/06, SchiedsVZ 2007, S. 246–254.

Quinke, David, Säumnis in Schiedsverfahren, SchiedsVZ 2013, S. 129–135.

Raeschke-Kessler, Hilmar, Binnenmarkt, Schiedsgerichtsbarkeit und ordre public, EuZW 1990, S. 145–150.

Rajoo, Datuk Sundra, Conflict Of Laws In Arbitration, in: Schütze, Rolf A./Klötzel, Thomas/Gebauer, Martin (Hrsg.), Usus atque scientia, Festschrift für Roderich Thümmel zum 65. Geburtstag am 23. Oktober 2020, Berlin/Boston 2020, S. 633–655 (zitiert: *Rajoo* FS Thümmel).

Reiner, Andreas, Zur Vollstreckung eines Schiedsspruchs nach dem Europäischen Übereinkommen von 1961 trotz Aufhebung im Ursprungsland und zum Umfang der ordre-public-Kontrolle nach Art. 81, 82 EGV, IPRax 2000, S. 323–327.

Reithmann, Christoph/Martiny, Dieter (Hrsg.), Internationales Vertragsrecht, Das internationale Privatrecht der Schuldverträge, 8. Aufl., Köln/Saarbrücken 2015 (zitiert: *Bearbeiter(in)* in Reithmann/Martiny (Hrsg.), Internationales Vertragsrecht).

Remien, Oliver, Europäisches Kartellrecht (Artt. 81 f. EG-Vertrag) als Eingriffsnorm oder ordre public in neueren internationalen Schiedsrechtsfällen, in: Baetge, Dietmar/v. Hein, Jan/v. Hinden, Michael (Hrsg.), Die richtige Ordnung, Festschrift für Jan Kropholler zum 70. Geburtstag, Tübingen 2008, S. 869–884 (zitiert: *Remien* FS Kropholler).

Remien, Oliver, Variationen zum Thema Eingriffsnormen nach Art. 9 Rom I-VO und Art. 16 Rom II-VO unter Berücksichtigung neuerer Rechtsprechung zu Art. 7 Römer Übereinkommen, in: Kronke, Herbert/Thorn, Karsten (Hrsg.), Grenzen überwinden – Prinzipien bewahren, Festschrift für Bernd von Hoffmann zum 70. Geburtstag am 28. Dezember 2011, Bielefeld 2011, S. 334–347 (zitiert: *Remien* FS v. Hoffmann).

Reuter, Alexander, Taking Investors' Rights Seriously: The Achmea and CETA Rulings of the European Court of Justice Do Not Bar Intra-EU Investment Arbitration, ZaöRV 2020, S. 379–427.

Rimmelspacher, Bruno, Die Berufungsgründe im reformierten Zivilprozess, NJW 2002, S. 1897–1905.

Risse, Jörg/Altenkirch, Markus, Minderheitsvoten in Schiedssprüchen: zulässig oder ein Verstoß gegen den Ordre public?, BB 2020, S. 2818–2826.

Ritlewski, Kristoff, Die Lex Mercatoria in der schiedsgerichtlichen Praxis, SchiedsVZ 2007, S. 130–139.

Roth, Günter H., Der Vorbehalt des Ordre Public gegenüber fremden gerichtlichen Entscheidungen, Bielefeld 1967 (zugl. Diss., Univ. Würzburg, 1966) (zitiert: *G. Roth*, Der Vorbehalt des Ordre Public).

Sachs, Klaus, Schiedsgerichtsverfahren über Unternehmenskaufverträge – unter besonderer Berücksichtigung kartellrechtlicher Aspekte, SchiedsVZ 2004, S. 123–129.

Sachs, Klaus/Niedermaier, Tilman, Overriding Mandatory Provisions Before Arbitral Tribunals – Some Observations, in: Kronke, Herbert/Thorn, Karsten (Hrsg.), Grenzen überwinden – Prinzipien bewahren, Festschrift für Bernd von Hoffmann zum 70. Geburtstag am 28. Dezember 2011, Bielefeld 2011, S. 1051–1065 (zitiert: *Sachs/Niedermaier* FS v. Hoffmann).

Sachs, Klaus/Weiler, Marcus, A comparison of the recognition and enforcement of foreign decisions under the 1958 New York Convention and the 2019 Hague Judgments Convention, in: Schütze, Rolf A./Klötzel, Thomas/Gebauer, Martin (Hrsg.), Usus atque scientia, Festschrift für Roderich Thümmel zum 65. Geburtstag am 23. Oktober 2020, Berlin/Boston 2020, S. 763–779 (zitiert: *Sachs/Weiler* FS Thümmel).

Sachslehner, Markus, Schiedsvereinbarungen in wettbewerbsbeschränkenden Verträgen, Frankfurt am Main 2001 (zugl. Diss., Univ. Freiburg (Breisgau), 2000) (zitiert: *Sachslehner*, Schiedsvereinbarungen).

Saenger, Ingo/Eberl, Stephanie/Eberl, Walter (Hrsg.), Schiedsverfahren, Kommentierung der §§ 1025–1066 ZPO, Muster, Erläuterungen, Baden-Baden 2019 (zitiert: *Saenger/S. Eberl/W. Eberl*, Schiedsverfahren).

Saenger, Ingo (Hrsg.), Zivilprozessordnung, Familienverfahren, Gerichtsverfassung, Europäisches Verfahrensrecht, Handkommentar, 9. Aufl., Baden-Baden 2021 (zitiert: Saenger, ZPO/*Bearbeiter(in)*).

Salger, Hanns-Christian/Trittmann, Rolf (Hrsg.), Internationale Schiedsverfahren, München 2019 (zitiert: *Bearbeiter(in)* in Salger/Trittmann (Hrsg.), Internationale Schiedsverfahren).

Samtleben, Jürgen, Anerkennung und Vollstreckung ausländischer Schiedssprüche in Deutschland und Brasilien, ZZPInt 2011, S. 425–460.

Sandrock, Otto, Welches Kollisionsrecht hat ein Internationales Schiedsgericht anzuwenden?, RIW 1992, S. 785–795.

Sandrock, Otto, Die objektive Anknüpfung von Verträgen nach § 1051 Abs. 2 ZPO, RIW 2000, S. 321–328.

Sandrock, Otto, ‚Gewöhnliche' Fehler in Schiedssprüchen: Wann können sie zur Aufhebung des Schiedsspruchs führen?, BB 2001, S. 2173–2180.

Sandrock, Otto, Zum ordre public bei der Anerkennung und Vollstreckung ausländischer Schiedssprüche, „Local Remedies", Unparteilichkeit und Unabhängigkeit von Schiedsrichtern, IPRax 2001, S. 550–557.

Sandrock, Otto, „Scharfer" ordre public interne und „laxer" ordre public international?, Die Unterscheidung zwischen „ordre public interne" und „ordre public international" ist nicht gerechtfertigt, in: Coester, Michael/Martiny, Dieter/v. Sachsen Gessaphe, Karl August Prinz (Hrsg.), Privatrecht in Europa, Vielfalt, Kollision, Kooperation, Festschrift für Hans Jürgen Sonnenberger zum 70. Geburtstag, München 2004, S. 615–649 (zitiert: *Sandrock* FS Sonnenberger).

Schack, Haimo, Sonderkollisionsrecht für private Schiedsgerichte?, in: Geimer, Reinhold/Kaissis, Athanassios/Thümmel, Roderich C. (Hrsg.), Ars aequi et boni in mundo, Festschrift für Rolf A. Schütze zum 80. Geburtstag, München 2014, S. 511–518 (zitiert: *Schack* FS Schütze II).

Schack, Haimo, Das neue Haager Anerkennungs- und Vollstreckungsübereinkommen, IPRax 2020, S. 1–6.

Schack, Haimo, Anerkennungs- und Vollstreckungsversagungsgründe im Europäischen Zivilprozessrecht, ZVglRWiss 119 (2020), S. 237–253.

Schack, Haimo, Internationales Zivilverfahrensrecht, Mit internationalem Insolvenz- und Schiedsverfahrensrecht, 8. Aufl., München 2021 (zitiert, *Schack*, IZVR).

Scherer, Maxi/Jensen, Ole, The Law Governing the Arbitration Agreement: A Comparative Analysis of the United Kingdom Supreme Court's Decision in Enka v Chubb, IPRax 2021, S. 177–187.

Schlosser, Peter, Schiedsgerichtsbarkeit und Rechtsmittel zu den staatlichen Gerichten, ZZP 92 (1979), S. 125–152.

Schlosser, Peter, Das Recht der internationalen privaten Schiedsgerichtsbarkeit, 2. Aufl., Tübingen 1989 (zitiert: *Schlosser*, Schiedsgerichtsbarkeit).

Schmidt, Felix, Der Schiedsspruch, SchiedsVZ 2013, S. 32–41.

Schmidt, Ingo, More economic approach: Ein wettbewerbspolitischer Fortschritt?, in: Brinker, Ingo/Scheuing, Dieter H./Strockmann, Kurt (Hrsg.), Recht und Wettbewerb, Festschrift für Rainer Bechtold zum 65. Geburtstag, München 2006, S. 409–418 (zitiert: *I. Schmidt* FS Bechtold).

Schmidt, Karsten, Kartellrechtspolitik und Verfahrensrecht in der Schiedsgerichtsbarkeit, Eine Skizze zum Tadel des § 91 GWB und zum Lob der Rechtsprechung, in: v. Gamm, Otto-Friedrich Freiherr/Raisch, Peter/Tiedemann, Klaus (Hrsg.), Strafrecht, Unternehmensrecht, Anwaltsrecht, Festschrift für Gerd Pfeiffer zum Abschied aus dem Amt als Präsident des Bundesgerichtshofes, Köln u. a. 1988, S. 765–783 (zitiert: *K. Schmidt* FS Pfeiffer).

Schmidt, Karsten, Neues Schiedsverfahrensrecht und Gesellschaftsrechtspraxis, Gelöste und ungelöste Probleme bei gesellschaftsrechtlichen Schiedsgerichtsprozessen, ZHR 162 (1998), S. 265–289.

Schmidt, Karsten, Kartellrecht im Schiedsverfahren – Neuorientierung durch VO 1/2003 und 7. GWB-Novelle?, BB 2006, S. 1397–1405.

Schmidt, Karsten, Gesetzliches Kartell-Zivilprozessrecht, ZWeR 2007, S. 394–418.

Schmidt-Ahrendts, Nils/Höttler, Philipp, Anwendbares Recht bei Schiedsverfahren mit Sitz in Deutschland, SchiedsVZ 2011, S. 267–276.

Scholz, Ulrich/Rixen, Gerrit, Die neue europäische Kollisionsnorm für außervertragliche Schuldverhältnisse aus wettbewerbsbeschränkendem Verhalten, EuZW 2008, S. 327–332.

Schumacher, Klaus, Das neue 10. Buch der Zivilprozeßordnung im Vergleich zum UNCITRAL-Modellgesetz über die internationale Handelsschiedsgerichtsbarkeit, BB-Beilage 1998, Nr. 2, S. 6–17.

Schütze, Rolf A., Die Bestimmung des anwendbaren Rechts im Schiedsverfahren und die Feststellung seines Inhalts, in: Briner, Robert/Fortier, L. Yves/Berger, Klaus Peter/Bredow, Jens (Hrsg.), Law of international business and dispute settlement in the 21st century, Recht der internationalen Wirtschaft und Streiterledigung im 21. Jahrhundert, Liber Amicorum Karl-Heinz Böckstiegel anlässlich seines Ausscheidens als Direktor des Instituts für Luft- und Weltraumrecht und des von ihm gegründeten Lehrstuhls für Internationales Wirtschaftsrecht, Köln 2001, S. 715–725 (zitiert: *Schütze* FS Böckstiegel).

Schütze, Rolf A., Die Vorlageberechtigung von Schiedsgerichten an den EuGH, SchiedsVZ 2007, S. 121–124.

Schütze, Rolf A., No hay materia más confusa ..., Zu BGH, 30.10.2008 – III ZB 17/08, IPRax 2009, S. 504–505.

Schütze, Rolf A., Die Bedeutung des effektiven Schiedsortes im internationalen Schiedsverfahren, in: Kronke, Herbert/Thorn, Karsten (Hrsg.), Grenzen überwinden – Prinzipien bewahren, Festschrift für Bernd von Hoffmann zum 70. Geburtstag am 28. Dezember 2011, Bielefeld 2011, S. 1077–1086 (*Schütze* FS v. Hoffmann).

Schütze, Rolf A., Kollisionsrechtliche Probleme der Schiedsvereinbarung, insbesondere der Erstreckung ihrer Bindungswirkung auf Dritte, SchiedsVZ 2014, S. 274–278.

Schütze, Rolf A. (Hrsg.), Institutionelle Schiedsgerichtsbarkeit, Kommentar, 3. Aufl., Köln 2017.

Schütze, Rolf A., Die Bestimmung des schiedsrichterlichen Verfahrens, insbesondere bei Anwendung dem deutschen Prozessrecht unbekannter Beweisformen, SchiedsVZ 2018, S. 101–106.

Schütze, Rolf A., Falsches Recht richtig angewendet – richtiges Recht falsch angewendet, Betrachtungen zur Anwendung von Kollisionsnormen und materiellem Recht im Schiedsverfahren, in: Schütze, Rolf A./Klötzel, Thomas/Gebauer, Martin (Hrsg.), Usus atque scientia, Festschrift für Roderich Thümmel zum 65. Geburtstag am 23. Oktober 2020, Berlin/Boston 2020, S. 847–858 (zitiert: *Schütze* FS Thümmel).

Schütze, Rolf A./Thümmel, Roderich C. (Hrsg.), Schiedsgericht und Schiedsverfahren, 7. Aufl., München 2021.

Schwab, Karl Heinz/Walter, Gerhard (Hrsg.), Schiedsgerichtsbarkeit, Systematischer Kommentar zu den Vorschriften der Zivilprozeßordnung, des Arbeitsgerichtsgesetzes, der Staatsverträge und der Kostengesetze über das privatrechtliche Schiedsgerichtsverfahren, 7. Aufl., Basel 2005.

Schwark, Eberhard, Ordre public und Wandel grundlegender Wertvorstellungen am Beispiel ausländischer Börsentermingeschäfte, in: Berger, Klaus Peter/Ebke, Werner F./Elsing, Siegfried/Großfeld, Bernhard/Kühne, Gunther (Hrsg.), Festschrift für Otto Sandrock zum 70. Geburtstag, Heidelberg 2000, S. 881–900 (zitiert: *Schwark* FS Sandrock).

Schwarz, Theo, Die Kontrolle von Schiedssprüchen kartellrechtlichen Inhalts durch die staatlichen Gerichte, NJW 1969, S. 296–301.

Schwenzer, Ingeborg/Beimel, Ilka H., Das auf die Schiedsvereinbarung anwendbare Recht – Zugleich: Anmerkung zu BGH, Urt. vom 26.11.2020 – BGH I ZR 245/19, IWRZ 2021, S. 51–56.

Sessler, Anke/Ruß, Christine, Dissenting Opinion – Aufhebungsgrund oder bloßes Ärgernis?, SchiedsVZ 2020, S. 201–207.

Siehr, Kurt, Der ordre public im Zeichen der Europäischen Integration: Die Vorbehaltsklausel und die EU-Binnenbeziehung, in: Kronke, Herbert/Thorn, Karsten (Hrsg.), Grenzen überwinden – Prinzipien bewahren, Festschrift für Bernd von Hoffmann zum 70. Geburtstag am 28. Dezember 2011, Bielefeld 2011, S. 424–436 (*Siehr* FS v. Hoffmann).

Solomon, Dennis, Das vom Schiedsgericht in der Sache anzuwendende Recht nach dem Entwurf eines Gesetzes zur Neuregelung des Schiedsverfahrensrechts, RIW 1997, S. 981–990.

Solomon, Dennis, Das Haager Anerkennungs- und Vollstreckungsübereinkommen von 2019 und die internationale Anerkennungszuständigkeit, in: Schütze, Rolf A./Klötzel, Thomas/Gebauer, Martin (Hrsg.), Usus atque scientia, Festschrift für Roderich Thümmel zum 65. Geburtstag am 23. Oktober 2020, Berlin/Boston 2020, S. 873–892 (zitiert: *Solomon* FS Thümmel).

Sonnauer, Heinz, Die Kontrolle der Schiedsgerichte durch die staatlichen Gerichte, Köln 1992 (zugl. Diss., Univ. Regensburg, 1991) (zitiert: *Sonnauer*, Kontrolle der Schiedsgerichte).

Sonnenberger, Hans Jürgen, „... an Gesetz und Recht gebunden ..."? IPR und private Rechtsetzung vor dem Richter, in: Bachmann, Birgit/Breidenbach, Stephan/Coester-Waltjen, Dagmar/Heß, Burkhard/Nelle, Andreas/Wolf, Christian (Hrsg.), Grenzüberschreitungen, Beiträge zum internationalen Verfahrensrecht und zur Schiedsgerichtsbarkeit, Festschrift für Peter Schlosser zum 70. Geburtstag, Tübingen 2005, S. 921–937 (zitiert: *Sonnenberger* FS Schlosser).

Sørensen, Jakob B./Torp, Kristian, The Second Look in European Union Competition Law: A Scandinavian Perspective, JInt'lArb 34 (2017), S. 35–54.

Spiegel, Nico, Kartellprivatrecht in der internationalen Handelsschiedsgerichtsbarkeit, Baden-Baden 2002 (zugl. Diss., Univ. Saarbrücken, 2000) (zitiert: *Spiegel*, Kartellprivatrecht in der Handelsschiedsgerichtsbarkeit).

Stackmann, Nikolaus, Die Neugestaltung des Berufungs- und Beschwerdeverfahrens in Zivilsachen durch das Zivilprozessreformgesetz, NJW 2002, S. 781–789.

Stein, Friedrich/Jonas, Martin (Begr.)/Bork, Reinhard/Roth, Herbert (Hrsg.), Kommentar zur Zivilprozessordnung: ZPO (zitiert: Stein/Jonas, ZPO/*Bearbeiter(in)*).
Band 2: §§ 78–147, 23. Aufl., Tübingen 2017.
Band 5: §§ 328–510c, 23. Aufl., Tübingen 2015.
Band 10: §§ 1025–1066, 23. Aufl., Tübingen 2014.

Steinle, Christian/Wilske, Stephan/Eckardt, Melanie, Kartellschadensersatz und Schiedsklauseln – Luxemburg Locuta, Causa Finita?, SchiedsVZ 2015, S. 165–169.

Streinz, Rudolf (Hrsg.), EUV/AEUV, Vertrag über die Europäische Union, Vertrag über die Arbeitsweise der Europäischen Union, Charta der Grundrechte der Europäischen Union, 3. Aufl., München 2018 (zitiert: Streinz, EUV/AEUV/*Bearbeiter(in)*).

Stürner, Michael, Europäisierung des (Kollisions-)Rechts und nationaler ordre public, in: Kronke, Herbert/Thorn, Karsten (Hrsg.), Grenzen überwinden – Prinzipien bewahren, Festschrift für Bernd von Hoffmann zum 70. Geburtstag am 28. Dezember 2011, Bielefeld 2011, S. 463–482 (zitiert: *Stürner* FS v. Hoffmann).

Stürner, Michael, Die Anerkennung von Rechtskraftwirkungen englischer Schiedssprüche in Deutschland, in: Geimer, Reinhold/Kaissis, Athanassios/Thümmel, Roderich C. (Hrsg.), Ars aequi et boni in mundo, Festschrift für Rolf A. Schütze zum 80. Geburtstag, München 2014, S. 579–591 (*Stürner* FS Schütze II).

Tafelmaier, Angelika Ruth, Schiedsspruch und staatliche Gerichtsbarkeit, Rolle und Funktion des staatlichen Gerichts bei der Aufhebung, Anerkennung und Vollstreckbarerklärung von Schiedssprüchen, Berlin 2018 (zugl. Diss., Univ. Freiburg (Breisgau), 2016).

Tarawali, Naomi/Gerardy, Patrick, The law governing the arbitration agreement – a fresh look at an old debate, SchiedsVZ 2021, S. 208–215.

Thole, Christoph, Missbrauchskontrolle im Europäischen Zivilverfahrensrecht, ZZP 122 (2009), S. 423–447.

Thole, Christoph, Die Anerkennung von (außerinsolvenzlichen) Sanierungs- und Restrukturierungsverfahren im Europäischen Verfahrensrecht, in: Geimer, Reinhold/Schütze, Rolf. A./Garber, Thomas (Hrsg.), Europäische und internationale Dimension des Rechts, Festschrift für Daphne-Ariane Simotta, Wien 2012, S. 613–623 (zitiert: *Thole* FS Simotta).

Thole, Christoph, Das neue Mediationsgesetz, Mediation im und an der Schnittstelle zum Zivilprozess, ZZP 127 (2014), S. 339–370.

Thole, Christoph, Die Prozessfinanzierung bei Kartellschadensersatzklagen – Lehren aus dem Fall CDC/Zementkartell, ZWeR 2015, S. 93–117.

Thole, Christoph, Erfassen Schiedsvereinbarungen auch Kartellschadensersatzansprüche?, ZWeR 2017, S. 133–145.

Thümmel, Roderich C., Die Schiedsvereinbarung zwischen Formzwang und favor validitatis – Anmerkungen zu § 1031 ZPO, in: Geimer, Reinhold (Hrsg.), Wege zur Globalisierung des Rechts, Festschrift für Rolf A. Schütze zum 65. Geburtstag, München 1999, S. 935–946 (zitiert: *Thümmel* FS Schütze I).

Trappe, Johannes, 'Révision au fond' bei der Vollstreckung eines Schiedsspruchs – eine Anmerkung, BB-Beilage 2000, Nr. 8, S. 7–9.

Trittmann, Rolf, Die Sachverhaltsermittlung im Schiedsverfahren: IBA-Rules, Prague Rules and keine Alternative?, in: Schütze, Rolf A./Klötzel, Thomas/Gebauer, Martin (Hrsg.), Usus atque scientia, Festschrift für Roderich Thümmel zum 65. Geburtstag am 23. Oktober 2020, Berlin/Boston 2020, S. 913–927 (zitiert: *Trittmann* FS Thümmel).

Tyrolt, Jochen, Sportschiedsgerichtsbarkeit und zwingendes staatliches Recht, Unter besonderer Berücksichtigung des europäischen Kartellrechts und des US-amerikanischen RICO Act, Baden-Baden 2007 (zugl. Diss., Univ. Heidelberg, 2005) (zitiert: *Tyrolt*, Sportschiedsgerichtsbarkeit).

Uhlenbruck, Wilhelm (ehem. Hrsg.)/Mentzel, Franz/Kuhn, Georg (Begr.)/Hirte, Heribert/Vallender, Heinz (Hrsg.), Insolvenzordnung, Kommentar, Band 1: InsO, 15. Aufl., München 2019 (zitiert: Uhlenbruck, InsO/*Bearbeiter(in)*).

Valdini, Daniel, Gesetzesreform durch die Hintertür? Die Abwahl zwingenden Rechts durch Schiedsabreden bei Inlandssachverhalten, ZIP 2017, S. 7–12.

Valdini, Daniel, Kartellrechtliche Kontrolle eines Schiedsspruchs ist regelmäßig auf Plausibilitätskontrolle beschränkt, GWR 2017, S. 362.

Voit, Wolfgang, Privatisierung der Gerichtsbarkeit, JZ 1997, S. 120–125.

Voit, Wolfgang, Die Entscheidung des Schiedsgerichts über die eigene Unzuständigkeit als Prüfstein der dogmatischen Grundlagen des Schiedsverfahrensrechts, in: Heinrich, Christian (Hrsg.), Festschrift für Hans-Joachim Musielak zum 70. Geburtstag, München 2004, S. 595–617 (zitiert: *Voit* FS Musielak).

Völker, Christian, Zur Dogmatik des ordre public, Die Vorbehaltsklauseln bei der Anerkennung fremder gerichtlicher Entscheidungen und ihr Verhältnis zum ordre public des Kollisionsrechts, Berlin 1998 (zugl. Diss., Univ. Tübingen, 1995–1996) (zitiert: *Völker*, Dogmatik des *ordre public*).

Vollmer, Lothar, Kartell-Schiedsklauseln in internationalen Wirtschaftsverträgen, GRUR Int 1986, S. 589–601.

Wagner, Gerhard, Die neue Rom II-Verordnung, IPRax 2008, S. 1–17.

Wagner, Gerhard, Die Richtlinie über Alternative Streitbeilegung und die Schiedsgerichtsbarkeit, in: Geimer, Reinhold/Kaissis, Athanassios/Thümmel, Roderich C. (Hrsg.), Ars aequi et boni in mundo, Festschrift für Rolf A. Schütze zum 80. Geburtstag, München 2014, S. 679–690 (zitiert: *G. Wagner* FS Schütze II).

Wagner, Gerhard, Schiedsgerichtsbarkeit in Kartellsachen, ZVglRWiss 114 (2015), S. 494–515.

Wagner, Rolf, Der Grundsatz der Rechtswahl und das mangels Rechtswahl anwendbare Recht (Rom I-Verordnung), IPRax 2008, S. 377–386.

Wegen, Gerhard/Asbrand, Dominik, Nichtstaatliches Recht als Gegenstand einer Rechtswahlklausel?, RIW 2016, S. 557–564.

Weitbrecht, Andreas/Fabis, Henrich, Gemeinschaftsrechtliche Anforderungen an die gerichtliche Kontrolle von Schiedsgerichtsentscheidungen, EWS 1997, S. 1–5.

Weitbrecht, Andreas, Schiedsklauseln und Kartellschadensersatz, SchiedsVZ 2018, S. 159–165.

v. Weizsäcker, Carl Christian, Konsumentenwohlfahrt und Wettbewerbsfreiheit – Über den tieferen Sinn des „Economic Approach", WuW 2007, S. 1078–1084.

Weller, Marc-Philippe/de Micheli, Cecilia, Ordre public in International Arbitration, in: Schütze, Rolf A./Klötzel, Thomas/Gebauer, Martin (Hrsg.), Usus atque scientia, Festschrift für Roderich Thümmel zum 65. Geburtstag am 23. Oktober 2020, Berlin/Boston 2020, S. 967–982 (zitiert: *Weller/de Micheli* FS Thümmel).

Werner, Jaques, Application of Competition Laws by Arbitrators – The Step Too Far, JInt'lArb 12 (1995), S. 21–26.

Weyer, Hartmut, Gemeinschaftsrechtliche Vorgaben für das nationale Zivilverfahren – Verpflichtung der nationalen Zivilgerichte zur Anwendung der Art. 81, 82 EGV, EuR 2000, S. 145–166.

Wieczorek, Bernhard (Begr.)/Schütze, Rolf A./Gebauer, Martin (Hrsg.), Zivilprozessordnung und Nebengesetze, Band 11: §§ 916–1066, 5. Aufl., Berlin/Boston 2020 (zitiert: Wieczorek/Schütze, ZPO/*Bearbeiter(in)*).

Wiedemann, Gerhard (Hrsg.), Handbuch des Kartellrechts, 4. Aufl., München 2020 (zitiert: *Bearbeiter(in)* in Wiedemann (Hrsg.), Kartellrecht).

Wiegandt, Dirk, Zum Verhältnis von Kartellrecht und Schiedsgerichtsbarkeit, ZWeR 2022, 185–199

Wilske, Stephan/Steinle, Christian/Schuler, Jakob, Kartellschadensersatzansprüche in Schiedsverfahren – Die Anwendbarkeit der Instrumente der 9. GWB-Novelle, ZWeR 2020, S. 458–471.

Windau, Benedikt, Das googelnde Gericht – Ist der Beibringungsgrundsatz noch zeitgemäß?, NJOZ 2018, S. 761–763.

Zimmer, Daniel, Zulässigkeit und Grenzen schiedsgerichtlicher Entscheidung von Kartellrechtsstreitigkeiten, Eine rechtsvergleichende Untersuchung auf der Grundlage US-amerikanischen und deutschen Rechts, Baden-Baden 1991 (zugl. Diss., Univ. Göttingen, 1991) (zitiert: *Zimmer*, Zulässigkeit und Grenzen).

Zimmer, Daniel, Der rechtliche Rahmen für die Implementierung moderner ökonomischer Ansätze, WuW 2007, S. 1198–1209.

Zimmer, Daniel/Logemann, Hans, Der private Rechtsschutz im Kartellrecht, ZEuP 2009, S. 489–516.

Zöller, Richard (Begr.), Zivilprozessordnung, Mit FamFG (§§ 1–185, 200–270) und Gerichtsverfassungsgesetz, den Einführungsgesetzen, mit Internationalem Zivilprozessrecht, EuGVVO und weiteren EU-Verordnungen, Kostenanmerkungen, Kommentar, 33. Aufl., Köln 2020 (zitiert: Zöller, ZPO/*Bearbeiter(in)*).

Zobel, Petra, Art. 81 EGV im Schiedsgerichtsverfahren, Anmerkung zum EuGH-Urt. vom 1.6.1999, Rs. C-126/97 (Eco Swiss China Time Ltd/Benetton International NV), wbl 2001, S. 300–307.

Zobel, Petra, Schiedsgerichtsbarkeit und Gemeinschaftsrecht, Im Spannungsverhältnis zwischen Integration und Exklusion, Tübingen 2005 (zugl. Diss., Univ. Greifswald, 2004).

v. Zumbusch, Ludwig, Die Schiedsfähigkeit privatrechtlicher Kartellrechtsstreitigkeiten nach US-, deutschem und EG-Recht, GRUR Int 1988, S. 541–558.

FSC
www.fsc.org
MIX
Papier | Fördert gute Waldnutzung
FSC® C083411

Kolibri 360 GmbH
Ferdinand-Jühlke-Straße 7
99095 Erfurt, Deutschland
produktsicherheit@kolibri360.de